Reimpressão da primeira edição,
publicada em 1584. Editada
com notas explicativas, glossário e introdução
de Brinsley Nicholson, M.D., subinspetor geral,
em 1886

Essa edição de *A Descoberta da Bruxaria*,
de Scot, consistiu
em apenas 250 cópias. – E.S.

REGINALD SCOT

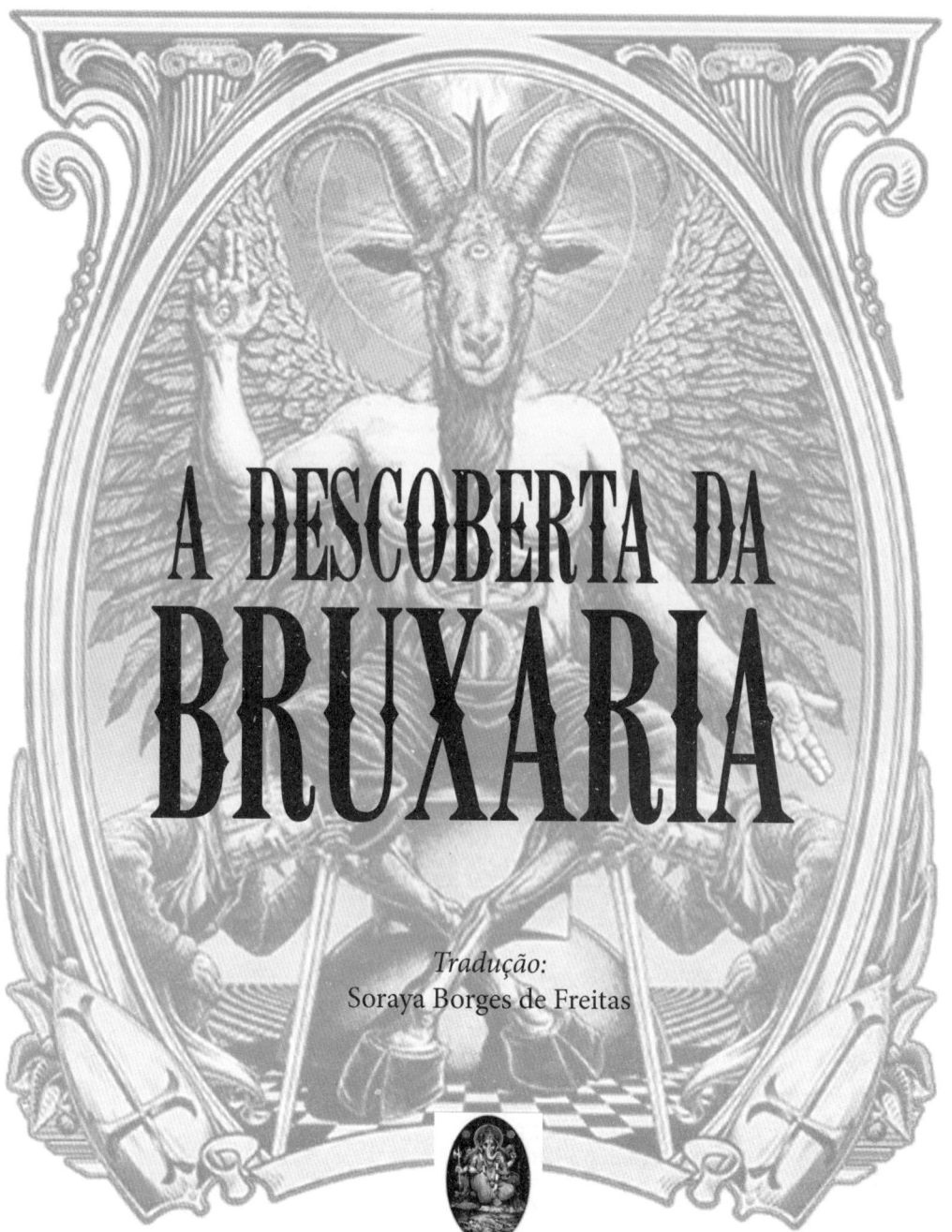

A DESCOBERTA DA BRUXARIA

Tradução:
Soraya Borges de Freitas

MADRAS®

Publicado originalmente em inglês sob o título *The Discoverie of Witchaft*, por Eliot Stock, Londres, 1886.
Direitos de tradução para todos os países de língua portuguesa.
© 2022, Madras Editora Ltda.

Editor:
Wagner Veneziani Costa (*in memoriam*)

Produção e Capa:
Equipe Técnica Madras

Tradução:
Soraya Borges de Freitas

Revisão da Tradução:
Marcos Malvezzi

Revisão:
Ana Paula Luccisano
Arlete Genari

Dados Internacionais de Catalogação na Publicação (CIP)(Câmara Brasileira do Livro, SP, Brasil)

Scot, Reginald, 1538?-1599
A descoberta da bruxaria/Reginald Scot; tradução Soraya Borges de Freitas. – 1. ed. – São Paulo: Madras, 2022.
Título original: The discoverie of witchcraft

ISBN 978-65-5620-006-4

1. Bruxaria 2. Demonologia – Obras anteriores a 1800
3. Esoterismo 4. Feitiçaria – Obras anteriores a 1800
5. Magia – Esoterismo 6. Magia – Obras anteriores a 1800 I. Título.

20-35896   CDD-133.43

Índices para catálogo sistemático:
1. Bruxaria: Ocultismo 133.43
Maria Alice Ferreira – Bibliotecária – CRB-8/7964

Embora seja de domínio público, é proibida a reprodução total ou parcial desta obra, de qualquer forma ou por qualquer meio eletrônico, mecânico, inclusive por meio de processos xerográficos, incluindo ainda o uso da internet, sem a permissão expressa da Madras Editora, na pessoa de seu editor (Lei nº 9.610, de 19/2/1998).

Todos os direitos desta edição, em língua portuguesa, reservados pela

MADRAS EDITORA LTDA.
Rua Paulo Gonçalves, 88 — Santana
CEP: 02403-020 — São Paulo/SP
Caixa Postal: 12183 — CEP: 02013-970
Tel.: (11) 2281-5555 — (11) 98128-7754
www.madras.com.br

Colaboradores do Dr. Nicholson:

Biblioteca Real, Castelo de Windsor
W. Aldis Wright, LL.D., Cambridge
Ilmo. Sr. Fabyan Amery, Ashburton
Ilmo. Sr. J. E. Bailey, Stratford, Manchester
Ilmo. Sr. W. W. Baynes, Londres
Ilmo. Sr. Ernest Blacker, Midsomer Norton
Ilmo. Sr. D. Brodie, Canterbury
Ilmo. Sr. A. H. Bullen, West Hampstead
Srta. Bursill, Londres
Dr. J. Patterson Cassells, Glasgow
Prof. Chrystal, Edimburgo
Sir Andrew Clark, Bart., M.D., LL.D., etc., Londres
The Lord Chief Justice Coleridge, Londres
Ilmo. Sr. C. W. Shirley Deakin, Allahabad
Ilmo. Sr. K. Deighton, Agra
Ilmo. Sr. Edw. Denham, New Bedford, EUA
O Muito Honorável Conde de Derby, Knowsley Hall
Duque de Devonshire, Devonshire House
Dr. R. Dill, Brighton
Dr. J. Matthews Duncan, A.M., F.R.S., etc., Londres
Sra. D. P. Evans, Clifton, Bristol
Ilmo. Sr. P. F. Sparke Evans, Clifton, Bristol
Prof. John Ferguson, Glasgow
Dr. Alex. Forsyth, Greenwich

Francis F. Fox, J. P., Chipping Sodbury, Bristol
Prof. Dr. T. R. Fraser, Edimburgo
Ilmo. Sr. H. H. Furness, Filadélfia, EUA
Ilmo. Sr. James Gairdner, Londres.
Prof. W. T. Gairdner, M.D., LL.D., Glasgow
Edm. Goldsmid, F.S.A. (Scot.), Edimburgo
Rev. A. B. Grosart, D.D., LL.D., Blackburn
Ilmo. Sr. C. O. Halliwell-Phillipps, F.R.S., etc., Brighton
Ilmo. Sr. Henry Hucks Gibbs, Londres
Rev. W. A. Harrisson, South Lambeth
Ilmo. Sr. W. A. Hammond, Nova York
Ilmo. Sr. C. M. Ingleby, LL.D., Essex
Sir Dr. Wm. Jenner, Bart., F.R.S., etc., Londres
Dr. W. Oscar Jennings, Paris
Dav. A. King, M.B., Londres
Ilmo. Sr. F. de M. Leathes, Londres
Bibliotecas
    Museu Britânico
    Faculdade Exeter, Oxford
    Harvard, Cambridge, EUA
    Instituição Real, Londres
    Leeds
    Universidade McGill, Montreal
    Nacional, da Irlanda
    Sociedade dos Antiquários, Escócia
    Universidade St. Andrew, Aberdeen
    Free, Sydney
Ilmo. Sr. Louis Leisler, Frankfort-on-the-Main
Marquês de Lothian, Abadia Newbattle
Dr. Dove MacColman, Argyleshire
Prof. Dr. Douglas Maclagan, Edimburgo
Ilmo. Sr. J. D. Marwick, LL.D., Glasgow
Prof. David Masson, Edimburgo
Ilmo. Sr. John Morison, Glasgow
Prof. H. Morley, LL.D., Londres
Sir Jas. Paget, Bart., F.R.S., LL.D., etc., Londres
Ilmo. Sr. Cornelius Payne, Kemp Town, Brighton
Srta. E. Phipson, Londres

Conde de Powis, Berkeley Square
O Honorabilíssimo Conde de Rosebery, Castelo Dalmeney
Dr. Jos. Carne Ross, Penzance
Reverendo E. E. Baylee Salisbury, B.D., Horncastle
Dr. Alex. Stewart, Pendleton, Manchester
Ilmo. Sr. W. G. Stone, Walditch, Bridport
Lawson Tait, F.R.C.S., Birmingham
Ilmo. Sr. Samuel Timmins, F.S.A., Arley, Coventry
Dr. D. Hack Tuke, LL.D., Londres
Ilmo. Sr. G. H. White, Torquay
Ilmo. Sr. Walter G. Whittingham, Londres
Ilmo. Sr. W. Wilson, Berwick-on-Tweed
Ilmo. Sr. A. J. Young, Edimburgo

Dedicatória

À memória de Sua Alteza Real Príncipe Leopoldo, Duque de Albany, precocemente tirado de nós, a quem esta obra de um inglês elisabetano, e de mesmo espírito, cuja honestidade, inteligência e compaixão combateram a cruel superstição e ignorância de seu tempo, é, com a permissão real e pesarosa estima, dedicada.

O Editor

Índice de Todos os Capítulos

Contidos nos 16 Tomos deste A Descoberta, *com o Discurso dos Demônios e Espíritos Anexado a Ele*

Prefácio 30
Introdução 32
Epístola 69

Primeiro Tomo

Contestação do poder das bruxas sobre meteoros e corpos elementares, tendendo à censura disso por atribuírem muito a elas. Página 94

O aumento da inconveniência pela credulidade dos homens locais, com a censura de alguns clérigos inclinados à opinião comum sobre a onipotência das bruxas, além de um exemplo familiar disso. Página 96

Quem são aquelas chamadas de bruxas, com uma declaração manifesta da causa que levou homens tão comuns e elas mesmas a acreditarem que poderiam ferir crianças, gado, etc. com palavras e pensamentos, e sobre as bruxas farsantes. Página 99

Ações milagrosas atribuídas às bruxas por perseguidores, papistas e poetas. Página 100

Uma refutação da opinião comum de bruxas e bruxaria e por que é um pecado tão detestável procurá-las para consultas ou ajuda em momentos de aflição. Página 103

Outra refutação do poder milagroso e onipotente das bruxas, por razões indômitas e autoridades, com argumentos para dissuadir essa credulidade insensata. Página 104

Por quais meios os nomes das bruxas ficam tão conhecidos e como diversas pessoas emitem opiniões a respeito delas e de suas ações. Página 105

Causas que levam tanto as próprias bruxas quanto outros a pensarem que podem operar impossibilidades, com respostas a certas objeções, em que também se aborda sua punição pela lei. Página 106

Uma conclusão do primeiro tomo, no qual se prenuncia a crueldade tirânica de perseguidores de bruxas e inquisidores, com um pedido ao leitor para ler atentamente. Página 108

Segundo Tomo

Depoimentos e testemunhos concedidos como evidência contra reputadas bruxas, pelo relato e

autorização dos próprios inquisidores, e assim por diante, pois há autores especiais aqui. Página 109
A ordem de exame das bruxas pelos inquisidores. Página 110.
Questões de evidência contra as bruxas. Página 111
Confissões de bruxas, com as quais elas são condenadas. Página 113
Presunções pelas quais bruxas são condenadas. Página 114
Interrogatórios privados usados pelos inquisidores contra as bruxas. Página 115
A prova do choro por conjuração dos inquisidores. Página 117
Certas precauções contra bruxas e suas torturas para conseguir confissão. Página 117
Os 15 crimes apresentados à acusação das bruxas pelos perseguidores, especialmente por Bodin, em *Dœmonomania*. Página 119
Uma refutação das antigas suspeitas de crimes reunidas por Bodin e a única forma de escapar das mãos dos inquisidores. Página 121
A opinião de Cornélio Agrippa a respeito das bruxas, sua defesa de uma pobre mulher acusada de bruxaria e como ele convenceu os inquisidores. Página 122
O que o medo da morte e as torturas podem forçar alguém a fazer e por que isso não é de se espantar, embora as bruxas se condenem por suas próprias confissões extraídas tão tiranicamente. Página 124

Terceiro Tomo

O pacto das bruxas com o diabo, de acordo com o *M. Malef.*, Bodin, Nider, Dancœus, Psellus, Erasto, Hemíngio, Cumanus, Aquinas, Bartholomeus Spineus, etc. Página 126
A homenagem feita pela ordem das bruxas ao diabo em pessoa, descrita por inquisidores devassos e impertinentes perseguidores de bruxas; sobre suas canções e danças, principalmente a *La volta*, e outras cerimônias, além de seus excursos. Página 127
Como bruxas são intimadas a aparecer diante do demônio, como voam no ar, seus relatos, seu pacto com o demônio, suas provisões e a conferência delas, sua despedida e sacrifícios, de acordo com Dancœus, Psellus, etc. Página 128
A impossibilidade de haver um pacto real com o diabo, o primeiro autor de tal pacto e as fracas provas dos adversários a respeito disso. Página 129
Sobre a aliança privada e uma história notável de Bodin a respeito de uma dama francesa com uma refutação. Página 130
Uma contestação de suas assembleias e de seu pacto. Página 132
Uma refutação da objeção a respeito das confissões das bruxas. Página 132.
A tolice de uma bruxa se expor a um perigo tão desesperado e suportar torturas tão intoleráveis sem nenhum ganho ou conveniência, e como acontece de as bruxas serem prejudicadas por suas confissões. Página 135
Como a melancolia afeta anciãs e sobre os efeitos disso com vários exemplos. Página 136
Que as confissões voluntárias possam ser feitas erroneamente, a destruição dos confessores e a operação singular da melancolia, provada com um exemplo familiar e tardio. Página 138

Os efeitos estranhos e diversos da melancolia e como o mesmo humor abundante em bruxas, ou melhor, em mulheres velhas, as enchia de imaginações incríveis, de modo que não se deve dar crédito a suas confissões. Página 140

Uma refutação das confissões das bruxas, especialmente a respeito de seu pacto. Página 141

Uma refutação das confissões das bruxas, quanto a provocar tempestades e chuva; sobre a causa natural da chuva e o fato de bruxas ou demônios não terem poder para fazer essas coisas. Página 142

O que aconteceria se as confissões das bruxas ou as opiniões de perseguidores de bruxas fossem verdadeiras, quanto aos efeitos da bruxaria, encantamentos, etc. Página 144

Exemplos de nações estrangeiras, que em suas guerras usaram o auxílio de bruxas; sobre bruxas fascinantes na Irlanda e dois arqueiros que atiravam com espíritos. Página 145

Autores condenando as confissões fantásticas de bruxas e como um doutor papista assumiu a responsabilidade de contestá-las. Página 146

As razões dos perseguidores de bruxas para provar que elas podem operar milagres, a história de Bodin sobre um sacerdote frísio arrebatado e por que as imaginações provenientes da melancolia causam ilusões. Página 149

Que a confissão das bruxas é insuficiente para tirar a vida no Direito Civil e Consuetudinário. O que os teólogos mais sensatos e os decretos de concílios determinam neste caso. Página 149

Quatro crimes capitais imputados às bruxas, todos completamente respondidos e refutados como frívolos. Página 151.

Um pedido aos leitores relutantes em ouvir ou ler questões imundas e obscenas (que por necessidade são inseridas aqui) a pular oito capítulos. Página 154

Quarto tomo

As opiniões dos perseguidores de bruxas a respeito dos espíritos do mal, como eles se encaixam em uma qualidade mais excelente do que a que Deus nos fez. Página 155

Os obscenos Íncubo e Súcubo, e se o ato sexual pode ser realizado entre bruxas e demônios, e quando as bruxas se entregaram pela primeira vez a um Íncubo. Página 155

Os demônios visíveis e invisíveis lidando com as bruxas na forma da luxúria. Página 157

O poder da geração impedido, tanto externa quanto internamente, pelas bruxas, e vários homens que tiveram seus genitais retirados por bruxas e pelos mesmos meios recuperados. Página 158

O bispo Silvano, sua lascívia revelada e oculta de novo, como as donzelas com cabelo loiro são mais assediadas pelo Íncubo, além de como homens casados são enfeitiçados a usar as esposas dos outros homens e a recusar as suas. Página 159

Como obter a dissolução do amor enfeitiçado, além de forçar um homem (por mais decente que seja) a amar uma velha bruxa; e um truque obsceno de um sacerdote em Gelderland. Página 161

---

1. S s. ii.

Sobre diversos santos e pessoas santas, que eram excessivamente obscenos e desonestos e por certos meios milagrosos tornaram-se castos. Página 162

Certas curas mágicas e papistas para aqueles com os genitais enfeitiçados. Página 163

Uma cura singular feita a alguém molestado por um Íncubo. Página 164

Uma refutação de todos os disparates anteriores no tocante ao Íncubo, que por exemplos e provas da mesma natureza mostra-se como uma evidente falsidade, na qual se desmente a cópula carnal com espíritos. Página 165

Que o Íncubo é uma doença natural, com remédios para ela, além de curas mágicas descritas aqui. Página 166

A censura de G. Chaucer, a respeito da farsa do Íncubo. Página 167

Quinto Tomo

Transformações, exemplos ridículos apresentados pelos adversários para a confirmação de sua tola doutrina. Página 169

Razões absurdas apresentadas por Bodin, e outros, para a confirmação das transformações. Página 172

Um homem transformado em asno, e de volta a homem, por uma das bruxas de Bodin, e a opinião de Santo Agostinho a esse respeito. Página 173

Um sumário da fábula anterior, com uma refutação desta, depois de seu devido exame. Página 175

A comprovação por meio de motivos fortes, escrituras e fontes de que o corpo de um homem não pode ser transformado no corpo de um animal por uma bruxa. Página 177

As objeções dos perseguidores de bruxas a respeito de Nabucodonosor respondidas e a refutação de seu erro a respeito da licantropia. Página 179

Resposta a uma objeção especial a respeito dos transportes, com o consentimento de diversos autores. Página 180

Resposta à objeção dos perseguidores de bruxas sobre a história de *Jó*. Página 183.

A menção das escrituras a vários tipos de bruxas e como a palavra bruxa se aplica a elas. Página 185

Sexto Tomo

A exposição da palavra hebraica *Chasaph*, com a qual é respondida a seguinte objeção contida em Êxodo 22: não deixarás viver a feiticeira; e a respeito de Simon Magus. Atos 8. Página 188

Explicação da passagem do Deuteronômio, na qual são recitados todos os tipos de feiticeiras, além da refutação das opiniões daqueles que defendem que elas podem operar os milagres que lhes são atribuídos. Página 190

O maior uso do veneno em todas as eras por parte das mulheres que dos homens e a inconveniência do envenenamento. Página 192

Diversas práticas de envenenamento, também chamadas *veneficia*, cometidas na Itália, em Gênova, Milão, Wittenberge, e como elas foram descobertas e executadas. Página 194

Resposta a uma grande objeção a respeito desse tipo de feitiço chamado *Veneficium*. Página 195

Em que consistia a preparação desse feitiço chamado *Veneficium*: em poções de amor, e como estas são refutadas por poetas. Página 196

Autores mais confiáveis provam que as poções de amor provocam a morte por envenenamento em vez do amor por astúcia: e com quais artifícios elas destroem o gado e conseguem amor. Página 197

O triunfo de John Bodin contra J. Wier é surpreendido por um falso grego e uma subsequente interpretação falsa disso. Página 198

Sétimo Tomo

A palavra hebraica *Ob*, seu significado e onde é encontrada, as pitonisas chamadas Ventríloquas, quem elas são e quais são suas práticas, experiências e exemplos, Página 200

Como a prática desonesta da Pitonisa de Westwell foi revelada e por quem ela foi examinada; e que todo o seu discurso diabólico não passava de ventriloquia e simples charlatanismo, o que é provado com sua confissão. Página 203

Material de Bodin a respeito da Pitonisa de Endor, com uma história verdadeira de um holandês farsante. Página 206

O grande oráculo de Apolo, a Pitonisa, e como homens de todos os tipos foram enganados e até os apóstolos compreenderam mal a natureza dos espíritos, com o argumento irrefutável de que espíritos não podem assumir nenhuma forma. Página 207

Por que Apolo era chamado de Píton, de quem aquelas bruxas ganharam o nome de Pitonisas. Gregório e sua carta ao demônio. Página 209

Apolo, chamado de Píton, comparado com o crucifixo chamado Cruz da Graça. A refutação da carta de Gregório ao demônio. Página 210

Como diversos grandes clérigos e bons autores foram ludibriados nessa questão dos espíritos por meio de relatos falsos, e por credulidade publicaram mentiras, que são refutadas por Aristóteles e as escrituras. Página 211

A feiticeira de Endor, e se ela realizou a evocação de Samuel verdadeiramente ou por engodo. A opinião de alguns teólogos sobre isso. Página 211

Que Samuel[2] não foi evocado de fato, e como Bodin e todos os papistas apontam aqui que almas não podem ser evocadas pela bruxaria. Página 213

Que nem o espírito nem Samuel foram evocados, mas que eram meras fraudes, de acordo com o disfarce de nossas pitonisas. Página 215

A resposta à objeção dos perseguidores de bruxas a respeito dessa passagem e quais circunstâncias devem ser consideradas para a compreensão dessa história, que é simplesmente revelada desde o início do 28º capítulo de 1 Samuel até o 12º versículo. Página 215

Explicação sobre os versículos 12, 13 e 14 de 1 Samuel 28, nos quais se mostra que Saul foi enganado e abusado pela feiticeira e que Samuel não foi evocado, o que se comprova pela conversa das próprias bruxas[3]. Página 218

A exposição do restante de 1 Samuel 28, no qual é declarado com que astúcia essa feiticeira levou Saul a acreditar piamente que ela evocou Samuel, quais palavras são usadas para disfarçar a fraude e como todos também são enganados com o ventriloquismo. Página 219

As opiniões de alguns acadêmicos de que Samuel foi evocado, de fato, não

---

2. S. s. ii. v.
3. S. s. iii.

pela arte ou pelo poder das bruxas, mas pelo milagre especial de Deus, que não há visões como essas nos dias atuais e que nossas bruxas não conseguem fazer isso. Página 221

Vãs aparições, como as pessoas foram levadas a temer bichos-papões, o que é corrigido em parte pela pregação do evangelho, o verdadeiro efeito dos milagres de Cristo. Página 223

Comparação dos milagres das bruxas com os de Cristo; Deus como o criador de todas as coisas; Apolo e seus nomes e imagens. Página 224

Oitavo Tomo

O fim dos milagres. Página 226
O fim do dom da profecia. Página 228
O fim dos oráculos. Página 229
Um conto sobre a morte do demônio escrito por muitos autores sérios e acreditado por muitos homens sábios. E outra história escrita por papistas e acreditada por todos os católicos, demonstrando a honestidade, a consciência e a cortesia do demônio. Página 231
Os julgamentos dos antigos pais da pátria tocando oráculos, e sua revogação, e que agora são transferidos de Delfos para Roma. Página 233
Onde e como farsantes, bruxas e padres tentaram transmitir oráculos e realizar suas façanhas. Página 233

Nono Tomo

Explicação sobre a palavra hebraica *Kasam* e até onde um cristão pode ir para conjecturar sobre as coisas futuras. Página 236

Provas nos Antigo e Novo Testamentos de que certas observações do clima são legítimas. Página 237

Que certas observações são indiferentes, umas ridículas e outras ímpias, e como essa astúcia deriva de Apolo e dos Arúspices. Página 238

As previsões de videntes e sacerdotes imorais, os prognósticos de astrônomos e médicos admissíveis, profecias divinas sagradas e boas. Página 239

A diversidade dos verdadeiros profetas, sobre Urim e o uso profético das 12 pedras preciosas dali oriundas e a voz divina chamada Eco. Página 240

Sobre as profecias condicionais: que as profecias no Antigo Testamento solicitam e por quem elas são publicadas, e as respostas dos perseguidores de bruxas às objeções contra as ações sobrenaturais das bruxas. Página 241

Quais milagres foram mencionados no Antigo Testamento e quais no Novo, e por que não devemos agora procurar por mais milagres. Página 242

Décimo Tomo

A interpretação da palavra hebraica *Onen*, sobre a futilidade dos sonhos e as adivinhações oriundas deles. Página 244

Sobre sonhos divinos, naturais e casuais com as várias causas e efeitos. Página 244

A opinião de diversos autores antigos a respeito dos sonhos e suas variadas interpretações das causas disso. Página 245

A causa comum de sonhos e contra sua interpretação. A opinião de Hemíngio sobre os sonhos diabólicos e o fim da interpretação dos sonhos. Página 246[4].

---
4. S s. iii. v.

Por que nem as bruxas nem nenhuma outra pessoa podem, por palavras ou ervas, enfiar na mente de um homem adormecido quais pensamentos ou sonhos quiserem e de onde vêm os sonhos mágicos. Página 247

Como os homens foram enfeitiçados, enganados ou abusados por meio dos sonhos a cavar e procurar por dinheiro. Página 248

A arte e a ordem a ser usada para cavar em busca de dinheiro, reveladas pelos sonhos, como conseguir sonhos agradáveis; sonhos matutinos e da meia-noite. Página 248

Diversas fórmulas e unguentos, feitos e usados para o transporte[5] das bruxas, e outros efeitos milagrosos. Um exemplo disso relatado e apreciado por alguns acadêmicos. Página 249

Uma refutação das antigas tolices, também a respeito de unguentos, sonhos, etc., bem como as assembleias de bruxas e suas consultas e banquetes em diversos lugares e todos em sonhos. Página 250

A revelação da maior parte das profecias no Antigo Testamento em sonhos, mas nós não procuraremos agora por tais revelações; alguns que sonharam com aquilo que aconteceu, o fato de que os sonhos provam o contrário, e a regra de Nabucodonosor para conhecer um verdadeiro expositor de sonhos. Página 251

Décimo Primeiro Tomo

Explicação sobre a palavra hebraica *Nahas*, a arte do augúrio, quem a inventou, como uma ciência é suja; a grande quantidade de sacrifícios e sacrificadores dos pagãos e as causas disso. Página 253

O sacrifício dos judeus a Moloque, um discurso a respeito disso e sobre o purgatório. Página 254

A crueldade dos canibais e os sacrifícios papistas que excedem em tirania os sacrifícios de judeus ou gentios. Página 255

A superstição dos pagãos sobre o elemento Fogo e como ela cresceu em tamanha reverência entre eles; suas corrupções e o fato de eles terem alguma noção da conduta dos sacerdotes devotos a esse respeito. Página 255

Os sacrifícios romanos, como eles estimavam o augúrio e sobre a lei das 12 tábuas. Página 256

Colégios de áugures, seu ofício, seu número, o significado de augúrio. Que os praticantes dessa arte eram farsantes, sua profissão, seus locais de exercício, sua aparelhagem, sua superstição. Página 258

Os momentos e as estações para exercitar o augúrio, a maneira, a ordem dessa prática e suas cerimônias. Página 259

Quais sinais e marcas os áugures prognosticavam, observações no tocante às partes interna e externa de animais, com notas sobre o comportamento dos animais no abatedouro. Página 259

Uma refutação do augúrio, Platão e sua reverenda opinião sobre isso, eventos contrários e falsas previsões. Página 260.

A arte enganadora do sortilégio ou tirar a sorte, praticada especialmente por nômades egípcios, sortilégios permitidos, Pitágoras e sua tabela, etc. Página 261

A arte cabalista, baseada em tradições e preceitos orais aprendidos sem livro, e sua divisão. Página 262

Quando, como e quais tipos de sacrifícios foram ordenados pela primeira vez, como foram profanados e como o papa corrompeu os sacramentos de Cristo. Página 263

---

5. S. s. iv.

Os objetos que os áugures usavam para prognosticar, com certas advertências e notas. Página 264

A divisão do augúrio, pessoas admissíveis em colégios de augúrio e sobre sua superstição. Página 265

As coleções e as observações supersticiosas preferidas das pessoas comuns. Página 266

Como os autores antigos divergem quanto a importância, ao modo e aos meios com os quais as coisas auspiciosas são propostas. Página 268

Como a arte do augúrio é ridícula, como Cato escarneceu dela, o argumento de Aristóteles contra ela, coleções preferidas de áugures, quem reconhecia e quem desaprovava. Página 268

Distinções favoritas dos autores pagãos a respeito do augúrio. Página 269

O augúrio natural e casual, um reconhecido e o outro desaprovado. Página 270

Uma refutação do augúrio casual que é mera bruxaria, e em quais incertezas aquelas adivinhações se baseiam. Página 270

Que os astromantes são feiticeiros, a incerteza de sua arte, suas contradições, a declaração de Cornélio Agrippa contra a astrologia judicial. Página 271

A sutileza de astrólogos para manter o crédito de sua arte, por que eles continuam em crédito, certas impiedades contidas nas declarações dos astrólogos. Página 272

Quem tem poder para afastar demônios apenas com sua presença, quem receberá de Deus tudo o que pedir em oração, quem obterá a vida eterna por meio das constelações, como afirmam os vaticinadores. Página 274

Décimo Segundo Tomo

Explicação sobre a palavra hebraica *Habar*, onde se demonstra também a suposta força secreta de amuletos e feitiços e declara-se, de diversas formas, a eficácia das palavras. Página 276

O que é proibido nas escrituras a respeito da feitiçaria, sobre a operação de palavras, a superstição dos cabalistas e papistas, quem criou substâncias; imitar Deus em alguns casos é presunção, palavras de santificação. Página 277

Que efeito e ofensa os feitiços das bruxas trazem, como elas são ineptas e como é improvável realizar essas coisas a elas atribuídas, o que aconteceria se essas coisas das quais elas são acusadas fossem verdadeiras. Página 278

Por que Deus proibiu a prática da feitiçaria, o absurdo da lei das 12 tábuas na qual se baseia sua estima por ações milagrosas, e sobre seus trabalhos maravilhosos. Página 279

Um exemplo de uma denúncia na lei das 12 tábuas com o qual se prova como a dita lei é ridícula, e sobre duas bruxas e bruxos capazes de operar maravilhas. Página 280

Leis promulgadas para a punição de bruxas que operam milagres, com a menção de algumas, e sobre certas leis papistas publicadas contra elas. Página 281

Fontes poéticas geralmente alegadas por perseguidores de bruxas como provas das ações milagrosas das bruxas e para a confirmação de seu poder sobrenatural. Página 282

Na comparação entre poesia e papismo em matéria de encantamentos, os perseguidores de bruxas papistas têm mais vantagem aqui do que os protestantes. Página 287

Talismãs, amuletos e simpatias papistas, *Agnus Dei*, um colete de proteção, uma simpatia para afastar o mal, um texto trazido do céu para São Leão Magno por um anjo, as virtudes da epístola de São Salvador, um feitiço contra ladrões, um texto encontrado nas chagas de Cristo, a cruz, etc. Página 288

¶ Uma simpatia contra tiro ou um colete de proteção. Para afastar o mal. Página 289. Um amuleto ou simpatia papista contra ladrões que nunca deve ser dito, mas carregado pela pessoa. Outro amuleto. Página 290. Uma simpatia papista. Uma simpatia encontrada no cânone da missa. Outras simpatias papistas. Página 291. Uma simpatia da santa cruz. Página 292. Uma simpatia tirada do Lecionario. Página 293

Como fazer água-benta e as virtudes dela, a simpatia de São Rufino, sobre usar e carregar o nome de Jesus e por que os sacramentos da penitência e da eucaristia são de tanta eficácia quanto outras simpatias e exaltados por L. Vairus. Página 293

O nobre bálsamo usado por Moisés, falsificado na Igreja Romana. Página 294

A opinião de Ferrarius em relação a feitiços, talismãs, pêndulos, amuletos, etc. Os medicamentos homéricos, a opinião constante e os efeitos disso. Página 295

Os efeitos dos amuletos, a intenção de Argerius Ferrarius na recomendação de feitiços, etc.; quatro tipos de medicamentos homéricos e a escolha deles; sobre a imaginação. Página 296

Escolha de simpatias para afastar o mal, a mordida de um cachorro louco, a picada de um escorpião, dor de dente; uma mulher em trabalho de parto, o infortúnio dos reis, como tirar um espinho de qualquer membro ou um osso da garganta de alguém, simpatias a serem ditas em jejum ou colhendo ervas; dores nos olhos, como abrir fechaduras; feitiços contra espíritos, berne em cavalos e, especialmente, para o cavalo do Duque de Albas, contra vinhos azedos, etc. Página 297

¶ Para afastar o mal. Contra a mordida de um cachorro louco. Página 298. Contra a picada de um escorpião. Contra dor de dente. Uma simpatia para aliviar uma mulher em trabalho de parto. Para curar doenças de Reis ou Rainhas, ou qualquer outra dor na garganta. Uma simpatia lida na Igreja Católica sobre o dia de São Brás, que extrairá um espinho de qualquer lugar do corpo ou um osso da garganta, etc.; Preleção 3. Uma simpatia contra dor de cabeça. Um feitiço a ser dito pela manhã por uma bruxa em jejum ou pelo menos antes de ela sair de casa. Página 299. Outro feitiço que as bruxas usam ao coletar suas ervas medicinais. O feitiço de uma velha, com o qual ela fez o bem na região e ficou famosa por causa disso. Outra simpatia parecida na qual se pode notar a força da opinião constante ou da ideia fixa. O demônio puxa seus dois olhos e evacua nos dois orifícios. Página 300. Um feitiço para abrir fechaduras. Um feitiço para afastar espíritos que assombram uma casa – O Feitiço de Paracelso. Um belo feitiço ou conclusão para um possuído. Outro para o mesmo propósito. Página 301. Outro com o mesmo efeito. Outra simpatia ou feitiço para a mesma finalidade. Um feitiço contra berne em um cavalo. Página 302. Um feitiço para impedir a formação do vinagre. Página 303 O encantamento de serpentes e cobras, objeções respondidas a respeito disso, motivos tolos por que os feitiços fazem efeito, o pombo de Maomé, milagres realizados por um asno em Mênfis, no Egito, simpatias papistas contra serpentes, sobre realizadores de milagres, cobras domadas, a mentira de Bodin acerca das cobras. Página 303

Feitiços para carregar água em uma peneira, para saber o que é falado sobre nós pelas nossas costas, para olhos lacrimejantes, para fazer as sementes crescerem bem; sobre imagens feitas de cera, para se livrar de uma bruxa, para enforcá-la; autores[6] notáveis contra imagens de cera, uma história acusando o logro de imagens de cera. Página 309

¶ Um feitiço ensinando a ferir quem a pessoa quiser com imagens de cera. Página 310

Vários tipos de feitiços visando a diversos propósitos. Primeiro, certos feitiços para provocar a taciturnidade em torturas. Página 312

¶ Antídotos contra essas e todas as outras bruxarias, como as bruxas são importunadas ao pronunciá-los, etc. Uma simpatia contra a tosse convulsa. Para o descanso corporal ou espiritual. Página 312. Feitiços para encontrar um ladrão. Página 313. Outra forma[7] de encontrar um ladrão que roubou qualquer coisa. Para arrancar o olho do ladrão. Outra maneira de encontrar um ladrão.

Uma simpatia para descobrir um ladrão ou frustrar um assalto. Página 314. A maldição de Santo Adalberto ou o feitiço contra ladrões. Página 315

¶ Outro encantamento. Um feitiço ou experimento para descobrir uma bruxa. Página 317

¶ Para frustrar um ladrão, uma bruxa ou qualquer outro inimigo e ser libertado do mal. Uma simpatia ou remédio notável para retirar a ponta de uma flecha ou qualquer outro objeto perfurante de carne ou ossos, que não pode ser retirado de outra forma. Simpatias contra uma febre cotidiana. Página 320. Para todos os tipos de febres intermitentes. Talismãs, símbolos, etc., para febres e para curar todas as doenças e livrar de todo o mal. Mais simpatias contra febres. Página 321. Para hemorragia, ou melhor, uma perda de sangue. Página 322. Curas iniciadas e terminadas com bruxaria. Página 323. Outra bruxaria ou farsa praticada pelo mesmo cirurgião. Página 324. Outro experimento para alguém enfeitiçado. Outro caso. Um truque para saber se alguém foi enfeitiçado, ou não, etc. Página 325

Que uma feitiçaria pode ser combatida legalmente por outra. Página 326.

Quem é imune às bruxas, quais corpos são mais aptos a serem enfeitiçados ou virarem bruxas, por que mulheres se tornam mais bruxas do que homens e o que elas são. Página 326

Quais milagres os perseguidores de bruxas relatam ter sido realizados pelas palavras das bruxas, etc.; contradições dos perseguidores entre si, como animais são curados, manteiga enfeitiçada, um feitiço contra

---

6. S. s. iv. v.
7. [S s. v.]

bruxas e um contrafeitiço, os efeitos de feitiços e palavras provados por L. Vairus como milagrosos. Página 328

¶ Um feitiço para descobrir aquela que enfeitiçou suas vacas. Página 329. Outro para todo aquele que enfeitiçou algum tipo de gado. Um feitiço especial para proteger todo o gado da bruxaria. Página 330

Feitiços lícitos, ou melhor, curas medicinais para o gado doente. O feitiço dos feitiços e seu poder. Página 331

¶ O feitiço dos feitiços. Página 331. Alternativa. Página 332

Uma refutação da força e da virtude falsamente atribuídas a feitiços e amuletos pelas fontes de autores antigos, tanto teólogos como médicos. Página 332

Décimo Terceiro Tomo

O significado da palavra hebraica *Hartumim*, onde ela é encontrada nas escrituras e suas diversas traduções; de que forma a objeção dos magos dos faraós é respondida depois neste livro; e também como a magia natural não é o mal em si. Página 334

Como os filósofos do passado trabalharam para o conhecimento da magia natural, o conhecimento de Salomão a esse respeito, quem deve ser chamado de mago natural, uma distinção disso e por que é condenado como bruxaria. Página 335

Quais segredos estão ocultos, o que é ensinado em magia natural, como a glória de Deus é magnificada nela, que não passa de obra da natureza. Página 336[8].

Quais coisas singulares são realizadas pela magia natural. Página 377

A incrível operação das águas, tanto paradas como correntes: de poços, lagos, rios, e seus efeitos maravilhosos. Página 377

As virtudes e as qualidades de várias pedras preciosas, a fraude de lapidadores, etc. Página 338

Como as pedras preciosas recebem suas operações, o uso curioso que os magos fazem delas e seus selos. Página 341

A atração e a aversão de corpos naturais e elementares demonstradas com diversos exemplos de animais, aves, plantas, etc. Página 344

O assunto anterior comprovado com muitos exemplos dos vivos e dos mortos. Página 347

O veneno cativante contido no corpo de uma prostituta; como seu olhar, sua língua, sua beleza e comportamento enfeitiçam alguns homens; o grande mérito de ossos e chifres. Página 348

Duas maravilhas notórias e ainda não admiradas. Página 349

As ilusões, os conluios e os truques de mágica, e como eles podem ser bem ou mal usados. Página 350

O conluio privado e o pombo de Brandon. Página 351

O conluio público e no que ele consiste. Página 352

Como os homens são abusados com palavras de subterfúgio, com vários exemplos disso. Página 352

Como alguns são abusados com magia natural, e vários exemplos disso quando a ilusão é adicionada, a ovelha malhada de Jacó e um mouro negro. Página 353

---

8. [Ss. v. v.]

A opinião dos perseguidores de bruxas de que os demônios podem criar corpos e os magos dos faraós. Página 355

Como produzir ou criar monstros pela magia da arte e por que os magos dos faraós não podiam fazer piolhos. Página 356

Quais grandes questões podem ser trabalhadas com essa arte, quando príncipes a estimam e a mantêm; diversos experimentos maravilhosos e de conclusões singulares em lentes de vidro, a arte da perspectiva, etc. Página 357

Uma comparação entre os magos dos faraós e nossos feiticeiros, e como sua astúcia consistia em habilidade na mágica. Página 359

Que as serpentes e os sapos foram realmente apresentados e a água envenenada de fato por Jannes e Jambres; sobre os falsos profetas e seus milagres; sobre o asno de Balam. Página 360

A arte da mágica descoberta e seus principais pontos. Página 362

A bola e o estilo de mágica com ela, além de truques notáveis com uma ou várias bolas. Página 363

¶ Como fazer uma bolinha crescer na sua mão até ficar bem grande. Como reduzir uma ou muitas bolas a nada, ou melhor, fazê-las desaparecer. Como dar uma batidinha nos nós dos dedos de alguém. Página 364

Truques com moedas. Página 365

¶ Como passar uma moeda de uma das mãos para a outra com mágica. Como converter ou transformar moedas em fichas ou fichas em moedas. Como colocar uma moeda em cada uma das mãos e com palavras reuni-las. Página 365. Como colocar uma moeda na mão de um estranho e outra na sua e transferir as duas para a mão dele com palavras. Outra forma de realizar o mesmo truque ou algo parecido. Como jogar uma moeda fora e encontrá-la de novo onde quiser. Página 366. Como fazer uma moeda de maior ou menor valor sair de um pote ou correr em uma mesa com palavras. Como fazer uma moeda passar por uma mesa ou desaparecer de um lenço de forma muito singular. Um truque notável para transformar uma ficha em moeda. Página 367

Um truque excelente para fazer uma moeda passar de uma mão para a outra quando quiser. Página 368.

¶ Como tirar uma moeda da mão de uma pessoa que a segurava firme. Página 368. Como jogar uma moeda em um lago fundo e tirá-la de lá quando quiser. Como passar uma moeda de uma mão para a outra com os braços afastados como uma cruz. Como aplicar uma lição em um falastrão. Página 369[9].

Como transformar qualquer coisa pequena em outra dobrando um papel. Página 369

Truques com cartas, com boas advertências sobre como evitar fraudes com elas. Regras especiais para passar e lidar com as cartas, e o modo e a ordem como executar todas as coisas difíceis e singulares realizadas com elas. Página 370

---

9. [S s. vi.]

¶ Como dar quatro ases e convertê-los em quatro valetes. Como revelar a alguém qual carta ele vê embaixo do maço quando ela está embaralhada com as outras. Página 371. Uma outra forma de fazer a mesma coisa, sem nunca realmente ver a carta. Revelar a alguém sem conspiração em que carta ele pensou. Página 372

Como revelar em que carta alguém pensou, como transferi-la para uma casca de noz ou um caroço de cereja, etc., e de volta para o bolso de alguém; como fazer alguém tirar a mesma carta que o mágico quiser, e tudo em uma única deixa. Página 372

Apertado ou folgado, como dar um nó firme em um lenço e desatá-lo com palavras. Página 373

¶ Um truque notável de prender ou soltar, isto é, puxar três contas de uma corda, enquanto segura firme as pontas dela, sem tirar a mão. Página 374

Truques de ilusionismo em dupla e como saber se uma moeda cairá em cara ou coroa pelo som. Página 374

¶ Como fazer um gansaral arrastar uma tora de madeira. Fazer um pote ou qualquer coisa parecida parada no armário cair de lá por meio de palavras. Como obrigar[10] alguém a dançar nu. Como transformar ou alterar a cor da touca ou do chapéu de alguém. Como revelar onde foi parar um cavalo roubado. Página 375

Caixas para transformar um grão em outro ou fazer o grão ou cereal desaparecerem. Página 376

¶ Como transferir (com palavras ou feitiços) o trigo verde de uma caixa para outra. Outra caixa para transformar o trigo em farinha com palavras, etc. Página 376. Diversos truques triviais de magia. Página 377

Como queimar um fio e reconstruí-lo com suas cinzas. Página 377

¶ Como cortar um pedaço de renda no meio e reconstruí-lo. Como puxar inúmeros tecidos de sua boca, da cor e do comprimento que quiser e sem que nada seja visto dentro dela. Página 378

Como fazer um livro ter cada folha de uma cor diferente: branca, preta, azul, vermelha, amarela, verde, etc. Página 378

Truques de ilusionismo desesperadores ou perigosos, nos quais uma pessoa simples deve ser forçada a acreditar que um ilusionista pode, com palavras, ferir e ajudar, matar e ressuscitar qualquer criatura ao seu bel-prazer, por exemplo, matar primeiro qualquer tipo de frango e trazê-lo de volta à vida. Página 380

¶ Como engolir uma faca e retirá-la de qualquer outro lugar. Como enfiar uma ponteira na cabeça sem ferimento. Como enfiar uma ponteira na língua e uma faca no braço: uma visão lamentável, sem ferimento ou perigo. Página 381. Como enfiar um pedaço de chumbo em um dos olhos e conduzi-lo (com uma vareta) entre a pele e a carne da testa até o outro olho, e de lá retirá-lo. Cortar metade do nariz e curá-lo de novo na hora sem qualquer pomada[11]. Como passar um anel pela bochecha. Como cortar a cabeça de alguém e colocá-la em uma bandeja, etc., que os ilusionistas chamam

---

10. Fazer.
11. [S s vi. v.]

de decapitação de João Batista. Página 382. Como enfiar, de maneira singular, uma adaga ou ponteira na barriga e recuperar-se instantaneamente. Página 383 Como enfiar um fio pelo nariz, boca ou mão, de forma tão sensível que é maravilhoso de ver. Página 384

A conclusão na qual são mencionados ao leitor certos padrões de instrumentos com os quais diversos truques aqui especificados devem ser executados. Página 384

Décimo Quarto Tomo

A arte da Alquimia, suas palavras de arte e métodos para ofuscar os olhos dos homens e atrair crédito para sua profissão. Página 390

O intento dos alquimistas, a lenda do criado do cônego, pedras e águas alquímicas. Página 391

Um criado do município enganado por um alquimista. Página 393

Um certo rei abusado por um alquimista e um belo gracejo do bobo da corte. Página 395

Uma história notável escrita por Erasmo sobre dois alquimistas, também sobre alongamento e encurtamento. Página 396

A opinião de diversos acadêmicos a respeito do disparate da Alquimia. Página 402

Os homens são seduzidos por essa arte atraente por causa de uma vã e enganosa esperança; seus resultados, porém, são inúteis, etc. Página 404

Uma continuação do assunto anterior, com uma conclusão. Página 405

Décimo Quinto Tomo

A exposição de *Iidoni* e onde é encontrada, na qual toda a arte de conjuração é decifrada. Página 408

Um inventário de nomes, aparências, poderes, governo e efeitos dos demônios e espíritos, sobre suas várias potestades e graus. Um estranho discurso que vale a pena ler. Página 409

As horas nas quais os principais demônios podem ser presos; isto é, evocados e impedidos de fazer o mal. Página 420

A forma de conjurar ou evocar os espíritos mencionados. Página 420

Uma refutação das diversas vaidades contidas nos capítulos anteriores, principalmente o controle dos demônios. Página 422

Os nomes dos planetas, seus símbolos, junto aos 12 signos do zodíaco, seus talentos, aspectos e regência, com outras observações. Página 424

¶ Os 12 signos do zodíaco, seus símbolos e nomes, etc. Suas tendências ou inclinações. Página 424. A disposição dos planetas. Os aspectos dos planetas. Página 425. Como o dia é dividido. A divisão do dia e a regência planetária. A divisão da noite e a regência planetária. Página 426

Os símbolos dos anjos dos sete dias, com seus nomes, figuras, selos e talismãs. Página 427

Um experimento com mortos. Página 428

Uma licença para Sibila ir e vir o tempo todo. Página 433

Para saber se há um tesouro debaixo da terra. Página 434

¶ Esta é a forma de passar invisível por essas três irmandades de fadas. Página 434

Um experimento de Citrael, etc.; *angeli diei dominici*. Página 435

¶ Os sete anjos dos sete dias, com a oração chamada *Regina linguæ*. Página 435

Como encarcerar um espírito em um cristal. Página 437[12].

Uma figura ou tipo proporcional, mostrando que forma deve ser observada e mantida; como fazer a figura com a qual o antigo segredo de prender um espírito no cristal é realizado, etc. Página 439

Um experimento de Bealfares. Página 440

¶ O vigésimo segundo salmo. O salmo 51 também deve ser declamado três vezes, etc. Página 441

Como prender o espírito Bealfares e soltá-lo de novo. Página 443

¶ Uma autorização para o espírito partir. Página 443.

Um tipo ou figura de círculo para o mestre e seus companheiros se sentarem dentro dela, mostrando como e de que forma deve ser feita. Página 445

A fabricação de água-benta. Página 446

¶ Para a água também diz o seguinte. Página 446. Depois pegue o sal na mão e, ao colocá-lo na água, diga o seguinte, fazendo o sinal da cruz. Então, ao aspergi-la sobre qualquer coisa, deve-se dizer. Página 447

Como fazer um espírito aparecer em um cristal. Página 447

Um experimento com mortos. Página 449

¶ Agora o *Pai-nosso*, a *Ave-Maria* e o *Credo* devem ser rezados e depois esta oração. Página 450

Um elo espiritual para prendê-lo a você e ao seu N. da seguinte forma. Página 450

¶ Este elo espiritual é para chamá-lo ao seu cristal, ou copo de cristal, etc. Página 453. Depois de ele aparecer, diga estas palavras. Uma autorização para partir. Página 454

Quando conversar com espíritos e receber respostas verdadeiras para encontrar um ladrão. Página 455

¶ Como falar com espíritos. Página 455

Uma refutação da conjuração, principalmente para a evocação, o elo espiritual e a dispensa do demônio; como ficar invisível e outras práticas perversas. Página 455

Uma comparação entre exorcistas papistas e outros conjuradores, uma conjuração papista publicada por um importante doutor da Igreja Romana, suas regras e alertas. Página 457

Um experimento recente ou conjuração falsa praticada em Orleans pelos frades franciscanos, como ela foi detectada, e o julgamento dos autores dessa comédia. Página 459

Quem pode ser conjurador na Igreja Católica Apostólica Romana além dos padres, uma definição ridícula de superstição, quais palavras devem ou não ser usadas em exorcismos, rebatismo permitido; é lícito conjurar qualquer coisa, as diferenças entre água-benta e conjuração. Página 462

---

12. [S s. iii.]

Os sete motivos pelos quais alguns não se livram do demônio com todas as suas conjurações papistas, por que não há conjuradores na igreja primitiva e por que o demônio não é expulso tão rápido do enfeitiçado quanto é do possuído. Página 464

Outros absurdos repulsivos de perseguidores de bruxas nessa questão das conjurações. Página 465

Certas conjurações tiradas do pontifício e do missal. Página 467

¶ Uma conjuração escrita no livro da missa. Fol. I. Oremos. Página 467

Os padres papistas não deixam nada sem conjurar, uma forma de exorcizar o incenso. Página 468

As leis e as regras dos exorcistas papistas e outros conjuradores, com uma refutação de seu poder, como São Martinho conjurou o demônio. Página 469

É uma vergonha para os papistas acreditar nos feitos de outros conjuradores, quando os seus têm tão pouca força, a opinião de Hipócrates sobre isso. Página 471[13]

Como os conjuradores iludiram as bruxas, quais livros eles carregam para conseguir crédito para sua arte, declarações perversas contra Moisés e José. Página 472

Todas as artes mágicas refutadas por um argumento a respeito de Nero, o que Cornélio Agrippa e Carolus Gallus deixaram escrito sobre isso e provaram por experiência. Página 473

As conjurações de Salomão e a refutação da opinião a respeito de sua habilidade e prática. Página 474

Lições lidas em todas as igrejas sob autoria do papa no dia de Santa Margarida, traduzidas palavra por palavra. Página 475

Uma história delicada de um lombardo que, a exemplo de Santa Margarida, precisou combater um demônio real. Página 476

A história de Santa Margarida provada como ridícula e ímpia em todos os pontos. Página 478

Um milagre agradável realizado por um padre papista. Página 479

O milagre anterior refutado, com uma história singular de Santa Luzia. Página 480

Visões, barulhos, aparições e sons imaginados, entre outras ilusões, e almas errantes, com uma refutação disso. Página 480

A opinião de Cardano sobre barulhos estranhos, como visões falsas ganham crédito, aparições papistas, papa Bonifácio. Página 482

O barulho ou som do eco, alguém que escapou por pouco de se afogar por causa disso, etc. Página 483

Teurgia, com uma refutação dela, uma carta enviada a mim a respeito desses assuntos. Página 484

¶ A cópia de uma carta enviada a mim, R.S., por T. E. Mestre de arte, e praticante da Medicina, e também de certas ciências vãs no passado; condenado a morrer por isso, na qual ele revela a verdade sobre esses truques. Página 485.

Décimo Sexto Tomo

Uma conclusão, na forma de um epílogo, repetindo muitos dos absurdos dos pensamentos dos perseguidores de bruxas, refutações disso e a autoridadede de James Sprenger e

---

13. [S s vii. v.]

Henry Institor, inquisidores e compiladores do *M. Malef.* Página 488

Por quais meios as pessoas comuns foram levadas a acreditar nas obras milagrosas das bruxas, uma definição da bruxaria e uma descrição dela. Página 489

Razões para provar que palavras e símbolos não passam de tolices e que as bruxas não conseguem realizar coisas como aquelas que as multidões acreditam que elas possam fazer, a prova de que seus maiores portentos são insignificâncias; um jovem cavalheiro enganado. Página 490

Alguém que foi tão enfeitiçado que não conseguia ler escrituras, apenas as horas canônicas, um demônio que não conseguia falar latim, uma prova de que a bruxaria é uma evidente farsa. Página 492

A adivinhação feita com peneira e tesouras, com um livro e uma chave, a refutação da opinião de Hemíngio sobre isso, uma conversa simples para saber as horas, certos truques de ilusionismo, muitas razões para a ruína de bruxas e conjuradores e suas fraudes, as transformações dos demônios, *Ferrum candens*, etc. Página 493

Como o demônio pregava a boa doutrina disfarçado de padre, como ele foi descoberto e que vergonha é (depois uma refutação das maiores bruxarias) para qualquer homem dar crédito a tudo isso. Página 496

Uma conclusão contra a bruxaria, no modo e na forma de uma Indução. Página 498

A bruxaria natural ou fascinação. Página 499

Olhos que enfeitiçam e encantam. Página 500[14].

A bruxaria natural por amor, etc. Página 501

Um Discurso a Respeito de Demônios e Espíritos, abordando primeiro as opiniões dos filósofos, mas também o raciocínio deles sobre isso, e a refutação. Página 503

Minha própria opinião a respeito desse argumento, para a contestação de alguns autores aqui mencionados. Página 504

A opinião de Psellus no tocante a espíritos, suas várias ordens e uma refutação de seus erros. Página 506

Mais declarações absurdas de Psellus e outros a respeito de ações e paixões dos espíritos, sua definição delas e de sua experiência. Página 508

A opinião de Facio Cardano a respeito de espíritos e sobre seu demônio domesticado. Página 510

A opinião de Platão concernente a espíritos, demônios e anjos, de que sacrifícios eles mais gostam, o que eles temem, e o demônio domesticado de Sócrates. Página 510

As nove ordens de espíritos e anjos de Platão; a divisão de Dionísio não difere muito delas, todas contestadas por teólogos. Página 511

A criação dos demônios de acordo com o capítulo 14 de Isaías; Lúcifer e sua queda; as opiniões dos cabalistas, dos talmudistas e dos acadêmicos sobre a criação dos anjos. Página 513

A controvérsia entre os gregos e a igreja latina referente à queda dos anjos, as divergências entre os próprios papistas em torno disso, um conflito entre Miguel e Lúcifer. Página 514

Onde se travou a batalha entre Miguel e Lúcifer, quanto tempo ela durou,

---

14. [S s. viii.]

e seu poder, com que ingenuidade papistas e infiéis escrevem a respeito deles, e a reverência com que os cristãos deveriam pensar neles. Página 515

Se eles se tornaram demônios porque ao serem anjos não mantinham sua vocação, em Judas e Pedro; as opiniões crédulas dos rabinos referentes a espíritos e bichos-papões, com uma refutação disso. Página 517

Que os ataques dos demônios são espirituais e não temporais, e como as pessoas entendem grosseiramente essas partes da escritura. Página 518

O equívoco dessa palavra espírito, a diversidade com que ela é adotada nas escrituras; o ensinamento de que a escritura nem sempre deve ser interpretada literalmente, nem alegoricamente deve ser entendida. Página 519

Deus preferia manifestar o poder de seu filho e não de feiticeiras com milagres. Página 521

A possessão por demônios. Página 523

Nós, por não sermos totalmente informados da natureza de demônios e espíritos, devemos nos satisfazer com o que nos é passado nas escrituras a respeito disso; como essa palavra demônio deve ser entendida tanto no singular quanto no plural, sobre o espírito de Deus e o espírito do demônio; espíritos domados; Ahab. Página 523

Se espíritos e almas podem assumir corpos e sobre sua criação e substância, a respeito do que os escritores discordam e variam muito. Página 525

Certas razões papistas a respeito de espíritos feitos de éter, demônios diurnos e noturnos e por que o demônio não gostava de sal em sua carne. Página 526

Os demônios mencionados nas escrituras têm em seus nomes sua natureza e qualidades declaradas, com exemplos disso. Página 527

Os diversos nomes do demônio, com os quais sua natureza e temperamento são manifestados. Página 528

Que os ídolos ou deuses dos gentios são demônios, seus nomes diversos e[15] em que questões seus trabalhos e autoridades são empregados, nos quais se descobre a superstição cega do povo pagão. Página 529

Os deuses dos chefes romanos chamados *Dii selecti* e sobre outros deuses pagãos, seus nomes e ofícios. Página 531

Diversos deuses em várias terras. Página 532

Os ídolos provincianos papistas, uma comparação entre eles e os deuses pagãos, deuses físicos e a ocupação de cada ídolo papista. Página 533

Uma comparação entre os pagãos e os papistas, a respeito de suas desculpas para a idolatria. Página 535

O conceito dos pagãos e dos papistas reunidos em idolatria, o Concílio de Trento, uma história notável de um enforcado denunciado depois de ser morto e enterrado, etc. Página 536

Uma refutação da fábula do enforcado, muitas outras narrativas e aparições dissimuladas e ridículas, com uma reprovação disso. Página 538

Uma refutação de Johannes Laurentius e de muitos outros que defendiam essas narrativas e aparições dissimuladas e ridículas e o que os afastou; a aparição de Moisés e Elias no Monte Thabor. Página 540

---

15. [S s viii. v.]

Uma refutação quanto a assumir corpos, e a serpente que seduziu Eva. Página 542

Resposta a uma objeção a respeito de demônios assumindo os corpos de serpentes. Página 543

A praga relatada em Gênesis 3 e a devida exposição, a opinião de João Calvino sobre o demônio. Página 544

Minha própria opinião e resolução sobre a natureza dos espíritos e o demônio, com suas propriedades. Página 545

Contra perseguidores de bruxas tolos e suas opiniões a respeito dos demônios corporais. Página 547

Uma conclusão com a descrição do Espírito dos espíritos, pela iluminação do qual todos os espíritos devem ser tentados: com uma refutação dos Pneumatômacos negando redondamente a divindade desse Espírito. Página 548

Apêndice I

[Cap. 1 a 9 anexos ao 15º tomo na edição de 1665]

Capítulos

I. Círculos Mágicos e o motivo de sua Instituição. 562
II. Como elevar a Alma de alguém que se enforcou. 564
III. Como conjurar os três Espíritos, *Paymon, Bathin* e *Barma*, e que coisas maravilhosas podem ser realizadas com sua Assistência. 566
IV. Como consagrar todos os tipos de círculos, fumigações, piras, vestimentas mágicas e utensílios. 569
V. Tratando de modo prático da consagração de círculos, piras, vestimentas e fumigações. 570
VI. Como elevar e exorcizar todos os tipos de espíritos pertencentes à região etérea. 571
VII. Como ter relações amistosas com o Gênio, ou Anjo Bom, e fazê-lo aparecer. 573
VIII. Uma forma de conjurar Luridan, o Demônio Doméstico, outrora chamado Belelah. 574.
IX. Como conjurar o Espírito Balkin, Mestre de Luridan. 577

Apêndice II
[Segundo Tomo de Um Discurso a Respeito de Demônios e Espíritos*]*
Tomo II

Capítulos

I. Espíritos em geral, o que eles são e como devem ser considerados, e até onde vai o poder de Magos e Bruxas para operar em Magia Diabólica. 581

II. Se *Dæmons* ou *Genii* são bons ou maus, o que são e como se manifestam e também sobre seus nomes, poderes, faculdades, ofícios, e como devem ser considerados. 585

III. Os Espíritos Astrais dos homens falecidos; o que eles são e por que aparecem de novo e que feitiçaria pode ser realizada por eles. 589

IV. Espíritos Astrais, ou *dæmons* separados em todas as suas distinções, nomes, naturezas e moradias, e o que pode ser realizado com sua assistência. 595

V. Espíritos Infernais, ou Demônios e almas condenadas, discutindo quais são suas naturezas, nomes e poderes. 604

VI. A natureza, a força e as formas de simpatias, talismãs, amuletos, pentagramas, conjurações, cerimônias, etc. 617

VII. Como conclusão de tudo, onde se fala brevemente de diversos feitiços, simpatias, encantamentos e exorcismos antigos. 620

Notas Referentes a Shakespeare 627
A "Bruxa" de Middleton 635
Extratos de Wier 639
Notas Gerais sobre o Texto de Scot 652
Glossário 671
Sobre o Autor 687

Prefácio

sta edição não é uma cópia exata da edição de 1584, pois essa estava em letra gótica, sua página era menor e em formato de panfleto. Por ser também destinada a leitores modernos, e para uso, o *i* do original tornou-se, quando necessário, o *j* da segunda edição; o *u* e o *v* foram alterados de acordo com o uso moderno, isto é, alternadas, enquanto o *s* curto substitui o *f*.* Essas modernizações tornaram o livro mais fácil de ser lido pelo aluno de História e Filosofia, pelo homem de ciência e pelo psicólogo, dispostos a aprender tudo o que possa instruí-los e beneficiar os outros. Esta reedição também só foi realizada porque chegou ao conhecimento do meu amigo e colega Dr. W. T. Gairdner, LL. D., professor de Medicina na Universidade de Glasgow, e foi por ele apresentada a mim e outros. Ela é digna de ser reproduzida, por ser, tanto em assunto quanto em estilo, um clássico inglês valioso.

Embora, no entanto, não seja uma cópia exata, exceto por tais variações mencionadas, e fazendo concessões pelos poucos e pequenos erros dos quais nenhuma cópia está livre, nem mesmo uma cópia fotográfica, como os especialistas nesses assuntos bem sabem, esta obra, creio eu, encontrará uma reedição correta. Cada prova foi lida três vezes, às vezes mais, junto do original, por mim mesmo, e esses esforços foram bem complementados pela inteligência e pelo cuidado de seus editores. Mesmo os erros ortográficos do original, se não estiverem em sua lista de errata, foram mantidos,** embora as leituras verdadeiras ou hipotéticas sejam dadas nas notas de rodapé. Exceto também em dois exemplos, quando, por necessidade, as alterações foram introduzidas entre colchetes e o original colocado na nota, a pontuação antiga foi mantida, por ser, via de regra, muito boa, embora se observem uns leves deslizes, mas que não afetam o sentido. Quanto a diferenças oriundas

---

*N.E.: Essa edição em inglês foi publicada em 1886. Fizemos as adaptações necessárias nesta edição em língua portuguesa.
** N.E.: A tradução foi feita a partir da grafia correta das palavras.

da letra gótica, entre outras como essas, recomendo que o leitor consulte a Introdução.

No trecho biográfico da Introdução, além de uma suposição ou duas de minha autoria, que me parecem bem prováveis por suas obras, foram apresentadas informações de sua linhagem, idade e casamentos, questões até agora desconhecidas ou explicadas erroneamente, e pelas quais estendo meu agradecimento ao Ilmo. Sr. Edmund Ward Oliver. Esse cavalheiro interessou-se por investigar essas questões e, embora não me conhecesse, escreveu-me e ofereceu os resultados de suas pesquisas assim que soube que eu estava engajado com esta reedição e, desde então, foi prestativo em responder às várias perguntas que eu tive oportunidade de lhe fazer. Uma cópia do Testamento de Scot também foi publicada pela primeira vez, com a adição de algumas Notas e de um Glossário. Se eu fosse imitar os editores estudiosos daquela época, teria adicionado não algumas, mas várias notas em cada ponto, reunidas de todas as fontes conhecidas possíveis, mas me limitei à explicação ou a fazer algumas observações sobre o texto, apresentando também a concordância do autor com Wier, ou seus compromissos com ele, até onde eu os conhecia, e os compromissos com Shakespeare e Middleton; meu motivo para não entrar em maiores detalhes é que não estudo a pseudociência da bruxaria, mas o que é útil, verdadeiro e bom.

Seria inadequado, especialmente depois de mencionar o nome do Sr. Oliver, encerrar este prefácio sem agradecer a gentil ajuda do meu famoso amigo, Ilmo. Sr. James Gairdner, do Departamento de Registro Público; dos meus amigos shakespearianos, W. Aldis Wright, LL. D., e Ilmo. Sr. P. A. Daniel; do Reverendíssimo Pastor W. H. Eyre, atual Superior de Stonyhurst; da Sra. Amelia Green; assim como do Prof. W. W. Skeat e do Dr. J. A. H. Murray, no meu Glossário, embora não conhecesse nenhum deles pessoalmente; bem como da Srta. Kath P. Woolrych, do Vicariato Oare, em Kent; e da Srta. Ayscough, do Vicariato Brabourne. Agradeço especialmente a ajuda de outros amigos shakespearianos, o Rev. W. H. Harrison, de St. Anne's, South Lambeth; e do Ilmo. Sr. W. G. Stone. Estendo também meu muito obrigado ao Sr. J. J. Jervis pelo uso, por parte do editor, de uma cópia incompleta da primeira edição; à Universidade de Glasgow pelo empréstimo, para meu uso, por quase um ano, de outra cópia dessa primeira edição; e pelo uso no mesmo período de uma cópia da terceira edição para minha Alma Mater de Edimburgo, querida para mim pelos ensinamentos, lembranças; e a gentileza de *sir* William Hamilton, Allan Thomson, Christison, Traill, Jamieson, os mais sagazes cirurgiões e professores, Syme, e o sempre honrado médico e homem, W. Pulteney Alison.

Br. Nicholson

Introdução

À exceção daqueles que acrescentaram os nomes de alguns que tenham se oposto às suas visões, ou algumas questões frívolas, todos os autores das notas biográficas de Scot tiraram sua informação do relato feito sobre ele no *Athenæ' Oxon*. Até recentemente, a menos que uma busca original tenha sido feita, não havia outras fontes disponíveis. Por isso, apresento, em primeiro lugar, suas palavras literais da edição de 1691.

"Reynolde Scot, filho mais novo de *sir John Scot* de Scots-Hall, perto de *Smeeth* em *Kent*, com sua esposa, filha de *Reynolde Pimp* de Pimps-court Knight, nasceu nesse município e com aproximadamente 17 anos de idade foi enviado a *Oxon*, particularmente, ao que parece, para *Hart Hall*, onde vários de seus compatriotas e autores estudaram no final do reinado de *Henrique VIII* e no reinado de *Eduardo VI*. Regressou depois à sua terra natal sem a honra de uma graduação e se estabeleceu em *Smeeth*, onde recebeu grande incentivo em seus estudos de seu parente *sir Thos. Scot*. Casou-se por volta dessa época e dedicou-se apenas à leitura contínua, ao exame de autores obscuros que foram esquecidos pela maioria dos acadêmicos e, em momentos de lazer, à agricultura e à jardinagem, como podemos notar nos seguintes livros.

'Um terraço perfeito de uma plantação de lúpulo, e instruções necessárias para sua elaboração e manutenção, com notas e regras para a correção de todas as contrariedades, etc.' *Lond. 1576*, 2ª edição, ao que parece.

'A Descoberta da Bruxaria; na qual é detectada a conduta desonesta de Bruxas e Perseguidores de Bruxas, o logro de Prestidigitadores, a impiedade de Feiticeiros, a leviandade de Adivinhos, etc. Eles são explicados com muitas outras coisas, por muito tempo ocultas, embora muito necessárias de serem conhecidas.' *Lond*. 1584, em 16 tomos.

'Discurso a Respeito de Demônios e Espíritos – nesse livro, e no anterior, publicados juntos, parece simplesmente que o autor era especialista em muitos livros seletos e sua busca neles era tão profunda que nada lhe escapava, se servisse aos seus propósitos. Além disso, também no *Descoberta* e no *Discurso*, embora ele afirme que as Bruxas não sejam mais executadas frequentemente como tal, da mesma forma que as mulheres da sua época e eras anteriores; ou que as Bruxas existam, ou não existam; mesmo assim os dois livros, que foram escritos para a instrução de todos os juízes e magistrados daquela época (por serem os primeiros daquela natureza publicados na língua materna), impressionaram muito os magistrados e o Clero, embora tenham sido condenados depois pelo Rei *James* dos *Escoceses* (o mesmo que sucedeu a Rainha *Elizabeth* na Monarquia da *Inglaterra*) em seu Prefácio no livro *Demonologia*, impresso sob seu Nome em *Edimburgo* em 1597, e por vários outros a partir de então, entre os quais *Rich. Bernard* de *Batcomb*, em sua Epístola de Dedicatória antes de seu *Guide to Grand Jury-men*, etc.' *Lond.* 1627, em outubro. O que mais nosso autor *Scot* escreveu, ainda não sei dizer mais nada sobre ele, apenas que morreu em *setembro* ou *outubro* de 1599 e foi enterrado entre seus Antepassados na Igreja em *Smeeth*, mencionada anteriormente.

Na época do citado *Reynold Scot* e antes disso, era conhecido entre os *Muses* em *Hart Hall*, os *Sackviles* de *Sussex*, os *Colepepers* de *Kent* e *Sussex*, os *Sedlies* de *Kent* e os *Scot* mencionados anteriormente, com outros de destaque inferior dos municípios citados."

Notas adicionadas na Reedição de Bliss

7. (O autor estudioso em sua *Descoberta* é tão veemente contra o Papismo quanto contra a bruxaria, e bem indecente em seu abuso dos santos da Igreja Romana" – COLE. [Sua indecência sendo, na maior parte, uma narrativa da indecência dos outros, além de óbvias reflexões sobre elas. Afirmo isso compreendendo o sentido no qual ele usa a palavra.]

8. Veja um relato completo deste livro curioso, como o Sr. Oldys o chama, em seu *British Librarian*, p. 213. "Todas as cópias encontradas da primeira edição de 1584 foram queimadas por ordem do rei James I, um autor no outro lado da questão" – Vide *Hist. Dictionary*, sob o verbete "Scot".

["REGINALDUS SCOTUS, *Anglus, tractatum de Incantamentis* scripsit, in quo plerasque traditiones de Magia Melancholiæ, & morbis variis, aut artibus histrionicis adscribit."] "Hunc in Anglia publica auctoritate combustum, sibi autem nunquam fuisse visum refert Thomasius de crimine magiæ § 3." – Vide [J. V.] Vogt, *Cat. Libr. rar.*, p. 617 [1713].

"Liber in folio scriptus Anglica lingua a Reginaldo Scoto in quo plurima occurrunt contra magiæ existentiam argumenta. Est ille etiam in Belgicam linguam conversus: sed plenior editio est ultima Anglica." – *Morhof.,* ii, 459.

[E então uma nota breve sobre as três edições.]

Em 1874, foi feita a impressão particular de *Memorials of the Scot Family*, pelo Ilmo. Sr. Jas. Renat Scott, e dele extraí o seguinte diagrama:

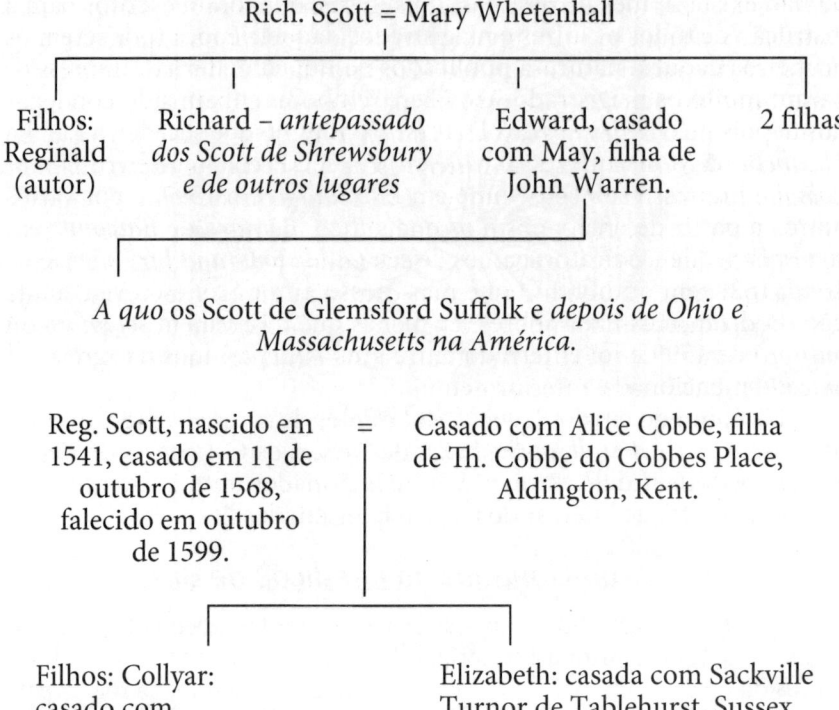

Entretanto, como a primeira parte da ancestralidade apresentada neste livro não é corroborada por nada além de possibilidades e lendas, então este último trecho está incorreto em vários pormenores. Em vez, no entanto, de considerar cada imprecisão item por item, será mais simples apresentar um relato consecutivo dos fatos relativos à sua ascendência e ao próprio Reginald Scott, como pode ser provado por evidência documental ou considerado provável por deduções derivadas dela.

John Philipot, Rouge Dragon e Somerset Herald, falecidos em 1645, mostraram a agradável e pitoresca, mas pouco corroborada, origem de sua família. Eu digo agradável porque os Scott na época de Elizabeth, Jaime e Carlos eram uma família de muitas posses, prosperidade e uma influência tão grande que dizem que Elizabeth recusou o pedido feito por Lorde Buckhurst, ou o Conde de Leicester, para que *sir* Thomas Scott recebesse um título de nobreza, dizendo que ele já tinha mais influência em Kent do que ela. Por causa disso, ou por algum outro motivo, ela parecia ter uma antipatia pessoal por ele, pois em sua Progressão em

1573, depois de passar três dias na casa de seu sogro, *sir* John Baker, de Sissinghurst Castle, recusou-se a visitar Scott-Hall, dizendo que queria ir para sua própria casa, embora em seu caminho até lá ela tivesse de atravessar os portões da residência de *sir* Thomas. Em seu *Villare Cantianum*, na página 313, Philipot afirma: "*Scott-Hall*, que agora é e tem sido para diversos Descendentes da Herança de Cavalheiros eminentes desse Sobrenome, que eu ouso afirmar com bases prováveis chamavam-se originariamente *Balioll*. *William Balioll*, o segundo irmão de *Alexander de Balioll*, frequentemente escrevia seu nome como *William de Balioll le Scot*, e é provável que, com a Tragédia de *John*, Conde de *Atholl*, feito prisioneiro por *Eduardo* I, e cruelmente executado no ano de 1307 (enquanto ele tentava com mais nobreza do que sucesso defender a agonizante liberdade da Escócia contra a Erupção desse príncipe); [é provável que] essa Família, para afastar-se da Fúria do Monarca, que era um homem de paixões violentas, tenha alterado o nome de *Balioll* para o de sua Origem e País, e assumido a partir de então o Nome *Scot*. Que o sobrenome dessa família tenha sido originalmente *Balioll*, eu insisto com os seguintes motivos. Primeiro, o antigo Brasão de Armas da Balioll Colledge, em Oxford, fundada por *John Balioll* e dedicada a St. Catarina, era uma Roda de Catarina, que ainda faz parte do brasão paterno dessa família. Segundo, *David de Strabogie*, filho e herdeiro do desafortunado Conde mencionado, espantado diante de um exemplo de tamanho terror, alterou seu nome de *Balioll* para Strabogie, um Signório que lhe concedeu a Mão de sua Esposa, filha e herdeira de *John Comin*, Conde de Badzenoth e Strabogie, e por esse nome o Rei *Eduardo II*, omitindo o *Balioll*, recuperou o *Chilham-castle* por toda a vida, no 15º ano de seu reinado. Terceiro, os Condes de *Buccleugh*, e os Barões de Burley na Escócia, que procedem de *Balioll*, são conhecidos atualmente por nenhum outro sobrenome além de Scot, e o carregam com alguma diferença insignificante aquele mesmo brasão que é no momento o Brasão paterno da família de *Scot-Hall*".

Excluindo-se essa tradição, descobrimos que *sir* William Scot de Braberne, atual Brabourne, em Kent, foi o primeiro a ter essa menção histórica. Ele foi nomeado cavaleiro em 1336, quando o Príncipe Negro se tornou Duque da Cornuália, e morreu em 1350: uma placa de bronze em sua memória, na época de Weever (1631), é o primeiro dos memoriais da família Scot na igreja de Brabourne. Segundo Philipot, esse *sir* William foi o mesmo *sir* William Scot, então Juiz Presidente da Inglaterra, mas se o Sr. Foss estiver certo em afirmar que este morreu em 1346, ano da Peste Negra, essa visão não se sustenta.

Outro *sir* William, aparentemente neto daquele mencionado, adquiriu por meio de sua mãe o solar de Combe, em Brabourne, e de sua primeira mulher e seus parentes – modo de aquisição no qual a família parece ter sido afortunada – o de Orlestone, bem como outros lugares; e em 1420 ele construiu Scotshall, no solar de Hall, em Smeeth. Em 1428, foi xerife do município e, em 1430, cavaleiro do condado no parlamento. Morreu em 1433. Scotshall, de tempos em tempos aumentada ou reconstruída, especialmente por *sir* Edward Scot, no reinado de Carlos I, tornou-se a sede da família por 12 gerações. Evelyn, em 2 de agosto de 1663, registra sua visita ao local (logo depois do casamento do jovem cavaleiro) e o chama de "uma verdadeira sede nobre, construída uniformemente, com uma bela galeria. Fica em um parque bem provido, com uma terra farta e boa. Fomos muitíssimo bem tratados pelo jovem cavaleiro e em sua linda capela ouvimos um excelente sermão do capelão." A casa foi vendida, com os bens restantes da família, no fim do século XVIII e destruída em 1808. Apenas algumas ondulações em uma área na margem norte da estrada de Ashford para Hythe, a cerca de um 1,5 quilômetro a oeste da Igreja Smeeth, marcam o local.

O filho desse segundo *sir* William, chamado *sir* John, por estar ligado aos Woodvilles, e, portanto, à esposa de Eduardo IV, e por ser um yorkista leal, e aparentemente um homem inteligente, foi empregado em missões diplomáticas para Carlos, Duque da Borgonha, especialmente em 1467, quando foi tratar do casamento da irmã do rei com o duque. A ele também foram concedidos vários outros favores mais substanciais de tempos em tempos, a partir de 1461, incluindo o do Castelo Chilham para o resto da vida, como foi estranha, e erroneamente na minha opinião, observado no trecho de Philipot. Morreu em 1485, e provavelmente intestado, pois não há registro de testamento.

A ele sucedeu seu filho, o terceiro *sir* William deste relato, que por sua vez morreu em 1524 e foi sucedido por seu filho, um segundo *sir* John. Este, em seu casamento com Anne, filha de Reginald Pympe, teve três filhos, e morreu no dia 7 de outubro de 1533. O mais velho, William, juntou-se ao pai no dia 5 de junho de 1536, e como não deixara filhos, seu irmão, *sir* Reginald, tomou seu lugar. Sobre o terceiro irmão, Richard, pai do nosso Reginald, devo falar em breve. Enquanto isso, voltando à nossa linhagem principal, eu diria que *sir* Reginald, falecido em 16 de outubro de 1554, foi sucedido por seu filho, *sir* Thomas, o "primo" a quem Reginald devia tanto, e um dos quatro a quem dedicou seu livro *Witchcraft*. Ele foi, em sua época, um homem de caráter, inteligência e ação. Mesmo diante das dívidas de sua propriedade, ainda recebia 100 convidados para refeições, era muito hospitaleiro e morreu sem dever nada, embora, é claro, para sustentar o mais novo de sua prole muito numerosa, vários lotes de sua propriedade foram vendidos depois da sua morte de acordo com seu testamento. Ele foi subtenente do município, xerife de Kent em 1576, cavaleiro do condado nos Parlamentos do 13º e do 28º anos do reinado de Elizabeth, chefe das forças de Kent em Northbourne Downs, onde se reuniram para repelir qualquer desembarque da Armada; e pode ser acrescentado, como demonstração de sua presteza, disposição e decisão, que 4 mil deles estavam lá, equipados para o campo, um dia depois de ele receber ordens do Conselho Privado. Foi um dos encarregados de comunicar sobre a conveniência de melhorar a criação dos cavalos no país e, antes ou depois disso, dizem que ele publicou um livro sobre o assunto. Foi encarregado de drenar e melhorar o Romney Marsh, e depois se tornou Superintendente das melhorias do porto de Dover. Várias cartas escritas por e para ele referentes ao porto de Dover, bem como sobre as forças de Kent, são encontradas nos Registros Estaduais. Depois de ter 17 filhos com sua primeira esposa, Emmeline Kempe, uma parente por parte de mãe, ele morreu em 30 de dezembro de 1594, e a paróquia de Ashford ofereceu-se para pagar as despesas do funeral apenas se eles pudessem enterrá-lo em sua igreja. Muitos desses fatos são observados nos seguintes versos que apresento, em grande parte porque há alguma probabilidade de serem de Reginald. Uma cópia deles teria sido encontrada entre os papéis da família, com sua letra. É extremamente provável que ele tenha feito algumas das traduções das estrofes apresentadas em seu *Witchcraft*, pela escassez nesses casos de referências marginais ao nome do tradutor; daí uma segunda probabilidade. Os próprios versos parecem mostrar que fariam parte de uma daquelas elegias acompanhadas dos dizeres επι ταφον por parte de amigos e parentes queridos, e não o que chamamos agora de epitáfio; e o terceiro verso mostra claramente que foram escritos pelo menos pouco tempo depois do falecimento de *sir* Thomas, e, portanto, não é improvável que tenham sido escritos para serem afixados no belo túmulo erigido sobre seus restos mortais. Portanto, uma terceira probabilidade. Além disso, entretanto, não podemos ir.

Epitáfio sobre sir Thomas Scott, como está no Memorials of the Scott Family *e também no* Collection of Curious Pieces in the World, *vol. 3.*

>Aqui jaz *sir* Thomas Scott;
>   Oh, feliz seja Kempe que o deu à luz!
>*Sir* Raynold, com quatro cavaleiros de renome,
>   Viveu diretamente antes dele.
>
>Suas esposas foram Baker, Heyman, Beere;
>   Seu amor por elas era sincero.
>Por 95 anos viveu,
>   E 17 almas ele ganhou.
>
>Sua primeira esposa as pariu todas;
>   O mundo não poderia tê-la obscurecido[16]!
>Ela era um modelo de perfeição
>   A irmã de Lady Buckherst.

---

16. Embora um modelo de perfeição, levava, ele diria, uma vida quieta, reclusa, obediente e amorosa com seu marido.

Sua viúva vive com sobriedade
  Não há matrona mais discreta;
Ela ainda conserva uma boa fama
  E é uma grande governanta.

Ele (depois de ser chamado para um lugar especial)
  Fez o que melhor lhe coube,
A Rainha da Inglaterra lhe deu graças.
  O Rei dos Céus o amou.

Seus homens e arrendatários lamentaram o dia,
  Seus parentes e seu condado[17] o prantearam;
Tanto jovens como velhos em Kent dizem:
  Maldito o dia em que ele morreu.

Ele mandou seu porteiro cerrar seu portão
  A sicofantas e subornadores,
E escancará-lo para grandes propriedades,
  E também para seus vizinhos.

Sua Casa foi corretamente chamada de Lar
  Cujo alimento estava pronto;
Era muito hospitaleiro
  E um refúgio para os necessitados.

De onde ele nunca se afastava,
  Nem no inverno nem no verão;
No Natal proporcionava
  Para todos os convidados do bom e do melhor.

Quando qualquer serviço devia ser feito,
  De tardar ele não gostava;
O rico cavalgava, o pobre corria,
  Se um dedo ele levantava.

Mantinha homens altos, cavalgava grandes cavalos,
  Escrevia muito bem;
Usava poucas palavras, mas um discurso sério
  Com sabedoria e perfeição.

Sua vida, módica[18], seu fardo, pesado
  Suas filhas bem-providas;
Mesmo endividado,
  Em multa ele nada devia.

---

17. "Countrie" (no original) não parece improvável aqui, pois é frequente no livro *Descoberta*, como aparece duas vezes na nota de Wood, no lugar de "county".
18. "Módica", isto é, modesta, no meio-termo entre o muito rico e o pobre.

Mas em rico e feliz estado ele morreu,
  Amado por homem e mulher
E (o que é ainda muito melhor)
  Não era alvo de inveja[19] de nenhum homem.

Na justiça distinguiu-se,
  Na lei nunca disputou;
Amou a religião maravilhosamente bem,
  Mas não era moderno.

Deixe Romney Marsh e Dover falarem;
  Pergunte à vila de Norborne nas horas de lazer;
Se ele demorava
  A agradar seu município.

Mas à oferta de Ashford passou todas –
  Era rara e gentil;
Teriam pago seu funeral.

Antes de voltarmos a Richard e Reginald, podemos concluir essa nota breve de seus antepassados mencionando a circunstância provável que estes eram, pelo lado materno, descendentes de John Gower, o poeta, como observado no seguinte diagrama:

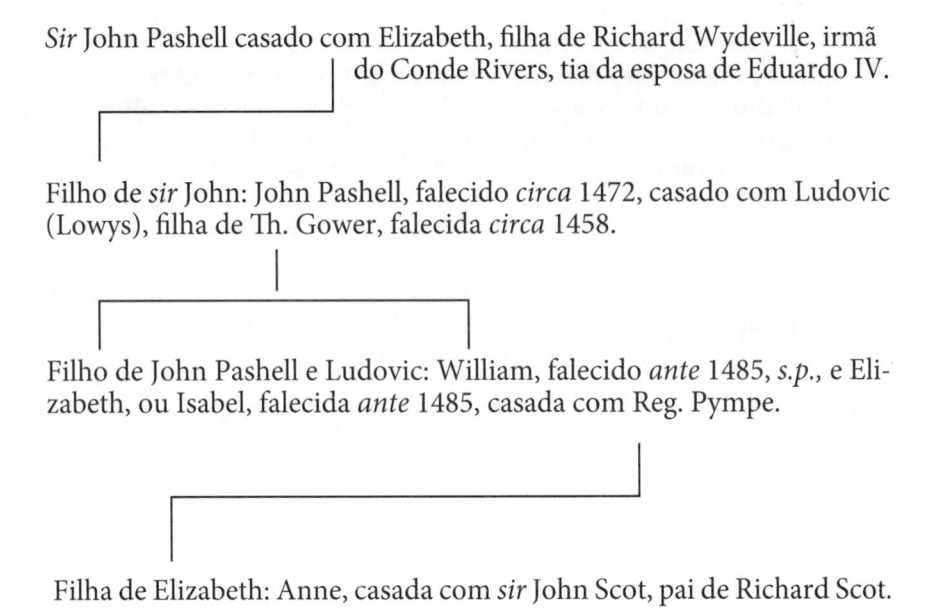

Sir John Pashell casado com Elizabeth, filha de Richard Wydeville, irmã do Conde Rivers, tia da esposa de Eduardo IV.

Filho de *sir* John: John Pashell, falecido *circa* 1472, casado com Ludovic (Lowys), filha de Th. Gower, falecida *circa* 1458.

Filho de John Pashell e Ludovic: William, falecido *ante* 1485, *s.p.*, e Elizabeth, ou Isabel, falecida *ante* 1485, casada com Reg. Pympe.

Filha de Elizabeth: Anne, casada com *sir* John Scot, pai de Richard Scot.

---

19. "Inveja" muito provavelmente está no sentido comum de ódio.

Os Pashell, ou Pashleys, descendiam de *sir* Edmund de Passelege, Barão de Exchequer, que comprou um solar em Smeeth em 1319 e faleceu em 1327. A família residia em Iden, Sussex; e a casa de lá, além do solar em Smeeth, foi devolvida aos Scot, pois Anne Pympe era filha única. É verdade que John Gower, o poeta, não menciona nenhum filho em seu último testamento existente, mas ele provavelmente tinha 78 anos quando morreu; e, o que é mais o caso, seu último desejo publicado foi provavelmente apenas o testamento, pois era comum o testamento ou a declaração de usos da terra virem em um instrumento separado naquele tempo. Th. Gower, de Clapham, mencionado como pai de Lowys, era provavelmente filho ou neto de John Gower (veja *sir* Harris Nicolas em *The Retrosp. Rev.*, 2 Ser., ii, 103-17). Sabe-se também que Gower, o poeta, tinha propriedade em Southwark; e Th. Gower, de Clapham, refere-se em seu testamento (1458) ao imóvel chamado The Falcon, em Southwark, perto do hospital; e em *Surrey*, iii, 623, de Manning e Bray, há uma escritura datada de 22 de novembro de 1506, de parte do terreno do St. Thomas's Hospital, em Southwark, feita por John Scot, de Iden, e Anne sua esposa, filha e herdeira de John Pashley, que era primo e herdeiro de John Gower. Pode ser acrescentado como curiosidade que *sir* Robert Gower, suposto tio do poeta, foi enterrado na igreja Brabourne em 1349. Em Weever havia um monumento em sua homenagem, agora destruído.

Na p. 500, Scot fala de "seu parente M. Deering", Edw. Dering, o divino, um escritor de assuntos teológicos e capelão de Sua Majestade, mas qual o grau de parentesco deles eu não consegui descobrir[20].

Voltando agora para o pai de Reginald, Richard, o mais novo de três filhos daquele *sir* John que morreu em 1533, nós descobrimos que se casou com Mary, filha de Geo. Whetenall, cujo pai foi xerife de Kent em 1527, e cuja família viveu por três séculos em Hextall's Place, perto de Maidstone. Ela viveu mais do que seu marido e casou-se de novo com Fulke Onslow, Secretário dos Parlamentos, morreu antes dele, em 8 de outubro de 1582, e foi enterrada, assim como o marido foi depois, na igreja de Hatfield, em Herts, onde uma placa em sua memória está afixada na parede norte da capela-mor. Do próprio Richard nada mais se sabe. Provavelmente morreu jovem, com certeza antes de dezembro de 1554, pois sua morte é mencionada no testamento de seu irmão *sir* Reginald, que faleceu no dia

---

20. Minha mãe, por ser uma Dering, filha de Thomas que se afogou nas Índias Ocidentais, quando tentava alcançar sua embarcação H. M. S. *Circe,* me induz a acrescentar, com a cortesia de *sir* Edw. C. Dering, que um retrato dessa sumidade existe em Surrenden Dering, e que segundo uma tradição familiar, ao pregar diante de Sua Majestade, ele teve a ousadia de lhe dizer "que ela não tinha mais controle sobre suas paixões do que uma novilha indomada". Foi destituído na hora e dizem que emigrou para a América, onde um Edw. Dering constitui-se em o líder daquele ramo e em um grande proprietário de terras no Maine.

16 daquele mês. Nesse testamento, na falta de descendentes – um lapso que não ocorreu – ele deixou sua propriedade para "Rainolde Scotte, filho e herdeiro de meu irmão Richard Scotte, falecido", e na falta de herdeiros de Rainolde, foi legado a uma linhagem mais distante. Portanto, contrariamente ao diagrama já apresentado, *Memorials*, Rainolde era o único filho de Richard ou o único filho vivo. Conclui-se o mesmo da Inquisição *post mortem* de Lady Wynifred Rainsfoord, colhida em 20 de março de 1575/6, onde *sir* Thomas Scot e seus irmãos são considerados co-herdeiros com Reynold das terras mantidas por ela em partilha, uma metade para seus filhos e a outra para Reynold.

A Inquisição também menciona que Reynold tinha então 38 anos de vida ou mais, por causa da presença das palavras *et amplius*, como era o costume nesses documentos, ligadas a todas as outras idades mencionadas. Portanto, ele nasceu em 1538, ou antes (não em 1541) e quando, de acordo com Wood, entrou em Hart Hall, Oxford, tinha aproximadamente 17 anos, pois isso foi *circa* 1555; a ideia provavelmente foi de *sir* Reginald, seu tio, que morreu em 16 de dezembro de 1554. Seu primo, *sir* Thomas, arcou com suas despesas. Eu digo provavelmente porque nós vimos que, na falta de outros herdeiros, ele foi nomeado por *sir* Reginald como o próximo herdeiro de sua propriedade e também porque não sabemos nada das circunstâncias nas quais sua mãe viúva foi deixada, nem a data em que ela se casou de novo com Onslow.

Em 11 de outubro, ele se casou com Jane – e não, como afirmado em *Memorials*, com Alice – Cobbe, filha de um antigo proprietário rural residente de Cobbe's Place, na paróquia vizinha de Aldington. A entrada nos Registros de Brabourne é –

"M[21] Reignold Scott e Jane Cobbe
casaram-se em 11 de outubro de 1658"

O único fruto desse casamento, o único (que pelo menos sobreviveu) dos seus dois casamentos – pois a Maria citada em *Memorials* era a filha de sua segunda esposa com o primeiro marido desta – foi Elizabeth, casada depois com Sackville Turnor; e o único fruto desse casamento, pelo menos antes da morte de Reynold em 1599, foi Cicely. O nascimento de Elizabeth deve ter sido em 1574 ou antes disso, pois na Inquisição *post mortem* do nobre Reg. Scot em 1602, diz que ela tem "28 et amplius". A Santa Dama de Kent (mencionada por Scot, p. 26) foi serviçal de seus progenitores maternos, provavelmente seu avô.

Nesse ano, 1574, também foi publicado o primeiro fruto de sua inteligência, seu tratado sobre *The Hoppe-Garden*, a primeira obra, creio eu, na qual não só defendia a cultura do lúpulo na Inglaterra, experimen-

---

21. A essa parte superior do "M" é acrescentado um sinal que pode torná-lo "Mr" ou "Married" (casado), mas eu não vi a entrada.

que ele mesmo realizara, mas também pregava contra a importação de Poppering, em Flanders, onde seu modo de cultura, etc., era mantido em segredo; além disso, todo o tema de seu cultivo, tratamento, secagem e preservação eram apresentados de maneira prática e depois explicados com xilografias. E aqui pode valer a pena notar que nesse ano Reynold estava tão ausente de Londres que o editor inseriu esta nota apologética: "Posto que o Sr. Scot não pôde estar presente na impressão deste livro, no qual eu usei sua recomendação na correção do mesmo, e especialmente das Figuras e dos Retratos contidos nele, a respeito do que ele me enviou em notas por eu não ter habilidade no assunto, não pude imaginar, nem expressar com perfeição o quanto... o autor, ou vossa Senhoria... o leitor pode em todos os pontos estar satisfeito [etc., etc.]". No entanto, na segunda edição, em 1576, aparecia: "Edição revista e ampliada". A ampliação aumentou o livro de 53 páginas, exclusivas do epílogo, para 60, e as correções incluíram uma gravura adicionada e uma retificada. A título de curiosidade, e mostrando que nem o editor nem o autor esperavam uma segunda edição, pode-se acrescentar que embora apenas dois anos tenham se passado, pelo menos algumas das xilogravuras tiveram de ser cortadas de novo em uma cópia quase exata. Uma terceira edição foi publicada em 1578 e, com essa, nós conseguimos datar o início das colheitas de lúpulo em Kent.

Em 1575, ele recebeu metade da propriedade de Lady Winifred, conforme definido na partilha. Possivelmente, decerto, podemos afirmar que desfrutou dela antes, pois Lady Rainsford foi declarada insana. A isso, aliás, estou inclinado a atribuir a ausência prolongada de Reynold de Londres em 1572, pois a presença de alguém da família era necessária, e ele, por ser mais velho do que os filhos de *sir* Thomas, e de uma linhagem mais recente, além de um homem de negócios, foi o escolhido para ir. E acho que podemos colocar sua perda dessa propriedade entre essa data e a de 1584, ano da primeira publicação de *A Descoberta da Bruxaria*. Pelo menos, nesse livro ocorrem duas passagens que, se consideradas juntas, assim indicam. Em sua dedicatória para *sir* Th. Scot ele diz: A VI, "Meu pé estando [não, tendo estado] sob sua mesa, minha mão em seu prato ou, melhor, no seu bolso"; e, *A* VIII: "E se permitem conhecimento aos homens, e não lhes dão permissão para usá-lo, melhor seria não tê-lo. Pois é como.... esconder uma candeia debaixo de um alqueire, ou ter um navio e deixá-lo parado sempre na doca: o que é lucrativo e qual o lucro são coisas que posso dizer por experiência". Embora se possa dizer que Reynold era um homem de negócios e, pelo que se apura de seus escritos, um sujeito de decisão e de uma inteligência incomum, ainda assim as circunstâncias podem se combinar para levar ao desastre como um dono de navio, mais especificamente se ele for novo no negócio. Pode-se ver nas palavras de seu testamento que, de certa forma, ele perdeu seu "quinhão" na herança, pois, referindo-se à sua segunda esposa, diz: "a qual se eu não tivesse juntado com tudo o que eu possuía, não teria morrido sem valor".

A meu ver, não é improvável que Wood se refira à época de seu primeiro casamento, ou de sua viuvez, ou às duas, quando fala de se entregar à leitura densa, etc.

Quando sua primeira esposa morreu e ele se casou de novo, ainda não sabemos. Mas este último acontecimento não poderia ser, no mínimo, até a última metade de 1584, visto que nesse ano ele, como já citado, descreve-se como "com o pé sob sua mesa [de *sir* Th. Scot]", etc., ou seja, um dependente sem nenhum tostão. Também não sabemos mais sobre sua segunda esposa, além desses pequenos detalhes que reunimos do testamento de Reynold: que seu nome de batismo era Alice – mencionado no *Memorials* – em vez de Jane; para Cobbe, a primeira esposa, ela era uma viúva com uma filha do primeiro marido e possuía terras, de sua propriedade ou herdadas de seu primeiro esposo. Que ela era viúva na ocasião de seu segundo casamento nos mostra o legado de Reynold de "seis libras, 13 xelins, quatro pence para minha filha em Lawe Marie Collyar para traje [?de luto], desejando que a posse de sua mãe não seja nada menor em relação a ela nesse respeito." Não sabemos com certeza se Collyar era o nome de solteira dessa filha e, portanto, o nome do primeiro marido da mãe dela, ou se seria o nome de seu próprio marido, embora pelas palavras que acabei de citar, inclino-me a essa segunda hipótese e suponho que o marido não fosse um homem de muitos meios. Com relação ao que afirmei sobre a posse da propriedade ser da mãe, foi-me sugerido por alguém de bom julgamento, e um advogado, que a expressão de Reynold sobre não morrer sem um valor era apenas uma desculpa para deixar toda sua propriedade para sua esposa; assim como também essas conclusões do testamento e a resistência de Elizabeth, sua filha com sua primeira esposa, em legitimá-lo indicam a existência de diferenças familiares, provavelmente porque seu segundo casamento foi com alguém de uma classe social inferior à dele. No entanto, não posso deduzir isso a partir de nada que conhecemos, nem posso interpretar dessa forma as últimas palavras de seu testamento, nem considerá-lo culpado de uma perversão da verdade como essa. Lendo seu testamento com atenção, acho que descobrimos que Scot, com seu usual bom senso de justiça, lega todas as terras em "Aldington, Ruckinge e Sellignne", que passaram a ser dele por seu casamento com Alice, "para ela e só *para os herdeiros dela* [não dele]", ao passo que lega apenas suas terras em Romney Marsh e seu arrendamento de Brabourne Rectory para ela por *toda sua vida*, e por fim o arrendamento pelo menos, que ele recebeu "de seu Primo Charles", para sua filha Elizabeth. Lendo as últimas palavras de seu testamento, literalmente, acho justo defender que embora ele tenha obtido essas terras em Romney Marsh pelo uso do que fora a antiga propriedade de sua esposa, mas durante o casamento era dele, tinha o direito de deixá-las para a esposa apenas enquanto ela vivesse, não passando essa propriedade, assim como as outras, para os herdeiros dela, mas para os dele. Suspeito, também, de que a omissão fortuita de orientações sobre quem herdaria essas terras de Romney Marsh após a morte da esposa era a verdadeira causa de sua filha Elizabeth resistir à legitimação do testamento, de forma a definitivamente levantar esse ponto.

Reservando todas as notas de sua *A Descoberta da Bruxaria* até eu falar dela depois da bibliografia, eu diria que sabemos um pouco mais sobre sua vida. O Rev. Jos. Hunter, em seu *Chorus Vatum*, afirma que ele era "um cobrador de subsídios para a Rainha Elizabeth em 15..., para o município de Kent". Questionado sobre isso, meu amigo, o Ilmo. Sr. Jas. Gairdner, gentilmente examinou os documentos do Erário no Cartório de Registro Público, e parece que ele era cobrador de subsídios para a região de Shepway nos 28º e 29º anos do reinado de Elizabeth (1586-87). Pode ser acrescentado que, como aparece em um documento anterior, 125/299, na mesma classe de documentos, *sir* Reynold Scot e outros Comissários, para a cobrança na região de Shepway do primeiro pagamento do subsídio garantido pelo Parlamento, 37 Henrique VIII, nomearam um cobrador-chefe. Por isso sabemos o modo de sua nomeação; e olhando as listas descobrimos que muitos deles eram "nobres", embora o pagamento fosse pequeno. Para Scot, 40 xelins eram deduzidos de sua renda, e isso não era uma porcentagem, mas um salário.

Nos mesmos documentos descobrimos que ele é nomeado "ilustríssimo" duas vezes, uma palavra que concorda com sua página título de 1584, "de Ilustríssimo Reginald Scot", embora as edições de seu *Hoppe Garden* tenham apenas seu nome. Para mim esse foi um achado importante; mas basta dizer aqui que confirma a suposição de Hunter de que o cargo de escudeiro veio em decorrência de ele ter sido juiz de paz, embora até hoje possamos afirmar apenas que esse alto cargo provavelmente foi concedido entre 1578 e 1584.

Em *Accompt of sir Th. Heanage, knight, Treasurer at Warr [Relato do sir Th. Heanage, cavaleiro, Tesoureiro em Warr]*, no Cartório de Registros Públicos, e impresso por J. Renat Scott no *Arch. Conti.*, vol. xi, p. 388, encontramos as seguintes entradas:

"*Sir* Thomas Scott, cavaleiro, coronel-geral da infantaria em Kent, para seu Pagamento 23 xelins e 4 pence por dia, por 22 dias passados entre 29 de julho e 19 de agosto, resultando na soma de 24 libras, 23 xelins e 4 pence".

"Reinalde Scotte, mestre de trincheira, por seu Pagamento em 4 xelins por dia, e deve-se a ele pelo mesmo tempo 4 libras e 8 xelins".

"*Sir* Thomas Scott, cavaleiro, pelo Pagamento de 63 Vigilantes e Guardas escolhidos para vigiar e guardar em Dongenesse por 22 dias passados [etc., como acima] em 8 pence por dia, 44 libras e 4 xelins".

Pela lista de chamada dos soldados feita em 25 de janeiro de 1587-88, atualmente na posse do Sr. Oliver, parece que o município fornecera na ocasião 8.201 soldados e 711 cavaleiros, e que *sir* Thomas era capitão dos 309 soldados treinados alistados na região de Shepway, com

400 da região de Scraye e Romney Marsh. Portanto, seu cargo de coronel-geral só lhe foi concedido – de fato, isso é demonstrado pelo *Accompt* – quando os homens se reuniram no acampamento em 29 de julho. Da mesma maneira a lista apresenta *sir* Jas. Hales como capitão dos lanceiros, mas na folha de pagamento Th. Scott (um filho de *sir* Thomas) é capitão da cavalaria ligeira e dos lanceiros. Com relação a "Reinalde", que, sob o nome de Reginald, aparece na lista de chamada como um dos 13 capitães de 1.499 soldados não treinados, o Sr. J. Renat Scott, em uma nota, declara que ele era um filho de *sir* Thomas Scott, mas embora filhos de *sir* Thomas também fossem capitães, essa afirmação é uma suposição, não corroborada por nenhuma evidência conhecida.

Ele fez seu testamento em 15 de setembro de 1599 e morreu 24 dias depois, em 9 de outubro. Alguns dizem que ele já foi levado doente para Smeeth ou morreu lá, provavelmente interpretando errado as palavras de seu testamento; alguns também dizem que ele foi enterrado lá; enquanto outros acham que está sepultado ao lado do túmulo de *sir* Thomas Scott na igreja de Brabourne; mas todas essas suposições, como a de Philipot em suas Notas sobre Kent, *Harl. MS.* 3917, fol. 78a, de que ele erigiu aquele túmulo são meras conjecturas, e como tal devemos deixá-las de lado.

Somos obrigados a nos restringir aos poucos detalhes reunidos, à exceção de dois pequenos pontos, um provável, e o outro, creio eu, certo. O primeiro ponto, provável, é que como seu nome aparece cinco vezes como uma testemunha em documentos de negócios familiares entre 1566 e 1594, com sua assinatura aparecendo neste último ano no testamento de *sir* Thomas, ele deve ter mantido um relacionamento familiar com este, e não era improvável, em alguma medida pelo menos, ser seu homem de negócios e possivelmente seu administrador. O segundo ponto, que também vem confirmar o primeiro, assim como confirma a crença de que ele era um juiz de paz, por ser uma pessoa cujos conhecimentos, se não sua posição, fariam dele útil em um cargo desses, é um ao qual fui independentemente levado por seus escritos, e que é, creio eu, corroborado por um testemunho quase contemporâneo.

Ele, que em seu *Hoppe Garden* mostrou uma visão e um pensamento tão práticos, e em *A Descoberta da Bruxaria* tamanha independência de pensamento, não era um homem, especialmente quando casado e pai de família, a viver na dependência de um primo. O estilo e o tom de seus escritos corroboram isso. Vemos nele traços de estudo legal, um hábito de colocar as coisas, por assim dizer, de uma forma forense, com referências notáveis e frequentes a axiomas ou ditados legais, citados em geral no latim. A Dedicatória antes de seu *Hoppe Garden* e a primeira antes de *A Descoberta da Bruxaria* referem-se a homens de alto grau no Direito, juízes, na verdade, para quem ele reconhece sua obrigação. Encaminhando o leitor a estas, e à sentença ambígua no último livro começando com "Por fim" (sig. *A* ii), também apresento as seguintes palavras, A.v: "Mas protesto o contrário, e por estes instrumentos renuncio a toda proteção"; e no primeiro livro ele continua com a fraseologia legal em: "e que seja de conhecimento de todos os homens por estes instrumentos que sua aceitação disto não deve lhe ser prejudicial de forma alguma, pois eu a profiro como uma Obrigação, por meio da qual me reconheço ligado a vossa Senhoria, sem essa, para que eu possa receber sua cortesia aqui, como uma desobrigação de meus deveres futuros"; A, iii. v. e em B.v.: "nem me reprovo porque por estes instrumentos o anuncio". Ele deve ter frequentado também as sessões no tribunal; e se analisarmos a história, contada na página 5, de Marg. Simons, veremos que não só estava presente no julgamento, como também se ocupou ativamente no assunto, conversando com o vigário, o acusador, sobre isso, aconselhando a pobre mulher a respeito de uma certa acusação, ele "desejoso de ouvir o que ela poderia dizer ao próprio favor", e indagando sobre a verdade de sua explicação pela relação de diversos homens honestos daquela paróquia. Da mesma forma, seu Testamento é escrito "de próprio punho" 25 dias antes de sua morte; e, ao me informar com um advogado, vejo que é esboçado na devida forma legal e por alguém que teve um treinamento legal. Por último, Thomas Ady, M. A., em *A Candle in the Dark*, 1656, outrora chamado *A Perfect Discovery of Witches*, 1661, um livro, como o de Scot, contra a realidade da bruxaria, nos diz claramente, p. 87, que Scot "era um estudante das leis e versado em *Direito Romano*", o que é neste último caso exatamente o que um homem desses deve ser se recorreu ao Direito como uma profissão. Essas considerações me parecem conclusivas, embora se possa acrescentar como um argumento *per contra* que seu nome não foi encontrado entre os anais do Templo, Inferior ou Médio, ou naqueles de Lincoln ou Gray's Inn.

Encerrando essa parte de meu tema, só me resta reiterar as obrigações do leitor e do mundo literário em geral para com o Sr. Edmund Ward Oliver. As suposições quanto à causa da perda de Scot da metade das propriedades de Lady Winnifred Rainsford – que, acredita-se, não é uma grande soma – e quanto ao seu estudo de Direito, baseadas em fatos declarados por Scot ou derivados de seus escritos, e aquelas de Th. Ady, são as minhas, embora em um ou dois exemplos eu apresentasse opiniões não exatamente em acordo com a desse cavalheiro. Mas quase todos os fatos biográficos referentes ao próprio Scot e seus casamentos, contradizendo os supostos fatos apresentados até agora, devem-se à pesquisa inteligente do Sr. Oliver e são frequentemente explicados em suas próprias palavras.

O seguinte diagrama exporá a linhagem de Reginald Scot apresentada nas páginas anteriores:

[O 2º] *Sir* William Scott[22], d. (falecido) em 1433 =
│
Sir John Scott, d. (falecido) em 1485 =
│
Sir William Scott, d. (falecido) em 1524 =
│
Sir John Scott, d. (falecido) em 7 de outubro de 1533, casado com Anne, filha de Reginald Pympe
│
┌──────────────────┬──────────────────┬──────────────────┐

Filhos: Wm. Scott, morreu *s.p.* em 5 de junho de 1536

Sir Reginald Scott, morreu em 16 de dezembro de 1554

Richd. Scott, casado com Mary Whetenall

Filho de *sir* Reginald Scott: *sir* Th. Scot, morreu em 30 de dezembro de 1594

Filho de Richard e Mary: Reginald Scott, casado com Jane Cobbe (primeira esposa) e Alice [Collyar?] (segunda esposa)

Filha de Reginald Scott com a primeira esposa: Elizabeth, casada com Sackville Turnor

Filha de Elizabeth e Sackville Turner: Cicely

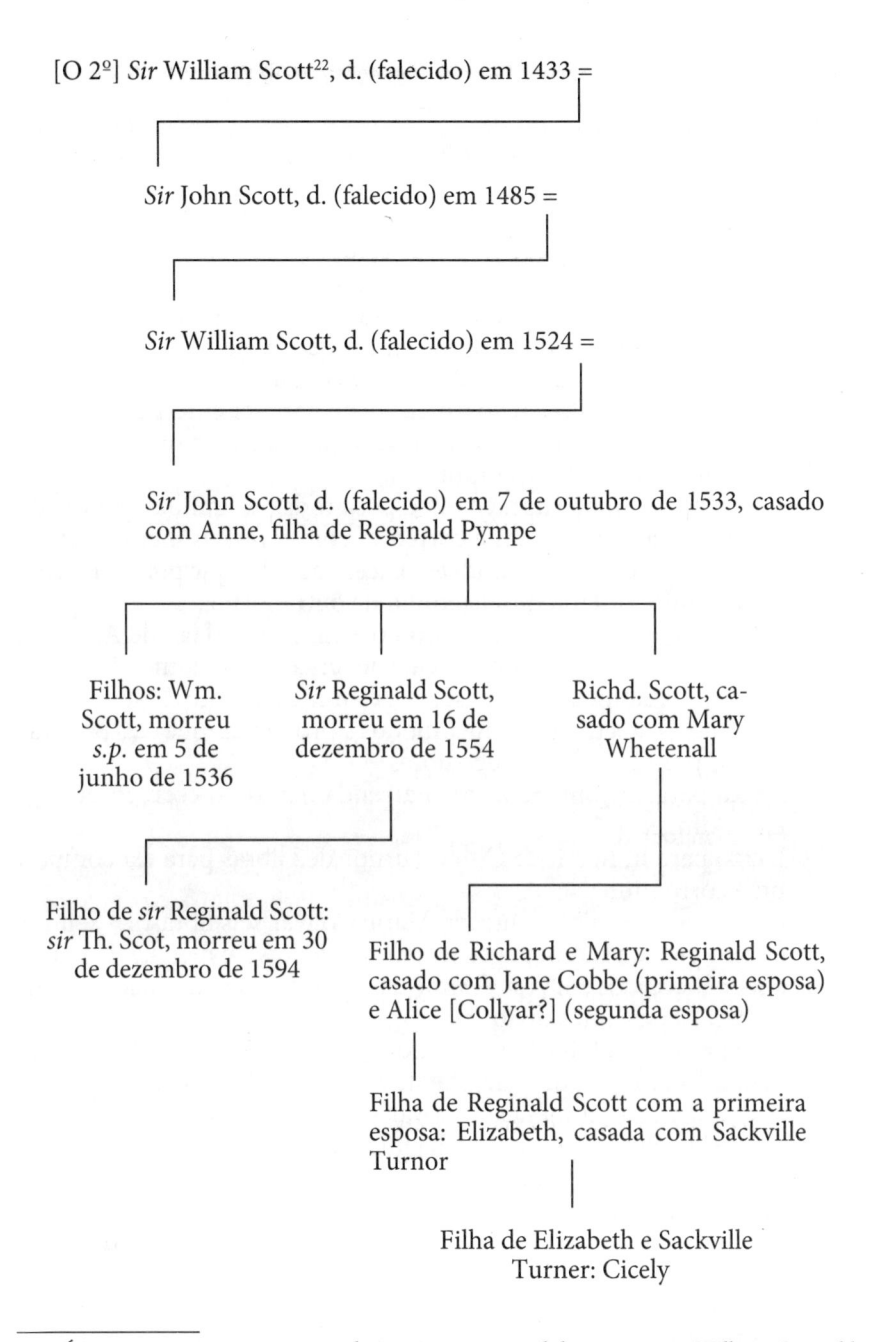

22. É importante notar que, apesar da inscrição memorial do primeiro *sir* William, Reginald, ou quem quer que for fosse o autor dos versos para *sir* Thomas, ela apenas esboça a linhagem desse quarto cavaleiro depois de *sir* Reginald. Se o primeiro *sir* William era considerado então um tanto mítico, ou não era um cavaleiro de renome, não fora reconhecido como o mesmo *sir* William Scott, Presidente do Tribunal Superior de Justiça da Inglaterra.

Testamento de Raynolde Scott

Extraído da cópia, não do original, no Cartório Principal da Divisão de Sucessões, Divórcio, e da Marinha do Tribunal Superior de Justiça

S Na Corte de Função Prerrogativa de Canterbury

Em nome de Deus, Amém, eu, Raynolde Scott, residente do Município de Kent, cavalheiro da Paróquia de Smeth Doe, disponho e ordeno de meu próprio punho este meu Testamento no sábado, dia 15 de setembro do ano do Senhor de 1599 e no quarto ano do reinado de Lady Rainha Elizabeth. Primeiro, deixo minha Alma para Deus Todo-Poderoso e meu corpo para ser enterrado por Alice, minha esposa, como a ela aprouver e a qual disponho e ordeno como minha única Executora.

Deixo para minha supracitada esposa todas as minhas posses, dinheiro, casa, coisas, joias e correntes com todos os meus arrendamentos e bens móveis e imóveis, exceto aqueles que por meio deste meu último Testamento disponho de outra forma.

Eu (pela confiança que deposito no Sr. Edwarde Hall de Ashforde e no meu vizinho Raynolde Keale de Smeeth no município supracitado), os nomeio supervisores deste meu último Testamento e concedo a cada um pelos incômodos e problemas que eles poderão tolerar por meio disso cinco libras.

Deixo para *sir* John Scott meu arrendamento do córrego ou lago em Aldinge.

Deixo para minha neta Cisley Turnor dez libras para ela comprar uma correntinha.

Concedo para minha enteada Marie Collyar seis libras, 13 xelins e quatro pence a serem pagos três meses depois do meu falecimento, a ser concedidos em vestes como ela preferir e sua mãe não deve lhe entregar nada antes disso.

Confio à minha filha Turnor o Compromisso que eu tenho do meu Primo Charles Scott, concernente ao aluguel de meu arrendamento quando sua Eminência renovar seu arrendamento de Braborne Rectorie, reforçando que minha intenção é que minha citada esposa aproveite todo o prazo que eu possuo agora e, seja como for, ele deve ser renovado e minha filha deve ter a única renovação em vigor depois da expiração de todo o prazo que tenho agora, de modo que por qualquer meio [estendendo-se] a renovação à minha dita esposa, não se sinta diminuída em minha verdadeira consideração em relação a ela.

Deixo de fato para minha citada esposa e seus herdeiros para sempre Todas as minhas Terras em Aldington, agora ocupadas por John Pollard, e todas as minhas Terras em Ruckinge, ocupadas por

_____ Diggons e todas as minhas Terras em Sellenge, ocupadas por _____ Coakar, todas as quais ficam no citado[23] Município de Kent.

Concedo e deixo para minha citada esposa todas as minhas outras Terras em Rumney Marshe ou em outro lugar no dito município durante sua vida natural[24].

Concedo ao meu criado, Moyll Smyth, a soma de 20 xelins por ano durante sua vida natural a serem pagos de todas as minhas terras por meio ano e, no caso de falta de pagamento, ele deverá ter o direito ao embargo. E assim encerro, desejando que o mundo julgue o melhor disto e das considerações, pois grande é o trabalho que minha pobre esposa teve comigo e pequeno é o conforto que ela recebeu nas minhas mãos; e se não estive à altura com tudo o que tinha, não morri sem valor.

Ray: Scott.

Uma breve nota acompanhando a cópia do testamento prova que ele foi legitimado em 22 de novembro de 1599. Há também um documento apresentado que Alicia Scott, *relicta*, e Elisabetha Turnor, *als Scott, filia naturalis et legitima*, entraram em disputa, diante de certos funcionários nomeados em relação ao testamento e essa legitimação foi garantida como supracitado no dia 22 de novembro de 1599. Mas como a causa ou tese da disputa não é mencionada, isso, como a nota breve, não é introduzido.

Trecho da Inquisição Pos Mortem, 18 Eliz. P. I, nº 84

Inquisição realizada em Maidstone na ocasião da morte de Lady Wynifred Rainsfoord, 30 de março, 18 Elis. [1575-6]

Ela tinha posse dos Solares de Nettlested e Hiltes com dependências em E. e W. Peckham, Brenchley, W. Barmling, Merewood, Marden; também do Solar de Pympe com dependências em Yaulding, Marden e Brenchley. Também de várias outras terras, algumas das quais, chamadas Stockenbury, Motelands e Souchefields, ficam em Brenchley.

Ela morreu em 17 de outubro último, em Chelmsford, em Essex.

Th. Scott, cv., é seu herdeiro, viz., filho e herdeiro de Reginalde Scotte, cv., filho e herdeiro de Anne Scotte, esposa de John Scotte, cv., filha e herdeira de Reginald Pympe, irmão de John Pympe, pai da citada Lady Winifred.

Thomas Scotte, cv., Charles Scott, Henry Scotte, George Scotte e William Scotte [irmãos do primeiro nomeado Thomas Scotte, cv.], e

---

23. *Sic,* primeiro no fim da linha.
24. *Sic,* a ser pago *está escrito acima* disso.

Reginald Scotte são co-herdeiros das terras na partilha. Uma metade disso vai para Thomas, Charles, etc. [como nomeado anteriormente], filhos e co-herdeiros de Reginalde Scotte, cv., filho e herdeiro de Anne Scotte; e a outra metade para Reginald, filho e herdeiro de Richard Scotte, Júnior, filho da citada Anne.

Thomas tem 39 anos *et amplius*, Charles 34 [etc.], Henry 32 [etc.], George 30 [etc.], William 22 [etc.;] e Reginald 38 anos de idade *et amplius*.

As palavras exatas referentes aos co-herdeiros são "descendebant et de jure descendere debent præfato Thomæ Scotte militi, Carolo Scott, Henrico Scotte, Georgio Scotte et Will'o Scotte, fratribus dicti Thomæ Scotte militis et Reginaldo Scotte, consanguineo prædicti Thomæ Scotte militis, ut consanguineis et coheredibus prædictæ dominæ Winifridæ eo quod prædictæ terræ... ultimo recitata sunt de natura de gavelkind." Isso desmente a afirmação do Sr. J. Renat Scott em *Arch. Cant.*, xi, 388, e repetida em sua genealogia da família Scott, que o Reginald Scott mencionado, recebendo o pagamento entre aqueles nomeados em 1587-8, fosse "um filho de *sir* Thomas".

Trecho da Inquis. P. M., 45 Eliz., Pars. I, nº 71.

Inquisição realizada em Maidstone, 2 de dezembro [de 1602], após a morte de Reginald Scot, nobre

Ele tomou posse de um imóvel e 20 acres de terra chamada Graynecourtte, ocupado pelo Ilmo. Sr. Th. Scott, a partir de agora seu solar de Brabourne, um imóvel chamado Essex, e 20 acres de terra em dois lotes em Allington [Aldington], ocupado por Edw. Hall, a partir de agora seu solar de Pawlson. Um lote de terra chamado Haythorne field, com 20 acres em Bonington, ocupado pela Rainha *in capite*, e um imóvel e um lote de terra em Barefield, contendo dois acres em Brabourne, de morador desconhecido, e um acre em Brabourne e cinco acres em Brabourne, e dois lotes em Smeeth, e 30 acres de um brejo chamado Gatesleaf, em Newchurch, ocupado pelo Ilmo. Sr. Martin Barneham, a partir de agora seu solar de Bylsyngton.

Morreu em 9 de outubro, 41 Eliz. [1599], em Smeeth.

Elizabeth, esposa de Sackville Turner, cavaleiro, é sua filha e herdeira direta e tinha 28 anos de idade e mais quando o pai morreu.

Alice, sua viúva, recebe os aluguéis desde a morte do marido.

[Elizabeth era a herdeira direta de sua propriedade, mas aquela que era dele por meio de sua esposa Alice, ele legou especialmente "para ela e herdeiros *dela*".]

A Causa e a História da Obra, isto é, o que induziu Scot a escrevê-la, e por que ele a apresentou assim? Indagações que envolvem, entre outras questões, uma nota breve da posição ocupada naquele momento e antes pela bruxaria na Inglaterra. Seu *Hoppe-garden* o expõe como um homem de inteligência, visionário e pensativo, que quer melhorar o estado de seu país e conterrâneos. Mostra-o também como alguém que não só poderia ter um pensamento e o confia a outros, mas ainda coloca sua ideia em prática com perseverança, acha-a praticável e aprende os processos necessários para cultivar a planta, preparar seus amentilhos e armazená-los para uso, que a princípio levaria a supor que ele fez o que não fez, ou seja, visitou a Holanda e aprendeu os processos no local. As mesmas qualidades são vistas em seu *A Descoberta da Bruxaria,* assim como é também sua independência de pensamento. Tão logo suas suspeitas surgiram ele se empenhou, como mostra a obra e suas referências, em investigar a questão detalhadamente e com perseverança. Duas outras qualidades também colaboraram para isso: sua franqueza ou honestidade de propósito, e sua compaixão, pois estas o ensinaram que ele estava engajado em um trabalho justo, ainda que pareça pretensioso e petulante, o de resgatar as mulheres anciãs fracas e ignorantes de falsas acusações e uma morte violenta, em um trabalho nobre de tentar remover a torrente de superstição e crueldade que começava a inundar a terra.

Tal trabalho não foi de forma alguma o resultado de uma mente com uma inclinação ao ceticismo. Seu livro mostra que ele aceitava as opiniões de sua época, a menos que ele fosse levado a questioná-las, e as recebe de novo como fatos ou as descarta. Levado, sem dúvida, por seu treinamento acadêmico, fica claríssimo que ele investigou os alicerces de sua crença na Igreja Estabelecida e nas adições que ele fez à sua fé no curso das eras iletradas da Igreja Romana. Ele leu Plotino, com quem aprendeu que os vigários de Cristo e seus vice-gerentes na Terra eram muitas vezes demônios encarnados e partidários do vício, e que o sistema que ocasionalmente produz um São Francisco de Assis – toda reverência ao seu nome – produziu também os congêneres de Loyola, e o próprio, cujos seguidores, embora assumissem o santo nome de Companhia de Jesus, tornaram esse nome famoso e infame e suas doutrinas execradas em todo o mundo civilizado. Mas ele aceitou, embora com alguma dúvida e sem o menor meio de investigar as fontes da história do Rêmora; e aceitava sem duvidar as crenças de que o osso da cabeça de uma carpa, e nenhum outro, estancava o sangue; o valor do chifre do unicórnio, e coisas assim, e – apesar de não acreditar em astrologia – que os momentos de semear e brotar eram governados pelas fases da lua. Acreditava também que pedras preciosas deviam sua origem às influências dos corpos celestes; e além de suas noções crédulas a respeito de certas águas, narradas no início, no capítulo seguinte ele introduz as virtudes absurdamente maravilhosas dessas pedras, algumas, como afirma, por ele acreditadas, "embora muitas coisas falsas sejam acrescentadas".

Como então ele passou a investigar e escrever tão vigorosamente contra a bruxaria? Antes da época de Henrique VIII, lidava-se com os feiticeiros por meio da lei eclesiástica, que os punia como heréticos. Além disso, os supostos crimes contra a pessoa parecem, sobretudo, ter sido percebidos quando interferiam com questões ou pessoas superiores ou do Estado, como nos casos de Joana d'Arc ou Dama Eleanor Cobham. Mas na época de Henrique, provavelmente com a extensão de ideias continentais, amparadas talvez por um desejo de reprimir o poder eclesiástico, foi instaurado o c. 8 do 33º ano de seu reinado, decretando que bruxas, etc., que destruíssem seus vizinhos, e fizessem retratos [imagens] deles por motivos mágicos, ou pelos mesmos motivos fizessem coroas, espadas, entre outras coisas, ou derrubassem cruzes, ou declarassem onde coisas perdidas ou roubadas foram parar, receberiam uma pena de morte e a perda de terras e bens, como criminosas, e perderiam os privilégios clericais e de santuário. Depois, no primeiro ano do reinado de Eduardo I, c. 12, esses e outros delitos transformados em crimes qualificados pela primeira vez no reinado de Henrique não eram mais considerados assim. Terceiro, no quinto ano de Elizabeth, o Parlamento, no 12º capítulo, decretou que, embora muitos praticassem feitiçarias para a destruição de pessoas e seus bens, aquelas que causassem a morte deveriam sofrer, conforme declarado por 33 Henrique VIII, c. 8, exceto pelo fato de que os cônjuges e herdeiros não deveriam ter seus direitos afetados pela perda dos direitos do condenado. Mas quando uma pessoa só era ferida, ou seus bens ou gado destruídos, os criminosos, se primários, deveriam sofrer uma pena de prisão de um ano, e uma vez a cada três meses ser exibidos no pelourinho na praça do mercado por seis horas e lá confessar seus crimes; e, no caso de uma reincidência, receberiam a pena de morte como um criminoso qualificado, com as exceções relatadas anteriormente. Por sua vez, aqueles que buscassem tesouro, praticassem amor ilegal ou ferissem alguém em seu corpo ou bens, deveriam ser presos no caso de um primeiro delito e sofrer como antes, e no caso de um segundo ser condenados à prisão perpétua e perder bens e gado. Isso, no que diz respeito à humanidade, é um avanço distinto ao decreto de Henrique, embora um aparente retrocesso daquele de Eduardo. Talvez, como antes, tais determinações tenham surgido de um desejo de retirar os criminosos da jurisdição da lei eclesiástica, que os teria queimado, e também não parece, conforme evidencia o pouco resultado, o produto de uma mania ou medo. Tais sentimentos vieram depois, quando, como nos conta Brian Darcie em 1582, na ocasião, sob promessas vazias de favor, ele tentava fazer mulheres confessarem para, no fim, serem enforcadas: "Há um homem de grande aprendizado e conhecimento que apareceu ultimamente no reinado de nossa Majestade, a Rainha, que lhe informou de quantas companhias e números de Bruxas há na Inglaterra: depois de eu e outros de seus Juízes receberem a incumbência de apreender quantas conseguirmos dentro desses limites". Infelizmente, esse homem de grande aprendizado e conhecimento parece ter sido ninguém mais do que a outrora luz da Igreja Anglicana, o grande, o bom e o pio Bispo Jewel, que, depois de retornar de uma residência forçada no exterior, foi rapidamente promovido por sua Majestade, e, em um sermão proferido diante dela, em 1572, introduziu o assunto assim:

"Aqui talvez alguns homens respondam que bruxas e prestidigitadores, às vezes, perseguem um Demônio querendo ir atrás de outro. É possível que seja assim; mas isso não é feito pelo poder, mas pelo Conluio dos Demônios. Pois um Demônio, para melhor atingir seu objetivo, dará lugar, e o deixará como se temesse outro. E, a propósito, direi apenas uma palavra ou duas sobre esse assunto acerca do uso horrível de seus pobres súditos acusados disso. Pode agradar Vossa Majestade entender que há um número incrivelmente maior desse tipo de pessoas, bruxas e feiticeiros, no reino de Vossa Majestade. Estes olhos viram as marcas mais claras e evidentes de sua vilania. Os súditos de Vossa Majestade definham até a morte, sua cor desaparece, sua pele apodrece, seu discurso fica entorpecido, eles perdem os sentidos.

Assim, seus pobres súditos suplicam com humildade a Vossa Majestade que as leis em torno de tais malfeitores sejam postas na devida execução. Pois seu obstáculo é grande, seus feitos horríveis, sua malícia intolerável, os exemplos muitíssimo miseráveis. Eu rogo a Deus para que eles nunca pratiquem essas artes; e acrescento, a propósito, que são os estudiosos de Belzebu, capitão-chefe dos Demônios".

Os plantios da Rainha nas execuções de seus Juízes instigadas e encorajadas dessa forma produziram uma safra abundante. De acordo com as Dedicatórias de Scot, *sir* Roger Manwood, o Barão Chefe do Exchequer, teve "nessas causas tamanha experiência", A ii. v., enquanto *sir* Thomas Scot, como juiz de paz, também teve "muitas pobres senhoras intimadas por ele por... bruxaria", A. vi. Além disso, vários folhetos, sobre os quais falarei, excitaram ainda mais as imaginações de um povo crédulo, e supunha-se, antes de Scot escrever, como se verá adiante, na p. 473 do original, e em minha nota sobre essa página, que a própria pessoa da Rainha era visada.

Parece, portanto, que embora Scot tenha sido criado em meio a uma crença tradicional, mas pouco estimada, na bruxaria, ele, quando tinha pelo menos 34 anos, não só estava despreparado, como também ficou alarmado em testemunhar e participar desse novo afastamento da justiça e da misericórdia. A bruxaria, vista em grande parte como útil para descobrir coisas perdidas, em fazer a pessoa amada responder ao seu amor ou curar doenças simples ou graves, passou a ser temida, atacada e procurada: pela Comissão da Rainha, pelo povo como um grande e temido mal espalhando-se rapidamente pela terra, capaz de provocar milhares de vítimas, como a Peste Bubônica ou Negra, e atacando das cabanas ao próprio trono. Ele, um homem inteligente e solidário, vê criaturas pobres, velhas e decrépitas levando uma vida miserável, mendigando um donativo ocasional de seus vizinhos mais abastados; ranzinzas pela idade e condição e, portanto, agressivas quando se lhes recusam donativos ou, em casos mais leves, às vezes talvez por um conhecimento antigo ou superstição, mas provavelmente mais para ganhos monetários, fingindo ser mais sábias do que eram. Vê essas pessoas acusadas de venderem suas almas em troca de um lugar no mundo, ouve acusações ocasionais de infrações, crimes e atos provavelmente falsos dos quais o bom senso imparcial riria, ao mesmo tempo que a evidência é quase sempre tão falha que, se a acusação fosse outra, seria logo ignorada. Infelizmente, também, algumas dessas velhas senhoras eram mais ou menos loucas, e outras por medo ou favores prometidos confessavam ser capazes de fazer essas coisas, embora qualquer homem de bom senso e observação pudesse detectar seu estado ou motivos. Felizmente, também, ele tinha perto de si, e na família de sua esposa, a conhecida e muito comentada impostura da Santa Donzela de Kent; e na época e bem perto de sua morada, o caso da pitonisa de Westwell, a princípio conduzido triunfantemente, e então, em sua própria confissão e atos reconstituídos, maculada como uma farsante, assim como a Santa Donzela. O Holandês, também, em Maidstone, depois de ter sido apresentado como um realizador de milagres e um exorcista, foi considerado embusteiro; e "muitos outros milagres como estes foram divulgados ultimamente, dos quais diversos foram desmentidos". Ele também participou – aparentemente como alguém comprometido com a defesa – naquele disparate chamado julgamento de Margaret Simons, e conhecia a história de Ade Davie e da recuperação de sua sanidade sem exorcismo, enforcamento ou queima na fogueira.

Não é natural que suas suspeitas, e mais que suspeitas, o tenham levado a se dedicar ao assunto com seriedade? Alguém que tenha se entregado, como diz Wood, à leitura e ao pensamento, bem como ao exercício saudável e útil, deve ter procurado e obtido livros sobre os dois lados do assunto, em especial o famoso livro de Wier; uma leitura atenta e a meditação sobre esses assuntos devem tê-lo levado a ampliar suas visões e reuni-las em um todo harmonioso e consistente. Enquanto isso, no entanto, a superstição sanguinária aumentou diariamente, e houve a publicação do livro ou dos livros loucos de Richard Gallis – mencionados nas páginas 132-3 – sobre as bruxas de Windsor, agora, creio eu, infelizmente perdidos, nos quais, entre outras coisas, ele narra como, em um sabá, ficou frente a frente com o diabo e o feriu tão dolorosamente que fedia a enxofre; e em 1582, lá aconteceu a condenação indiscriminada de pobres senhoras de St. Osees, 13 das quais foram enforcadas. Não houve condenações como essas antes na Inglaterra. Não é improvável que ele mesmo tenha testemunhado essa condenação – nas páginas xxv-vi. Isso era tão incomum que – não posso deixar de acreditar em outra evidência, como afirmo em minha nota sobre Macbeth – uma balada foi escrita sobre o tema, que se tornou muito popular e ainda era lembrada em 1606. Essa mesma extensão incomum de punição também gerou tanta atenção que o juiz Brian Darcie achou que valeria a pena divulgar não o julgamento, mas os depoimentos tomados diante dele, e informar assim a um público ignorante demais que ele e apenas ele foi a principal causa de tamanha purificação.

Esses fatos, especialmente este último, despertaram, creio eu, a compaixão e indignação de Scot, que ele desabafou em palavras impressas. Além dessas semelhanças, incluindo a data, há dois fatos aparentemente contraditórios à primeira vista, que se evidenciaram quando eu li atentamente o livro pela primeira vez, antes de ter qualquer opinião formada sobre suas causas e que estão reconciliados nessa visão. Primeiro, embora o plano adotado por ele, e seus fatos e conclusões, pareçam deliberadamente procurados, pensados e examinados, há evidências por todo o texto de uma pressa fervorosa de composição, uma pressa tão ardente quanto a já mencionada de emoções que provocariam um homem como Scot, que testemunhou uma perversão da justiça tão horrível e sanguinária. A prova do primeiro fato eu deixo para ser observada pelo leitor inteligente, mas embora o segundo também deva ser observado, é necessário, para a exposição completa do meu argumento, que eu reúna em uma única visão pelo menos a maior parte dos detalhes. Essa pressa é evidenciada em algumas de suas erratas corrigidas, mas mais ainda naquelas que ele não corrigiu. Por isso temos, na p. 174, um deslize curioso, no qual um faraó torna-se um persa, e Nabucodonosor toma o lugar do faraó como rei do Egito, pois outras partes do livro provam claramente que esse foi um lapso não intencional, que passou despercebido uma segunda vez na releitura do livro antes de a página título e as folhas preliminares estarem prontas (erro corrigido na tradução). Semelhantes são seus erros em relação a Haias e Sedaias, pois uma vez ele fala do Rabino Sedaias Haias, repetindo também quando apresenta seus "autores estrangeiros" consultados, e entre esses dois momentos fala deles como se fossem duas pessoas. Seus erros em relação a Argerius Ferrerius especificamente nos chamam a atenção. Ele o cita – embora seja sempre como Ferrarius – cinco vezes no texto, duas em seu índice e uma em seus "autores usados". Assim como em sua tradução desse autor, como o "s" de "verbis" não fica nítido em algumas cópias, ele lê a palavra como "verbi" e assim traduziu a frase como um absurdo tão evidente que bastaria para lhe mostrar o erro. Temos ainda a passagem da execução da espada em punho sem sentido, porque foi descuidada, na p. 257 do original; e a essas pode-se juntar sua adoção dos curiosos erros de tradução de T. R. do *Pseudomonarchia*, de Wier, ou de outra cópia do *Empto. Salomonis*, que em um momento de consideração ele teria visto o absurdo e recorrido a Wier. Na p. 19 também, encontramos "infantes" enquanto, como falo em minha nota, todas as edições do *Mal. Malef.* no Museu Britânico grafam a palavra como "infames"; e isso, embora seja um lapso de memória, indica, quando considerado com o restante, uma pressa. Esses deslizes, em um escritor mediano, levariam a outra conclusão, mas não neste caso, em que temos evidência de um conhecimento tanto costumeiro como recôndito de conclusões testadas por um experimento real, de uma percepção rápida e inteligente, e do que pode ser chamado, no bom sentido, de uma sutileza ligeira e aguda em refutar ou replicar alegações ou objeções.

A dívida do autor para com Cornélio Agrippa e Wier já foi demonstrada; mas algumas palavras podem ser acrescentadas aqui. Deparando por acaso com os livros desses autores quando começou a ler obras obscuras, ele não se tornou seguidor deles para depois escrever um livro, como fizeram os discípulos de Pitágoras com o intuito de expor e transmitir as doutrinas de seu mestre. Wier escreveu um livro claro e abrangente contra a bruxaria. Mas embora Scot com certeza seguisse Wier no momento, e com certeza devesse muito a ele pelo aperfeiçoamento de seu livro, ainda assim, como eu disse, Scot parece ter desenvolvido sua crença contra a realidade da bruxaria a partir do que testemunhou em sua experiência; e minha ideia de que ele então foi levado a ler Wier e Cornélio Agrippa, e os autores do outro lado, parece se confirmar pelo que encontrei em seus agradecimentos a Wier. As "Notas sobre Wier" mostram que, embora ele o copiasse em alguns outros exemplos, pegou emprestado dele principalmente uma longa lista de ilustrações, algumas das quais pode ter retirado independentemente das mesmas fontes de Wier.

Bibliografia. Nós não encontramos uma entrada do *Hoppe-garden* de Scot nos Stationers' Registers [Registros de Publicações], porque não há entradas por volta de 1574. Mas por que não encontramos uma entrada a respeito de um livro tão grande e importante quanto *A Descoberta da Bruxaria* de 1584, sendo que o autor não é de uma família de má reputação e o chefe de sua casa, *sir* Th. Scot, é um homem ilustre? A resposta, depois do exposto, é simples. Ele apoiava e defendia uma heresia, pois a Rainha, os bispos e o povo acreditavam e se protegiam contra a existência, as práticas e os poderes diabólicos das bruxas. Por isso a resposta da Stationers' Company [Associação dos Editores] com certeza deve ter sido – a mesma em casos de menor importância: "Desde que ele consiga a aprovação do bispo de Londres", palavras que, nessas circunstâncias, teriam sido uma recusa, e uma recusa que, certas providências não fossem tomadas após a publicação, teria pesado contra ele. Por isso resolveu imprimir ele mesmo, assumindo toda a culpa e responsabilidade, sem o nome de um editor e com o nome do impressor aparecendo apenas no fim do livro, sem data ou local de endereço – "Impresso em

Londres por *William Brome*". E aqui, aliás, pode ser mencionado que embora chamados em catálogos de quarto, suas divisões são em oitavos. Como dito antes, tanto Thomas Ady quanto Anthony Wood nos dizem que "por algum tempo ele impressionou muito o Magistrado e o Clero", fato que é demonstrado junto dos livros de Webster, Ady e de outros no mesmo lado, e daqueles de Gifford, Perkins e outros; do outro, incluindo o Rei Jaime, que, em 1597, publicou seu *Dæmonologie* particularmente contra isso. Se Elizabeth ou as autoridades de seu reinado sabiam a respeito dele é duvidoso, pois, como afirmei, ele ainda era um Escudeiro em 1587; e as últimas palavras de seu testamento, "pois grande é o trabalho que minha pobre esposa teve comigo e pequeno é o conforto que ela recebeu nas minhas mãos", e sua autodesignação como "cavaleiro" apontam mais a uma entrega voluntária de seu cargo, por fraqueza e má saúde, do que a uma dispensa.

Mas o zelo pela verdade, como ele acreditava, combinado com o medo pela própria segurança, pois acreditava ter sido objeto de bruxaria e das maquinações dos poderes malignos mais de uma vez, embora felizmente não surtissem efeito, levou o autor da Casa Real a mandar que o livro de Scot fosse queimado pelo carrasco comum; e, como também é dito por Cole, não só uma cópia, como consequência do caráter do livro, e por ele ser um *liber prohibitus* aos olhos desse Papa Protestante, mas também quantas cópias nas quais eles conseguissem pôr as mãos. Embora, também, ainda não tenha encontrado uma prova direta dessa última afirmação, é talvez uma confirmação dela o fato de não existir nenhuma cópia do livro na biblioteca da Catedral de São Paulo, ou no Palácio Lambeth, nem na Faculdade Sion. À mesma causa deve-se muito provavelmente a cópia excessivamente esmerada de vários capítulos, e partes de capítulos, contidos em Sloane MS., ff. 2189, no Museu Britânico, datada de acordo com especialistas de *circa* 1620. Cheguei a suspeitar de que esses extratos foram feitos com a intenção de escrever um livro a favor ou contra a verdade da bruxaria, mas o esmero metódico de quase todas as páginas, exceto as duas ou três primeiras, o estilo da forma tipográfica do livro, a forma consecutiva, mas quebrada, na qual os extratos vêm um depois do outro, a ausência de quaisquer palavras ou sinais de observação ou comentário, agora me fazem defender que essa era uma cópia feita por ou para alguém que se apoderou dessas partes como bem entendeu de um livro inacessível de outra forma.

Voltando à queima do livro, eu diria também que não me deparei com nenhuma declaração contemporânea ou nem mesmo antiga em inglês sobre isso, muito menos quanto à data. Talvez, entretanto, sem muito medo de errar, possamos supor que ela tenha acontecido imediatamente depois do Ato contra as bruxas, sancionado no primeiro ano do reinado de Jaime. Nesse Ato, revoga-se a Lei 5 Eliz., e qualquer conjuração, etc., de um espírito maligno passa a ser um crime punido com a morte por ser um delito grave, e o réu perde todos os benefícios do clero e de santuário. No caso de descobrir tesouros por meios mágicos, provocar o amor ilegítimo ou destruir gado, punia-se um réu primário com prisão por um ano, exposição pública no pelourinho uma vez a cada três meses por seis horas e confissão de seu crime, assim como no Ato revogado; e no caso de reincidência, punia-se com morte, embora o dote e a herança não fossem mantidos. Esse Ato mostra por si só como as convicções de Jaime sobre o assunto eram fortes, assim como a publicação em Londres de seu livro *Dæmonologie* no mesmo ano, pois ele entrou nos Registros de Publicação em 3 de abril de 1603. O livro de Scot, portanto, ia contra a crença de Jaime, e a estima com a qual o livro é considerado contra seus próprios poderes como um racionador e autor. Embora, no entanto, até onde podemos saber, devamos o conhecimento dessa queima a uma fonte alemã, sua semelhança extrema é corroborada pelo que afirmei, que a crença de Jaime na bruxaria era para ele um incontestável Artigo de Fé, e pelo fato de que vários livros, conhecidos e desconhecidos, foram queimados em momentos diferentes durante seu reinado, embora não exista mais nenhum registro oficial dessas queimas.

Cole, como citado na edição de Bliss do *Athen. Oxon.*, apresenta o relato feito por Thomasius de *crimine magiæ*, um livro que, creio eu, não exista. Há uma *Thesis inaugaralis de crimine magiæ* apesentada em 1701 por Johan Reiche à Regia Academia Fredericiana... præside D. Christiano Thomasio. Mas Reiche refere-se a um autor mais antigo – "Gisberti Voetii | Theologiæ in Acad. Ultrajectina Professoris | Selectarum | Disputationum | Theologicarum, | Pars Tertia. |....| Ultrajecti, | Ex Officina Johannis à Waesberge, | Anno CIƆ IƆ C LIX (1659?), | que diz, p. 564:

"... *Reginaldus Scot* nobilis Anglus magiæ crimen aperte negavit, & ex professo oppugnavit, omnes ejus mirabiles effectus aut ad melancoliam, aliosve naturales morbos, aut ad artem, industram, & agilitatem hominum figmentis & præstigiis suis illudentium, aut ad stolidas imaginationes, dictorum magorum, aut ad vanas nugas & fictiones eorundem magorum referens. Ejus *liber* tit. *Discoverie of Withcraft [sic] in Anglia combustus est*; quem nominatim etiam perstringit Sereniss. Magnæ Briantniæ [sic] *Rex Jacobus in Dæmonologia*, eumque tangit diffusissimæ eruditionis Theologus *Johannes Raynoldus, in cens. lib. Apocryph. tom. 2 prælect.* 169. In eundem, sed innominatum calamum strinxit eximius & subacti judicii Theologus, *Guilelm. Perkinsus in tractatu de Bascanologia. Pars libri* istius *Reginaldi Scot elenctica* (nam reliqua in editione Anglicana conjurationes continebat) in Belgicum idioma translata est, ante anos aliquot Lugd. Batav. Per Thomam Basson: ex illius libri lectione, seu fonte perenni, non pauci ab illo tempore docti & indocti in Belgio fluctuare, & de Magia σκεωτικιξειν ac λιβερτιυιξειν (ut Libertinis & Semilibertinis infesta est patria nostra) quin eo ignorantiæ sæpe prolabi, ut non iniquè illis applicari potuerit, quod Sereniss. *Rex Jacobus in Dæmonologiâ* subdito-suo Reginaldo Scot: *esse quasi novos Sadducæos:* cum omnes diabolorum operationes & apparitiones suaviter exibilant: tanquam anicularum, aut superstitionis meticulosæ phantasmata ac sabellas. Sunt & alli, sed pessimi magiæ patroni, qui ad Deum & divina charismata seu gratias gratis datas, aut ad angelos bonos, operationes magicas referunt".

O Dr. W. N. du Rieu, bibliotecário da Universidade de Leyden, gentilmente me informa que uma tradução para o holandês, "omitindo algumas fórmulas de pragas e outros assuntos que interessariam mais aos leitores ingleses", foi feita e editada por Th. Basson, um livreiro inglês que morava em Leyden em 12mo em 1609. Ela foi realizada com o incentivo de professores de Direito e História, e sua dedicatória, datada de 10 de janeiro de 1609, foi para os curadores da Universidade e para os burgomestres de Leyden. Uma segunda edição corrigida, publicada por seu filho, G. Basson, também foi impressa em Leyden em 1637, embora a dedicatória seja de 8 de maio de 1637, Amsterdã.

Apesar de mencionadas as passagens em várias das notas, ainda para chamar a atenção para o assunto, e na esperança de que outros tenham mais sucesso, eu acrescentaria que não descobri o princípio pelo qual ele buscou, não suas fontes, para suas leituras bíblicas. Em suas citações em latim ele usa em geral a *Vulgata*, duas ou três vezes Beza, ou Beza variado, embora em outras busque alguma outra tradução ou até as faça. Sua longa citação em inglês, na p. 284, não é retirada das versões de Wycliffe, Tyndale, Cranmer, Coverdale, Matthews, Bishops ou Rheims, ou até a Bíblia de Genebra, apesar de mais semelhante a esta, embora, curiosamente, ela preceda a de 1611 uma ou duas coincidências verbais. Portanto, creio que ele variou a versão de Genebra de acordo com suas próprias visões e predileção, e eu estou mais inclinado a essa possibilidade, pois a passagem não está em itálico, o tipo e marca das citações na época, mas em romano.

Apesar, no entanto, do decreto emitido, e, apesar da estranha afirmação (não argumento) saduceia apresentada por James, e seguido por John Rainolds, D.D., em seu livro sobre os Apócrifos (*tom.* Ii, 1032), e por Gisbert Voet, a excelência inerente do livro, conforme relatada por Ady, e evidenciada pelas notas a respeito dele nos vários livros dos dois lados que vieram depois, e em parte, talvez, pelo próprio decreto, justificou sua reprodução; e em 1651 ele foi lançado com uma nova folha de rosto, embora naturalmente não tenha entrado de novo nos Stationers' Registers. Dessa vez era realmente – como evidenciado pelas assinaturas – um quarto. O texto era o mesmo daquele impresso por Richard Cotes; mas havia três edições, além de três páginas de rosto ligeiramente diferentes. A primeira traz – LONDRES | Impresso por *Richard Cotes.* 1651. A segunda tem – *Impresso por* R. C. *e vendida por*

Giles Calvert, *residindo na* | *Black Spread-Eagle no West-end of* Pauls. 1651. E exceto por essas últimas palavras, separadas do resto por uma linha nas duas páginas de rosto, as duas edições são idênticas, palavra por palavra, incluindo até o erro ortográfico "supesrtions". A explicação, em toda a probabilidade, é que a minha "primeira" era a primeira edição, quando o editor achou mais prudente omitir seu nome; a outra, uma segunda edição de cópias ainda necessárias, quando, não encontrando maus resultados, ele ficou mais ousado. A terceira tem embaixo a linha mencionada: *Londres* | Impresso por E. [não R.] Cotes e deve ser vendida por Thomas Williams na | Bible em *Little Britain* 1654. Nessa edição "Scots" está impresso sem o apóstrofo, "homens", "mulheres", "crianças" e também "tratado" começam com letra maiúscula; nas duas ocasiões tem "Devils" não "Divels" [Demônios] e a última linha, logo acima da quebra de página termina "De-" não "Divels", e "superstions" está impresso corretamente "superstitions" [superstições]. Essas variações na folha de rosto, e a exata conformidade do texto quanto às várias peculiaridades de letras, palavras e tamanhos da pontuação, mostram que Williams tomou posse das cópias restantes de Calvert, ou de seu tipo configurado, e editou três folhas, prefixando uma nova folha de rosto própria, impressa por E. Cotes.

Não há a menor evidência de uma cópia da edição de 1584 ter sido preparada para a prensa, além da nova folha de rosto, e em duas ocasiões a tradução do latim, que Scot não traduziu, como ele tinha feito em exemplos semelhantes. Os ingredientes com nome em latim na p. 184 do original estão traduzidos, e assim consegui apresentá-los em minhas notas com mais probabilidade de estarem corretos. O segundo exemplo está, como citado na minha margem, na p. 416 do original. Dois ou três erros de impressão estão corrigidos, um deles não é uma certa emenda, e todos dentro da competência de um compositor ou leitor comum; mas nenhum outro é feito, nem mesmo o de "increase" escrito como "incense", p. 446 do original, embora sejam erros novos, indicadores de um "revisor" descuidado.

O que foi dito, portanto, quanto ao caráter dessa segunda reedição, serve para provar que ela era um empreendimento do editor baseado na demanda pelo livro e, portanto, por lucro, e que ele realizou apesar de o livro ter sido queimado e colocado entre os "livros proibidos". Da mesma maneira, e pelo mesmo propósito, e, como antes, sem entrada nos Stationers' Registers, foi realizada a terceira, e assim chamada edição fólio de 1665, embora as folhas estejam em seis. Tudo, exceto a folha de rosto, que, curiosamente, foi reescrita de novo, embora ainda tivesse, como a segunda edição, as palavras "de Reginald Scot Escudeiro", é uma reedição descuidada da segunda, com todos os seus erros e outros novos. Mas como uma novidade e uma indução à compra, nove capítulos, começando o 15º tomo, e um segundo tomo do *Discurso a Respeito de Demô-*

nios e Espíritos, foram adicionados por um autor anônimo. Quem era esse desconhecido eu passei algum tempo inutilmente me perguntando, tempo que poderia ter sido mais bem empregado, mesmo que descobrisse. Mas isso serve para provar que essas adições foram feitas apenas em nome da novidade, e seu *glamour* e ganho, pois o autor acreditava e era praticante de bruxaria, ou do que ele acreditava ser bruxaria, o que não é improvável, dadas suas instruções no rascunho, bem como sua reticência. Ele também acreditava – e afirmo isso como uma pista possível – muito no espírito astral perecível de um homem, bem como nos espíritos astrais em geral, e muito de seu *Discurso* é repleto de observações sobre isso.

Posso adicionar aqui, para mostrar o descuido com o qual a segunda e a terceira edições foram feitas, uma nota da errata marcada na primeira e não corrigida nelas.

75, 21. "We," ["Nós,"] assim como na segunda; na terceira a vírgula está colocada corretamente depois de "years" ["anos"]. Uma correção que poderia ter sido feita até mesmo pelo menos inteligente dos "revisores".

168, 31. "Earth *read* firmament" [Em Terra, lê-se firmamento]. Não corrigido.

247, 29. "Write *add* it." Não corrigido.

269, 16. "If there be masses *delete* If." Mantido, mas a segunda tenta corrigir inserindo "no" ["não"] antes de "masses" e a terceira segue o exemplo, embora continue sem sentido como antes.

463, 16. "Their business *read* that business." Não corrigido.

Além desses, a edição limitada agora impressa é a única outra que conheço. Como afirmado no prefácio, é uma reedição da primeira, com algumas poucas alterações no fraseado, mas não na ortografia. O arranjo em V das linhas no fim de um capítulo não foi seguido, mas imitado de acordo com o espírito no qual ele foi empregado;* pois, depois de investigar seu propósito, descobriu-se que ele não indicava uma divisão do texto ou do assunto, mas era simplesmente um mecanismo do compositor para preencher uma página quando ela terminava um tomo ou quando seu espaço em branco não permitia o início de um novo capítulo. Da mesma forma, em uma página, um (∴) foi adicionado para completá-la. E, igualmente, se ainda houvesse espaço no fim de um tomo, inseria-se uma gravura. Eu acrescentaria que **todas as referências de páginas que fiz são as páginas da edição 1584.**

Reuni em um apêndice várias peculiaridades gramaticais da época; mas elas aumentaram o número de páginas e, com isso, o preço do livro, embora me parecesse desnecessário, principalmente porque o

---

*N.E: Nesta edição da Madras usamos o formato de uma taça.

leitor pode consultar facilmente a *Shakesperian Grammar* [Gramática Shakespeareana] do Dr. Abbot, bem como notas em outros livros. Um ponto, no entanto, deve ser tratado. Embora seja um homem educado e de universidade, acostumado a latim e grego, ele, assim como todos da sua época, seguia o hábito frequente de usar verbos singulares depois de nominativos no plural não imediatamente os procedendo. Um exame minucioso desses, tanto em Scot como em Greene, outro literato, e Utriusque Academiæ in Artibus Magister; e um homem notável em Ben Jonson, que em outras obras, até onde eu sei, evita esse erro; bem como aqueles em Shakespeare e outros me demonstraram que eles não podem ser explicados como lemos em *Shakesperian Grammar* do Dr. Abbot, § 333, em que a forma do verbo é considerada um vestígio da terceira pessoa do plural do inglês antigo do norte em "s". Apenas os exemplos dos verbos auxiliares usados assim afastam essa teoria, e mostra que o costume devia-se à desatenção, ao hábito e à distância ou posição posterior dos verdadeiros nominativos, e à proximidade de outra palavra, às vezes até a um objetivo transposto; ou de um "que" ou outro pronome relativo que parecesse um singular, ou no caso de um nominativo duplo, ao fato de ambas as palavras serem consideradas como a sugestão de um pensamento, como realmente se costumava ser, sendo apenas sinônimos. Nossos antepassados elisabetanos teriam dito: "Piedade e compaixão me movem", porque eles consideravam piedade e compaixão como uma coisa só; e o hábito de usar saxão e latim, ou outros sinônimos, os levava a empregar a mesma construção quando seus significados eram afins. Essa me parece a explicação mais provável; mas o leitor pode preferir esta: que nossos antepassados consideravam a frase elíptica, e que o verbo realmente empregado depois dos dois substantivos deveria ser combinado com o primeiro e antes do "e".

Notas Contemporâneas de Scot. Sobre as notas estritamente contemporâneas, só sei de duas. Em *Four Letters Confuted*, de Nash, 1593, ele pergunta, ed. Grosart, ii, 252: "Como a *Supplication [Súplica]* pode ser um Discurso diabólico, que não seja para solicitar as diversas naturezas e propriedades de Demônios e espíritos? Nesse sentido artificial a famosa *defesa contra supostas Profecias* e *A Descoberta da Bruxaria* devem ser chamadas de discursos diabólicos notórios, bem como a *Supplication,* pois também rogam pelas ilusões e várias operações dos espíritos". A segunda está em *Pierce's Supererogation*, de Gabriel Harvey, 1593, ed. Grosart, ii, 291: "*A Descoberta da Bruxaria*, de Scote, desmascarou vários impostores egrégios, e em certos capítulos principais e passagens especiais, acertou em cheio com uma testemunha: não obstante o que poderia desejar [G.H. é apenas quase crítico e um revisor] ou ele lidou um tanto mais educadamente com Monsieur Bodin, ou o refutou com bem mais eficácia".

É claro que vários dos autores tardios de textos sobre a bruxaria, seja qual for o seu lado, falavam dele explicitamente ou aludiam a ele; Webster, Wagstaffe, Ady e outros, no mesmo lado de Scot, e Meric Casaubon, Cotta, etc., terminando com Glanvil do outro. Mas estes, os realmente curiosos de tais assuntos, podem buscá-los sozinhos. Apenas gostaria de mencionar o *Dialogicall Discourses of... Devils* [etc.], de John Deacon e John Walker, 1601, porque os dois, por serem sacerdotes, tiveram a ousadia – além de adicionar seus novos argumentos, e embora sua maneira de se expressar seja um pouco menos decidida do que sua própria crença evidente –, em duas das três explicações do caso da Feiticeira de Endor que eles apresentam ao leitor, de preferir simplesmente a visão de Scot sobre o ventriloquismo dela, citando-o no texto e dando a referência da página nas margens; e, segundo, como uma mera olhada rápida permite uma opinião, eles falaram mais racionalmente sobre mágica e outros pontos do que se esperaria naquela época. Também citaram a opinião de Hipócrates sobre curas mágicas, conforme citado por Scot, p. 450, e mostram que eles se baseiam nela, embora não de forma literal, e não diretamente de Hipócrates, dando uma referência a Scot na margem. Depois de publicarem em 1603 um segundo grande livro, *A summarie[?] answer to John Darrell*, após a primeira obra ter sido sugerida também pelo mesmo impostor, e ele se apresenta como um evocador de demônios.

Comentei que a descoberta do nome de Scot em *Subsidy Rolls* [Folhas de Subsídios] para 1586 e 1587 com o afixo de "Armiger" ["Escudeiro"] era, para mim, uma descoberta importante. E agora explico que isso era verdade, visto que tranquilizou a minha mente quanto à singularidade de Raynold do *Hoppe-garden* se comparado ao Ilustríssimo Senhor Reginald Scot, de *A Descoberta da Bruxaria*. Ciente de que Reynold e Reginald são variantes do mesmo nome, usado sobre e pela mesma pessoa, os seguintes fatos me impediram por muito tempo de aceitar a crença comum de que o Raynold e o Reginald dessas duas obras eram a mesma pessoa. Primeiro, o autor do *Hoppe-garden* em cada uma de suas assinaturas nas edições de 1574-6-8, três em cada, aparece como Raynold. Na entrada sobre o casamento, no cálculo do pagamento das forças de Kent, na lista de tropas, e no Testamento, também é Raynold. Mas em 1584, em todo o livro *A Descoberta da Bruxaria*, isto é, quatro vezes ao todo, o nome aparece como Reginald. Segundo, no Testamento de 1599, de acordo com a falta de qualquer título na folha de rosto do *Hoppe-garden,* ele se descreve como "gente" ["cavalheiro"], e na Inquisição p.m., embora seja chamado Reginald, estando o documento em latim, ele é, como em seu Testamento, "generosus" (nobre). Mas na folha de rosto de *A Descoberta da Bruxaria,* o nome é Reginald Scot. A falta de evidências da existência separada de Raynold e Reginald, as referências recorrentes às Escrituras em *A Descoberta* e as muito frequentes referências aos Provérbios e ao Eclesiastes, na "Nota ao Leitor" do *Hoppe-garden*, o uso nas duas obras, como já citado, de certas frases legais, e a ocorrência na parte prefacial do *Hoppe-garden* de "com o licour" (ou, quiçá, o lucro) e "condene o homem, ou, quiçá, a mente", um jogo de linguagem repetido diversas vezes em *A Descoberta*, resultante de seu amor pela ironia, afastaram minhas dúvidas. Mas ainda havia a falta de qualquer título depois do nome no *Hoppe-garden*, o "cavalheiro" do Testamento e o "generosus" da Inquisição, contra o "Escudeiro" de *A Descoberta*. Primeiro, no entanto, a sugestão de Hunter, de que sua escuderia se devia a ele ter sido nomeado juiz de paz, e depois a descoberta do escudeiro junto a seu nome removeram todas as dúvidas aceitáveis; e para dirigir nossa crença a uma certeza positiva, só resta descobrir que ele era um juiz de paz.

O leitor deve esperar agora algumas páginas sobre o estilo de Scot como escritor, e sobre sua alegação – sua, embora não feita por ele – de ser considerado um clássico inglês. Mas, além disso, não sou "muito estético" e apesar de ter expressado minhas opiniões em mais de um lugar nesta Introdução, acho que qualquer leitor, com qualquer avaliação de estilo, e do modo no qual um argumento deve ser conduzido, pode chegar a apenas uma conclusão. Tal crença, devo acrescentar, é fortalecida pelo detalhe de que muitos escritores com quem me consultei são dessa opinião; e eu concluiria com três citações, considerando sobretudo a forma na qual ele conduziu seu argumento. O Rev. Jos. Hunter, em seu MS. *Chorus Vatum*, ch. v, diz: "Na verdade, eu não tinha noção do caráter admirável deste livro até lê-lo em setembro de 1839. É um dos poucos exemplos nos quais um espírito ousado se opõe à crença popular, e busca lançar proteção sobre uma classe de indefesos. Em minha opinião, ele deve ser muito proeminente em qualquer catálogo de Indivíduos que foram benfeitores públicos".

"Responder ao seu argumento era totalmente impossível, e embora a publicação de seu livro não tenha posto um fim à noção que continuou predominante por um século depois [embora nós saibamos por Ady que ele verificou a crença por um período], mesmo assim, ele teve, não tenho dúvida, muito a ver com sua extinção gradual e silenciosa".

Então, D'Israeli, em seu *Amenities of Literature*, tem estas palavras: "Um único volume criado a partir da privacidade de um estudioso aposentado, por sua influência silenciosa, pode marcar uma época na história da mente humana".

"Esse volume foi *A Descoberta da Bruxaria*, de Reginald Scot, uma obra singular, que merece a honra nesta área de abrir essa gloriosa carreira que é cara à humanidade e fatal ao embuste."

Terceiro, o Professor W. T. Gairdner, M. D. e LL.D., assim se expressa em sua nota ao leitor em *Insanity: Modern Views as to its Nature and Treatment*, lida diante da Glasgow Medico-Chirurgical Society: "Mas não posso deixá-la [a bruxaria]... sem expressar, com mais força do que até o Sr. Lecky faz, a admiração e surpresa irrestritas que me invadiram a mente ao descobrir que em 1584... houve pelo menos um homem na Inglaterra... que pudesse vasculhar todo o campo da demonologia, e todos os seus resultados terríveis na história, com um olhar tão livre de superstição, e um julgamento tão sensato e resoluto em sua oposição aos abusos, quanto o do próprio Sr. Lecky. Há apenas um livro, até onde eu sei, em qualquer idioma, escrito no século XVI ou no XVII, que merece esse elogio; e é um livro que, não obstante seu grande interesse humano, seu grande e sólido aprendizado, e um charmoso estilo inglês que faz dele mais legível, até os dias de hoje, nunca foi reeditado em duzentos anos, e por isso é extremamente inacessível à maioria dos leitores. *A Descoberta da Bruxaria*, de Reginald Scot... brilha em meio às trevas de sua própria era e na posterior, como um exemplo perfeitamente único de sagacidade levando à genialidade". E acrescenta: "Nada, entretanto, é mais evidente do que o fato de que Scot, embora devendo a Wier (e os dois, provavelmente, a Cornélio Agrippa...), avançara bem mais na clareza das suas visões e na firmeza resoluta de suas propensões à humanidade e justiça".

A Descoberta da Bruxaria,

na qual é notavelmente detectada a conduta desonesta de Bruxas e Perseguidores de Bruxas, o logro de Conjuradores, a impiedade de Feiticeiros, a leviandade de Videntes, a falsidade impudente de trapaceiros, a infidelidade de ateus, as práticas pestilentas de Pitonisas, a curiosidade de profetas, a futilidade dos sonhadores, a abjeta arte da Alquimia,

A abominação da idolatria, a horrível arte do envenenamento, a virtude e o poder da magia natural, e todos os métodos da prestidigitação e do malabarismo são decifrados; e muitas outras coisas são reveladas, depois de ficarem por muito tempo ocultas, no entanto, muito necessárias de se conhecer.

A isso é acrescentado um tratado sobre a natureza e substância de espíritos e demônios, etc.; tudo escrito recentemente *por Reginald Scot*. 1584

Não creiais em todos os espíritos, mas provai se eles são de Deus; porque já muitos falsos profetas têm se levantado no mundo, etc. João 4,1.

A Descoberta
da Bruxaria, por Scot

Provando

As opiniões comuns sobre Bruxas fazendo pactos com Demônios, Fantasmas ou Espíritos Familiares; e seu poder para matar, atormentar e consumir os corpos de homens, mulheres e crianças, ou outras criaturas por doenças ou de outra forma; seu voo no ar, etc. As futuras, mas imaginárias concepções e novidades errôneas;

Na qual também,

Revelam-se as pecaminosas práticas bárbaras de perseguidores de bruxas contra pessoas anciãs, melancólicas, ignorantes e supersticiosas ao forçar confissões, por terrores e torturas desumanos.

E também:
- O logro e o conluio de Prestidigitadores.
- A blasfêmia impiedosa de Feiticeiros.
- O embuste de Profetas e a Infidelidade de Ateus.
- A ilusão de Pitonisas, Videntes, Astrólogos e a futilidade de Sonhadores.
- A abjeta arte infrutífera da Alquimia.
- A horrível arte do Envenenamento e todos os truques e métodos de malabarismo e Prestidigitação são totalmente decifrados.

Com muitas outras coisas reveladas que estavam há muito tempo ocultas; embora fossem muito necessárias para o conhecimento e o esclarecimento de Juízes, Magistrados e júris, e para a preservação de pessoas pobres, anciãs, deformadas e ignorantes, frequentemente presas, denunciadas, condenadas e executadas como Bruxas, quando de acordo com uma compreensão correta, e uma boa consciência, Cuidados Médicos, Alimento e necessidades deveriam ser-lhes administrados.

A isso é acrescentado um tratado sobre a natureza e substância de espíritos e demônios, etc.; tudo escrito recentemente *pelo Ilmo Sr. Reginald Scot*.

Londres

Impresso por *Richard Cotes*. 1651

A Descoberta da Bruxaria:

Provando

Que os Pactos e os Contratos de Bruxas com Demônios e todos os Espíritos Infernais ou de Estimação não passam de Notícias Errôneas e Concepções Imaginárias.

Descobrindo, também, A extensão de seu poder em matar, atormentar, Queimar ou Curar os Corpos de Homens, Mulheres, Crianças ou Animais com Talismãs, Filtros, Amuletos, Pentagramas, Maldições e Conjurações.

Em que também

Denunciam-se as práticas bárbaras e as condutas desumanas

de *Investigadores e Interrogadores de Bruxas* contra pessoas *Anciãs, Melancólicas* e *Supersticiosas,* para extrair Confissões com Terrores e Torturas, e para criar falsas Marcas e Sintomas.

E o logro de Prestidigitadores, Conjuradores, Feiticeiros, Profetas, Adivinhos, Sonhadores, Alquimistas e Purificadores; com muitas outras coisas que ficaram por muito tempo ocultas, totalmente Reveladas e Decifradas.

Tudo de que

Precisa-se saber para o esclarecimento de Magistrados, Juízes e Jurados, antes de sentenciarem pessoas pobres, miseráveis e ignorantes; que são frequentemente presas, condenadas e executadas como bruxas e bruxos.

Em dezesseis tomos.

Pelo Ilmo. Sr. Reginald Scot.

Ao que é acrescentado

Um excelente Discurso a Respeito da Natureza e *Substância* de

Demônios e Espíritos,

em dois tomos;

O *Primeiro* do *Autor* supracitado: O *Segundo* agora acrescentado nesta *Terceira Edição,* Sucedâneo *daquele* e levando ao término de *todo o trabalho;* com *Nove Capítulos* no início do *Décimo Quinto Tomo de* A Descoberta.

Londres

Impresso por *A. Clark,* e deve ser incluso na *Dixy Page* no *Turks-Head* em *Cornhill* perto de *Royall Exchange,* 1665.

Epístola

Ao Honorável, meu especial bom Senhor, *sir* Roger Manwood, Cavaleiro, *Barão chefe da Corte* do Tesouro de *Sua Majestade*[25].

De tal maneira como sei que vossa Senhoria é à natureza totalmente propenso, e em propósito sinceramente disposto a aliviar os pobres, e isso não só com hospitalidade e donativos, mas também com diversos outros mecanismos e formas visando a seu conforto, depois de se dispor (por assim dizer) e se preparar para a ajuda e a manutenção de suas propriedades; como é evidente por seu ônus e trabalho árduo a esse respeito. À vista de que vossa Senhoria também tem um cuidado especial com o apoio ao direito deles, e reparação de seus erros, nem desprezando sua calamidade, nem esquecendo suas queixas, buscando todos os meios para sua melhora, e para a reforma de suas desordens, mesmo como um pai para os pobres. Finalmente, pois eu sou um pobre membro dessa comunidade, onde vossa Senhoria é uma pessoa principal; eu considerei que este meu trabalho, a favor dos pobres, dos anciãos e dos simples, poderia lhe ser muito pouco recomendado[26]: pois uma casa fraca precisava de um forte alicerce. Pelo que dou graças a Deus, que despertou em mim um amigo[27] tão poderoso para eles como é vossa Senhoria, que em suas leis têm tamanho conhecimento, em governo tanto juízo, nessas causas tamanha experiência e na comunidade tanta autoridade; e não obstante se digna a descer à consideração desses assuntos fundamentais e inferiores, que contribui com mais cuidado e preocupação do que uma estima mundana.

Visto que como vossa Senhoria conhecia, ou exerça o ofício de juiz, cujo papel é ouvir com cortesia e determinar com equidade, não pode deixar de lhe ser evidente, que quando a punição excedia a falta,

---

25. A.ii. A.
26. A. ii.*v*.
27. A. v.

devia ser considerada mais vingança do que correção. A esse respeito, sei que vossa Senhoria gasta mais tempo e trabalho na conversão e na reforma do que na subversão e confusão dos criminosos, pois prefere vossa Senhoria aumentar os próprios tormentos, a fim de que possa diminuir o aborrecimento de seu público. Pois, em verdade, aquela comunidade permanecia em um estado lamentável no qual grilhões e cabrestos têm mais influência do que a misericórdia e a devida compaixão.

Todavia, é natural a pessoas desnaturadas, e peculiar a perseguidores de bruxas, perseguir os pobres, acusar os simples e matar os inocentes; suprindo com rigor e maldade nos outros aquilo que a eles mesmos falta em prova e critério, atribuindo ao outro crime ou ocasião. Mas da mesma forma que um coração cruel e uma mente honesta raramente se encontram e comem do mesmo prato, assim um magistrado criterioso e misericordioso e uma comunidade feliz não podem ser separados. Quanto então devemos a Deus, que nos deu uma Rainha, que de justiça não só é a imagem e padrão perfeitos, como também da misericórdia e clemência[28] (sob Deus) a fonte pura e o corpo[29]? Visto que os perseguidores estão ainda mais atrás de sangue nesses dias, têm a menor autoridade de derramá-lo. Além disso, vejo que em casos nos quais a indulgência poderia ser nociva, e a punição benéfica à comunidade; aí nenhum respeito de pessoa pode movê-lo, nenhuma autoridade pode envergonhá-lo, nenhum medo ou ameaça pode intimidá-lo ao desempenhar o dever da justiça.

A esse respeito, de novo encontro em vossa Senhoria uma pessoa apta a julgar e considerar este presente tratado, no qual eu trarei diante de si, como se fosse para a associação de advogados, dois tipos das pessoas mais arrogantes e perversas, a primeira desafiando ela mesma, a segunda atribuindo aos outros aquele poder que pertence somente a Deus[30], pois Ele é o único Criador de todas as coisas[31], somente Ele investiga o íntimo e reina, somente Ele[32] conhece nossas ideias e pensamentos, somente Ele[33] abriu todos os segredos, somente Ele[34] faz maravilhas, somente Ele[35] tem o poder para levantar e abater; somente Ele faz trovão, raios, chuva, tempestades e os controla ao seu bel-prazer; somente Ele[36] enviou vida e morte, saúde e doença, riqueza e miséria; que nem dava ou emprestava Sua[37] glória a qualquer criatura.

---

28. A. 2.
29. A. iii.
30. Apocalipse 4, 2.
31. Romanos, 8. Atos 5. Apocalipse 2.
32. Lucas 16.
33. Daniel 2 & 28 & 47.
34. Salmos 72 & 136. Jeremias 5.
35. Jó 5 & 36 ; Samuel 12; 1 Reis 8; 2 Reis 3; Isaías 5; Zacarias 10 & 14; Amós 4, 7.
36. Jó 1.
37. Isaías 42, 8.

E, portanto, aquilo que me afligiu no fundo do meu coração é que esses perseguidores de bruxas não podem se contentar até tirar à força, de Deus, seu poder todo-poderoso, e guardá-lo para si, ou deixá-lo com uma bruxa: mas que, quando levados pelo argumento, eles são obrigados a baixar a guarda, eles a entregam ao demônio, ou pelo menos rogam a ajuda dele, como se as quedas e as ações de todos os homens vivos estivessem na sua mão; e que ele assumiu o leme para guiar e dirigir o curso de todo o mundo, impondo-lhe poder e habilidade suficientes para fazer coisas tão grandes e milagres tão estranhos quanto Cristo jamais fez.

Mas os doutores dessa doutrina sobrenatural dizem[38] às vezes que a bruxa faz todas essas coisas em virtude de seus[39] encantos; às vezes um demônio espiritual, em outras um corporal, as realiza; às vezes eles afirmam que o demônio apenas leva a bruxa a acreditar que ela é capaz daquilo que ele mesmo forjou; outras vezes que o demônio parecia agir por compulsão, o que ele faz por vontade própria. Finalmente, os autores desse tema são tão eloquentes, e cheios de variedades, pois escrevem que o demônio faz isso apenas com a permissão de Deus; às vezes com Sua licença, outras vezes por ordem Dele; de modo que (em efeito e verdade) não o demônio, mas o altíssimo e poderoso rei dos reis e Senhor das hostes, até mesmo o próprio Deus, deve dessa forma se tornar obediente e servil para obedecer e realizar a vontade e os mandamentos de uma maliciosa velha bruxa e, milagrosamente, responder ao seu desejo, bem como em cada pequena vaidade, como nas execuções mais horríveis; como o vingador dos erros imaginados de uma velha idólatra, à destruição de muitas crianças inocentes, e como um defensor das paixões dela, à eliminação de muitas pobres almas. Não sei como, mas uma bruxa também pode enfeitiçar, quando ela bem entender, assim como um mentiroso pode mentir quando quiser e, portanto, só podemos possuir algo com a licença e a permissão de uma bruxa.

E agora, certamente, chega-se a este ponto em que todos os demônios, que costumavam ser espirituais, podem se tornar corpóreos se assim o desejarem, e então se mostram livremente para bruxas e conjuradores, e a nenhum outro, e por eles apenas podem ser domados, mantidos em uma caixa, etc. Assim uma velha mal-intencionada pode comandar seu demônio para incomodar seu vizinho; e ele é atingido da forma que ela desejar. Mas, de repente, vem outra bruxa e ela pede ajuda a seu demônio, e ele cura o mesmo interessado. Assim elas[40] fazem do lugar em que vivem um reino dividido e, portanto, acredito que tal reino não durará muito tempo, logo será derrotado, de acordo com as

---

38. A. 2. v.
39. A. iii. v.
40. A 3.

palavras do nosso Salvador, *Omne regnum in se divisum desolabitur*, Todo reino dividido contra si mesmo será devastado[41].

Embora alguns digam que o demônio é o instrumento das bruxas, para realizar os propósitos e práticas dela, outros afirmam que ela é instrumento dele, para realizar seu desejo em qualquer coisa e, portanto, ser executada. Nesse caso (penso eu), ela deveria ser tratada injuriosamente também, e morta pelos crimes de outrem; pois ações não são julgadas por causas instrumentais; nem o fim e o propósito daquele que é feito, dependendo do instrumento usado. Finalmente, se a bruxa não comete a ação, por que deveria morrer por isso? Mas eles dizem que as bruxas são persuadidas, e penso que elas realmente cometem essas injúrias; e têm uma vontade de realizar o que o demônio cometeu: e por isso merecem morrer. Por esse motivo todos os outros deveriam ser executados, aquele que desejou mal ao seu vizinho, etc. Mas se a vontade deve ser punida pelo homem, de acordo com o crime contra Deus, seríamos levados aos milhares ao abatedouro ou açougue. Pois aquele que odeia a disciplina morrerá[42]. E escaparia da execução, se esse ódio (digo) se estendesse à morte pelas leis civis. A recompensa do pecado também é a morte. Todavia, todo pecador não deve ser condenado à morte pelo magistrado. Mas (meu Senhor) meu livro provará, e vossa Senhoria verá que é verdade, tanto aqui em seu país nativo, como no exterior em seus vários circuitos, que (além delas aqueles *Venificæ*, que são simples envenenadores) há entre as bruxas apenas dois tipos: uma é aquela por imputação[43], considerada assim pelos outros (e esses são abusados, não abusadores), a outra por aceitação, bruxas dispostas a serem escolhidas (e essas são meras farsantes).

Calvino[44], tratando desses mágicos, os chamava de trapaceiros, dizendo que eles usam sua destreza no malabarismo apenas para reunir ou abusar das pessoas; ou por fama: mas talvez tenha feito tal afirmação por ganho monetário. O próprio Erasto, sendo um autor principal a favor da onipotência das bruxas, é forçado a confessar que essas palavras em grego, μαγια, μαγγαγια, φαρμακια, são comumente usadas para ilusão, uma embalagem falsa, trapaça, fraude, desonestidade e engodo: e levado ainda a dizer que, em tempos antigos, os estudiosos não eram tão estúpidos a ponto de não ver que as promessas de mágicos e encantadores eram falsas, que não passavam de logro, trapaça e fábulas de velhas senhoras; mesmo assim ele defendeu o voo delas no ar, a transferência feita por elas do trigo ou do capim de um campo a outro, etc.

---

41. *A. iv.*
42. Provérbios 5.
43. A 3 v.
44. *Instit. lib. 5 cap. 8 sect. 6.* Item sobre Deut. cap. 18. *Lib. de lamiis, p. 5. A iv. v.*

Mas embora Erasto discorde aqui de si mesmo e de seus amigos, nenhum desses escritores concordam entre si, exceto quanto a crueldades, absurdos e impossibilidades. E esses (meu Senhor) que caem em contradições tão evidentes, e em declarações tão absurdas, não são o tipo inferior de escritores; nem são todos papistas, mas homens de renome, cujos nomes dão mais crédito à sua causa do que seus escritos. Em nome destes eu me desculpo e, em parte por referência, suprimi seus erros mais tolos e absurdos mais infames; lidando especialmente com aqueles que a maioria discute com crueldade, cujos pés[45] correm para verter sangue, lutando (como Jesus[46], filho de Sirac, disse) e correndo (como Salomão[47], filho de Davi, disse) para derramar o sangue dos inocentes. O ardor contra esses pobres coitados não pode ser associado a nenhum outro líquido além de sangue. Temo, portanto, que sob[48] suas asas será encontrado o sangue das almas dos pobres, naquele dia, quando o Senhor dirá:[49] Apartai-vos[50] de mim, homens sanguinários.

E como sei que vossa Senhoria não aceitará nenhum conselho contra sangue inocente, mas prefere eliminar aqueles que tentam manchar suas mãos com ele, resolvi lhe revelar o caso deles, e expor sua calamidade miserável aos seus pés; segue o[51] conselho daquele homem erudito, Brentius, que disse: *Si quis admonuerit magistratum, ne in miseras illas mulierculas saviat, eum ego arbitror divinitùs excitatum*[52]; isto é, se alguém adverte o magistrado a não lidar com tanto rigor com esses pobres miseráveis, que são chamados bruxos, eu o acho um bom instrumento criado para esse propósito por Deus.

Mas talvez os perseguidores de bruxas aleguem saber, com o mesmo poder que pertencia apenas a Deus e foi atribuído às bruxas, que escolhi vossa Senhoria como patrono deste meu livro por achar que favorece minhas opiniões, por isso pode mais livremente publicar qualquer erro ou conceito, que deveria ser garantido pela autoria de vossa Senhoria, do que pela palavra de Deus, ou por argumento suficiente. Entretanto, protesto o contrário, e por esses instrumentos renuncio a toda proteção, e apesar de toda a amizade que poderia servir para ajudar a omissão ou substituição da verdade: sabendo também que vossa Senhoria está longe de permitir qualquer injúria ao homem; muito mais um inimigo para aqueles que começam a desonrar Deus ou defraudar o título de sua glória imortal. Como sei, contudo, que vossa Senhoria

---

45. Isaías 59, 7; Romanos 3, 15.
46. Eclesiástico 27,5.
47. Provérbios 1, 16.
48. Jeremias 2, 34.
49. A 4.
50. Salmos 139, 15; Isaías 33, 15.
51. [A.v.]
52. Na epístola *ad Jo. Wier*.

é perspicaz, consegue ir até o fundo das causas e não é levado pela vã persuasão da superstição dos homens, dos costumes, da época ou da multidão, mas é movido apenas pela autoridade da verdade: peço seu auxílio aqui, tão longe quanto, e não mais longe do que a lei de Deus, a lei da natureza, a lei desta terra e a regra[53] da razão exigirão. Nem eu trato esses pobres de qualquer outra forma, além daquele em que com com uma mão posso ajudar os bons, e com a outra suprimir o mal: na qual vossa Senhoria será considerado um pai para órfãos, um advogado para viúvas, um guia para os cegos, um esteio para os coxos, um conforto e um auxílio para os honestos, um açoite e o terror dos perversos[54].

Até agora tive a ousadia de esgotar a paciência de vossa Senhoria, que deve ter se ofendido comigo, pois eu não poderia em brevidade articular tal assunto como proferi amplamente: resultando (confesso) em tédio, não fosse sua grande seriedade junto a sua singular constância em ler e julgar. E desejo até mesmo com todo o meu coração que possa fazer as pessoas conceber a substância da minha escrita, e não interpretar mal nenhuma parte do meu sentido. Sem dúvida eu me convenceria de que a companhia de perseguidores de bruxas, etc., uma vez diminuída, logo diminuiria também o número de bruxas, etc. Mas verdadeiras sejam as palavras do Poeta[55],

Haudquaquam poteris sortirier omnia solus,
Námque allis divi bello pollere dederunt,
Huic saltandi artem, voce huic cytharáque canendi:
Rursum alii inseruit sagax in pectore magnus
Jupiter ingenium, ξc.

---

53. A 4 v.
54. [A. v. v.].
55. Homero.

E, portanto, incerto quanto a convencer com persuasão, embora eu tenha motivo e senso comum ao meu lado, eu encerro com o desejo honesto; ou seja, para todas as pessoas uma absoluta confiança em Deus, o criador, e não nas criaturas, que é fazer da carne nossa arma: que Deus possa ter sua devida honra, que pela desobediência de muitos transforma-se em desonra,
e menos causa de
ofensa e erro
provocados
por um erro
maligno e
comum. E
a vossa Senhoria desejo
tanto um aumento
da honra, como a manutenção da boa saúde e dias felizes.

Ao dispor de vossa Senhoria
Reginald Scot.

Ao mui venerável Senhor[56]
Thomas Scot, Cavaleiro, &tc.

[Os tipos romano e itálico desta epístola foram trocados.]

Senhor, vejo entre outros malfeitores muitas pobres senhoras intimadas por sua pessoa por realizarem milagres, chamados por outro lado de bruxaria, acho, portanto, que vossa Senhoria também é uma pessoa apropriada a quem devo confiar meu livro. E aqui tenho ocasião de falar de sua sincera administração da justiça, e de sua destreza, critério, responsabilidade e trabalho duro empregado nesse interesse, do qual sou *oculatus testis*. Todavia, prefiro referir o leitor à fama comum, para que seus próprios olhos e ouvidos sejam satisfeitos, do que enviá-lo a uma livraria, onde muitas vezes mentiras são vendidas e a verdade menosprezada. Pois sendo eu da sua casa, do seu nome e do seu sangue; meu pé estando sob sua mesa, minha mão em seu prato, ou melhor, em seu bolso, pode ser considerado uma lisonja que (sei) mais o ofenderia do que o agradaria. E por que eu precisaria conquistar os favores do meu amigo mais garantido? E se devo apenas publicar essas virtudes (embora sejam muitas) que me dão ocasião especial de exibir este meu trabalho para vossa Senhoria, eu agiria como um pintor, que descreveu o pé de um personagem notável, e deixou todos os melhores aspectos de seu corpo intocáveis.

Desta vez, portanto, desejo apenas que considere meu relato, a respeito da evidência que costuma ser trazida diante do senhor contra elas. Veja primeiro se a evidência não é frívola, e se as provas apresentadas contra elas não são incríveis, consistindo em conjecturas, suposições e impossibilidades contrárias à razão, à escritura e à natureza.[57] Veja também quais pessoas reclamam delas, se não são do tipo de indivíduo mais abjeto, imprudente e infiel. Se for do seu agrado também[58] retirar quaisquer acusações e crimes atribuídos a elas, tais como: ela chegou à minha casa tarde da noite e queria encher um bule de leite. Partiu irritada porque não tinha leite, ela se zangou, rogou pragas, murmurou e sussurrou, e finalmente disse que se

---
56. [A. vi.] A. *a.*
57. A *a* 2.
58. [A. vi, v.]

vingaria de mim: e logo depois meu filho, minha vaca, minha porca ou meu frango morreram, ou foram estranhamente levados. Ou ainda (se agradar vossa Excelência) apresento tal prova: estava com uma mulher sábia, e ela me disse que eu tinha uma vizinha doente, e que ela viria à minha casa mesmo sendo tarde, e assim o fez; e que ela tinha uma marca sobre sua cintura, o que era verdade: e Deus me perdoe, me posicionei contra o estômago dela por muito tempo. A mãe de tal mulher também fora considerada bruxa, ela foi espancada e arranharam seu rosto até sangrar por causa das suspeitas e, posteriormente, algumas dessas pessoas mudaram de opinião. Essas são as certezas que eu ouço em suas evidências.

Note também como é fácil elas serem levadas a confessar o que nunca cometeram, embora não tivesse o homem poder para assim forçá-las; veja se tenho causa de escrever como faço. Além do mais, entenda que infidelidade, papismo e muitas outras heresias evidentes são endossadas e sustentadas e seus professores animados e encorajados, revelando às criaturas um poder tão infinito quanto é arrancado das mãos de Deus e atribuído às bruxas: finalmente, perceberá que eu apresentei cordial e verdadeiramente e registrei a condição e o estado da bruxa, e também do perseguidor, e refutei com razão e a lei, e com a própria palavra de Deus todas as objeções e argumentos contrários aos meus; então me apoie contra aqueles que maldosamente se opõem a mim.[59]

Meus maiores adversários são a jovem ignorância e o velho costume. Pois qualquer tipo de mal fomentado pelo tempo é tão supersticiosamente seguido por alguns,[60] como se nenhum erro pudesse vir do costume. Mas se a lei das nações se juntasse com tal costume para a manutenção da ignorância e a supressão do conhecimento, o país mais civilizado no mundo logo se tornaria bárbaro, etc. Pois ao mesmo tempo que o conhecimento e o tempo descobrem erros, a superstição e a ignorância no tempo os alimentam. E a respeito das opiniões daqueles que desejam que seja mantida a ignorância em vez de feita uma busca ativa pelo conhecimento, pois assim o crime poderia crescer, respondo[61] que somos mandados pelo próprio Cristo a buscar o conhecimento: pois é a honra dos reis (como disse Salomão) explorar algo.[62]

Aristóteles disse a Alexandre que uma mente bem suprida era muito mais bela do que um corpo ricamente adornado. O que pode ser mais odioso ao homem, ou ofensivo a Deus, do que a ignorância; pois por ignorância os judeus executaram[63] Cristo. A ignorância nos leva a abandonar a prometida vida eterna[64]: por isso entre os cristãos ela

---

59. A *a* 2.
60. [A. vii.]
61. João 5.
62. Provérbios 15, 1.
63. Atos 3.
64. Provérbios 9.

deve ser abominada acima de todas as outras coisas. Pois assim como quando lutamos no escuro, caímos na lama, etc.; assim quando nós não vemos a verdade, chafurdamo-nos em erros. Um cego pode procurar muito nos juncos antes de encontrar uma agulha; e por esse mesmo tempo uma dúvida é discutida pela ignorância. Finalmente, a verdade não é encontrada mais rapidamente na ignorância, do que uma doce segurelha em um monte de esterco. E se permitem conhecimento aos homens, e não lhes dão permissão para usá-lo, melhor seria não tê-lo. Pois é como ter um talento[65] e escondê-lo debaixo da terra ou colocar uma candeia sob um alqueire[66]; ou ter um navio[67] e deixá-lo sempre parado na doca e qual o lucro são coisas que posso dizer por experiência.

---

65. Mateus 25.
66. Mateus 5.
67 Lucas 8.

Mas aqui não preciso dizer mais nada, pois todo homem vê[68] que não pode ser feliz aquele que não sabe o que a felicidade significa. Pois de que adianta ter riquezas e não aproveitá-las? De fato, o pagão aqui mereceu mais louvor[69] do que muitos cristãos, pois ele não poupou dor, custo, nem trabalho para obter conhecimento. Pitágoras viajou de Samus para o Egito, e depois para Creta e Lacedemônia: e Platão saiu de Atenas para a Itália e o Egito, e todos pretendiam descobrir segredos e conhecimentos ocultos: os quais parecem separar um homem da mortalidade. Pois pedras preciosas, e todas as outras criaturas de algum valor, são apenas imitações dessa joia: aquelas são mortais, corruptíveis e inconstantes, enquanto esta é imortal, pura e verdadeira. Onde procurei e encontrei alguma coisa boa, que a ignorância e o tempo abafaram, o mesmo lhe recomendo: com quem embora eu deva tudo o que possuo, ainda ouso compartilhar este humilde presente.

Seu primo leal,
Reg. Scot

---

68. A *a* 2 v.
69. [A. vii. *v.*]

Aos mui veneráveis amigos queridos dele[70]'
Mestre Doutor Coldwell, Reitor de Rochester, e Mestre Doutor Readman, *Arquidiácono de Canterbury, etc.*

[Romanos e itálicos revertidos; os itálicos do original são menores do que aqueles de *sir* Th. Scot.]

Depois de descobrir que dois magistrados civis como esses, quanto à direção do julgamento e quanto à ordenação das questões a respeito da justiça nesta comunidade (na minha humilde opinião) são pessoas muito singulares, que (eu espero) aceitarão minha boa vontade, e examinarão meu livro à luz de sua experiência, quanto a quem a questão aqui contida melhor compete. Considerei novamente dois outros pontos: a divindade e a filosofia, sob qual fundamento meu livro está assentado. Embora saiba que eles são bem informados a esse respeito, o julgamento e a censura dessas causas pertencem menos que a vós, cuja fama nesse ponto ganhou proeminência acima de todos os outros que conheço por suas vocações; e a esse respeito ouso juntar-vos a eles, por serem todos bons vizinhos nesta comunidade e caros amigos meus. Não vos apresento este trabalho por ser adequado a vós, mas porque sois aptos a ele (digo), a julgá-lo, defendê-lo e, se necessário, corrigi-lo; sabendo que aprendestes com o distinto conselheiro Cato a não envergonhar nem desaprovar ninguém. Pois se achásseis prontos, por serem capazes de desgraçar-me por minha insuficiência, eu não teria me apressado (conhecendo vosso aprendizado) a escrever-vos: se, por outro lado, sentisse-me rebaixado em escrever-vos, eu mostrar-me-ia ignorante de sua cortesia.

Conheço minha fraqueza e se eu fosse capaz de manter este argumento, a causa seria mais forte. Palavras eloquentes podem agradar aos ouvidos, mas a substancialidade convence o coração. Assim como, se eu apresento uma bebida saudável (pense nela pequena) em um prato lígneo[71] com uma mão leal, espero que seja tão aceita quanto um vinho forte

---

70. [A. viii], A *a* 3.
71. De madeira.

oferecido em uma tigela de prata com um coração adulador. Com certeza é um ponto de liberalidade tão grande quanto receber uma coisa pequena com gratidão,[72] quanto dar e distribuir grandes e custosos presentes profusamente; pois respostas afáveis oferecem mais do que ricas recompensas. O tirano[73] Dionísio não era tão odiado por sua tirania quanto o era por seu comportamento avarento e estranho. Entre os sacrifícios dos pobres israelitas, Deus estava satisfeito com a décima parte de uma efá de flores, para que ficassem finas e boas. Cristo gostava das crianças das pobres viúvas, Luís da França aceitou uma colza do rude Conan, Ciro condescendeu em tomar uma taça de água das mãos do pobre Sinetes: e assim pode vos agradar receber este singelo livro de minhas mãos, que fielmente vos exponho, sem saber se vossas opiniões concordam com as minhas, mas sabendo que vosso aprendizado e julgamento também serão capazes de me corrigir quando eu falar de modo inexperiente aqui, como os outros quando eles abordam o tema com maldade.

Alguns ladrarão como cães para meus escritos, quer eu mantenha, quer refute esse argumento: como Diógenes gritou com os rodianos e os lacedemônios; com os primeiros porque eram bravos e com os outros porque não eram. O próprio Homero não poderia evitar discursos repreensivos. Tenho certeza de que aqueles que nunca estudaram para aprender algo de bom se empenharão para encontrar falhas aqui. De minha parte não temo esses conflitos, nem todos os adversários que tenho; se não fosse por certos covardes, que (sei) virão atrás de mim e morder-me-ão.

Mas agora voltemos ao assunto. Minha questão não é (como muitos gostam de supor) se há bruxas ou não; mas se elas podem fazer obras tão milagrosas como lhes são imputadas. Bom Mestre Deane, é possível um homem tomar seu desjejum em Rochester e jantar no mesmo dia em Durham com o Mestre Doutor Matthew; ou pode seu inimigo desfigurá-lo, quando o Oceano estiver entre vós? Qual comunidade real está entre um espírito e um corpo? Um corpo espiritual pode tornar-se temporal quando quiser? Ou um corpo carnal tornar-se invisível? É provável que as vidas de todos os príncipes, magistrados e súditos dependam da vontade, ou mesmo do desejo, de uma pobre néscia idólatra e maliciosa e esse poder ser exonerado do sábio, do rico, do erudito, do divino, etc.? Finalmente, é possível para homem ou mulher realizar qualquer um desses milagres explicados em meu livro, e tão constantemente relatados por grandes clérigos? Se disserdes não, então fico satisfeito. Se disserdes que Deus, absolutamente, ou por qualquer meio possa realizar todos esses, e muitos mais, vos acompanho. Mas as bruxas podem alegar que são capazes de realizar tais sortilégios, embora não consigam mostrar como

---

72. A *a* 3v.
73. [A. viii. *v.*]

os fazem. Se eu de minha parte disser que consigo fazer essas coisas, meus adversários dirão que minto[74].

Ó, Mestre Arquidiácono, não é uma pena que aquilo que dizem ser feito com o poder todo-poderoso do Deus Supremo, e do nosso salvador, seu único filho, Jesus Cristo, nosso Senhor, refira-se ao comando ou ao desejo de uma velha de reputação duvidosa, etc.? Bom Senhor[75], não é um tipo manifesto de idolatria, para aqueles que estão cansados e oprimidos, irem às bruxas para serem revigorados? Se bruxas pudessem ajudar aqueles que elas dizem ter deixado doentes, não vejo motivo, exceto que o remédio também possa ser solicitado às suas mãos, assim como uma bolsa exigida daquele que a roubou. Mas realmente é muita idolatria pedir isso de uma criatura que nada pode dar, exceto o Criador. O papista tem algum pretexto da escritura para manter seu ídolo de pão, mas nenhuma distinção jesuíta pode cobrir a idolatria dos perseguidores de bruxas a esse respeito. Infelizmente, fico desolado e envergonhado de ver quantos morrem, depois de dizerem terem sido enfeitiçados, apenas buscando curas mágicas, quando uma dieta saudável e bons medicamentos teriam resolvido. Eu vos asseguro que não haveria nenhum tipo dessas bruxas farsantes se os perseguidores as preservassem, as acompanhassem e acreditassem nelas e em seus oráculos, por meio dos quais de fato todo bom aprendizado e artes honestas são derrubados. Pois aqueles que mais desenvolvem seu poder, e preservam a habilidade dessas bruxas, não entendem nenhuma parte disso: e mesmo sendo muito mais sábios em outros assuntos, são feitos de tolos pelos mais tolos do mundo.

Parece-me que esses médicos mágicos procedem na comunidade muito como certas pessoas cínicas atuam na igreja, cujas declarações severas são consideradas entre alguns desses oráculos, sobre os quais não se pode duvidar; que, em vez de aprendizado e autoridade (que eles tornam desprezíveis), alimentam as pessoas com seus próprios projetos e imaginações, que eles preferem a todas as outras divindades; e trabalhando para erigir uma igreja de acordo com suas próprias ideias, nas quais todas as outras são condenadas; e enquanto suas palavras mágicas e direções curiosas avançavam, eles arruinariam totalmente a verdadeira Igreja. E assim como esses encantadores paracelsianistas abusam das pessoas, afastando-as da verdadeira ordem da medicina de seus encantamentos, assim esses outros (digo eu) as dissuadem de ouvir para aprender e obedecer, e sussurriam nos ouvidos dos homens suas tradições monásticas. E dessa seita o principal autor da sua época é um certo Browne[76], um fugitivo, perfeito exemplo do que cito: como antes foram os anabatistas, os arianos e os frades franciscanos.

Realmente, não só a natureza, o fundamento de toda a perfeição, mas também a escritura, sua dona e diretora, e de toda a cristandade, é

---

74. A. a 4.
75. B. i.
76. A a 4 v.

embelezada com conhecimento e aprendizado. Pois assim como a natureza sem disciplina tende naturalmente a vaidades, e por assim dizer erros absortos[77], a palavra, ou melhor, a letra da escritura, sem compreensão, não só nos faz absorver erros, como também nos leva à morte e à destruição; daí Paulo afirmar que não era um ministro da letra, mas do espírito.

Portanto, assim me atrevo a enviar ao mundo, e a vós, essas notas simples[78], motivos e argumentos, que tentei imaginar ou coletar de outros autores, e espero que não prejudiquem ninguém, mas que sejam para mim um grande conforto, se encontrarem concordância e uma boa aceitação. Se isso não acontecer, devo achar que meus esforços foram mal-empregados. Pois realmente, em minha opinião, todo aquele que realizar alguma coisa, conseguir algum conhecimento, viajar por todas as nações do mundo, ou (se fosse possível) espreitar o céu, só sentirá conforto ou terá admiração por isso se tiver a liberdade de transmitir seu conhecimento aos seus amigos. Por isso, vós fostes uma escolha especial, e espero que leiais meu livro, ou pelo menos o mantenhais em seu estudo com outros livros, dentre os quais não há nenhum dedicado a algo com mais boa vontade. E enquanto o possuíreis, ele vos servirá (na aventura da minha vida) de amuleto, talismã, círculo, encanto, etc. para defender-vos de todos os feitiços.

Do vosso caro amigo,
Reg. Scot.

---

77. Romanos 2, 27; 2 Coríntios 3, 6.
78. B. i. v.

Aos leitores[79]

A vós que sois sábios e criteriosos poucas palavras devem bastar: pois tal pessoa não julga à primeira vista, nem repreende apenas por ouvir dizer[80]; mas ouve pacientemente e, assim, aumenta sua compreensão, pois a paciência traz experiência, com a qual o julgamento é direcionado. Não precisarei, portanto, fazer-vos outra petição, apenas por favor lede meu livro, sem o preconceito do tempo ou conceitos prévios, e tendo-o em vossas mãos, submeto-me a vossa censura. Uma petição solene para vós que sois leitores parciais, desejando-vos que deixem de lado a parcialidade, participeis de minha escrita e com olhos indiferentes examineis meu livro, seria trabalho perdido e tempo mal-empregado. Pois não prevaleceria mais neste momento do que se há cem anos eu tivesse suplicado a vossos antepassados que acreditassem que o Bom Robin, aquele grande e velho bicho-papão, não passava de um negociante impostor, e não era um demônio de verdade.

Se eu me dirigisse a um papista da seguinte forma: peço-vos que acrediteis em meus escritos, nos quais provarei que todos os encantamentos, conjurações, exorcismos, bênçãos e maldições papistas não só são ridículos e sem efeito, como também ímpios e contrários à palavra de Deus: seria tão difícil ganhar o favor desses mesmos antepassados, como obter[81] vosso crédito. Entretanto, não duvido, mas para explorar mais o assunto, tanto o celebrante de missas quanto o perseguidor de bruxas devem se envergonhar de suas profissões.

O Bom Robin, porém, já não é mais tão temido e o papismo é suficientemente conhecido. Entretanto, os feitiços das bruxas e as fraudes dos conjuradores ainda são considerados eficazes. Mas os gentios perceberam a fraude de seus oráculos farsantes, e nossos falsos profetas e encantadores ainda nos fazem de tolo, para a vergonha de todos nós, principalmente dos papistas, que conjuram tudo e, assim, não realizam

---

79. B. ii. B.
80. Isaías 11; Provérbios 1.
81. B. ii v.

nada. Eles dizem a suas velas: eu as conjuro a durar para sempre e mesmo assim elas não duram nem um *Pai-nosso*. Eles conjuram a água para ser saudável ao corpo e à mente, mas o corpo (vemos) nunca é melhor por causa dela, nem a alma reformada por ela. E, portanto, estranho que quando veem suas próprias conjurações refutadas e reduzidas a nada, ou pelo menos vazias de efeito, eles (dentre todos os outros) ainda deem crédito, aprovação e autoridade ao infrutífero charlatanismo de bruxas e conjuradores; como se os feitiços e as conjurações destes pudessem produzir efeitos mais aparentes, certos e melhores do que os próprios papistas[82].

Contudo, meu pedido para que todos leiam meu livro não é nada além de que vos agradaria conferir minhas palavras com vossos próprios bom senso e experiência, e também com a palavra de Deus. Encontrar-se-eis resolvidos e satisfeitos ou, em vez disso, convertidos e qualificados em qualquer ponto ou opinião, que antes julgáveis contrários à verdade, em uma questão até agora indeterminada e nunca analisada. Peço-vos que considereis isso uma vantagem e suspendendo vosso julgamento retireis a sentença de condenação contra mim e cogiteis o restante, quando quiserdes. Se isso não bastar para persuadir-vos, não pode importunar-vos – e, então, aquilo que é escrito sem ofensa pode ser desconsiderado sem qualquer mágoa.

E, embora minha afirmação difira um pouco da antiga opinião inveterada de muitos cabelos grisalhos, com os quais meus adversários ganharam mais autoridade do que razão, com respeito à manutenção de suas conjecturas e das velhas lendas, mesmo assim ela concordará totalmente com a glória de Deus e com sua santa palavra. E não obstante a crença de meus adversários de que certas palavras[83] ou frases na escritura eram esclarecedoras para eles, ainda assim quando o curso dos acontecimentos se coloca contra eles, e lhes impugna o parecer, suas posições estabelecidas já não os aliviam. Confio que o glorioso título e o argumento de antiguidade parecerão tão envelhecidos e deturpados quanto as drogas dos farmacêuticos, ou os temperos dos merceeiros, que quanto mais preservados, piores ficam. E até terminárreis de examinar meu livro, refleti sobre isso, para saber que *Sagæ, Thessalæ, Striges, Lamiæ* (palavras que além de qualquer outra usada representam adequadamente nossas bruxas) não são encontradas uma única vez no Antigo ou no Novo Testamento e que o próprio Cristo, em seu evangelho, nunca mencionou o nome de uma bruxa. E que nem ele nem Moisés falaram quaisquer palavras sobre o pacto das bruxas com o diabo, sua aparência, seus voos no ar, sobre elas transferirem trigo verde ou capim de um campo para outro, prejudicarem crianças ou gado com suas palavras ou

---

82. B v.
83. *B*. iii.

feitiços enfeitiçando manteiga, queijo, cerveja, etc., nem mesmo sobre sua transubstanciação; tanto que os escritores[84] não têm vergonha de dizer que não é absurdo afirmar que não havia bruxas na época de Jó. Afinal, se houvesse tais bruxas, então, Jó teria dito que foi enfeitiçado. Mas de fato os homens não deram atenção naqueles dias a essa doutrina de demônios[85], isto é, a essas fábulas de bruxaria, que Pedro disse devem ser consideradas e examinadas atentamente na atualidade.

Todavia, por mais antigo que seja esse conceito bárbaro da onipotência das bruxas, a verdade não deve ser medida por tempo, pois todas as velhas opiniões não são sensatas. A verdade não é prejudicada, mesmo depois de omitida por tanto tempo, mas deve ser descoberta, por mais escuro que seja o canto onde se esconde, pois ela não é como uma caneca de cerveja, que pode ser tirada cedo demais. Finalmente, o tempo revela erros antigos e descobre novas verdades. Danæus[86] afirmou que até agora não se lidou com essa questão, nem as escrituras a respeito dela foram interpretadas. Ao ato de provar a antiguidade da causa, confirmar[87] a opinião do ignorante, exigir argumentos de meus adversários, agravar as punições e finalizar a confusão dessas senhoras, acrescentam-se a vaidade e a maldade daquelas chamadas de bruxas, a arrogância daquelas que se responsabilizam por fazer milagres,[88] o desejo que as pessoas têm de ouvir a respeito desses assuntos milagrosos, a quem geralmente uma impossibilidade é mais crível do que uma verdade; a ignorância de causas naturais, o ódio antigo e universal concebido contra o nome de uma bruxa; seus rostos feios, suas palavras maliciosas, suas maldições e pragas, seus feitiços rimados e sua mendicância; o medo de muitas pessoas tolas, a opinião de alguns sábios, o desejo do Bom Robin e das fadas, acostumados a travar uma conversa, e a conversa das pessoas comuns a esse respeito; a autoridade dos inquisidores, o aprendizado, a astúcia, o consentimento e a estima dos escritores mencionados aqui, as falsas traduções e interpretações prediletas usadas, especialmente por papistas; e muitas outras causas semelhantes. Todas essas ideias afetam a tal ponto a imaginação dos homens que, com isso, eles são levados e atraídos para longe da consideração dos verdadeiros pontos de vista, condenando aquilo que eles não conhecem.

No entanto, neste meu livro (com a graça de Deus), decifrarei e refutarei com clareza esses sofismas, e todas as outras objeções, de modo que todos os perseguidores de bruxas se envergonhem e todos os homens bons se satisfaçam com isso. Enquanto isso, gostaria que eles soubessem que se nem a estima pela onipotência de Deus, nem o teor

---

84. *Mal. Malef. par. 2 quæ. 2.*
85. 1 Pedro 4, 1.
86. *Danæus* em seu prólogo.
87. B 2.
88. *B.* iii.v.

de Sua palavra, nem a dúvida, ou melhor, a impossibilidade do caso, nem as pequenas provas trazidas contra elas, nem o rigor executado sobre elas, nem a pena que um coração cristão deveria ter, nem mesmo a simplicidade, impotência ou idade delas bastam para estancar o ódio ou o rigor com o qual elas são oprimidas; ainda assim a consideração de seu sexo ou condição deveria motivar alguma mitigação de sua punição. Pois se a natureza (como Plínio relatou) ensinou um leão a não tratar uma mulher tão brutalmente quanto um homem, pois ela é em corpo o receptáculo mais fraco e em coração mais inclinada à piedade (o que Jeremias[89] em suas lamentações parece confirmar), o que um homem deveria fazer nesse caso, para quem a mulher foi criada como uma ajuda e um conforto[90, 91, 92]? Por causa disso, até mesmo na lei da natureza, bater em uma mulher é um crime maior do que bater em um homem, não porque ele não seja a criatura mais excelente, mas porque uma mulher é o receptáculo mais fraco[93]. E, portanto, entre todas as pessoas modestas e honestas considera-se uma vergonha tratar uma mulher com violência ou injúria, a respeito do que Virgílio diz: *Nullum memorabile nomen fœminea in pœna est*[94].

Deus, que conhece meu coração, é testemunha, e vós que lerdes meu livro vereis que meu desvio e propósito nesta iniciativa tendem apenas a esses respeitos. Primeiro, que a glória e o poder de Deus não sejam diminuídos e degradados, como seriam se fossem lançados pela mão ou pelos lábios de uma velha lúbrica, de acordo com quem a obra do Criador deve ser atribuída ao poder da criatura. Segundo, que a religião do evangelho possa se destacar sem ornatos impertinentes. Terceiro, que o favor lícito e a compaixão cristã sejam direcionados a essas pobres almas, em vez de rigor e extremismo. Porque aquelas pessoas que frequentemente são acusadas de bruxaria são as menos capazes[95] de falar por si, uma vez que sua educação inferior é mais simples do que todas as outras; o extremo da sua idade lhes dava permissão para caducar, sua pobreza para mendigar, sua iniquidade para ralhar e ameaçar (por não terem outra forma de vingança), seu humor melancólico podia ser cheio de imaginação, de que procede principalmente a inutilidade de suas confissões; assim elas podem transformar os outros e si mesmas em macacos, corujas, jumentos, cachorros, gatos, etc.; assim elas podem voar, matar crianças com feitiços, impedir a maturação da manteiga, etc.

---

89. Lamentações de Jeremias, 3 & 4, vers. 10.
90. I Coríntios 11, 9.
91. *Ibid.* versículo 7.
92. Gênesis 2, 22. 18.
93. *Arist. lib. problem.* 2. 9.
94. *Vir. Georg.* [B. iv].
95. B 2 v.

E por mais que as poderosas se ajudem, e as pobres viúvas gritem, mesmo seu grito atingindo o céu, ele mal é ouvido aqui na terra[96]. Achei bom (de acordo com minha parca habilidade) fazer uma intercessão, para que alguma parte do rigor comum e alguns pontos de um julgamento precipitado possam ser recomendados. Pois o mundo está agora naquele momento (como Brentius afirma em um sermão divino com essas palavras) em que mesmo quando os pagãos perseguiam os cristãos, se alguém fosse acusado de acreditar em Cristo, as pessoas comuns gritavam *Ad leonem* e, agora, diante de qualquer mulher, seja ela honesta, ou acusada de bruxaria, as pessoas bradam *Ad ignem*. A diferença entre o tratamento temerário de pessoas sem instrução e o conselho solene de pessoas mais distintas e eruditas pode parecer um conto de Danæus; nisto ele opôs a temeridade de alguns cidadãos ao conselho de todo um senado, preferindo a insensatez daquele à sabedoria deste.

Em Orleans, no Loire (disse ele) havia um bruxo, não só[97] preso e acusado, mas também sentenciado e condenado por bruxaria, que apelou de lá à suprema corte de Paris. Acusação essa que o senado considerou insuficiente, mas riu-se dela, dando-lhe a devida consideração; e no fim o enviaram para casa (disse ele) acusado de alguma frivolidade. E mesmo com tudo isso, os magistrados de Orleans foram tão audazes com ele a ponto de enforcá-lo pouco tempo depois, pelo mesmo crime ou outro parecido. Nesse exemplo deve ser vista a natureza e, por assim dizer, o mal dessa causa na qual (digo) o tipo mais simples e sem distinção é sempre mais precipitado e furioso em julgamentos, do que homens de melhor reputação e mais conhecimento. Entretanto, disse Euníquio, três coisas devem ser consideradas: o que pensam das bruxas, o que seus feitiços podem fazer e se sua punição deve se estender à morte. E eu consideraria (disse ele) que elas fossem conhecidas, independentemente da crença precipitada em torno delas, tanto pelos acadêmicos, como pelos incultos. Acrescentou também que quase todos os teólogos, médicos e advogados, que deveriam saber mais sobre esses assuntos, satisfazendo-se com o costume antigo, deram crédito demais a essas fábulas e uma sentença de morte muito precipitada e injusta às bruxas. Mas quando um homem pondera (disse ele) que no passado tudo que desviasse da Igreja de Roma era julgado heresia, o que não é de se surpreender tanto, nesse caso indicam cegueira e ignorância.

E, certamente, se a escritura tivesse sido suprimida há muito tempo, mais fábulas absurdas teriam surgido e sido aceitas. Essa credulidade, no entanto, deve ser escarnecida com risos, mas a crueldade[98] deve ser lamentada com lágrimas. Pois (Deus sabe) muitos desses pobres coitados teriam

---
96. Eclesiástico 35, 15.
97. [*B. iv. v.*]
98. B 3.

mais necessidade de um consolo do que de castigo, e seria mais apropriada uma admoestação de um pastor do que ser preso por um carcereiro, e um médico seria mais necessário para ajudá-los do que um carrasco ou algoz para enforcá-los ou queimá-los. Para prova e o devido julgamento disso, retribuirei a história contada por Danæus de um bruxo (como ele o chama) com a de outra bruxa do mesmo sexo ou gênero.

Cardano[99], da boca de seu próprio pai, relata que um Barnard, pobre servo, de saber muito simples e rude, mas em seu serviço muito necessário e diligente (e a esse respeito muito querido por seu mestre[100]), professando a arte da bruxaria não poderia ser dissuadido de nenhum modo dessa profissão, convencido de que conhecia tudo e poderia realizar qualquer coisa, porque certos cidadãos recorriam a ele em busca de ajuda e conselho, como se supunha por sua própria conversa. No fim, ele foi condenado à fogueira, tormento esse que parecia mais disposto a sofrer do que perder sua estima. Mas seu mestre teve compaixão por ele, e tendo este a proteção do príncipe, percebendo sua ideia de continuar na melancolia, obteve um intervalo de execução por 20 dias. Nesse período o mestre o alimentou profusamente com boa carne gordurosa e com quatro ovos por refeição, além de vinho doce, dieta que era melhor para alguém tão bronco e com um corpo tão fraco. Depois de recuperar a força, aquele seu humor foi suprimido, ele foi facilmente dissuadido de suas absurdas e perigosas opiniões e de suas imaginações crédulas, e após confessar seu erro e insensatez, dos quais antes nenhum homem conseguia dissuadir, recebeu o perdão e viveu por muito tempo como um bom membro da igreja, cuja crueldade de julgamento o teria rejeitado e destruído.

Essa história é mais crível do que as fábulas de Sprengers, ou as conversas de Bodin, que não se estende tanto no elogio da onipotência das bruxas quanto na depreciação da glória de Deus. Pois se o que eles afirmam for verdade, que nossa vida e morte estão nas mãos de uma bruxa, então é falso crer que Deus nos faz viver ou morrer, ou que por ele nós temos nosso ser, a duração de nossa vida estabelecida e nossos dias numerados. Mas certamente seus feitiços não podem chegar a ferir ou matar homens e mulheres mais do que sua imaginação se estender ao roubo e à apreensão de cavalos e éguas. Nem Deus deu soluções para doenças ou tristezas, mas ervas e medicamentos[101], que Ele mesmo criou na terra, e transmitiu aos homens o conhecimento sobre tais coisas e Ele deve ser glorificado[102], porque assim outorga que os males[103] de homens e gado devem ser curados[104], etc. E se não houver aflição nem

---

99. *Lib. 15. cap, 18, de varietatib. Rerum.*
100. [B, v.]
101. Amós 3, 6.
102. Lamentações 3, 38.
103. Isaías 45, 9.
104. Romanos 9, 20.

calamidade, exceto aquelas originadas por Ele, então nos deixe desafiar o demônio, renunciar a todas as suas obras, e sequer pensar ou sonhar uma vez com esse poder sobrenatural das bruxas, tampouco devemos processar com tamanho desprezo aquelas que nosso desejo condena e nossa razão absolve. Nossa evidência contra elas consiste em impossibilidades, nossas provas[105] são declarações verbais e todos os nossos processos acontecem com dúvidas e dificuldades.

Agora, por me desagradar a crueldade usada contra algumas[106] dessas tolas almas (que um simples advogado com eloquência e justiça poderia livrar das mãos dos inquisidores), dir-se-á que eu nego qualquer punição devida a toda e qualquer bruxa. Não, porque eu acuso a insensatez e a impiedade daqueles que atribuem às bruxas o poder de Deus. Esses perseguidores de bruxas dirão que nego a existência das bruxas e mesmo assim veja (dizem eles): quantas vezes esta palavra [Bruxa][107] é mencionada nas escrituras? Exatamente como se um idólatra falasse em nome de imagens e ídolos para aqueles que negam seu poder e divindade, censurando ao mesmo tempo a reverência feita a eles. Como ousais negar o poder das imagens, vendo seus nomes tão repetidos nas escrituras? De fato não nego que há bruxas ou imagens, mas detesto as opiniões idólatras a respeito delas, referindo isso à obra e à lei de Deus, que eles imputam ao poder e à maldade das bruxas e atribuindo essa honra a Deus, e que eles imputam aos ídolos. Quanto àqueles que certamente são bruxas ou conjuradores, que sofram tal punição severa correspondente à sua falta, desde que imposta pelo severo julgamento da lei.

---

105. [B v. v.]
106. B 3. v.
107. [ ] no texto.

Autores estrangeiros usados neste livro[108]

Eliano.
Aécio
Alberto Crantzio.
Alberto Magno.
Albumazar.
Alcorão Franciscano.
Alexandre Traliano.
Algerus.
Ambrósio.
Andradias.
Andreas Gartnerus.
Andreas Massius.
Antonio Sabélico.
Apiano.
Apolônio de Tiana.
Apuleio.
Argerius Ferrerius.
Aristóteles.
Arnoldo de Vila Nova.
Arquelau.
Artemidoro.
Atanásio
Averróis
Augustinus episcopus Hip.
Augustinus Niphus.
Avicena.
Aulus Gellius.
Barnardinus de bustis.
Bartolomeu Angélico.
Berosus Anianus.
Bodins.
Bordinus.
Brentius.

Calvino.
Camerarius.
Campanus.
Cardano filius.
Cardano pater.
Carolus Callus.
Cassander.
Cato.
Cícero.
Cirilo.
Crisóstomo.
Clemente.
Cornélio Agrippa.
Cornelius Nepos.
Cornélio Tácito.
Danæus.
Demétrio.
Demócrito.
Dídimo.
Diodoro Siculus.
Dionísio Areopagita.
Dioscórides.
Diurius.
Dodónaeus.
Durandus.
Efésio.
Empédocles.
Erasmo de Roterdã.
Erasmus Sarcerius.
Erasto.
Eudoxo.
Eusebius Caesariensis.
Fernelius.
Filarco.
Filodoto.

Francisco Petrarca.
Fuchsius.
Galenus.
Garropius.
Gelásio.
Gemma Phrysius.
Georgius Pictorius.
Gofridus.
Goschalcus Boll.
Graciano.
Gregório.
Grillandus.
Guido Bonatus.
Gulielmus de sancto Clodoaldo.
Gulielmus Parisiensis.
Hemíngio.
Heráclides.
Hermes Trismegisto.
Hieronymus.
Hilário.
Hipério.
Hipócrates.
Homero.
Horácio.
Hostiensis.
Hovinus.
Inocêncio VIII, Papa.
Isidoro.
Isigonus.
Jacobus de Chusa Carthusianus.

---
108. [B. vi. v.] B 4 v.

Jâmblico.
Jaso Pratensis.
Johannes Anglicus.
João Batista Napolitano.
Johannes Cassianus.
Johannes Montiregius.
Johannes Rivius.
Josephus ben Gorion.
Josias Simlerus.
Juba.
Julius Maternus.
Justino Mártir.
Lactantius.
Lavaterus.
Laurentius Ananias.
Laurentius
    a villavicentio.
Legenda aurea.
Legenda longa Colonise.
Leão II, Papa.
Leonardus Vairus.
Lex Salicarum.
Lex 12. Tabularum.
Lívio.
Lucano.
Lucrécio.
Ludovicus Cælius.
Lutero.
Macrobius.
Magna Charta.
Malleus Maleficarum.
Manlius.
Marbacchius.
Marbodeus Callus.
Marsilius Ficinus.
Martinus de Aries.

Mattheolus.
Melancthonus.
Memphradorus.
Michael Andræas.
Musculus.
Nauclerus.
Niceforo.
Nicolau V, Papa.
Nider.
Olaus Gothus.
Orígines.
Ovídio.
Panormitanus.
Paulus Aegineta.
Paulus Marsus.
Persius.
Pedro de Apona.
Petrus Lombardus.
Pedro Mártir.
Peucer.
Philastrius Brixiensis.
Philo Judæus.
Pirkmairus.
Platina.
Platão.
Plínio.
Plotino.
Plutarco.
Polidoro Virgílio.
Pomoerium sermonum
    quadragesimalium.
Pompanácio.
Pontificale.
Ponzivibius.
Porfírio.
Proclo.

Propertius.
Psellus.
Ptolomeu.
Pitágoras.
Quintiliano.
Rabino Abraão.
Rabino ben Ezra.
Rabino David Kimhi.
Rabino Josuah ben Levi.
Rabino Isaach Natar.
Rabino Levi.
Rabino Moses.
Rabino Sedaias Haias.
Robertas Carocullus.
Rupertus.
Sabinus.
Sadoletus.
Savanorola.
Scotus.
Sêneca.
Septuaginta interpretes.
Serapio.
Sócrates.
Solinus.

Speculum exemplorum.
Strabo.
Sulpício Severo.
Sinésio.
Tatianus.
Tertuliano.
Temístio.
Theodoretus.

Theodorus Bizantius.
Teofrasto.
Tibullus.
Tomás de Aquino.
Tremelius.
Tucídides.
Valério Máximo.
Varro.
Vegetius.
Vincentius.
Virgílio.
Vitellius.
Wierus.
Xanthus historiographus.

Autores ingleses

Barnabe Googe.
Beehive of the Romish church.
Edward Deering.
Geffrey Chaucer.
Giles Alley.
Gnimelf Maharba [Abraham Fleming].
Henrie Haward.
John Bale.
John Fox.
John Malborne.
John Record.
Primer after Yorke use.
Richard Gallis.
Roger Bacon.
T. E. autor não citado. 467.
Testamento impresso em Rhemes.
Thomas Hilles.
Thomas Lupton.
Thomas Moore Knight.
Thomas Phaer.
T. R. autor não citado. 393.
William Lambard.
W. W. autor não citado

A Descoberta da Bruxaria

¶ *Primeiro Tomo*

Capítulo 1

Contestação do poder das bruxas sobre meteoros e corpos elementares, tendendo à censura disso por atribuírem muito a elas.

As fábulas da bruxaria cativaram e se enraizaram tão rápido e de tal forma no coração dos homens que poucos ou ninguém pode (atualmente) com paciência suportar a mão e a correção de Deus. Pois se alguma adversidade, tristeza, doença, perda de filhos, cereais, gado ou liberdade lhes acontece, logo chamam as bruxas. Como se não houvesse Deus[109] em Israel que ordenasse todas as coisas de acordo com Sua vontade; punindo justos e injustos com mágoas, pragas e aflições na forma como ele achava melhor, mas que certas mulheres anciãs aqui na terra, chamadas bruxas, devem necessariamente planejar todas as calamidades dos homens, e como se elas mesmas fossem inocentes, e não merecessem tais punições. De tal maneira que elas não suportam receber tais punições, como também são injuriosamente chamadas de bruxas, ou estão dispostas a serem responsabilizadas, buscando em suas mãos conforto e reparação em tempo de sofrimento, contrárias à vontade e aos mandamentos de Deus a esse respeito, que nos pede para recorrer a Ele em todas[110] as nossas necessidades.

Esses descrentes (creio eu) também são persuadidos de que nenhum granizo ou neve, raios ou trovões, chuva ou ventos tempestuosos vêm do céu ao comando de Deus, mas são criados pela astúcia e o poder de bruxas e conjuradores, tanto que logo que um estrondo de trovão ou um vento forte é ouvido, eles correm para tocar os sinos ou clamam pela morte das bruxas; ou ainda queimam coisas consagradas, esperando com a fumaça resultante tirar o demônio do ar, como se os espíritos

---

109. Jó 5.
110. Mateus 11.

pudessem ser libertados com tais artifícios externos. Todavia, esses são encantamentos genuínos, como *Brentius*[111] afirmou.

Certamente, não é uma bruxa, nem um demônio, mas um Deus[112] glorioso quem fez o trovão. Li nas escrituras que Deus[113] fez violentas tempestades e tufões e descubro que é[114] o Senhor que lidava com eles de modo geral, e que eles[115] sopravam de acordo com sua vontade. Que tente qualquer um[116] repreender e acalmar o mar em um momento de tempestade, como Cristo fez; ou elevar o vento tormentoso, como Deus[117] fez com sua palavra; assim, então, acreditarei neles. Terá qualquer bruxa ou conjurador, ou qualquer criatura, entrado nos tesouros[118] da neve; ou visto os lugares secretos do granizo, que Deus preparou contra os dias de sofrimento, batalhas e guerra? De minha parte eu também penso como Jesus Ben Sirac[119], que apenas ao comando de Deus a neve cai e que o vento sopra de acordo com sua vontade, é apenas Ele que cessa todas as tempestades e[120] quem (se mantivermos seus decretos) nos mandará chuva na devida estação e fará a terra produzir sua prole, e as árvores do campo darem seus frutos.

Mas nossos perseguidores de bruxas ignoram que o Senhor[121] ordenou às nuvens do alto ou abriu as portas do céu, como afirma *Davi*; ou que o Senhor caminhou nas tormentas e tempestades, como o profeta[122] *Naum* relatou, mas em vez disso que bruxas e conjuradores são os responsáveis por tais feitos.

Os *Martionistas* reconheciam um Deus como o autor das coisas boas e outro como mandante do mal, mas eles fizeram do demônio um deus completo para criar as coisas do nada, conhecer os pensamentos dos homens e fazer o que Deus nunca fez, por exemplo, transformar homens em animais, etc. Coisa que se os demônios pudessem fazer, ainda que não o fizessem, as bruxas teriam o mesmo poder. Mas se todos os demônios no inferno estivessem mortos, e todas as bruxas na *Inglaterra* queimadas ou enforcadas, eu lhe garanto que nós não deixaríamos de ter chuva, granizo e tempestades como temos agora; de acordo com o desígnio e a vontade de Deus e segundo a constituição dos elementos e o curso dos planetas, que Deus colocou em perfeita e perpétua ordem.

---

111. *In concione.*
112. Salmos 25.
113. Salmos 83.
114. Eclesiástico 43.
115. Lucas 8; Mateus 8.
116. Marcos 4, 41. Lucas 8, 14.
117. Salmos 170.
118. Jó 38, 22.
119. Eclesiástico 43.
120. Levítico 26; versículos 3, 4.
121. Salmos 78, 23.
122. Naum, I.

Também tenho certeza de que se todas as mulheres anciãs do mundo fossem bruxas e todos os sacerdotes, conjuradores, não teríamos uma gota de chuva, nem uma lufada de vento a mais ou a menos por causa deles. Pois[123] o Senhor prendeu as águas nas nuvens e traçou limites sobre a superfície das águas, até o dia e a noite chegarem ao fim; de fato, Deus elevou os ventos e os acalmou e disse à chuva e à neve: Caí sobre a terra, e elas caíram. O vento[124] do Senhor, e não o vento das bruxas, destruirá os tesouros de seus vasos desejáveis e secará as fontes, disse *Oseias*. Vamos aprender e nos confessar com o profeta *Davi*, que nós[125] mesmos somos as causas de nossas aflições; e não chamar as bruxas, quando deveríamos rogar pela misericórdia de Deus.

A lei imperial (segundo *Brentius*[126]) condenou à morte aquelas que agitam e influenciam o ar, mas eu afirmo (disse ele) que nem a bruxa nem o demônio podem fazer isso, apenas Deus. Embora (além de Bodin, e todos os autores papistas em geral) agrade *Danæus, Hipério, Hemíngio, Erasto*, etc. concluir o contrário. As nuvens[127] são chamadas de pilares das tendas de Deus, as carruagens de Deus e seus pavilhões. E, nesse caso, qual bruxa ou demônio pode se utilizar desses mistérios? *Santo Agostinho*[128] disse: *Non est putandum istis transgressoribus angelis servire hanc rerum visibilium materiem, sed soli Deo* (Nós não devemos pensar que essas coisas visíveis estão sob o comando dos anjos caídos, mas obedecem ao único Deus).

Finalmente, se as bruxas pudessem realizar essas coisas, poderia parecer estranho às pessoas quando Cristo por milagre[129] comandou mares e ventos, etc. Pois está escrito: Quem é esse a quem tanto vento como mar lhe obedecem?

Capítulo 2

O aumento da inconveniência pela credulidade dos homens locais, com a censura de alguns clérigos inclinados à opinião comum sobre a onipotência das bruxas, além de um exemplo familiar disso.

O mundo está agora tão enfeitiçado e assolado por esse erro ingênuo que quando um homem necessita de conforto e conselho, afasta-se (em caso de necessidade) de Deus para o demônio e do médico para a bruxa farsante, que não deixará de assumir a responsabilidade de curar com palavras os incapacitados (o que era apropriado apenas a Cristo e foi àqueles que ele auxiliou com seu poder divino); de fato, com

---

123. Jó 26, 8; Jó 37; Salmo 135; Jeremias 10 e 15.
124. Oseias 13.
125. Salmo 39, etc.
126. *In epist. Ad. Fo Wierum.*
127. Êxodo 13.; Isaías 66; Salmo 18 11-19.
128. *August.* 3 de *sancta Trinit.*
129. Marcos 4, 41.

seu espírito familiar e encantamentos, ela assumirá a responsabilidade de curar os cegos, embora no 10º capítulo[130] do *Evangelho de São João* esteja escrito que o demônio não pode abrir os olhos do cego. E elas ganham tanto crédito que eu ouvi (para minha tristeza) alguns dos pastores afirmarem que tiveram em sua paróquia, de uma só vez, 17 ou 18 bruxas, referindo-se àquelas pessoas que realizavam milagres de forma sobrenatural. Com tal afirmação, manifestaram tanto sua infidelidade e ignorância em compreender a palavra de Deus, como sua negligência e erro em instruir seus rebanhos. Pois eles mesmos poderiam compreender, e também ensinar seus paroquianos, que apenas Deus[131] operava grandes maravilhas e que é Ele que enviava tais punições aos perversos e tais provações aos eleitos, de acordo com o dito do profeta *Ageu*[132]: Feri-vos com pulgão e míldio, e com granizo, compensando todo o trabalho de vossas mãos; mesmo assim recusaram converter-se a mim, disse o Senhor. E então disse o mesmo Profeta em outro lugar[133]: Semeastes muito e colhestes pouco. E tanto em *Joel*[134] como em *Levítico*[135], as mesmas frases e provas são usadas e feitas. Mas voltaremos a esse assunto depois.

São Paulo previu a cegueira e a obstinação, tanto desses pastores cegos, como de seu rebanho mesquinho, quando disse: Eles[136] não suportarão a sã doutrina, mas ao sentir coceira nos ouvidos, juntarão mestres para si mesmos, seguindo os seus próprios desejos; e eles afastarão seus ouvidos da verdade e se voltarão para as fábulas. E nos últimos tempos[137] alguns renegarão a fé, e darão atenção a espíritos pecaminosos e doutrinas de demônios, que falam mentiras (como fazem bruxas e conjuradores), e cairão em tais fábulas profanas e supersticiosas. Ao que Basil disse: Aquele que dá atenção a encantadores escuta algo fabuloso e frívolo. Mas eu relatarei em detalhes um exemplo a respeito do que eu mesmo não só fui *Oculatus testis*, como também examinei a causa e vou justificar a verdade do meu relato, não para desgraçar os ministros devotos, mas para confirmar minha declaração anterior de que esse erro absurdo se espalha; eu o faço na tentativa de expelir todos os disparates ridículos e a impiedade.

Na audiência reunida em *Rochester*, no ano de 1581, uma *Margaret Simons*,[138] esposa de *John Simons*, de *Brenchlie*, em *Kent*, foi acusada

---

130. João 10, 21.
131. Salmo 72 e 136; Jeremias, 5.
132. Ageu 2, 28.
133. Idem, cap. 1, 6.
134. Joe 1.
135. Levítico, 26.
136. 2 Tim. 4, 3-4.
137. 1 Timóteo 4, 1.
138. A história de Margaret Simons, uma suposta bruxa.

de bruxaria conforme a instigação e a queixa de diversas pessoas insensatas e maldosas e, particularmente, por meio de um *John Ferrall,* vigário da paróquia, com quem eu conversei sobre o assunto, e o encontrei credulamente estupefato pela causa, e invejosamente inclinado a ela e (o que é pior) tão incapaz de fazer uma boa avaliação da própria fé quanto aquela que ele acusava. A acusação que ele apresentava era a seguinte.

Seu filho (um rapaz indelicado e aprendiz do comerciante de tecidos *Robert Scotchford,* morador daquela paróquia de *Brenchlie*) passou um dia na casa da acusada após, por mero acaso, o cachorrinho dela ter latido para o rapaz. Vendo isso como arte do demônio, sacou sua faca e perseguiu o cão até a porta da mulher e ela o repreendeu com algumas palavras que o rapaz desdenhou, mas mesmo assim ele permaneceu na casa por um longo tempo. Finalmente, ele voltou à casa de seu mestre e cinco ou seis dias depois ficou doente. Lembrou-se então da rixa entre o cachorro e o rapaz, de tal maneira que o vigário (que se considerava tão privilegiado que não podia acreditar que Deus permitisse seu filho adoecer) supôs, em parte por seu próprio julgamento e em parte (como ele mesmo me disse) por contatos com outras bruxas, que o citado rapaz foi por ela enfeitiçado. De fato, ele também me disse que seu filho (cuja doença era de certo modo incurável) recebeu a saúde perfeita pelas mãos de outra bruxa.

O vigário se indispôs ainda mais contra ela, afirmando que sempre na igreja da paróquia, quando ele desejava ler de forma mais clara, sua voz falhava tanto que mal conseguia ser ouvido. O que ele atribuía, dizia, a nada além do encantamento da bruxa. Quando informei a pobre mulher disso, desejoso de ouvir o que ela poderia dizer em sua defesa, ela me disse que de fato a voz dele falhava bastante, principalmente quando se forçava a falar mais alto. Todavia, acrescentou que a voz do vigário era sempre rouca e baixa, o que percebi ser a verdade. Mas senhor, disse ela, entenda que esse nosso vigário é acometido por um tipo de rouquidão tal que vários dos nossos vizinhos nesta paróquia, não há muito tempo, temiam que ele tivesse sífilis e, por causa disso, se recusavam totalmente a se comunicar com ele até o momento que (sendo então influenciado pelo Dr. *Lewen,* o Ordinário) voltou de *Londres* com um laudo, assinado por dois médicos, atestando que sua rouquidão vinha de uma doença nos pulmões. Laudo esse que ele divulgou na igreja, na presença de toda a congregação e por este meio foi curado, ou melhor, isentado da vergonha de sua doença. Sei que isso é verdade pelo relato de diversos homens honestos daquela paróquia. E, de fato, se um dos jurados não fosse mais sábio do que o outro, ela teria sido condenada por causa disso e de outros assuntos tão ridículos quanto esse. Pois o nome de uma bruxa é tão odioso, e seu poder tão temido entre as pessoas comuns, que mesmo se a pessoa mais honesta for acusada disso, não escapará da condenação.

Capítulo 3

Quem são aquelas chamadas de bruxas, com uma declaração manifesta da causa que levou homens tão comuns e elas mesmas a acreditarem que poderiam ferir crianças, gado, etc. com palavras e pensamentos, e sobre as bruxas farsantes.

As mulheres consideradas bruxas geralmente são velhas, coxas, de olhos turvos, pálidas, sujas e cheias de rugas; pobres, rabugentas, supersticiosas e papistas ou são mulheres que não conhecem a religião e em cujas mentes vazias o demônio tomou morada; assim como, quando acontece injúria, infortúnio, calamidade ou massacre, elas são facilmente convencidas de serem as culpadas, gravando na própria mente[139] uma noção fervorosa e constante disso. Elas são curvadas e deformadas, demonstrando melancolia nos rostos para o horror de todos que as veem. São idólatras, rabugentas, loucas, diabólicas e não diferem muito daqueles considerados possuídos por espíritos; suas opiniões são tão firmes e imutáveis que aquele que der atenção à constância de suas palavras pronunciadas acredita facilmente que sejam verdadeiras.

Essas pobres miseráveis são tão repulsivas para todos os seus vizinhos, e tão temidas por eles, que poucos ousam ofendê-las ou negar-lhes qualquer coisa que pedirem, de tal modo que elas assumem sim a responsabilidade, e às vezes acham, de que conseguem fazer coisas que estão além da habilidade da natureza humana. Elas vão de casa em casa, e de porta em porta, por um pote de leite, fermento, bebida alcóolica, sopa ou algum alívio do gênero, sem os quais elas mal conseguiriam viver, nem obter em troca de seus serviços e trabalho, nem por sua arte, nem mesmo das mãos dos demônios (com quem se diz que fizeram um pacto perfeito e visível) beleza, dinheiro, promoção, riqueza, respeito, prazer, honra, conhecimento, aprendizado ou qualquer outro benefício.

Muitas vezes nem suas necessidades, nem sua expectativa, são atendidas ou satisfeitas nesses lugares onde elas mendigam ou pegam coisas emprestadas, mas sua devassidão é reprovada pelos vizinhos. Com o tempo, essas mulheres se tornam mais odiadas e desprezadas por seus vizinhos, de modo que elas começam a amaldiçoar um por um: desde o dono da casa, a esposa dele, os filhos, o gado, etc. até o porquinho que ficava no chiqueiro. Logo todos as desagradam e elas desejam o mal a todos eles; talvez com maldições e pragas feitas abertamente. Sem dúvida (em algum momento) alguns de seus vizinhos morrem ou adoecem; ou alguns dos filhos deles são acometidos por doenças que os afligem estranhamente, como apoplexias, epilepsias, convulsões, febres, vermes, etc., o que pais ignorantes supõem ser a vingança das bruxas. De fato, suas opiniões e ideias extravagantes são confirmadas e mantidas por

---

139. *Cardan, devar rerum.*

médicos inexperientes, de acordo com o dito comum: *Inscitiæ pallium maleficium & incantatio*, Bruxaria e magia são o manto da ignorância, ao passo que humores nocivos e não palavras singulares, bruxas ou espíritos são as causas dessas doenças. Seu gado também perece, por doença ou infortúnio. Então eles, sobre os quais tais adversidades caem, pesando a fama que recai sobre essas mulheres (suas palavras, desagrado e maldições tão associados ao seu infortúnio), não só imaginam, como também se deixam convencer de que todos os seus percalços são provocados apenas por elas.

A bruxa, por sua vez, contando com os percalços de seus vizinhos, e vendo as coisas se realizarem às vezes de acordo com seus desejos, maldições e feitiços (pois o próprio *Bodin*[140] confessou que não mais do que duas dentre cem de suas bruxarias ou desejos se realizam), ao ser chamada diante da Justiça, pelo devido exame das circunstâncias, é levada a ver suas pragas e desejos e as perdas e danos de seus vizinhos coincidirem, como se tivessem se realizado, e assim confessa que ela (como uma deusa) realizou essas coisas. Nessa situação, não só ela, mas o acusador e também a justiça são vilmente enganados e abusados; assim, uma confissão detalhada, somada a outras circunstâncias (por insulto à glória de Deus), convence a todos de que ela é dona de um poder que, na verdade, só pertence a Deus.

Há outro tipo de bruxa: as farsantes. Essas alegam, por glória, fama ou ganho, fazer qualquer coisa que Deus ou o demônio podem fazer: previsão do futuro, revelação de segredos, cura de males ou realização de milagres. Mas voltarei a essa questão mais adiante.

Capítulo 4

Ações milagrosas atribuídas às bruxas por perseguidores de bruxas, papistas e poetas.

Embora pareça contrário ao que se espera e contra a vontade dos demônios e ao juramento, promessa e deferência das bruxas, e contra qualquer razão que essas mulheres devessem ajudar alguém enfeitiçado, mas promover apenas a vontade de seu mestre, ainda assim lemos em *Malleo Maleficarum*[141] sobre três espécies de bruxas e encontramos o mesmo em todos os autores que vieram depois, antigos e novos. Um tipo (segundo eles) pode ferir e não ajudar, o segundo pode ajudar e não ferir, o terceiro pode tanto ajudar como ferir. Dentre as bruxas maléficas, afirma-se que há um tipo mais animalesco do que qualquer tipo de animal, exceto os lobos, pois estes costumam devorar e comer criancinhas e seus próprios filhotes. Estas são aquelas (segundo ele) que provocam granizo, tempestades e um clima de ação deletéria, com raios, trovões, etc. São aquelas que

---

140. Bodin, ii. 2. *de dæmono: cap. 8.*
141. *Mal. Malef. par. 2, quæst, I, cap. 2.*

provocam infertilidade em homens, mulheres e animais. Elas podem jogar crianças em águas, quando estas caminham com suas mães, e não são mais vistas. Fazem os cavalos darem coice, até derrubarem os cavaleiros. Elas podem passar de um lugar para outro invisíveis no ar. Conseguem alterar a mente dos juízes de tal modo que eles perdem o poder de lhes ferir. Essas podem atrair para si e para os outros taciturnidade e insensibilidade em seus tormentos. Podem provocar tremores nas mãos e imprimir terror nas mentes daqueles que as prendem. Conseguem manifestar para outros coisas ocultas e perdidas, prever o futuro e vê-las como se estivessem no presente. Elas conseguem alterar as mentes dos homens para o amor ou o ódio excessivos. Podem matar quem quiserem com raios e trovões. Conseguem tirar a coragem de um homem e o poder da geração. Podem provocar um aborto em uma mulher e destruir a criança no útero da mãe, sem quaisquer meios sensíveis interna ou externamente aplicados. Elas podem matar homens ou animais com o olhar.

Todas essas coisas declaradas por *James Sprenger* e *Henrie Institor* em *Malleo Maleficarum* foram consideradas verdadeiras e confirmadas por *Nider*, e pelo inquisidor *Cumanus* e também por *Danæus*, *Hipério*, *Hemíngio* e multiplicadas por *Bodin* e o frade *Bartholomæus Spineus*. Mas como não pretendo reduzir a autoridade de tais homens, contamos também com os testemunhos de muitos outros autores sérios a esse respeito, como se vê a seguir.

Primeiro Ovídio[142] afirmou que elas podem evocar e suprimir raios e trovões, chuva e granizo, nuvens e ventos, tempestades e terremotos. Outros escrevem que elas podem puxar a lua e as estrelas para baixo. Alguns escrevem que se assim desejarem, essas bruxas podem enfiar agulhas nos fígados de seus inimigos. Conseguem transferir o trigo verde de um lugar a outro. Alguns afirmam que elas são capazes de curar doenças de forma sobrenatural, voar e dançar com demônios. Segundo outros, conseguem representar o papel do Súcubo e se unir ao Íncubo e, assim, jovens profetas são por elas gerados, etc. Alguns dizem que elas conseguem transformar a si e os outros, e adotar as formas e aparências de asnos, lobos, furões, vacas, macacos, cavalos, cães, etc. Outros declaram que elas podem manter em casa demônios e espíritos semelhantes a sapos e gatos.

---

142. Ovídio, lib. metamorphoseôn 7, Danæus in dialog. Psellus in operatione dæm, Virgílio in Damo Hora. epod, 5. Tibul. de fascinat. Lib. I, eleg. 2. Ovídio epístola 4, Lex, 12. Tabularum. Mal. Malef. Lucã, de bello civili. Lib. 6, Virgílio, eclog. 8. Ovídio de remedio amoris, lib. I. Hyperius, Erasto, Rich. Gal. em seu horrível tratado, Heminius, Bar. Spineus, Bryan Darcy Confessio Windesor, Virgílio, Eneida 4, C. Manlius astrol. lib. I.

Elas sabem evocar espíritos (como outros afirmam), secar as fontes, inverter o curso de águas correntes, inibir o sol e parar dia e noite, transformando um no outro. Conseguem entrar em cavidades e sair delas, e velejar em uma casca de ovo ou em uma concha de molusco, por e sob mares tempestuosos. Conseguem ficar invisíveis e privar homens de seus genitais ou inibir-lhes o ato de alguma outra maneira. Elas tiram as almas dos túmulos. Esmigalham cobras com palavras e com o olhar matam ovelhas. Mas nesse caso um homem pode dizer que *Miranda canunt sed non credenta Poetæ*. Elas também dizem que não importa quanto o creme é batido, ele nunca virará manteiga, principalmente se algumas das empregadas comer o creme ou se a patroa vender a manteiga no mercado antes. A respeito disso, tive alguns inquéritos, embora deva haver causas reais e naturais para esconder o modo de ação comum, por exemplo: colocar um pouco de sabão ou açúcar no recipiente do creme e ele nunca virará manteiga, bata o quanto quiser. Mas segundo o *M. Malef.*[143], não há uma só vila em que não existam muitas mulheres que enfeitiçam, infectam e matam as vacas e secam o leite; corroborando o fortalecimento dessa afirmação, o dito do Apóstolo[144], *Nunquid Deo cura est de bobus?* Deus cuida dos bois?

---

143. *Mal. Malef. part. 2, quæst I. cap. 14.*
144. 1 Cor. 9, 9.

Capítulo 5

Uma refutação da opinião comum de bruxas e bruxaria e por que é um pecado tão detestável procurá-las para consultas ou ajuda em momentos de aflição.

Sejam quais forem os relatos ou ideias a respeito da bruxaria, ouso reconhecê-los como inexatos e fictícios (exceto por enganação, desvario e envenenamento). Tampouco há qualquer menção feita a esse tipo de bruxas na Bíblia. Se Cristo as tivesse conhecido, ele não teria deixado de protestar contra sua presunção em tomar para si o ofício dele, isto é, remediar e curar doenças e operar tais milagres e coisas sobrenaturais pelos quais ele mesmo era conhecido, acreditado e anunciado como Deus. As ações e as curas de Cristo fundamentam-se (a rigor e de fato) de acordo com o poder imputado às bruxas pelos perseguidores. Todavia, uma pessoa que hoje padeça de alguma aflição estranha, como aquelas descritas a respeito dos pacientes de Cristo e de suas curas, conforme registrado no Novo Testamento, nós deixamos de confiar em Deus e escolhemos confiar em bruxas, que não só em sua arte enganadora assumem o ofício de Cristo a esse respeito, como também usam a mesma fala dele a tais idólatras, quando vão buscar a divina assistência[145] às suas mãos, dizendo: "Vai, teu filho ou filha ficará bem e será curado".

Não bastará dissuadir um perseguidor de bruxas de sua credulidade, ainda que ele veja o resultado e o evento sendo contrários à sua acusação; mas nesse caso (para a maior condenação do perseguidor) ele busca bruxas de mais fama. Se não der certo, ele preferirá pensar que chegou atrasado ou errou o caminho. Na verdade, se isso não é se prostituir seguindo deuses estranhos, eu de minha parte não percebo o que é. Aquele que olha a mulher do próximo com cobiça comete adultério. E, de fato, aquele que em seu coração e por argumento mantiver o sacrifício da missa como propiciatório para os vivos e os mortos, é um idólatra, assim como aquele que aprova e recomenda a adoração da cruz, e outras ações idólatras como essa, mesmo não dobrando seus joelhos corpóreos.

Da mesma forma, digo, aquele que atribui a uma bruxa tal poder divino, poder este que pertence unicamente a Deus (o que todos os perseguidores de bruxas fazem) é em seu coração um blasfemo, um idólatra e repleto de uma total impiedade, embora nem a tenha procurado ou lhe pedido auxílio[146].

---

145. João 5, 6; Marcos 5, 34.
146. Procurar bruxas, etc., é idolatria.

Capítulo 6

Outra refutação do poder milagroso e onipotente das bruxas, por razões indômitas e autoridades, com argumentos para dissuadir essa credulidade insensata.

Se as bruxas pudessem realizar tais coisas milagrosas, como essas e outras atribuídas a elas, também poderiam realizá-las muitas e muitas vezes, a qualquer momento e em qualquer lugar, ou de acordo com o desejo de qualquer homem, pois o demônio é tão forte em um momento quanto em outro, ocupado tanto de dia quanto à noite e pronto para fazer todo mal, sem se importar de quem ele abusa. E visto que a maioria dos perseguidores de bruxas confessa que não conhece o coração dos homens, esse mesmo demônio apareceria (creio eu) às vezes para pessoas honestas e críveis de uma forma tão grotesca e corporal, como se diz que ele faz com as bruxas, o que nunca ouvimos de testemunhas fidedignas. Pois o demônio de fato entra na mente e desse modo provoca a confusão do homem.

A arte sempre pressupõe o poder, por isso, se alguém alega ter a capacidade de fazer isso ou aquilo, deve demonstrar como e por quais meios pode fazê-lo. Pois para cada ação são necessárias a faculdade e habilidade do agente ou executor dela; a aptidão do paciente ou sujeito e uma aplicação conveniente e possível. Ora, as bruxas são mortais, e seu poder depende da analogia e consonância de suas mentes e corpos, mas com suas mentes elas só podem desejar e compreender e com seus corpos não podem ir além dos limites e fins que o senso terreno dará a entender e, portanto, seu poder não se estende a realizar tais milagres, pois isso sobrepuja seu próprio senso e a compreensão de outros mais sábios do que elas; de forma que faltam aqui a virtude e o poder eficiente. E a bem da verdade, não pode haver mais virtude na coisa causada do que na causa, ou naquilo que procede dela ou pelo benefício da causa. Vemos que mulheres ignorantes e impotentes, ou bruxas, são as causas de encantamentos e feitiços nos quais nós perceberemos que não há efeito algum se confiarmos em nossa própria experiência e sentido não abusados, nas regras da filosofia ou na palavra de Deus[147]. Pois, ai de mim! Que instrumento inapto é uma mulher desdentada, velha, impotente e desajeitada a voar no ar? De fato, de nada serve ao demônio tais instrumentos para realizar seus propósitos.

É estranho pensarmos que essas pessoas conseguem realizar tais feitos e é ainda mais estranho imaginarmos que isso seja feito por uma bruxa, o que para a natureza e o senso é impossível, principalmente quando a vida dos nossos vizinhos depende de acreditarmos nisso e quando podemos ver o defeito da habilidade, que sempre é um impedimento

---
147. *Aristot. de anima lib. 2;* Atos 8.

tanto para o ato, como também para a presunção dele. E visto que não há nada possível na lei que na natureza seja impossível, o juiz não considera o que o homem acusado disse ou mesmo[148] faria, mas o que é provado de ter sido cometido e, naturalmente, dentro da competência do homem.[149] Pois a lei afirma que desejar algo impossível é um sinal de loucura, ou de tolice, que nenhuma sentença ou julgamento afeta. Além disso, que júri condenará, ou que juiz dará a sentença ou julgará alguém por matar um homem em *Berwick*, quando eles mesmos e muitos outros viram esse homem em Londres, naquele mesmo dia, no qual o assassinato foi cometido, de fato, embora a parte tenha se confessado culpada disso e 20 testemunhas tenham prestado seu depoimento? Mas nesse caso também eu digo que o juiz não deve pesar seu testemunho, que é enfraquecido pela lei, e a autoridade dos juízes deve suprir o defeito do caso e manter a justiça e a equidade dele.

Vendo, portanto, que algumas outras coisas podem naturalmente ser a ocasião e a causa de tais calamidades que as bruxas supostamente trazem, não permita que nós que professamos o Evangelho e o conhecimento de Cristo sejamos enfeitiçados a acreditar que elas fazem essas coisas, pois são por natureza impossíveis, e incríveis em senso e razão. Se[150] elas dizem que tal procedimento é feito com a ajuda do demônio, que pode operar milagres, por que os ladrões não realizam seus negócios milagrosamente, com quem o demônio conversa tanto quanto com as bruxas? Se tais injúrias como aquelas atribuídas às bruxas acontecem onde elas não existem, de fato, e continuam quando as bruxas são enforcadas e queimadas, por que então deveríamos atribuir tal efeito a essa causa, que sendo retirada, permanece?

Capítulo 7

Por quais meios os nomes das bruxas ficam tão conhecidos e como diversas pessoas emitem opiniões a respeito delas e de suas ações.

Certamente, o poder natural do homem ou da mulher não pode se estender além do poder e da virtude concedidos e impressos por Deus. Mas a vontade e a mente do homem são corrompidas e depravadas pelo demônio, pois Deus não permite nada mais do que aquilo que a ordem natural estipulada[151] por Ele requer. Pois a ordem natural nada mais é do que o poder ordinário de Deus, concentrado em cada criatura, de acordo com seu estado e condição. Temos mais a dizer, porém, a título das confissões das bruxas. Todavia, deve-se entender que poucas pessoas acreditam que as bruxas podem de fato realizar todas

---

148. *L. multum. l. si quis alteri, vel sibi.*
149. Por que o divino não deveria estar pronto para ajudar uma pessoa a se tornar bruxa?
150. Uma objeção respondida.
151. Os milagres acabam.

essas impossibilidades, no entanto, alguém é enfeitiçado em algum momento, enquanto outro é enganado, até, no fim, todas essas impossibilidades, e muitas mais, serem por várias pessoas declaradas verdadeiras.

Também notei que quando alguém é enganado com um artifício ilusório de bruxaria e faz um relato disso atestando, portanto, uma questão impossível e falsa como se fosse conhecimento verdadeiro, como que invadido por algum tipo de ilusão ou outra coisa (ilusões estas que são, em si, encantamentos), até o mesmo homem escarnecerá da mesma mentira saindo da boca de outro homem, como uma questão falsa que não merece crédito. Também se deve questionar como os homens (que detectaram alguma parte das fraudes das bruxas e também veem nisso a impossibilidade de suas próprias suposições, e a tolice e a falsidade das confissões das bruxas) não suspeitarão, mas permanecerão insatisfeitos, ou ainda defenderão obstinadamente o resíduo das ações sobrenaturais das bruxas, como quando um ilusionista descobriu a descortesia e a ilusão de suas principais proezas, continuaria a se pensar ingenuamente que esses outros truques triviais de ilusionismo são feitos com a ajuda de um espírito familiar e de acordo com a insensatez de alguns papistas, que vendo e confessando a religião absurda dos papas, na edificação e na manutenção da idolatria e da superstição, especialmente em imagens, indultos e relíquias de santos, ainda continuarão a pensar que o resto de sua doutrina e tolice é sagrada e boa.

Finalmente, muitos dos que defendem e clamam pela execução das bruxas nunca acreditariam em nada do que é atribuído a elas, se cada uma fosse abordada em particular, substancialmente refutadas e postas à prova no argumento.[152]

Capítulo 8

Causas que levam tanto as próprias bruxas quanto os outros a pensarem que podem operar impossibilidades, com respostas a certas objeções, em que também se aborda sua punição pela lei.

Cardano escreve[153] que a causa de tamanha credulidade consiste em três pontos: a imaginação do melancólico, a constância daqueles que são corruptos nesse momento e o engano dos Juízes, que sendo eles mesmos inquisidores de heréticos e bruxas, ao mesmo tempo os acusam e condenam, recebendo por seu trabalho o espólio de seus bens. De forma que esses inquisidores acrescentaram muitas fábulas até agora, no mínimo para parecer que elas fizeram o mal para os pobres coitados, ao condená-las e executá-las por crime nenhum. Mas desde (segundo ele) o surgimento da seita de *Lutero*, esses sacerdotes

---

152. As opiniões das pessoas sobre a bruxaria são diversas e inconstantes.
153. *Card. de var. rerum. lib. 15. cap. 80.*

tendiam mais diligentemente às execuções, porque mais riqueza é extraída delas, tanto que agora eles lidam tão livremente com as bruxas (pela suspeita de ganhos) que tudo é visto como maldade, leviandade ou avareza. E quem pesquisar essa causa, ou ler os principais autores até agora, considerará suas palavras verdadeiras.

Alegar-se-á que nós aqui na *Inglaterra* não somos mais conduzidos pelas leis papais e, portanto, nossas bruxas não são perturbadas ou intimidas pelos inquisidores *Hæreticæ pravitatis*. Respondo que no passado aqui na *Inglaterra*, assim como em outras nações, essa ordem de disciplina esteve em vigor e uso, embora agora parte do velho rigor seja qualificado por duas das várias leis promulgadas no quinto ano do reino de *Elizabeth* e no décimo terceiro de *Henrique VIII*. Entretanto, a estima da onipotência de suas palavras e encantamentos parece nessas leis ser até certo ponto mantida, como uma questão até agora abordada no geral; e não ainda tão analisada quanto é refutada e decidida.[154] Mas por mais que o Parlamento tenha lidado com isso prudentemente, ou por mais que o príncipe tenha analisado a causa com misericórdia, se uma pobre velha, uma suposta bruxa, for intimada pelas leis civis ou canônicas, duvido que algum decreto será encontrado em vigor, não só para dar alçada ao torturador, mas também ao carrasco, para exercitar seus ofícios sobre ela. E com certeza o abrandamento de qualquer extremismo se deve à bondade da Majestade, a Rainha, e seus excelentes magistrados colocados entre nós. Pois no tocante à opinião de nossos autores nesse sentido na nossa era e, de fato, no nosso país, verificar-se-á que ela não só concorda com a crueldade estrangeira, como também a supera. Ao lermos um panfleto imprudente dedicado ao senhor *Darcy* por *W.W.*, impresso em 1582, veremos que ele afirma que todas essas torturas são bem mais leves e seu rigor brando demais e que, a esse respeito, ele insensatamente exclama contra nossos magistrados, que permitem que elas sejam apenas enforcadas, enquanto assassinos e outros criminosos do tipo não merecem nem a centésima parte de suas punições. Mas se alguém quiser ver mais desatino e devassidão contidos em um livro devasso, recomendo *Ri. Ga.*, um homem de *Windsor*, que por ser um louco escreveu de acordo com seu humor frenético. A leitura pode convencer um homem sensato de como são loucas as condutas de todos esses perseguidores de bruxas.

---

154. Uma objeção respondida.

Capítulo 9

Uma conclusão do primeiro tomo, no qual se prenuncia a crueldade tirânica de perseguidores de bruxas e inquisidores, com um pedido ao leitor para ler atentamente.

E como pode parecer ao mundo que tratamento traiçoeiro e desleal, que tirania extrema e intolerável, que absurdos repulsivos e insensatos, que descortesia desnaturada e incivilizada, que malícia cancrosa e odiosa, que embalagem obscena e falsa, que interrupção astuta e hábil, que interpretações triviais e obstinadas, que invenções abomináveis e demoníacas e que desonestidade clara e simples são praticados contra essas mulheres anciãs, registrarei toda a ordem da Inquisição, até a perpétua, injustificável e aparente vergonha de todos os perseguidores de bruxas. Não inserirei em quaisquer condutas privadas ou duvidosas por parte deles ou aquelas condutas que eles não podem alegar ser comum ou criticar legitimamente, mas que são, por sua vez, publicadas e renovadas em todas as eras, desde o início do Catolicismo romano, estabelecido por leis, praticado por inquisidores, privilegiado por príncipes, recomendado por doutores, confirmado por papas, concílios, decretos e cânones.

Finalmente, veremos o que será de todos os perseguidores de bruxas, isto é, por atribuírem às mulheres velhas, e criaturas parecidas com elas, o poder do Criador. Rogo-lhe, portanto, embora seja tedioso e intolerável (como seria ouvido em suas calamidades miseráveis), que ouça com compaixão suas acusações, exames, tópicos apresentados em evidência, confissões, presunções, interrogatórios, conjurações, admoestações, crimes, torturas e condenações, imaginadas e praticadas geralmente contra elas.

Segundo Tomo

Capítulo 1

Depoimentos e testemunhos concedidos como evidência contra reputadas bruxas, pelo relato e autorização dos próprios inquisidores, e assim por diante, pois há autores especiais aqui.

Excomungados, cúmplices do erro, crianças, criados perversos e fugitivos devem ser admitidos como testemunhas contra suas damas nesta questão de bruxaria, porque (diz *Bodin*[155], o paladino dos perseguidores de bruxas) ninguém que for honesto consegue detectá-las. Heréticos e bruxas também devem ser recebidos para acusar, mas não para absolver a bruxa. Enfim, o testemunho de todas as pessoas infames nesse caso é bom e admitido. De fato, um devasso (diz *Bodin*) pode ser aceito para acusar e condenar milhares de bruxas suspeitas. E embora esteja dentro da lei, um inimigo capital pode ser desafiado; mesmo assim, *James Sprenger* e *Henry Institor* (de quem *Bodin* e todos os autores que eu li[156] recebem sua luz, fonte e argumentos) dizem (a respeito deste ponto da lei): A pobre velha desamparada deve provar que seu inimigo capital teria lhe feito mal e que ele a agrediu e a feriu; caso contrário, ela apela em vão. Se o juiz lhe perguntar[157] se ela tem inimigos capitais e ela apontar outro e esquecer seu acusador ou responder que ele era seu inimigo capital, mas agora espera que ele não seja mais, ainda assim ela é admitida como testemunha. E apesar da lei[158], testemunhas únicas não são admissíveis; mas se uma pessoa depuser que a bruxa enfeitiçou sua vaca, outra, sua porca e a terceira, sua manteiga (segundo *M. Malef.* e *Bodin*), elas não são testemunhas únicas, pois concordam que a mulher é uma bruxa.

---

155. *Mal. Malef. quest. 5. pa. 3. I. Bod. lib. 4. cap. 2, de dæmon.*
156. *Arch. in C. alle. accusatus in §. Iz. super. Verba; I. Bodin, lib. 4. cap. 1. de dæmon.; Mal. Malef. quest. 56. pa. 3, de quoe. 5. part. 3.*
157. *Ibidem.*
158. *Que. 7. ato 2.*

Capítulo 2
A ordem de exame das bruxas pelos inquisidores.

As mulheres suspeitas de bruxaria, depois de detidas, não têm permissão de ir para casa, ou outros lugares, para buscar garantias, porque então (segundo *Bodin*) as pessoas estarão ainda mais dispostas a acusá-las, pois por temerem que voltem para casa, vingam-se delas. A esse respeito, *Bodin* recomenda muito o costume e o regulamento *escoceses*[159]; nesse sentido (diz ele), um pedaço oco de madeira ou um baú é colocado na igreja, dentro do qual qualquer um pode colocar um pequeno pedaço de papel onde podem estar contidos o nome da bruxa, o horário, o local e o fato, etc. E esse mesmo baú trancado com três diferentes trancas é aberto a cada 15 dias por três inquisidores ou oficiais designados para isso, que guardam três diferentes chaves. E assim o acusador não precisa ser conhecido, nem envergonhado com a reprovação pela calúnia e difamação à sua pobre vizinha.

Item: grandes persuasões devem ser usadas com todos os homens, mulheres e crianças para acusar mulheres velhas de bruxaria.

Item: sempre devem ser prometidos impunidade e favor às bruxas que confessam e detectam outras e, caso contrário, ameaças e violência devem ser praticadas e usadas.

Item: os filhos das bruxas não confessadas devem ser apreendidos. Eles (se forem tratados com habilidade, segundo *Bodin*) testemunharão contra suas próprias mães.

Item: as bruxas devem ser examinadas tão repentinamente e desprevenidas quanto for possível. Elas ficarão tão aturdidas que confessarão qualquer coisa, supondo que o demônio as possuiu, ao passo que se forem presas pela primeira vez, o demônio mexerá com elas e as informará do que fazer.

Item: o inquisidor, o juiz ou o examinador devem começar com questões menores primeiro.

Item: elas devem ser examinadas, se seus pais foram bruxos ou não, pois as bruxas (como supõem esses Doutores) surgem por propagação. E *Bodin*[160] registrou este princípio na bruxaria: *Si saga sit mater, sic etiam est filia*, embora a lei o proíba, *Ob sanguinis reverentiam*.

Item: o examinador deve olhar fundo em seus olhos, pois elas não podem olhar diretamente para o rosto de um homem (como *Bodin* afirma em determinado momento, embora em outro ele diga que elas matam e destroem homens e animais com o olhar).

Item: ela deve ser inquirida sobre todas as acusações, presunções e transgressões de uma vez só, do contrário Satã a dissuadirá de se confessar.

Item: uma bruxa não pode ser encarcerada sozinha, senão o demônio a dissuadirá de se confessar, com promessas de reparação. Pois

---
159. O costume escocês de acusar uma bruxa.
160. *I. Bod. lib. de dæmon. 4, cap. 4. L. parentes de testibus.*

(segundo *Bodin*) provou-se que algumas que estiveram na cadeia fugiram, como se fossem se encontrar com *Diana* e *Minerva*, etc. e assim quebraram o pescoço contra os muros de pedra.

Item: se alguém negar sua própria confissão feita sem tortura, ela é não obstante por essa confissão condenada, como em qualquer outro crime.

Item: os juízes devem parecer colocar um semblante compadecido e lamentá-las; dizendo que não foi elas, mas o demônio que cometeu o assassinato, e as obrigou a agir assim, e deve fazê-las acreditar que ele as acha inocentes.

Item: se elas só confessarem sob tortura na roda, seu traje deve ser trocado e cada pelo em seu corpo deve ser cortado com uma lâmina afiada.

Item: se elas fizerem feitiços para taciturnidade, de modo a não sentir as torturas comuns e, portanto, não confessar nada, então algum instrumento afiado deveria ser enfiado debaixo de cada unha de seus dedos das mãos e dos pés, o que (como diz *Bodin*) era uma criação cruel do rei Quildeberto e até hoje é o mais eficaz de todos os métodos. Pois por meio da dor extrema, elas confessarão qualquer coisa (segundo ele).

Item: *Paulus Grillandus*, um antigo agente dessas questões, queria que quando as bruxas dormissem e não sentissem a dor da tortura, *Domine labia mea aperies* deveria ser dito e, então (diz ele), os dois tormentos serão sentidos e a verdade será revelada: *Et sic ars deluditur arte*.

Item: *Bodin* diz que, na hora do exame, deve haver um simulacro de um estrondo para o terror da bruxa e vários instrumentos,[161] como grevas, algemas, cordas, cabrestos, grilhões, etc., devem ser preparados, levados e colocados diante da ré e também algumas pessoas devem ser procuradas para dar um grito horrível e lamentável no local da tortura, como se estivessem na roda de tortura ou nas mãos dos torturadores; a ré precisa ouvir tal grito enquanto for examinada, antes de ela mesma ser aprisionada e talvez (segundo ele) confesse o crime por esse meio.

Item: deve ser subornado algum espião astuto que possa parecer um prisioneiro com ela no mesmo caso, que talvez possa em conferência enfraquecê-la e assim traí-la e revelá-la.

Item: se ela ainda não confessar, deve ser avisada de que foi denunciada e acusada por outros de seus companheiros, embora na verdade não seja este o caso e, então, talvez a bruxa confesse, em uma tentativa de se vingar de seus adversários e acusadores.

Capítulo 3

Questões de evidência contra as bruxas.

Se uma mulher velha ameaçar ou tocar alguém com saúde, que morre logo depois ou é infectado por lepra, apoplexia ou qualquer outra doença estranha, é (segundo *Bodin*) um fato permanente, e uma

---

161. Um dispositivo sutil e diabólico.

evidência tal, punidos com condenação ou morte, sem mais provas, se alguém desconfiar dela ou tiver afirmado antes que ela era uma bruxa.

Item: se alguém entrar em um aposento ou uma casa ou sair deles com as portas trancadas, é uma prova aparente e suficiente para a condenação de uma bruxa, sem julgamento, fato que *Bodin* nunca mencionou. Se alguém me mostrar essa proeza, concordo com seu disparate. Pois Cristo depois de sua ressurreição fazia o mesmo, não como um artifício ridículo, que toda bruxa pode usar, mas como um milagre especial para fortalecer a fé do eleito.

Item: se uma mulher enfeitiçar qualquer um, ela deve ser executada sem outras provas.

Item: se alguém lançar um feitiço ou um encantamento sobre animais ou cereais dos homens, voar no ar, fazer um cão falar ou cortar os membros de algum homem e uni-los de novo a corpos de homens ou crianças, isso é prova suficiente para condenação.

Item: presunções e conjecturas são provas suficientes contra bruxas.

Item: se três testemunhas disserem: aquela mulher é uma bruxa, então é um caso claro de que ela deve ser executada com a morte. A respeito disso, *Bodin*[162] diz que não só é certo pelo cânone e pelas leis civis, mas também pela opinião do papa *Inocêncio*, o papa mais sábio (segundo ele) que já existiu.

Item: a queixa de qualquer homem de crédito é suficiente para levar uma pobre mulher à roda ou à polé.

Item: o testemunho de um condenado ou de pessoas infames é válido e admissível em questões de bruxaria.

Item: uma bruxa não deve ser libertada, mesmo quando suporta todas as torturas e não confessa nada, assim como em todos os casos criminais.

Item: embora em outros casos os depoimentos de muitas mulheres em um momento sejam inválidos, por insuficiência na lei, por causa da imbecilidade e da fragilidade de sua natureza ou sexo, ainda assim nessa questão uma mulher, seja ela a parte acusadora ou a acusada, e seja também infame e impudente (essas são palavras de *Bodin*[163]) e já condenada, ela pode, apesar disso, servir para acusar e condenar uma bruxa.

Item: uma testemunha não citada, e oferecendo-se no caso, deve ser ouvida nesse único caso e em nenhum outro.

Item: um inimigo capital (se o inimigo aspirar a crescer por meio da bruxaria) pode opor-se a uma bruxa e nenhuma exceção deve haver ou ser feita contra ele.

Item: embora a prova do perjúrio dispense uma testemunha em todas as outras causas, nesta uma pessoa em perjúrio é válida e legítima.

---

162. Bar. Spineus, & I. Bod. de dæmon. lib. 2. cap. 2.
163. Alexander L. ubi numerus de testibus. I. Bod. de dæmono. lib. 2. cap. 2.

Item: os promotores e advogados nesse caso são obrigados a testemunharem contra seus clientes, ao contrário de qualquer outro caso.

Item: ninguém pode apresentar evidência contra bruxas, no tocante a suas assembleias, exceto as próprias bruxas, porque (segundo Bodin[164]) ninguém mais é capaz disso. Todavia, *Ri. Ga.*[165] escreveu que Deus correu em sua proteção, e com sua espada e broquel matou o demônio ou pelo menos o feriu tanto que o fez feder a enxofre.

Item: *Bodin* diz que por ser este um assunto extraordinário, requer um tratamento extraordinário e todos os meios devem ser usados, diretos e indiretos.

Capítulo 4

Confissões de bruxas, com as quais elas são condenadas.

Algumas bruxas confessam (segundo *Bodin*[166]) que desejam morrer, não por glória, mas por desespero, porque são atormentadas em sua vida. Mas estas não podem ser poupadas (diz ele), embora a lei as perdoe.

A melhor e mais certa confissão é feita no confessionário a seu padre espiritual.

Item: se ela confessar muitas coisas falsas e uma que possa ser verdadeira, deve ser presa e executada por essa confissão[167].

Item: aquela que confessou uma falsidade ou uma mentira, e negou uma verdade, não é tão culpada quanto aquela que respondeu por circunstância.

Item: uma resposta questionável ou duvidosa é extraída por confissão contra uma bruxa[168].

Item: *Bodin*[169] relatou que um homem confessou que saiu, ou melhor, voou no ar, e foi transportado por muitos quilômetros para a dança das fadas, apenas porque ele espiou em que lugar sua esposa praticava bruxaria e como ela se comportava. Depois disso, fez-se muito barulho entre inquisidores e advogados para discutir se ele deveria ser executado com sua esposa ou não. Mas concluiu-se que ele deveria morrer, pois não entregou a esposa, *Propter reverentiam honoris e familiæ*.

Item: se uma mulher confessar por vontade própria, antes de se fazer uma pergunta, mas depois negar, ela deve ser queimada.

Item: eles afirmam que essas medidas extremas são usadas porque sequer uma dentre mil bruxas é detectada. E mesmo assim é afirmado

---

164. *Par. In L. post legatum. 9. his. de. iss quibus ut indig. Alex. cap. 72. L. 2. etc.*
165. Em seu ridículo panfleto sobre a execução das bruxas de Windsor.
166. *I. Bod. lib. 4. cap. 3.* Há alguma probabilidade de que essas continuem bruxas? *Idem. Ibid.*
167. *Joan. An. ad speculat. lit, de litis contest. parte 2.*
168. *L. non alienum codem.*
169. *L. de ætat. 5. nihil eodem etc.; I. Bod. de dæmono. lib. 4. cap. 3.*

por *Sprenger*, no *M. Malef.*, que por menor que seja uma paróquia, sempre há muitas bruxas conhecidas no local.

Capítulo 5
Presunções pelas quais bruxas são condenadas.

Se o filho de qualquer mulher por acaso morrer na mão dela, de uma forma que ninguém sabe, não pode ser pensado ou presumido que a mãe o matou, a não ser que ela seja uma suposta bruxa e, nesse caso, deve ser executada por essa presunção, a menos que possa provar a negativa ou o contrário.

Item: se o filho de uma mulher suspeita de bruxaria estiver ausente ou sumir, deve-se presumir que ela o sacrificou para o demônio, a menos que prove a negativa ou o contrário.

Item: embora em outras pessoas certos pontos de suas confissões possam ser considerados errôneos, e atribuídos a um engano, mesmo assim (nas causas de bruxas) todas as omissões, imperfeições e evasões devem ser julgadas ímpias e maldosas, e tenderem para sua confusão e condenação.

Item: embora um ladrão não seja citado na lei como infame em qualquer outra questão além de roubo, ainda assim uma bruxa difamada por bruxaria é considerada maculada com todos os tipos de transgressões e infâmias universalmente, embora ela não tenha sido condenada, mas (como eu disse) difamada como uma bruxa. Pois rumores e relatos bastam (diz *Bodin*[170]) para condenar uma bruxa.

Item: se algum homem, mulher ou criança disser que tal pessoa é uma bruxa, é uma suspeita bem veemente (segundo *Bodin*[171]) e suficiente para levá-la à roda, embora em todos os outros casos isso seja diretamente contra a lei.

Item: em presunções e suspeitas contra uma bruxa, o cidadão comum e a voz do povo não podem errar.

Item: se uma mulher, quando for detida, gritar ou disser: Estou perdida, salve-me! Vou contar tudo o que aconteceu, etc.; ela é por isso veementemente suspeita e condenada à morte.

Item: embora um conjurador não deva ser condenado por curar a doença por meio de sua arte, uma bruxa deve morrer por um caso semelhante.

Item: o comportamento, os olhares, os acenos e a fisionomia são sinais suficientes para se presumir que a mulher seja uma bruxa, pois bruxas sempre olham para o chão e não ousam olhar o rosto de um homem.

---

170. *I. Bod. de dæmono. lib. 4. cap. 4*
171. *L. decurionè de pænis. Panorm. & Felin. in C. veniens. 1, de testib. parsi causa, 15 4. Lib. 4. Numero, 12. usq: a 18.*

Item: se seus pais foram considerados bruxos, então é corretamente presumido que as mulheres também sejam, mas tal noção não se aplica a prostitutas.

Item: é uma presunção veemente se ela não consegue chorar, na hora de seu exame e, ainda assim, *Bodin* diz que uma bruxa pode derramar três gotas de lágrima de seu olho direito.

Item: não só é uma suspeita veemente, e presunção, mas também uma prova clara de uma bruxa, se algum homem ou animal morrer de repente onde ela foi recentemente vista, mesmo que sua feitiçaria não seja constatada ou descoberta.

Item: se alguém usar familiaridade ou companhia com uma bruxa condenada, é presunção suficiente contra essa pessoa para ser declarada culpada de bruxaria.

Item: aquela evidência que pode servir para trazer qualquer outra pessoa ao exame servirá para levar uma bruxa à sua condenação[172].

Item: o julgamento aqui contido deve ser pronunciado e executado (de acordo com *Bodin*) sem ordem, e não como o procedimento ordeiro e a forma de julgamento de outros crimes.

Item: uma bruxa não pode ser levada à tortura de repente, ou antes de um longo exame, a menos que ela saia completamente livre de penalidades, pois as bruxas não sentem as torturas e, portanto, não se importam com elas (segundo afirma *Bodin*).

Item: criancinhas podem ser levadas à tortura imediatamente, mas isso não pode ser feito com mulheres velhas, como é supracitado[173].

Item: se ela tiver alguma marca particular sob a parte interna do braço, debaixo do cabelo, sob seu lábio, no traseiro ou na genitália, é uma presunção suficiente para o juiz instaurar um processo e condená-la à morte.

A única compaixão que eles demonstram a uma pobre mulher, nesse caso, é que embora ela seja acusada de matar alguém com seus feitiços, se puder apresentar a pessoa viva, ela não será condenada à morte. Do que me admiro, pois bruxas podem evocar o demônio à semelhança e na representação de qualquer corpo.

Item: dita essa lei que uma presunção incerta é suficiente frente ao fracasso de uma presunção certa[174].

Capítulo 6

Interrogatórios privados usados pelos inquisidores contra as bruxas.

Não preciso me deter a refutar tais tratamentos parciais e horríveis, por eles serem tão ímpios e cheios de tirania, que, se não fosse

---

172. L. 5. de adult. § gl. & Bart. c. venerabilis de electio. & I. Bod. de dæmono. lib. 4. cap. 4.
173. Ibidem.
174. Cap. præterea cum glos. extra de text.; Panormit. in C. vener. col. 2. Codem, etc.

por eu tê-los detectado tão evidentemente, mesmo com seus próprios escritos e declarações, poucas pessoas ou ninguém teria acreditado. Mas em nome da concisão passarei por cima deles, supondo que a citação de tais absurdos possa ajudar na sua refutação suficiente. Portanto, agora eu passarei para uma ordem e maneira mais específica de exames, etc., usados pelos inquisidores e considerados na maioria dos casos por todas as nações.

Primeiro a bruxa deve ser indagada por que tocou em determinada criança ou vaca, etc. para depois essa criança ou vaca ficar doente ou incapacitada, etc[175].

Item: Por que suas duas vacas dão mais leite do que as de seus vizinhos. E a nota mencionada antes é aqui de novo registrada, para ser especialmente observada por todos os homens, isto é, que embora uma bruxa não possa chorar, ela ainda pode falar com uma voz lamuriosa. A afirmação de choro é falsa e contrária às declarações de Sêneca[176], Cato e muitos outros, que afirmam que uma mulher chora com a intenção de enganar e, portanto, segundo o *Mal. Malef.*[177], deve ser bem vigiada, caso contrário ela colocará saliva secretamente nas bochechas e parecerá chorar, regra tal que Bodin também diz ser infalível. Mas lamentavelmente essas lágrimas devem ser consideradas suficientes para absolver ou condenar em uma causa tão importante e em um julgamento tão significativo! Tenho certeza de que mesmo os piores filhos de Israel choraram amargamente: de fato, se houve alguma bruxa em Israel, elas choraram. Pois está escrito[178] que todos os filhos de Israel choraram. Por fim, se houver alguma bruxa no inferno, tenho certeza de que elas choraram, pois há choro, queixumes e ranger de dentes.

Mas, Deus sabe, uma matrona muito honesta não pode por vezes na aflição de seu coração derramar lágrimas daquelas que às vezes são mais rápidas e comuns com mulheres atrevidas e promíscuas astutas do que com mulheres ajuizadas. Pois lemos a respeito de dois tipos de lágrimas nos olhos de uma mulher, a da verdadeira tristeza, a outra da falsidade. E está escrito que *Dediscere flere fœminam est mendacium*[179], argumentando que mente quem diz que mulheres perversas não conseguem chorar. Mas que esses atormentadores prestem atenção, roguem para que as lágrimas que correm pelas bochechas das viúvas, com seu choro mencionado por Jesus Ben Sirac[180], não sejam ouvidos no céu. Mas vejam que meios acadêmicos, devotos e legais esses inquisidores papistas inventaram para o julgamento de lágrimas falsas ou verdadeiras.

---

175. *Mal. Malef. super., interrog.*
176. *Sêneca in tragœd.*
177. *Mal. Malef. part. 3, quæst 15, ato 10.*
178. Núm. 11, 4; 1 Samuel 11, 4; 2 Samuel 15, 23; Mateus 8, 13, 22, 24, 25; Lucas 3, etc.
179. *Sêneca in tragœd.*
180. Eclesiástico 35, 15.

Capítulo 7
A prova do choro por conjuração dos inquisidores.

Eu te conjuro pelas lágrimas amorosas que Jesus Cristo,[181] nosso Salvador, derramou sobre a cruz pela salvação do mundo, e pelas lágrimas mais sinceras e ardentes que sua mãe, a virgem mais gloriosa *Maria*, espalhou sobre suas feridas tarde da noite, e por todas as lágrimas que cada santo e receptáculo eleito de Deus derramam aqui no mundo e de cujos olhos ele seca todas as lágrimas; que se tu não tiveres culpa, podes derramar lágrimas abundantes e se fores culpada, que não chores de modo algum: em nome do Pai, do Filho e do Espírito Santo; Amém. E veja (diz ele) que quanto mais se conjura, menos ela chora[182].

Capítulo 8
Certas precauções contra bruxas e suas torturas para conseguir confissão.

Para demonstrar suas outras asneiras, recitarei a seguir algumas de suas precauções, que são publicadas pelos antigos inquisidores, como lições perpétuas para seus sucessores.

A primeira precaução é aquilo que acabou de ser relatado a respeito do choro, o que (dizem eles) é uma nota infalível.

Segundo, o juiz deve tomar o cuidado de não deixá-la tocar em nenhuma parte dele, especialmente descoberta, e ele sempre deve usar em seu pescoço sal conjurado, palma, ervas e cera consagradas, o que (dizem eles)[183] não só estimulam as confissões das bruxas, mas também têm o uso aprovado pela Igreja Romana, que as consagrava apenas para esse propósito.

Item: a bruxa deve ir para sua denúncia de costas, isto é, com as nádegas viradas para os rostos dos juízes, que devem fazer muitos sinais da cruz na hora em que ela se aproximar da corte[184]. E antes que consideremos tal procedimento supersticioso, eles nos previnem afirmando que o que parece supersticioso a um pode não ser a outro[185]. Mas isso lembra a persuasão de um ladrão, que dissuadiu seu filho de roubar e, apesar disso, lhe disse que ele poderia pegar ou cortar uma bolsa ao lado da estrada.

Outra precaução é que ela deve ser depilada, de modo a não ficar nenhum pelo em seu corpo, pois às vezes elas mantêm segredos para taciturnidade e outros propósitos também no cabelo, na genitália e debaixo da pele, tanto que me admiro que eles não as encham de pulgas;

---
181. Julgamento de lágrimas.
182. *Mal. Malef. quæ. 15, pa. 3.*
183. *Ja. Sprenger. H. Institor.*
184. *Mal. Malef. pa. 3, quæ. 15.*
185. *Prolepsis ou Præcupation.*

uma das bruxas não queimava, por estar no meio da chama, como relata o *M. Malef.*[186], até um feitiço escrito em um pequeno pergaminho localizado debaixo da sua pele ser retirado. E isso é tão solene e fielmente registrado pelos próprios inquisidores, que se poderia acreditar que ela fazia por vontade própria, embora de fato isso seja uma mentira. A mesma mentira cita *Bodin*[187] sobre um carrasco que não conseguiu estrangular uma bruxa, por mais que tentasse. Mas é verdade que o inquisidor *Cumanus*[188] em um ano depilou 41 mulheres pobres e depois queimou todas elas.

Outra precaução[189] é que na hora e no lugar da tortura, as coisas sagradas supracitadas, com as sete palavras faladas na cruz, devem ser penduradas no pescoço das bruxas; e o comprimento de Cristo em cera seja gravado em seu corpo nu, com relíquias de santos, etc. Todas essas coisas (dizem eles) operarão dentro e sobre elas, como quando são colocadas na roda e torturadas, elas mal podem suportar ou impedir uma confissão. Nesse caso, não tenho mais dúvidas de que o papa[190] que blasfemou contra Cristo, e imprecou contra sua mãe por se pavonear, e amaldiçoou Deus com grande desprezo por um pedaço de carne de porco, com menos compulsão teria renunciado à trindade e cultuado o demônio de joelhos.

Outra precaução é que depois de ela ser levada à roda e ter passado por todas as torturas criadas para esse fim, e depois de ter sido compelida a beber água-benta, ela deve ser conduzida de novo ao local da tortura e que no meio de seus tormentos, suas acusações sejam lidas para ela e que as testemunhas (se quiserem) sejam levadas para ficar frente a frente com ela e, finalmente, que lhe perguntem, se por prova de sua inocência, se ela terá o julgamento *Candentis ferri*[191], que é carregar um certo peso de ferro incandescente na mão. Mas isso não pode (dizem eles) ser de forma alguma concedido. Pois tanto o *M. Malef.* como *Bodin* também afirmam que muitas coisas podem ser prometidas, mas nada precisa ser realizado, porque eles têm autoridade para prometer, mas nenhuma comissão para cumprir as promessas.

Outra precaução à qual o juiz deve dar atenção é que quando a bruxa começar a confessar, ele não interrompa seu exame, mas o continue por dia e noite. Pois muitas vezes, enquanto eles vão jantar, ela volta a vomitar.

Outra precaução é que depois de a bruxa confessar a importunação de homens e animais, perguntem por quanto tempo ela tem o

---

186. *Mal. Malef.*
187. *John. Bod.*
188. Ano 1485, um inquisidor desonesto.
189. *Q. 16 de tempore & modo interrog.*
190. O blasfemo papa Júlio III.
191. *Mal. Malef. par. 3, quæ 16.*

Íncubo, quando renunciou à fé e fez a aliança real e de que tipo ela é, etc. E essa é de fato a principal causa de todas as suas confissões incríveis e impossíveis, pois uma vez sobre a roda, quando as bruxas começarem a mentir, dirão o que o torturador quiser.

A última precaução é que, se não confessar, a bruxa seja levada a algum castelo forte ou cadeia. E depois de certos dias, o carcereiro deve fazê-la acreditar que ele partiu para algum país distante e, então, alguns dos amigos dela devem se aproximar e prometer que se ela confessar para eles, eles a ajudarão a fugir da prisão, o que será fácil com o carcereiro longe. E essa forma (segundo o *M. Malef.*[192]) serve quando todos os outros meios falharam.

Não posso omitir agora que mais do que em outros dias, elas confessam nas sextas-feiras. Ora, segundo *James Sprenger* e *Henrie Institor*, devemos dizer a todos o seguinte: se ela não confessar nada, deve ser dispensada pela lei; entretanto, não deve ser libertada de forma alguma, mas ser encarcerada em uma prisão e lá conversar sobretudo com alguma pessoa astuta (essas são as palavras); enquanto isso, devem estar presentes pessoas ouvindo a conversa atrás da parede, com pena e tinta atrás da parede para anotar o que ela confessou, ou alguns de seus velhos companheiros e conhecidos devem ir lá e conversar com ela sobre velhas questões; estes também serão acusados pelos mesmos indivíduos encarregados de ouvir a conversa; de modo que a tortura não acabará até ela ter confessado o que os torturadores quiserem.

Capítulo 9

Os 15 crimes apresentados à acusação das bruxas pelos perseguidores, especialmente por Bodin, em Dæmonomania.

Elas negam Deus e todas as religiões.
Resposta: Então que morram por isso ou pelo menos sejam usadas como infiéis ou apóstatas.

2) Elas amaldiçoam, blasfemam e provocam Deus com todo o desprezo.
Resposta: Então que respondam nos rigores da lei expressa em *Levítico* 24 e *Deuteronômio* 13 e 17.

3) Elas dedicam sua fé ao demônio, cultuando e oferecendo sacrifícios a ele.
Resposta: Que elas também sejam julgadas pela mesma lei.

4) Elas juram solenemente e prometem toda sua prole ao demônio.
Resposta: Essa promessa vem de uma mente enferma e deve ser desconsiderada, pois não são capazes de cumpri-la, tampouco se pode provar que sejam verdadeiras. Todavia, se for feita por

---

192. *Mal. Malef. par. 3, quæ. 16 ato 11.*

alguém com uma mente sã, que incida sobre tal pessoa a praga de *Jeremias* 32, 36, isto é, a espada, a fome e a peste.

5) Elas sacrificam os próprios filhos ao demônio antes do batismo, segurando-os no ar para ele e, então, enfiam uma agulha em seus cérebros.

Resposta: Se isso for verdade, não as defendo aqui, mas há uma lei para julgá-las. Todavia, é tão contrário ao senso e à natureza, que seria tolice acreditar nisso; ou pelas palavras de *Bodin* ou suas presunções, principalmente porque o benefício para uma bruxa seria tão pequeno e a inconveniência tão grande.

6) Elas queimam seus filhos quando os sacrificam.

Resposta: Então que recebam essa punição aquelas que ofereceram seus filhos a *Moloque: Levítico* 20. Mas essas são meras ideias de perseguidores de bruxas e inquisidores, que com torturas extremas extraem confissões erradas delas ou, então, com falsos relatos as interpretam mal ou com bajulação; palavras belas e promessas acabaram conquistando-as.

7) Elas juram para o demônio trazer muitos para essa sociedade quanto puderem.

Resposta: Isso é falso e provado como tal em outra fonte.

8) Elas juram pelo nome do demônio.

Resposta: Nunca ouvi tal juramento, nem temos garantia de matar aquelas que assim juram, embora de fato isso seja bem devasso e ímpio.

9) Elas praticam adultério incestuoso com espíritos.

Resposta: Esta é uma velha mentira ridícula, como aparentemente se prova mais adiante.

10) Elas cozinham as crianças (depois de as terem matado sem batizá-las) até sua carne tornar-se potável.

Resposta: Isso é falso, inverossímil e impossível.

11) Elas comem a carne e bebem o sangue de homens e crianças abertamente.

Resposta: Então elas são parentes dos *antropófagos* e dos *canibais*. Mas creio que nunca um homem honesto na *Inglaterra* ou na *França* afirmará que viu alguma dessas pessoas chamadas de bruxas fazer isso; se o fizessem, creio que seriam envenenadas.

12) Elas matam os homens com veneno.

Resposta: Que elas sejam enforcadas por seu trabalho.

13) Elas matam o gado dos homens.

Resposta: Que então uma ação de delito seja apresentada contra elas por fazer tal ato.

14. Elas enfeitiçam a plantação dos homens e levam fome e esterilidade para a terra; elas voam no ar, trazem chuvas, fazem tempestades, etc.

Resposta: Então as cultuarei como deuses, pois estas não são obras de um homem, nem de uma bruxa, como provarei detalhadamente em outra parte.
15. Elas praticam o ato sexual com um demônio chamado *Íncubo*, até quando estão na cama com seus maridos e têm filhos com ele, o que faz delas bruxas melhores.
Resposta: Esta é a última mentira, bem ridícula e refutada por mim em outra parte.

Capítulo 10
Uma refutação das antigas suspeitas de crimes reunidas por Bodin e a única forma de escapar das mãos dos inquisidores.

Se crimes mais ridículos ou abomináveis pudessem ter sido inventados, essas pobres mulheres (cujo principal defeito é serem rabugentas) seriam acusadas deles.

Neste libelo estão contidas todas as acusações feitas às bruxas e tudo o que também qualquer perseguidor supõe, ou, com maldade, atribui ao poder e à prática das bruxas.

Alguns desses crimes não precisaram necessariamente ser cometidos pelo poder e/ou desejo de uma bruxa, mas podem ser realizados por meios naturais e, portanto, a questão não é decisiva. Uma bruxa pode operar milagres de modo sobrenatural?[193] Pois muitas farsantes e meretrizes executam mais frequentemente essas ações obscenas do que aquelas que são chamadas de bruxas e são enforcadas por suas ações.

Alguns desses crimes, que também recaem sobre as bruxas, são por mim negados e não podem ser provados pelos acusadores ou cometidos por nenhuma delas. Outros desses crimes também são tão absurdos, sobrenaturais e impossíveis, que caem no ridículo diante de quase todos os homens, que os condenam como relatos falsos, insensatos e inventados, tanto que os próprios perseguidores de bruxas envergonham-se de ouvi-los.

Se parte deles não é verdade, por que o restante também não poderia ser considerado falso? Pois todas essas acusações recaem sobre elas ao mesmo tempo, apresentadas até mesmo pelos maiores doutores e patronos da seita dos perseguidores de bruxas, produzindo quantas provas forem possíveis para as ações sobrenaturais e impossíveis das bruxas. De forma que, se uma parte da acusação é falsa, a outra não merece crédito. Se tudo o que for alegado de suas ações for verdade, por que acreditamos em Cristo e seus milagres, quando uma bruxa opera milagres tão grandes quanto os que ele fez?[194]

Mas alguns dirão: quanto a esses autores papistas absurdos, as suas alegações não merecem crédito. Garanto, porém, que até mesmo todos

---
193. O tópico ou questão controversa, isto é, a proposição ou tema.
194. Um erro comum.

os tipos de escritores aqui incluídos (na maior parte), dos doutores da igreja aos acadêmicos, protestantes e papistas, estudiosos ou não, poetas e historiadores, judeus, cristãos ou gentios concordam quanto a essas questões ridículas e impossíveis. De fato esses autores, cujos muitos absurdos eu reuni, têm maior reconhecimento e autoridade do que todos os demais nesse assunto. Isso porque o tema nunca foi completamente analisado, mas se acredita em todas as fábulas e a palavra (Bruxa) é muito mencionada na escritura.

A única forma de as bruxas escaparem das mãos dos inquisidores

Aqueles que viram mais das ordens e dos costumes dos inquisidores também dizem: a única forma no mundo para essas pobres mulheres escaparem das mãos dos inquisidores e, por consequência, da fogueira, é encher suas mãos de dinheiro, pelo qual eles às vezes se compadecem delas, e as libertam, inocentadas. Pois eles têm autoridade para trocar a punição do corpo pela punição da bolsa, aplicando o mesmo ao ofício de sua inquisição, com o qual eles colhem tanto lucro, pois várias dessas mulheres simplórias pagam a eles pensões anuais para não serem punidas novamente.

Capítulo 11

A opinião de Cornélio Agrippa a respeito das bruxas, sua defesa de uma pobre mulher acusada de bruxaria e como ele convenceu os inquisidores.

Cornélio Agrippa diz que enquanto estava na *Itália* muitos inquisidores no ducado de *Milão* perturbavam várias matronas honestíssimas e nobres, extorquindo dinheiro delas. Acrescentou que, sendo ele um advogado ou conselheiro na Comunidade de *Maestricht* em *Brabant*, teve uma dolorosa altercação com um inquisidor, que com acusações injustas levou uma pobre mulher da cidade para seu matadouro e para um local inadequado, não só para examiná-la, mas também torturá-la. Quando C. *Agrippa* tentou defendê-la, declarando que nas coisas feitas não haveria prova, nem sinal ou indício que pudesse justificar sua tortura, o inquisidor resolutamente negou, dizendo: há uma coisa da qual há prova e causa suficientes: sua mãe foi queimada como bruxa no passado. Ao que *Agrippa* retrucou, afirmando que esse artigo era impertinente, e deveria ser recusado pelo juiz como ação de outrem, asseverando ao inquisidor os motivos e a lei para o mesmo. O inquisidor insistiu que tinha razão, pois elas costumavam sacrificar seus filhos ao demônio, tão logo nascessem, e também porque costumavam conceber de espíritos transformados em homens e, assim, a bruxaria era naturalmente impressa nessa criança, como uma doença hereditária.

C. *Agrippa*, replicando a tolice e a cegueira supersticiosa do inquisidor, disse: "Ó, padre perverso![195] É esta tua divindade? Costumas levar pobres mulheres inocentes para a roda com essa trama forjada? Com que sentenças julgas outros como hereges, sendo tu mais herege do que *Fausto* ou *Donato*? Se for como disseste, não frustras a graça do sacramento de Deus, o batismo? As palavras no batismo são pronunciadas em vão? Ou o demônio permanecerá na criança ou ela em poder do demônio, sendo naquele momento consagrada a Jesus Cristo, em nome do pai, do filho e do Espírito Santo? E se defendes tuas falsas opiniões, que afirmam que espíritos acompanhados de mulheres podem gerar, tu ainda fazes mais do que qualquer um daqueles que nunca acreditaram que nenhum desses demônios, junto a seu sêmen roubado, colocou parte de sua semente ou natureza na criatura. Mas embora de fato nós nasçamos como filhos do demônio e da danação, no batismo, pela graça em Cristo, satanás é banido e somos feitos novas criaturas no Senhor, de quem nada pode ser separado pela ação de outro homem".

O inquisidor, sendo assim ofendido, ameaçou o defensor de processo, como um apoiador de heréticos ou bruxas; ele, no entanto, não parou de defender a mulher simples e pelo poder da lei libertou-a das garras do monge sanguinário, que, junto aos acusadores dela, foram condenados a pagar uma grande quantia de dinheiro à igreja de *Mentz* e permaneceram para sempre infames aos olhos de quase todos os homens.

Aliás, deve-se compreender, no entanto, que este era apenas um inquisidor insignificante e não tinha uma comissão tão grande quanto *Cumanus, Sprenger* e outros; nem como os inquisidores *espanhóis* têm hoje em dia. Pois esses não admitirão mais defensores das pobres almas, exceto se o torturador ou o carrasco forem chamados de defensores. Pode-se ler a suma dessa inquisição em poucas palavras demonstradas pelo Sr. *John Fox* em Atos e monumentos[196]. Pois bruxas e hereges estão

---
195. Uma invectiva amarga contra um inquisidor cruel.
196. John Fox sobre os atos e monumentos.

entre os inquisidores de mesma reputação, exceto que a força é maior contra as bruxas, pois por causa da simplicidade delas, podem tiranizá-las com mais ousadia e triunfar sobre elas.

Capítulo 12

O que o medo da morte e as torturas podem forçar alguém a fazer e por que isso não é de se espantar, embora as bruxas se condenem por suas próprias confissões extraídas tão tiranicamente.

Quem lê as histórias eclesiásticas ou lembra-se das perseguições no tempo da Rainha *Maria*, constatará que muitos homens bons caíram por medo de perseguição e retornaram ao Senhor. Por que se espantar então que uma pobre mulher, como é uma dessas descritas em outra parte, e torturada conforme declarado nas páginas anteriores, seja obrigada a confessar impossibilidades tão absurdas e falsas, quando sua carne e seu sangue são incapazes de suportar tamanha provação? Ou como ela pode, em meio a torturas e tormentos tão horríveis, prometer a si mesma persistência ou evitar confessar qualquer coisa? Ou de que adianta ela perseverar na negação de tais assuntos, que lhe são imputados injustamente, se por um lado nunca há um fim a seus tormentos e, por outro, se ela continuar em sua declaração, dizem que ela tem feitiços para a taciturnidade ou o silêncio?

A apostasia e a renúncia de Pedro a Cristo

Pedro, o apóstolo, renunciou, maldisse e negou seu mestre e nosso Salvador Jesus Cristo por medo das ameaças de uma meretriz ou até por um questionamento exigido por ela, do qual ele não se esquivou, como as pobres bruxas fazem, por não serem examinadas por garotas, mas por inquisidores astutos, que tendo o espólio de seus bens e levando consigo ao local do julgamento intenções de manter seu propósito sanguinário não poupam nenhum tipo de persuasão, ameaça, nem tortura até terem arrancado dessas mulheres tudo aquilo que elas fizeram por vontade própria ou o que serviu para a destruição dos outros.

Pedro (eu digo) na presença de seu Senhor e mestre Cristo, que o instruiu no verdadeiro conhecimento por muitos anos, depois de ser avisado e fazer uma verdadeira aliança e uma promessa fiel, do contrário, não demorou quatro ou cinco horas até que, sem qualquer outra coação além (como foi tido) de uma pergunta proposta por uma garota, contra sua consciência, renunciou, negou três vezes e abandonou seu dito mestre e, ainda assim, era um homem iluminado e colocado em dignidade nas alturas e mais perto de Cristo por muitos graus do que a bruxa, cuja queda não poderia ser tão grande quanto a de *Pedro*, porque ela nunca galgou nem metade desses tantos degraus. A declinação de um pastor é muito mais abominável do que o desgarrar de qualquer uma de suas ovelhas, pois a conspiração de um embaixador é mais odiosa do que a falsidade de uma pessoa comum ou a traição de um capitão é mais perniciosa do que o motim de um soldado. Se disserem: mas *Pedro* arrependeu-se, respondo que a bruxa faz o mesmo às vezes, e eu não vejo nesse caso ela ser tratada com misericórdia. Era uma poderosa tentação para uma anciã simplória que um demônio visível (tão feito de aparência, como *Danæus*[197] e outros dizem ser) a atacasse de modo e forma como se espera ou se admite, especialmente quando há uma promessa feita de que ninguém deve ser tentado além de sua força[198]. A pobre velha bruxa é em geral ignorante, desprevenida e desprovida de conselho e amizade, vazia de julgamento e critério para moderar sua vida e comunicação, de condição e gênero mais fraco e frágil do que o masculino e muito mais sujeita à melancolia; sua criação e convivência são tão comuns que nada deve ser procurado nela, principalmente dessas qualidades extraordinárias; também, por sua idade, geralmente é decrépita, doença que a leva a esses desatinos.

Por fim, Cristo perdoou *Pedro* alegremente, embora sua ofensa tenha sido cometida tanto contra sua pessoa divina quanto humana, e depois confiou a ele seu rebanho e demonstrou grande aprovação, amizade e amor para com seu apóstolo.
E, portanto, não vejo por
que não devemos
mostrar com-
paixão por
essas po-
bres almas,
se elas de-
monstram
tristeza por
suas opiniões erradas
e imaginações perversas.

---

197. *Danæus em dialog.*
198. 1 Coríntios 10.

Terceiro Tomo
Capítulo 1

O pacto das bruxas com o diabo, de acordo com o M. Malef., Bodin, Nider, Danæus, Psellus, Erasto, Hemíngio, Cumanus, Aquinas, Bartholomeus Spineus, etc.

O detalhe que na questão da bruxaria perturba tantos, e parece tão horrível e intolerável, é um simples pacto feito (dizem) entre o demônio e a bruxa. E muitos acadêmicos a concebem como uma questão de verdade, e em seus escritos a publicam, embora (pela graça de Deus) acabe se provando tão vã e falsa quanto o resto.

O duplo pacto das bruxas com o diabo.

A ordem de seu pacto ou ofício é dupla, uma é solene e pública, a outra é secreta e privada. A chamada solene e pública ocorre quando as bruxas se reúnem em certas assembleias, em horas predeterminadas e não só veem o demônio em forma visível, mas também conferenciam e conversam familiaridades com ele. Conferência na qual o demônio as exorta a observar sua fidelidade para com ele, prometendo-lhes vida longa e prosperidade. Então, as bruxas reunidas recomendam uma nova discípula (chamada de noviça) a ele, e se o demônio achar essa jovem bruxa apta e disposta a renunciar à fé cristã, desprezar qualquer um dos sete sacramentos, pisar em cruzes, cuspir no momento da elevação, deixar de jejuar nos dias de jejum e jejuar aos domingos, então o demônio dará sua mão para que a noviça se una a ele, prometendo observar e guardar todos os mandamentos do demônio.

Isso feito, o demônio começa a ser mais ousado com ela, dizendo-lhe simplesmente que tudo isso não será o suficiente para ele e, portanto, exige homenagem das mãos dela, e também lhe diz que ela deve conceder-lhe corpo e alma[199] para serem atormentados no fogo eterno, ao qual ela se rendeu. Ele a incumbe, então, de procurar tantos homens, mulheres e crianças quanto possa para entrar em sua sociedade. Depois a ensina a fazer unguentos com os intestinos e os membros de crianças para ajudá-la a voar e realizar todos os seus desejos. De modo que, se houver alguma criança não batizada, ou não protegida pelo sinal da cruz ou orações, então a bruxa pode e irá arrebatar essa criança do lado

---

199. *Mal. Malef. de modo professionis.*

de sua mãe à noite, do berço, ou ainda matá-la com suas cerimônias e, depois do enterro, roubá-la do túmulo e a cozinhar em um caldeirão, até a carne poder ser comida. Com as partes mais gordurosas elas fazem unguentos, com os quais voam, mas a porção mais magra elas colocam em jarras, de onde bebem, observando certas cerimônias, tornando-se imediatamente mestra nessa prática e habilidade.

Capítulo 2

A homenagem feita pela ordem das bruxas ao diabo em pessoa, descrita por inquisidores devassos e impertinentes perseguidores de bruxas; sobre suas canções e danças, principalmente a La volta, *e outras cerimônias, além de seus excursos.*

Homenagem das bruxas ao demônio.

Às vezes, a homenagem delas com seu juramento e pacto é recebida por um certo período de anos; às vezes para sempre. Outras vezes consiste na negação de toda a fé, outras de parte dela. No primeiro caso, a alma é totalmente entregue ao diabo e ao fogo do inferno, e o segundo caso ocorre quando as pessoas apenas negociam não observar certas cerimônias e dogmas da Igreja: como esconder pecados na confissão, jejuar aos domingos, etc. E isso é feito por juramento, pronunciamento de palavras ou por contrato firmado, às vezes selado com cera, às vezes assinado com sangue ou até beijando as nádegas nuas dos demônios, como fez um Doutor chamado *Edlin*, que (como relata *Bodin*) foi queimado por bruxaria.

Deve-se entender[200] também que depois de se refestelarem em um festim com o demônio e a dama das fadas, comerem um boi gordo, esvaziarem uma pipa de vinho Malvásia e um barril de cerveja da casa de algum nobre, na calada da noite, nada disso é perdido pela manhã. Pois a dama *Sibila*, *Minerva* ou *Diana* com um cetro dourado bate no cântaro e no barril e eles ficam cheios de novo. De fato, ela faz os ossos do boi se juntarem e se colocarem sob a pele, e junta as quatro pontas dele, colocando seu cetro dourado sobre o animal e, então, coloca o boi de volta ao seu estado e condição anteriores, mas ainda assim em sua volta para casa elas passam fome, como relata *Spineus*[201]. E deve ser uma regra infalível que a cada duas semanas, ou pelo menos uma vez ao mês, toda bruxa deve matar uma criança pelo menos.

E aqui podem ser inseridas algumas mentiras do *Senhor Bodin*[202], que diz que nessas assembleias mágicas, as bruxas nunca deixam de dançar cantando essas palavras: Har har, demônio, demônio, dance aqui, brinque aqui, brinque aqui, *Sabá, sabá*. E enquanto elas cantam

---

200. *Bar. Spineus, cap. 1 in novo Mal. malef.*
201. *Ibidem*
202. *I. Bod. de dæmon. lib. 1, cap. 4.*

e dançam, todas têm uma vassoura na mão e a seguram para o alto. Ele diz que essas bruxas que caminham à noite ou, melhor, essas dançarinas noturnas, levaram da *Itália* para a *França* essa dança chamada *La volta*.

Uma parte[203] de seu pacto é raspar o óleo recebido no rito final (extrema-unção eu diria). Sendo tão perigoso, aqueles que ensacam os cadáveres precisavam ter muito cuidado para não esfregar o óleo, que de diversas outras formas também pode ser retirado da testa. Percebo, então, que toda a virtude daí se foi. Mas me admiro como elas passam a preservar a água despejada no batismo, que eu considero ser em grande parte de uma força tão grande quanto o óleo e, ainda assim, creio que seja enxugada e retirada 24 horas depois do batismo, que combina com o restante do rito final.

E isso deve ser notado, pois os inquisidores afirmam que durante todo o tempo do passeio das bruxas, o demônio ocupa o espaço e o lugar da bruxa, em uma semelhança tão perfeita, que seu marido na cama não é capaz de distingui-lo, por sentimento, fala ou aparência pode discerni-lo de sua esposa. De fato, a esposa sai dos braços de seu marido insensível e deixa o demônio em seu lugar visível. E nisso sua incredulidade é incrível, pois ele terá um corpo na peça simulada e um corpo fantástico na cama verdadeira e, entretanto (certamente), em nome de Jesus, ou ao sinal da cruz, todas essas bruxas corporais desaparecem (dizem eles)[204].

Capítulo 3

Como bruxas são intimadas a aparecer diante do demônio, como voam no ar, seus relatos, seu pacto com o demônio, suas provisões e a conferência delas, sua despedida e sacrifícios, de acordo com Danœus, Psellus, etc.

Até aqui, na maior parte, são as palavras exatas contidas no *Mal. Malef.* ou escritas por *Bodin*, ou em ambos, ou ainda no novo *M. Malef.* ou pelo menos em um ou outro autor, que defendem o poder onipotente das bruxas. Mas *Danœus*[205] diz que o demônio, às vezes à guisa de um oficial de justiça, encontra as bruxas em mercados e feiras e as intima a aparecer em suas assembleias, em certa hora da noite, para que ele possa compreender quem elas mataram e como lucraram. Se elas forem coxas, ele diz que o demônio lhes entrega uma bengala para que se locomovam invisíveis para lá pelo ar e, então, lá pousavam dançando e cantando músicas obscenas, nas quais ele lidera a dança. Terminada essa dança, e outras conferências, ele supre suas necessidades de pós e raízes para se intoxicarem e dá a cada noviça uma marca, com seu dente ou suas garras, e então elas beijam as nádegas nuas do demônio e partem, não esquecendo todos os dias[206] depois disso de oferecer-lhe sangue de cães,

---

203. *Mal. Malef.*
204. *Grillandus de sort. 10. vol. tract.*
205. *Danœus in dialog. cap. 4.*
206. *Ibidem.*

gatos, galinhas ou o próprio. E tudo isso *Danæus*[207] relatou jurando ser verdade, e como se fosse do seu próprio conhecimento. E em outro lugar, afirma ainda: essas questões elas apenas sonham e não fazem essas coisas de fato, o que elas confessam por seu distúrbio mental, originado de seu humor melancólico e, portanto (segundo ele), essas coisas, tais aventuras, que elas relatam sobre si, não passam de meras ilusões.

Psellus adiciona neste momento certas magias heréticas: os *Eutiquianos* reúnem-se toda sexta-feira santa à noite e quando as velas se apagam, cometem adultério incestuoso, pai com filha, irmã com irmão e filho com mãe. No nono mês eles retornam e dão à luz e, cortando seus filhos em pedaços, enchem os potes com o sangue, que depois é misturado às cinzas da queima dos esqueletos. Eles então preservam essa mistura para propósitos mágicos. *Cardano*[208] escreve (embora em minha opinião isso não seja muito provável) que esses excursos, danças, etc., originaram-se de certos hereges chamados *Dulcinianos*, que criaram esses festins de *Baco* chamados *Orgias*, em que pessoas desse tipo se reuniam abertamente, que começavam com devassidão e terminavam com esse desatino. Mesmo com os festins proibidos, eles os frequentavam secretamente e quando não podiam ir, o faziam apenas em pensamento e até hoje (diz ele) de lá permanece certa imagem ou semelhança disso entre nossas mulheres melancólicas.

Capítulo 4

A impossibilidade de haver um pacto real com o diabo, o primeiro autor do pacto e as fracas provas dos adversários a respeito disso.

Se o pacto não for real, como é o restante de suas confissões, os argumentos dos perseguidores de bruxas caem por terra, pois todos os autores aqui mencionados defendem esse pacto como certo, válido e garantido, e como sua única máxima. Mas, certamente, os registros contendo esses acordos são selados com manteiga;[209] e os selos não passam de balela. Que pacto firme pode ser feito entre um corpo carnal e um espiritual? Se algum homem sábio ou honesto me disser que ou foi uma parte interessada ou uma testemunha, acreditarei nele. Mas com que autoridade, prova ou testemunho; e em que se baseia esse mecanismo a leitura do *M. Malef.* revela, para vergonha dos relatores (cujas narrativas variam muito e estão em grande desacordo) e a reprovação daqueles que acreditam em mentiras tão absurdas.

Por que motivo esse pacto real começou a ganhar mais crédito.

O início do crédito baseia-se na confissão de um jovem indivíduo de reputação duvidosa condenado a ser queimado por bruxaria, que disse para os inquisidores, diante da probabilidade de prolongar sua

---
207. Idem *in dialog. cap. 3.*
208. *Card. lib. de var. verum. 15. cap. 80.*
209. *Mal. Malef.; par. 2, cap.*

vida (se ao menos a história, retirada de *Nider*, for verdade): se (disse ele) eu obtiver perdão, revelarei tudo o que sei sobre a bruxaria. Aceita essa condição, e sendo prometido o perdão, parte na esperança dele, mas também para se livrar de sua esposa, ele disse o seguinte:

A noviça ou jovem discípula vai para alguma igreja, junto à professora desse credo, em uma manhã de domingo, antes da consagração da água-benta, e lá a dita noviça renuncia à fé, promete obediência em observar, ou melhor, omitir as cerimônias nas assembleias, entre outros desatinos, e, finalmente, homenagear seu mais recente mestre, o demônio, como foi combinado.

O notável nessa história é que esse jovem bruxo, duvidando de que o exame de sua esposa denunciaria sua desonestidade, disse ao inquisidor que na verdade ela era tão culpada quanto ele, mas nunca, tenho certeza (disse ele), mesmo que seja queimada mil vezes, confessaria nenhuma dessas circunstâncias.

E isso não deve de modo algum ser esquecido, que apesar de sua contrição, sua confissão e de acusar sua própria esposa (contrário à promessa e ao juramento dos inquisidores), ambos foram queimados na fogueira, sendo os primeiros a revelar essa aliança notável, na qual a fábula da bruxaria é confirmada e por meio da qual outras confissões como essas de pessoas semelhantes, desde essa ocasião, foram extorquidas e acrescentadas.

Capítulo 5
Sobre a aliança privada e uma história notável de Bodin a respeito de uma dama francesa com uma refutação.

A característica do pacto privado das bruxas com o demônio.

Dizem que em um pacto privado, quando o demônio está invisível, e às vezes visível, no meio das pessoas, ele conversa com elas em particular, prometendo que se seguirem seu conselho, ele suprirá todas as suas necessidades e tornará todos os seus esforços prósperos e, assim, começa com pequenas questões particulares não tendo a necessidade de ir à assembleia das fadas.

E nesse caso (penso eu) o demônio às vezes, em tal aparência externa ou corporal, encontraria algumas que não consentiriam com suas propostas (a não ser que ele conhecesse seus pensamentos, alguns dirão) e assim seriam acusadas. Elas também (a menos que fossem idiotas) o examinariam e o abandonariam por quebra dos pactos. Mas esses pactos e essas assembleias, todos os autores aqui defendem e *Bodin* os confirma com uma centena de mentiras, dentre as quais recitarei uma (por diversas causas).

Havia (diz ele)[210] uma nobre fidalga em *Lions*, que estava na cama com um amante, quando de repente se levantou à noite e acendeu uma

---
210. *J. Bodin. lib. 2. de dæmonomania. cap. 4.*

vela. Depois de fazer isso, ela pegou uma caixa de unguento, espalhou-o pelo corpo e, depois de falar algumas palavras, foi arrebatada. Seu cônjuge, testemunhando o episódio, saiu da cama, pegou a vela e procurou a dama pelo quarto e em cada canto dele. Embora não conseguisse encontrá-la, achou sua caixa de unguento e desejando saber o efeito dele, besuntou-se com a pomada, como percebeu que ela fizera antes. Apesar de não ser supersticioso quanto a usar quaisquer palavras para ajudá-lo a avançar em seus negócios, mesmo assim pelo efeito desse unguento (diz *Bodin*)[211] ele foi imediatamente levado a *Lorreine*, na assembleia das bruxas, ficou envergonhado quando a viu e disse: "Em nome de Deus, o que faço aqui?" E com essas palavras toda a assembleia desapareceu e o deixou lá sozinho completamente nu, de modo que ele ficou contente em retornar a *Lions*. Mas a consciência desse homem era tão boa (pois pela primeira parte da história percebe-se que era um homem muito honesto) que ele acusou seu verdadeiro amor de bruxaria e a fez ser queimada. Quanto ao seu adultério, o *M. Malef.* e *Bodin* não mencionam nenhuma palavra de reprovação.

> Por todo o livro de *Bodin*, ele parece extremamente magoado com *Cornélio Agrippa* e vice-versa (como suponho), porque este desmentiu o que *Bodin* afirmava sobre achar que poderia realizar milagres com magia e, especialmente, com seu cachorro negro. Parece que ele tinha muita habilidade na arte da adivinhação. Pois mesmo tendo escrito um ano antes de *Bodin*, pronunciou estas palavras em seu livro *De vanitate scientiarum*[212]:
> "Certo protonotário francês (diz ele), um camarada desonesto e farsante, escreveu uma certa fábula ou milagre realizado em *Lions, etc.* Quem é *Bodin*, eu não sei, a não ser por relato; e *Bodin* diz que isso aconteceu em *Lions*; e esse homem (conforme entendo) é um advogado civil.

---
211. Isso não concorda com a interpretação delas, quer dizer, é feito apenas em virtude do pacto; nem é a elas que se refere em palavras, diz a nota.
212. *C. Agrippa, cap. 51.*

Capítulo 6
Uma contestação de suas assembleias e de seu pacto.

Que unir suas mãos com as do demônio, beijar suas nádegas, arranhá-las e mordê-las são mentiras absurdas, todo aquele com o dom da razão pode perceber claramente, tanto quanto nos é demonstrado pela palavra de Deus, pois um espírito não tem carne, ossos, nem nervos nos quais consistem mãos, nádegas, garras, dentes e lábios. Apesar de admitir que a constituição do corpo de um demônio (como *Tatiano* e outros afirmam[213]) consiste em solidificações espirituais, como fogo e ar, mesmo assim ele não pode ser percebido por criaturas mortais. Que testemunha crível é trazida a qualquer momento, desse trato corporal, visível e incrível, a menos que a confissão venha de alguém falecido tanto de corpo como de mente, feita por vontade própria ou obtida por coação? É de se admirar que nenhuma bruxa penitente que abandone seu ofício não confesse essas coisas sem coação. Creio que sua aliança com Deus feita no batismo, diante de testemunhas válidas, santificada com a palavra, confirmada com as promessas dele e estabelecida com os sacramentos, deveria ter mais força do que o pacto feito com o demônio, que ninguém vê ou conhece. Pois Deus não engana ninguém com quem negocia, nem o ridiculariza ou decepciona, embora não dance entre as pessoas.

Seu juramento de atrair para sua liga e irmandade tantas pessoas quanto conseguirem (por meio do qual, de uma bruxa, como afirma *Bodin*, passava para o número de cinquenta) denuncia muito sua transação indireta. Julguei[214] este, bem como o restante de seus mecanismos fraudulentos e escolhi o melhor, ou o pior, delas para ver o que poderia sair de seus conselhos, abordando todas com astúcia; além disso, enviei certas pessoas anciãs para se comprometerem com elas e serem admitidas em sua sociedade. Mas tanto com suas desculpas e atrasos, quanto por outras circunstâncias, investiguei e descobri que todo o seu ofício era mera fraude.

Diz-me que pacto elas fizeram com o demônio, que com seus olhares raivosos enfeitiçam cordeiros, crianças, etc.? Não é confessado que é natural, embora seja uma mentira? Que pacto faz o adivinhador, que tem seus vários tipos de feitiçaria e adivinhação expressos na escritura? Ou não é garantido que ele tenha feito algum? Quais as chances de não ouvirmos falar desse pacto nas escrituras?

Capítulo 7
Uma refutação da objeção a respeito das confissões das bruxas.

Confessa-se (dizem alguns a título de objeção) até por essas próprias mulheres, que fazem essas e outras coisas horríveis, e por tal merecem a morte, com todo o rigor, etc. Ao que respondo

---
213. *Tatianus contra Græcos*.
214. O autor fala com a devida prova e julgamento.

que quem observar atenciosamente suas confissões perceberá que é tudo vão, inútil, falso, inconstante e sem importância, exceto pelo seu desprezo e ignorância na religião, o que é mais a culpa de um pastor negligente do que da mulher simples.

Primeiro[215], se sua confissão for feita sob coação, de força ou autoridade, ou por persuasão, sob o pretexto da amizade, não deve ser considerada, pois o rigor das ameaças e torturas a provoca ou a qualidade das palavras amáveis e a bajulação a compelem. Se for voluntária, muitas circunstâncias devem ser consideradas, como as seguintes: se ela não se acusa apenas para destruir seu vizinho, o que muitas vezes acontecia por causa de seu humor melancólico corrompido e maldoso, e também se nesse mesmo ânimo melancólico e humor frenético, ela não deseja abreviar os próprios dias. O que *Aristóteles* diz é que às vezes isso acontece com pessoas sujeitas a paixões melancólicas e (como alegam *Bodin* e *Sprenger*)[216] com essas velhas senhoras chamadas bruxas, que muitas vezes (como afirmam) recusam-se a viver, ameaçando os juízes, dizendo que, se elas não fossem queimadas, se suicidariam e eles seriam culpados por sua danação.

Eu soube que houve um homem que não conseguiu convencer os juízes a aceitá-lo como uma testemunha suficiente contra si mesmo, saiu na hora e se atirou a um lago, onde se afogou. Mas a lei diz[217]: *Volenti mori non est habenda fides,* isto é: Não deve receber crédito a palavra daquele que deseja morrer. Às vezes também (como provei em outro momento) as pessoas confessam algo do qual nunca foram culpadas, supondo que fizeram aquilo que não fizeram, por meio de certas circunstâncias. E como às vezes confessam impossibilidades, como voar, transubstanciação, evocar tempestades, transferir ou remover, etc., assim elas também (digo eu) confessam por vontade própria aquilo que homem nenhum pode provar e o que ninguém pode supor, nem mesmo acreditar, exceto se estivesse tão louco quanto elas, de modo que atraem a morte para si por vontade própria, o que revela sua insanidade.

Os absurdos nas confissões das bruxas.

Se elas confessarem aquilo que de fato cometeram, como envenenamento, ou qualquer outro tipo de assassinato, que recai no poder de tais pessoas cometerem, não insisto em defender sua causa. Todavia, eu gostaria que mesmo nesse caso não se desse um crédito muito precipitado nem se instaurassem processos apressados demais contra elas, mas que as causas, propriedades e circunstâncias de cada coisa sejam devidamente consideradas e diligentemente examinadas. Pois se deve entender que assim como às vezes elas confessam ter assassinado seus vizinhos com um desejo, ora com uma palavra, ora com um olhar, etc.,

---

215. Confissão compulsória, como na Inquisição Espanhola: vide *Mal. Malef. & J. Bodin.* Confissão persuasiva, com bajulação, vide *Bry. Darcie* contra *Ursu Kempe.*
216. *John Bod., Mal. Malef.*
217. *L. absent. de poenis. L. 2. cum glos. de iis, qui ante sentent, mortui sunt, sibi necem consciscentes.*

elas confessam também que com a entrega de uma maçã, ou algo parecido, para uma mulher grávida, mataram a criança no útero da mãe, quando, na verdade, nenhum veneno foi adicionado ao fruto, que naturalmente poderia ser deletério ou danoso.

    Da mesma forma elas confessam que, com um toque da mão, às vezes matam um homem com a saúde perfeita e força corporal, quando todas as vestes dele ficam entre a mão dela e a carne dele.

Mas se essa confissão for examinada por teologia, filosofia, medicina, direito ou consciência será considerada falsa e insuficiente. Primeiro porque a realização de milagres acabou. Segundo, não se pode dar nenhum motivo para algo tão além de toda a razão. Terceiro, nenhuma fórmula pode ter tamanha eficácia que quando a vítima mencionada é tocada com a mão, o veneno passe pelas veias até o coração, o que daria ao envenenador mérito e força suficientes para penetrar por tantas vestes e a própria carne, culminando na morte da outra pessoa. *Cui argumento*[218] (diz Bodin) *nescio quid responderi possit.* Quarto, nenhuma lei admitirá tal confissão, como entregue a impossibilidades, contra as quais nunca há nenhuma lei estipulada; caso contrário, de nada adiantaria alegar e provar que um homem estava em *Berwick* em determinado dia, embora seja acusado de ter cometido um assassinato em *Canterburie*, pois poderia ser dito que ele foi levado a *Berwick* e trazido de volta por feitiço. Quinto, não deve ser executado por consciência aquele que não tem uma mente sã ou o discernimento perfeito. Entretanto, assim nós lemos[219] que uma mãe *Stile* matou um *Saddocke* com um toque no ombro, por ele não cumprir a promessa de dar-lhe um manto velho, para fazer para ela um traje de proteção; na sequência, ela foi enforcada por tal ação.

---

218. J. Bodin. *de dæmon. lib.* 2. *cap.* 8.
219. Em um pequeno panfleto sobre os atos e os enforcamentos de quatro bruxas, no ano de 1579.

Capítulo 8

A tolice de uma bruxa se expor a um perigo tão desesperado e suportar torturas tão intoleráveis sem nenhum ganho ou conveniência, e como acontece de as bruxas serem prejudicadas por suas confissões.

Infelizmente, se essas mulheres fossem assim tão sutis, como os perseguidores de bruxas alegam, notariam que seria um mero disparate não só fazer um pacto com o demônio para lançar suas almas no fogo do inferno, mas também seus corpos às torturas do fogo e da morte temporal, sem nada realizar que pudesse beneficiá-las, mas iriam pelo menos negociar com o demônio para enriquecê-las e dignificá-las e, por fim, dotá-las de toda a felicidade e o prazer do mundo, o que está mais distante delas do que todas as outras coisas. De fato, se elas fossem sensatas, diriam ao demônio: Por que eu deveria escutá-lo, se me enganará? Você não prometeu salvar e resgatar minha vizinha mãe *Dutton* e, entretanto, ela foi enforcada? Com certeza isso se aplicaria ao demônio. E é de se admirar que ninguém, desde os primórdios do mundo, até hoje, tenha feito essa objeção e outras semelhantes, às quais o demônio nunca poderia responder[220]. Mas não seria mais loucura para uma bruxa servir ao demônio sob essas condições e, ainda, assim suportar um açoitamento com varas de ferro nas mãos do demônio, que (como escrevem os perseguidores de bruxas) são tão fortes que a impressão das chibatadas permanece no corpo das bruxas para sempre, por todos os dias da sua vida?

Mas essas senhoras intimidadas pela autoridade, envoltas em culpa, coagidas, compelidas pelo medo, induzidas ao erro e enganadas pela ignorância caem em tamanha credulidade temerária que são levadas a essas confissões absurdas. A perturbação mental, vontade fraca e ignorância são frutos da doença e enfermidade da natureza e, portanto, seus atos são cometidos por estarem elas destituídas de razão, sem seu consentimento. Pois[221], *Delictum sine consensu non potest committi, neque injuria sine animo injuriandi*, isto é, não pode haver pecado sem consentimento, nem injúria cometida sem uma mente para fazer o mal. Mas a lei diz mais[222], que uma proposta retida na mente não faz nada para o prejuízo privado ou público de nenhum homem, e, muito mais, que uma proposta impossível é inimputável. *Sanæ mentis voluntas, voluntas rei possibilis est*: uma mente sã não deseja nada que seja possível.

---

220. *John Bodin.*
221. L. si per errorem jurisd. omni cum inde.
222. C. sed hoc d. de publ. etc. Bal. In leg. etc.

Capítulo 9
Como a melancolia afeta as anciãs e os efeitos disso com vários exemplos.

Se qualquer homem deliberadamente ouvir as palavras, ações, cogitações e gestos delas, perceberá que a melancolia enche suas cabeças e ocupa seus cérebros, privando ou deturpando seus julgamentos e todos os outros sentidos: não falo das bruxas trapaceiras, mas de pobres mulheres melancólicas, elas mesmas enganadas. Pois deve-se entender que a força da melancolia e os efeitos que existem no corpo de um homem, ou de uma mulher, são quase incríveis. Pois como algumas dessas pessoas melancólicas imaginam, elas são bruxas e com bruxaria podem operar milagres e fazer o que quiserem, assim os outros, também perturbados com essa doença da melancolia, imaginam muitas coisas estranhas, incríveis e impossíveis. Alguns, que são monarcas e príncipes, e que todos os outros homens são seus súditos, outros, que eles são bestas brutais, alguns ainda que são urinóis ou vasos de terra, temendo serem quebrados; outros, que cada pessoa os conduzirá à forca e ainda assim no fim se enforcam. Um pensava que *Atlas,* que os poetas apresentam segurando o céu com os ombros, estaria cansado e deixaria o céu cair sobre ele; outro passou um dia inteiro em um palco, imaginando ter ouvido e visto interlúdios, com isso fez de si um espetáculo. Um médico, *Teófilo,* outrora sano (como se dizia) imaginou ter ouvido e visto músicos tocando instrumentos continuamente em um certo local de sua casa. Um tal de *Bessus,* que matou o pai, se entregou ao afirmar que uma andorinha censurara o assassinato.

Episódio de um indivíduo que pela melancolia foi induzido a pensar que tinha um nariz tão grande quanto uma casa.

Mas o exemplo mais notável disso é de alguém que estava em grande perplexidade, imaginando que seu nariz fosse tão grande quanto uma casa, de tal forma que nenhum amigo ou médico poderia demovê-lo dessa ideia, nem aliviar sua dor ou satisfazer sua fantasia a esse respeito, até, enfim, um médico mais especializado nesse humor do que o resto usou o seguinte estratagema. Primeiro, quando o médico estava prestes a entrar nos aposentos dele com a porta escancarada, parou de repente e se afastou, não se aproximando da porta de modo algum. A pessoa melancólica, refletindo sobre isso, perguntou-lhe por que ele se humilhou assim. Ao que ele respondeu: senhor, seu nariz é tão grande que mal posso entrar no seus aposentos sem tocá-lo e consequentemente feri-lo. Veja (disse ele), este é o homem que deve me fazer bem, o resto dos meus amigos, tentando me agradar, escondem minha enfermidade de mim. "Bem", disse o médico, "eu o curarei, mas você deve estar disposto a suportar uma dorzinha no curativo", que ele prometeu pacientemente aguentar e manteve certa esperança de recuperação. Então o médico entrou nos aposentos, encostando-se nas paredes, parecendo temer tocar e ferir o nariz do paciente. Em seguida, ele o vendou e pegou-o pelo nariz com um par de pinças e jogou em uma banheira, que ele tinha colocado diante de seu paciente, uma grande quantidade de sangue, com muitos pedaços de fígados de boi que ele tinha levado aos aposentos, enquanto os olhos do outro estavam vendados; por fim, libertou-o para ver e observar a banheira. Depois de fazer isso de novo duas ou três vezes, o humor melancólico foi modificado de tal forma que a mente do homem ficou satisfeita, sua aflição aliviada e sua doença curada.

Thrasibulus, chamado também de *Thrasillus*, afligido por seu humor melancólico, imaginava que todos os navios que chegavam ao porto *Pyrœus* eram dele, tanto que os numerava e mandava os marinheiros zarparem, etc., alegrando-se com seu retorno em segurança e lamentando seus infortúnios. O *Italiano,* que chamamos aqui na *Inglaterra,* o Monarca, estava possuído por espírito ou fantasia semelhante. O próprio *Danæus*[223] relata ter visto um que afirmava constantemente ser um galo e diz que, pela melancolia, pessoas assim eram alienadas de si mesmas.

Ora, se a imaginação de uma pessoa melancólica seria ocupada com causas tanto falsas como impossíveis, por que uma velha bruxa estaria livre de tais fantasias, pois (como dizem os filósofos e médicos[224]) com a interrupção de seu fluxo melancólico ou emissão mensal de sangue, sofreriam elas maior carência, por serem (por sua fraqueza de corpo e cérebro) as pessoas mais aptas a deparar com imaginações melancólicas e com quem suas imaginações permanecem, mesmo quando perdem os sentidos. O que *Bodin*[225] esforçou-se para refutar, mostrando-se com isso tão bom médico quanto era como teólogo.

Mas se elas imaginam que podem transformar seus próprios corpos, os quais apesar disso permanecem com a aparência original, não é muito mais crível que elas possam supor falsamente se imaginem capazes de ferir e debilitar os corpos dos homens ou ainda impedir a fabricação de manteiga? Etc. Mas o que é que elas não imaginarão, e consequentemente se confessarão capazes de fazer, ainda mais se forem persuadidas com severidade, sofrerem torturas dolorosas, forem examinadas com tamanha astúcia ou receberem tantas promessas de favor, como, por exemplo, imaginar que viverão para sempre em meio a grande prestígio e riqueza? Etc.

Lendo as execuções das bruxas, no passado ou em outros países, ou ultimamente nesta terra, observamos tamanhas impossibilidades confessadas que ninguém em seu perfeito juízo acreditaria. Entre outras confissões falsas semelhantes, lemos que uma bruxa confessou na época

---

223. *Danæusin dialog. cap. 3.*
224. *J. Baptisti. P. N. cap. 2. Card. de var. rerum.; J. Wier de prestiglis dæmonum, etc., Aristóteles.*
225. *John Bodin.*

de sua morte ou execução que ela evocou todas as tempestades, obteve todas as geadas e o tempo ruim que aconteceu no inverno de 1565, e aqueles muitos homens sérios e sábios acreditaram nela.

Capítulo 10

Que as confissões voluntárias possam ser feitas erroneamente, a destruição dos confessores e a operação singular da melancolia, provada com um exemplo familiar e tardio.

Que aparentemente até a confissão voluntária (neste caso) possa ser feita de forma errônea, embora vise à destruição do confessor e que a melancolia pode incitar imaginações para esse efeito, citarei um exemplo notável, com as partes ainda vivas e morando na paróquia de *Sellenge* em *Kent*, e a questão, não muito depois, de certo modo realizada.

A história de um caso recente em Kent.

Uma *Ade Davie*, esposa de *Simon Davie*, lavrador, conhecida como uma pessoa honesta e correta, e de boa ascendência, começou de repente (como seu marido me informou e como é bem conhecido nessas partes) a ficar um tanto pensativa e mais triste do que no passado. Algo que embora o afligisse, ele estava relutante em deixar transparecer, pois sua esposa poderia ficar perturbada ou descontente com isso ou seus vizinhos poderiam denunciá-lo, acusando-o de ser um mau marido (o que abominam nessa região). Mas quando ela passou de um ar pensativo a certa perturbação mental, quando começou a perder o sono costumeiro à noite, com suspiros e lamentação secreta e, não sem lágrimas, ele não poderia deixar de exigir dela a causa de tais atitudes e de sua tristeza fora do comum. Mas embora naquele momento a mulher escondesse isso, dizendo que não havia nada errado com ela, logo depois, entretanto, caiu de joelhos diante dele, querendo que o esposo a perdoasse, pois ela ofendera gravemente (nas palavras dela) tanto Deus como ele. Seu pobre marido, envergonhado com o comportamento dela, confortou-a como pôde, perguntando-lhe a causa de seu problema e aflição; ela disse-lhe que (contrariamente à lei de Deus) para a ofensa de todos os bons cristãos, para injustiça dele e, especialmente, para a perda da própria alma, fez um pacto e deu sua alma ao demônio, para ser entregue a ele em um curto espaço de tempo. Então seu marido respondeu, dizendo[226]: "Esposa, anima-te, pois teu pacto é nulo e sem efeito, pois vendeste aquilo que não é teu, visto que tua alma pertence a Cristo, que a comprou, e pagou caro por ela, até com seu sangue, derramado na cruz, de modo que o demônio não se interessa por ti".

---
226. Note o modo cristão como o marido conforta sua esposa.

Depois disso, com a mesma submissão, lágrimas e penitência, ela lhe disse: "Oh, marido, cometi ainda outro erro e causei-lhe mais mal, pois enfeiticei você e seus filhos". "Alegra-te (disse ele) com a graça de Deus, Jesus Cristo nos tirará do feitiço, pois nenhum mal pode acontecer aos tementes a Deus."

Refutação.

Juro pelo nome do Senhor, este foi o teor das palavras dele para mim, que eu sei ser verdade, por terem saído de lábios sinceros e de alguém temente a Deus. Ora, quando chegou a hora de o demônio aparecer, e tomar posse da mulher, de acordo com seu pacto, ele zelou e rezou com fervor e mandou sua esposa ler salmos e orações por misericórdia nas mãos de Deus e, de repente, por volta da meia-noite, houve um grande burburinho embaixo da janela do quarto, que os surpreendeu muito. Pois eles pensaram que o demônio estava ali, embora ele não tivesse forças para subir, por causa de suas preces fervorosas.

Uma catástrofe cômica.

Aquele que anotou as duas primeiras confissões dessa mulher, feitas de livre e espontânea vontade, sobre como tudo contribuiu para dar mais crédito à história, e submeteu a questão para sua condenação, não pensaria, a menos que *Bodin* fosse o capataz do inquérito dela, em gritar "culpada" e apressar a execução dela, que aconteceria diante de qualquer juiz no mundo, se tivesse sido examinada e confessasse após uma denúncia. Mas, Deus sabe, ela era inocente de qualquer um desses crimes. Todavia, ela ficou abalada e se sentiu pressionada pelo peso desse humor, de tal modo que perdera o descanso e o sono, e suas fantasias a perturbavam e a inquietavam com desespero, entre outras cogitações ocasionadas por todo o episódio. E ainda assim creio, se algum percalço aparecesse no caminho do marido ou de seus filhos, poucos perseguidores de bruxas não julgariam que ela os enfeitiçou. E ela (por sua vez) persuadiu-se de que era mesmo uma bruxa, julgava-se merecedora de morte, de tal maneira que mesmo retida em seus aposentos, se visse alguém carregando um feixe de lenha, diria que era para fazer uma fogueira e queimá-la por bruxaria. Mas Deus sabe que ela não tinha enfeitiçado ninguém, nem feriu ninguém com sua imaginação, além de si mesma.

E quanto ao burburinho, era por causa de uma ovelha, que era defeituosa, e foi pendurada no muro, de modo que um cachorro veio e a devorou, por isso o barulho que eu mencionei antes aumentava. Ela, então, agora recuperada, voltou a ser uma mulher honesta e correta, distante de tamanha impiedade e envergonhada por suas imaginações, que compreendeu terem surgido por melancolia.

Capítulo 11

Os efeitos estranhos e diversos da melancolia e como o mesmo humor abundante em bruxas, ou melhor, em mulheres velhas, as enchia de imaginações incríveis, de modo que não se deve dar crédito a suas confissões.

Mas em verdade, esse humor melancólico, como afirmam os melhores médicos[227], é a causa de todas as suas confissões singulares, impossíveis e incríveis, que são tão insensatas que me admiro como qualquer homem possa nelas acreditar. Todavia, essas moléstias, embora apareçam na mente do homem, são produzidas no corpo e originam-se desse humor, que são os sedimentos de sangue, nutrindo e alimentando esses lugares, de onde provêm medos, pensamentos, superstições, jejuns, trabalhos e coisas assim.

Esse quadro promove a tolerância de torturas e (como dizem alguns) a previsão do futuro, além de preservar a saúde, por ser frio e seco, mas também torna os homens sujeitos à magreza e à febre quartã. Aqueles que ficam incomodados com isso são destruidores de si, propensos a ferimentos, temerosos de violência, exceto se o humor for quente. Entretanto, aprendem línguas estranhas com pouco esforço (como *Aristóteles* e outros afirmam[228]).

Se as fantasias de nossas bruxas não forem corrompidas, nem suas faculdades mentais confundidas com esse humor, elas não confessariam tão voluntária e prontamente aquilo que coloca sua vida em causa; caso contrário elas nunca seriam condenadas. *J. Bodin*[229], com sua medicina forense, pensava o contrário, como se a melancolia estivesse mais distante de todas essas mulheres velhas, a quem chamamos de bruxas, escarnecendo do mais famoso e nobre médico *John Wier* por sua opinião a esse respeito. Mas como eu não sou médico, apresentarei um, *Erasto*, que pronunciou as seguintes palavras: "Essas bruxas, com sua fantasia corrupta repleta de humores melancólicos, por causa de sua idade avançada, sonham e imaginam que ferem aquilo que não feriram nem poderiam, e assim acham que conhecem uma arte, que não aprenderam nem ainda compreendem".

Mas por que as bruxas deveriam ter mais crédito quando dizem que fizeram um pacto real com o demônio, mataram uma vaca, enfeitiçaram a manteiga, provocaram febre em uma criança, fizeram previsões sobre o vizinho, etc. do que quando confessam que se transformaram, fizeram chover ou cair granizo, voaram no ar, ficaram invisíveis, transferiram o trigo verde de um campo para o outro? Etc. Se em um caso suas confissões são sensatas, por que se diria que são corruptas no outro, se a confissão de todas essas coisas foi feita em um instante e todas afirmadas com a mesma cons-

---
227. H. Card. de var. rerum. cap. 8; Jo Wierus de prœst. lib. 6. cap. 8.
228. Aristóteles de somnio. H. Card. lib. 8 de var. rer.
229. Jo. Bodin, contra Jo. Wierum.

tância ou audácia? Vê-se, contudo, que um caso é impossível e, portanto, pode-se pensar que suas confissões são vãs e falsas. Já o outro caso, acredita-se ser possível e elas confessam e, portanto, conclui-se: *A posse ad esse*; pela persuasão julga-se que é verdade, porque se acha que pode ser. Mas eu digo, tanto no caso de teólogos quanto de filósofos[230], aquilo que se imagina ser bruxaria não tem verdade de ação, ou por ser além de sua imaginação, aquilo (na maior parte) é ocupado em causas falsas. Pois quem deseja realizar algo impossível tem uma persuasão vã, inútil e infantil, alimentada por uma mente insana, pois *Sanæ mentis voluntas, voluntas rei possibilis est*: A vontade de uma mente sã é o desejo de algo possível.

Capítulo 12
Uma refutação das confissões das bruxas, especialmente a respeito de seu pacto.

Uma contestação.

Contesta-se, porém, que as bruxas confessam renunciar à fé, e como sua confissão deve ser verdadeira (caso contrário elas não a fariam), então sua falta merece ser punida com a morte; do contrário, elas não deveriam ser executadas.

A resolução.

Ao que respondo como antes: que suas confissões são extorquidas ou provêm de uma mente insana. Sim, e digo mais, que nós, se em nosso juízo perfeito ainda buscarmos outra forma de salvação que não seja Cristo Jesus, quebramos seus mandamentos ou não trilhamos seu caminho com uma fé intensa, etc., não apenas renunciamos à fé, como também ao próprio Deus e, portanto, elas (ao confessarem que abandonaram Deus e abraçaram satã) fazem isso que todos nós faríamos. Quanto a essa parte horrível de sua confissão, na aliança que visa matar seus filhos e os de outras pessoas, cozinhá-los, além da fabricação de poções ou sopas, e os efeitos disso; suas reuniões na sexta-feira santa, sendo o dia de sua libertação, seus incestos, com o retorno delas ao fim de nove meses, quando geralmente as mulheres não conseguiam fazer essa jornada, nem voltar, etc.; é tudo tão horrível, abominável, improvável e impossível que se observasse tais coisas com meus olhos, eu acharia que estava dormindo, bêbado ou de alguma forma privado dos meus sentidos e não daria crédito a questões tão horríveis e obscenas.

Um milagre forjado.

Como o óleo ou a sopa feita com uma criança tem tanto poder que uma vassoura ungida com ele consegue carregar pessoas no ar? Seu líquido potável, que (elas dizem) as torna mestres dessa habilidade, não

---

230. *Agostinho, lib. de Trinit. 3. Idem, de civit. Dei.; Clemente, recogn. 3; Jâmblico. Jo. Wier, Cardano, Pampia, etc.*

é ridículo? E não é, na opinião de todos os filósofos, médicos e teólogos, desprovido de tamanho poder quanto lhe é atribuído?

A falta de jejum na sexta-feira, o jejum no domingo, o ato de cuspir na hora da elevação, sua recusa de água-benta, seu desprezo pelas cruzes supersticiosas, etc., que são todos bons passos para o verdadeiro Cristianismo, me ajudam a refutar o restante de suas confissões.

Capítulo 13

Uma refutação das confissões das bruxas, quanto a provocar tempestades e chuva; sobre a causa natural da chuva e o fato de bruxas ou demônios não terem poder para fazer essas coisas.

Os meios que as bruxas usam para fazer chover, etc.

E para falar de forma mais geral de todas as ações impossíveis atribuídas a elas, bem como de suas confissões falsas, digo que qualquer um que reconheça Deus como onipotente, e o único realizador de todos os milagres, e mais ninguém dotado do sentido mediano negará que os elementos obedecem às bruxas e aos seus mandamentos ou que elas possam a bel-prazer enviar chuva, granizo, tempestades, trovões e raios; quando ela, agindo apenas como uma velha desvairada, lança um seixo sobre seu ombro esquerdo na direção oeste[231], arremessa um pouco de areia do mar para cima, molha um galho de giesta com água e o espirra no ar ou cava um buraco na terra, coloca água dentro dele e mexe a água com o dedo, cozinha cerdas de porco, coloca gravetos em uma margem de um rio no qual nunca há uma gota de água, ou ainda enterra a sálvia até ela apodrecer, enfim, todas as coisas que são confessadas pelas bruxas e confirmadas por escritores como os meios que elas usam para induzir tempestades extraordinárias e chuvas, etc. são vãos.

Lemos no *M. Maleficarum*[232] que uma garotinha, caminhando com seu pai na terra dele no exterior, o ouviu reclamar de seca, desejar a chuva, etc. "Ora, pai, eu posso fazer chover ou gear, quando e onde eu quiser!", exclamou a criança. Ele perguntou onde ela aprendeu. Ela disse que com sua mãe, que a proibiu de falar a respeito disso a qualquer pessoa. Ele perguntou como sua mãe a ensinou. Ela respondeu que a mãe a confiou a um mestre, que em qualquer momento faria qualquer coisa por ela. Pois então (disse ele) faça chover, mas apenas no meu campo. E então ela foi para o rio, jogou a água para o alto em nome de seu mestre e fez chover na mesma hora. E seguindo em frente com seu pai, ela fez gear em outro campo, a pedido dele. Depois disso ele acusou a esposa e a fez ser queimada e, então, batizou a filha de novo, algo comum entre papistas e perseguidores de bruxas. E por

---

231. Nider, *Mal. Malef.*, J. Bodin, Frier Barth, Heming, Danæus, etc.
232. *Mal. Malef.* par. 2. quæ. 1, cap. 12.

mais que a primeira parte disso estivesse provada, não há dúvida de que a segunda parte tenha sido completamente executada. Se elas de fato podem realizar essas coisas ao seu prazer[233], então também podem impedir o curso de todas as outras coisas naturais, e leis decretadas por Deus, como suspender a chuva, transformar a meia-noite em meio-dia e, por esses meios (digo), o poder divino deve se tornar servil à vontade de uma bruxa, de modo que nós só poderemos comer ou beber com sua permissão.

Penso que *Sêneca* possa satisfazer essas pessoas crédulas ou um tanto idólatras, que empreendem uma caçada, seja em corpo ou em pensamento, contra essas bruxas, acreditando em tudo que lhes é atribuído, para a derrogação da glória de Deus. Ele diz que as pessoas rudes e nossos antepassados ignorantes acreditavam que chuvas e aguaceiros podiam ser provocados e interrompidos por feitiços e encantamentos de bruxas, o tipo de coisa que não poderia ser evitada, e acrescentou que nem precisamos ir a nenhuma escola de filósofos para aprender a refutar isso.

Mas *Jeremias*[234], pela palavra de Deus, desafia tudo o que possa sustentar essa opinião leviana, dizendo: "Há alguém dentre os deuses dos gentios que faça chover ou dê o aguaceiro do céu? Não és tu o mesmo Nosso Senhor? Em ti confiaremos, porque fazes todas essas coisas". Eu, portanto, estou com *Brentius*[235] quando ele ousa dizer que não está no poder das bruxas nem de demônios executar essa questão, mas apenas no poder de Deus.

A geração natural de granizo e chuva.

Quando as exalações saem e se elevam da terra, pelo poder do sol, até a região média do ar, o frio nela comprime e adensa esses vapores, que se tornam nuvens, dissolvidas novamente pelo calor do sol e, em seguida, chuva ou granizo são produzidos; chuva, se no caminho as gotas não forem congeladas e transformadas em granizo. Considerando essas circunstâncias com o andamento de toda a escritura, não pode estar no poder de uma bruxa nem do demônio provocar chuva ou tempo firme.

Enquanto a história de *Jó* neste caso é alegada contra mim (na qual uma bruxa não é nomeada uma única vez), eu a respondi detalhadamente em outro lugar. E, portanto, devo apenas dizer isto: que mesmo se Deus quisesse (como diz *Calvino*) registrar as circunstâncias para a instrução de nossas capacidades brutas, que não conseguem compreender a comunicação espiritual ou os assuntos celestiais; o demônio quer que Deus estenda sua mão e toque tudo o que *Jó*[236] tem. E embora ele

---

233. Aquele que pode mentir, pode roubar, assim como aquele que pode trabalhar, pode divertir-se.
234. Jeremias 14, 22.
235. *Dii gentium dæmonia:* Os deuses dos gentios são demônios.
236. Jó 1, 11.

pareça atender ao desejo de satã, ainda assim o próprio Deus enviou fogo do céu, etc. Momento no qual, deve-se deduzir, embora Deus tenha dito: "Ele está em tuas mãos", foi a mão do Senhor que puniu *Jó*, não a do demônio, que não disse: "Dá-me permissão para carregá-lo", mas "Estenda tuas mãos e toca-lhe em tudo que tem"[237]. E quando *Jó* continuou leal apesar de todas as suas desgraças com seus filhos, corpo e bens, o demônio dirigiu-se de novo a Deus, para dizer como antes: "Agora estenda tua mão, e toca seus ossos e sua carne"[238]. Ele então argumentou também que não poderia fazer isso, assim como ele não fizera antes. Deve-se lembrar que no *M. Malef.*[239] os demais perseguidores de bruxas negam ter havido bruxas no tempo de *Jó*. Voltaremos ao tema em outro trecho deste livro.

Capítulo 14

O que aconteceria se as confissões das bruxas ou as opiniões de perseguidores de bruxas fossem verdadeiras, quanto aos efeitos da bruxaria, encantamentos, etc.

Se o que as bruxas confessam, o que todos os autores escrevem, o que os perseguidores de bruxas relatam ou aquilo em que os tolos acreditam fossem realidades, não teríamos manteiga na batedeira, nem vaca no curral, nem cereais no campo, nem tempo firme fora de casa, nem saúde dentro. Ou se o que estiver contido no *M. Malef.*, *Bodin*, etc., ou nos panfletos anunciados depois em inglês, sobre execuções de bruxas, fosse verdade sobre essas coisas que dizem que as bruxas confessaram, qual criatura poderia viver em segurança? Ou de que serviria tanta preparação de guerras, ou tanto trabalho, ou acusação a esse respeito?[240] Nenhum príncipe conseguiria reinar ou viver na terra. Porque (como *Danæus* diz) aquela tal *Martine*, a bruxa, matou o imperador da *Germânia* com bruxaria, assim como nossas bruxas (se pudessem) destruiriam todos os nossos magistrados. Uma bruxa velha pode derrotar um exército real; então por que precisaríamos de armas, incêndios ou quaisquer outros instrumentos de guerra? Uma bruxa poderia atender a todos os desejos e conquistar as benesses de um príncipe a seu favor, mesmo sem atacar ou derramar o sangue do povo dele.

Se alguém protestar, afirmando que as bruxas trabalham para o demônio e os príncipes cristãos não deveriam seguir tal caminho, eu respondo que poucos príncipes dispostos a batalhar teriam consciência disso, principalmente aqueles que empreendem guerras injustas, usando outros auxílios, planos e instrumentos tão ilícitos e demoníacos quanto esses, em

---

237. Jó 16.
238. Jó 2, 5.
239. *Mal. Malef. pa. 1, quæ 2.*
240. Mas essas suposições são falsas, *Ergo*, as consequências não são verdadeiras.

cujo campo não são observadas nem a lei da religião nem a ordem cristã, de tal maneira que raptos, homicídios, blasfêmias e roubos são mais comuns e cometidos livremente[241]. De modo que o demônio é mais temido e bem servido em seus acampamentos do que Deus Todo-Poderoso.

Mas admitamos que se os soldados fossem escrupulosos, o papa teria autoridade para impor também, assim como fez em caso semelhante, segundo testemunho de seus autores e amigos. Admitamos também que, por todo o Cristianismo, guerras justas são travadas e a religião devidamente observada em seus campos; mesmo assim os turcos e outros infiéis cortam nossas gargantas, ou pelo menos umas dos outros, com a ajuda de suas bruxas, pois eles não têm consciência disso.

Capítulo 15
Exemplos de nações estrangeiras, que em suas guerras usaram o auxílio de bruxas; sobre bruxas fascinantes na Irlanda e dois arqueiros que atiravam com espíritos.

A presença das bruxas nas guerras.

Nas guerras entre os reis da *Dinamarca* e da *Suécia*, em 1563, os *dinamarqueses* escrevem que o rei da *Suécia* levava consigo em seu campo quatro bruxas, que com seus feitiços afetaram de tal forma os *dinamarqueses* que eles não conseguiam perturbar os inimigos, tanto que se eles tomassem qualquer iniciativa, ficavam de tal modo debilitados por essas bruxas, que não conseguiam realizar nada. E embora isso não tivesse nenhum crédito no início, no fim uma dessas bruxas foi levada como prisioneira, e confessou tudo; de modo que os fios, a linha e os símbolos foram encontrados nas estradas e nas poças d'água.

Bruxas ocultas.

Os *irlandeses* dedicam-se maravilhosamente ao mérito e à prática disso, tanto que afirmam que não só seus filhos, como também seu gado são (como eles dizem) "eybitten" [enfeitiçados pelo olhar], quando caem repentinamente doentes, e denominam esse tipo de bruxas de "eybiters" ["feiticeiras dos olhos"]; do mesmo modo, elas afirmam que podem matar homens ou animais com seus feitiços rimados. Os *hunos* (como escreve *Gregório Turonense*) também usavam a ajuda das bruxas na hora da guerra.

Pumher, o arqueiro.

Encontro outra história escrita no *M. Malef.*, repetida por *Bodin*, que um soldado chamado *Pumher* matava diariamente usando bruxaria com seu arco e flecha três dos inimigos, quando eles vigiavam a partir dos muros de um castelo sitiado, de modo que no fim matou quase to-

---
241. *Mal. Malef., J. Bodin, Bar. Spincus.*

dos, exceto um. O julgamento da conduta sinistra do arqueiro, além de uma prova cabal disso, é que ele nunca errava quando atirava, matando-os a cada três por dia, além de ter atirado três flechas em uma cruz. Foi ele quem atirou em uma moeda na cabeça do filho e preparou outra flecha para matar o duque *Remgrave* que assim ordenara. E sem dúvida, por causa de sua singular destreza em atirar, ele foi considerado um bruxo, por fazer aquilo que outros não conseguiam fazer, nem achavam que um homem pudesse fazer, embora isso não consistisse em nenhum milagre, feitiçaria, impossibilidade nem dificuldade.

Um arqueiro habilidoso punido por um juiz inexperiente.

Mas com esta última história, posso retribuir com um exemplo familiar. Pois na cidade de *Malling*, em Kent, um dos juízes da *Rainha Maria*, depois da denúncia de muitos sábios, e alguns garotos tolos, prendeu um arqueiro, porque ele atirava perto demais da parte branca do alvo. Pois ele foi informado e persuadido de que o pobre homem jogava com uma mosca, outrora chamada de demônio ou familiar. E como verificou que o arqueiro citado atirava melhor do que o arqueiro comum, do qual ele já tinha ouvido falar ou visto antes, imaginou que isso não poderia acontecer em nome de Deus, mas por encanto, com o qual esse arqueiro (como supunha por abusar dos súditos da rainha) ganhava uns dois ou três xelins por dia, em detrimento da comunidade, para seu enriquecimento. E, portanto, o arqueiro foi severamente punido para o grande incentivo dos arqueiros e para o sábio exemplo da justiça, mas principalmente para derrotar a bruxaria. E agora de volta ao nosso assunto.

Capítulo 16

Autores condenando as confissões fantásticas de bruxas e como um doutor papista assumiu a responsabilidade de contestá-las.

Certos concílios gerais, por seus decretos, condenaram as confissões e a errônea credulidade das bruxas como vãs, fantásticas e fabulosas, incluindo aquelas coisas que são parte integrante de seu pacto em que nossos perseguidores de bruxas confiam, isto é: suas caminhadas noturnas e encontros com *Herodíade*, e os deuses pagãos, momento esse no qual elas deveriam passar tão longe em um espaço tão pequeno sobre um cavalo de pau, sua transubstanciação, o fato de se alimentarem de crianças e as tirarem do lado de suas mães, ou de entrarem nas casas dos homens, por frestas e pequenos orifícios, de onde uma mosca mal pode sair, a perturbação dos habitantes, etc., tudo o que não só é considerado por uma assembleia geral como mera fantasia, e imaginações em sonhos, mas também afirmado como tal por autores antigos.

As palavras do concílio são as seguintes[242]: "Não deve ser omitido que certa mulher perversa, seguindo as provocações de satã, depois de ser seduzida pela ilusão de demônios, acredite e professe que nas horas noturnas cavalga com *Diana*, a deusa dos pagãos, ou com *Herodíade*, com uma multidão enorme, sobre certos animais, e percorre muitas regiões e nações no silêncio da noite, e faz tudo o que essas fadas ou damas ordenam, etc.". E eles continuam: "Que nossos ministros, portanto, em suas várias curas, orem para o povo de Deus, para que as pessoas percebam que todas essas coisas são falsas, etc.". E ainda no mesmo concílio: "Portanto, quem acreditar que qualquer criatura possa ser criada por elas, ou então modificada para melhor ou pior, ou de alguma forma transformada em outro tipo ou semelhante a qualquer outra coisa que não o próprio criador, é sem dúvida um infiel e pior do que um pagão".

E se isso for digno de crédito, então todos esses pactos e assembleias, etc. são inacreditáveis, o que se ratifica por certas confissões levianas e coagidas, bem como por uma fábula de São *Germano*[243], que observou as fadas ou bruxas em uma ceia, e com sua santidade as deteve, até mandar verificar as casas daquelas vizinhas, que pareciam estar lá, e encontrá-las todas na cama, e assim comprovou que eram demônios com a aparência dessas mulheres. Se essa história fosse verdadeira, o que não é, serviria para refutar o encontro e as caminhadas noturnas delas. Pois se os demônios estão apenas presentes à semelhança das bruxas, então será falso o que for atribuído às bruxas a esse respeito.

---

242. Concil. Acquirens in decret. 26 quæ, 5, can. episcopi., August. de spiritu & anima cap. 8. Franc. Ponzivib. tract de lam. número 49, Grillandus de sort. número 6.
243. In histor. vel vita sancti Germani.

Mas como o velho martelo de *Sprenger* e *Institor*, em seu velho *Malleo Maleficarum*[244], era insuficiente para encerrar esse concílio, um jovem cabeça dura chamado Frade *Bartholomœus Spineus* fez um novo malho de chumbo para arruinar o concílio e matar essas mulheres anciãs. Nesse ponto, imitando o asno de *Esopo*, cravou as garras no lombo do papa afirmando com convicção que o concílio era falso e errôneo, porque a doutrina desviava da igreja católica e não era autêntica, mas apócrifa, dizendo (embora não seja verdade) que esse concílio não foi convocado pelo comando e prazer do papa, nem ratificado por sua autoria, o que (segundo ele) bastava para anular todos os concílios. Pois certamente (diz este frei, que neste instante é um inquisidor-chefe) se as palavras desse concílio fossem admitidas, tanto eu como todos os meus antecessores publicaríamos mentiras notórias e cometeríamos muitas execuções injuriosas, pelas quais os próprios papas também podem ter seus erros legitimamente detectados, contrários à crença católica a esse respeito. Homessa, ele diz[245], embora as palavras e o sentido direto desse concílio estejam contrários à verdade e sua opinião, ele ainda fará uma exposição disso, o que mitigará um pouco a desonestidade do concílio. Isso, ele diz, não é só admissível, mas também meritório. Prestem atenção às palavras do homem e julguem seu sentido.

---

244. *Novus Mal. Mal. in quæ. de strigib, cap. 21, 22, 23, etc.*
245. *Bar. Spineus. Mal. Malef. cap. 23. In quæ, de strigib.*

Capítulo 17

As razões dos perseguidores de bruxas para provar que elas podem operar milagres, a história de Bodin sobre um sacerdote frísio arrebatado e por que as imaginações provenientes da melancolia causam ilusões.

O antigo M. Maleficarum[246] também diz que os concílios e os doutores foram todos ludibriados aqui, e alegando autoridade, portanto, sustenta tal a opinião por meio de uma razão notável, chamada *Petitio principii* [petição de princípio], ou melhor, *Ignotum per ignotius* [o desconhecido pelo que é ainda mais desconhecido], da seguinte maneira: elas podem colocar clones no lugar de crianças; *Ergo*, elas podem se transferir e transformar a si mesmas e outros, etc., de acordo com sua confissão a esse respeito. Item, justificado por *Bodin*: um padre na *Frísia* foi transferido corporalmente para uma região distante, conforme foi testemunhado por outro padre de *Oberdorf*, seu companheiro, que o viu flutuar no ar. *Ergo*, diz o *M. Malef.*, todos eles foram ludibriados até agora para a grande impunidade das bruxas horríveis. Com tais palavras, ele contrapôs seu disparate contra Deus e sua igreja, contra a verdade e todas as possibilidades. Mas certamente é quase incrível o quanto a imaginação abusa daqueles que são propensos à melancolia, de modo que eles acreditarão ter visto, ouvido ou feito aquilo que nunca aconteceria nem deveria acontecer; como é parcialmente declarado em *Galen De locis affectis*, e aparece mais francamente também em *De somnio*, de *Aristoteles*.

E a respeito disso *Santo Agostinho*[247] diz que é um tolo e obstinado aquele que supõe que essas coisas, fantasias imaginadas por tais pessoas, são realizadas de fato e corporalmente: quais ilusões fantásticas também anuem e estão de acordo com (como diz *Algerus*[248]) truques mágicos, conforme a verdade acompanha a santidade divina.

Capítulo 18

Que a confissão das bruxas é insuficiente para tirar a vida no Direito Civil e Consuetudinário. O que os teólogos mais sensatos e os decretos de concílios determinam neste caso.

Ai! Que criatura em seu juízo perfeito faria[249] (sem coação) tais tipos de confissões assim como fazem ou fariam, por uma ninharia, ou nada, um pacto perfeito com o demônio por sua alma, para se render a torturas e chamas eternas, e isso em um espaço

---

246. *Mal. Malef. pa. 1, cap. 3, Gali, Parisi.*
247. *August. de spiritu & anima.*
248. *Lib. 1, cap. 7, de eucharist.*
249. Não é provável que elas façam isso: *Ergo*, uma mentira.

de tempo muito curto, principalmente por ser de idade mais comumente improvável de viver um ano inteiro? O terror do fogo do inferno precisa ser para elas manifestado de forma diversa e muito mais terrível, por causa de sua fraqueza, natureza e condição do que qualquer outra: como reagiria uma bruxa se lhe perguntassem se ela estaria disposta a ser enforcada em um ano, na condição de que seu desagrado possa ser descarregado em seu inimigo num instante? Quanto aos ladrões, entre outros, eles não pensam em ir para o fogo do inferno, mas por serem persuadidos de que não há inferno ou de que seu crime não merece tal punição, ou até de que eles têm bastante tempo para se arrepender, de modo que, sem dúvida, se estivessem perfeitamente resolvidos, nunca fariam tais aventuras. Nem penso que, por qualquer soma de dinheiro, eles fariam um pacto tão direto para cair no fogo do inferno. Concluo, portanto, que a confissão a esse respeito é insuficiente para tirar a vida de qualquer um, ou para obter tanto crédito, quanto a se acreditar nela sem mais prova. Pois como *Agostinho* e *Isidoro* e os demais teólogos mais sensatos[250] dizem, essas coisas prestigiosas forjadas pelas bruxas são fantásticas, assim como concordam os decretos mais sensatos de concílios e cânones que: a confissão de pessoas iludidas assim deve ser errônea e, portanto, não deve ser admitida, pois *Confessio debet tenere verum & possibile.* Mas essas coisas opõem-se à lei e à natureza e, portanto, não se depreende que como essas bruxas confessam isso, *Ergo,* é verdade. Pois a confissão difere do ato ou da possibilidade dele. E tudo o que for contrário à natureza falha em seus princípios e, portanto, é naturalmente impossível.

A lei também diz: *In criminalibus regulariter non statur soli confessioni rei* (Em casos criminais ou no tocante à vida, não devemos absolutamente contar com a confissão da parte acusada), mas nessas questões devem ser trazidas provas mais claras do que a própria luz. E nesse crime ninguém deve ser condenado com suposições. E onde se contesta e urge que como apenas Deus conhece os pensamentos, portanto não há nenhuma outra forma de prova, além da confissão, responde-se assim na lei: a confissão delas neste caso contém um ato externo, e o mesmo impossível na lei e na natureza, e também improvável de ser verdade; e, portanto, *Quod verisimile non est, attendi non debet.* De modo que, embora suas confissões possam ser dignas de punição, pois com isso elas mostram uma disposição de cometer tal dano, não são, entretanto, dignas de crédito, pois elas não têm esse poder. Porque, *Si factum absit,*

---

250. *August. de civit., Dei. Isidor. Lib. (8, cap. 9), Etymol. 26, quæ, 5. ca. nec mirum; Ponzivibius de lamiis, volum. 10. L. error & L. cum post. C. de juris & facti ignor. ac in L. de ætat. §. Item de interrog. actiō, Per glos. Bal. & alios in L. I. c. de confes. glos. nec. Si de confes. in 6 § ad leg. Aquil L. Neracius, § fin. Ut per Bald. & August. in L. I. c. de confess, &c. Extra. de presump. Liberas. Per Bald, in d. leg. &c. Extra. de test cum literis. Mal. Malef. pa. 3 quæst 5, cap. 11.*

soláque opinione laborent, é stultorum genere sunt: se elas confessam um fato realizado apenas na opinião, devem ser julgadas entre os vários tolos. Nenhum homem pode por lei ser condenado por causas criminais, por suposições, nem mesmo por apenas uma testemunha, nem com a acusação de um inimigo capital, que de fato não deve ser autorizado a apresentar evidência neste caso, ainda que o *M. Malef.* e *Bodin* queiram afirmar o contrário. Mas além de toda imparcialidade, esses inquisidores têm artifícios e dispositivos suficientes para perturbar e matar essas pobres almas, pois (eles dizem)[251] sua culpa é maior do que todas as outras, por causa de sua cópula carnal com o demônio e, portanto, elas devem ser punidas como hereges, de quatro formas: com excomunhão, privação, perda de bens e também com a morte.

E de fato eles encontram a lei e fornecem os meios com isso para manter esse seu humor sanguinário. Pois está escrito em seus cânones papistas[252] que: "Quanto a tais tipos de hereges, mesmo que elas se arrependam e retornem à fé, não podem ser mantidas vivas ou em prisão perpétua, mas devem sofrer uma morte extrema". De fato, o *M. Malef.* escreve[253] que: "o pecado de uma bruxa é o pecado contra o espírito santo, ou seja, irremissível; além do mais, é maior do que o pecado dos anjos caídos". Em virtude do que me pergunto por que *Moisés* não entregou três tábuas para os filhos de Israel ou ao menos por que ele não exibiu mandamentos para isso. Não é verossímil que o maior deveria ser incluído no menor, etc.

Mas quando esses perseguidores de bruxas são convencidos na contestação a respeito das confissões delas, para que com isso seus argumentos tirânicos não prevaleçam e manchem as mãos dos magistrados em tanto sangue quanto exige seu apetite, eles se põem a acusá-las de outros crimes, para que o mundo pense que suas acusações furiosas contra as bruxas são plausíveis.

Capítulo 19
Quatro crimes capitais imputados às bruxas, todos completamente respondidos e refutados como frívolos.

Idolatria refutada.

Primeiro eles as acusam de idolatria. Mas infelizmente sem qualquer razão: pois as bruxas são propriamente conhecidas por nós como idólatras, por fazerem um culto externo a ídolos ou deuses estrangeiros. O ponto mais distante até onde a idolatria pode ser estendida é que elas, que são culpadas disso, são assim por uma esperança e a busca

---

251. *Mal. Malef. quæst. 14. pa.*
252. *C. de Malef. L. nullus. L nemo & L. culpa e afirmado por Mal. Malef.*
253. *Mal. Malef. quæst 17.*

por salvação nas mãos de ídolos ou de qualquer outro além de Deus ou ajustam toda sua mente e amor para qualquer criatura, de modo que dessa forma o poder de Deus é negligenciado e desprezado.
Apostasia refutada.
No entanto, as bruxas não buscam nem acreditam ter salvação nas mãos de demônios, apenas são por eles enganadas; os instrumentos de sua fantasia são corrompidos e, assim, cegas de paixão, elas supõem, confessam e afirmam que podem fazer isso, que está tão além do seu poder e natureza, como matar um homem em *Yorke* antes do meio-dia, quando elas foram vistas em *Londres* naquela manhã, etc. Mas se essas últimas idólatras, cuja idolatria é espiritual e cometida apenas na mente, devem ser punidas com a morte, então todo homem cobiçoso também deveria, bem como qualquer outro que demonstre seu afeto de qualquer forma por uma criatura terrena, ainda que por acaso a bruxa escapasse, totalmente livre.
Sedução das pessoas, refutada.
Segundo, elas são acusadas de apostasia e, por causa disso, infere-se que merecem morrer. Mas a apostasia consiste em um julgamento sensato que renuncia ao evangelho, e não só abraça a impiedade e a infidelidade, mas também opugna e resiste à verdade outrora proferida. Essas pobres mulheres, contudo, não defendem por aí afora qualquer impiedade, mas se arrependem depois de uma boa admoestação.
Cópula carnal com Íncubo, refutada.
Terceiro, eles as executariam por seduzir as pessoas. Mas Deus sabe que elas têm pouco conhecimento de Retórica ou da arte da sedução, a menos que o relato de uma história do Bom Robin engane e seduza. Nem a idade nem o sexo delas admitem que a opinião ou a acusação sejam justas, pois elas mesmas são pobres almas seduzidas. Da minha parte (como já disse em outro momento), provei que este ponto é falso de forma evidente.

Quarto, no tocante à acusação que todos os autores usam aqui contra elas por sua cópula carnal com o Íncubo: o desatino da credulidade dos homens deve ser tanto digno de espanto quanto de escárnio, assim como as vãs e impossíveis confissões dos outros. Pois o demônio é um espírito, não tem carne nem ossos que seriam necessários para realizar essa ação. E visto que ele também não tinha todos os instrumentos, substância e semente produzida de sangue, seria tolice insistir demais na refutação daquilo que não está na natureza das coisas. Entretanto, devo dizer algo aqui, porque a opinião acerca disso é tão forte e universalmente recebida e as fábulas sobre isso tão inúmeras, com as quais o *M. Malef., Bodin, Hemíngio, Hiperio, Danæus, Erasto* e outros, que assumem a responsabilidade de escrever, são tão abusados, ou tentam abusar os outros, que me espanto com sua insensata credulidade a esse respeito. Pois eles afirmam sem qualquer sombra de dúvidas que o demônio representava o *Súcubo*[254] no homem, tirava dele o sêmen da geração, que ele entregava como Íncubo para a mulher, que muitas vezes se torna grávida, dessa forma, de uma criança que se tornará muito naturalmente (eles dizem) um bruxo, tal como eles afirmam ser *Merlim*.

---

254. O demônio representava Súcubo e Íncubo.

Capítulo 20

Um pedido aos leitores relutantes em ouvir ou ler questões imundas e obscenas (que por necessidade são inseridas aqui) a pular oito capítulos.

Uma conclusão ao leitor.

Como estou motivado (para a acusação e demonstração manifesta desse erro mais obsceno e horrível) a macular meu papel escrevendo nele certas declarações e exemplos bestiais e indecentes, por meio dos quais se confirma essa doutrina (eu mesmo fico envergonhado e relutante ao pensar em tamanha sordidez, embora seja para a condenação dela), devo advertir o leitor, cujos ouvidos castos não podem suportar bem ouvir tais obscenidades abomináveis, coletadas dos livros desses perseguidores de bruxas (embora doutores de teologia e outrora de grande autoridade e estima), a virar algumas páginas, nas quais (digo), como um mordomo, varre seu material indecente (mesmo aquilo que eu mesmo acho repugnante) para um canto fedorento. Todavia, salvo caso contrário, espero que as outras partes da minha escrita permaneçam doces, e que também fiquem tão veladas quanto for possível.

Quarto Tomo

Capítulo 1

As opiniões dos perseguidores de bruxas a respeito dos espíritos do mal, como eles se encaixam em uma qualidade mais excelente do que a que Deus nos fez.

James Sprenger e Henrie Institor, no M. Malef.[255] concordando com Bodin, Barth, Spineus, Danœus, Erasto, Hemíngio e os demais, proferem um discurso obsceno, esforçando-se para provar por um tipo tolo de filosofia que espíritos malignos não somente podem adotar formas terrestres e aparências de homens, como também imitar a audição, a visão, etc.; e da mesma forma, que eles podem comer e devorar carnes, e também reter, digerir e evitá-las e, finalmente, engajar-se em diversos tipos de atividades, mas são especialmente excelentes no uso e na arte do sexo. Pois o M. Malef. diz que: "os olhos e os ouvidos da mente são bem mais sutis do que os olhos corporais e os ouvidos carnais". De fato está lá declarado que quando eles assumem os corpos, e a imagem dos membros, também assumem as mentes e as semelhanças de suas operações. Mas, a propósito, eu os faria responder a esta pergunta: Nossas mentes e almas são coisas espirituais. Se nossos ouvidos corporais forem tapados[256], o que elas poderiam ouvir ou conceber de qualquer conhecimento externo? E de fato um homem com tal constituição corporal, como eles imaginam que têm esses espíritos, o que faz deles, etc., feitos de uma substância bem mais excelente, etc. do que os corpos daqueles que Deus fez no paraíso; assim, o culto ao demônio deveria exceder o trabalho manual de Deus, pai e criador de todas as coisas.

Capítulo 2

Os obscenos Íncubo e Súcubo, e se o ato sexual pode ser realizado entre bruxas e demônios, e quando as bruxas se entregaram pela primeira vez a um Íncubo.

Até agora (dizem eles)[257] o Íncubo estava satisfeito em violar mulheres contra sua vontade, até o ano 1400, mas, desde então, as bruxas

---
255. Mal. Malef. par. 2, cap. 4, quæst 1.
256. Se os olhos corporais dele fossem extirpados, veria apenas de forma desagradável.
257. Nider in fornicario. T. Brabant in lib. de apib.

consentem de boa vontade com os desejos dele, tanto que algumas exercitaram essa troca de luxúria com o Íncubo por 20 ou 30 anos juntos, como confessaram as 48 bruxas queimadas em *Ravenspurge*. Mas o que os companheiros espirituais Íncubos germinavam nessas bruxas é provado por *Tomás de Aquino, Bodin, M. Malef., Hipério, etc*[258].

A prova está, em primeiro lugar, na astúcia do demônio em discernir a diferença do sêmen que sai do homem. Segundo, por sua compreensão da aptidão da mulher em recebê-lo. Terceiro, por seu conhecimento das constelações, que são amigáveis a esses efeitos corporais. E, por fim, pelo excelente aspecto geral daqueles que o demônio escolheu para gerar personagens tão notáveis, como são as causas da grandeza e da excelência do filho assim gerado.[259]

E para provar que tal conduta obscena entre o demônio e as bruxas não é forçada, cita-se Santo *Agostinho*[260], que diz: "todas as artes supersticiosas iniciaram-se na associação perniciosa entre o demônio e o homem". Na qual ele diz exatamente que no paraíso, entre o demônio e o homem, toda a perversidade foi criada, tanto que o homem desde então estuda as artes malignas, de fato, e o demônio com certeza estará no meio e nos dois extremos de cada maldade. Mas que o demônio engravidou uma mulher, no modo e na forma como se acredita, e naturalmente gerou o mal, não é verdade, tampouco afirmou tal coisa *Agostinho*.

Todavia, o *M. Malef.* continuou afirmando que todas as bruxas tiveram seu início nessas ações imundas,[261] em que o demônio, assumindo a aparência de uma linda meretriz, prostituiu-se como *Súcubo* com um homem, e retendo sua natureza e sêmen, transmite-os à bruxa, a quem ele as entrega como um Íncubo. Aí também se refuta a opinião daqueles que sustentam que um espírito é impalpável. O *M. Malef.* diz: "Não pode ser apresentada nenhuma regra infalível, embora uma distinção provável possa ser registrada, se o Íncubo no ato sexual sempre derrama o sêmen do corpo que assume. E esta é a distinção: ou ela é velha e infértil, ou jovem e fecunda. Se for infértil, então o Íncubo a usa sem decisão de semente, porque essa semente não serviria para nada. E o demônio evita a superfluidade tanto quanto pode e, ainda assim, tanto pelo prazer quanto pela condenação de tal mulher, ele entra em ação com ela". Mas, a propósito, se o demônio fosse tão conciso, por que precisaria usar essas circunstâncias, até essas ações, para realizar essas assembleias, reuniões secretas, cerimônias, etc., quando ele já comprou seus corpos e negociou suas almas? Ou que razão ele teria para fazê-las matar tantas crianças, por meio da qual ele mais perderia do que ganharia qualquer coisa, já que as crianças são, tanto quanto ele ou nós sabemos, na melhor das

---

258. *In. sem. dist. 4. art. 4*.
259. Gênesis 6, 4.
260. *Mal. Malef. par. 2, quæ. I; Agostinho, de doctrina Christi*.
261. *Mal. Malef. quæ 1, parœ 1*.

hipóteses, mais puras por causa de sua inocência? Bem, se a mulher não tem mais idade de ter filhos, então ele rouba o sêmen (como foi dito) de algum homem perverso prestes a começar alguma atividade lasciva e, com isso, engravida jovens bruxas em vez das mais velhas.

Note que eles afirmam que essa transação é mais bem consumada com o sêmen assim coletado do que aquele derramado em sonhos, pela superfluidade dos humores, porque é coletado da excelência da semente gerativa. E se disserem que o sêmen esfriará, e assim perderá seu calor natural, e consequentemente sua excelência, *M. Malef., Danæus* e os outros responderão que o demônio pode carregá-lo, pois calor nenhum sairá dele, etc.[262]

Além disso, bruxas velhas juram reunir tantas jovens virgens quantas conseguirem para o Íncubo, e com o tempo elas se tornam excelentes libertinas, mas nesse caso o padre representa o Íncubo. Pois percebe-se que a confissão a um padre, principalmente esta palavra, *Benedicite*, afasta o Íncubo, quando *Aves-Marias*, sinais da cruz e todos os outros amuletos falham.

Capítulo 3
Os demônios visíveis e invisíveis lidando com as bruxas na forma da luxúria.

Quanto à execução da luxúria de demônios visíveis ou invisíveis, está escrito que para essas bruxas, já que fizeram antes uma aliança visível com o sacerdote (o demônio, devo dizer), não há necessidade de o Íncubo manifestar-se invisível: a união pelos seus padrões é invisível na maior parte. Como prova disso, *James Sprenger* e *Institor* afirmam[263] que muitas vezes as bruxas são vistas nos campos e bosques prostituindo-se, descobertas e nuas até o umbigo, sacudindo e mexendo seus membros em toda parte, de acordo com a disposição de um ser sobre esse ato de concupiscência, e mesmo assim os observadores nada veem à volta dela, exceto depois de um tempo conveniente para tal ato, um vapor negro da altura e largura de um homem, observado como se saísse dela e subisse. Entretanto, muitas vezes o marido vê o Íncubo copulando com sua esposa[264], à semelhança de um homem, e às vezes lhe corta a cabeça com a espada, mas como o corpo não passa de ar, junta-se à cabeça de novo, de modo que, embora a esposa às vezes fique ferida com isso, ainda assim ela convence o marido de que ele está louco ou possuído e que não sabe o que faz. Pois ela tem mais prazer e

---

262. *Mal. Malef. par. 1, quæ 1. Danæus in dialog. de sotiariis; Ja. Sprenger in Mal. Malef.*
263. Isso foi feito em Ravenspurge.
264. *Mal. Malef.*

deleite (afirmam) com o Íncubo do que com qualquer homem mortal, o que indicaria que os espíritos são palpáveis.

Capítulo 4

O poder da geração impedido, tanto externa quanto internamente, pelas bruxas, e vários homens que tiveram seus genitais retirados por bruxas e pelos mesmos meios recuperados.

Também afirmam os autores que a virtude da geração é impedida pelas bruxas, tanto interna, como externamente, pois internamente elas reprimem a coragem e impedem a passagem do sêmen do homem, de modo que ele não possa descer ao receptáculo da geração; além disso, elas se danificam externamente, com imagens, ervas, etc. E para provar a veracidade disso, certas histórias do *M. Malef.* merecem ser citadas.

Um jovem padre em *Mespurge*[265], na diocese de *Constance,* foi a tal ponto enfeitiçado que ele não tinha força para ocupar nenhuma outra mulher além de uma e, para se livrar dessa servidão, tentou fugir para outra cidade, onde ele poderia usar essa ocupação sacerdotal mais livremente. Mas foi tudo em vão, pois era sempre trazido de volta à noite, por mais que tivesse se afastado no dia anterior, ora pela terra, ora pelo ar, como se voasse. E se isso não for verdade, tenho certeza de que *James Sprenger* mente.

Para confirmar nossa crença no Íncubo, o *M. Malef.* cita uma história de uma importância notável ocorrida em *Ravenspurge,* tão verdadeira e clara quanto o restante. Um jovem deitado com uma meretriz naquela cidade (diz ele) fora forçado a deixar seus instrumentos de ato sexual para trás, por meio dessa prestigiosa arte da bruxaria, de modo que no lugar deles nada se pudesse ver ou sentir, exceto por seu corpo liso. Esse jovem foi obrigado por outra bruxa a ir até ela, da qual ele suspeitava, e por meios lícitos ou ilícitos pedir-lhe ajuda, e logo depois de se encontrar com ela, suplicou por seu favor, mas foi tudo em vão. Ele, portanto, a pegou pelo pescoço e com uma toalha a estrangulou, dizendo: "Recupera meu instrumento ou morrerás por isso". Então ela, inchada e com o rosto ficando azul, e pronta para morrer pelo tratamento violento, disse: "Solta-me e eu te ajudarei". E enquanto ele soltava a toalha, ela colocava a mão em sua braguilha e tocava o local, dizendo: "Agora tens teu desejo", e naquele mesmo instante, ele se sentiu recuperado.

Da mesma forma[266], um padre reverendo, notório por sua vida, santidade e conhecimento, frade da ordem e da companhia de *Spire,* relatou que um jovem em confissão lamentou a mesma perda, mas por

---

265. *Mal. Malef. cap. 6, quæ 1. Pa. 2.*
266. *Jo. Sprenger, in Mal. Malef. par. 2, quæ 1.*

causa de sua sobriedade ele não acreditava facilmente nesses relatos e, por isso, mandou o jovem soltar sua braguilha e viu que a queixa era verdadeira e justa. Em seguida, ele o aconselhou ou mandou procurar a bruxa de quem ele suspeitava, e pedir-lhe com palavras lisonjeiras ser boa para ele e restaurar seu instrumento, o que por esse meio ele conseguiu e logo depois retornou para demonstrar seu agradecimento e contou ao santo padre sobre seu sucesso a esse respeito; mas para acreditar nele, o padre precisaria ser *Oculatus testis* e pediu ao jovem que abaixasse seus calções e ficou satisfeito com a palavra e a certeza disso.

Outro jovem[267] sofrendo dessa mesma forma procurou uma bruxa para sua recuperação. Ela então o levou a uma árvore, onde lhe mostrou um ninho e pediu-lhe que subisse e o pegasse. No topo da árvore, ele pegou do ninho um instrumento grande, mostrou-o para ela, perguntando se poderia ficar com ele. "Não", disse ela, "este é o instrumento do padre da nossa paróquia, mas pegue qualquer outro que quiser". E afirma-se lá que alguns encontraram 20 e outros 30 desses instrumentos, preservados com forragem, preservando-lhes a abundância. E não há contradição (pois tudo o que é escrito contra as bruxas deve ser verdade) que se uma bruxa privar alguém de seus genitais, isso é feito apenas por meios prestigiosos, de modo que os sentidos são apenas iludidos. Por meio do demônio a alegria é realmente retirada e pelo mesmo meio recuperada. Não há troças, pois tais relatos são escritos por aqueles que foram e são os juízes das vidas e mortes dessas pessoas.

Capítulo 5

O bispo Silvano, sua lascívia revelada e oculta de novo, como as donzelas com cabelo loiro são mais assediadas pelo Íncubo, além de como homens casados são enfeitiçados a usar as esposas dos outros homens e a recusar as suas.

Santos tão divinos e castos quanto cavalos e éguas.

Reza a lenda[268] que à noite o Íncubo deitou-se ao lado de uma mulher na cama e fez amor ardente com ela, mas ela, ofendida, gritou tão alto, que atraiu o companheiro e este encontrou o Íncubo debaixo da cama com a aparência do santo bispo *Silvano*, homem santo que foi muito difamado por isso, até que finalmente essa infâmia foi expurgada pela confissão de um demônio feita no túmulo de *São Jerônimo*. Oh, excelente exemplo de bruxaria ou enganação elaborada por *Silvano!* Da mesma forma, Santa *Cristina* precisou levar consigo o Íncubo de outra donzela e deitar em seu quarto, e a história diz que ela era abusada maliciosamente. Só mesmo uma megera mudaria de cama com

---

267. *Mal. Malef. cap. 7, par. 2, quæst. 1.*
268. *In vita Hieronym.*

a companheira por tal motivo, deixando que esta fosse assediada todas as noites por um Íncubo, tendo de lidar com ele sozinha.

As donzelas louras.

Mas aqui a seguinte nota do inquisidor não deve ser esquecida: que donzelas de cabelo louro são as mais molestadas por esse espírito. Também está escrito na lenda de *São Bernardo* que uma linda meretriz que teve seu corpo usado por um Íncubo pelo espaço de seis ou sete anos em *Aquitânia* (talvez cansada dele por ele ter envelhecido) precisou procurar São *Bernardo* por mais um período. Mas o Íncubo lhe disse que se ela o abandonasse assim, depois de ser por tanto tempo seu verdadeiro amor, ele se vingaria, etc. De qualquer forma, ela procurou *São Bernardo*, que lhe deu uma ripa de madeira e mandou que ela a colocasse na cama ao lado dela. E de fato o demônio, temendo a ripa de madeira, ou que São Bernardo deitasse lá, não ousou se aproximar dos aposentos dela naquela noite. O que ele fez depois, não tenho certeza. Deveras, há outras circunstâncias, além de muitas outras mentiras indecentes parecidas na Legenda Áurea. Mas aqui novamente não podemos esquecer a nota do inquisidor:[269] que muitos estão tão enfeitiçados que não conseguem usar suas próprias esposas, mas eles podem muito bem se servir de qualquer outro corpo. Tal bruxaria era muito prática para muitos maus maridos, para os quais era uma boa desculpa dizer que estavam enfeitiçados.

---

269. *Mal. Malef. par. 2. quæ 2. cap. 2.*

Capítulo 6

Como obter a dissolução do amor enfeitiçado, além de forçar um homem (por mais decente que ele seja) a amar uma velha bruxa; e um truque obsceno de um sacerdote em Gelderland.

Sobre um padre obsceno em Gelderland.

Os padres dizem que a melhor cura para mulher molestada dessa forma, além da confissão, é a excomunhão. Mas para obter a dissolução do amor enfeitiçado e coagido, a parte enfeitiçada deve usar o sapato da pessoa amada de penico. E para forçar um homem, por mais decente que ele seja, a amar uma velha rabugenta, esta lhe dava de comer (entre outras coisas) as fezes dela, e assim uma bruxa velha fez três abades de uma única casa morrer por seu amor como ela mesma confessou, como consta no relato do *M. Malef.*

Em *Gelderland*, um padre convenceu uma mulher de que ela estava enfeitiçada e, a menos que ele rezasse uma missa no ventre dela, ela não poderia ser ajudada. Ao que ela consentiu e deitou-se nua no altar enquanto ele rezava a missa, para a satisfação da luxúria dele, mas não para o alívio do sofrimento da mulher. Falo de outras curas em outros lugares mais civis. Todavia, certas curas milagrosas, cheias de obscenidades e mentiras, devem ser citadas aqui ou em nenhuma outra parte.

Capítulo 7

Sobre diversos santos e pessoas santas, que eram excessivamente obscenos e desonestos e por certos meios milagrosos tornaram-se castos.

Cassiano escreve[270] que S. *Cireneu* era muito devasso, e de mente admiravelmente religiosa, jejuou e orou até seu corpo ser reduzido milagrosamente à castidade. No fim, um anjo veio até ele à noite, e cortou certos caroços de sua carne, que eram centelhas de concupiscência, de modo que depois ele nunca mais teve movimentos da carne. Relata-se[271] também que o abade *Equicius*, naturalmente tão impuro quanto o outro, recorreu ao seu rosário tão devotamente pela recuperação da retidão, apareceu-lhe um anjo e o castrou; depois disso (realmente) ele ficou tão casto como se nada existisse sob suas calças; e se antes ele era o superior dos monges, tornou-se depois disso mestre das freiras. Do mesmo modo se diz que *Helias*[272], o santo monge, reuniu 30 virgens em um monastério, que ele administrou e controlou no espaço de dois anos, enquanto seu orgulho e o calor no meio das suas pernas cresciam tanto que ele foi obrigado a abandonar a casa santa e rumar para um deserto, onde jejuou e rezou por dois dias, dizendo: "Senhor, extingui meus humores lascivos quentes, ou matai-me". Depois disso, na noite seguinte, três anjos aproximaram-se dele e perguntaram-lhe por que abandonara seu cargo, mas o santo homem teve vergonha. Todavia, eles insistiram dizendo: "Voltarás a essas donzelas, se te libertarmos de toda concupiscência?" "Sim (ele respondeu), com todo meu coração." E quando o fizeram prometer solenemente fazer isso, eles o levantaram e o castraram, um deles segurando suas mãos, e o outro os pés, enquanto o terceiro cortou fora seus colhões. Mas a história diz que não terminou assim, mas em uma visão. No que, aliás, acredito, porque cinco dias depois ele voltou para suas subordinadas, que choraram por ele todo esse tempo e abraçaram seu doce companheiro com alegria no seu retorno. *Nider*[273] escreve uma história semelhante sobre *Thomas*, que dois anjos o curaram dessa doença lúbrica colocando nele um cinto que eles trouxeram consigo do céu.

---

270. *In coll. Patrum.*
271. *Gregor. lib. 1, dial. 2.*
272. *In vitis patrum, Heraclides in paradiso.*
273. *Nider in fornicario.*

Capítulo 8

Certas curas mágicas e papistas para aqueles com os genitais enfeitiçados.

A primeira e especial cura direta para quem for enfeitiçado na genitália é a confissão, seguida pela água-benta e aquelas bugigangas cerimoniais, *Aves-Marias* e todos os tipos de sinais da cruz, todos considerados benéficos, exceto se a bruxaria for perpétua, nesse caso a esposa pode ter um divórcio, claro.

Item: comer miúdos de carneiro ou torta feita com eles ajudou um enfeitiçado a recuperar o movimento de seu membro[274].

Item: a fumaça do dente de um morto[275].

Item: untar o corpo de um homem com a bile de um corvo[276].

Item: encher uma pena com mercúrio e colocá-la debaixo da almofada onde a pessoa senta, ou então colocá-la debaixo da soleira da porta do quarto ou da casa onde o indivíduo mora[277].

Item: cuspir no próprio peito, se você estiver enfeitiçado, é muito bom[278].

Item: urinar em uma aliança de casamento. Se alguém tiver sua genitália atingida por bruxaria ou por algum motivo sofra dessa doença, *Hostiensis* responde: mas como tenho vergonha de colocar a tradução, cito aqui então seu experimento em latim: *Quando virga nullatenùs movetur, & nunquam potuit cognoscere; hoc est signum frigiditatis: sed quando movetur & origitur, perficere autem non potest, est signum maleficii*[279].

Mas *sir Th. Moore* tem uma cura para essa questão, que tenho vergonha de escrever, seja em que idioma for, pois ela ultrapassa em obscenidade imunda todas as histórias que já ouvi. Mas esse é um remédio para conseguir a criação em vez da cura da bruxaria, embora sirva para os dois casos.[280]

Item: quando o instrumento sexual de alguém for enfeitiçado, certos sinais devem ser escritos em um pergaminho virgem, celebrado e consagrado por um padre católico, nele também deve ser escrito o salmo 141 e ele deve ser preso *Ad viri fascinati coxam*[281].

Item: uma tal *Katharine Loe* (com um marido não muito disposto como ela gostaria) fez uma imagem de cera à semelhança do membro enfeitiçado do seu marido e a ofereceu ao altar de *Santo Antônio* para

---

274. *Aliter.*
275. *Aliter.*
276. *Aliter.*
277. *Aliter.*
278. *Aliter.*
279. *Aliter.*
280. Receita medicinal de *sir* Thomas Moore, etc.
281. *Aliter.*

que, durante a santidade da missa, ela pudesse ser consagrada para ele ficar mais corajoso, mais bem disposto e hábil, etc[282].

Capítulo 9
Uma cura singular feita a alguém molestado por um Íncubo.

Agora cansado com o relato detalhado de tantas obscenidades horríveis, imundas e ações e paixões fabulosas de bruxas, junto ao espírito Íncubo, encerrarei com uma história real retirada de *Jason Pratensis*[283], que, embora seja rude, não é inteiramente tão impura quanto o restante.

Recentemente, veio até mim (diz ele) um padre, fazendo uma queixa lastimável e dizendo que se eu não o ajudasse, ele estaria perdido e completamente arruinado, tamanha era sua enfermidade, pois (disse ele) eu costumava ser belo e gordo, e de uma aparência excelente e veja como pareço agora um verdadeiro fantasma, só pele e osso, etc. Qual é o problema (cita *Jason?*) Vou mostrar-te, senhor, disse o padre. Vinha até mim, quase todas as noites, uma certa mulher, desconhecida, que se deitava com tanto peso sobre meu peito que eu perdia o ar, não conseguia gritar, afastá-la com as mãos nem fugir. Sorri (diz *Jason*) e disse-lhe que ele era atormentado por uma doença chamada Íncubo ou o pesadelo e o resto era fantasia e vã imaginação. Não[284] (disse o padre), não pode ser, por Nossa Abençoada Senhora, digo-te que ao acordar vi com meus próprios olhos e senti com minhas mãos. Eu a vejo quando ela vem até mim, e tento repeli-la, mas estou tão debilitado que não consigo e atrás de uma solução corri de um lugar a outro, mas nenhuma ajuda consegui. Finalmente procurei um velho frade considerado um homem estranho, mas com o dom de ajudar e como solução ele recomendou-me rezar, mas tenho certeza de que Deus estava cansado das minhas tediosas orações há muito tempo. Então eu procurei uma velha (diz o padre) considerada uma bruxa astuta e ela recomendou-me que na manhã seguinte, na aurora do dia, eu urinasse e imediatamente cobrisse o local ou interrompesse o fluxo com minha meia do pé direito, e antes da noite a bruxa viria me visitar. E embora (diz ele) o respeito às minhas ordens de certa forma me deixa morrendo de medo da execução da sua recomendação, entretanto, as diversas formas da minha necessidade e, especialmente, minhas dores levaram-me a testar aquelas palavras. E pela Santa Cruz (diz o padre) a profecia dela bateu tão certeira quanto um pau. Pois uma bruxa veio à minha casa queixando-se de uma dor na bexiga e que não conseguia urinar. Mas não pude por

---
282. *Aliter.*
283. *Jason Pratensis de cerebri morbo*, ca. 16.
284. O padre está convencido do erro de sua fantasia.

meios lícitos ou ilícitos obter dela a promessa que deixaria de me molestar à noite, ao contrário, manteve seu velho costume. Não consegui[285] (diz *Jason*) tirá-lo do mau humor, mas depois que me visitou três ou quatro vezes, ele começou a se confortar, e enfim reconheceu a doença e recuperou-se dela.

Capítulo 10
Uma refutação de todos os disparates anteriores no tocante ao Íncubo, que por exemplos e provas da mesma natureza mostra-se como evidente falsidade, na qual se desmente a cópula carnal com espíritos.

Assim são cobertas as lascívias com o manto do Íncubo e da bruxaria, contrariamente à natureza e à veracidade, e com essas fábulas sustenta-se a opinião de que homens foram gerados sem cópula carnal (como *Hipério* e outros escrevem sobre *Merlim*, An. 440)[286], principalmente para justificar e manter as mentiras e lascívias de padres indolentes e monges indecentes, e para cobrir a vergonha de suas amantes e concubinas.

E, infelizmente, quando grandes acadêmicos foram enganados dessa forma, com a imaginação do Íncubo e sua sociedade carnal com as mulheres, interpretando erroneamente as escrituras, isto é, o local em *Gênesis 6*, a respeito da sedução, não é tanto de se admirar que esse engano tenha se alastrado tanto entre as pessoas comuns.

Mas para usar poucas palavras aqui, espero que compreendam que eles afirmam e dizem que o Íncubo é um espírito e acredito que saibam que um espírito não tem carne nem ossos, etc., e que ele não come nem bebe. De fato, nossas antepassadas colocavam uma xícara de leite diante dele e de seu primo Bom Robin, para moer malte ou mostarda e varrer a casa à meia-noite, e dizem que ele se irritava muitíssimo se a criada ou a dona da casa, sentindo pena de sua nudez, deixasse qualquer roupa para ele, além de sua refeição de pão branco e leite, que era sua cobrança permanente. Pois neste caso ele dizia: "O que temos aqui? Hemton, hamten, aqui eu não piso nunca mais".

Continuando nessa refutação, onde não se come carne, não pode haver semente dela gerada[287], embora se admita que Robin pudesse comer e beber, era como um frade indolente e farsante, na condição de mentiroso contumaz, não lhe faltavam lubricidade ou a habilidade de enganar, etc. Além disso, quando faltam os órgãos genitais, não pode haver luxúria da carne, tampouco concede a natureza qualquer desejo de geração, onde não há propagação ou sucessão necessária. E como os

---
285. A recuperação do padre.
286. Merlim gerado do Íncubo.
287. *Quia humor spermaticus ex succo altimentari provenit.*

espíritos não sofrem com a fome, então não podem ser inflamados com concupiscência. E se os homens vivessem para sempre, que necessidade teriam de sucessores ou herdeiros? Pois é apenas uma lei de Deus preencher o lugar, o número, o mundo, o momento e, especialmente, realizar sua vontade. Mas o poder da geração[288] consiste não somente em membros, mas sobretudo em espíritos vitais, e no coração, que os espíritos nunca têm em tal corpo como Íncubos, por ser apenas um corpo usurpado, como eles mesmos dizem. Entretanto, a maioria dos autores aqui afirma que é um corpo palpável e visível, embora tudo o que está escrito não passe de fantasias e fábulas.

Capítulo 11
Que o Íncubo é uma doença natural, com remédios para ela, além de curas mágicas descritas aqui.

O que é o Íncubo e quem é mais assediado por ele.

Mas em verdade, esse Íncubo é uma doença corporal (como foi dito), embora se estenda à perturbação da mente, que por alguns é chamada O Pesadelo, oprimindo muitos no sono com tanta dor que não conseguem pedir ajuda ou se mexer sob o fardo desse humor pesado, que se origina do vapor emanando da crueza e acidez do estômago, que subindo para a cabeça oprime o cérebro, tanto que muitos ficam muito debilitados por isso, como se fossem assombrados à noite. Os mais perturbados com essa doença são aqueles que, propensos a isso, deitam-se virados para cima, de modo que virar e deitar-se de lado é uma solução ideal. Da mesma forma, se alguém ouvir o gemido do cônjuge, falar com ele, para acordá-lo, o alivia na hora. Todavia, há curas mágicas para isso, por exemplo:

São Jorge, São Jorge, cavaleiro de Nossa Senhora,
Ele caminha tanto de dia como à noite
Até aquele momento em que a encontra,
Ele a derrota e a prende,
Até jurar-lhe fidelidade,
E que não virá até ela[289] *naquela noite.*

Visto que *São Jorge*, o cavaleiro da Nossa Senhora, era chamado três vezes São Jorge.

Item: pendure na cama da pessoa aflita uma pedra que naturalmente tenha um furo, para que uma corda passe por ela, e pendure-a sobre a pessoa doente ou enfeitiçada, seja homem, mulher ou cavalo.

---

288. *Ad faculiatem generandi tam interna quám externa organa requiruntur.*
289. Ele.

Item: no *M. Malef.*²⁹⁰ a excomunhão é citada como muito notável e melhor do que qualquer amuleto para esse propósito. Há também outros poemas e amuletos criados para essa doença, os quais são o disfarce comum para a ignorância dos maus médicos. Mas *Leonard Fuchsius*²⁹¹ em seu primeiro livro, no capítulo 31, não só descreve essa doença, e suas causas, como também registra muito doutamente a cura dela, para a completa desmistificação da tolice dos perseguidores de bruxas a esse respeito. *Hipério*, muito encantado e cego nessa questão de bruxaria, apega-se à interpretação do *Gênesis 6* de onde se extrai a opinião sobre *Íncubo* e *Súcubo*: *Viderunt filii Dei filias hominum, quòd elegantes essent, acceperunt sibi in uxores ex omnibus, quas elegerant, etc.*; parece manter, por ouvir dizer, essa opinião absurda e, no entanto, no fim é levado a concluir o seguinte: sobre os espíritos malignos *Íncubo* e *Súcubo* não pode haver nenhuma razão firme ou prova publicada nas escrituras, usando as seguintes palavras: *Hæc ut probabilia dicta sunto, quandoquidem scripturarum præsidio hac in causa destituimur*. Como se dissesse: que seja considerado certo, isto é, por meio da razão humana, porque não temos escrituras para manter a boa qualidade da causa.

Tertuliano e *Sulpício Servero*²⁹² interpretam *Filios Dei* como anjos, ou espíritos malignos, encantaram-se com a beleza das meretrizes e, por fim, geraram gigantes com elas. O que é completamente refutado por *Cristóstomo, Hom. 22* em *Gen.*; mas principalmente pela circunstância do texto.

Capítulo 12

A censura de G. Chaucer, a respeito da enganação do Íncubo.

Agora (depois de todo esse longo discurso de enganações disfarçadas abomináveis) concluo aqui com certos versos de *G. Chaucer*²⁹³, que ao detectar os absurdos da Igreja Católica, pensava o seguinte da enganação dos padres nessa questão do Íncubo, e (a seu tempo) escarnecia de sua tolice e falsidade da seguinte maneira:

Por enquanto a grande caridade e orações

De esmoleres e outros frades santos,
Que revistam cada terra e cada rio
Tão turvos quanto um grão de pó sob o raio do sol,
Alegrando corredores, cozinhas, aposentos e quartos,
Cidades, bairros, castelos e suas torres,
Aldeias, celeiros, currais e leiterias,

---

290. *M. Malef. par. 2. Quæ 2, cap. I, col. 2.*
291. *Leon. Fuchsius de curandi ratione.*
292. *Tertuliano in libro de habitu muliebri. Sulp. Sever, in epitome hist. sacr.*
293. *Geoff. Chau.* No início do conto da esposa de Baths.

Isso faz com que lá agora não tenha fadas;
Pois lá tão disposto a caminhar estava um elfo,
Lá caminha agora o próprio limitador,
Nas tardes e nas manhãs,
E diz seus assuntos e suas coisas santas
Enquanto segue em sua limitação,
As mulheres podem subir e descer com segurança,
Em todos os arbustos e debaixo de todas as árvores,
Lá não há outro Íncubo além dele, etc.

Quinto Tomo
Capítulo 1

Transformações, exemplos ridículos apresentados pelos adversários para a confirmação de sua tola doutrina.

Agora que eu, com os absurdos contidos nos próprios autores, e até nos principais doutores e mais recentes escritores, talvez tenha confundido aqueles que sustentam a transubstanciação das bruxas, mostrarei-lhes certo material correto que *Bodin*[294] (o principal paladino da sua época) coletou do *M. Malef.* e de outros, com o qual tentou estabelecer essa doutrina impossível, incrível e sobrenatural, ou inatural, da transubstanciação.

Primeiro, a respeito do demônio (*Bodin* diz[295]) que ele mais conveniente e frequentemente se transforma em um bode, confirmando essa opinião com o 33 e o 34 do *Esaie*: onde não há nenhum traço que indique nenhum desses propósitos. Todavia, ele às vezes confere ao demônio a forma de um mouro negro, e afirma que costumava aparecer para *Mawd Cruse, Kate Darey* e *Jone Harviller*. Mas eu me pergunto se o demônio cria a si mesmo, quando aparece à semelhança de um homem, ou se Deus o cria, quando o demônio quer. Quanto às bruxas, diz que elas se transformam em lobos e aqueles que elas enfeitiçam viram asnos, embora em outro lugar ele difira um pouco aqui de si mesmo. Mas, embora[296] afirme que uma garota pode tornar-se um menino naturalmente e que qualquer fêmea pode virar um macho, diz que o mesmo não guarda qualquer relação com a *Licantropia*, sobre a qual ele acrescenta que os homens transformam-se completamente, e cita infinitos exemplos disso.

Primeiro, ele cita um tal *Garner* que na forma de um lobo matou uma garota de 12 anos, comeu seus braços e pernas e carregou o resto para sua esposa em casa. Fala também que *Peter Burget* e *Michael Werdon*, depois de se transformarem em lobos com um unguento, mataram e comeram um número infinito de pessoas. Mentira essa que *Wierus*[297]

---

294. *J. Bod. lib. 2., de dæmon. cap. 6.*
295. J. Bodin abusa da escritura para provar uma mentira.
296. *Pudendis tune primium erumpentibus.*
297. *Jo. Wier, lib. 6, de mag. ca. 12.*

rebateu suficientemente. Mas até verem e lerem isso, considerem se *Peter* poderia comer carne crua sem sentir náuseas, especialmente carne de sua própria espécie. Fala também que uma flecha foi atirada na coxa de um lobo, que depois voltou à sua forma original de homem e foi encontrado em sua cama, com a flecha na coxa, que o arqueiro que a atirou conhecia muito bem. Além disso, outro ser *Licantropo* na forma de um lobo teve suas patas cortadas e, na mesma hora, tornou-se um homem sem mãos ou pés.

Ele acusa[298] também um dos príncipes mais poderosos da cristandade, mesmo dos dias recentes, como um desse tipo de bruxo (de modo que ele poderia, quando quisesse, transformar-se em lobo), afirmando que era observado e às vezes parecia realizar essa vilania, e seria conhecido como o rei de todos os bruxos. Diz que essa transubstanciação é mais comum na *Grécia* e por toda a Ásia, conforme mercadores estrangeiros lhe relataram. No *Anno Domini* 1542, no reinado do *Sultão Solimon*, havia tamanha força e tantos desses tipos de lobos em *Constantinopla* que o imperador os reuniu em uma alcateia de 150 deles, que partiram da cidade na presença de todo o povo.

Para nos persuadir mais, conta *Bodin* que em *Livônia*, anualmente (perto do fim de dezembro[299]), um certo patife ou demônio pedia a todos os bruxos do país que fossem a determinado lugar: se eles não conseguissem, o demônio aparecia e os chicoteava com um açoite de ferro[300], de modo que a impressão dos golpes permanece em seus corpos para sempre. O bruxo capitão liderava o caminho em um grande rio e muitos milhões de bruxos nadavam atrás. Logo que eles passavam pela água, todos eram transformados em lobos, voavam e devoravam homens, mulheres, gado, etc. Doze dias depois eles voltavam pelo mesmo rio e assumiam sua forma humana.

Há também um *Bajanus*, um judeu, filho de *Simeão*, que podia, sempre que quisesse, transformar-se em lobo e por esse meio escapava da força e do perigo de todo um exército de homens. O que (diz *Bodin*) é maravilhoso, mas (continua) é muito mais admirável que os homens não acreditem nisso. Pois muitos poetas o afirmam; sim, e se analisarmos bem a questão (diz ele), será fácil fazer isso. Além disso, ele prossegue, assim como os lobos naturais perseguem animais, esses lobos mágicos devoram homens, mulheres e crianças. E, de qualquer forma, Deus diz ao povo[301] (creio eu) e não ao gado de Israel: Se não observarem meus mandamentos, enviarei dentre vós as feras do campo, que devorarão a vós e o gado. Eu também vos enviarei os dentes das feras.

---

298. *J. Bodinus mendaciorum heluo.*
299. Uma estação quente para nadar.
300. Eu me admiro que eles não abandonassem o demônio, que os punia de forma tão dolorosa, mas certamente eles não têm tanto em suas mãos.
301. Levítico, 16. [26, 22]; Deuteronômio, 32 [v. 24].

O que foi feito agora da distinção de *Bodin*? Ele nunca diz: eu enviarei bruxos com a aparência de lobos, etc., para devorar-vos e vosso gado. Entretanto, *Bodin* diz que é um caso claro, pois a questão foi disputada diante do papa Leão VII, e por ele todos esses assuntos foram julgados possíveis e, nessa época (diz ele), as transformações de *Luciano* e *Apuleio* entraram para o cânone.

Além disso, *Bodin* afirma que por essa arte os bruxos são tão astutos que os homens só poderiam prendê-los quando estivessem dormindo. Ele também cita outro bruxo, que (como diz o *M. Malef.*) não pode ser pego, porque se transformava em rato[302] e corria para cada buraquinho, até enfim ser morto saindo do buraco no batente de uma janela, o que de fato é tão possível quanto um camelo passar por uma agulha. Ele também diz que várias bruxas em *Vernon*[303] se transformaram em gatos e tanto causaram quanto sofreram ferimentos. Mas na *Argentina*[304] houve um acontecimento maravilhoso em que três bruxas de grande riqueza, que se transformaram em três gatos, atacaram um produtor de feixes de lenha, que depois de feri-las com um galho poderia ter sido morto. Mas ele foi milagrosamente libertado e elas merecidamente punidas, como diz a história, segundo *Bodin*[305].

Um erro sobre a Licantropia.

Depois de muitas outras dessas fábulas bestiais, ele critica esses médicos, que dizem que a *Licantropia* é uma doença, e não uma transformação. Sustenta também, como sagrado e verdadeiro, todas as fábulas de *Homero* sobre *Circe* e *Ulisses* e seus companheiros, criticou *Crisóstomo*, que interpreta corretamente essa passagem de *Homero* em que *Ulisses* e seu povo são transformados pela meretriz *Circe* em porcos por seus modos abrutalhados.

Mas embora algumas fábulas de poetas possam ser consideradas mentiras (com as quais os argumentos dos perseguidores de bruxas desanimam), ele considera verdade a maior parte de *Metamorfoses*, de *Ovídio*, e os maiores absurdos e impossibilidades naquele livro: achava, na realidade, que algumas das histórias dele poderiam ser fictícias. Por fim, *Bodin* confirma todas essas lendas com a história de *Nabucodonosor*. E como (segundo ele) *Nabucodonosor* permaneceu por sete anos na forma de uma fera, portanto as bruxas também podem permanecer um longo período na forma de uma fera; em todo esse meio-tempo, elas têm a forma, o cabelo, a voz, a força, a agilidade, a rapidez, a alimentação e os excrementos de feras e, ainda assim, reservam as mentes e almas de mulheres ou homens. Todavia, *Santo*

---

302. Stasus, um bruxo que não poderia ser preso e por quê?
303. *J. Bodin; Mal. Malef.*
304. *John Bodin; Mal. Malef.; Barth. Spin. etc.*
305. *Mal. Malef. part. 3.*

Agostinho[306] (julguem se for para refutar ou para confirmar essa opinião) diz: *Non est credendum, humanum corpus dæmonum arte vel potestate in bestialia lineamenta converti posse*[307] (não podemos acreditar que o corpo de um homem possa ser alterado para as feições de uma fera pela arte ou o poder do demônio). *Bodin* também diz que o motivo pelo qual bruxos costumam se transformar em lobos é porque eles frequentemente comem crianças, assim como lobos comem o gado. Além disso, a causa pela qual outros de fato transformam-se em asnos é porque desejaram conhecer os segredos dos bruxos. Por que aquelas bruxas transformam-se em gatos, ele não apresentou motivo e, portanto (para ajudá-lo com essa paráfrase)[308], eu digo que as bruxas são meretrizes malditas e muitas vezes arranham umas às outras ou seus vizinhos no rosto e, portanto, por acaso, transformam-se em gatos. Mas silenciei 20 desses perseguidores de bruxas com esta pergunta: se uma bruxa pode transformar uma mulher em gato, etc., também pode transformar um gato em mulher?

Capítulo 2
Razões absurdas apresentadas por Bodin, e outros, para a confirmação das transformações.

Esses exemplos e motivos podem nos fazer questionar se cada asno, lobo ou gato que vemos não seria um homem, uma mulher ou uma criança. Admira-me que ninguém use essa distinção na definição de um homem. Mas para que alguém argumentaria contra essas criações e recriações quando *Bodin* afastou todos os nossos argumentos com uma palavra, confessando que ninguém além de Deus pode criar qualquer coisa, reconhecendo também a força dos cânones e aceitando as opiniões de tais teólogos, que escrevem contra ele a esse respeito? De fato, agora ele afirma (contrariamente ao que fazia antes) que o demônio não consegue alterar sua forma. E, vejam, esta é sua distinção, *Non essentialis forma (id est ratio) sed figura solùm permutatur*[309]: realidade, forma essencial (isto é, a razão) não muda, mas apenas o aspecto ou a figura. E com isso ele prova que é bem fácil criar homens ou feras com vida, de modo que permaneçam sem razão. Todavia, creio que é uma questão mais fácil transformar a razão de *Bodin* na razão de um asno do que seu corpo na aparência de um carneiro, que ele disse ser uma questão mais simples, porque a esposa de *Ló* foi transformada em pedra pelo demônio.[310] Com isso ele mostra sua total ignorância. Como se Deus, que ordenou a *Ló* sob pena de morte não olhar para trás, enquanto também destruía a cidade de *Sodoma* naquele instante,

---
306. August. lib. 8 de civit Dei, cap. 18
307. Idem lib. de spiritu & anima, cap. 26.
308. Ironia.
309. J. Bod. lib. 2, de mag. dæmon. cap. 6.
310. Gênesis 19, 24-27.

também não tivesse transformado a mulher dele em uma estátua de sal. E como se todo esse tempo Deus tivesse sido o servo do demônio, a tomar todas as providências na noite anterior e quando um milagre fosse realizado, o demônio se encarregaria dele.

Bodin afirma também que esses tipos de transfigurações são mais comuns entre aqueles no lado oeste do mundo do que aqui no leste.[311] Todavia, esta nota vem com a ressalva de que isso se refere à segunda pessoa, não à primeira, ou seja, ao enfeitiçado e não às bruxas. Pois elas podem se transformar em todas as partes do mundo, seja leste, oeste, norte ou sul. De fato, diz ele, espíritos e demônios incomodam os homens mais nos países do norte, como *Noruega, Finlândia, etc.* e nas ilhas ocidentais, como na Índia ocidental, mas especialmente entre os pagãos e onde não se prega a palavra de Cristo. E isso é verdade, embora não no sentido tão tolo, grosseiro e corporal que *Bodin* adota. Ele trata de um exemplo notável da astúcia de uma bruxa a esse respeito no capítulo supracitado, que acho bom neste momento repetir: ele retira do *M. Malef.* uma história contada a *Sprenger* por um cavaleiro de Rodes, da ordem de *São Jonas* em *Jerusalém*, que diz o seguinte.[312]

Capítulo 3

Um homem transformado em asno, e de volta a homem, por uma das bruxas de Bodin, e a opinião de Santo Agostinho a esse respeito.

Aconteceu na cidade de *Salamina*, no reino de *Chipre* (onde há um bom porto), que um navio carregado de mercadorias aportou lá por um breve período. Enquanto isso, muitos dos soldados e marinheiros desembarcaram para arranjar alimentos frescos. Dentre eles, um certo inglês, um homem jovem[313] e forte, foi até a casa de uma mulher, a pouca distância da cidade, mas não longe da costa, para ver se ela tinha algum ovo para vender. Percebendo que ele era um jovem sensual, estrangeiro e estava longe de seu país (de forma que a falta dele não seria tão sentida e investigada), ela pensou em destruí-lo e o convenceu a ficar lá mais um pouco, enquanto arranjaria alguns ovos para ele. Mas demorou-se tanto que o jovem chamou por ela, apressando-a, pois a maré subiria e com o navio partiria, deixando-o para trás. No entanto, algum tempo depois, ela levou para ele alguns ovos, convencendo-o a voltar para ela se o navio tivesse partido quando ele chegasse ao porto. O jovem voltou para o navio, mas antes de embarcar, precisou comer uns dois ovos para matar a fome e logo ficou mudo e perdeu o juízo (conforme explicou depois)[314]. Quando ele entrou no navio, os marinheiros bateram

---

311. John Bodin, lib. de dæmon. 2, cap. 20. Mal. Malef. part. 1, quæ 9.
312. Mal. Malef. par. 2, quæ 2, cap. 4.
313. Que demônio determina que a bruxa deve escolher o homem inglês?
314. Uma metamorfose singular de corpo, mas não da mente.

no traseiro dele com um porrete, dizendo: "Que peste, esse asno!" Para onde o demônio leva esse jumento? O asno ou jovem (não sei por qual nome devo chamá-lo) depois de ser repelido muitas vezes, e entendendo as palavras que o chamavam de asno (embora não conseguisse dizer uma única palavra, ele compreendia todas), achou que fora enfeitiçado pela mulher em cuja casa estivera. Por isso, quando ele não conseguiu entrar no barco de jeito nenhum, mas foi forçado a ficar e vê-lo partir, sendo também açoitado em todo lugar, como um asno, lembrou-se das palavras da mulher e de seus companheiros que o chamaram de asno, e voltou à casa da bruxa, em cujo serviço ele permaneceu por três anos, não fazendo nada com as mãos todo esse tempo, mas carregando fardos que ela colocava nas suas costas e com o único consolo de que, embora ele fosse conhecido como asno entre estrangeiros e feras, tanto esta como todas as outras bruxas sabiam que ele era um homem.

Três anos depois, logo pela manhã, ele foi para a cidade antes de sua dona, que (talvez para urinar) ficara um pouco para trás. Enquanto passava perto de uma igreja, ouviu o pequeno sino da consagração tocar para a elevação de uma missa matutina e, não ousando entrar na igreja para não ser espancado e afastado com porretes, em grande devoção ele caiu no pátio sobre os joelhos das patas traseiras[315], e levantou a pata dianteira até a cabeça, enquanto o padre segurava o sacramento na elevação. Que visão prodigiosa quando certos mercadores de *Gênova* avistaram e observaram com admiração; mas logo chega a bruxa com um porrete na mão, batendo no asno. E como (assim foi dito) esses tipos de bruxarias são muito comuns nessas partes, os mercadores citados fizeram de tudo para o asno e a bruxa serem presos pelo juiz. Ela, depois de ser examinada e colocada na roda, confessou todo o caso, e prometeu que se lhe fosse concedida a liberdade para ir para casa, lhe devolveria sua velha aparência e, depois de ser dispensada, cumpriu o prometido. Mas apesar disso eles a prenderam de novo, queimaram-na e o jovem voltou ao seu país com um coração jovial e alegre.

Quanto à vantagem dessa história, *M. Malef., Bodin* e os outros perseguidores de bruxas prevalecem[316], principalmente porque *Santo Agostinho* assina embaixo ou pelo menos dá essa impressão. O que, devo confessar, eu acho comum demais em seus livros, de tal maneira que julgo mais provável tais afirmativas terem sido inseridas por algum papista ou perseguidor de bruxa crédulo do que registradas pelo próprio. O melhor é que ele mesmo não é testemunha ocular de nenhuma de suas histórias, apenas as ouviu e por isso pronuncia as seguintes palavras: "que foi um ponto de grande indelicadeza, etc., desacreditar tantos e tão incontestáveis relatos". E a esse respeito ele justifica as transfigurações corporais dos companheiros de *Ulisses* pela feitiçaria de *Circe*

---

315. Note a devoção do asno.
316. *August lib. 18. de civi Dei. cap. 17 & 18.*

e aquela tola fábula do pai de *Prastantius*,³¹⁷ que (ele diz) comeu feno e forragem entre outros cavalos, depois de ele mesmo ser transformado em um. De fato, ele atesta a mais completa mentira já inventada das taberneiras que costumavam transformar todos os seus clientes em cavalos e vendê-los em mercados e feiras. E, portanto, explico com *Cardano*³¹⁸, que *Agostinho* viu com seus olhos tanto quanto estou disposto a acreditar. Todavia, *Santo Agostinho* conclui censurando *Bodin*. Pois ele afirma que essas transubstanciações não passam de fantasia e não condizem com a verdade, mas com a aparência. Entretanto, não aceito que tais aparências sejam criadas por bruxas, ou mesmo por demônios, pois não encontro tal poder concedido por Deus a qualquer criatura. E eu gostaria de ouvir de *Santo Agostinho* onde se encontravam aqueles que, segundo *Bodin*, foram devorados pelos lobos licantropos. Mas

ô quàm
*Credula mens hominis, e erectæ fabulis aures*³¹⁹!
Santo Deus! como pouco crédito merece
A mente inconstante do homem!
A quantas lendas e mentiras seus ouvidos
Dão tanta atenção quanto podem?

Concílios gerais, e os cânones papais, que *Bodin* assim considera, condenam e julgam absurdas as opiniões dele e dos demais perseguidores de bruxas a esse respeito, o que os torna piores que os infiéis. E estas são as palavras exatas dos cânones³²⁰, que repeti mais detalhadamente em outro ponto: "Quem acredita que qualquer criatura pode ser criada ou modificada em algo melhor ou pior, ou transformada em qualquer outra forma ou à semelhança de qualquer outra coisa por meio de outro agente que não seja Deus, o criador de todas as coisas, sem sombra de dúvida é um infiel e pior do que um pagão". E com isso esse motivo é apresentado: porque eles atribuem tal poder a uma criatura, quando ele pertence apenas a Deus, o criador de todas as coisas.

Capítulo 4

Um sumário da fábula anterior, com uma refutação desta, depois de seu devido exame.

A respeito da veracidade ou probabilidade deste interlúdio, entre *Bodin, M. Malef.*, a bruxa, o asno, a missa, os mercadores, os inquisidores, os torturadores, etc.: primeiro, questiono o milagre

---
317. Nos Alpes em Arcadia.
318. *Card. de Varrerum. lib. 15 cap. 80; August. Lib. 18. de civii Dei.*
319. [Romanos.] Traduzido para o inglês por Abraham Fleming.
320. *Canon. 26, quæ. 5. episcopi ex con. aequir. &c.*

de transubstanciação, segundo, o desaforo de *Bodin* e *James Sprenger*, por afirmarem uma mentira tão deslavada, criada talvez pelo cavaleiro de *Rodes* para fazer *Sprenger* de tolo e *Bodin* de burro; terceiro, que um asno não tinha mais inteligência do que ajoelhar e levantar a pata para um pegar um pouco de amido ou farinha, que de nada serviria; quarto, que a missa não poderia reformar aquilo que a bruxa transformou; quinto, que o que os mercadores, os inquisidores e os torturadores não eram capazes de realmente fazer, mas referir-se à questão, à cortesia e ao bel-prazer das bruxas.

Mas onde ficou a forma verdadeira do jovem durante todos esses anos em que ele foi transformado em burro[321]? Por uma regra geral e certa, duas formas substanciais não podem estar em um sujeito *Simul e semel* ao mesmo tempo, o que eles confessam. Já que a forma animal ocupou algum lugar no ar, penso que o mesmo aconteceu com a forma do homem. Pois para levar o corpo de um homem[322], sem sentimento, para uma natureza tão etérea, de forma que ele não possa ser visto nem sentido, não só é improvável, mas também impossível, pois o ar é inconstante e não permanece em um lugar. De modo que essa criatura aérea logo seria carregada para outra região, como provei em detalhes em outro ponto[323]. Mas de fato nossos corpos são visíveis, sensíveis e passivos e dotados de muitas outras propriedades excelentes, que nem todos os demônios no inferno são capazes de alterar e nenhum fio de cabelo da nossa cabeça cairá, ou será transformado, sem a providência especial de Deus Todo-Poderoso.

Continuemos, porém, com a probabilidade dessa história. Não foi uma sorte esse jovem da *Inglaterra*, que desembarcou tão recentemente nessas partes, e aquela velha de *Chipre*, sendo assim como ele, de uma condição tão inferior, entenderem a língua um do outro, mesmo a *Inglaterra* e o *Chipre* estando a centenas de quilômetros de distância um do outro e com idiomas tão diferentes? Tenho certeza de que hoje em dia, quando o comércio é mais usado e o aprendizado mais caro, alguns jovens ou velhos marinheiros deste reino podem falar ou entender a língua falada em *Salamina* no *Chipre*, que é um tipo de grego, e poucas velhas de lá podem falar nosso idioma. Mas *Bodin* dirá: "Atenta para o fato de que, ao comando dos inquisidores, e com a correção dos torturadores, ela prometeu devolver-lhe sua antiga forma e assim o fez, depois de ser obrigada a isso". Respondo que como toda a história é uma lenda ímpia, essa afirmação é falsa e contrária à sua própria doutrina, que sustenta que a bruxa só faz alguma coisa com a permissão e a licença de Deus. Pois se ela pudesse fazer ou desfazer tal coisa ao seu bel-prazer, obrigada pelos inquisidores, por medo da tortura, por amor à parte envolvida ou peso na consciência, então não é nem pela licença

---

321. Sua forma estava no bosque, onde mais poderia estar?
322. *Mal. Malef. par. 1. quæ 2.*
323. No meu *Discurso a Respeito de Espíritos e Demônios*, o 17º tomo deste volume.

extraordinária, nem mesmo pela mesma ordem de Deus, a menos que Deus participasse de uma confederação com velhas bruxas. Da minha parte, eu me admiro mais com o seguinte: como elas podem virar e revirar o corpo de um homem assim, deixá-lo menor e maior, isto é, como um rato ou como um asno, etc. e o homem não sentir dor esse tempo todo. E não estou sozinho nessa confusão, pois *Danæus*[324], um especial apoiador de seus desatinos, diz que, embora *Agostinho*[325] e *Apuleio* escrevam sobre esses assuntos com muita veracidade, ele nunca acreditará que as bruxas possam transformar homens em asnos, macacos, lobos, ursos, ratos, etc.

Capítulo 5

A comprovação por meio de motivos fortes, escrituras e fontes de que o corpo de um homem não pode ser transformado no corpo de um animal por uma bruxa.

Mas esse homem foi um asno esse tempo todo? Ou esse asno foi um homem? *Bodin* diz (seu motivo apenas reservado) que o sujeito foi realmente transformado em asno, de modo que não deve haver nenhuma parte de homem, além da razão permanecendo nesse asno. Contudo, *Hermes Trismegisto*[326] acredita ter boa autoridade e motivo para dizer: *Aliud corpus quàm humanum non capere animam humanam; nec fas esse in corpus animæ ratione carentis animam rationalem corruere*, isto é, uma alma humana não pode receber nada além de um corpo humano, nem mesmo a luz pode entrar em um corpo que carece de razão mental. Mas S. *Tiago*[327] diz: "o corpo sem o espírito está morto". E certamente, quando a alma deixa o corpo, a vida do homem dissolve-se e, portanto, *Paulo*[328] queria ser dissolvido, quando estivesse com Cristo. O corpo do homem está sujeito a diversos tipos de febres, doenças e enfermidades, aos quais o corpo do asno não está inclinado, e o corpo do homem deve ser alimentado com pão, etc. e não com feno. O homem com cabeça de asno de *Bodin* deve comer feno ou nada, como aparece na história. O corpo do homem também está sujeito à morte e tem seus dias contados. Se esse rapaz morreu enquanto isso, porque sua hora teria acabado, pois os demônios, a bruxa ou *Bodin* sabiam, admiro-me então o que teria sido desse asno ou como a bruxa teria lhe devolvido a forma, ou se ele teria renascido no dia do juízo final com o corpo e a aparência de um asno. Pois *Paulo*[329] diz que o corpo que é

---

324. Dan. In dialog. cap. 3
325. Agost. lib. de civit. Dei. cap. 17, 18.
326. Hermes Trismegisto in suo Periandro.
327. Tiago 2, 26.
328. Filisteus 1, 23.
329. 1 Coríntios 15, 44.

semeado e enterrado em um corpo natural ressurge como um corpo espiritual. A vida de Jesus é manifesta em nossa carne mortal, e não na carne de um asno.

Deus dotou todos os homens e as coisas com natureza, substância, forma, qualidades e dons apropriados e direcionou seus caminhos. Quanto aos caminhos de um asno, ele não tomou tanto cuidado; no entanto, os animais também têm suas várias propriedades e substância próprias. Pois há a carne (diz *Paulo*)[330] dos homens, outra das feras, outra dos peixes, outra das aves. Portanto, vai absolutamente contra a lei de Deus (que me fez um homem) eu voar como um pássaro, nadar como um peixe, rastejar como um verme ou tomar a forma de um asno, nem se Deus me desse licença eu poderia realizar tais proezas, pois é contrário à sua lei e decreto e à constituição de qualquer corpo que Ele fez. Até mesmo[331] os espíritos têm suas leis e limites prescritos, além dos quais eles não podem ultrapassar nem um fio de cabelo, senão Deus seria contrário a si mesmo, o que não é verdade. Nem a onipotência de Deus é qualificada por isso, mas a impotência do demônio manifestada, que não tem outro poder, além daquele que Deus desde o início designou para ele, de acordo com sua natureza e substância. Ele pode ter seu poder e vontade controlados, mas, sendo um ministro de Deus, não pode ir além daquilo que desde o início Deus o capacitou a fazer, que é, por ser um espírito, com a licença e a ordem de Deus, viciar e corromper o espírito e o arbítrio do homem, no que ele, aliás, é bem aplicado.

Que afirmação bestial é que um homem, que Deus fez de acordo com sua imagem e semelhança, seja por uma bruxa transformado em fera! Que impiedade é afirmar que o corpo de um asno é o templo do Espírito Santo! Ou um asno ser o filho de Deus e Deus ser seu pai, como se diz do homem? O que *Paulo* em sua epístola aos *Coríntios*[332] refuta tão divinamente, dizendo que nossos corpos são os membros de Cristo, em quem nós devemos glorificar Deus, pois o corpo é para o Senhor e o Senhor é para o corpo. Certamente ele não quer dizer para o corpo de um asno, como espero que esteja claro: de tal sorte que *Bodin* pode se esconder por vergonha, principalmente quando entender que até dentro desses nossos corpos, que Deus moldou à sua imagem, Ele também soprou-lhe o espírito, que *Bodin* afirma permanecer no corpo de um asno, animal que Deus assim sujeitou em servilidade sob os pés do homem, com quem Deus é tão cuidadoso[333] que o fez com honra e glória, e o fez para ter domínio sobre as obras de suas mãos, depois de colocar todas as coisas sob seus pés, todas as ovelhas e bois, até mesmo lobos,

---

330. 1 Coríntios 15, 39.
331. Salmos 119.
332. 1 Coríntios 6, 19; versículos 2, 13 e 15, etc.
333. Salmos 8; versículos 5, 6, 7, 8.

asnos e todos os outros animais do campo, as aves do ar, os peixes do mar, etc. O poeta de *Bodin, Ovídio*, cuja *Metamorfose* parece-lhe tão importante, diz a respeito da desmistificação dessa imaginação fantástica:

> *Os homini sublime dedit, cœlúmque videre*
> *Jussit, e erectos ad sydera tollere vultus.*

A finalidade desses versos é a seguinte:

> O Senhor[334] colocou o rosto do homem para o alto,
> Para que ele os céus pudesse observar,
> E para o céu estrelado olhar
> Para ver suas muitas maravilhas.

Assim, se uma bruxa ou um demônio podem alterar a forma de um homem, e forçá-lo a olhar para baixo e para o inferno, como um animal, as obras de Deus não seriam apenas desfiguradas e desonradas, mas sua lei seria estranhamente alterada, e por meio disso desconcertada.

Capítulo 6
As objeções dos perseguidores de bruxas a respeito de Nabucodonosor respondidas e a refutação de seu erro a respeito da licantropia.

O *Malleus Maleficarum*, *Bodin* e muitos outros daqueles[335] que defendem a bruxaria sustentam-se na história de *Nabucodonosor*, como se *Circe* o tivesse transformado com suas feitiçarias em um boi, assim como ela transformou os outros em porcos, etc. Respondo que ele não foi transformado nem em corpo nem em forma, de acordo com sua imaginação ignorante, como é indicado pelas palavras simples do texto[336] e pelas opiniões dos melhores intérpretes dele, mas que foi, por sua regência bestial e condições, expulso de seu reino e banido por um tempo, e forçado a esconder-se na selva. Nesse exílio levava sua vida em um estilo bestial, entre os animais do campo e as aves do ar (pois a propósito digo que o texto parece indicar que ele foi transformado em uma ave e não em uma fera) até que, rejeitando suas condições bestiais, com seu arrependimento e melhora foi chamado de volta à casa e recuperou seu reino. No entanto, isso (por sua confissão) não foi uma ação de demônio nem de bruxa, mas um milagre realizado por Deus, que reconheço como o único capaz de realizar tais feitos como lhe aprouver. Gostaria, entretanto, de saber o que nossos perseguidores de bruxas ganharam.

---

334. [Rom.]
335. Seu princípio fundamental é tão firme quanto segurar uma enguia pelo rabo.
336. Daniel 4.

Não ignoro que alguns escrevem que depois da morte de *Nabucodonosor*[337], seu filho *Evilmerodaque* deu seu corpo aos corvos para ser devorado, para que o pai revivesse e de uma fera voltasse a ser homem. Mas é mais provável que essa lenda tenha acontecido na arte *cabalística*, ou seja, entre os preceitos orais. Concluindo, eu digo que as transformações, que esses perseguidores de bruxas tanto alardeiam e com as quais se enfurecem, são (como todos os médicos experientes afirmam) uma doença oriunda em parte da melancolia, com a qual muitos acreditam serem lobos ou animais de rapina. Pois a *Licantropia*[338] é chamada pelos antigos médicos de *Lupina melancholia* ou *Lupina insania*. J. Wierus[339] declara com muita propriedade a causa, a circunstância e a cura dessa doença. Registro isso aqui para esclarecer que por conta de tal doença grandes príncipes e potentados, bem como pobres mulheres e inocentes, foram difamados e acusados de bruxaria.

Capítulo 7
Resposta a uma objeção especial a respeito dos transportes, com o consentimento de diversos autores.

Ao afirmar o poder de transporte das bruxas, eles contestam as palavras do Evangelho[340], onde se afirma que o demônio elevou Cristo até o pináculo do templo e em uma montanha, etc. O que se ele tivesse feito do modo e da forma como eles supõem, nem as bruxas poderiam fazer o mesmo, nem o demônio as arrebataria quando lhes aprouvessem, pois não conhecem os pensamentos uns dos outros,

---
337. Cor. Agrip. de vanit. scient. cap. 44.
338. Paul. Aeginoet. li. 3. c. 16; Actius, lib. 6. cap. 11.
339. J. Wierus de præst. dæm., lib. 4, cap. 23.
340. Mateus 4, 8; Lucas 3, 9.

nem podem se comunicar de outra forma. Mas respondo[341] que se a interpretação grosseira dos acusados fosse correta, ainda assim não haveria propósito. Pois espero que eles não digam que Cristo produziu algum unguento ou entrou em algum pacto com o diabo e, por causa disso, foi transportado do deserto para o topo do templo de Jerusalém ou que o demônio tinha controle sobre seu corpo, em cuja alma ele nunca poderia pôr as mãos, especialmente quando Jesus poderia (com um dedo) chamar e ter a assistência de muitas legiões de anjos[342]. Nem eles se atreveriam (penso eu) a fazer de Cristo um participante do propósito do demônio e do pecado a esse respeito. Se disserem: esta foi uma ação realizada pela providência especial de Deus e por sua ordem para que a escritura pudesse ser cumprida, então o que ganham nossos perseguidores de bruxas com esse ponto? Primeiro, porque eles são capazes de dar um exemplo particular para provar um argumento tão generalizado. E novamente, se fosse pela providência especial e ordem divina, então por que não seria feito pelas mãos de Deus, como aconteceu na história de *Jó*?[343] Ou se fosse pelo propósito especial e prazer de Deus, que uma questão tão extraordinária fosse realizada pelas mãos do demônio, Deus não teria dado ao anjo mau um poder extraordinário e o disfarçado com uma forma extraordinária na qual ele serviria de instrumento capaz de realizar essa tarefa, como ele fez com seu anjo que carregou *Habacuc* para *Daniel* e para aqueles que ele enviou para destruir *Sodoma*? Mas deve-se entender que isso ocorreu em uma visão, e não na realidade da ação. Portanto, os perseguidores têm pouco suporte nessa questão, que é o trecho específico da escritura alegado por eles a respeito do transporte de bruxas.

Calvino[344] declara o seguinte em seu comentário a esse respeito: "A questão é se Cristo foi levado para o alto de fato ou se foi apenas uma visão". Muitos afirmam com persistência que seu corpo foi realmente levado para o alto como dizem, porque eles acham uma indignidade grande demais Cristo se sujeitar às ilusões de Satã. Mas essa objeção é facilmente afastada. Pois não é absurdo admitir que tudo isso foi realizado com a permissão de Deus, ou a sujeição voluntária de Cristo, desde que não nos inclinemos a pensar que ele sofreu essas tentações internamente, isto é, na mente ou na alma. E aquilo que depois é apresentado pelo evangelista, em que o demônio lhe mostra todos os reinos do mundo, e a glória deles, e aqueles a serem arruinados (como se afirma em *Lucas*) a um piscar de olhos, concorda mais com uma visão do que com uma ação real. Tão distantes estão as palavras exatas de *Calvino*. O que não difere nem uma sílaba ou cinco palavras daquilo que escrevi

---

341. Resposta à objeção anterior.
342. Mateus 26, 53.
343. Jó 1, 11; Jó 2, 5.
344. *J. Calvino in harmon. Evang. in Mateus 4 & Lucas 4*.

aqui, antes de procurar pela opinião dele sobre o assunto. Espero que isso seja o suficiente para derrubar as declarações daqueles que estabelecem as bases dos transportes e voos no ar.

Quem disser que essas palavras, a saber, que Cristo foi levado para o alto, etc. não podem ser aplicadas a uma visão, deve consultar a profecia de *Ezequiel*[345] e ver as mesmas palavras usadas em uma visão, exceto que em vez de se falar de Cristo ser levado pelo demônio, é *Ezequiel* quem é arrebatado, elevado e carregado pelo espírito de Deus, mas em uma visão. A estrutura sobrenatural da transubstanciação é uma fundação fugidia como rocha arenosa e nela se baseiam quase todos os nossos autores que escrevem a respeito de feitiçaria. Pois *Sprenger e Institor*[346] dizem que o demônio à semelhança de um falcão o elevou. *Danæus* diz que ele se assemelhava a um homem; outros afirmam que era um anjo pintado com asas; outros, invisível.

Ergo, o demônio pode adotar (dizem eles) a forma que quiser. Mas embora alguns possam sofismar sobre os demônios transformando a si mesmos, que o demônio ou o bruxo podem transformar ou transubstanciar os outros, não há nenhum vestígio ou detalhe nas escrituras que fundamentem tais noções. Se houvesse autoridade para isso, e que estivesse além de toda possibilidade, vejam, que questão fácil seria ressubstanciar um asno em um homem. Pois *Bodin*[347] comenta sobre o texto de *Apuleio* que se o asno comesse rosas novas, anis ou folhas de louro da fonte, ele voltaria à forma humana na mesma hora. Algo que *Sprenger*[348] diz que pode ser feito, lavando o asno em água potável. De fato, ele deu um exemplo, onde um asno se transformou em homem bebendo água.

---

345. Ezequiel 3, 12 e 14.
346. *Mal. Malef.*
347. *J. Bodin. lib. de dæm. 3. cap. 5.*
348. Em *Mal. Malef.*

Capítulo 8
Resposta à objeção dos perseguidores de bruxas sobre a história de Jó.

Esses perseguidores de bruxas, por falta de melhores argumentos, muitas vezes usam a história de *Jó* para me contestar, embora nunca houvesse nenhuma palavra nessa história que os ajudasse ou fosse contra mim, mesmo porque nenhum nome de bruxa é mencionado no livro inteiro. Mas (rogo) que perseguidor de bruxa, vendo agora alguém tão aflito quanto *Jó*, não diria que ele foi enfeitiçado, como *Jó* nunca disse? Pois primeiro veio um mensageiro a ele e disse: "Teus bois aravam e os asnos pastavam em seus lugares, e os *sabeus* vieram violentamente e os levaram; eles até mesmo feriram teus servos com o fio da espada, mas eu só escapei para trazer-te a nova". E enquanto ele ainda falava, outro veio e disse: "Os *caldeus* organizaram suas tropas e caíram sobre teus camelos e os levaram e feriram teus servos com o fio da espada, mas eu só escapei para trazer-te a nova". E enquanto ele falava, veio mais um outro e disse: "Teus filhos e filhas comiam e bebiam vinho na casa dos irmãos mais velhos, e eis que lá veio um grande vento dalém do deserto e deu nos quatro cantos da casa, que caíram sobre teus filhos, e eles estão mortos e eu só escapei para trazer-te a nova". Além de tudo isso, ele foi atingido por cóleras, da sola dos pés ao topo da cabeça[349]. Se algum homem nesses dias chamou *Jó*, deve ter sido pela ordem ou a mão de Deus assim manipulado, como *Jó* foi; garanto que todas as mulheres anciãs na região seriam chamadas *Coram nobis*; autorizações seriam enviadas em cada lado, inquéritos públicos e privados questionaram de que maneira as mulheres ultimamente recorreram à casa de *Jó*, ou a qualquer um desses lugares, onde esses infortúnios aconteceram. Se qualquer mulher pobre e anciã teve a oportunidade nos últimos dois ou três meses de pegar emprestado um pouco de condimento, ou buscar um bule de leite ou de pedir esmola e não conseguir das mãos de *Jó*, haveria argumento o suficiente para tê-la levado à confusão. E para ter mais certeza de ter a bruxa presa, consultariam-se os astros ou se utilizariam a peneira e a tesoura; para que a bruxa não escapasse, até mesmo um conjurador ganharia um pouco de dinheiro, um círculo teria aparecido e um demônio evocado para contar a verdade; a mãe *Bungie* deve ter ido lá e depois de aprender o nome daquela de quem *Jó* suspeitava mais, ela teria confirmado a suspeita com acusações artificiais e, no fim, alguma mulher ou outra teria sido enforcada por isso. Mas como *Jó* disse: *Dominus dedit*: assim ele não disse; *Diabolus vel Lamia sed Dominus abstulit*. O que concorda com o teor do texto, onde está escrito que o demônio, em cada uma das aflições de *Jó*, desejava que Deus colocasse suas mãos nele. Tanto que *Jó*[350] não atribuía

---
349. Jó 1, 14-19 e 2, 7.
350. J. Calvino in Jó. cap. 1, 21.

nenhuma parte de sua calamidade a demônios, bruxas, nem a conjuradores ou seus feitiços, como agora aprendemos a fazer. Nem ele pecou, nem Deus cometeu qualquer erro, quando o colocou sob sua responsabilidade, mas nós envergonhamos muito Deus quando atribuímos o poder ou a propriedade d'Ele, o criador, a uma criatura.

Calvino[351] diz: "Nós derrogamos muito da glória e da onipotência de Deus, quando dizemos que Ele dá a Satã a permissão para fazer algo, o que é (segundo ele) escarnecer da justiça de Deus e uma afirmação tão crédula que se os asnos pudessem falar, falariam com mais inteligência do que se supunha". Pois um juiz temporal não diz ao carrasco[352]: "Dou-te permissão para enforcar este criminoso", mas o manda fazer. Mas os apoiadores da onipotência das bruxas dizem: "Vê de que forma real e palpável o demônio tentou e incomodou *Jó*?" Respondo: primeiro, não há um demônio corpóreo ou visível nomeado nem visto em qualquer parte dessa circunstância; segundo, a mão de Deus que fez isso; terceiro, não há uma associação entre a pessoa de uma bruxa e um demônio, de modo que não há nenhuma conferência ou prática entre eles neste caso.

Quanto à comunicação entre Deus e o demônio, escrevendo ou mesmo pregando sobre tal propósito, acreditando que ele tem uma vantagem tão grande, *Calvino* declara:[353] "Quando Satã aparece diante de Deus, não é feito em algum lugar certo, mas a escritura fala de modo a adaptar-se à nossa simplicidade. Certamente o demônio nesse e em casos semelhantes é um instrumento para realizar a vontade de Deus e não a própria e, portanto, é ignorante e afrontoso afirmar que Deus só tolera e autoriza o demônio. Pois se Satã tivesse liberdade (diz ele), seríamos esmagados de repente. E sem dúvida, se ele tivesse o poder de ferir o corpo, não haveria forma de resistir, pois ele viria até nós invisível e bateria em nossa cabeça; de fato, ele vigiaria os melhores e os liquidaria, enquanto eles estivessem prestes a cometer um ato perverso". Se eles dizem: "Deus assim ordena, não contesta", mas quanto a Deus permitir, concordo com *Calvino* que o demônio não está tanto assim nas graças de Deus para ter seu pedido atendido.

Embora, pelas opiniões e argumentos dos nossos perseguidores de bruxas, a bruxa procure o demônio e este peça permissão de Deus para incomodar quem a bruxa quiser, não há (como eu disse)[354] nenhuma comunicação corporal entre o demônio e uma bruxa, como os perseguidores imaginam. Tampouco é Deus persuadido pelo pedido de Satã, que não tem a predileção ou a graça dele, para conseguir qualquer coisa.

Embora o *M. Malef.*[355] e seus amigos negassem que houvesse alguma bruxa na época de *Jó*, ainda assim os perseguidores contentam-se

---
351. J. Calvino, in Jó, cap. 2, Sermão 8. Muscul. In loc. comm.
352. Ibidem.
353. J. Calvino, em seu sermão sobre Jó.
354. J. Calvino in Jó, cap. 1, sermão 5.
355. Mal. Malef. pa. 1, quæst 1; parte I, quæst 4.

em dizer que nenhuma foi encontrada para exercitar esta arte na época de Cristo, desde seu nascimento até sua morte, mesmo nesse espaço de 33 anos. Se houvesse alguma (dizem eles), eles teriam ouvido falar dela. Quanto à autoria do livro de *Jó*[356], não há dúvida de que ele seja canônico e autêntico. Todavia, muitos autores, judeus ou outros, são da opinião de que *Moisés* foi o autor desse livro e que ele o colocou como um espelho diante do povo para que os filhos de *Abraão* (de cuja raça ele mesmo descendia) soubessem que Deus demonstrava favor a outros que não eram da mesma linhagem, e se envergonhassem de sua maldade, vendo como um não circuncidado Painime se humilhou. Argumento a respeito do qual *Calvino* (embora tenha escrito sobre o mesmo) disse que: "por mais que seja incerto, se era *Res gesta* ou *Exempli gratia*, devemos deixar em suspenso. Entretanto (continua ele), consideremos aquilo que supera qualquer dúvida, isto é, que o Espírito Santo compôs o livro para que os judeus soubessem que Deus tinha um povo sempre a servi-lo em todo o mundo, mesmo que não fossem judeus, nem segregados de outras nações".

No entanto, de minha parte não nego a veracidade da história, embora deva confessar de fato que não acho que houvesse um interlúdio corporal entre Deus, o demônio e *Jó*, como eles imaginam: nem tal presença real e comunicação, como imaginam e defendem os perseguidores de bruxas, que são tão ignorantes nesse ponto que não só acreditam, como também publicam tamanhos absurdos evidentes a respeito dessas ações reais entre o demônio e o homem, que um homem inteligente teria vergonha de ler, quanto mais acreditar, como na história de S. *Dunstan*[357], que arrastou o demônio pela casa puxando-lhe o nariz com um par de pinças ou tenazes, e o fez rugir tão alto que o lugar tremeu, etc., além de milhares de fábulas semelhantes, que nem a arte do catolicismo nem a da bruxaria poderiam suportar. Mas há mais a respeito deste assunto em outro momento, em que com poucas palavras (que achei por bem omitir aqui, do contrário usaria muitas repetições) respondo efetivamente aos sofismas em torno desse ponto.

Capítulo 9

A menção das escrituras a vários tipos de bruxas e como a palavra bruxa se aplica a elas.

Mas quais tipos de bruxos o *M. Malef.* ou *Bodin* dizem que existem se *Moisés* fala apenas de quatro tipos de farsantes ímpios ou feiticeiros (nenhum dos quais são aquelas velhas mulheres que dançam com as fadas, etc., de que falam nossos perseguidores)? Os primeiros eram *Præstigiatores Pharaonis*, que (como todos os adivinhos, conforme conclui-se em Hebreus e outras fontes) não passavam de farsantes e

---
356. Note o que se diz sobre o livro de Jó.
357. *In legenda aurea.*

ilusionistas, enganando os olhos dos reis com ilusões e truques e fazendo coisas falsas parecerem verdadeiras, o que, no entanto, as nossas bruxas não conseguem fazer. O segundo é *Mecaspha*, aquele que destrói com veneno. O terceiro são aqueles que usam vários tipos de adivinhação, aos quais pertencem estas palavras: *Kasam, Onen, Ob, Idoni*. O quarto é *Habar*, ou seja, quando feiticeiros, ou algo do gênero, como os famosos por sua astúcia, murmuram certas palavras secretas, consideradas de grande eficácia.

Esses são todos farsantes e abusadores das pessoas. Mas como são todos chamados pelo termo feiticeiros por nossos tradutores da Bíblia, portanto as mentiras do *M. Malef.* e *Bodin* e todas as nossas superstições são aplicadas a esses nomes, e o povo comum, que nunca tinha sido instruído até então na compreensão dessas palavras, acreditava facilmente neles. A esse respeito, eu (pela graça de Deus) mostrarei (a respeito do significado deles) a opinião dos mais acadêmicos na nossa era, especialmente de *Johannes Wierus*, que embora fosse ele mesmo singularmente instruído nos idiomas, para sua satisfação e total resolução dele, mandou buscar para o julgamento de *Andræas Massius*[358], o *hebraísta* mais famoso do mundo, e tudo ocorreu em grande sentido e ordem, como pretendo registrar aqui. E também apresento esta nota, a propósito, que bruxaria ou feitiço é considerado de outra forma nas escrituras; às vezes não servindo para o fim que se costuma pensar. 1 *Samuel* 15, 23[359], por exemplo, está ligado à rebelião. *Jezebel* é chamada de bruxa por conta de sua vida idólatra. Também no Novo Testamento, até *São Paulo*[360] diz que os *Gálatas* estão enfeitiçados, por serem seduzidos e afastados do verdadeiro sentido das escrituras.

Às vezes a magia também é vista com bons olhos, no caso dos magos[361] que vão cultuar e levar oferendas a Cristo, e também se diz que *Daniel*[362] é mago, aliás, o mago principal. Ele recebe esse título em diversos lugares dessa história e nunca parece recusar ou detestar, mas rogava pelo perdão e modificação do rigor para com os outros magos, que eram meros farsantes de fato, como aparece no segundo capítulo de *Daniel*[363], em que se pode ver que o rei percebia seus estratagemas.

Às vezes eles são chamados de conjuradores[364], por não passarem de tratantes e devassos, usando o nome de Jesus, apesar de serem infiéis para realizarem milagres em nome dele, que não funcionavam, porém sua prática é condenada pelo nome de conjuração. Outras vezes ilusionistas são chamados de bruxos[365]. Às vezes também são chamados

---

358. Ou Masius.
359. 1 Samuel 15, 23.
360. 2. Apocalipse 9, 22; Gálatas 3, 1.
361. Mateus 2, 1.
362. Daniel 4.
363. Daniel 2, 8.
364. Atos 19.
365. Gênesis 4, 18; Êxodo 7, 13, etc.; Atos 13; Êxodo 22, etc.; Atos 13; Atos, 19; Cânticos de Salomão, cap. 4, versículo 9.

de feiticeitos aqueles que refutam o evangelho de Cristo e seduzem os outros com persuasões violentas. Às vezes um assassino que mata com veneno é chamado de bruxo. Em outros momentos eles recebem essa denominação pelo significado de seus nomes, como *Elimas*, que significa feiticeiro. Em outras ocasiões, porque estudam artes curiosas e vãs. Em outras ainda, a feitiçaria é encarada como sofrimento ou mágoa. Além disso, a palavra latina *Magus* é traduzida como bruxo e, no entanto, antigamente era vista com bons olhos. E atualmente é indiferente dizer em inglês: ela é uma bruxa ou ela é uma mulher sábia.

Às vezes os intérpretes de sonhos, os videntes ou os observadores dos voos dos pássaros, da aglomeração de sapos, da queda do sal, etc., são chamados de bruxos[366]. Outras vezes a pessoa chamada de bruxa alardeia por lucro ou glória ser capaz de milagres, mas não consegue fazer nada. Às vezes são chamados de bruxos aqueles que são anciãos, coxos, amaldiçoados ou melancólicos, como um apelido ou alcunha. Mas quanto às nossas mulheres velhas, que dizem ferir crianças com os olhos, ou ovelhas com o olhar, ou puxar a lua do céu, fazer um pacto tão tolo, ou ainda prestar homenagens ao demônio, não se lerá na Bíblia nada sobre elas, ou sobre tais ações atribuídas a elas.

---

366. Deuteronômio 18, 2; Jeremias 27; Atos 8.

Sexto Tomo

Capítulo 1

A exposição da palavra hebraica Chasaph, *com a qual é respondida a seguinte objeção contida em Êxodo 22: não deixarás viver a feiticeira; e a respeito de Simon Magus. Atos 8.*

Chasaph, uma palavra hebraica, é traduzida em latim como *Veneficium* e em outros idiomas como envenenamento ou feitiçaria, se assim se preferir. A frase hebraica escrita em Êxodo, 22 é traduzida por 70 exegetas da seguinte forma em grego: Φάρμακοὺς ὄυκ ἐπιξεώετε, que em latim é: *Veneficos (sive) veneficas non retinebitis in vita*, ou seja: não deixarás viver a prisioneira ou (como é traduzido) a feiticeira. Sentença essa que *Josefo*[367], de origem hebraica, e homem de grande estima, erudição e fama, interpreta da seguinte forma: "Não permitas que nenhum filho de Israel possua algum veneno mortal ou preparado para qualquer uso nocivo. Se alguém for preso com isso, que seja condenado à morte e sofra aquilo que pretendia fazer com aqueles para quem a pessoa fez o preparo". A exposição do *Rabino* concorda com isso. *Lex Cornelia* não difere desse sentido, isto é, que seja condenado à morte quem faz, vende ou possui qualquer veneno, com a intenção de matar qualquer homem. Essa palavra é encontrada nos seguintes lugares: *Êxodo 22, 18; Deuteronômio 18, 10; 2 Samuel 9, 22; Daniel 2, 2; 2 Crônicas 33, 6; Isaías 47, 9, 12; Malaquias 3, 5; Jeremias 27,9; Miqueias 5, 2; Naum 3, 4. bis.* Todavia, em todas as traduções para o inglês, *Chasaph* é traduzido como feitiçaria.

Para evitar prolixidade e controvérsia ao mesmo tempo, admitirei que *Veneficæ* eram aquelas bruxas que com seus venenos causaram muito mal entre os filhos de Israel, e não negarei que elas permanecem até hoje enfeitiçando homens e fazendo-os acreditar que, com palavras e certas cerimônias, provocam tais danos e intoxicações, como de fato realizam com venenos. E esse abuso no engano das pessoas, junto a tomar o nome de Deus em vão, é reprovado em muitos trechos da escritura, particularmente sob o nome de feitiçaria, mesmo se não houver veneno. De acordo com o sentido que *São Paulo* usa para os *Gálatas*

---

367. *Josefo in Judærum antiquitat.*

nessas palavras, ele demonstra simplesmente que o verdadeiro sentido de feitiçaria é enganação: "Ó, insensatos *Gálatas*[368] (diz ele), quem vos enfeitiçou? Ou seja, enganou ou abusou, fazendo-os acreditar em algo que não é nem uma coisa nem outra. De tal forma que ele não pretende perguntar sobre aquelas que com feitiços ou com venenos os privaram de saúde, vida, gado, filhos, etc., mas que abusaram deles ou os enganaram para fazê-los acreditar em mentiras. Essa frase também é usada em *Jó* 15[369]. Mas para que possamos decidir o verdadeiro significado dessa frase usada por *Paulo*, em *Gálatas 3*, examinemos a descrição de um feiticeiro notável chamado *Simão, o Mago*, feita por *São Lucas*[370]: "Havia (diz ele), na cidade de *Samaria*, um certo homem chamado *Simão* que usava feitiçaria e enfeitiçou o povo da cidade, dizendo que era um grande homem". Exijo saber em que outra coisa aí nós vemos qualquer feitiçaria além do abuso da fé das pessoas, fazendo-as acreditar que ele poderia operar milagres, quando na verdade ele não fazia nada disso, como evidentemente aparece nos versículos 13 e 19 do mesmo capítulo, onde ele questionava os milagres realizados pelos apóstolos e teria comprado com dinheiro o poder do Espírito Santo para operar milagres.

Pode-se dizer[371] que as pessoas tinham motivo para acreditar nele, porque está escrito que ele há muito tempo as enfeitiçou. Mas deixe os enfeitiçados *Gálatas* serem um aviso tanto para os enfeitiçados *Samaritanos* e todos os outros que são enganados ou enfeitiçados por falsa doutrina, ou prestidigitação; enquanto se dedicam a fábulas e mentiras como essas, são induzidos à ignorância e com o tempo se afastam de Deus. E, finalmente, abandonemos todos os tais bruxos e enganadores, que assim como *Simão, o Mago*, colocam-se no lugar de Deus, gabando-se de que podem realizar milagres, expor sonhos, prever coisas, evocar os mortos, etc., que são as obras do Espírito Santo[372], que apenas busca o coração e reina, e apenas realiza grandes maravilhas, que agora permanecem e são consumadas em Cristo, em quem aquele que tão piamente acredita não precisará de tais meios para ser convencido de sua doutrina e do evangelho. E quanto aos infiéis, eles não verão outro milagre, além do sinal de *Jonas*, o profeta.

E, portanto, digo, sejam quem for aqueles que como *Simão, o Mago*, assumem a responsabilidade de realizar tais maravilhas, por adivinhação, feitiçaria ou bruxaria, não passam de mentirosos, enganadores e farsantes, de acordo com o que costuma dizer *Sirac*: "Feitiçaria,

---

368. Gálatas 3, 1.
369. Jó 15, 12.
370. Atos 8, 9.
371. Atos 8, 11.
372. 1 Reis 8, 39; Mateus 9, 4, 12, 25, 22; Atos 1, 24 e 15, 8; Romanos 8, 27; Marcos 2; Lucas 6, 17 e 11 e 9; João 1 e 2 & 6e& 13; Apocalipse 2 e 3; Lucas 11, 29.

bruxaria, adivinhação e sonhos não passam de vaidade[373] e a palavra lei cumprir-se-á sem tais mentiras[374]. Deus ordena que o povo não recorra a quem trabalha com espíritos, nem a videntes, pois a estima atribuída a eles ofende Deus"[375].

Capítulo 2

Explicação da passagem do Deuteronômio, na qual são recitados todos os tipos de feiticeiras, além da refutação das opiniões daqueles que defendem que elas podem operar os milagres que lhes são atribuídos.

A maior e mais comum objeção é que se não houvesse pessoas capazes de realizar esses feitos milagrosos ou sobrenaturais, sozinhas ou com a ajuda de demônios, não se diria[376]: "Que em teu meio não se encontre quem faça passar pelo fogo seu filho ou sua filha, nem pratique malefício, seja prognosticador, observador do voo de pássaros, feiticeiro ou um encantador, nem se consulte com os espíritos, nem seja um vidente ou busque conselho de espíritos ou (como alguns traduzem) nem invoquem os mortos". Mas como nada na escritura afirma que eles podem realizar milagres, então será fácil provar que eram todos farsantes, cada um abusando do povo de várias formas e são todos amaldiçoados por Deus. Não que não possam fazer todas essas coisas de fato, como lá está enunciado, mas por tomarem para si o poder imenso de Deus e fazer aquilo que só Ele faz, seduzindo as pessoas e blasfemando o nome de Deus, que não dará sua glória a qualquer criatura, sendo ele mesmo o rei da glória e da onipotência[377].

Primeiro eu pergunto que milagre foi realizado por eles ao passarem pelo fogo? De fato não pode ser provado que teve algum efeito, mas que as pessoas foram enfeitiçadas, supondo que seus pecados seriam expiados dessa forma; assim como os *espanhóis* pensam ao se flagelarem e açoitarem. De modo que o poder de Deus era atribuído a cada ação e, assim, proibido como uma feitiçaria idólatra. Que maravilhas realiza o prognosticador? Com que outro demônio lida ele, além do espírito da superstição? Ele não engana a si mesmo e aos outros e, portanto, é meritoriamente condenado como bruxo? Que espírito usa aquele que observa o voo dos pássaros? Apesar disso, ele aqui é condenado como praticante de bruxaria, pois engana as pessoas e assume o papel de um profeta, referindo-se impiamente a certas ordens de Deus, às penas adejantes e aos caminhos incertos de um pássaro. Efeitos semelhantes produzem a

---

373. Eclesiástico 34, 5.
374. Eclesiástico 34, 8.
375. Levítico 19, 31.
376. Deuteronômio 18, 10-11.
377. Isaías 42, 8; Salmos 24, 8-10.

feitiçaria, o encantamento, a consulta com espíritos, a vidência e a evocação de mortos, em cada um dos quais o poder de Deus é obscurecido, sua glória desfigurada e seu mandamento infringido.

E para provar que esses feiticeiros e bruxos não passam de indivíduos mentirosos e farsantes, Deus pronunciou as seguintes palavras para os filhos de Israel[378]: "Posto que os gentios permitem-se serem abusados, ao darem ouvidos a esses feiticeiros, etc.", Ele não lhes permite isso, mas suscitará entre eles um profeta, que falará a verdade. Como se dissesse: os outros não passam de mentirosos e farsantes, mercadores enganosos e desautorizados, cujos abusos mostrarei ao meu povo. E para que cada um possa se decidir nesse ponto, ponderemos bem a última sentença deste preceito: "Que em teu meio não se encontre ninguém que peça conselho aos mortos (ou os invoque)".

Primeiro, sabe-se que as almas dos justos estão nas mãos de Deus, e descansando com *Lázaro* no seio de *Abraão*[379], repousam em Jesus Cristo. E desse repouso o homem não se levantará, até os céus não existirem mais, de acordo com *Davi*[380]: "Realizas maravilhas entre os mortos?". Não, diz o Senhor: "Os vivos não deverão ser ensinados pelos mortos, mas pelos vivos. Quanto aos injustos[381], eles estão no inferno, onde não há redenção, nem há qualquer passagem de céu para terra, exceto por Deus e seus anjos". Sobre a ressurreição e a restauração do corpo, em *João 5*[382] observa-se que isso é obra apenas do pai, que concedeu esse poder ao filho e a nenhum outro. *Dominus percutit, e ipse medetur: Ego occidam, e ego vivefaciam*. E em muitos outros pontos[383] está escrito que Deus dá a vida e a essência a todos. Embora *Platão*[384] e seu mestre *Sócrates*, os principais pilares dessas vaidades, digam que um tal *Pânfilo* foi retirado do inferno, e quando veio entre as pessoas, contou muitas histórias incríveis sobre as ações infernais. Mas recorro aqui ao provérbio: *Amicus Plato, amicus Socrates, sed major amica veritas*.

Então, com este último preceito, ou última parte dele, estendendo-se ao que não pode ser feito por bruxo ou demônio, podem-se expor as outras partes e pontos da questão. Pois não se quer dizer com isso que eles conseguem de fato realizar essas coisas, mas eles convencem os homens a acreditar que as fazem e, portanto, enganam as pessoas e assumem o ofício de Deus, com isso também blasfemam seu santo nome e o tomam em vão, assim como parece acontecer com as palavras de feitiços e conjurações, o que se pode ver, se analisarmos *Habar* e *Idoni*.

---

378. Deuteronômio 18, 14.
379. Sabedoria 3, 1; Lucas 16, 23.
380. Jó 14, 12; Salmos 88, 16; Deuteronômio 18, 11; Lucas 16, 29, 31.
381. Lucas 16, 22.
382. João 5, 21.
383. Oseias 6; Atos 17, 25, 28.
384. Timeu 6, 13.

Da mesma forma, pode-se ver que, pela proibição de adivinhações por meio de augúrios e de videntes, etc, aqueles que são bruxos e não podem de fato fazer nada além de mentir e enganar as pessoas, a lei de Deus não os condena por realizarem milagres, mas por alegarem ser capazes daquilo que apenas diz respeito a Deus, e por enganação, etc. Quanto aos outros pontos da bruxaria contidos aqui[385], e como alguns não podem ser convencidos de outra forma, apelarei em uma sentença aos decretos, à posição de *Santo Agostinho*, ao concílio de *Aureliano* e à determinação de *Paris*: aquele que observa, ou dá atenção a videntes, adivinhos, bruxaria, etc. ou dá crédito a qualquer uma dessas coisas, renuncia ao Cristianismo, e será considerado pagão e inimigo de Deus; sim, e ele erra tanto em fé como na filosofia. Além disso, o motivo é apresentado no cânone: Porque com isso é atribuído a uma criatura aquilo que pertence tão somente a Deus. De modo que, sob esta sentença: Não deixarás viver um envenenador ou um bruxo, são proibidos o assassinato e a bruxaria: o assassinato por envenenamento e a bruxaria pela enganação ou blasfêmia.

Capítulo 3

O maior uso do veneno em todas as eras por parte das mulheres que dos homens e a inconveniência do envenenamento.

Assim como as mulheres em todas as eras foram consideradas mais aptas a conceber bruxaria e os demônios, instrumentos especiais nesse sentido, os únicos e principais praticantes disso, também parece que elas foram as inventoras e as maiores praticantes do envenenamento, além de mais naturalmente afeitas e inclinadas a essa prática do que os homens, de acordo com a declaração de *Quintiliano*: *Latrocinium faciliùs in viro, veneficium in fœmina credam*. De cuja opinião *Plínio*[386] não diverge, quando diz: *Scientiam fœminarum in veneficiis prævalere*. Em suma, *Agostinho, Lívio, Valério, Diodoro* e muitos outros concordam que as mulheres foram as inventoras e primeiras praticantes da arte do envenenamento. Quanto ao restante de sua astúcia, que era a elas muito atribuída, pode-se ver nesses versos de *Horácio*, nos quais ele não só declara a futilidade da bruxaria, como também expõe as outras palavras, com as quais nos deparamos agora.

Somnia, terrores magicos, miracula, sagas,
Nocturnos, lemures, portentáq; Thessala rides:

Esses sonhos e terrores mágicos,
Esses milagres e bruxas,

---

385. 26. quæ. 7. non. obser. fact. 1398, ato 17. Agostinho de spirit. & anima, cap. 28.
386. Plínio, lib. 25, cap. 2.

Espíritos noturnos errantes, ou prodígios da Tessália,
Não as valorizam duas investidas.

Aqui, *Horácio* despreza como ridícula toda a astúcia de nossas bruxas: decerto ele não compreende sua arte de envenenamento, parece apenas achá-la prejudicial. *Pitágoras* e *Demócrito* nos dão os nomes de várias ervas e pedras mágicas, das quais tanto elas como seu efeito são desconhecidos: tais como *Marmaritin*, com a qual os espíritos podem ser evocados; *Archimedon*, que faria alguém revelar em sonho todos os segredos de seu coração; *Adicantida, Calicia, Mevais, Chirocineta*, etc.: todas com vários efeitos tóxicos. Mas como todas essas agora estão esgotadas até onde sabemos, em seu lugar temos mesmo estrume de porco e cerefólio como as únicas coisas com as quais nossas bruxas realizam milagres.

De fato, essa arte do envenenamento chamada *Veneficium* é a mais abominável de todas, com a qual homicídios podem ser cometidos, sem despertar suspeita, nem oferecer resistência, na qual o forte não pode evitar o fraco, o sábio não consegue impedir o insensato, o devoto não pode ser preservado das mãos do pecaminoso; as crianças podem matar seus pais, o servo seu mestre, a esposa seu marido, de modo tão privado, tão inevitável e tão incurável, que de todos os outros foi considerado o tipo mais odioso de assassinato, de acordo com o que diz *Ovídio*:[387]

_____ non hospes ab hospite tutus,
Non socer à genero, fratrum quóq; gratia rara est:
Imminet exitio vir conjugis, illa mariti,
Lurida terribiles miscent aconita novercæ,
Filius ante diem patrios inquirit in anos.

_____ O hóspede viajante oprimido[388]
Seu hospedeiro teme,
Mas também o hospedeiro teme seu hóspede:
O sogro seu genro,
Raros são vistos até
Entre irmãos amor e amizade,
E gentileza sem conflito.
O marido busca a morte da esposa,
E ela a dele.
Madrastas cruéis preparam e ministram o veneno:
Um filho a outro pergunta
Quanto tempo o pai viverá.

O monge que envenenou o rei *João* era um verdadeiro *Veneficus*, ou seja, um bruxo e um assassino, pois matou o rei com veneno e convenceu o povo com mentiras, de que ele tinha cometido um ato bom e meritório

---

387. Ovídio. *Metamorfoses. lib. 1.*
388. Traduzido do latim para o inglês por Abraham Fleming.

e, sem dúvida, muitos foram enfeitiçados, pois acreditaram que ele agiu de modo certo. *Antonius Sabellicus*[389] escreve sobre um horrível homicídio por envenamento, cometido por mulheres em *Roma*, onde foram executadas (após a devida condenação) 170 mulheres de uma só vez, além de 20 mulheres associadas a essas, que foram envenenadas com aquele veneno que elas prepararam para os outros.

Capítulo 4

Diversas práticas de envenenamento, também chamadas veneficia, *cometidas na Itália, em Gênova, Milão, Wittenberge, e como elas foram descobertas e executadas.*

Veneficœ na Itália.

Outra prática, que em nada difere daquela mencionada no capítulo anterior, aconteceu em *Cassalis* em *Salassia* na *Itália*, no ano de 1536, onde 40 *Veneficœ* ou bruxas de uma confederação renovaram uma praga que estava quase encerrada, besuntando com unguento e um pó as colunas e portas das casas de homens e, assim, famílias inteiras foram envenenadas e, para isso, elas tinham preparado mais de 40 jarros. Além disso, elas passavam heranças como lhes conviam, até que acabaram matando o irmão e um filho de um tal de *Necus* (quase ninguém morrera na casa, além dos mestres e seus filhos), o que chamou muita atenção e, além disso, suspeitou-se de que uma tal *Androgina* rondava as casas, principalmente daqueles que morreram; ela então foi presa e examinada, depois do que confessou o fato, a conspiração e a circunstância, conforme foi demonstrado.

Veneficœ em Gênova e Milão.

Depois, a mesma vilania foi praticada em *Gênova* e as criminosas foram executadas. Em *Milão* houve outra tentativa semelhante que não surtiu nenhum efeito. Essa arte consiste em envenenar tanto gado como homens, e aquilo que é feito com venenos no gado, para sua destruição, é tão comumente atribuído aos feitiços das bruxas quanto o outro. E não duvido de que alguns indivíduos considerados habilidosos em encantamentos e em realizar milagres têm experiência com envenenamento também. Pois está escrito em diversos autores que se o pênis de um lobo for escondido nas manjedouras, grades ou em qualquer lugar nas cercas dos pastos, onde o gado pasta (por causa da antipatia da natureza do lobo e outros rebanhos), todos os animais que provam do pênis não só param de comer, como também correm em círculos como se estivessem loucos, ou (como dizem) enfeitiçados.

---

389. *Eneida 4, livro 4.*

Um açougueiro que é um verdadeiro bruxo *Veneficus*.

Mas *Wierus* conta uma história notável de um *Veneficus*, ou destruidor do gado, que acho apropriado aqui repetir. Havia (diz ele) no ducado de *Wittingberge*, não distante de *Tubing*, no ano de 1564, um açougueiro que negociou com a cidade por todas as peles de gado de animais famintos, conhecido na região como *Morts*. Por meio de veneno matou secretamente em grandes quantidades bois, ovelhas, porcos, etc., e com seu negócio de peles e sebo ele ficou riquíssimo. Por fim, suspeitaram dele e após ser examinado e confessar o crime e o modo de ação, ele foi condenado à morte com a pinça de ferro em brasa, com a qual sua carne foi separada dos ossos. Se fôssemos nós, já teríamos matado cinco pobres mulheres antes de suspeitarmos de um açougueiro rico.

Capítulo 5

Resposta a uma grande objeção a respeito desse tipo de feitiço chamado Veneficium.

Contesta-se que se o *Veneficium* fosse compreendido sob o título de homicídio culposo, teria sido uma vã repetição e um curso desordenado seguido por *Moisés*, para anunciar uma lei contra *Veneficas*. Mas basta responder a qualquer cristão sensato que o Espírito Santo teria muito prazer em instituir tal artigo como de qualquer outra forma mais odiosa, perversa e perigosa de homicídio. Mas aquele que ler a lei de *Moisés*, ou o próprio testamento de Cristo, encontrará esse tipo de repetição e reiteração da lei mais comum. Pois como está escrito em Êxodo 22, 21: não ofenderás nem afligirás um estrangeiro, pois fostes um estrangeiro na terra do *Egito*[390]; e essas mesmas palavras são encontradas repetidas em *Levítico 19, 33*. Cortar cabelo e fazer a barba são proibidos em *Deuteronômio 27*, o que já fora proibido antes em 22. Está escrito em *Êxodo, 20*: não furtarás, o que é repetido em *Levítico 19* e *Deuteronômio 5*. O homicídio é proibido em geral em *Êxodo 20* e da mesma forma em 22 e repetido em *Números 35*. Mas o exemplo mais apropriado é que a magia é proibida em três lugares: uma vez em *Levítico 19* e duas vezes em *Levítico 20*. Pelo que um homem poderia muito bem discutir com o Espírito Santo quanto ao resto.

---

390. Levítico 19, 33.

Capítulo 6

Em que consistia a preparação desse feitiço chamado Veneficium: *em poções de amor, e como estas são refutadas por poetas.*

Quanto a esse tipo de feitiçaria, a parte principal dela consiste em certas preparações por pessoas lascivas para procurar amor, o que de fato são meros venenos, privando alguns do benefício do cérebro e, com isso, do bom senso e da compreensão da mente. E de alguns pode tirar a vida, o que é mais comum do que a primeira hipótese. Essas são chamadas *Philtra* ou *Pocula amatoria* ou *Venenosa pocula*, ou ainda *Hippomanes*, que médicos cegos e maus praticam mais do que bruxas ou conjuradores, etc. Mas que valor tinham essas conversas tolas, para que finalidade elas são fornecidas, podemos ver aparecer nas opiniões de poetas, de onde se deriva a estima dessa matéria. Primeiro devemos ouvir o que *Ovídio*[391] diz, pois ele escreveu a arte do amor, e com tanta astúcia e sentimento, que é reconhecido como o doutor especial nessa ciência:

> *Fallitur Æmonias si quis decurrit ad artes,*
> *Dátq; quod à teneri fronte revellit equi.*
> *Non facient ut vivat amor Medeides herbœ,*
> *Mistáq; cum magicis mersa venena sanis.*
> *Phasias Æsonidem, Circe tennisset Ulyssem,*
> *Si modò servari carmine posset amor:*
> *Nec data profuerint pallentia philtra puellis,*
> *Philtra nocent animis, vimq; furores habent.*

> Aquele que recorre às artes de *Hœmon*[392],
>   Eu chamo de tolo,
> E dou aquilo que ele arranca
>   Da testa de um potro;
> As ervas de Medeia não conseguirão
>   Aquele amor eterno,
> Nem um veneno exagerado misturado a
>   Amuletos mágicos o mesmo pode dar.
> A bruxa Medeia teve um jejum completo
>   Manteve Jasão para si
> Assim como a grande Circe também fez
>   Com Ulisses, se apenas
> Com feitiços manteve e reteve o que pode ser
>   O amor de dois em um.

---
391. *Ovídio, lib. 2. De arte amandi.*
392. Traduzido do latim para o inglês por Abraham Fleming.

Nenhuma poção lúbrica dada às donzelas,
Para deixá-las pálidas e lívidas,
Servirá: tais poções arruínam
   As mentes da donzela e do homem,
E deixam neles uma força furiosa
   De frenesi ocasional.

Viderit Aemoniæ si quis mala pabula terræ[393],
Et magicas artes posse juvare putat.

Se alguém pensar que as ervas maléficas[394]
da terra de Hæmon
Ou bruxaria são capazes de ajudar,
Deixe-o provar e ver.

Esses versos anteriores mostram que *Ovídio* sabia que essas feiticeiras miseráveis poderiam matar alguém ou deixá-lo completamente louco, em vez de fazer o bem para conquistar seu prazer ou amor e, por isso, ele dá o seguinte conselho àqueles que estão enamorados com tamanha ardência, que desfrutam do seu amor ou preferem morrer, dizendo:

Sit procul omne nefas, ut ameris amabilis esto:

Fiques distante de todos os meios ilícitos[395]
   Tu que amas,
Por amor eu falo daquela que com amor
   Possa realmente te amar.

Capítulo 7

Autores mais confiáveis provam que as poções de amor provocam a morte por envenenamento em vez do amor por astúcia: e com quais artifícios elas destroem o gado e conseguem amor.

Mas como esses poetas não inspiram influência nem confiança, por dizerem e desdizerem no trato com essas causas, de tal modo que os sábios os veem com menosprezo, vejamos o que outros autores mais sérios falam sobre isso. *Eusebius Cæsariensis* escreve que o poeta *Lucrécio* foi morto com uma dessas poções do amor envenenadas. *Hierônimo* relata que uma *Lívia* matou assim seu marido, que ela tanto odiava e *Lucila* matou o dela, que ela tanto amava. *Calistenes* matou *Lucius Lucullus*, o imperador, com uma poção do amor, como dizem *Plutarco* e *Cornelius Nepos*. *Plínio* e *Josefo* relatam que *Cæsonia* matou seu marido *Calígula Amatorio poculo* com uma poção

---
393. *Ovídio, lib. de remédio amoris,* 1.
394. Traduzido por Abraham Fleming.
395. Traduzido por Abraham Fleming.

do amor, que na realidade era puro veneno. *Aristóteles* diz que tudo aquilo que se acredita a respeito da eficácia desses artifícios não passa de mentiras e superstições. Quem quiser ler mais argumentos e histórias a respeito desses venenos, deve consultar *J. Wier De Veneficiis*[396].

Os artifícios[397], que dizem servir para conquistar amor, e são exibidos em suas poções, são os seguintes: o pelo crescendo na parte inferior do rabo de um lobo, uma toca de lobos, um peixinho chamado *Rêmora*, um cérebro de gato, salamandra ou lagarto; o osso de um sapo, com sua carne consumida por formigas, o esquerdo provoca amor (eles dizem) e o direito, ódio. Dizem também que no caso do osso de sapo, com a carne em volta sendo comida por formigas, alguns flutuarão e outros afundarão; aqueles que afundarem, se forem depois pendurados em um pedaço de linho branco, provocam amor, mas se um homem for tocado com ele, cria-se o ódio. Em outro experimento, pega-se uma ninhada deles e enterra-se em jarro debaixo da terra, até eles morrerem de fome; aqueles que forem encontrados de boca aberta, servem para provocar amor; aqueles de boca fechada, servem para provocar ódio. Além desses, muitos outros desatinos para esse propósito são propostos às pessoas simples, por exemplo, as vestimentas do morto, velas que queimam diante de um cadáver e agulhas usadas para costurá-los e envolvê-los em suas mortalhas e várias outras coisas, que omitirei por respeito ao leitor e por causa do discurso impuro necessário para descrevê-las; o que (em *Dioscórides*[398] ou vários outros médicos estudiosos) se encontra em detalhes. Enquanto isso, aquele que deseja ver mais experimentos a respeito desse assunto, deve ler o *De fascino*, de *Leonardus Vairus*[399], publicado em 1583, onde (com uma boca incestuosa) ele afirma diretamente que Cristo e seus apóstolos eram *Venefici*; defendendo com fervor esse argumento, e com tanta tolice papista quanto puder, esforçando-se para provar ser lícito enfeitiçar e encantar os animais, etc.

Capítulo 8

O triunfo de John Bodin contra J. Wier é surpreendido por um falso grego e uma subsequente interpretação falsa disso.

O senhor *Bodin* venceu o doutor *Wier* aqui, pronunciando uma sentença pesada sobre ele, por causa da referência a veneno. Mas triunfou muito mais por falar grego falso, afirmando que chamara *Veneficos* de Φαρμακέυσνς, o que é tão verdade quanto o resto de seus relatos e lendas a respeito de milagres de bruxas contidos em seus livros

---

396. *Hierônimo in Ruff; Plínio, lib. 25, cap. 3; Josefo, lib. 11 de Judæorum antiquii; Aristóteles, lib. 8, de natura animal, cap. 24; Jo Wier. De Venef., cap. 40.*
397. *Artifícios para arremedar.*
398. *Dioscórides, de materia medicin.*
399. *L. Vairus. De fascin. Lib. 2, cap. 11, propefinem.*

de planos diabólicos. Pois, na verdade, não foi usada essa palavra, mas Φαρμακένεις, embora ele deva ter dito Φαρμακεῖς, com o verdadeiro acento omitido, e ἓν interposto, o que deveria ter sido deixado de fora. O que em nada afeta a substância do tema e deve ser culpa do impressor.

Mas *Bodin* argumentou desta forma: o termo Φαρμακῖεις às vezes é usado para *Magos* ou *Prestidigitadores: Ergo*, na tradução da *Septuaginta*, deve ser interpretado assim. *Bodin* evidencia assim sua má lógica, mais do que o grego ruim dos outros. Pois quem compreende esse idioma sabe bem que o significado usual e adequado dessa palavra, com todas as suas derivações e compostos, é *Veneficos*, Envenenadores por remédio. O que, se é mais usual e adequada, não explica por que os tradutores a usariam em um significado menos usual e nada adequado. Portanto, ele argumentou e concluiu com sua lógica recém-encontrada e seu velho conhecido grego: "às vezes tem tal significado, embora inadequadamente, ou até metaforicamente, *Ergo*, nesse ponto, deve ser interpretada assim, quando outra palavra melhor poderia ter sido usada". Argumento esse infrutífero, assim como suas outras ações igualmente infrutíferas. A *Septuaginta* seria destituída de palavras, se nenhuma palavra adequada fosse encontrada para esse fim. Mas quando eles têm ocasião de falar da bruxaria em suas traduções, usam *Magian, Maggagian*, etc. e, portanto, talvez vissem alguma diferença entre um e o outro, e soubessem de algum motivo que os levasse a usar a palavra Φαρμακεία, *Veneficium*.

Sétimo Tomo
Capítulo 1
A palavra hebraica Ob, *seu significado e onde é encontrada, as pitonisas chamadas Ventríloquas, quem elas são e quais são suas práticas, experiências e exemplos.*

A santa donzela de kent: uma ventríloqua.

Esta palavra *Ob* é traduzida como *Pytho* ou *Pythonicus spiritus*: *Deuteronômio 18; Isaías 19; 1 Samuel 28; 2 Reis 23*, etc.: às vezes, embora inadequadamente, *Magus,* como em *2 Samuel 33*. Mas *Ob* significa mais apropriadamente uma garrafa, e é usada nesse sentido, porque as *Pitonisas* falavam de modo profundo, como se viesse do fundo de seus ventres, pelo que elas são convenientemente chamadas *Ventriloqui* em latim. Uma delas era *Elizabeth Barton,* a santa donzela de *Kent,* etc. Essas são aquelas que assumem a responsabilidade de transmitir oráculos, contar onde coisas perdidas foram parar e, por fim, acusar as maldades dos outros, o que elas mesmas costumam cometer; com o que muitas vezes arruínam a reputação de mulheres honestas e das outras mulheres de seus vizinhos, com quem elas estão descontentes. A título de julgamento, deixando passar uma centena de farsantes que eu poderia mencionar neste momento, começarei com uma verdadeira história de uma meretriz, praticando sua bruxaria diabólica e ventriloquismo em 1574 em *Westwell, Kent,* há nove quilômetros de onde moro, capturada e citada por dois ministros e proclamadores da palavra de Deus, quatro escreventes substanciais e três mulheres de boa reputação, cujos nomes estão escritos a seguir.

Mildred, filha bastarda de *Alice Norrington*[400], de 17 anos e atual criada de *William Sponer* de Westwell no condado de *Kent,* foi possuída por Satã à noite e no dia supracitados. Por volta das duas da tarde do mesmo dia, *Roger Newman,* ministro de *Westwell, John Brainford,* ministro de *Kenington*[401], com outros, cujos nomes são mencionados a seguir, chegaram à casa de *Sponer Roger* e rogaram a Deus para ajudá-los nesse caso

---
400. 13 de outubro de 1574.
401. Consulte essa história com a mulher de Endor, 1 Samuel 28, e veja se isso não pode ser realizado dessa forma.

urgente e então exigiram que Satã, em nome do Deus eterno e de seu filho Jesus Cristo, falasse com uma voz que eles pudessem entender e a declarar de onde vinha. Mas ele não falava, apenas rugia e gritava com força. Embora exigíssemos muitas vezes, em nome de Deus e de seu filho Jesus Cristo, e em seu imenso poder, para ele falar, não o fez, enquanto recorria a todos os seus hábitos, como rugir, gritar, debater-se e ranger os dentes e em outros momentos com caretas irônicas e outras feições terríveis; era tão forte na donzela, que quatro homens mal conseguiam segurá-la. E isso continuou por quase duas horas. Então, às vezes, exigíamos severamente que ele falasse e de novo rogávamos a DEUS por sua ajuda até que enfim Satã falou, mas de forma muito estranha e era assim: "ele vem, ele vem", repetidas vezes, e depois "ele vai, ele vai". Pedimos, então, que nos dissesse quem o enviou. E ele disse: "fico no caminho dela como uma tora de madeira e a faço correr como o fogo, mas não poderia machucá-la". "E por que não", perguntamos? "Porque Deus a guarda", responde. "Quando vieste a ela?", perguntamos. "À noite na sua cama", ele respondeu. Então o pressionamos como antes, para que nos contasse quem era, quem o tinha enviado e qual era seu nome. À primeira pergunta, ele respondeu: "o demônio, o demônio". Pressionamos de novo. Então ele rugiu e gritou como antes e falou palavras terríveis: "Eu a matarei, eu a matarei; eu a cortarei em pedaços, eu a cortarei em pedaços". Nós dissemos: "Não a machucarás". Novamente, exigimos que se explicasse. E ele disse: "Vós não me dais descanso". Nós dissemos: "Não terás nenhum descanso aqui, não mereces ter nenhum descanso com os servos de Deus, mas nos diga em nome do Senhor quem és, e quem te enviou". Então ele disse que a cortaria em pedaços. Nós dissemos: "Não a machucarás". Ele afirmou que nos mataria. Nós falamos de novo: "Não nos machucará, pois somos servos de Deus". E pressionamos mais uma vez. E ele indagou: "Não me dareis descanso?" Nós dissemos: "Não terás nenhum descanso aqui, nem nela, pois não tens direito a ela, uma vez que o Senhor Jesus Cristo a redimiu com seu sangue e ela pertence a ele. Portanto, diga-nos teu nome e quem te enviou". Ele disse que seu nome era Satã. Nós perguntamos: "Quem te enviou?" Ele disse: "A velha *Alice*, a velha *Alice*". "Que velha *Alice*?", indagamos. "A velha *Alice*", respondeu ele. "Onde ela mora?", perguntamos. "Na rua *Westwell*", respondeu. Então questionamos: "Há quanto tempo estás com ela?" "Há 12 anos", disse ele. Nós perguntamos onde ela o mantinha. "Em duas garrafas", respondeu. "Onde elas estão?", perguntamos. "Nos fundos da casa dela", disse ele. "Em que lugar?", questionamos. "Debaixo do muro", ele falou. "Onde está a outra?" "Em *Kenington*". "Em que lugar?", perguntamos. "Debaixo da terra", disse ele. Então nós lhe perguntamos o que a velha deu para ele. Respondeu: "Seu desejo, seu desejo". "O que ela te pediu para fazer?" Ele disse: "Matar sua criada". "Por que ela te pediu para matá-la?", perguntamos. "Por que não gostava dela", disse ele. Nós perguntamos: "Há quanto tempo ela te mandou para sua criada?" "Há mais de um ano", falou. "Onde foi isso?", questionamos. "Na casa do mestre dela", ele respondeu. "Que mestre?", perguntamos. "Os *Brainsfords* de *Kenington*", disse ele. "Quantas vezes foste lá?", perguntamos. "Muitas vezes", respondeu. "Quando foi a primeira?", perguntamos. "No jardim", disse ele. "Onde foi a segunda vez?" "Na sala." "Onde foi a terceira vez?" "No quarto dela." "Onde foi a quarta?" "No campo." "Onde foi a quinta?" "No pátio." "Onde foi a sexta?" "Na água, quando eu a joguei no fosso." "Onde foi a sétima vez?" "Na cama dela." Nós perguntamos de novo: "Onde mais?" Ele disse: "Em *Westwell*". "Onde lá?", perguntamos. "No vicariato", respondeu. "Onde?" "No sótão." "Como chegaste lá?", perguntamos. "À semelhança de dois pássaros", disse ele. "Quem te enviou lá?", perguntamos. "A velha *Alice*", respondeu. "Quais outros espíritos estavam contigo lá?", perguntamos. "Meu servo", disse ele. "Qual o nome dele?", perguntamos. Ele respondeu: "diabrete". "Qual é teu nome?" "Satã", disse ele. "Como a velha *Alice* te chama?", perguntamos. "Companheiro", disse ele. "O que ela te dá?", perguntamos. "Seu desejo", disse ele. "Quantos mataste por ela?", perguntamos. "Três", respondeu. "Quem são eles?", perguntamos. "Um homem e seu filho", disse ele. "Quais eram os nomes deles?", perguntamos. "O nome do filho era *Edward*", disse ele. "*Edward* o quê?", perguntamos. "*Edward Ager*", disse ele. "Qual era o nome do homem?", perguntamos. "*Richard*", respondeu. "O que mais?", perguntamos. "*Richard Ager*", disse ele. "Onde mora o homem e o filho?" "No *Dig*, no *Dig*", disse ele. Este *Richard Ager de Dig* era dono de uma terra de 40 libras por ano, um homem muito honesto, mas que dizia estar enfeitiçado e definhou por muito tempo antes de morrer. "Quem mais mataste por ela?", perguntamos. "A esposa de *Wolton*", respondeu. "Onde ela mora?" "Em *Westwell*", disse ele. "O que mais fizeste por ela?", perguntamos. "O que ela quisesse", falou. "O que é?" "Buscar carne, bebida e cereais para ela", respondeu. "Onde fazes isso?" "Em todas as casas", disse ele. "Descrevas quais". "Nos *Petmans, Farmes, Millens, Fullers* e em todas as outras." Depois disso nós exigimos que Satã, em nome de Jesus Cristo, saísse dela e nunca mais a incomodasse, nem qualquer outro homem. Então ele disse que iria, mas não foi. Então o pressionamos como antes, com mais algumas palavras. Ele disse: "Eu vou. Eu vou". E partiu. A criada, então, disse: "Ele se foi, Senhor tenha misericórdia de mim, pois ele teria me matado". E então nós nos ajoelhamos e demos graças a Deus com a criada; rezando para que Deus a guardasse do poder de Satã e a auxiliasse com sua graça. E depois de anotar isso em um pedaço de papel, saímos de lá. A voz de Satã diferia muito da voz da criada e tudo o que ele falou foi em seu próprio nome. *Firmado portanto:*

As testemunhas do referido, que ouviram e
Presenciaram toda essa questão, são:

{ Roger Newman, vigário de Westwell. John Brainford, vigário de Kennington. Thomas Tailor. Esposa de Henrie Tailor. } { John Tailor. Esposa de Thomas Frenchborn. William Spooner. John Frenchborne e sua esposa. }

Capítulo 2

Como a prática desonesta da Pitonisa de Westwell foi revelada e por quem ela foi examinada; e que todo o seu discurso diabólico não passava de ventriloquia e simples charlatanismo, o que é provado com sua confissão.

Está escrito[402] que nos últimos dias serão mostradas ilusões estranhas, etc., tanto que (se fosse possível) até os eleitos seriam ludibriados; todavia, *São Paulo* diz: "Eles mentirão e realizarão falsas maravilhas". No entanto, essa sentença, e outras como essas, foram-me servidas de bandeja e são estimuladas por diversos autores para atestar o trabalho milagroso de bruxas, sobre os quais trato com mais detalhes em outro momento. Entretanto, a propósito, devo confessar que eu interpreto que eles se referem ao Anticristo ao mencionarem: o papa, que milagrosamente, contrário à natureza, filosofia e toda teologia, sendo bastardo de nascimento e vocação modesta, ignorante de erudição, parco de valor, beleza ou atividade, colocou-se no trono mais elevado e delicado, colocando quase todas as cabeças de príncipes cristãos, não só debaixo de sua cinta, mas também debaixo de seus pés, etc.

Certamente, a tragédia dessa *Pitonisa* não é inferior a milhares de histórias que não serão apagadas da memória e do crédito, tanto de pessoas comuns como de acadêmicos. Como essa história poderia ser desacreditada, tendo tal autoridade como testemunha? Como a mãe

---

402. Mateus 24, 44; 2 Tessalocinenses 2, 9.

Alice poderia escapar da condenação e do enforcamento, depois de ser denunciada com essa evidência, quando uma pobre mulher foi banida, por um oráculo enganador, ou uma mentira, criada por *Feats,* o ilusionista, pela instigação maliciosa de alguns dos adversários dela?

Mas com que astúcia este último certificado foi redigido e o quanto traz de verdade são coisas que podem ser suficientemente vistas para indicar essa desonestidade enganadora. Ainda assim, vários foram enganados profundamente e não podem ser afastados de crédito por isso, e sem grande menoscabo não suportam ouvir sua reprovação. A propósito, deve-se saber que antigamente o Bom Robin e o bicho-papão eram tão terríveis e também tão verossímeis para o povo quanto as bruxas e feiticeiras são agora e no futuro; uma bruxa será alvo de escárnio e desprezo e vista com tanta simplicidade quanto a ilusão e a enganação de um bicho-papão. E, na verdade, aqueles que defendem a existência de espíritos errantes, com sua transformação, etc., não têm motivo para negar o Bom Robin, sobre quem houve tantas e tão verossímeis histórias quanto a respeito das bruxas, exceto que não agradou aos tradutores da Bíblia chamar os espíritos pelo nome de Bom Robin, assim como eles chamaram os adivinhos, videntes, envenenadores e farsantes pelo nome de feiticeiros.

A condenação da Pitonisa de Westwell por sua confissão.

Mas para encerrar logo a refutação das aventuras e farsas dessas meretrizes bastardas, deve-se entender que na brutalidade de sua divindade e transes milagrosos, uma pitonisa foi intimada por M. *Thomas Wotton* de *Boucton Malherbe*, homem de grande respeito e sabedoria, e de rara e singular sagacidade para decidir e comandar os assuntos naquela comunidade, por cujo tratamento discreto do assunto, com a assistência e o auxílio do Ilustríssimo Sr. *George Darrell*, sendo ele também um justo, bom e criterioso Juiz da mesma alçada, a fraude foi descoberta, a trapaça confessada e ela recebeu a pena devida. A confissão dela também não foi obtida de acordo com a forma da Inquisição Espanhola, ou seja, com torturas extremas, nem por fraude ou adulação, nem por suposições, mas com o julgamento judicioso e perfeito de cada circunstância em que a ilusão foi devidamente descoberta, não tanto como (digo) as bruxas costumam ser convencidas e condenadas, isto é, com acusações maliciosas, conjecturas, suposições e confissões coagidas, contrariamente ao senso e possibilidade, e por tais ações que não podem mostrar prova nem exemplo diante dos peritos, por meios diretos ou indiretos, mas depois do devido julgamento ela demonstrou suas façanhas, ilusões e transes, com o resto de todos os seus trabalhos milagrosos, na presença de diversos cavaleiros e damas de grande crédito e respeito, em *Boucton Malherbe*, na casa do supracitado *M. Wotton*. Agora ao compararmos essa meretriz com a feiticeira de *Endor*, veremos que as duas fraudes podem ser feitas com uma só arte.

Capítulo 3

Material de Bodin a respeito da Pitonisa de Endor, com uma história verdadeira de um holandês farsante.

Com base em histórias semelhantes, Bodin[403] constrói sua doutrina, chamando de *Ateus* aqueles que não acreditam nele, adicionando a esse tipo de bruxaria as obras milagrosas de diversas donzelas, que vomitariam alfinetes, pedaços de pano, etc., como faziam *Agnes Brigs* e *Rachell Pinder* de Londres, até que os sortilégios foram detectados e elas foram colocadas em penitência aberta. Ele cita outras desse tipo, que eram presas pelos demônios com ligas ou coisa assim em postes, etc., com nós que não podiam ser desfeitos, o que é uma proeza de enganação ou ilusionismo *egípcio*. E de todas essas mentiras tolas junto a histórias obscenas é composto seu livro, no qual garanto que não há menos do que duzentas histórias e o mesmo tanto de impossibilidades. E assim como a farsa dessas duas meretrizes, com a da donzela de *Westwell*, foi detectada, revelou-se, para a surpresa de muitos homens decentes, que um holandês de *Maidstone* era um farsante safado, muito depois de ele realizar tais fraudes; embora seus milagres tivessem sido impressos e publicados em *Londres*, no ano de 1572, com o seguinte título no início do livro:

⁋Um muito maravilhoso e estranho milagre de Deus, mostrado em um holandês de 23 anos, que foi possuído por dez demônios e, pela poderosa providência de Deus, exorcisado em 27 de janeiro de 1572.

---

403. J. Bodin, *lib. de dæmon 3, cap. 2.*

Cientes disso estão o Prefeito de *Maidstone*, com diversos de seus confrades subscritos, principalmente pela persuasão de *Nicasius Vander Shuere*, o ministro da igreja holandesa de lá, *John Stikelbow*, que (como é dito no presente) Deus usou como instrumento para expulsar os demônios, e quatro outras pessoas de confiança da igreja holandesa. A história é tão estranha e elaborada com tamanha astúcia que se ele não tivesse levantado suspeitas sobre sua fraude, ela jamais teria sido descoberta. Muitos outros milagres desse tipo foram publicados recentemente, dos quais diversas pessoas foram acusadas e, se houvesse um inquérito, sem dúvida outras teriam sido encontradas nesses documentos. Mas alguns são bem mais meticulosos do que outros. Alguns têm mais vantagem pela simplicidade do público, alguns pela excelência e fisionomia dos cúmplices, por exemplo, o caso da santa donzela de *Kent*. Alguns escapam totalmente sem suspeitas, alguns são impedidos com a morte, de modo que não passam por exame. Alguns são examinados parcamente, mas a maior parte deles é de tal forma reverenciada que aqueles que suspeitam acabam sendo denunciados.

Capítulo 4

O grande oráculo de Apolo, a Pitonisa, e como homens de todos os tipos foram enganados e até os apóstolos compreenderam mal a natureza dos espíritos, com o argumento irrefutável de que espíritos não podem assumir nenhuma forma.

A anfibologia dos oráculos.

Com esse tipo de bruxaria, *Apolo* e seus oráculos enganavam e abusavam do mundo inteiro. Esse ídolo era tão famoso que não preciso me estender na descrição dele. Príncipes e monarcas do planeta depositavam grande confiança nele: os sacerdotes, que viviam disso, eram tão astutos, que também surpreenderam quase todos os homens devotos e estudiosos daquela era, em parte com suas respostas duvidosas, como aquela dada a *Pirro*, nas seguintes palavras, *Aio te Aeacida Romanos vincere posse*, e para os embaixadores de *Cræsus* nestas: *Si Cræsus arma Persis inferat, Magnum imperium evertat*, e outrora nestas: *Cræsus Halin penetrans, magnam subvertet opum vim*, ou nestas: *Cræsus perdet Halin, trangressus plurima regna*, etc., em parte por confederação, pela qual eles conheciam as incumbências dos homens desde sua chegada, e em parte por astúcia, prometendo vitória sobre o sacrifício de alguma pessoa, pois seria preferível omitir a vitória do que cometer o assassinato.

A sutileza dos oráculos.

E, nesse caso, ainda viriam essas condições anexadas a seguir como sempre resta para eles um papel pioneiro e assunto suficiente para contestar, tal como a parte sacrificada ter de ser uma virgem, não bastarda, etc. Além disso, das duas coisas unicamente propostas, e onde apenas "sim" ou "não" respondem à pergunta, é uma aposta que um idiota conjectuaria certo. De modo que, se as coisas saíssem ao contrário, a culpa era sempre do intérprete, não do oráculo ou do profeta. Mas por que se admirar (digo eu) se, embora a multidão e as pessoas comuns tenham sido abusadas nesse lugar, advogados, filósofos, médicos, astrônomos, teólogos, assembleias gerais e príncipes foram enganados e seduzidos com grande negligência e ignorância também, enquanto engoliam e devoravam uma opinião inveterada, recebida de seus anciãos, sem o devido exame da circunstância?

Todavia, os padres devotos e eruditos (ao que parece) sempre tiveram um cuidado e um respeito especial, e eles não atribuíram a Deus essas tramas demoníacas, mas as referiam a ele, pois ele de fato é o inventor e autor de tudo; embora não o executor pessoal, do modo e na forma como se supõe, de maneira que a questão de fé não era criticada por eles. Mas quem[404] pode se assegurar de não ser enganado em questões concernentes a espíritos, quando os próprios apóstolos estavam longe de conhecê-las, assim como mesmo depois da ressurreição de Cristo, tendo-o ouvido pregar e expor as escrituras, por toda sua vida, se mostraram não só ignorantes, como também maus intérpretes? O apóstolo *Tomé* não achava que o próprio Cristo fora um espírito até Cristo lhe dizer simplesmente que um espírito não tinha carne e osso, como (ele disse) *Tomé* poderia verificar? E para provar, Cristo recomendou que ele visse suas mãos e sentisse os lados de seu corpo. *Tomé*, se for verdadeira a resposta que alguns dão a isso, a saber: que espíritos assumem formas e aparências de corpos quando quiserem, assim poderia ter respondido Cristo, e ainda insatisfeito poderia ter dito: "Oh, senhor, como me dizes que espíritos não têm carne nem ossos? Ora, eles podem assumir formas e aparências, e por acaso assim o fizeste". Argumento esse que todos os perseguidores de bruxas no mundo nunca poderiam rebater.

Alguns daqueles que sustentam a criação, a transformação, o transporte e a transubstanciação de bruxas contestam que os espíritos não são palpáveis, ainda que visíveis, e respondem à colocação por mim citada: a sensação e não a visão satisfariam *Tomé*. Mas aquele que pesar bem o texto e suas circunstâncias, perceberá que o defeito da incredulidade de *Tomé* seria condenado se não confiasse nos próprios olhos, nem na visão de seus companheiros apóstolos, que poderiam ser considerados crédulos demais nesse caso, se os espíritos pudessem assumir aparências quando quisessem. Jesus lhe disse[405]: "Porque me viste (e não porque me sentiste), acreditaste". Ao que ele acrescentou: "Bem-aventurados os que não viram e creram (e não, os que não sentiram e creram)". Com isso, ele enfatiza que nossos olhos corpóreos podem discernir entre um espírito

---

404. João 20, 9
405. João 20, 29.

e um corpo natural, admoestando *Tomé* por ter confiado demais em seus sentidos externos, quando a fé deveria prevalecer, em uma questão de fé revelada na palavra, não aceitando a princípio o milagre que lhe fora exibido do modo mais natural e sensato.

Todavia, *Erasto* disse[406], assim como *Hipério, Hemíngio, Danæus, M. Malef., Bodin, etc.*, que espíritos malignos comem, bebem, fazem companhia para homens e podem assumir formas de corpos, produzindo exemplos disso, como o *Spectrum Germanicum seu Augustanum* e o anjo cujos pés *Ló* lavou; se Deus pode dotar seus mensageiros com corpos quando lhe aprouver, então o demônio e todo espírito também podem fazer o mesmo. O modo como os 11 apóstolos foram enganados nesse caso aparece em *Lucas 24* e *Marcos 16*, como também em *Mateus 14*[407], em que os apóstolos e discípulos se enganaram, ao considerar Cristo um espírito, quando ele caminhou no mar. E por que não se enganariam nesse momento, assim como naquele em que achavam que Cristo tinha falado de um reino temporal, quando ele pregava sobre o reino dos céus?[408] O que eles também interpretaram mal; assim como quando Cristo lhes pediu para tomarem cuidado com o fermento dos fariseus, eles entenderam que ele falava do pão material.

Capítulo 5

Por que Apolo era chamado de Píton, de quem aquelas bruxas ganharam o nome de Pitonisas. Gregório e sua carta ao demônio.

Mas voltando ao nosso oráculo de *Apolo* em *Delfos*, que se chamava *Píton*, porque ele matou uma serpente assim chamada, da qual as *Pitonisas* receberam seu nome. Deve-se refletir bem nessa narrativa, que reproduzo a partir da história eclesiástica, escrita por *Eusébio*[409], na qual se podem ver o absurdo da opinião, a fraude desses oráculos e a mente iludida ou vã opinião de um doutor tão importante; fraude esta acusada e decifrada como segue.

Gregório Neocæsariensis, em sua jornada e passagem pelos *Alpes*, chegou ao templo de *Apolo* onde o sacerdote, que vivia ricamente das rendas e benefícios provindos desse ídolo, o recebeu muito bem e com satisfação. Mas depois da partida de *Gregório*, *Apolo* emudeceu, de modo que os grãos dos sacerdotes estragaram, pois com o aumento do desdém do ídolo, a peregrinação acabou. O espírito, compadecendo-se do caso do sacerdote, e com amargura a esse respeito, apareceu para ele e lhe disse francamente que seu último convidado, *Gregório*, foi a

---

406. *Erast. fol. 62.*
407. Lucas 24, 37; Marcos 16, 14; Mateus 14, 16.
408. Mateus 20; Mateus 16, 11.
409. *Euseb. lib. 7. cap. 25.*

causa de toda sua miséria. Pois (disse o espírito) ele me baniu, de modo que não posso voltar sem uma licença especial ou passaporte dele. O espírito nem precisou pedir para o sacerdote se apressar, pois ele imediatamente pegou seu cavalo e galopou atrás de *Gregório*, até que enfim o alcançou e então discutiu com ele por sua descortesia proferida em recompensa por seu regozijo, e disse que se ele não corrigisse e escrevesse uma carta para o espírito a seu favor, estaria completamente perdido. Em suma, sua impertinência do sacerdote era tamanha que ele obteve de *Gregório* a carta para o espírito nos seguintes termos: *Permitto tibi redire in locum tuum, e agere quæ consuevisti*, ou seja: Estou satisfeito com teu retorno ao teu lugar e age como tu preferires. Imediatamente depois de receber essa carta, o ídolo falou como antes.

A farsa dos oráculos.

Deve-se observar aqui que, tanto nesse caso como na execução de todos seus outros oráculos e fraudes, as respostas nunca eram dadas *Ex tempore* ou naquele dia em que a pergunta era feita, porque na verdade eles esperavam receber uma visão (como diziam), com a qual a fraude poderia ser realizada mais facilmente.

Capítulo 6

Apolo, chamado de Píton, comparado com o crucifixo chamado Cruz da Graça. A refutação da carta de Gregório ao demônio.

Para que usar muitas palavras para refutar essa fábula? Pois se *Gregório* fosse um homem honesto, nunca teria permitido por vontade própria que as pessoas fossem enganadas com um espírito tão mentiroso, ou se ele tivesse a metade da santidade que *Eusébio* diz que tem, não teria consentido ou cedido a um pedido tão indecente do sacerdote, nem teria escrito uma carta tão ímpia, ainda que dela se produzisse um bem. E, portanto, tanto pela impossibilidade e insensatez contidas no relato, quanto pela impiedade (da qual eu ouso desculpar *Gregório*), pode-se perceber que é uma mentira. Parece-me que aqueles que ainda defendem que o demônio deu resposta por meio do ídolo de *Apolo*, etc., podem ser convencidos a refutar suas opiniões errôneas, porque consta em registro que esses homens habilidosos em augúrios tomavam para si a responsabilidade de apresentar oráculos em *Delfos*, no lugar de *Apolo*, dentre os quais *Tisânio*, filho de *Antíoco*, era um[410]. Mas vã é a resposta dos ídolos. Nossa Cruz da Graça, com a ajuda do pequeno S. *Rumball*, não era inferior ao ídolo de *Apolo*, pois não só realizava milagres externos, como também manifestava os pensamentos internos do coração, creio que com uma demonstração mais intensa,

---

410. Zacarias 10.

tanto de humanidade como de divindade, do que no outro caso. No livro da perambulação de Kent, do Sr. *Lambert*[411], isso aparecerá parcialmente. Mas conversar com os observadores do fenômeno já basta. E mesmo assim, no tempo cego do papismo, nenhum homem poderia (sob pena da danação), não sem perigo de morte, suspeitar da fraude. Não; será que os papistas professam que eram ídolos, embora os fios que faziam os olhos das imagens se esbugalharem, as cavilhas que os pregavam em postes para fazê-los parecer pesados, tenham sido encontrados e queimados juntos às imagens, quando se revela a enganação dos sacerdotes, e cada circunstância disso é detectada e evidenciada?

Capítulo 7

Como diversos grandes clérigos e bons autores foram ludibriados nessa questão dos espíritos por meio de relatos falsos, e por credulidade publicaram mentiras, que são refutadas por Aristóteles e as escrituras.

Plutarco, Lívio e *Valerius Maximus* com muitos outros autores sérios, ludibriados com falsos relatos, escreveram que no passado animais falavam e imagens poderiam ter falado, chorado e deixado cair gotas de sangue, até mesmo andar de um lugar para outro, o que eles alegam ter sido feito por intercessão de espíritos. Mas prefiro pensar, com *Aristóteles*, que isso foi realizado *Hominum e sacerdotum deceptionibus*, ou seja, pela arte fraudulenta de habilidosos farsantes e sacerdotes. E, portanto, deve-se seguir a recomendação de *Isaías*[412], que diz: "Quando vos disserem: consultai os que têm um espírito de adivinhação e os adivinhos, que sussurram e murmuram nos vossos ouvidos para enganar-vos, etc., consultai vosso Deus, etc.". E então façamos isso. Aqui se verá que eles são aqueles que correm para os cantos e enganam o povo com mentiras, etc. Pois se eles pudessem realizar o que afirmam, não seriam sagazmente chamados de mentirosos, nem precisariam ir para os cantos sussurrar, etc.

Capítulo 8

A feiticeira de Endor, e se ela realizou a evocação de Samuel verdadeiramente ou por engodo. A opinião de alguns teólogos sobre isso.

A mulher de *Endor* é incluída na palavra *Ob*, pois é chamada *Pitonisa*. Está escrito em 1 Samuel, capítulo 28, que ela elevou *Samuel* dos mortos e as outras palavras do texto são colocadas com força, para reforçar sua ressurreição. A postura e a opinião de Jesus Ben

---

411. *W. Lambert in titulo Boxley.*
412. Isaías 8, 19.

Sirac evidentemente parecem ser que *Samuel* em pessoa foi elevado de seu túmulo, como se lê claramente em *Eclesiástico*. 46, 19, 20. Todavia, ele não debate se a história é verdadeira ou falsa, mas apenas cita certos versículos do 1º livro de *Samuel*, capítulo 18, simplesmente, de acordo com a carta, os hábitos de persuasão e a imitação de nossos virtuosos antecessores, e repete os exemplos de diversos homens excelentes, isto é, de *Samuel*; ainda que o texto em si realce a questão, de acordo com a interpretação errônea de *Saul* e seus servos. E, portanto, em verdade, *Sirac* falava lá de acordo com a opinião de *Saulo*, que assim supôs, caso contrário não é nem heresia nem traição dizer que ele foi enganado.

Quem pondera bem sobre ele, verá que *Samuel* não foi elevado dos mortos, mas era uma ilusão ou truque praticado pela feiticeira[413]. Pois as almas dos justos estão nas mãos de Deus, de acordo com o que *Crisóstomo* diz. As almas estão em certo lugar esperando pelo juízo e não podem ser retiradas de lá[414]. Nem é a vontade de Deus que os vivos sejam instruídos pelos mortos. Ideias confirmadas e aprovadas pelo exemplo de *Lázaro* e *Dives*[415], quando vemos, de acordo com *Deuteronômio* 18, que ele não terá a vida instruída pelos mortos, mas nos fará obedecer à sua palavra, na qual seu testamento é declarado. De fato, *Lira* e *Dionísio* inclinam muito à última ideia. E *Lira* diz que quando *Balaam* teria elevado um espírito, Deus se interpôs, assim como nesse caso ele mencionou *Samuel*, quando a bruxa teria elevado seu espírito. O que é uma interpretação provável. Mas ainda ousam não defender essa opinião, pois não querem desacreditar *Santo Agostinho*[416], que (eles confessam) continuou com o julgamento e a opinião (sem contradição da Igreja) de que *Samuel* não foi elevado. Pois é dito diretamente que o próprio *Samuel* não foi evocado. E, de fato, se ele foi elevado, isso ocorreu de boa vontade ou à força: se de boa vontade, seu pecado se igualou ao das bruxas.

---

413. Sabedoria 3; Salmos 92, 97.
414. Crisóstomo, homilia 21 em Mateus
415. Lucas 16.
416 *Agostinho lib. quæ vel. et novi testam quæst 27; Item, part. 2, cap. 26, Item, quæ 5, nec mirum ad Simplician lib. 2., ad Dulcitium, quæ 6; Item, lib. 2, de doct. Chri.*

E *Pedro Mártir* (creio eu) diz mais a esse respeito com as seguintes palavras: "Isso deve ter sido feito pela boa vontade de Deus, ou à força da arte mágica: não poderia ter sido feito por sua boa vontade, porque era proibido, nem por arte, porque feiticeiras não têm poder sobre o divino". Alguns respondem que o mandamento servia apenas para proibir os judeus de pedir conselhos aos mortos, e então *Samuel* não pecou em dar conselho. Podemos também desculpar a esposa do próximo, por consentir com nossos desejos obscenos, porque está escrito no decálogo apenas: Não cobiçarás a mulher do próximo.[417] Mas de fato *Samuel* foi diretamente proibido de responder a *Saul* antes de morrer; e, portanto, não é provável que Deus o ordenaria a fazer isso depois de morto.

Capítulo 9

Que Samuel não foi evocado de fato, e como Bodin e todos os papistas apontam aqui que almas não podem ser evocadas pela bruxaria.

Além disso, não é provável que Deus respondesse a *Saul* por intermédio do morto *Samuel*, quando não lhe responderia por meio do *Samuel* vivo, e que Deus responderia utilizando-se de um espírito, o que é ainda mais improvável, já que se negava a fazer isso por meio de um profeta. Que ele não foi elevado à força, toda a escritura testemunha e prova, assim como nossa própria razão possa nos dar a entender. Pois que pacífico descanso as almas dos eleitos poderiam ter ou desfrutar no seio de *Abraão*, se seriam arrancadas de lá com a evocação e ordem de uma feiticeira? Mas o espírito demoníaco, então, teria poder no céu, onde não merece estar e, portanto, não teria condições de dar ordens a quem quer que fosse.

---

417. Deuteronômio 18; Êxodo 20.

Muitos outros patriarcas da Igreja são terminantemente contra a elevação de *Samuel*, tais como *Tertuliano*, em seu livro *De anima, Justino Mártir In explicatione, quæ* 25, *Rabanus In epistolis ad Bonas. Abat, Orígenes In historia de Bileamo, etc.* Outros lançam disparates aqui, como *Bodin* e todos os papistas em geral, além do *Rabino Sedias Haias* e todos os hebreus, exceto por *R. David Kimhi*, o melhor escritor de todos os *Rabinos*, embora nenhum deles seja muito bom. Mas *Bodin*[418], em defesa de tal ponto, recai em muitos absurdos, provando pelas pequenas falhas cometidas por *Saul* que ele era um eleito, pois a maior questão (disse ele) que lhe é imputada é a reserva do gado *Amalekits*, etc. Ele era um eleito[419], etc., confirmando sua opinião com muitas fábulas ridículas e com o seguinte argumento: Seu erro era pequeno demais para merecer danação, pois *Paulo*[420] não mandaria punir tão severamente o homem incestuoso para que sua alma pudesse ser salva. *Justino Mártir*[421] em outro ponto não só foi ludibriado quanto à real elevação da alma de *Samuel*, como também afirmava que todas as almas dos profetas e homens justos estão sujeitas ao poder das feiticeiras. E mesmo assim pagãos eram muito mais crédulos nesse ponto, pois (como afirma *Lactantius*[422]) se gabavam de poder evocar as almas dos mortos e ainda pensavam que suas almas morriam com seus corpos. O que nos mostra como o mundo sempre foi tapeado em questões de bruxaria e conjuração. Os necromantes afirmam que se pode chamar ou evocar (como eles falam) o espírito de qualquer homem há menos de um ano depois de seu passamento. *C. Agrippa*, em seu livro *Três Livros de Filosofia Oculta,* diz que isso pode ser feito por certas forças naturais e elos. E, portanto, os cadáveres no passado eram acompanhados e vigiados com luzes, aspergidos com água-benta, perfumados com incenso e purgados com oração o tempo todo em que eles permaneciam acima do solo, caso contrário a serpente (como afirmam os Mestres dos Hebreus) os devorará, como o alimento designado a ela por Deus. *Gen. 3* alega também esse ponto: "Não devemos todos dormir, mas todos seremos modificados, porque muitos permanecerão como carne perpétua para a serpente, depois do que surgiu a contenda entre ele e *Miguel*[423]", a respeito do corpo de *Moisés* em que a escritura é alegada. Confesso que *Agostinho* e os demais doutores que negam a elevação de *Samuel* concluem que o espírito foi criado à sua semelhança, de cujas opiniões (com reverência) espero poder discordar.

---

418. *J. Bodin, lib. de dæm, 2, cap. 3.*
419. 1 Samuel 28
420. 1 Cor. 5.
421. *Justino Mártir in colloquio cum Triphone Judæo.*
422. *Lact., lib. 7, cap. 13*
423. Judas 1, versículo 9.

Capítulo 10

Que nem o espírito nem Samuel foram evocados, mas que eram meras fraudes, de acordo com o disfarce de nossas pitonisas.

De novo, se era o espírito demoníaco que aparecia, e não *Samuel*, por que se diz em *Eclesiástico* que ele dormia, se o espírito não dorme nem morre? Mas em verdade devemos inferir que não era nem o demônio em pessoa, nem *Samuel*, mas uma circunstância está aqui descrita, de acordo com a opinião errônea e imaginação de *Saul*. Entretanto, *Agostinho* diz que ambos os lados podem ser facilmente defendidos. Mas não precisaremos encontrar uma exposição tão distante, pois, de fato (creio eu), é *Longè petita*; nem é preciso descer até o inferno para expor aqui um demônio. Pois é ridículo (como diz *Pompanacius*[424]) trocar coisas manifestas, que podem por razão natural serem provadas, por coisas desconhecidas, que não têm plausibilidade de serem imaginadas, nem testadas por nenhuma lei da razão. Mas como temos liberdade pela lei de *Santo Agostinho*, em pontos da escritura que parecem conter contrariedade ou absurdo, para variar deste último e fazer uma construção devota agradável à palavra, confessemos que *Samuel* não foi elevado (pois isso era repugnante para a palavra) e verifiquemos se essa ilusão não pode ser realizada pela arte e astúcia da mulher sem algum desses ardis sobrenaturais, pois eu poderia citar uma centena de práticas papistas e fraudulentas, tão intricadas quanto essa, igualmente desmascaradas. Certamente, caso se tratasse de um demônio, o texto o teria registrado em algum momento da história, porém isso não aconteceu. Mas *Bodin* me ajudou muitíssimo nesse ponto, no qual ele abandona (diz) *Agostinho*, *Tertuliano* e *D. Kimhi*, que dizem que o que foi elevado era um demônio, o que (segundo *Bodin*[425]) não poderia ser, pois na mesma comunicação entre *Saul* e *Samuel* repete-se cinco vezes o nome *Jeová*, que o demônio não suporta ouvir.

Capítulo 11

A resposta à objeção dos perseguidores de bruxas a respeito dessa passagem e quais circunstâncias devem ser consideradas para a compreensão dessa história, que é simplesmente revelada desde o início do 28º capítulo de 1 Samuel até o 12º versículo.

Quando acontece um milagre tão sobrenatural, sem dúvida é um testemunho de fé, como afirma *Pedro Mártir*[426]. E nesse caso ele teria sido um testemunho de mentiras, pois (diz ele) um assunto

---

424. Pompanacius lib. de incant. Cap. 2.
425. J. Bodin lib. de dæm. 2, cap. 3.
426. P. Mártir comment. In Sam. 28, versículo 9.

de tamanho peso não pode ser atribuído ao demônio, mas é o poder imenso de Deus que o realiza. E mesmo se uma feiticeira for capaz de evocar um demônio, ela não está apta a operar tais milagres[427]. Para entender esse ponto, devemos examinar com atenção as circunstâncias. Sabe-se bem que *Saul*, antes de recorrer à feiticeira, buscava desesperadamente a misericórdia e a bondade de Deus, em parte pelo que *Samuel* lhe contara muito tempo antes, que ele seria derrotado e *Davi* tomaria seu lugar, e em parte porque antes disso Deus se recusou a responder-lhe, seja por meio de *Samuel* quando este vivia ou de qualquer outro poeta, ou por meio de *Urim* ou *Tumim, etc.* Para ver a discussão desse assunto, deve-se recorrer ao primeiro livro de *Samuel*, no 28º capítulo, e conferir minhas palavras com essa passagem.

Saul, vendo as hostes dos *filisteus* se aproximarem dele (o que não poderia ser desconhecido a todo o povo), desmaiou, não só porque percebeu a força deles e sua própria fraqueza, mas principalmente porque foi abandonado, tanto que, demente, desesperado e ingênuo, ele aborda certos servos seus, que viram sua apreensão, e pede-lhes uma mulher que tivesse um espírito familiar e eles logo lhe dizem que uma morava em *Endor*[428]. A propósito, deve-se entender que tanto *Saul* como seus servos referiam-se a uma que pudesse elevar *Samuel* com a ajuda de seu espírito, ou qualquer outro que estivesse morto e enterrado. Com isso, vê-se que eles foram enganados, embora fosse verdade que ela tenha de fato assumido a responsabilidade de fazer isso. De que serviria então seu espírito familiar, que se imagina que ela tinha, como os servos de *Saul* afirmaram? Certamente, como foram ludibriados em parte, então sem dúvida o foram em tudo o mais. Pois de que (digo) seu espírito familiar[429] serviria, se não para esses intentos que eles relataram, dos quais ela se encarregou? Creio que se deve admitir que os homens de *Saul* nunca tenham visto o espírito familiar da mulher, pois nunca ouvi alguém de confiança dizer que estava a favor da feiticeira, de modo que visse o espírito dela, embora na verdade leiamos entre as tolices papistas que *Santa Cecília* tinha um anjo como seu espírito familiar, e que ela poderia mostrá-lo para quem quisesse, e poderia pedir e ter o que ela ou seu amigo quisesse, como aparece na lição lida na Igreja Católica no dia de *Santa Cecília*. Bem, vejo a mulher do espírito de *Endor* como uma farsante, e mantida talvez em seus aposentos em *Endor*, ou na garrafa, assim como o demônio da mãe *Alice* em *Westwell*, e agora, acusadas, ambas fugiram para *Limbo patrum, etc.* E embora *Saul* estivesse enfeitiçado e cego quanto a essa questão, sem dúvida um homem sábio teria por acaso notado sua fraude. Creio que *Saul* foi apresentado

---

427. Isaías 42; 1 Samuel 28.
428. 1 Samuel 28, 7.
429. Espírito familiar de Santa Cecília.

a essa feiticeira, assim como o doutor *Burcot*[430] foi apresentado a *Feats*, que vendeu ao mestre Doutor um espírito familiar, pelo qual ele achava ter realizado milagres ou ganhado uma boa quantia de dinheiro. Esse rapaz de nome *Feats* era um ilusionista de nome *Hilles*, um bruxo ou conjurador, de qualquer forma um farsante. Suas qualidades e feitos eram para mim e muitos outros bem conhecidos e detectados. Entretanto, a opinião a respeito dele era muito singular e admirável, mesmo diante de todos esses casos, nos quais me entristece pensar, principalmente porque sua fraude e enganação chegaram ao ponto de derramar sangue inocente. Mas agora o abandonado *Saul*[431] cobre-se com uma rede e porque ele não queria ser reconhecido, põe outras roupas. Mas para colocar isso em prática, ele precisaria ter a cabeça e os ombros cortados, pois era bem mais alto do que qualquer um do seu povo[432]. E, portanto, seja qual fosse sua aparência, assim que a mulher pôs os olhos nele, o reconheceu. E para mais prova disso, deve-se entender que os príncipes dos judeus conversavam bastante com o povo. E parecia evidente que *Saul* morava bem perto de *Endor*[433], de modo que ela deveria conhecê-lo, pois na noite em que ele foi de seu alojamento para a casa dela, parecia que a mulher nem tinha ido dormir quando *Saul* chegou. A incerteza de tudo isso, contudo, podemos ver no processo do texto, no qual se diz que em determinado momento da noite ele foi à casa dela, e com muito esforço implorou que consentisse com seu pedido. Ela encerrou sua conjuração, de modo que os papéis de *Saul*, da feiticeira, e também de *Samuel* foram desempenhados. Terminada a cerimônia, ela preparou uma ceia com um novilho e uma fornada de pão e eles comeram. Depois de tudo isso, *Saul* voltou para casa na mesma noite, e precisava fazer isso, pois tinha negócios a tratar no dia seguinte. Por essas e muitas outras circunstâncias pode-se inferir que a mulher fingiu não o conhecer e, consequentemente, o fez de tolo o tempo todo.

Consta que ele, com dois de seus homens, foi até ela à noite e disse[434]: "Conjura para mim teu espírito familiar, e me faças subir a quem eu te disser". Os acadêmicos devotos sabem que a feiticeira de *Endor* não era capaz de fazer isso, apenas Deus poderia fazê-lo. Todavia, *Saul* foi enfeitiçado a acreditar nisso e ele é ainda mais simples a ponto de ser surpreendido pelos artifícios de nossas velhas feiticeiras, que são produzidas para se parecerem com ela. Por que então pensamos que DEUS preferiria autorizar a feiticeira a elevar *Samuel* a deixar que *Dives* tirasse *Lázaro* do seio de *Abraão*, em condições mais prováveis e sensatas? Essa prostituta (de acordo com o disfarce de nossas bruxas farsantes e conjuradoras) torna a questão mais singular para *Saul*, dizendo que ele veio jogá-la numa

---
430. D. Burcot, Feats.
431. 1 Samuel 28, 8.
432. 1 Samuel 10, 23.
433. *Ibidem*.
434. 1 Samuel 28, 8.

armadilha, etc[435]. Mas as bruxas raramente fazem essa objeção, exceto quando elas suspeitam de que aquele que veio até elas descobrirá seu logro, caso contrário, quando o perseguidor de bruxa for simples e fácil de ser ludibriado, convencer a bruxa a fazer o solicitado será tão fácil quanto e nada perigoso, como se pode ver que essa feiticeira logo foi persuadida (apesar dessa objeção) porque percebeu e viu que *Saul* estava apavorado. E, então, ela lhe disse: "A quem te farei subir?"[436] Parece que ela poderia ter levado a ele *Abraão, Isaac* ou *Jacó*, que não podem nos ouvir e, portanto, não podem se elevar ao nosso chamado. Pois está escrito: "Olha desde o céu e vê, etc.; ainda que *Abraão* nos ignore e Israel não nos conheça [...][437]".

Capítulo 12

Explicação sobre os versículos 12, 13 e 14 de 1 Samuel 28, nos quais se mostra que Saul foi enganado e abusado pela feiticeira e que Samuel não foi evocado, o que se comprova pela conversa das próprias bruxas.

O modo como a feiticeira de Endor engana Saul.

O modo e a circunstância de sua comunicação, ou da conjuração, não são descritos literalmente no texto, mas discute-se brevemente o efeito disso. Demonstrarei, no entanto, qual costumava ser a ordem da conjuração delas, especialmente naquela época. Quando *Saul* lhe pediu para fazer subir *Samuel*, ela saiu da sua presença e foi para seu quarto, onde sem dúvida tinha um espírito familiar, isto é, algum sacerdote astuto e indecente, e fez *Saul* ficar de pé na porta como um tolo (com o dedo no buraco da fechadura, por assim dizer) para ouvir as respostas enganosas, mas não para ver a execução fraudulenta e a simulação do caso. E assim ela começa a trabalhar, usando palavras comuns de conjuração, das quais há diversas variedades e formas (que repetirei em algum outro momento), assim como os ilusionistas (os quais seriam conjuradores inferiores) falam certas palavras estranhas para desviar a atenção do espectador do que fazem, enquanto sua mente é induzida a imaginar e supor que lidam com espíritos, dizendo: "*Hay, fortune furie, nunq; credo, passe, passe, when come you sirra [Salve, ó fúria da fortuna, aqui e agora; eu creio, passa, passa, quando a tu vens]*". Então talvez, depois de pronunciar muitas palavras desse tipo, ela disse para si mesma: "Vê, agora está acontecendo, pois vejo coisas maravilhosas". Então *Saul*[438], ao ouvir essas palavras, querendo saber de tudo, pergunta-lhe o que ela viu. Sabe-se que *Saul* não via nada, mas ficava lá parado como um tolo, enquanto ela desempenhava

---
435. 1 Samuel 28, 9.
436. 1 Samuel 28, 11.
437. Isaías 63, 15-16.
438. 1 Samuel 28, 13.

seu papel no quarto, como aparece mais evidentemente no 21º versículo[439] deste capítulo, onde se diz: "Então veio a mulher a *Saul*". No entanto, um pouco antes, ela fingiu astutamente ter visto *Samuel*, e com isso sabia que era *Saul* quem viera a ela. Assim, o mundo todo pode perceber seu ardil e dissimulação. Pois pelo que fora dito antes, ela precisa conhecê-lo. E (eu pergunto) por que não suspeitaria também de que era *Saul* antes, quando em palavras expressas ele lhe pediu que trouxesse *Samuel*, assim como agora, quando *Samuel* apareceu para ela?

Bem, à pergunta antes proposta por *Saul*[440], ela responde e mente que viu anjos ou deuses subirem da terra. Então ela continua com suas frases e palavras de encantamento, claro, de modo que com isso *Saul* infere e supõe que ela elevou um homem. Pois, de outro modo, sua pergunta não depende de nada ter sido falado antes. Porque quando ela diz: "Vi anjos subirem, etc.", a próxima palavra que ele diz é: "Como é sua figura?" O que (afirmo) não se refere às últimas palavras ditas por ela. E a isso ela não respondeu diretamente que era *Samuel*, mas um ancião envolto em um manto, como se ela não conhecesse aquele que era o homem mais famoso de Israel, que foi seu vizinho por muitos anos e sobre o qual cada olhar se fixava (enquanto ele viveu) e que ela conhecera menos de 15 minutos antes, por meio de quem também conheceu *Saul*. Está no texto[441].

Mas a mulher descreve sua pessoa e o traje que ele costumava usar quando vivia, que, se tivesse sido enterrado com ele, estaria consumido e apodrecido, ou teria sido devorado por vermes antes daquele momento. Talvez tenham feito um manto novo para ele no céu e, no entanto, dizem que há poucos alfaiates lá, porque suas consciências são muito grandes aqui. Nesta terra, homens doam suas vestes quando morrem. Se *Samuel* tivesse feito isso, ele não poderia tê-las apanhado de novo, pois provavelmente teriam se desgastado naquele lugar, a menos que o receptador fosse um marido melhor do que eu, pois o donatário morrera (como se supõe) dois anos antes.

Capítulo 13

A exposição do restante de 1 Samuel 28, no qual é declarado com que astúcia essa feiticeira levou Saul a acreditar piamente que ela evocou Samuel, quais palavras são usadas para disfarçar a fraude e como todos também são enganados com o ventriloquismo.

Agora *Samuel* chega para desempenhar seu papel, mas sou propenso a acreditar que este foi desempenhado na pessoa da feiticeira ou de algum aliado dela. Ele diz a *Saul*[442]: "Por que me perturbas,

---
439. 1 Samuel 28, 21.
440. 1 Samuel 28, 4.
441. 1 Samuel 28, 12.
442. 1 Samuel 28, 15.

chamando-me?" Como se tivesse sido o próprio *Samuel* sem velhacaria ou disfarce. *Saul* respondeu que ele estava em grande angústia, pois os *filisteus* guerrearam contra ele[443]. A feiticeira ou seu sacerdote aliado poderiam facilmente imaginar seu coração angustiado e direcionam o oráculo ou a profecia de acordo, compreendendo particularmente por essa conversa, e também pelas antigas profecias e ações passadas, que Deus o abandonara e seu povo afastava-se d'Ele. Pois enquanto *Jônatas*[444] (um pouco antes) derrotou os *filisteus*, com 30.000 carruagens e 6.000 cavaleiros, *Saul* não conseguira reunir mais do que 600 soldados[445].

Alguns supõem que *Samuel* era, na verdade, Satã, e eu creio que fosse a bruxa, com um aliado, pois quem precisaria buscar aparições distantes, trazer de maneira sobrenatural do mundo dos mortos, quando a ilusão pode ser elaborada aqui por meios naturais? E se notarmos bem as palavras, perceberemos que a frase não sai da boca espiritual de um demônio, mas da mentirosa língua corpórea de um farsante, que não se importava nem com Deus nem com o diabo, do qual vêm conselhos e comunicados que divergem muito do propósito e da natureza de Satã. Pois assim (digo) o dito *Samuel* fala[446]: "Por que me consultas, vendo que o Senhor afastou-se de ti e é teu adversário? Agora mesmo o Senhor faz a ele o que ele falou por meu intermédio: ele tirou teu reino das tuas mãos e o entregou a *Davi*, porque tu não obedeceste à voz do Senhor, etc."[447]. Isso (afirmo) não é frase de um espírito, mas de um farsante, que sabia de antemão o que *Samuel* profetizara a respeito da destruição de *Saul*. Pois é condição do demônio atrair as pessoas para a maldade, e não nesse estilo para exortar, alertar e repreendê-las pelo mal. E os autores papistas confessam que o demônio teria sumido à primeira alusão ao nome de Deus. Se for dito que era uma ordem especial e a vontade de Deus que *Samuel* ou o demônio fossem elevados para apresentar essa exortação para o bem de toda a posteridade, eu respondo que, nesse caso, ele teria utilizado de algum de seus profetas vivos e que Satã não foi um instrumento tão conveniente para esse propósito. Depois disso a bruxa (eu diria *Samuel*) passa a profetizar e falar com *Saul* da seguinte forma[448]: "O Senhor tirará teu reino das tuas mãos e o dará a *Davi*, porque não obedeceste à voz do Senhor, nem executaste o ardor de sua ira sobre os *Amalaquitas*, portanto o Senhor fez isto contigo hoje. Além disso, o Senhor te entregará às mãos dos *filisteus* e, amanhã, tu e teus filhos estarão comigo e o Senhor entregará a multidão de Israel nas mãos dos *filisteus*". O que mais *Samuel* poderia ter dito?

---

443. Ibidem.
444. 1 Samuel 13, 5.
445. 1 Samuel 13, 1-5.
446. 1 Samuel 28, 16, 17.
447. 1 Samuel 28, 15.
448. 1 Samuel 28, 17, 18.

Parece-me que o demônio teria usado outra ordem, encorajando *Saul* em vez de repreendê-lo por seu mal. O demônio não seria tolo a ponto de deixar uma repreensão dessas para todas as posteridades, pois seria prejudicial ao seu reino e também destituída de impiedade. Mas uma declaração tão divina contribuiu muito para a manutenção da reputação da feiticeira e para o avanço de seus ganhos. No entanto, a respeito da veracidade dessa profecia, há muitas questões contestáveis: primeiro, se a batalha foi travada no dia seguinte; segundo, se todos os seus filhos foram mortos com ele e se foram para o céu ou o inferno juntos; se estavam com *Samuel*, eles teriam ido para o céu, e se estavam com Satã, deveriam ter ido para o inferno. Cada parte dessa profecia foi falsa, pois nem todos os seus filhos foram mortos (*Isboset* viveu e reinou em Israel dois anos após a morte de *Saul*) e a batalha não ocorreu no dia seguinte, e o perverso *Saul*, depois de ter se matado[449], não estava com o bom *Samuel*. Aquela feiticeira, porém, teve um palpite sagaz sobre a sequência dos fatos. O que, se era verdadeiro ou falso, não diz respeito ao meu propósito, por isso omitirei. Mas quanto à opinião daqueles que dizem que era o demônio, porque tais coisas aconteceram, eu ficaria satisfeito em saber onde eles aprenderam que demônios preveem as coisas. Se eles dizem que ele apenas palpita sobre probabilidades, a feiticeira também pode fazer o mesmo. Mas aqui não posso esquecer os éditos[450], que concluem que *Samuel* não apareceu para *Saul*, mas que o historiógrafo registrou as angústias de *Saul* e a condição de *Samuel*, e certas coisas que foram ditas e vistas, omitindo se eram verdadeiras ou falsas e, além disso, que seria uma grande ofensa para um homem acreditar nas palavras da narrativa. E se essa exposição não agradar, posso facilmente exprimir a opinião de alguém de grande aprendizado, expondo esse ponto, e com grande probabilidade, da seguinte forma: que essa *Pitonisa* é uma *Ventríloqua*, isto é, fala como se fosse do fundo do seu ventre, coloca-se em transe e assim engana *Saul*, respondendo-lhe em nome de *Samuel*, imitando sua voz fraca, assim como o fez a meretriz de *Westwell*, cuja história relatei em detalhes antes, e isso é verdadeiro *Ventriloquismo*.

Capítulo 14

As opiniões de alguns acadêmicos de que Samuel foi evocado, de fato, não pela arte ou pelo poder das bruxas, mas pelo milagre especial de Deus, que não há visões como essas nos dias atuais e que nossas bruxas não conseguem fazer isso.

Aias e *Sadaias* escrevem que quando a mulher viu o milagre de fato, e sendo ele mais do que buscava, ou queria fazer, ela começou a gritar que era certamente uma visão, e verdadeira, não

---

449. 2 Reg. 4
450. Cânone 26, quæst. cap. 5, nec mirum.

feita por seu ardil, mas pelo poder de Deus. Essa exposição é bem mais provável do que os julgamentos dos nossos autores recentes sobre isso, e concorda com a exposição de diversos bons teólogos. *Gelásio* diz que era mesmo o espírito de *Samuel* e ele se permite ser cultuado apenas em saudação civil e cortesia e que Deus interpôs *Samuel*[451], assim como ele fez de *Elias* o mensageiro de *Ocozias*, quando enviou a *Belzebu* o deus de *Acaron*. Deve-se observar aqui que se instituiu esse ponto entre os perseguidores de bruxas, pois os papistas afirmam que não pode ser um demônio, uma vez que Jeová é nomeado três ou cinco vezes na história. A cada dia se elabora um novo argumento a respeito desse trecho da escritura para provar e defender as ações milagrosas da feitiçaria e a elevação dos mortos por conjurações. Entretanto, se fosse verdade que o próprio *Samuel* tenha sido elevado, ou o demônio à sua semelhança e que a feiticeira de *Endor* por seu ardil e astúcia tenha realizado tal sortilégio, etc., isso serviria mais para a contestação do que para a comprovação das nossas bruxas, que não podem realizar nem esse tipo de milagre, nem qualquer outro, em nenhum lugar ou com nenhuma companhia, onde seu ilusionismo e fraude possam ser vistos e revelados.

Desafio ousado, criterioso e leal.

E eu desafio todos (mesmo arriscando minha vida) a mostrar um milagre que seja, tal como Cristo realmente o realizou, ou como eles supõem que essa feiticeira tenha realizado diabolicamente, que não seja com truque ou conluio, e orquestrado com cuidado, tampouco ocorrem hoje em dia tal magnificência.

Se antes Deus enviava seus anjos visíveis aos homens, agora não ouvimos falar de tais aparições, nem elas são necessárias. De fato agradava a Deus antes, com as mãos de *Moisés* e seus profetas, e especialmente com seu filho e seus apóstolos, realizar grandes milagres para o estabelecimento da fé, mas agora tudo o que for necessário à nossa salvação está contido na palavra de Deus. Nossa fé já está confirmada e nossa igreja estabelecida com milagres, de forma que procurar por eles agora é um ponto de infidelidade. É o que fazem os papistas (se notarmos), como se vê em suas lendas mentirosas. Mas em verdade, nossos milagres costumam ser truques na maior parte das vezes e, principalmente, por parte de padres, os quais eu posso citar milhares. Na história de Bel e o dragão há um milagre enganador um tanto antigo. Há novos esquemas em *Wierus, Cardano, Baleus,* especialmente *Lavaterus,* etc. Houve alguns espíritos errantes[452] nessas partes conjurados há não muito tempo, que mais tarde não fizeram tanta questão de reaparecer.

---

451. J. Bodin & L. vairus diferem nesse ponto.
452. Em Canterbury pelo Ilustríssimo Rich. Lee e outros, ano 1573. Em Rye por mestre Gaymor e outros, ano 1577.

Capítulo 15

Vãs aparições, como as pessoas foram levadas a temer bichos-papões, o que é corrigido em parte pela pregação do evangelho, o verdadeiro efeito dos milagres de Cristo.

Certamente, algum patife de lençol branco enganou e abusou de milhares de pessoas dessa forma, especialmente quando o duende Bom Robin perturbava a região. Mas deve-se entender que esses bichos são observados e temidos, na maioria das vezes, por doentes, crianças, mulheres e covardes, que por fraqueza de mente e corpo são abalados por sonhos vãos e medo contínuo[453]. Os *Citas*, uma nação forte e guerreira (como diversos autores relatam), nunca viram nenhum espírito ou tiveram visões vãs[454]. É um ditado comum: um leão não teme bichos-papões. Mas, na nossa infância, as criadas das nossas mães nos aterrorizavam tanto com um demônio feio com chifres na cabeça, fogo saindo da boca e uma cauda no traseiro, olhos enormes, dentes afiados como os de um cachorro, garras como as de um urso, pele negra e um rugido de leão, que começamos a tremer quando ouvimos alguém gritar "Bu", e elas nos perturbaram tanto com bichos-papões, fantasmas, bruxas, orco, elfos, o homem do saco, fadas, sátiros, pãs, faunos, sereias, fogo-fátuo, tritões, centauros, anões, gigantes, duendes, esporões, conjuradores, ninfas, crianças trocadas, Íncubos, Bom Robin, espectro, pesadelo, o homem no carvalho, a Carruagem do Inferno, dragão, puca, o Pequeno Polegar, gnomos, Tom acrobata, espectro e outros monstros, que ficamos com medo das nossas próprias sombras, de tal modo que alguns nunca temem o demônio, mas no escuro uma ovelha tosada é uma fera perigosa e muitas vezes confundida com a alma dos nossos pais, principalmente em um cemitério, onde um homem forte e justo outrora ousado passa a noite, mas seu cabelo fica em pé. Pois os autores distintos[455] e corretos relatam que os espíritos muitas vezes adotam a aparência de uma mulher aparecendo para monges, etc. e de animais como cachorros, porcos, cavalos, bodes, gatos, lebres, e aves como corvos, aves notívagas e corujas, mas apreciam mais aparecer à semelhança de serpentes e dragões. Bem, graças a Deus, essa infidelidade ignóbil e covarde, desde a pregação do evangelho, está em parte esquecida e, sem dúvida, o resto dessas ilusões será em pouco tempo (pela graça de Deus) detectado e desaparecerá.

---

453. J. Wier, lib. 3, cap. 8, Theodor, Bizantius, Lavat. De spect. & lemurib.
454. Cardan. De var. rerum Pencer, etc.
455. Lavat. De spect.

Diversos autores relatam que na *Germânia*[456], desde a época de *Lutero*, espíritos e demônios não aparecem pessoalmente, como faziam no passado. Os antigos patriarcas assumem esse argumento para provar a resolução e a interrupção dos oráculos. Pois no passado (diz *Atanásio*[457]) demônios em aparências vãs intrigavam homens com suas ilusões, escondendo-se em águas, pedras, bosques, etc. Mas agora que a palavra de DEUS apareceu, essas visões, espíritos e imitações de imagens cessaram. De fato, se todos esses oráculos, como o de *Apolo*, etc. (antes do advento de Cristo) fossem verdadeiros, e feitos de acordo com o relato, que se estendeu por diversas eras, originários de lugares distantes, sem fraude ou logro clerical, de modo que os espíritos da profecia e a realização de milagres seriam inseridos em um ídolo, como se supunha, nós cristãos podemos imaginar que o advento de Cristo teria sido infrutífero e prejudicial nesse ponto para nós, por tirar seu espírito de profecia e adivinhação da boca de seus eleitos e bons profetas, por não nos trazer resposta alguma por meio dos outros, nem de *Urim* nem de *Tumim*. E, por outro lado, deixaria o demônio na boca de uma bruxa ou de um ídolo profetizar ou operar milagres, etc. para a obstrução de seu evangelho glorioso[458], para a desaprovação de sua igreja e para o fomento da infidelidade e da falsa religião, ao passo que a realização de milagres era o único, pelo menos, meio mais especial que levava os homens a acreditar em Cristo, como aparece em diversos lugares do evangelho, e especialmente em *João*[459], onde está escrito que uma grande multidão o seguia, porque via os milagres que ele fazia, etc. Não[460], não está escrito que Jesus foi aprovado por Deus entre os judeus, com milagres, maravilhas e sinais, etc.? E ainda assim, se levarmos a sério os milagres realizados por Cristo, tanto quanto aqueles atribuídos às bruxas, os milagres delas parecerão mais comuns e nada inferiores aos dele.

Capítulo 16

Comparação dos milagres das bruxas com os de Cristo; Deus como o criador de todas as coisas; Apolo e seus nomes e imagens.

Um cotejo irônico.

Se essa feiticeira de *Endor* tivesse realizado aquilo que muitos acreditam, seu feito poderia ser comparado com a ressurreição de *Lázaro*. Eu pergunto: a conversão de água em leite não é uma questão tão difícil quanto transformar água em vinho? Entretanto, como se lê no evangelho, que Cristo fez deste seu primeiro milagre, assim está escrito no *M. Malef.* e em *Bodin* que as bruxas podem facilmente realizar o outro, de

---

456. *Car. de var. rerum.; J. Wier, de præst. dæmon*, etc.
457. *Athanas. De humanitatis verbi.*
458. O verdadeiro fim dos milagres.
459. João 2.
460. Atos 2, 2; João 5.

fato, e podem muito mais: transformam a água em manteiga. Mas para evitar todas as objeções, nos lembrarmos de que o milagre de Cristo tem mais importância do que os outros, verifica-se no *M. Malef.* que elas podem transformar água em vinho.⁴⁶¹ Para que atribuir a uma criatura o poder e a obra do criador, se não for verdade? Cristo diz: *Opera quæ ego facio nemo potest facere.* A criação da substância nunca foi conferida a homem ou anjo, logo, nem a bruxa nem a um demônio,⁴⁶² pois Deus é o único doador da vida e do ser, e por ele todas as coisas são feitas, visíveis e invisíveis.

Por fim, essa mulher de *Endor* é chamada na escritura de *Pitonisa,* o que indica que ela não passava de uma farsante. Pois o próprio *Píton,* de quem o termo *Pitonisa* deriva, era uma imitação. E a história original de *Apolo,* também chamado de *Píton,* por ter matado uma serpente desse nome, não passa de uma fábula poética. Porque os poetas dizem que ele era o deus da música, da medicina, da poesia e da caça. No céu ele é chamado *Sol,* na terra *Liber pater* e no inferno *Apolo.* Ele exibe sempre a juventude perpétua e, portanto, é pintado sem a barba.
Sua imagem era mantida como um oráculo, e os sacerdotes a serviço dele em *Delfos* eram farsantes e chamados *Pitonistas,* termo derivado de *Píton,* assim como papistas de *Papa* e, a partir de então, todas as mulheres que praticavam esse ofício foram chamadas *Pitonisas,* bem como essa mulher de *Endor.* Mas por se referir a essa questão, anotarei brevemente as opiniões de diversos acadêmicos, e certas outras provas, que eu encontro na escritura a respeito do fim de milagres, profecias e oráculos.

---

461. *Mal. Malef. par. 2,. quæ 1, cap. 14.*
462. Atos 17; Timóteo 6, 13; Colossenses 1, 16; *Athanas, symbol.*

Oitavo Tomo

Capítulo 1

O fim dos milagres.

Embora no passado agradasse a Deus mostrar milagres extraordinários entre seu povo para o fortalecimento de sua fé no Messias e, novamente, no seu advento para confirmar a fé por seus feitos maravilhosos e suas graças e dons especiais concedidos por ele aos apóstolos, etc., lemos nas escrituras[463] que é o Senhor que realiza grandes maravilhas. De fato, *Davi* diz que entre os mortos (como nesse caso de *Samuel*) o próprio Deus não mostrou maravilhas. Eu também acredito que Deus não dará sua glória e poder para uma criatura.[464] *Nicodemus,* por ser um fariseu, poderia dizer que nenhum homem seria capaz de realizar milagres como os que Cristo fez, exceto se Deus estivesse com ele, de acordo com o que diz o profeta a esses deuses e ídolos que assumiram para si o poder de Deus: "Fazei o bem ou o mal se puderdes, etc.". De modo que o profeta sabia e ensinava com isso que ninguém além de Deus poderia realizar milagres.[465] Pontos infinitos para esse propósito podem ser extraídos da escritura, que por brevidade omito e deixo passar.

Santo Agostinho, entre outras razões com as quais ele prova o fim dos milagres, diz: "Ora, a carne cega não abre os olhos dos cegos pelo milagre de Deus, mas os olhos do nosso coração são abertos pela palavra de Deus. Ora, a nossa carcaça não ressuscita mais por milagre, mas nossos corpos mortos ainda estão no túmulo e nossas almas ressuscitam por Cristo. Os ouvidos dos surdos não são abertos por milagre, mas aqueles que antes tinham seus ouvidos moucos agora os têm abertos para sua salvação". A cura milagrosa dos doentes, por unção, mencionada por *São Tiago*,[466] é contestada por muitos, especialmente pelos papistas, pela manutenção de seu sacramento da extrema-unção, que é usado grosseiramente e em vão na igreja católica, como se esse dom milagroso tivesse continuado até hoje, a respeito do que se verá o que *Calvino* fala em suas instituições.[467] A graça da cura (diz ele) mencionada por *São Tiago* desapareceu, assim como os outros milagres que o Senhor teria mostrado apenas por um tempo,[468] para que ele pudesse tornar a nova pregação do evangelho maravilhosa para sempre. Por que (diz ele) esses

---

463. Salmos 136, 4; Salmos 72,18; Salmos 88, 10.
464. Isaías 42; João 3, 2; *Ibidem* 7,16.
465. Isaías 45.
466. Tiago 5, 14.
467. J. Calvino. *Institut. lib. 4, cap. 19, sect. 18.*
468. Idem. *Ibidem.*

(referindo-se aos negociantes de milagres) escolhem a fonte *Siloé* para nadar, na qual em certos recursos de tempo doentes podem mergulhar? Por que eles não mentem há tanto tempo sobre os mortos, uma vez que *Paulo* levantou um jovem morto[469] por esse meio? Em verdade (diz ele) *Tiago*, no milagre da unção, falou para aquela época, enquanto a igreja ainda desfrutava de tais bênçãos de Deus. Além disso, diz que o Senhor está presente com as bênçãos dele em todas as eras e tantas vezes quantas fossem necessárias, ajuda os doentes, não menos do que no passado. Mas ele não revela seus poderes manifestos, nem distribui milagres, assim como pelas mãos dos apóstolos, porque o dom era apenas temporário. *Calvino* mesmo aí conclui da seguinte forma: "Eles dizem que tais virtudes ou milagres permanecem, mas a experiência não diz nada". A seguir, observa-se como eles mal concordam entre si: *Danæus* diz que nem bruxa nem demônio podem realizar milagres. *Giles Alley* diz diretamente que bruxas realizam milagres. *Calvino* diz que todos acabaram. Todos os perseguidores de bruxas dizem que eles continuam. Mas alguns afirmam que os milagres papistas desapareceram, enquanto os milagres das bruxas permanecem com força total. De modo que S. *Loy* perdeu crédito por uma sanguessuga, Mestre *T.* e mãe *Bungie* continuam estimados como profetas: não só os bichos-papões e duendes são desprezados entre os jovens, como também as mães *Alice* e *Bungie* são temidas entre velhos tolos. A estima destes continua, porque o assunto não foi debatido, ao passo que o crédito dos outros decaiu, porque o assunto foi analisado. A esse respeito não digo mais nada, além de que a bênção de *Santo Antonio* ajudará seu porco sempre que a mãe *Bungie* o machucar com uma praga. E, portanto, somos alertados pela palavra de Deus a não temer de forma alguma suas maldições.[470] Mas deixemos todos os perseguidores de bruxas, e especialmente os negociantes de milagres do mundo me replicarem a esta suposição: suponha que uma mulher de crédito, ou uma bruxa, dissesse-lhes que ela é uma verdadeira profeta do Senhor e que ele, o Senhor, lhe revelasse mistérios secretos, com os quais ela detecta os atos e as imaginações indecentes dos perversos e que realizasse milagres e profecias, etc., creio que, nesse caso, eles deveriam ceder ou confessar que os milagres pararam. Mas tais coisas (diz *Cardano*)[471] que parecem milagrosas são feitas principalmente com truques, ilusionismo ou conluio. Se tais feitos são, por outro lado, de fato realizados, embora pareçam impossíveis, não o são.

---

469. Atos dos Apóstolos 20, 10. Idem. *Ibidem*
470. Provérbios 3, 25 e 26.
471. H. Cardano. *de miracul.*

Capítulo 2
O fim do dom da profecia.

Que nem as bruxas, nem a mulher de *Endor*, nem mesmo seu espírito familiar ou demônio podem revelar o futuro, é fato afirmado nas palavras do profeta, que diz: "Mostrai-nos o que há de vir em seguida, e diremos que sois deuses de fato"[472]. De acordo com o que *Salomão* diz[473]: "Quem pode revelar a um homem o que lhe acontecerá sob o sol? De fato eu posso" (diz a feiticeira de *Endor* a *Saul*). Mas prefiro acreditar em *Paulo* e *Pedro*[474] quando afirmam que a profecia é o dom de Deus, e não algo mundano. Então aparece uma meretriz farsante, que assume a responsabilidade de fazer todas as coisas, mas nada sabe além de iludir os homens, assim como vem também a mãe *Bungie* e lhe diz onde estão seu cavalo ou seu asno, ou onde está qualquer coisa que estiver perdida, como *Samuel* era capaz de fazer, o que você fez no seu passado, assim como Cristo fez para a mulher de *Sicar* na fonte de *Jacó*[475], sim, e qual é sua missão, antes de a pessoa falar, como fazia *Eliseu*.

Pedro Mártir[476] diz que apenas Deus e o homem conhecem o coração do homem e, portanto, o demônio deve ser segregado, alegando o seguinte: *Solus Deus est scrutator cordium* (Só Deus ausculta o coração). E *Nemo scit quæ sunt hominis, nisi spiritus hominis qui est in co* (Ninguém conhece as coisas do homem, exceto o espírito do homem que está dentro dele). E *Salomão* diz: *Tu solus nosti cogitationes hominum* (Apenas tu conheces os pensamentos dos homens). E *Jeremias* diz na pessoa de Deus: *Ego Deus scrutans corda e renes* (Sou Deus perscrutando corações e rins). *Mateus* também diz sobre Cristo, *Jesus autem videns cogitationes corum* (E Jesus vendo seus pensamentos, pois na escritura é chamado o perscrutador e conhecedor dos pensamentos no coração), como aparece em *Atos, 1 e 15, Romanos 8, Mateus 9, 12 e 22, Marcos 2, Lucas 6, 7 e 11, João 1, 2, 6 e 13, Apocalipse 2 e 3* e em muitos outros lugares.

O mesmo *Pedro Mártir*[477] também diz que o demônio pode suspeitar, mas não conhece nossos pensamentos, pois se ele os conhecesse, entenderia nossa fé e, assim, jamais nos atacaria com tentação alguma. De fato, lemos que *Samuel* poderia revelar onde as coisas perdidas foram parar, etc., mas vemos que esse dom também cessou com o advento de Cristo, de acordo com a declaração de *Paulo*[478]: "Em vários momentos, e

---

472. Isaías 41.
473. 1 Samuel 28.
474. Romanos 12; 1 Coríntios 12; 1 Pedro 1.
475. João 4.
476. P. Mártir, loc. com. 9 sect. 17.
477. P. Mártir in loc. comm.
478. Hebreus 1, 8; 2.

de diversas formas, Deus falou antigamente pelos nossos pais, os profetas, nesses últimos dias falou-nos por seu filho, etc.". Portanto, eu digo que o dom da profecia, com o que Deus no passado dotou seu povo, também cessou, e farsantes e trapaceiros assumiram seus lugares, de acordo com o que diz *Pedro*[479]: "Houve falsos profetas entre o povo, como entre vós haverá falsos doutores, etc.". E não se deve pensar que um dom tão notável deva ser tirado do povo amado e eleito de Deus, e entregue à mãe *Bungie*, e outras de seu ofício.

As palavras do profeta *Zacarias*[480] são simples, abordando o fim tanto dos bons como dos maus profetas: "Eu expulsarei da terra os profetas e espíritos impuros, e quando alguém ainda profetizar, seus pais dir-lhe-ão: 'Não viverás, pois falaste mentiras em nome do Senhor'; e seus pais o transpassarão quando ele profetizar, etc.". Não, não. A previsão do futuro[481] é obra apenas de Deus, que prepara todas as coisas suavemente, em cujo conselho nunca esteve nenhum homem. E só Deus conhece nossas obras, as nossas épocas e os momentos em seu poder. *Favorino* também disse que se esses falsos profetas ou oráculos revelam-te prosperidade, e enganam-te, tu és mísero por vã expectativa; se eles te revelam adversidades, etc., e mentem, és mísero por inútil medo. E, portanto, eu digo, seria mais fácil tentarmos ouvir as profecias no tabernáculo, nos arbustos, dos querubins, entre as nuvens, dos anjos, dentro de uma arca ou no fogo, etc., do que esperar um oráculo de um profeta atual.

Mas suponha que alguém da nossa comunidade apresente-se e diga que é um profeta (como muitas pessoas desvairadas fazem), quem acreditaria nele ou não pensaria que é um devasso? Veja as leis de *Elizab*. 5, se não há estatutos contra eles, condenando sua arrogância e charlatanismo. Veja também as leis canônicas[482] nesse mesmo sentido.

Capítulo 3
O fim dos oráculos.

A respeito dos oráculos, que na maior parte eram ídolos de prata, ouro, madeira, pedras, etc., em cujos corpos alguns viam espíritos impuros se esconderem, e darem respostas, enquanto outros dizem[483] que as emanações vindas do solo inspiram suas mentes, com as quais seus sacerdotes transmitiam oráculos, de modo que espíritos e ventos se elevam desse solo e dotam esses homens com o

---
479. 2 Pedro 2, 1.
480. Zacarias 13.
481. J. Crisóstomo in evang. Johan han. hom. 18. Pet blest. Epístola 49.
482. Canon. De malef. & mathemat.
483. Tucídides, liv. 2.; Cícero. de divin. Livro 2.

dom da profecia do futuro, embora na verdade fossem todos artifícios para enganar o povo, e para o lucro dos sacerdotes, que receberam as respostas dos ídolos durante a noite e as entregavam aos idólatras na manhã seguinte; deve-se entender que, embora tenha sido como se supõe, pelos motivos e provas já detalhados, eles agora não mais existem e tudo o que tivesse afinidade com essas ações milagrosas, como bruxaria, conjuração, etc., deve ser frustrado e crucificado com Cristo, que quebrou o poder dos demônios e cumpriu a justiça de Deus, que também as dominou e subjugou, etc. No advento de Cristo, o profeta *Zacarias*[484] diz que o Senhor exterminará da terra os nomes dos ídolos, eles não serão mais lembrados e ele então expulsará os profetas e espíritos impuros da terra. Está escrito também[485]: "Aniquilarei teus sortilégios da tua mão e não terás mais adivinhos". E de fato o evangelho de Cristo expôs tanto sua desonestidade, etc., que desde o referido sermão sua crista é abaixada e eles têm pouco respeito dos mais sábios. E se essas profecias se realizaram em algum momento, deve ser com o advento de Cristo, no qual os demônios ficam perturbados e desmaiam quando o conhecem, dizendo ou exclamando a ele da seguinte forma: *Fili dei cur venisti nos cruciare ante tempus?* Ó, filho de Deus, por que viestes nos perturbar (ou confundir) antes do nosso tempo? Ele de fato os deteve, e agora permanece nosso defensor e protetor de suas garras. De modo que agora se vê que não há espaço dentro de nós para esses demônios.

No entanto, deve-se ouvir a opinião de outros, que foram tão enganados quanto vós mesmos nessa questão e ainda assim são levados a confessar que DEUS constituiu seu filho para derrotar o poder dos demônios, cumprir a justiça divina e curar nossa ferida recebida pela queda de *Adão*, de acordo com a promessa de Deus em *Gênesis 3*[486]. A semente da mulher esmagará a serpente, ou o demônio. *Eusébio*[487] (em seu quinto livro *De prædicatione Evangelii*, cujo título é "A retirada do poder dos demônios pelo advento de Cristo", diz: "Todas as respostas dadas pelos demônios, todas as vidências e adivinhações de homens desaparecem"[488]. Ele também cita *Porfírio*[489] em seu livro contra a religião cristã, repetindo estas palavras: "Não é de se admirar, embora a praga seja tão veemente nesta cidade, pois desde que Jesus começou a ser cultuado, nada mais de bom é obtido das mãos dos nossos deuses". E sobre essa deserção e interrupção dos oráculos, *Cícero*[490] escreveu muito tempo antes, citando algo que teria acontecido também antes de sua época.

---

484. Zacarias 13, 2.
485. Miqueias 5, 12.
486. Gênesis 3.
487. Eusébio liv. 5, cap. 1.
488. *Ibidem*.
489. Porfírio em liv. contra a religião cristã.
490. *Cic. de divin. Livro 2*.

Todavia, *Crisóstomo*⁴⁹¹, vivendo muito antes de *Cícero*, diz que *Apolo* foi coagido a garantir que se alguma relíquia de um mártir fosse colocada na sua frente, ele não poderia dar nenhuma resposta ou oráculo. De modo que se pode perceber que os pagãos eram mais sábios a esse respeito do que muitos cristãos, que no passado eram chamados *Oppugnatores incantamentorum*, como os príncipes ingleses são chamados *Defensores fidei*. Plutarco chama *Beócia* (como chamamos os tagarelas) utilizando-se de muitas palavras por causa da enorme quantidade de oráculos de lá, que agora (diz ele) secaram como uma nascente ou uma fonte. Se algum permaneceu, eu percorreria mais de 800 quilômetros para vê-lo, mas em todo o mundo não há nenhum neste momento, exceto pelo charlatanismo papista.

Mas *Plutarco*⁴⁹² diz que a causa dessa deserção dos oráculos foi a morte dos demônios, cujas vidas ele considerava determináveis e mortais, dizendo que morreram por causa da idade, e que os sacerdotes adivinhos foram varridos por um furacão e soterrados por um terremoto. Outros atribuíram isso à localização ou ao posicionamento dos planetas, que quando passaram sobre todos, levaram consigo essa arte e que com a rotação podem voltar, etc. *Eusébio* cita também a história de *Pã* escrita por Plutarco, que, por servir a esse propósito, inserirei aqui e como ele menciona a morte do demônio, as pessoas podem acreditar nela se quiserem, embora eu não acredite, por ter a certeza de que ele está reservado vivo para punir o mal e aqueles que atribuem a esses ídolos o poder de Deus Todo-Poderoso.

Capítulo 4

Um conto sobre a morte do demônio escrito por muitos autores sérios e acreditado por muitos homens sábios. E outra história escrita por papistas e acreditada por todos os católicos, demonstrando a honestidade, a consciência e a cortesia do demônio.

Plutarco diz que seu conterrâneo *Epotherses* disse-lhe que quando ele passou pelo mar a caminho da *Itália*, com muitos passageiros em seu barco, em uma noite, quando eles se aproximavam das ilhas *Equinade*, o vento parou totalmente e o navio, levado pela maré, foi parar em *Paxe*. E enquanto alguns dormiam, uns bebiam e outros ainda estavam acordados (tavez em uma condição tão mal quanto o resto) depois do jantar, de repente uma voz foi ouvida chamando *Tamus*⁴⁹³, de uma forma que todos os homens estranharam. Esse *Tamus*

---
491. J. Crisóstomo de laud. Paul. hom 4.
492. Porfírio escreve versos em nome de Apolo, sobre a morte de *Apolo,* citado por J. Bodin, fol. 6.
493. *Tamus*, entediado, pensou em brincar com seus companheiros, que ele facilmente surpreendeu com essa troça.

era um piloto, nascido no *Egito*, e muitos não sabiam que ele estava no navio. Depois de ser chamado duas vezes, ele não respondeu, mas na terceira sim, e o outro com uma voz mais elevada ordenou-lhe que quando ele fosse a *Palodes* deveria contar que o grande Deus Pã partira. Todos ficaram impressionados com isso (como afirmou *Epitherses*). E depois de consultar o que era o melhor a fazer, *Tamus* concluiu que se o vento estivesse forte, eles deveriam passar em silêncio, mas se o clima estivesse bom, ele deveria anunciar o que ouvira. Mas quando eles chegaram a *Palodes*, e o tempo estava firme, *Tamus*, olhando na direção da terra, gritou que o grande deus Pã falecera e imediatamente se ouviu um barulho lamentável de uma multidão, como se fosse com grande surpresa e admiração. E como havia muitas pessoas no navio, disseram que a fama logo chegou a *Roma* e *Tamus* foi chamado por *Tibério*, o Imperador, que deu tanto crédito a isso que ele indagou diligentemente quem era *Pã*. Os estudiosos ao redor do Imperador supuseram que *Pã* seria o filho de *Mercúrio* e *Penélope*, etc. *Eusébio* diz que isso ocorreu no tempo de *Tibério*, o Imperador, quando Cristo expulsou todos os demônios, etc.

Paolo Marso, em suas notas sobre o *Fausto*, de *Ovídio*, diz que essa voz foi ouvida fora de *Paxas*, na mesma noite que Cristo padeceu, no décimo nono ano do reinado de *Tibério*. Com certeza, isso foi apenas uma troça inventada por *Tamus*[494], que com algum aliado pensou em fazer graça com os passageiros que estavam dormindo, bêbados ou brincando, etc., enquanto a primeira voz era usada. Na segunda voz, quando ele deveria entregar sua mensagem, por ser um piloto veterano, ele sabia onde algum barulho era comum, por meio de algum eco no mar e pensou que poderia (para surpresa deles) realizar seu plano, se o tempo se provasse calmo. Com o que pode parecer que em caso de tempestades, etc., ele deveria se ocupar de assuntos mais sérios do que essa questão ridícula. Pois por que não cumpriria com essa missão em um tempo instável, assim como no calmo? Ou por que ele precisaria contar ao demônio sobre isso, quando o próprio contou-lhe antes e com muito mais rapidez teria feito a tarefa ele mesmo?

Um demônio gentil e divino.

Mas deve-se ler na Lenda[495] uma fábula, um oráculo, eu diria, mais autêntico. Pois muitos dirão que essa era uma história profana e não tão canônica quanto aquelas que são autenticadas pela autoria dos papas e, portanto, consideradas sérias. Uma mulher em trabalho de parto enviou sua irmã para *Diana*, que era o demônio em um ídolo (como dizem de todos aqueles oráculos) e pediu-lhe para rezar, ou fazer um pedido por um parto seguro, o que ela fez. Mas o demônio respondeu: "Por que rogas para mim? Não posso ajudar-te, mas ores para *André*, o apóstolo, e ele pode ajudar tua irmã, etc.". Este não era apenas um demônio gentil, mas

---

494. A revelação do truque de *Tamus*.
495. *Legend. aur. In vita sancti Andrœ. Fol.* 39.

devoto, pois sentiu pena do caso da mulher e, revelando sua própria impotência, capacitou ainda mais *Santo André*. Sei que alguns protestantes dirão que o demônio, para manter a idolatria, etc., encaminhou a moça para *Santo André*. Mas que resposta os papistas terão, que pensam ser de uma grande devoção orar para santos e, por consequência, o demônio teve um ato de cortesia honesta ao encaminhá-la para *Santo André*, que não deixaria de lhe atender.

Capítulo 5

Os julgamentos dos antigos pais da pátria tocando oráculos, e sua revogação, e que agora são transferidos de Delfos para Roma.

As opiniões dos pais da Igreja sobre o fim dos oráculos com o advento de Cristo pode ser encontrada nos seguintes locais: *Justino In dialogis adversus Judæos, Atanásio De humanitate verbi, Agostinho De civitate Dei, Eusébio Lib. 7. cap. 6 e lib. 5, caps. 1 e 8; Rupertus In Joan. lib. 10. 12; Plutarco De abolitione oraculorum, Plínio lib. 30. natural historiæ*. Por fim, *Atanásio*[496] conclui que no passado havia oráculos em *Delfos, Beócia, Lícia* e outros lugares, mas agora, desde a proclamação de Cristo a todos os homens, essa loucura acabou. De modo que se vê que por mais que no passado os primeiros pais da Igreja estimassem essas questões milagrosas de ídolos e oráculos, etc., eles mesmos se recusam agora não só a testemunharem, mas também afirmam que desde o advento de Cristo os oráculos se calaram.

Quanto à interrupção das trapaças e planos enganadores de padres, não vejo fonte na escritura nem nos antigos pais da Igreja, mas o contrário, isto é, que haverá estranhas ilusões mostradas por eles, mesmo até o fim. E de fato, quem conhece e observa a ordem e o planejamento das peregrinações papistas verá a permanência tanto dos oráculos como de suas conclusões, transferidos, por assim dizer, de *Delfos* para *Roma*, onde essa geração adúltera busca continuamente por um sinal, embora eles tenham *Moisés* e os profetas, até mesmo Cristo e seus apóstolos, etc.

Capítulo 6

Onde e como farsantes, bruxas e padres tentaram transmitir oráculos e realizar suas façanhas.

Esses oráculos ou profetas farsantes costumavam (digo) praticar seus feitos e realizar seus milagres mais frequentemente em donzelas, animais, imagens, covis, clausuras, buracos escuros, árvores, igrejas ou cemitérios, etc., onde padres, monges e frades apresentam

---

496. *Atanásio de human verbi. Fol. 55 & 64.*

seus planos e fazem suas alianças de antemão para iludir o mundo, ganhar dinheiro e dar mais crédito à sua profissão. Essa prática começou nos carvalhos de *Dodona*[497], dos quais havia um bosque onde as árvores (dizem) podiam falar. Isso era feito por um farsante em uma árvore oca, que parecia emitir sons para as pessoas simples. Esse bosque ficava em *Molosso* em uma parte da *Grécia* chamada *Epiro* e era chamado de oráculo de *Dodona*. Havia muitos oráculos no *Egito*: de *Hércules*, de *Apolo*, de *Minerva*, de *Diana*, de *Marte*, de *Júpiter* e do boi Ápis, que era filho de *Júpiter*, mas sua imagem era cultuada à semelhança de um boi. *Latona*, mãe de *Apolo*, era um oráculo na cidade de *Buto*. Os sacerdotes de *Apolo*, que sempre simularam fúria e loucura, deram oráculo no templo chamado *Clarius,* na cidade de *Cólofon* na *Grécia*. Em *Tebas*, na *Beócia* e também em *Labadia, Trofônio* era o principal oráculo. Em *Mênfis* era uma vaca, em *Corinto* era um boi chamado *Minus,* em *Arsinoé* era um crocodilo, em *Atenas* era um profeta chamado *Anfiarau*, que na verdade morreu em *Tebas,* onde dizem que a terra se abriu e o engoliu na hora. Em *Delfos* havia o grande templo de *Apolo,* onde demônios transmitiam oráculos por meio de donzelas (como alguns dizem), embora na realidade isso fosse feito por sacerdotes. Era construído na montanha de *Parnaso* na *Grécia*. E os defensores dos oráculos dizem que assim como até os rios às vezes são desviados para outro curso, o espírito, que inspirou os principais profetas, também pode um tempo ficar silencioso e reviver de novo por uma agitação.

Demétrio diz que os espíritos que compareciam aos oráculos ficaram cada vez mais cansados da curiosidade e da importunação das pessoas e por vergonha abandonaram o templo. Mas como alguém[498] que recentemente escreveu contra as profecias diz: "Não é de se admirar que quando os espíritos familiares que falam em troncos de árvores foram repelidos de seu abrigo por medo da descoberta, o todo-poderoso de madeira perdeu seus sentidos". Pois todos eles se foram agora e sua desonestidade é observada, de modo que não podem mais abusar do mundo com suas conversas tolas. Mas embora esses grandes doutores suponham que a causa de sua debandada fosse o advento de Cristo, se querem dizer com isso que o demônio morreu, tão logo Cristo nasceu ou que ele desistiu de sua ocupação, eles estão enganados. Pois a igreja papista fez uma prática contínua disso, em parte para seu lucro e ganho e, em parte, para ter a estima do mundo e a admiração entre os simplórios. Mas de fato, os homens que aprenderam sobre Cristo e estão familiarizados com sua palavra descobriram e acabaram com a vaidade e a abominação.

---

497. Strabo Geog. Lib. 16.; J. Wier li i; de præs. Dæm. cap. 12.
498. H. Haw em seu libelo contra profecias.

Os dias em que os oráculos cessaram na Inglaterra.

Se, no entanto, esses doutores tivessem vivido até hoje, eles diriam e escreveriam que os oráculos pararam, ou foram expulsos da *Inglaterra* no reinado de *Henrique VIII* e da *Rainha Elizabeth*, sua filha, que se empenharam tanto para isso, que neste momento não só todos desapareceram, como também foram esquecidos aqui nesta nação inglesa, onde se aglomeraram tanto quanto na *Beócia* ou em qualquer outro lugar do mundo. Mas o crédito que eles tinham não dependia do lugar ermo, mas da credulidade dos outros. Agora, portanto, concluo e encerro este assunto com a opinião e a declaração do profeta[499]: "A vaidade é a resposta dos ídolos. Pois eles têm olhos e não veem, ouvidos e não ouvem, bocas e não falam, etc.", e deixe-os mostrar o que virá e eu direi que eles são deuses de fato.

---

499. Zacarias 10; Isaías 44.

Nono Tomo
Capítulo 1
Explicação sobre a palavra hebraica Kasam *e até onde um cristão pode ir para conjecturar sobre as coisas futuras.*

Kasam (como *John Wierus*[500] afirma com conhecimento próprio e como a palavra de *Andræs Masius* relata) não tem um significado tão diferente da palavra *Ob*, usada com o sentido de *Vaticinar*, ou seja, profetizar, e é mais frequentemente vista no lado ruim, como em *Deuteronômio 18, Jeremias 27*, etc., no entanto, às vezes no lado bom, como em *Isaías 3, versículo 2*. Prever o futuro com conjecturas prováveis, de modo que dessa maneira nós não consigamos nada além da capacidade humana, não é (na minha opinião) ilícito[501], mas uma manifestação louvável de sabedoria e julgamento, os bons dons e notáveis bênçãos de DEUS, pelos quais devemos ser gratos, assim como prestar-lhe a devida homenagem e louvor, pela nobre lei que ele decretou à natureza, rogando-lhe para iluminar nossos corações com as chamas da sabedoria, para que possamos cada vez mais lucrar no verdadeiro conhecimento da obra de suas mãos. Mas alguns são tão néscios que condenam em geral todos os tipos de adivinhações, negando essas coisas que na natureza têm causas manifestas e são de tal forma estruturadas, que eles prognosticam o que acontecerá e nesse prognóstico nos advertem de coisas que resultarão depois, exibindo sinais de questões desconhecidas e futuras a serem avaliadas pela ordem, pela lei e pelo curso da natureza proposta a nós por Deus.

E alguns, por outro lado, ficam tão enfeitiçados por tolices, que atribuem a criaturas essa apreciação, que correta e verdadeiramente pertence a Deus, o criador de todas as coisas; afirmando que os destinos públicos e privados de todos os assuntos humanos, e tudo o que um homem saberia do futuro e do passado, nos são manifestados nos céus, de modo que pelas estrelas e pelos planetas todas as coisas podem ser conhecidas. Afirmam estes também que nada deve ser iniciado ou controlado sem o aspecto favorável dos planetas. Por esse artifício, e outros semelhantes,

---
500. *J. Wier. lib. de præst dæmon.*
501. Nem todas as adivinhações são condenáveis.

eles pervertem e profanam as observações antigas e louváveis de nossos antepassados, assim como fez *Celebrasus*[502], que ensinou que toda a vida dos homens era governada por sete planetas e, mesmo sendo cristão, foi condenado por heresia. Permitamos, no entanto, que se abrace e aceite essa filosofia e tais profecias, pois a palavra de Deus nos dá o livre-arbítrio e exige que façamos o mesmo com os outros.

Capítulo 2
Provas nos Antigo e Novo Testamentos de que certas observações do clima são legítimas.

Quando Deus com sua palavra e sabedoria fez os céus, e colocou as estrelas no firmamento, ele disse[503]: "Que eles sirvam de sinais, para estações, para dias e anos". Quando criou o arco-íris nas nuvens, disse que seria como um sinal e símbolo para nós. O que descobrimos ser verdade, não só do dilúvio no passado, mas também das chuvas do futuro. E, portanto, de acordo com o conselho de Jesus Ben *Sirac*: "Contempla-o e bendize o seu autor". O profeta *Davi* diz[504]: "Os céus declaram a glória de Deus e o firmamento mostra a obra das suas mãos, um dia ao outro proclama o mesmo, e noite à outra noite ensina conhecimento. Também está escrito[505] que à palavra do Santíssimo as estrelas são posicionadas, e continuam em sua ordem, e não falham em sua ronda. Deve ser notado que o próprio Cristo não negligenciou inteiramente o curso e a ordem dos céus, quando disse[506]: "Quando vedes se levantar uma nuvem no poente, logo dizeis que uma chuva vem, e assim acontece. E quando vedes soprar o vento sul, dizeis que vai fazer calor, e assim sucede. Novamente, ao anoitecer[507], dizeis que vai fazer bom tempo, porque o céu está avermelhado e na manhã dizeis, hoje terá uma tempestade, pois o céu está de um vermelho sombrio". Assim como ele nota que essas coisas realmente acontecem, de acordo com a observação antiga, e com a regra astronômica, pelas outras palavras a seguir ele também nos adverte para que, ao nos dedicarmos demais a essas observações, não deixemos de seguir nossa vocação cristã.

O médico nos é recomendado, e permitido nas escrituras, mas colocar tanta confiança nele a ponto de negligenciar e desconfiar de Deus é terminantemente proibido e reprovado. Certamente é necessário sabermos e observamos diversas regras astrológicas, caso contrário não poderíamos pôr em prática nossas tarefas comuns. E mesmo assim *Lactantius*[508] condena e relata isso entre os números de bruxaria, de

---
502. A opinião ímpia e errônea de *Colebrasus*.
503. Salmos 13; Jeremias 54; Gênesis 1; Ezequiel 1; Gênesis 9.
504. Eclesiástico 43, Salmos 19 e 50.
505. Eclesiástico 43; Baruque 3.
506. Lucas 12, 54.
507. Mateus 16, 2-3.
508. Lactant. contra astrólogos.

cuja censura *Calvino* não varia muito. O pobre agricultor percebe que o quarto crescente da lua torna as plantas e as criaturas vivas frutíferas[509], de modo que na lua cheia elas estão com mais força, enfraquecem no quarto minguante, e na conjunção murcham e secam. O que por observação, uso e prática aprenderam certa vez, eles distribuem seus negócios de acordo, assim como o momento e as estações para semear, plantar, podar, deixar o gado sangrar, cortar, etc.

Capítulo 3
Que certas observações são indiferentes, umas ridículas e outras ímpias, e como essa astúcia deriva de Apolo e dos Arúspices.

A arte ridícula da adivinhação de nascimentos.

Não sei se desaprovo ou desacredito a observação curiosa usada por nossos antepassados, que conjecturavam sobre os nascimentos, por exemplo, se *Saturno* e *Mercúrio* estivessem opostos em qualquer signo, um homem nasceria mudo ou gago, enquanto é visto todos os dias que crianças naturalmente imitam as condições de seus pais a esse respeito. Eles também observavam que alguém nascido na lua crescente será saudável; já se nascer naquele momento de lua minguante, quando a lua está completamente deteriorada, a criança não sobrevive e na conjunção, não terá vida longa.

A opinião ímpia de Júlio Materno.

Mas tenho certeza de que a opinião de *Júlio Materno* é a mais ímpia quando escreve que aquele que nasce quando *Saturno* está em *Leão* terá vida longa e, depois de sua morte, ascenderá ao céu na mesma hora. Assim como é a opinião de *Albumazar*, que diz que quem ora a Deus quando a lua estiver em *Capite draconis* será ouvido e conseguirá sua graça. Além disso, representar o falso profeta, quando detalha algo como boa ou má sorte, quando sal ou vinho cai da mesa ou é derramado, etc., ou prognosticar a aproximação de convidados de sua casa, com o chilrear de gralhas e pegas-rabudas, sem qualquer razão provável para isso, é uma completa vaidade e superstição, como depois será demonstrado em detalhes. Mas fazer pessoas simples acreditarem que um homem ou mulher pode prever sorte ou azar é mera bruxaria ou charlatanismo. Pois Deus é o único perscrutador do coração e não dá seu conselho a condenados imorais. Sei que vários autores afirmam[510] que as bruxas preveem coisas, induzidas por um verdadeiro demônio e que este, por sua vez, sabe das coisas graças às profecias redigidas nas escrituras e por meio de outros truques espertos, que ele ensina a qualquer outra criatura terrena, e que o mesmo demônio, ou algum de seus companheiros, corre ou voa até

---
509. Peucer. de astrol. pág. 383.
510. *Bodinus, Danæus, Erasto, Hemíngio, Mal. Malef., Tomás de Aquino,* etc.

Rochester, para a mãe *Bungie* ou para *Canterbury* para M. T. ou *Delfos*, para *Apolo* ou até *Esculápio* em *Pargamo* ou para algum outro ídolo ou bruxa e lá, por meio de um oráculo, responde a todas as perguntas, por intermédio de sua compreensão das profecias contidas no Antigo Testamento, especialmente em *Daniel* e *Isaías*, onde o demônio soube do traslado da monarquia da *Babilônia* para a *Grécia, etc*. Entretanto, ou tais pessoas souberam disso com algum oráculo ou bruxa, ou então não sei onde diabos o encontraram. O fato é que aqui se mostram serem bruxos e adivinhos crédulos, pois tais coisas não estão escritas na palavra de Deus.
As paixões de Apolo.

Quanto ao ídolo chamado *Apolo*, já falei algo antes nos capítulos sobre *Ob* ou *Píton*, e terei alguma ocasião para falar disso depois, portanto agora bastará dizer que o crédito dado a tal foi pelo artifício e astúcia de sacerdotes, que cuidam disso e com seus milagres forjados enfeitiçam as pessoas até elas pensarem que tamanha virtude estava contida nos corpos desses ídolos, como Deus não prometeu a nenhum de seus anjos ou eleitos. Pois dizem que se *Apolo* estivesse irritado, suaria, se ele sentisse pena dos aflitos e não pudesse ajudá-los, derramaria lágrimas, que eu acredito terem sido enxugadas com aquele mesmo lenço que secou o rosto do crucifixo, provocando uma mesma perplexidade. De forma semelhante a outro tipo de sacerdotes feiticeiros, chamados *Arúspices*, profetizaram a vitória de *Alexandre* porque em sua cabeça pousou uma águia, que (creio eu) poderia ficar engaiolada com o pombo de *Maomé*, que tirava ervilhas do ouvido dele.

Capítulo 4
As previsões de videntes e sacedotes imorais, os prognósticos de astrônomos e médicos admissíveis, profecias divinas sagradas e boas.

Quais são as profecias permitidas.

Os truques enganosos de padres e monges oraculares são particularmente os mais abomináveis. As observações supersticiosas de áugures e videntes (contrários à filosofia e sem referência na escritura) são bem ímpias e ridículas. No entanto, não rejeito os prognósticos de astrônomos, nem as conjecturas ou os alertas de médicos, nem mesmo as interpretações dos filósofos, apesar do respeito pelas profecias divinas contidas nas santas escrituras. Entretanto, a finalidade desses e dos outros não só é muito diferente, como também enquanto estes contêm apenas a palavra e a vontade de Deus, com os outros se misturam às mais horríveis mentiras e fraudes. Pois embora muitos deles sejam estudiosos e devotos, ainda assim espreitam lá nos cantos da mesma profissão um grande número de farsantes e charlatães. J. *Bodin*[511] coloca

---
511. J. Bodin, lib. de dæm. lib. 1. cap. 4.

essa diferença entre os profetas divinos e feiticeiros, ou seja, uns dizem sempre a verdade, os outros usam palavras (vindas do demônio), que são sempre falsas ou, para dizer uma verdade, eles contam uma centena de mentiras. E então por que nem todo bruxo pode ser considerado tão astuto quanto *Apolo*? E por que nem todo farsante charlatão é um bruxo tão bom quanto a mãe *Bungie*? Por mais estranho que pareça, eles acertam um por cento das adivinhações tão bem quanto os melhores.

Capítulo 5
A diversidade dos verdadeiros profetas, sobre Urim e o uso profético das 12 pedras preciosas dali oriundas e a voz divina chamada Eco.

Vários graus de profecia.

Parece que até dos profetas santos há diversos tipos. No caso de *Davi* e *Salomão*[512], embora seus salmos e parábolas tenham os mais excelentes mistérios, e alegorias notáveis, eles não eram dotados com esse grau de profecia que *Elias* e *Eliseu* tinham, etc. Pois sempre que se diz que Deus falava para *Davi* ou *Salomão*, isso era, na verdade, realizado pelos profetas. Pois *Natanael* ou *Gad* eram os mensageiros e profetas a revelar Deus a *Davi*. E *Aiã*, o *Silonita*, foi o enviado de Deus a *Salomão*. Além disso, o espírito da profecia que *Elias* tinha foi duplicado em *Eliseu*. Alguns profetas também profetizaram durante toda a vida, alguns tiveram apenas uma visão e outros tiveram mais, de acordo com a vontade de Deus; alguns até mesmo profetizavam para as pessoas coisas que não aconteciam e então a ira de Deus era pacificada com o arrependimento. Mas esses profetas sempre tiveram a reputação entre as pessoas de sábios e devotos, ao passo que os profetas pagãos eram cada vez mais conhecidos e considerados loucos e néscios, como está escrito sobre os profetas da *Sibila*, de *Apolo* e até hoje também dos *Indianos*, etc.

Mas que alguns desses dons extraordinários permanecem até hoje, nem *Bodin*[513] nem qualquer perseguidor de bruxa no mundo conseguirão provar, embora em seu livro sobre a loucura demoníaca ele fizesse os homens acreditarem. Pois foram milagrosamente mantidos por Deus entre os judeus, que foram instruídos por eles de todas essas coisas que aconteceriam; ou então informados por *Urim*, de modo que os sacerdotes pelo brilho das 12 pedras preciosas contidas naquele lugar poderiam prognosticar ou expor qualquer coisa. Brilho e virtude que acabaram (como *Josefo* relata[514]) duzentos anos antes de ele nascer. De modo que desde aquele tempo, nenhuma resposta da vontade e do desejo de Deus foi revelada. Entretanto, os hebreus[515] escrevem que desde aqueles dias uma voz divina era

---
512. 2 Reis 2
513. J. Bodin
514. *Josefo, de antiquit.*
515. *Josué filius Levi lib. Pirke aboth.*

ouvida entre eles, que em latim é chamada *Filia vocis*, em grego ἠχὼ, ou A filha da fala.

Capítulo 6

Sobre as profecias condicionais: que as profecias no Antigo Testamento solicitam e por quem elas são publicadas, e as respostas dos perseguidores de bruxas às objeções contra as ações sobrenaturais das bruxas.

Cristo e seus apóstolos profetizaram sobre as calamidades e aflições que molestarão e perturbarão a igreja de Deus nesta vida, também sobre o último dia, e sobre os sinais e símbolos que serão mostrados antes dele. Por fim, profetizaram todas as coisas, que eram requisitos para que nós prevíssemos. No entanto, tamanha é a misericórdia divina que todas as profecias, ameaças, pragas e castigos estão ligados a condições de arrependimento, assim como, por outro lado, as bênçãos corporais dependem da condição da cruz e da punição. De modo que, por eles, os mistérios de nossa salvação sendo descobertos por nós, não devemos buscar novos sinais e milagres, mas atentar à doutrina dos apóstolos, que exortaram Cristo exibido e crucificado por nossos pecados, sua ressurreição, ascensão e, por meio disso, a redenção de quantos acreditarem, etc.

O tema das profecias do Velho Testamento

As profecias no Antigo Testamento tratam da continuação, do governo e da diferença dos estamentos: da distinção das quatro monarquias, de sua ordem, declínio e instauração das mudanças e ruínas dos reinos de *Judá, Israel, Egito, Pérsia, Grécia, etc.* e especialmente da vinda do nosso Salvador Jesus Cristo e como ele nasceria de uma virgem, o local de seu nascimento, sua tribo, paixão, ressurreição, etc. Essas profecias foram anunciadas pelos profetas especiais e peculiares de Deus, dotados com seus dons característicos e excelentes, de acordo com sua promessa: "Eu os recrutarei do meio de seus irmãos, colocarei minhas palavras em sua boca, etc.". O que embora se referisse especificamente a Cristo, também se referia a esses profetas específicos, que foram colocados entre eles por Deus para declarar sua vontade, que eram também figuras de Cristo, o profeta. Ora, se a profecia é um dom extraordinário de Deus, e uma coisa peculiar a ele, sem cuja assistência especial nenhuma criatura pode ser um profeta, ou mostrar o que virá; por que acreditaríamos que essas pessoas imorais podem realizar com adivinhações e milagres aquilo que não está em poder dos humanos, mas somente de Deus?

Todavia, quando nego a capacidade e as circunstâncias milagrosas de as bruxas voarem, logo contestam que *Enoque* e *Elias* foram arrebatados para o céu[516] juntos e que *Abacuc* foi carregado no ar para alimentar *Daniel*. Assim, falsamente opõe o poder de um demônio ou de uma bruxa

---

516. 2 Reis 2, 11.

contra a virtude do Espírito Santo. Se eu caçoo das opiniões dos poetas, dizendo que as bruxas não podem *Cælo deducere lunam,* arrancar a lua do céu, etc., eles me dizem que na batalha de *Josué* o sol escureceu e na paixão de Cristo havia uma escuridão palpável. Se nego sua astúcia na exposição dos sonhos, aconselhando-os a se lembrarem do conselho de *Jeremias,* de não seguir ou dar crédito aos expositores de sonhos, eles me atingem no dente com *Daniel* e *José,* pois o primeiro interpretou o sonho do rei babilônio *Nabucodonosor* e o outro o do faraó egípcio. Se digo com *Salomão*[517] que os mortos não sabem de nada, e que os mortos não nos conhecem, nem podem ser removidos do seio de *Abraão,* etc., eles produzem a história de *Samuel*[518], na qual apresentam o poder de uma criatura tão elevado quanto o do Criador. Se afirmo que essas bruxas não podem se transubstanciar, nem transformar os outros em animais, etc., eles citam a história de *Nabucodonosor,* como se de fato ele tivesse sido transformado em um animal material e por feitiçaria, e reforçam sua afirmação com as fábulas de *Circe* e *Ulisses* e seus companheiros, etc.

Capítulo 7

Quais milagres foram mencionados no Antigo Testamento e quais no Novo, e por que não devemos agora procurar por mais milagres.

Os milagres mencionados no Antigo Testamento eram muitos, mas o fim de todos eles era o mesmo, embora fossem diversos e diferissem em aspecto, assim como foram os sacrifícios de *Moisés, Elias* e *Salomão,* foram queimados com fogo dos céus, etc. A variedade[519] das línguas na construção da *Babilônia, Sara,* mulher de idade avançada para ter filhos naturalmente, dando à luz *Isaac,* a passagem pelo Mar Vermelho, a previsão das quatro monarquias feita por *Daniel,* sendo que na quarta ele aparentemente previu o advento do Senhor. Todos esses, e muitos outros mencionados no Antigo Testamento, eram instruções misericordiosas e milagres notáveis para fortalecer a fé do povo de Deus no seu Messias. Em *Delfos, Apolo* nos faria acreditar com suas respostas anfibiológicas que ele poderia prever todas essas coisas.
Um resumo dos milagres de Cristo.

Os milagres realizados por Cristo foram a ressurreição dos mortos (que muitos atribuiriam à mulher de *Endor,* e também a nossas bruxas e conjuradores), a recuperação do movimento de paralíticos e aleijados, da visão de cegos, da fala de mudos e, por fim, a cura de todas as doenças, que muitos acreditam que nossas bruxas podem fazer; na verdade, elas mesmas assumirão essa responsabilidade. Quanto à expulsão de demônios (que era outro tipo comum de milagres de Cristo), dizem que

---
517. Eclesiástico 9, 5.
518. 1 Samuel 28
519. Gênesis 11, 6; Gênesis 21; Daniel 11.

as bruxas e conjuradores são tão bons nisso quanto ele era e, entretanto, se acreditarmos nas palavras de Cristo, não podem ser. Pois ele disse[520]: "Todo reino dividido contra si mesmo acaba em ruína, etc. Se Satanás expulsa Satanás, está dividido, etc. e seu reino não poderá subsistir, etc.".

As correntes de *Pedro* caíram na prisão, assim como os grilhões de *Richard Gallisies* em *Windsor,* mas as portas da prisão não se abriram para *Richard,* como se abriram para *Pedro. Elias* por graça especial obteve chuva, nossas bruxas podem fazer chover quando quiserem, etc. Mas desde que Cristo fez esses milagres, e muitos mais, todos para confirmar sua verdade e fortalecer nossa fé, e finalmente para a conversão do povo (como aparece em *João* 6, 7 e 12), ele reprova veementemente aqueles que depois de os virem não acreditam, dizendo[521]: "Ai de ti *Corazim,* ai de ti *Betsaida.* Pois se em *Tiro* e *Sidônia* tivessem sido realizados os milagres que em vós se realizaram, há muito haveriam se arrependido, etc.". Apaziguemos e aquietemos nossa fé em Cristo, e acreditando em todas as suas obras maravilhosas, rejeitemos essas antigas fábulas de bruxas como inutilidades mentirosas, a respeito do que se podem encontrar na lenda dourada, no *M. Malef.* e especialmente em *Bodin* coisas milagrosas, o suficiente para verificar todos os milagres mencionados no Antigo e no Novo Testamento, que têm mais mérito com muitas pessoas enfeitiçadas do que os verdadeiros milagres do próprio Cristo. Tanto que eles têm muito mais medo das ameaças de uma bruxa do que todas as intimidações e maldições pronunciadas por Deus e manifestas em sua palavra. E tudo isso a respeito da palavra *Kasam.*

---

520. Mateus 12, 25.
521. Lucas 10, 13.

Décimo Tomo
Capítulo 1
A interpretação da palavra hebraica Onen, *sobre a futilidade dos sonhos e as adivinhações oriundas deles.*

nen não difere tanto de *Kasam*, mas se estende à interpretação de sonhos. E quanto aos sonhos, seja qual for o crédito atribuído a eles, provêm de insensatez[522]: "são tolos aqueles que confiam neles, pois muitos foram enganados". A respeito do que o Profeta[523] nos dá um bom aviso de não seguir nem dar ouvidos a expositores de sonhos, porque eles vêm das muitas tarefas. E, portanto, essas bruxas que fazem os homens acreditarem que elas podem profetizar sobre sonhos, por conhecerem a interpretação deles, e por dinheiro ou glória abusam de homens e mulheres por meio de tais feitos, são meras charlatãs e merecem uma grande punição, assim como aqueles perseguidores de bruxas, que acreditando nelas, atribuem-lhes um poder divino que pertence apenas a Deus, como aparece em *Jeremias*[524], o profeta.

Capítulo 2
Sobre sonhos divinos, naturais e casuais com as várias causas e efeitos.

acróbio detalha cinco diferenças de imagens ou imaginações exibidas àqueles que dormem, que na maior parte se relacionam com admoestação. Há também muitas subdivisões disso, que acho desnecessário descrever. Em *Jasper Peucer*[525], elas são vistas junto a causas e ocasiões dos sonhos. Havia permissões a serem transmitidas do próprio Deus ou de seus anjos, certos sonhos e visões para os profetas e santos padres, de acordo com o que diz *Joel*[526]: "Derramarei meu espírito sobre toda carne, vossos jovens terão sonhos e seus anciões terão visões". Esses tipos de sonhos (digo) eram as advertências e os

---
522. Eclesiástico 24.
523. Jeremias 27; Eclesiastes 5.
524. Jeremias 23, 25, 26, 27. Leiam as palavras.
525. *Peucer in divinat. Ex somniis.*
526. Joel 2.

alertas de Deus para seu povo como aquele de *José*[527] para permanecer com *Maria*, sua esposa, depois de ela ter sido concebida pelo Espírito Santo, assim como levar nosso Cristo Salvador para o *Egito*[528], etc., a interpretação deles são os dons peculiares de Deus, que *José*, o patriarca, e *Daniel*, o profeta[529], tinham.

Quanto às conjecturas físicas sobre os sonhos, as escrituras não os reprovam, pois com a ajuda deles os médicos muitas vezes entendem o estado dos corpos de seus pacientes. Pois alguns deles vêm por meio de cólera, fleuma, melancolia ou sangue e alguns por amor, indigestão, fome, sede, etc. Diziam que *Gallen* e *Boécio* lidavam com demônios, porque eles relatavam os sonhos de seus pacientes com perfeita exatidão ou com a ajuda de seus sonhos suas doenças peculiares. No entanto, sonhos físicos são naturais, e a causa deles está na natureza humana. Pois são as ações internas da mente nos espíritos do cérebro, enquanto o corpo está ocupado com o sonho, pois quanto à própria mente, ela nunca dorme. Esses sonhos variam de acordo com a diferença de humores e vapores. Há também sonhos casuais, que (como diz *Salomão*)[530] vêm das muitas tarefas. Pois assim como um espelho mostra a imagem ou figura oposta a ele, nos sonhos a fantasia e a imaginação informam a compreensão das coisas que assombram o sentido externo. A respeito do que diz o poeta:

Somnia ne cures, nam mens humana quod optat,
Dum vigilat sperans, per somnum cernit id ipsum:
Não te preocupes com os sonhos, pois o espírito[531]
Antes de adormecer uma visão tem
Dos seus desejos e os espera encontrar
Nos sonhos como quando está desperto.

Capítulo 3

A opinião de diversos autores antigos a respeito dos sonhos e suas variadas interpretações das causas disso.

Sinésio, Temístio, Demócrito e outros, baseando-se em exemplos que provavelmente foram verificados, persuadem homens de que nada é sonhado em vão, afirmando que as influências celestes geram diversas formas em questões corporais e das mesmas influências, visões e sonhos são impressos no poder fantástico, que é instrumental, com uma disposição celestial adequada para gerar algum efeito, especialmente no sonho, quando a mente (livre de todas as preocupações

---

527. Mateus 1, 20.
528. Mateus 2, 13.
529. Gênesis 39 e 40 e 41; Daniel 2.
530. Eclesiastes 5.
531. Traduzido da versão em inglês de Abraham Fleming.

corpóreas) pode receber mais livremente as influências celestiais, pelas quais quem dorme conhece nos sonhos muitas coisas que não veria desperto. *Platão* as atribui a formas e conhecimentos engendrados da alma; *Avicena* à última inteligência que moveu a lua, pela luz que ilumina a fantasia no sonho; *Aristóteles* ao sentido fantástico; *Averróis* ao imaginativo; *Albert* à influência de corpos superiores.

Capítulo 4

A causa comum de sonhos e contra sua interpretação. A opinião de Hemíngio sobre os sonhos diabólicos e o fim da interpretação dos sonhos.

Há livros escritos a respeito desse assunto, sob o nome de *Abraão*, que (como *Filo in lib. gigantum* diz) foi o inventor da exposição dos sonhos, e o mesmo pode ser dito de *Salomão* e *Daniel*. Mas *Cícero in lib. de divinatione* contesta a vaidade e a insensatez daqueles que dão crédito aos sonhos. E quanto aos intérpretes de sonhos, eles não têm antes do sonho, nem mesmo depois, nenhuma certeza; porém, quando qualquer coisa acontece depois, então aplicam o sonho ao que ocorreu.

Certamente os homens nunca deixaram de sonhar à noite sobre aquilo que eles meditaram durante o dia e, no decorrer do dia, eles veem diversas coisas, e cada um as imagina em sua mente a seu modo. Então aqueles conceitos mistos armazenados no armário da memória trabalham juntos, resultando que a fantasia – que não consegue discernir nem discutir partes de muitos conceitos – produz e reúne todos em um só. E, portanto, na minha opinião estudar a interpretação de sonhos é perda de tempo. Aquele que quiser ver a insensatez e inutilidade disso, pode ler um tratado simples, apresentado por *Thomas Hill,* londrino, em 1568.

A agradável arte da interpretação de sonhos.

Por fim, há os sonhos diabólicos, que *Nicolau Hemíngio*[532] divide em três tipos. O primeiro é quando o demônio se aproxima (corporalmente) e oferece qualquer tema de sonho. O segundo é quando o demônio mostra revelações àqueles que lhe pediram. O terceiro é quando os magos, por meio de sua arte, fazem com que outros homens sonhem o que eles quiserem. Seguramente esses, assim como todos os demais, são sonhos bem mágicos e demoníacos. Pois embora possamos receber conforto da mente com aqueles que são chamados de sonhos divinos, e saúde corporal com sonhos físicos, se assumirmos a responsabilidade de usar o ofício de Deus na revelação ou até na interpretação deles, ou se atribuirmos a eles efeitos milagrosos[533] (agora que vemos o fim dos dons da profecia, da interpretação dos sonhos e da operação de milagres, que são dons especiais e peculiares de Deus, para confirmar a verdade da palavra

---
532. N. Hemin., in admonitionib. de superstitionib. magicis vitãdis.
533. O fim e o uso da profecia, interpretação de sonhos, operação de milagres, etc.

e estabelecer seu povo na fé do Messias, que agora é exibido a nós tanto no Testamento como no sangue do nosso Jesus Cristo Salvador), somos enfeitiçados e tanto ofendemos e abusamos da majestade de Deus como também seduzimos, iludimos e enganamos todos aqueles que por nossa persuasão, e sua própria crença leviana, nos dão crédito.

Capítulo 5
Por que nem as bruxas nem nenhuma outra pessoa podem, por palavras ou ervas, enfiar na mente de um homem adormecido quais pensamentos ou sonhos quiserem, e de onde vêm os sonhos mágicos.

Admito que há ervas e pedras encontradas e conhecidas dos médicos[534] que podem provocar sonhos; e outras ervas e pedras, etc. que fazem alguém revelar todos os segredos da sua mente, quando seu corpo dorme, ou pelo menos conseguem de alguma forma que ele fale durante o sono. Mas que bruxas ou magos têm o poder de penetrar na mente ou consciência do homem com palavras, ervas ou pragas, o que eles preferirem, por causa de seus feitiços, ervas, pedras ou espíritos familiares, etc., de acordo com a opinião de *Hemíngio*, eu nego; ainda que, além disso, eu confesse que o demônio perambula dia e de noite para seduzir o homem e afastá-lo de Deus, de fato, e que não mais do que isso, onde ele se coloca como Deus nas mentes daqueles crédulos que atribuem a ele ou às bruxas aquilo que está apenas no ofício, na natureza e no poder de Deus realizar.

Daniel, o profeta, não diz[535], até mesmo neste caso: "Apenas o Senhor que conhece tais segredos", como é exigido na exposição de sonhos? E *José* não repete essas mesmas palavras aos oficiais do *Faraó*[536], que o consultaram nesse sentido? Exemplos de sonhos divinos podem ser encontrados em grande quantidade na Bíblia[537], tais quais (digo) aprouver Deus revelar sua vontade. Sobre os sonhos físicos podemos ler em autores e vivenciar todos os dias, ou melhor, noites. Sonhos como esses também são casuais, comuns, e vêm (como foi dito) em meio a uma série de acontecimentos e interesses. Aqueles que hoje em dia são chamados sonhos mágicos ou diabólicos também podem ser chamados melancólicos. Pois saindo do vapor negro no sonho, pelos sonhos, aparece (como diz *Aristóteles*[538]) alguma coisa horrível, como se fosse a imagem de um demônio assustador, e às vezes também outras visões, imaginações, conselhos e práticas terríveis. Assim como onde lemos sobre um certo homem que sonhou aparecer diante dele alguém exigindo

---

534. Trato deste assunto em meu livro sobre Hartumim.
535. Daniel 2.
536. Gênesis 11, 8.
537. Gênesis 37 e 41; Isaías 11; Daniel 2.
538. *Arist. de somnio.*

que se jogasse em um poço profundo e que colheria grande benefício das mãos de Deus com tal ato. Então, o miserável, dando crédito a tais palavras, levou a cabo o pedido e se matou. Admito que a interpretação ou execução desse sonho foi de fato diabólica, mas o sonho foi casual, derivado do humor sombrio e pesado da melancolia.

Capítulo 6
Como os homens foram enfeitiçados, enganados ou abusados por meio dos sonhos a cavar e procurar por dinheiro.

Quantos não foram enfeitiçados com sonhos e com eles obrigados a se consumir em cavar e buscar por dinheiro, etc., sobre o qual eles, ou outros, sonharam? Pobres almas que deveriam embarcar no navio dos néscios. Eu mesmo poderia citar alguns aqui, por saber como homens sábios foram dessa forma abusados por pessoas bem simples, mesmo quando, contudo, apenas sonhavam acordado. E isso foi usado antes, como uma das melhores proezas enganadoras, tanto que há uma arte bem formal criada sobre isso, com muitas superstições e cerimônias excelentes, que eu descreverei em breve. Se bem que na *Inglaterra* é comum o seguinte provérbio: "Sonhos provam o contrário, de acordo com a resposta do coroinha para seu mestre, que disse para o menino que sonhara com ele beijando seu traseiro, ao que o menino respondeu: Sim, mestre, mas sonhos provam o contrário, o senhor deve beijar o meu".

Capítulo 7
A arte e a ordem a ser usada para cavar em busca de dinheiro, reveladas pelos sonhos, como conseguir sonhos agradáveis; sonhos matutinos e da meia-noite.

Devem-se fazer três cruzes em uma varinha de aveleira e dizer sobre ela certas palavras blasfemas e ímpias, e a ela se devem acrescentar certos sinais e nomes bárbaros. E enquanto o tesouro é desenterrado, devem ser lidos os salmos[539]: *De profundis, Missa, Misercatur nostri, Requiem, Pater noster, Ave Maria, Et nenos inducas in tentationem, sed libera nos à malo, Amen. A porta inferi credo videre bona, &c. Expectate Dominum, Requiem aternam.* Depois uma certa oração. E se for esquecida a hora da escavação, o demônio levará todo o tesouro embora. Veja outras conjurações mais absolutas para isso na palavra *Iidoni* a seguir.

Em *João Batista Napolitano*[540], há diversas receitas de ervas e poções para uma pessoa ter sonhos agradáveis ou temerosos, e perfumes com a mesma finalidade. Ele afirma que sonhos na calada da noite costumam

---
539. Note este desvario supersticioso.
540. J. Bat. Napol. in natural. mag. lib 2. cap. 26, fol. 83 e 84.

ser absurdos e monstruosos e de manhã, quando se gastam os humores indecentes, acontecem sonhos mais agradáveis e certos, pois o sangue fica mais puro do que em outros momentos. O motivo para isso é devidamente explicado.

Capítulo 8
Diversas fórmulas e unguentos, feitos e usados para o transporte das bruxas, e outros efeitos milagrosos. Um exemplo disso relatado e apreciado por alguns acadêmicos.

Preparados ou receitas para o transporte milagroso das bruxas.

É oportuno citar neste ponto um unguento muito usado para essa finalidade, registrado pelo mencionado *João Batista Napolitano*. Embora este talvez tenha sido ludibriado por uma velha bruxa, e levado não só a acreditar, como também a relatar uma história falsa, contradizendo a opinião do *M. Malef.*, de *Bodin* e de outros, por escrever de forma tão absoluta em defesa do transporte das bruxas, mencionarei suas palavras a esse respeito. A receita é a seguinte:

R.: A gordura de crianças novas, fervida com água em uma panela de bronze, reservando a parte mais densa fervida que permaneceu no fundo, que é armazenada até se ter ocasião de usá-la. A ela se acrescentam *Eleoselinum, Aconitum, Frondes populeas* e fuligem.

Outra receita para o mesmo propósito:

Sium, acarum vulgare, pentaphyllon, sangue de morcego, *solanum somniferum, & oleum.* Junte todos os ingredientes e então esfregue bem em todo o seu corpo, até ficar vermelho e bem quente, para abrir os poros e deixar a pele hidratada e sedosa. Adiciona-se a essa mistura gordura ou óleo para que a força do unguento penetre bem e tenha mais eficácia. Com isso (diz ele), em uma noite de luar as pessoas parecem ser carregadas no ar para banquetes, cantorias, danças, beijos, afagos e outros atos sexuais, principalmente os jovens que mais amam e desejam, pois a força de sua imaginação (diz ele) é tão veemente que quase toda a parte do cérebro na qual consiste a memória é cheia de tais imaginações. E embora tais pessoas sejam naturalmente inclinadas a acreditar em qualquer coisa, também recebem impressões e ideias fixas em suas mentes, tanto que até seus espíritos são alterados por meio disso e elas não pensam em mais nada, dia e noite. E isso as ajuda a avançar em suas imaginações, tanto que sua alimentação usual consistia apenas em beterrabas, raízes, feijões, ervilhas, etc.

Ora (diz ele)[541], quando refletia no assunto, ainda em dúvida acerca da questão, deparei-me com uma bruxa, que por iniciativa própria me

---

541. *Vetule, quas à sitrigis similitudine, striges vocant quæq; noctu puerulorum sanguinem in cunis cubantium exsorbent.*

prometeu trazer-me uma mensagem de lugares distantes e pediu a todos aqueles que eu levei para testemunhar o assunto que saíssem do quarto. Depois de se despir e espalhar em seu corpo certos unguentos (o que nós a vimos fazer por uma fresta ou um buraquinho na porta), ela caiu pela força desses unguentos calmantes ou soporíferos em um sono tão profundo e pesado que abrimos a porta e a chacoalhamos muito, mas tamanha era a força de seu sono que lhe tirou o sentido do tato e, então, nos afastamos de lá. Fraca e quase sem poderes, ela acordou sozinha e começou a pronunciar muitas palavras vãs e tolas, afirmando que ela passara por mares e montanhas, transmitindo-nos muitos falsos relatos, que honestamente negamos, mas ela impudentemente os afirmou. Isso (diz ele) não acontece com todas, apenas com anciãs melancólicas, cuja natureza é fria ao extremo e suam pouco, e elas percebem e se lembram do que pensam ter visto.

Capítulo 9
Uma refutação das antigas tolices, também a respeito de unguentos, sonhos, etc., bem como as assembleias de bruxas e de suas consultas e banquetes em diversos lugares e todos em sonhos.

Mas se o que *Santo Agostinho* e muitos outros autores dizem for verdade, que as caminhadas noturnas das bruxas não passam de fantasias e sonhos, então todos os relatos de seu pacto, transporte e encontros com *Diana, Minerva*, etc. não passam de fábulas e, portanto, mentem aqueles que defendem que essas ações são feitas de fato, pois na verdade elas não são feitas de modo algum. É de se admirar por um lado (se essas coisas aconteceram em sonhos, o que, entretanto, as bruxas afirmam ser o contrário) que quando as bruxas acordam, nem considerem nem se lembrem que estavam sonhando.
Assunto novo e digno de ser admirado.

É de se admirar que seus unguentos operem de tal forma, pois eles não têm força nenhuma para esse fim, nas opiniões[542] dos médicos, como confessam aqueles que são inquisidores, e que tais unguentos não sejam encontrados em nenhum lugar, exceto nos livros dos inquisidores. É de se admirar também que quando um estranho é ungido com isso sente, às vezes, mas nem sempre, o mesmo efeito que as bruxas, o que todos os inquisidores confessam.

Mas quanto a este último fato, o frei *Bartolomeu*[543] diz que as próprias bruxas, antes de se ungirem, ouvem à noite um grande barulho de menestréis, que voam sobre elas com a dama das fadas e, então, partem em sua jornada. Entretanto, acho estranho de novo que ninguém mais tenha ouvido nem visto essa tropa de menestréis, especialmente cavalgando em uma

---
542. *Barthol. Spinæus, q. de strigib. c. 31.*
543. *Bar. Spin. qu. de strigh. c. 30.*

noite de luar. É de se admirar que aqueles que acham que isso não passa de um sonho sejam persuadidos de que todo o resto não é. É de se admirar que nos sonhos as bruxas velhas conhecidas se encontrem e falem a respeito de assassinatos e recebam unguentos, raízes, pós, etc. (como os perseguidores de bruxas dizem que acontece, e como as fazem confessar) e, no entanto, continuam dormindo em casa. É de se admirar também que tal preparação seja feita por elas (como contam *Sprenger, Bartolomeu* e *Bodin*), tanto nas casas de nobres como nas tabernas que elas frequentam em sonhos, onde comem carne e a taberneira não se aborreça com elas por não pagarem o que consomem ou por falso pagamento, ou seja, por pagarem com dinheiro imaginário, que elas alegam não ser substancial, e que não conversem sobre o assunto depois do ajuste de contas. E, principalmente, é de se admirar que a anfitriã, etc., não se reúna e se divirta com elas. Pois se qualquer parte dessa associação ou dessas reuniões for verdade, também é verdade e certamente está provado e confessado que em alguma taberna, ou às vezes em algum clube de cavalheiros, todo mês haja alguma preparação para essa assembleia, como aparece na história de *São Germano*[544].

Capítulo 10

A revelação da maior parte das profecias no Antigo Testamento em sonhos, mas nós não procuraremos agora por tais revelações; alguns que sonharam com aquilo que aconteceu, o fato de que os sonhos provam o contrário, e a regra de Nabucodonosor para conhecer um verdadeiro expositor de sonhos.

Diversos autores, além do versículo 12 do livro bíblico *Números*, afirmam e defendem que tudo aquilo que foi escrito ou falado pelos profetas, entre os filhos de Israel (exceto *Moisés*), foi proposto a eles por sonhos. E de fato é demonstrado que muitas coisas consideradas pelos ignorantes realmente finalizadas foram, apenas, realizadas por sonhos e visões. Como quando *Salomão*[545] exigiu de Deus o dom da sabedoria que estava (digo eu) em um sonho e também quando ele recebeu[546] a promessa da continuação do reino de Israel em sua linhagem. Assim como a visão de *Isaías* no 6º capítulo de sua profecia e a de *Ezequiel* no 12º. Por fim, quando *Jeremias*[547] foi ordenado a esconder seu cinto na fresta de um rochedo no rio *Eufrates*, na *Babilônia*, e que depois de certos dias, o cinto estragara lá, deve ter sido em um sonho, porque *Jeremias* nunca esteve (ou pelo menos não até aquele momento) na *Babilônia*. Nós que somos cristãos não devemos agora dormir e sonhar, mas vigiar e orar, e meditar sobre nossa salvação em Cristo – dia e noite. E se esperarmos revelações em nossos sonhos,

---

544. *Legend aur. in vita S. Germani.*
545. 1 Reis 3, 5-15.
546. 1 Reis 9.
547. Isaías 6; Ezequiel 12; Jeremias 13.

agora, quando Cristo vier, nós nos enganaremos, pois nele são cumpridos todos os sonhos e profecias. Todavia, *Bodin*[548] defende que sonhos e visões continuam até hoje, de uma forma mais milagrosa do que nunca.

Artemidoro conta muitas histórias de sonhos com coisas que depois se realizaram. Mas ele poderia ter citado uma centena contra uma em que aconteceu o contrário, pois quanto a esses sonhadores dentre os judeus, que não tinham visões extraordinárias milagrosamente exibidas por Deus, eram considerados farsantes, como indicam estas palavras do profeta *Zacarias*[549]: "De fato os ídolos falam em vão e os videntes veem uma mentira e os sonhadores disseram algo vão". De acordo com o que diz *Salomão*: "Nos muitos sonhos e vaidades há muitas palavras". Aparece em *Jeremias 23*[550] que os falsos profetas, enquanto iludiam o povo com mentiras, imitando os verdadeiros, costumavam gritar: "Sonhos, sonhos. Nós tivemos um sonho, etc.". Por fim, *Nabucodonosor* ensinou todos os homens a conhecer um verdadeiro expositor de sonhos, ou seja, alguém que teve sua revelação de DEUS. Pois ele pode (como *Daniel*[551]) repetir seu sonho antes de a pessoa descobri-lo, o que se qualquer intérprete de sonhos puder fazer atualmente, receberá meu crédito.

---
548. J. Bodin. lib. de dæmon 1, cap. 5.
549. Zacarias 10, 2.
550. Eclesiastes 5, 6; Jeremias 23.
551. Daniel 2.

Décimo Primeiro Tomo
Capítulo 1

Explicação sobre a palavra hebraica Nahas, *a arte do augúrio, quem a inventou, como uma ciência é suja; a grande quantidade de sacrifícios e sacrificadores dos pagãos e as causas disso.*

A arte eslovena do augúrio.

𝕹*ahas* é a observação do voo dos pássaros e a compreensão de todas essas outras observações, nas quais os homens adivinham com instrumentos incertos. É encontrada em *Deuteronômio 18* e em *2 Crônicas 33*, entre outros lugares. Dizem que *Tirésias*, o rei dos *Tebanos*, foi o inventor dessa arte de augúrio, mas *Tages* publicou pela primeira vez a disciplina desse assunto, ainda apenas um menino, conforme relata *Cícero* a respeito dos livros dos próprios *etruscos*. Alguns pontos dessa arte são mais elevados e profundos do que outros, e mesmo assim eles são mais incultos e desleixados do que o restante, tais como a adivinhação com entranhas de animais, que os gentios observavam em seus sacrifícios. Tanto que *Marcus Varro*, vendo o absurdo disso, disse que os deuses não eram apenas indolentes, mas também bem desleixados, pois costumavam esconder seus segredos e conselhos nas tripas e nos intestinos de animais.

Com que futilidade, absurdo e superstição os pagãos usavam esse tipo de adivinhação em seus sacrifícios, fica evidente por suas ações e cerimônias praticadas, tanto no passado como agora. Os *egípcios* tinham 666 tipos de sacrifícios, os *romanos* tinham quase o mesmo número, os *gregos* não tinham muito menos do que eles, os *persas* e os *medos* não ficavam muito atrás, os *hindus* e outras nações têm neste momento uma grande variedade de sacrifícios, e mais ainda de impiedades bárbaras. Pois em vários lugares, eles oferecem sacrifícios ao demônio, esperando com isso persuadi-lo a ter leniência; sim, estes costumam sacrificar seus inimigos, capturados na guerra, como lemos a respeito dos gentios na Antiguidade, que ofereciam sacrifícios para apaziguar a ira e a indignação dos seus falsos deuses.

Capítulo 2

O sacrifício dos judeus a Moloque, um discurso a respeito disso e sobre o purgatório.

Os *judeus* usavam um tipo de sacrifício diabólico, nunca ensinado a eles por *Moisés*, que é oferecer seus filhos a *Moloque*,[552] obrigando-os a passar por uma pira, supondo que tal ação teria tanta graça e eficácia quanto outras bruxas afirmam haver em amuletos e palavras. E, portanto, entre outros pontos da feitiçaria, isso é especificamente proibido por *Moisés*.[553] Não se lê mais sobre milagres realizados por tal meio do que com qualquer outro tipo de feitiçaria expresso no Antigo ou no Novo Testamento.

---

552. Reis 23, 10; Crônicas 33; Jeremias 7.
553. Deuteronômio 18, 10; Levítico 18, 21.

Um argumento invencível contra o purgatório.

Não era uma cerimônia autorizada por Deus, nenhuma figura de Cristo, talvez fosse um sacramento ou até uma figura do purgatório, lugar que não era lembrado por *Moisés*. Nem havia nenhum sacrifício autorizado pela lei, para o alívio das almas dos israelitas que seriam atormentadas. O que sem qualquer dúvida não teria sido omitido, se existisse então tal lugar do purgatório, como o papa recentemente criou para seu lucro privado e especial. Esse sacrifício a *Moloque* (como alguns afirmam) era comum entre os gentios, desde quando os judeus o levaram para Israel e lá (quase certo) os *Eutiquistas* aprenderam a abominação a esse respeito.

Capítulo 3

A crueldade dos canibais e os sacrifícios papistas que excedem em tirania os sacrifícios de judeus ou gentios.

Contra o sacrifício abominável e blasfemo da missa papista.

A incivilidade e os sacrifícios cruéis dos papas católicos excedem tanto os de judeus como de gentios, pois eles assumem a responsabilidade de sacrificar o próprio Cristo. E para deixar sua tirania ainda mais aparente, não estão contentes em tê-lo matado uma vez, mas o atormentam todo dia e hora com novas mortes, sim, eles não têm vergonha de jurar que com suas mãos carnais rasgam sua substância humana, partindo-a em pequenos pedaços, e com seus dentes externos mordem sua carne e ossos, contrários à natureza divina ou humana e contrários à profecia, que diz: "nenhum de seus ossos será quebrado"[554]. Depois, no fim de seu sacrifício (como eles dizem), o comem cru e engolem em suas entranhas cada membro e pedaço dele e, no fim, levam-no ao lugar onde guardam o resíduo de tudo aquilo que devoraram no dia. E essa mesma impiedade bárbara excede a crueldade de todos os outros, pois todos os gentios consomem seus sacrifícios com fogo, que eles consideram sagrado.

Capítulo 4

A superstição dos pagãos sobre o elemento Fogo e como ela cresceu em tamanha reverência entre eles; suas corrupções e o fato de eles terem alguma noção da conduta dos sacerdotes devotos a esse respeito.

No tocante ao elemento Fogo e da superstição resultante desses assuntos, deve-se entender que muitos povos e nações supersticiosos receberam, reverenciaram e reservaram o fogo como a coisa mais

---

554. Salmos 34, 21.

sagrada entre seus sacrifícios, tanto que (digo) eles o cultuavam entre seus deuses, chamando-o *Orimasda,* fogo sagrado e luz divina. Os gregos o chamam de ἔσιαυ, os romanos *Vesta,* que significa o fogo do Senhor.

Certamente ouviram falar do fogo que veio do céu e consumiu as oferendas dos sacerdotes e o viam como o próprio Deus. Pois isso chegou aos pagãos, os simples nomes das coisas, da doutrina dos sacerdotes e patriarcas pios, tudo tão obscurecido com fábulas e corrompido com mentiras, tão dominado por superstições e disfarçado com cerimônias que é difícil de avaliar de onde vêm tais doutrinas. Uma das causas disso (suponho) foi em parte o translado dos governantes, com o qual uma nação aprendia a tolice da outra e, em parte, uma devoção cega, sem o conhecimento da palavra de Deus, mas especialmente a escassez da graça, que eles não buscaram de acordo com o mandamento e a lei de Deus. E que os gentios tiveram uma ideia dos feitos dos sacerdotes pios, fato que se verifica em diversas fontes. Atualmente, os profetas *moscovitas* e *hindus* (ginosofistas)[555] não imitam *Isaías* como macacos? Como ele ficou nu durante alguns anos, eles fingiram loucura de fato e bebiam poções, achando que tudo aquilo que dissessem em sua loucura certamente se realizaria. Mas isso é discutido com maiores detalhes no tópico a respeito da palavra *Kasam*.

Capítulo 5

Os sacrifícios romanos, como eles estimavam o augúrio e sobre a lei das 12 tábuas.

Os *Romanos*, mesmo depois de desenvolverem uma grande civilidade, e desfrutarem de uma condição e de uma comunidade prósperas, às vezes sacrificavam a si mesmos ou seus filhos, ora

---

555. Os ginosofistas da Índia imitam Isaías como macacos.

seus amigos, etc., consumindo-os com fogo, que eles consideravam sagrado. Tal estima (digo) era atribuída a essa arte de adivinhação com as entranhas de animais, etc., em *Roma*, pois príncipes importantes, como *Rômulo, Fábio, Máximo,* etc., exercitavam tal prática, tanto que todo o senado decretou que seis dos filhos dos principais magistrados deveriam, de tempos em tempos, ser oferecidos para aprender o mistério dessas artes do augúrio e da adivinhação em *Etrúria*, onde havia uma abundância de habilidades e conhecimentos nessa arte. Quando eles voltavam para casa bem informados e instruídos, sua estima e distinção eram tamanhas que eles eram considerados e ficavam famosos como intérpretes dos deuses ou intermediários de deuses e homens. Nenhum sumo sacerdote nem outro grande oficial era eleito, mas eles ou os indicavam, ou exibiam os nomes de dois, dentre os quais o senado deveria escolher um.

A lei das 12 tábuas.

Em suas leis antigas estavam escritas as seguintes palavras: *Prodigia e portenta ad Hetruscos aruspices (si senatus jusserit) deferunto, Hetruriæq; principes disciplinam discunto. Quibus divis decreverunt, procuranto, iisdem fulgura e ostenta pianto, auspicia servanto, auguri parento*, o que significa: Que todos os assuntos prodigiosos e portentosos sejam levados aos videntes de *Etrúria*, como manda e ordena o Senado, e que os jovens príncipes sejam enviados a *Etrúria* para lá aprender essa disciplina ou ser instruídos nessa arte e conhecimento. Deve sempre haver algum procurador para aprender com o que os deuses decretaram ou determinaram, e sacrifícios devem ser feitos a eles em momentos de relâmpagos, ou qualquer espetáculo estranho ou sobrenatural. A observação desses sinais hipotéticos, sempre que o vidente manda, deve ser religiosamente cumprida.

Capítulo 6

Colégios dos áugures, seu ofício, seu número, o significado de augúrio. Que os praticantes dessa arte eram farsantes, sua profissão, seus locais de exercício, sua aparelhagem, sua superstição.

Rômulo erigiu três colégios ou companhias desses tipos de videntes, os quais eram os únicos com autoridade para expor as mentes e repreensões dos deuses. Depois esse número aumentou para cinco, e depois para nove, pois precisavam ser em número ímpar. No fim, eles aumentaram tão rápido que foi preciso emitir um decreto[556] para a suspensão do procedimento anterior nessas construções, parecido com nosso estatuto de *Mortmaine*. No entanto, *Sila* (contrário às ordens e constituições feitas anteriormente) aumentou o número para 420.

No entanto, o *Augurium* é mais adequado do que a adivinhação, inferida pela observação das aves, como essa palavra *Nahas* compreende todos os outros tipos de adivinhação, como *Extispício, aruspício, etc.*, que seria adivinhar com as entranhas de animais, como várias outras formas. Omitindo fisiognomia e quiromancia, entre outras, por seu tédio e tolice, falarei um pouco dessas artes, como foram estimadas desmedidamente por nossos anciões. Não me importo de descobrir toda a circunstância, mas de refutar sua futilidade, e especialmente dos professores delas, que são e sempre foram artes enganadoras, e nelas estão contidos vários tipos específicos de feitiçarias. Pois os mestres dessas faculdades assumem sempre a responsabilidade de ocupar o lugar e o nome de Deus, atribuindo de forma blasfema a si seu poder onipotente de prever, etc., embora, em verdade, eles não possam fazer nada além de um estardalhaço daquilo que não existe.

Uma descoberta manifesta da fraude dos áugures.

Uma questão que revela tal fraude é que eles nunca conseguiam trabalhar nem prenunciar algo aos pobres ou tipo inferior de pessoas, pois demonstrações portentosas (dizem eles) sempre dizem respeito a grandes Estados. As questões que atingiam o tipo mais comum eram causas inferiores, que a superstição das próprias pessoas não deixaria de aprender. No entanto, os professores dessa arte não descem tão baixo a ponto de se comunicarem com eles, pois eram sacerdotes (que em todas as eras e nações são camaradas alegres), cujo ofício era contar o que acontecerá, no tocante à boa sorte ou ao azar, expor as ideias, reprovações, avisos e ameaças dos deuses, prever calamidades, etc., que poderiam (com sacrifícios e contrição comum) ser removidos e qualificados. E antes de sua entrada nessa ação, eles tinham muitas observações, que executavam com muita superstição, fingindo que cada ave ou animal deveriam ser enviados dos deuses como sinais de algo. E, portanto, primeiro eles costumavam escolher um dia claro e um tempo firme para fazer suas tarefas, para as quais seu lugar era

---

556. *Magna carta.* Hen. 3, 36, 7 Ed. 1, 15, Ri. 2, 5.

certamente escolhido, tanto em *Roma* como em *Etrúria,* onde observavam cada canto do elemento, para que lado olhar e de que forma se posicionar, etc. Seu traje era bem sacerdotal, de um estilo diferente de todos os outros, especialmente no momento de suas orações, no qual eles não podiam omitir nenhuma palavra ou sílaba, a respeito do qual se leem o serviço e todo o restante repetido em seguida, ao modo de uma procissão.

Capítulo 7

Os momentos e as estações para exercitar o augúrio, a maneira, a ordem dessa prática e suas cerimônias.

As cerimônias supersticiosas de augúrios.

Não menos importância tinham as horas de suas práticas nesse ministério. A prática deveria começar à meia-noite e terminar ao meio-dia, não ocorrer no declínio do dia, mas no amanhecer dele, não poderia ocorrer na sexta ou sétima hora do dia, nem mesmo depois do mês de agosto, porque nesse momento os pássaros jovens voam a esmo e estão doentes, e imperfeitos, com as penas crescendo e voando para fora da região, de modo que não davam nenhum palpite certo quanto ao propósito dos deuses nessas estações. Mas no tempo certo, eles ficam de pé com uma varinha dobrada na mão, com o rosto virado para o leste, etc., no topo de uma torre elevada, e com o tempo firme observam os pássaros, notando de onde eles vêm, como voam e de que forma balançam as asas, etc.

Capítulo 8

Quais sinais e marcas os áugures prognosticavam, observações no tocante às partes interna e externa de animais, com notas sobre o comportamento dos animais no abatedouro.

Observações a respeito da arte dos áugures.

Esses tipos de bruxas, que agora temos em mãos, também prognosticam boa sorte ou azar, de acordo com a integridade ou imperfeição das entranhas de animais, ou com as superfluidades ou fragilidades da natureza ou ainda de acordo com a abundância de humores desnecessários, aparecendo nas partes internas e nos intestinos dos animais sacrificados. Pois quanto às partes externas, sempre foi estipulado e previsto que elas não deveriam ter defeitos. Mas havia muitos sinais e alertas a serem observados das ações externas desses animais, no momento do sacrifício, tais como se eles não forem levados calmamente ao local da execução, mas tiverem de ser arrastados à força, ou se fugirem ou se, por acaso, astúcia e força eles resistirem ao primeiro golpe ou se depois do golpe do açougueiro, saltarem, mugirem ou ficarem firmes ou se caírem, chutarem ou não morrerem calmamente ou não sangrarem bem, ou ainda se eles tiverem más notícias ou virem algo desagradável no momento do abate ou do sacrifício. Todos esses sinais significavam má sorte e insucesso. Por outro lado, se o carniceiro realizasse bem seu trabalho, de modo que o animal tivesse sido bem escolhido, não infectado, mas são e intacto, e no fim for morto sem violência, tudo estava seguro, pois então os deuses sorriram.

Capítulo 9
Uma refutação do augúrio, Platão e sua reverenda opinião sobre isso, eventos contrários e falsas previsões.

Mas que crédito deve ser atribuído a essas ideias e acasos que não se desenvolvem na natureza, mas são reunidos pela superstição dos intérpretes? Quanto aos pássaros, quem é tão ignorante que não percebe que os pássaros voam ora de um jeito, ora de outro, de acordo com suas necessidades particulares? Ainda há outras adivinhações mais vãs e tolas. Todavia, *Platão*[557] acredita que uma comunidade não fica sem essa arte e a enumera entre as ciências liberais. Esses camaradas prometeram a *Pompeu*, *Cássio* e *César* que nenhum deles morreria antes de envelhecer, e que isso aconteceria em suas casas e em grande honra, mas todos eles morreram em circunstâncias totalmente contrárias.

Em que os papistas são mais culpados que os pagãos.

Contudo, sem dúvida, os pagãos nesse ponto não tiveram tanta culpa quanto os papistas sacrificadores, pois foram direcionados a isso sem o conhecimento das promessas de Deus, nem sabem eles para que essas cerimônias e sacrifícios foram instituídos, mas apenas entendem por um relato incerto e escasso que Deus estava disposto a enviar sucesso ou insucesso aos filhos de Israel e aos antigos pais e patriarcas, com sua aceitação ou recusa de seus sacrifícios e oferendas. Mas homens de todas as idades desejaram tanto saber o efeito de seus propósitos, a sequência das coisas futuras e ver o fim de seu medo e esperança, que uma bruxa simples, que aprendeu qualquer coisa na arte da fraude, conseguia fazer muitos bons camaradas de tolos.

---

557. Platão em *Fedro*, em *Timeu* e no livro *A República*.

Capítulo 10

A arte enganadora do sortilégio ou de tirar a sorte, praticada especialmente por nômades egípcios; sortilégios permitidos; Pitágoras e sua tabela, etc.

Sortilégios ou coelhos tirados da cartola

Os falsos *egípcios*, que eram na verdade vagabundos farsantes, praticando a arte chamada *Sortilégio* não tinham o menor crédito em meio à multidão, no entanto, suas adivinhações eram como sua leviandade, tal como as curas e os ferimentos de bruxas, as respostas de videntes e a evocação de espíritos por conjuradores, e como os oráculos de *Apolo* ou a cruz das graças; também como os truques de mágica dos ilusionistas, os exorcismos papistas, os amuletos das bruxas, as visões falsas e as desonestidades de farsantes. Afirma-se a respeito disso: *Non inveniatur inter vos menahas,* isto é, *Sortilegus,* que eram como convinham a esses impostores egípcios. Quanto a outras formas de sortilégio, elas eram usadas legalmente, como aparece em *Jonas* e outros homens santos, e como pode ser visto entre todas as comunidades para a decisão de diversas controvérsias, etc., nas quais não se abusa do próximo, nem se ofende Deus. Mas em verdade eu acho, por causa da fraude que pode ser usada aqui tão facilmente, que Deus proibiu a prática na comunidade judaica, embora o bom uso dela fosse permitido em questões de grande peso, como aparece nos Antigo e Novo Testamentos[558] e também nos casos duvidosos, como em eleições e heranças, e na pacificação de discórdias. Não mencionarei os destinos descritos em versos, a respeito do resultado afortunado em *Virgílio, Homero* ou outros, onde a boa sorte é adquirida por uma reviravolta repentina, porque se trata de uma brincadeira infantil e ridícula, e como as crianças brincam em *Primus secundus,* ou o jogo chamado "o tabuleiro dos filósofos", mas aqui farei referência à balbúrdia em si, a *Bodin* ou a algum desses vários autores sóbrios.

---

558. Levítico, 16; Números 33 e 36; Josué 14, 1; Crônicas 24 e 26; Provérbios 18; Jonas 1; Atos 1.

A tabela de Pitágoras

Há também uma tabela chamada tabela de *Pitágoras*, na qual (alguns dizem) *Aristóteles* acreditava, em que as letras correspondem a certos números, com os quais eles adivinham (com os nomes próprios de homens). Os números relativos a cada letra são somados e comparados e dão vitória àquele cuja soma é a maior, se for uma questão de guerra, vida, matrimônio, vitória, etc., mesmo se o número desigual de vogais em nomes próprios pressagiasse perda de visão, problemas para andar, etc., que padrinhos e madrinhas poderiam facilmente evitar, se fosse o caso.

Capítulo 11

A arte cabalista, baseada em tradições e preceitos orais aprendidos sem livro, e sua divisão.

A divisão da arte cabalista.

Há lugar aqui para a arte cabalista, composta de verdades orais, que os judeus acreditam e se gabam de Moisés tê-la recebido do próprio Deus no monte *Sinai*, e essa arte depois era ensinada apenas em voz alta, por graus de sucessão, sem escrita, até o tempo de *Esdras*. Os próprios acadêmicos de *Arquipo* usaram a perspicácia e a memória em vez de livros. Eles a dividem em duas partes: uma expunha com razão filosófica os segredos da lei e da Bíblia, nos quais (dizem) esse *Salomão* era bem habilidoso, porque está escrito nas histórias hebraicas que ele falou do cedro do *Líbano*, até o hissopo, e também de pássaros, animais, etc. A outra é como se fosse uma doutrina simbólica da maior contemplação, de virtudes divinas e angelicais, de nomes e signos sagrados, na qual letras, números, figuras, utensílios e brasões, os pontinhos sobre as letras, as linhas, os pontos e os acentos significam coisas bem profundas e grandes segredos. Com essas artes, os ateus supõem que

Moisés forjou todos os seus milagres e que, com isso, eles têm poder sobre anjos e demônios, além de também realizar milagres, e que assim todos os milagres de algum profeta ou do próprio Cristo eram realizados.
A blasfêmia dos cabalistas.

Mas *Cornélio Agrippa*[559] foi a fundo nessa arte e disse que ela não passa de superstição e desvario. Senão, Cristo não a teria escondido de sua igreja. Por isso os judeus eram tão habilidosos nos nomes de Deus. Não há outro nome no céu ou na terra no qual seremos salvos, apenas Jesus, não apenas por seu nome, mas também por sua virtude e bondade para conosco. Esses cabalistas se gabam ainda de com isso serem capazes de não só descobrir e conhecer os mistérios inefáveis de Deus, como também os segredos que estão fora das escrituras, pelos quais eles também assumem a responsabilidade de profetizar e realizar milagres, até mesmo transformar qualquer coisa em palavra da escritura, como *Valeria Proba* extraiu certos versos de *Virgílio* aludindo-os a Cristo. E, portanto, essas suas revoluções não passam de jogos alegóricos, que homens ociosos ocupados com letras, pontos e números (dos quais a língua hebraica facilmente padece) criam para iludir e enganar os simples e ignorantes. A isso chamam de Teologia do Alfabeto ou Aritmética, que Cristo apresentou apenas a seus apóstolos e que, segundo *Paulo,* Jesus fala apenas entre homens perfeitos e por serem mistérios elevados, não devem ser colocados por escrito e assim popularizados. Qualquer homem que leia algo a respeito dessa arte *cabalista* pensará imediatamente nas práticas habilidosas dos papas, que têm *In scrinio pectoris,* não apenas a exposição de todas as leis, divinas e humanas, mas também a autoridade de adicionar ou retirar trechos quando lhes aprouvessem e, dessa forma, agindo do mesmo modo até com as escrituras, adicionando ou subtraindo, de acordo com suas preferências pontifícias. Por exemplo, eles acrescentaram os apócrifos (aos quais poderiam também ter juntado as obras de *Santo Agostinho* ou o curso de lei civil, etc.). Além disso, subtraíram do decálogo ou dos dez mandamentos não uma nem duas palavras, mas todo um preceito, o segundo, que quiseram tirar com sua pena e, na verdade, também poderiam com a mesma autoridade ter suprimido do testamento o evangelho de *São Marcos.*[560]

Capítulo 12

Quando, como e quais tipos de sacrifícios foram ordenados pela primeira vez, como foram profanados e como o papa corrompeu os sacramentos de Cristo.

No princípio Deus manifestou ao nosso pai *Adão,*[561] com a proibição da maçã, que ele faria o homem viver sob uma lei, em obediência e submissão e não vagar como um animal sem ordem ou disciplina. Depois o homem transgrediu essa lei e por isso mereceu o profundo

---

559. C. Agrippa, lib. de vanil. scient.
560. Concílio de Trento, 1550.
561. Gênesis 2, 17.

desgosto de Deus. No entanto, sua misericórdia prevaleceu e, compadecendo-se do homem, Deus prometeu o Messias, que nasceria de uma mulher e arrancaria a cabeça da serpente, declarando por testemunhos evidentes que seu desejo era que o homem recuperasse seu favor e graça por meio de Cristo.[562] Atrelando a mente dos homens a essa promessa e com o intuito de enfocar seu Messias, estabeleceu figuras e cerimônias com as quais nutrem sua fé e a confirmou com milagres, proibindo e excluindo todos os recursos do homem. E a essa renovação de sua promessa, ele impôs (eu digo) e erigiu uma nova forma de culto, no qual se acreditaria fielmente em suas promessas, que seriam constatemente observadas e acatadas com reverência.[563] Deus ordenava seis tipos de sacrifícios divinos: três propiciatórios, não em virtude da remissão de pecados, mas como imagens da propiciação de Cristo, e os outros três de ação de graças. Esses sacrifícios eram repletos de cerimônias, polvilhado com o sal consagrado, ardiam no fogo enviado do céu (como alguns pensam) e eram preservados no tabernáculo do Senhor.

Uma reprimenda ao Papa por sua insolência nos assuntos de Deus.

O próprio DEUS ordenou esses ritos e cerimônias aos nossos antepassados, *Noé, Abraão, Isaac, Jacó, etc.*, prometendo assim o aumento de suas famílias e também seu Messias. Mas em pouco tempo (digo eu) a devassidão, a negligência e o desprezo, com a instigação do demônio, aboliram essa instituição de DEUS, tanto que, no fim, o próprio Deus foi esquecido entre eles, que se tornaram pagãos e bárbaros, criando seus próprios ritos, até cada região ter criado e erigido novos sacrifícios e também novos deuses particulares para si. Cujo exemplo o papa segue, ao profanar os sacramentos de Cristo, ocultando-os com suas criações e cerimônias supersticiosas, formando e compreendendo assim o desvario de todas as nações, as quais ignorarei, uma vez que até as criancinhas agora percebem e as rejeitam. Retornarei aos gentios, cujos enganos, superstições e futilidades não posso desculpar. Pois se Deus permitiu falsos profetas entre os filhos de Israel, por serem o povo peculiar de Deus, e hipócritas na igreja de Cristo, não é de se admirar que havia pessoas assim entre os pagãos, que não o professavam nem o conheciam.

Capítulo 13

Os objetos que os áugures usavam para prognosticar, com certas advertências e notas.

Os gentios, que tratam desse assunto, repetem uma variedade enorme de objetos, com o quais eles prognosticam sorte ou azar. E uma grande importância é dada ao espirro, já que o número de espirros e sua duração são observados de perto, assim como o formigamento nos

---

562. Gênesis 3, 6; Gênesis 3, 15.
563. Levítico 12, 3.

dedos das mãos ou dos pés, no cotovelo, no joelho, etc., também é nota singular a ser observada nessa arte, embora se destaquem aqui o voo de aves e o agrupamento de animais, com a cautela geral de que o objeto ou o assunto sobre o qual os homens adivinham deve ser inesperado e imprevisto. Crianças e alguns velhos tolos prestam atenção a isso ao colherem prímulas, amores-perfeitos e trevos de quatro folhas. Além disso, o objeto deve aparecer para a pessoa inesperadamente. Refere-se como augúrio a intenção do adivinho, com a qual o objeto é encontrado, além da hora em que isso acontece, sem um conhecimento prévio, e assim por diante.

Plínio[564] relata que urubus voam sempre ao lugar da carnificina dois ou três dias antes de a batalha ser travada, o que foi visto e testado na batalha de *Troia* e, nesse sentido, o urubu foi reconhecido como a principal ave de augúrio[565]. Mas em meio ao grande número de animais, aves, serpentes e outras criaturas portentosas, o sapo é o objeto mais excelente, cuja feia deformidade significa um destino doce e agradável, por isso algumas bruxas supersticiosas têm sapos como animais domésticos. E alguém de boa reputação (cujo nome não posso revelar), depois de enclausurar as bruxas, matou de fome vários de seus demônios, que elas mantinham em caixas à semelhança de sapos.

O disparate de Plutarco com sua licença, a despeito de todo seu conhecimento.

Plutarco de Queroneia diz que o lugar e a posição dos signos que recebemos por augúrio devem ser especialmente observados, pois se os recebermos do lado esquerdo é boa sorte, se for do lado direito, é azar, porque coisas terrenas e mortais são opostas e contrárias às coisas divinas e celestiais, pois aquilo que os deuses entregam com a mão direita caem do lado esquerdo, e vice-versa.

Capítulo 14

A divisão do augúrio, pessoas admissíveis em colégios de augúrio e sobre sua superstição.

Os adivinhos mais recentes nesses mistérios dividiram suas vidências em 12 superstições, como *Agostinho Nifo*[566] as chama. A primeira é a prosperidade, a segunda, azar, quando alguém sai de sua casa e vê um animal agourento deitado do lado direito do seu caminho; a terceira é o destino, a quarta é a boa sorte, a quinta é um percalço, quando um animal agourento se alimenta do lado direito de seu caminho; a sexta é a utilidade, a sétima é a mágoa, a oitava chama-se cautela, quando um animal segue alguém e fica de qualquer um

---
564. *Plin. Lib. natural. hist..* 10, cap. 6.
565. *Arist. in auguriis.*
566. *Agos. Nifo. de auguriis, lib. 1.*

dos lados, sem ultrapassá-lo, o que seria um sinal de boa sorte; a nona é a infelicidade, e essa é contrária à oitava, quando o animal ultrapassa alguém; a décima é a perfeição, a décima primeira é a imperfeição, a décima segunda é a conclusão. Assim explica ele.

Entre os *romanos* não poderia ser recebido no colégio de áugures ninguém que tivesse um furúnculo ou tivesse sido mordido por um cachorro, etc., e nas horas de seu exercício, mesmo de dia, eles acendiam velas. Foi daí que os papistas levaram para sua igreja esses pontos de infidelidade. Por fim, suas observações eram tão ilimitadas e ridículas, que a menor faísca saída do fogo já predizia alguma coisa.

Capítulo 15

As coleções e as observações supersticiosas preferidas das pessoas comuns.

Desatinos vãos e inutilidades néscias.

Dentre nós há muitas mulheres e homens efeminados (papistas, decerto, como parecerem indicar suas superstições) que fazem grandes adivinhações quando se derramam sal, vinho, etc., e na observação de dias e das horas usam tanta feitiçaria como em qualquer outra coisa. Pois se alguém por acaso cai de um cavalo, escorrega ou tropeça, marcará o dia e a hora e considerará essa hora inoportuna para uma viagem. Por outro lado, aquele que tiver azar, pensará se não encontrou um gato, ou uma lebre, quando saiu de casa de manhã, ou se não tropeçou no limiar enquanto saía ou se não colocou sua camisa do avesso ou o sapato esquerdo no pé direito, o que *Augusto César* acreditava dar mais azar. Mas acima de todas as outras nações (como testemunha *Martinho de Arles*[567]) os *espanhóis* são os mais supersticiosos, e da *Espanha*, as pessoas da província da *Lusitânia* são as mais aficionadas. Pois alguém dirá: "sonhei hoje que uma gralha grasnou sobre minha casa ou uma coruja voou piando do meu lado (o que *Augusto Sila* considerava um augúrio de sua morte) ou um galo cacarejou fora de hora". Outro dirá: "a lua está no apogeu", outro que o sol nasceu em uma nuvem e parecia pálido ou uma estrela cadente brilhava no ar ou um gato estranho entrou na casa ou, ainda, uma galinha caiu do telhado.

Ações proféticas.

Muitos voltarão para a cama se espirrarem antes de colocar os sapatos, outros apertarão o polegar esquerdo com a mão direita quando soluçarem ou, ainda, segurarão o queixo com a mão direita enquanto um evangelho for cantado. Alguns consideram um baita azar se uma criança, ou qualquer outro ser vivo, passar entre dois amigos enquanto eles caminham, pois dizem ser um presságio do rompimento da amizade. Entre

---

567. Martin. de Arles in tract. de superst. contra maleficia. Appian de bello civili.

os próprios papistas, se caçadores encontrassem um frade ou um padre por acaso durante a caça, achariam isso de tão mau agouro que reuniriam seus cães de caça e voltariam para casa, desanimados para praticar qualquer outra atividade naquele dia. Outros acreditavam que se tivessem relações sexuais com uma mendiga ganhariam todo o dinheiro que jogaram naquele dia nos dados. A mesma tolice deve ser atribuída àqueles que observam (como verdadeiros ou prováveis) velhos versos, nos quais não pode haver uma causa razoável de tais efeitos, que são realizados apenas pelo poder e pela vontade de Deus. Desse tipo são os seguintes versos:

> *Vincenti festo si sol radiet memor esto*[568],
> Lembra-te no dia de São Vicente,
> Se o sol seus raios exibir.
>
> *Clara dies Pauli bona tempora denotat anni,*
> Se o dia de Paulo, o apóstolo, estiver claro,
> Será um ano de sorte.
>
> *Si sol splendescat Maria purificante,*
> *Major erit glacies post festum quàm fuit ante,*
> Se o dia purificador de Maria.
> Estiver claro e os raios de sol brilharem,
> Mais frio e a neve existirão,
> Do que antes da celebração.
>
> *Serò rubens cœlum cras indicat esse serenum,*
> *Si manè rubescit, ventus vel pluvial crescit.*
> O céu vermelho à noite
> Prenuncia uma manhã limpa e clara;
> Mas se a manhã nasce vermelha,
> De vento ou chuva correremos.

Alguns enfiam uma agulha ou uma fivela em uma certa árvore, perto da catedral de *São Cristóvão*, ou de algum outro santo, esperando com isso se ver livre da dor de cabeça daquele ano. Além disso, senhoritas penduravam um pouco de seu cabelo diante da imagem de *Santo Urbano*, porque queriam que o restante dele crescesse e ficasse loiro. Mulheres grávidas corriam para a igreja e amarravam seus cintos ou cordões de sapatos em um sino e o batiam três vezes, pensando que o som dele aceleraria o parto. Mas quando essas coisas começam a resvalar nas futilidades e superstições de encantamentos, encaminho o leitor à consulta da palavra *Habar,* onde se encontrará uma abundância desse assunto.

---

568. Traduzido do latim para o inglês por Abraham Fleming.

Capítulo 16
Como os autores antigos divergem quanto à importância, ao modo e aos meios com os quais as coisas auspiciosas são propostas.

A convicta arte afeiçoada do augúrio.

Teofrasto e *Temístio* afirmam que tudo o que acontecia ao homem de repente e por acaso vinha da providência de Deus. De modo que *Temístio* compila aquilo que os homens profetizam a esse respeito, quando falam o que lhes dá na cabeça, de repente; embora não saiba ou não entenda o que dizem. E esse Deus que tudo vê e cuida de nós (como diz *Teofrasto*)[569] nos mostra de algum modo tudo o que acontecerá. Pois com *Pitágoras* ele conclui que todos os presságios e os augúrios são as vozes e as palavras de Deus, pelas quais ele vaticina ao homem o bem ou o mal que acontecerá.

Trismegisto afirma que todos os augúrios são provocados por demônios; *Porfírio* diz que o são por deuses, ou até por anjos bons, de acordo com a opinião de *Plotino* e *Jâmblico*. Alguns outros afirmam que são provocados pela passagem da lua pelos 12 signos do zodíaco, porque a lua domina todas as questões repentinas. Os astrônomos *egípcios* defendem que não é a lua que comanda esses assuntos portentosos, mas uma *Stella errans,* uma estrela errante, etc.

Capítulo 17
Como a arte do augúrio é ridícula, como Cato escarneceu dela, o argumento de Aristóteles contra ela, coleções preferidas de áugures, quem reconhecia e quem desaprovava.

De fato, como todas essas observações não se fundamentam na palavra de Deus, nem em uma razão física ou filosófica, são futilidades, superstições, mentiras e mera bruxaria, com as quais o mundo foi e ainda é abusado e enganado. Está escrito[570]: *Non est vestrum scire tempora e momenta, etc.:* Não se deve conhecer as horas e estações, que o pai colocou em seu próprio poder. Os homens mais religiosos e filósofos mais sábios não davam crédito a augúrios. *Santo Agostinho* diz: *Qui his divinationibus credit, sciat se fidem christianam e baptismum prævaricasse, e paganum Deiq; inimicum esse.* Alguém contou a *Catão* que um rato pegou e roeu suas calças, o que seria um sinal maravilhoso para o interessado. Não (disse *Catão*), eu não acho, mas se as calças tivessem comido o rato, isso sim teria sido um símbolo maravilhoso. Quando *Nônio* disse a *Cícero* que ele teria sucesso na batalha, porque sete águias tinham sido capturadas no campo de *Pompeu*, ele respondeu da seguinte forma: "Sem

---
569. Averroes, 12, metafísica.
570. Atos 1, 7.

dúvida teremos mesmo se combatermos por acaso com pegas-rabudas". No mesmo caso também ele respondeu a *Labieno,* que profetizou sucesso semelhante com suas adivinhações, dizendo que, pela esperança de tais artifícios, *Pompeu* perdeu todos os seus pavilhões não muito tempo antes.

O que o sábio pensaria: que Deus confiaria seu conselho a uma gralha, uma coruja, um porco ou um sapo ou que ele esconderia seus propósitos secretos nas fezes e nos intestinos de animais? *Aristóteles*[571] argumenta: "Augúrios ou adivinhações não são causas nem efeitos das coisas do futuro, *Ergo,* elas não preveem as coisas de fato, mas por acaso. Como se sonho que meu amigo virá à minha casa e ele vem mesmo; o sonho e a imaginação não são a causa da visita do meu amigo mais do que o palrar de uma pega-rabuda".

Quando *Aníbal* derrotou *Marcus Marcelus,* o animal sacrificado quis um pedaço de seu coração; por essa razão, *Marius,* quando fez um sacrifício em Utica e o animal carecia de seu fígado, deveria ter o mesmo sucesso. Essas são suas coleções, e tão vãs, como se eles dissessem que a construção do campanário de *Tenderden* fosse a causa do banco de areia *Goodwine sands* ou da decadência da enseada de *Sandwich. Santo Agostinho*[572] diz que essas observações são muito supersticiosas. Mas lemos no quarto salmo uma frase que deveria dissuadir qualquer cristão dessa insensatez e impiedade[573]: "Ó, filhos dos homens, até quando converteréis minha glória em infâmia, amareis a vaidade e buscareis mentiras?" O mesmo pode ser lido em muitos outros lugares da escritura.

Dentre os que reconhecem essa insensatez, posso citar principalmente *Plínio*[574], que diz que a operação desses augúrios é como as aceitarmos. Pois se as considerarmos de um lado bom, serão sinais de boa sorte; se a virmos de um lado mau, sinais de azar; se não nos importarmos com elas, e não as considerarmos, não farão bem nem mal. *Tomás de Aquino*[575] argumenta da seguinte forma: "As estrelas, cujo curso é certo, têm mais afinidade e comunidade com as ações dos homens do que os augúrios, e mesmo assim nossas ações não são governadas nem se originam das estrelas". O que *Ptolomeu* também testemunha, dizendo: *Sapiens dominabitur astris:* "um sábio rejeita as estrelas".

Capítulo 18

Distinções favoritas dos autores pagãos a respeito do augúrio.

Os pagãos fizeram uma distinção entre augúrios divinos, naturais e casuais. Os divinos são aqueles que os homens acreditam terem sido feitos milagrosamente, como quando cães falam; como

---

571. *Aristóteles, de somno.*
572. *Agostinho, lib. de doet. chri. 2, cap. 2.*
573. *Salmos 4, 2.*
574. *Plínio, lib. natural. hist., 28, cap. 2.*
575. *Tomás de Aquino, lib. de sortib.*

na expulsão de *Tarquínio* de seu reino ou quando as árvores falam, como antes da morte de *César*[576], ou quando cavalos falam, como fez um cavalo de nome *Zantus*. Muitos acadêmicos cristãos confessam que tais coisas, que podem de fato ter uma causa divina, podem ser chamadas augúrios divinos ou até avisos de Deus e símbolos de suas bênçãos ou descontentamento, como a estrela que foi um símbolo de uma viagem segura para os magos que buscavam Cristo, assim como o canto do galo foi um augúrio para a conversão de *Pedro*. E muitas outras adivinhações ou augúrios (se for lícito chamá-los assim) devem ser encontrados nas escrituras.

Capítulo 19

O augúrio natural e casual, um reconhecido e o outro desaprovado.

O augúrio natural é uma observação física ou filosófica, porque as razões humanas e naturais podem estar sujeitas aos seguintes eventos: quando alguém ouve um galo cantar muitas vezes pode adivinhar que choverá em breve, assim como por meio do grasnado das gralhas e do uso extraordinário das asas ao voarem, por um instinto natural, provocado pela impressão dos corpos celestes, uma pessoa pode saber as horas, de acordo com a disposição do clima, conforme a necessidade de sua natureza. E, por isso, *Jeremias* diz: *Milvus in cœlo cognovit tempus suum*. Um médico pode avaliar a resistência de seu paciente quando ele o ouve espirrar duas vezes, pois isso é uma causa natural para avaliar e sobre a qual se presumir algo. Mas certamente é um mero acaso, além de ser algo bem tolo e incrível, que com dois espirros um homem teria a certeza da boa sorte ou do sucesso em seu negócio ou, ao encontrar um sapo, um homem escaparia do perigo, ou realizaria algo, etc.

Capítulo 20

Uma refutação do augúrio casual que é mera bruxaria, e em quais incertezas aquelas adivinhações se baseiam.

A presunção do augúrio casual.

O que a imaginação opera no homem ou na mulher não caberia em muitas folhas, pois assim como as qualidades dela são estranhas, e quase incríveis, o discurso em torno disso também seria longo e entediante, a respeito do qual eu tive ocasião de falar em outro lugar. Mas o poder da nossa imaginação não se estendeu a animais, nem atinge os pássaros e, portanto, não pertence a eles. Nem a probabilidade para o lado direito ou o esquerdo pode ser sorte ou azar por si só. Por que qualquer ocorrência ou augúrio deveria ser bom? Só porque vem daquela parte do céu, onde ficam as estrelas boas ou benéficas? Por isso,

---

576. C. *Epidius*, Homero, *Ilíada* (ad. 19).

todas as coisas que vivem nesse lado deveriam ser boas e felizes, mas vemos frequentemente a experiência contrária.

O mesmo absurdo e erro estão naqueles que acreditam nessas adivinhações, porque as estrelas sobre a nona casa têm domínio no momento do augúrio. Se ouvir um barulho em casa for um sinal de boa sorte, júbilo ou alegria quando a lua está em Áries ou, pelo contrário, for um sinal de azar, tristeza ou sofrimento um animal entrar na casa, com a lua no mesmo signo, isso pode ser um erro infame e uma contrariedade. E visto como os dois podem acontecer ao mesmo tempo, o preceito tem de ser falso e ridículo. E se houvesse regras ou notas certas a serem compiladas nessas adivinhações, o abuso seria tamanho que a seguinte palavra de Deus se aplicaria: "Eu destruirei os sinais dos videntes, e faço de tolos aqueles que conjecturam".[577]

Capítulo 21

Que os astromantes são feiticeiros, a incerteza de sua arte e suas contradições, a declaração de Cornélio Agrippa contra a astrologia judicial.

Os truques vãos e levianos dos astromantes.

Esses leitores de imagens podem ser classificados entre os feiticeiros farsantes, cuja prática está além do seu alcance, seu propósito é unicamente o ganho financeiro, seu conhecimento roubado dos poetas, sua arte é incerta e repleta de vaidade, mais ridicularizada nas escrituras do que qualquer outro desatino. E nessa prática estão arraigadas e fundamentadas muitas outras vaidades levianas, como fisiognomia, quiromancia, interpretação de sonhos, monstros, augúrios, etc., cujos professores confessam ser a chave necessária para abrir o conhecimento de todos os seus segredos. Pois essas pessoas montam uma imagem do céu e com a exposição dela (junto às conjecturas das comparações e dos signos) tentam descobrir o sentido dos significadores, atribuindo-lhes os fins de todas as coisas, contrários à verdade, à razão e à natureza divina, pois suas regras são tão inconstantes que poucos autores concordam até mesmo com os princípios básicos. Os *rabinos*, os antigos e novos autores, e os melhores filósofos divergem sobre os principais fundamentos, divergindo na propriedade das casas, de onde eles extraem a previsão do futuro, discordando até quanto ao número de esferas e quanto ao modo de estabelecer os inícios e os fins das casas, pois *Ptolomeu* as cria depois de um tipo, *Campano* depois de outro, etc.

E assim como pensa *Alpetrago* que há nos céus diversos movimentos ainda desconhecidos ao homem, outros também afirmam que deve haver estrelas e corpos com os quais esses movimentos podem estar de acordo, o que não pode ser visto, por sua altura extrema ou que até

---

577. Isaías 44, 25.

agora não são comprovados por nenhuma observação da arte. O verdadeiro movimento de *Marte*[578] ainda não foi percebido, nem é possível descobrir a verdadeira entrada do sol nos pontos do equinócio. Não se nega que os próprios astrônomos receberam sua luz e até mesmo sua arte de poetas, sem cujas fábulas dos 12 signos e as figuras setentrional e meridional nunca teriam ascendido ao céu. E ainda assim (como afirma *C. Agrippa*) astrólogos vivem, enganam os homens e ganham com essas fábulas, enquanto os poetas, que as inventaram, vivem na miséria.

Os matemáticos mais habilidosos confessam que é impossível descobrir qualquer coisa a respeito do conhecimento de julgamentos, bem como as inúmeras causas que trabalham em conjunto com os céus, estando todos ligados, mesmo porque as influências não limitam, mas inclinam. Pois muitas ocasiões ordinárias e extraordinárias as interrompem, tais como educação, costumes, lugar, honestidade, origem, sangue, doença, saúde, força, fraqueza, carne, bebida, liberdade mental, aprendizado, etc. E aqueles que escreveram as regras de avaliação e quase concordam com isso, por terem a mesma autoridade e conhecimento, divulgam opiniões tão contrárias sobre algo que é impossível para um astrólogo proferir uma certeza sobre opiniões tão variáveis e, pelo contrário, os relatos são tão incertos que nenhum homem é capaz de julgá-los nesse contexto. De modo que (segundo *Ptolomeu*) a previsão das coisas futuras com a ajuda das estrelas depende também do estado mental, assim como a observação dos planetas, originando-se mais do acaso do que do ofício, com o que eles enganam os outros e também são enganados.

Capítulo 22

A sutileza de astrólogos para manter o crédito de sua arte, por que eles continuam em crédito, certas impiedades contidas nas declarações dos astrólogos.

Prognósticos astrológicos são como as respostas dos oráculos.

Se observarmos os astutos, nós os veremos falarem do futuro de forma sombria, criando com uma sutileza artificial prognósticos duvidosos, de aplicação fácil a cada coisa, momento, príncipe e nação, e se qualquer coisa acontecer de acordo com suas adivinhações, eles corroboram seus velhos prognósticos com novos motivos. Entretanto, na variedade das estrelas, até mesmo no meio delas, eles descobrem o bom aspecto de algumas situações e mau aspecto de outras, aproveitando então para dizer o que quiserem, prometendo para alguns homens honra, vida longa, riqueza, vitória, filhos, casamento, amigos, trabalho e, por fim, a felicidade eterna. Mas se ficarem descontentes

---

578. Johan. Montiregius in epistola ad Blanchime, & Gulielmus de santo Clodoald.; Rabino Levi, C. Agrippa in lib. de vanit. scient., Archelaus Cassander, Eudoxus, etc.

com alguém, dirão que as estrelas não são favoráveis e o ameaçarão com enforcamento, afogamento, miséria, doença, azar, etc. E se algum desses prognósticos se confirmar, então eles triunfam desmedidamente. Se os prognosticadores forem pegos dissimulando e mentindo sempre (sem a mesma sorte que o homem cego teve ao matar o corvo), eles justificarão a questão dizendo que *Sapiens dominatur astris*, ao passo que (de acordo com as palavras de *Agrippa*) nem o sábio rege as estrelas, nem as estrelas regem o sábio, mas Deus rege ambos. *Cornélio Tácito* diz que esses prognosticadores são pessoas desleais a príncipes, enganando aqueles que neles acreditam. E *Varro* diz que a vaidade de todas as superstições transborda do seio da astrologia. E se nossa vida e boa sorte não dependem das estrelas, então deve-se admitir que os astrólogos procuram onde nada será encontrado. Mas somos tão tolos, desconfiados e crédulos que tememos mais as fábulas do Bom Robin, de astrólogos e bruxas e acreditamos mais nas coisas que não existem do que nas que existem. E quanto mais impossível for algo, mais o tememos, e quanto menos provável de ser verdade, mais acreditamos. E se não fôssemos assim, concordo com *Cornélio Agrippa*, esses adivinhos, astrólogos, conjuradores e farsantes morreriam de fome.
Sir Thomas Moore questiona os astrólogos.
E essa nossa crença leve e tola, esquecendo as coisas do passado, negligenciando as coisas no presente e apressando-nos para saber as coisas do futuro, conforta e mantém esses farsantes, acabamos desconfiando justamente daqueles que não mentem, e a própria verdade não é levada em consideração. Por outro lado, nessas falcatruas entre nossos adivinhos, uma verdade falada por acaso dá tamanho crédito a todas as suas mentiras que sempre acreditaremos em tudo o que eles disserem, por mais incrível, impossível e falso que possa parecer. *Sir Thomas Moore*, gracejando dos astrólogos judiciais, diz: "Eles não conhecem quem está em seu próprio quarto, nem quem os faz de corno com toda essa astúcia, conhecimento e grande visão". Mas para aumentar seu crédito ou manifestar seu descaramento, dizem que o dom da profecia, a força da religião, os segredos da consciência, o poder dos demônios, a virtude dos milagres, a eficácia das orações, o estado da vida futura, etc. dependem apenas das estrelas e são apresentados e conhecidos apenas por elas.
Blasfêmias astrológicas.
Pois afirmam que quando o signo de *Gêmeos* está ascendente e *Saturno* e *Mercúrio* em conjunção em *Aquário*, na nona casa dos céus, nasce um profeta e, portanto, que Cristo tinha tantas virtudes porque tinha *Saturno* e *Gêmeos* nesse lugar. Entretanto, esses astrólogos não dizem que as estrelas distribuem todos os tipos de religiões: nas quais *Júpiter* é o regente especial, que em conjunção com *Saturno* forma a religião judaica; com *Mercúrio*, a dos cristãos; com a Lua, a do anticristianismo. Afirmam, contudo, que a fé de cada homem pode ser conhecida tanto por ele quanto por Deus. E que o próprio Cristo escolheu as horas

certas em seus milagres, para os judeus não o ferirem enquanto ele ia a *Jerusalém*, por isso disse aos discípulos que se opunham à sua ida: "Não há 12 horas no dia?"[579]

Capítulo 23

Quem tem poder para afastar demônios apenas com sua presença, quem receberá de Deus tudo o que pedir em oração, quem obterá a vida eterna por meio das constelações, como afirmam os vaticinadores.

A loucura de nossa genética ou hereditariedade.

Os astrólogos também declaram que quem tiver *Marte* auspiciosamente posicionado na nona casa dos céus terá o poder de afastar os demônios apenas com sua presença diante dos possuídos. E aquele que orar a Deus, quando descobrir a lua e *Júpiter* em conjunção com a cabeça do dragão no meio do céu, obterá tudo o que pedir, e que *Júpiter* e *Saturno* abençoam a vida futura. Mas a alma daquele que em seu nascimento tiver *Saturno* auspiciosamente posicionado em *Leão* terá vida eterna. E com isso concordam *Pedro de Apona*, *Roger Bacon*, *Guido Bonatus*, *Arnoldo de Vila Nova* e o *Cardeal de Alia*. Além disso, a providência de Deus é negada, e os milagres de Cristo diminuídos, quando esses poderes celestes e suas influências são assim expostos. *Moisés, Isaías, Jó* e *Jeremias* não parecem gostar e os rejeitam, e em *Roma* no passado foram banidos e condenados por *Justiniano* à pena de morte. Por último, *Sêneca*[580] ridiculariza esses videntes desta forma: entre os *Cleones* (diz ele) havia um costume, que os χααξοφύλακες (que eram os vigilantes do ar, observando quando uma tempestade de granizo cairia) viam através de qualquer nuvem que a chuva era iminente e, diante dos possíveis danos causados às vinhas, alertavam as pessoas, que não costumavam fornecer mantos ou qualquer outra defesa contra esse mal, mas ofereciam sacrifícios: os ricos ofereciam galos e cordeiros, enquanto os pobres se autoflagelavam cortando os dedos, como se (diz ele) esse sangue ascendesse às nuvens e trouxesse de lá um alívio para o mal.

Citarei ainda uma superstição *veneziana* muito antiga,[581] usada até hoje. Está escrito que todos os anos, geralmente no dia da ascensão, o Duque de *Veneza*, acompanhado dos estados, vai com grande solenidade ao mar, e depois do encerramento de certas cerimônias, lança nele um anel dourado de grande valor e estima para uma oferenda pacificadora, que seus antepassados acreditavam mitigar a ira das águas. Com essa ação, como um escritor recente diz, eles *Desponsare sibi mare*, isto é, desposam o mar, etc.

---

579. João 11, 8-9.
580. *Sêneca. lib. de quæst natural*, 4.
581. *Hilarius Pirkmair in art apodemica.*

Portanto, pedimos, de acordo com o
conselho dos profetas, a chuva do Senhor nas horas mais tardias e ele enviará nuvens brancas e nos dará chuva,
etc., pois certamente os ídolos (como
o mesmo profeta diz)[582] falam futilidades, os videntes veem uma
mentira e os sonhadores
contam algo vão. Seu
conforto é nulo
e, portanto,
se afastam
como ove-
lhas, etc.
Se algum
pastor ou
perseguidor
de bruxas os seguirem,
também o farão em vão.

---

582. *Joannes Garropius in Venet & Hyperb.*; Zacarias 10 1, 2.

Décimo Segundo Tomo
Capítulo 1

Explicação sobre a palavra hebraica Habar, *onde se demonstra também a suposta força secreta de amuletos e feitiços e declara-se, de diversas formas, a eficácia das palavras.*

Esta palavra hebraica *Habar, Epathin* em grego e *Incantare* em latim, encantar (*inchant* em inglês) ou (se preferir) enfeitiçar. Nesses encantamentos, proferem-se secretamente certas palavras, versos ou feitiços considerados de eficácia milagrosa. Há uma grande variedade, sejam eles encantamentos, vozes, imagens, sinais, pedras, plantas, metais, ervas, etc., sempre serão usados dessa forma especial, sejam seus agentes pios, diabólicos, insensíveis ou papistas, de que supostamente dependem toda a eficácia do trabalho. Essa palavra é empregada especialmente no salmo 58[583], onde embora possa ser usada como o argumento mais forte dos meus adversários contra mim, penso que mais me apoia do que me contradiz. Pois lá[584] se vê claramente que a víbora não ouve a voz do encantador, encanto jamais feito com tamanha astúcia, contrário à história do poeta[585]:

> *Frigidus in pratis cantando rumpitur anguis.*
> *A víbora fria na campina verde,*
> *Com encantos parte-se em muitos pedaços.*

---

583. Salmos 58
584. Salmos 58, 4-5
585. *Virgílio in Damone.* Traduzido por Abraham Fleming.

Admito que as palavras às vezes têm mérito
e eficácia singulares, seja como persuasão
ou dissuasão, assim como diversas outras
formas, de modo que com isso alguns são
convertidos do caminho da perdição
para o estado da salvação e vice-versa,
de acordo com o que diz *Salomão*:
"Morte e vida estão em poder da
língua"[586], mas mesmo nesse
sentido Deus trabalha
considerando
tudo, tanto
a estrutu-
ração do
coração de
um, como
no direcio-
namento da
língua do outro,
como aparece em muitos
lugares das escrituras sagradas.

Capítulo 2

O que é proibido nas escrituras a respeito da feitiçaria, sobre a operação de palavras, a superstição dos cabalistas e papistas, quem criou substâncias, imitar Deus em alguns casos é presunção, palavras de santificação.

O que é proibido nas escrituras a respeito de encantamento ou feitiçaria não é o trabalho maravilhoso com palavras. Pois onde as palavras tiveram uma operação milagrosa, sempre teve a providência, o poder e a graça especial de Deus proferidos no fortalecimento da fé do povo de Deus e para o fomento do evangelho, como quando o apóstolo com uma palavra matou *Ananias* e *Safira*[587]. Mas a profanação do nome de Deus, a sedução, o abuso e a fraude das pessoas, além da presunção do homem, são aqui proibidos, tal como a forma com que muitos tomam para si depois da exposição de tais nomes, como Deus na escritura parece apropriar para si o dom de prever o futuro, realizar milagres, detectar criminosos, etc., como os cabalistas no passado

---

586. 2 Crônicas 30; Salmos 10; Salmos 51; Salmos 139; Jeremias 32; Isaías 6; Isaías 50; Êxodo 7, 8, 9; Provérbios 16.
587. Atos 5.

tomaram para si, pelos dez nomes de Deus, e seus anjos, expressos nas escrituras, a realização de maravilhas, e como os papistas hoje em dia pelos mesmos nomes, pelas cruzes, pelos evangelhos pendurados em seus pescoços, pelas missas, por exorcismos, pela água-benta e milhares de coisas consagradas ou execradas prometem a si mesmos e aos outros saúde para corpo e alma.

Palavras de santificação e no que elas consistem.

Mas como não imitamos os papistas nessas coisas, que são as ações peculiares de Deus[588], não devemos começar a imitá-lo ou nos assemelharmos a Ele, que com sua palavra criou todas as coisas. Pois nem nós nem todos os conjuradores, cabalistas, papistas, videntes, encantadores, bruxos e feiticeiros do mundo, nem outro ser humano ou um astuto diabólico podem adicionar tal força ao culto de Deus, assim como fazer nada novo ou ainda trocar uma coisa por outra. Novas qualidades podem ser adicionadas pela arte humana, mas nenhuma nova substância pode ser feita ou criada pelo homem. E vendo essa arte fracassar aqui, sem dúvida nem as ilusões de demônios nem a astúcia de bruxos podem realizar uma coisa dessas de verdade. Pois pelo som das palavras nada vem ou vai que Deus, na natureza, não tenha ordenado para ser feito pela fala comum ou por seu decreto especial.

As palavras de santificação são de fato necessárias e recomendáveis, de acordo com a regra de *São Paulo*: "Que sua carne seja santificada com a palavra de Deus e por oração". Porém, a santificação não significa aqui uma alteração de substância da carne ou a adição de alguma nova força a ela, mas no sentido de ser recebida com ação de graças e oração, para que nossos corpos possam ser revigorados e nossa alma fique mais apta a glorificar Deus.

Capítulo 3

Que efeito e ofensa os feitiços das bruxas trazem, como elas são ineptas e como é improvável realizar essas coisas a elas atribuídas, o que aconteceria se essas coisas das quais elas são acusadas fossem verdadeiras.

Uma ampla descrição das mulheres comuns chamadas bruxas.

As palavras e outras ilusões de bruxas, feiticeiros e conjuradores, embora não se realizem em operação e efeito, como costumam ser consideradas, são ofensivas à majestade e ao nome de Deus, obscurecendo a verdade da religiosidade e da filosofia. Pois se Deus apenas deu vida e existência a todas as criaturas, quem pode colocar tamanha virtude ou sensação vívida em um corpo de ouro, prata, pão ou cera, como se imagina? Se padres, demônios ou bruxas

---
588. Jonas 1.

fossem capazes de tal proeza, o poder divino deveria ser conferido e desafiado por astúcia mágica e as criaturas de Deus servirem à vontade de uma bruxa. O que não seria realizado por esses encantamentos, se o que for atribuído às bruxas fosse verdade? Entretanto, elas são mulheres que nunca foram à escola em suas vidas, nem tiveram professores e, portanto, sem estudo ou aprendizado; pobres, por isso incapazes de juntar qualquer provisão de metal ou pedras, etc. com as quais realizam façanhas esdrúxulas com magia natural; velhas e inflexíveis e, por isso, sem agilidade para enganar seu olho com truques de mágica; pesadas e geralmente mancas, portanto inaptas a voar no ar ou a dançar com as fadas; tristes, melancólicas, rabugentas e miseráveis e, portanto, lhes caberia (*Invita Minerva*) cear ou dançar com *Minerva* ou até mesmo com *Herodias*, como é a opinião comum de todos os autores do tema. Por outro lado, vemos que são tão maliciosas e malvadas que se elas sozinhas, ou com seus demônios, pudessem perturbar os elementos, jamais teríamos um tempo firme. Se pudessem matar homens, crianças ou gado não pouparíam nada, mas destruiriam e matariam áreas e lares inteiros. Se pudessem transferir trigo verde (como se afirmou) do campo de seus vizinhos para o seu, nenhuma delas seria pobre, nenhum outro seria rico. Se pudessem transformar a si mesmas e aos outros (como se afirma sempre), ah, quantos macacos e corujas haveria! Se o Íncubo pudesse gerar *Merlins* entre nós, nós teríamos vários falsos profetas.

Capítulo 4
Por que Deus proibiu a prática da feitiçaria, o absurdo da lei das 12 tábuas na qual se baseia sua estima por ações milagrosas, e sobre seus trabalhos maravilhosos.

Um erro comum e universal.

Embora seja aparente que o Espírito Santo proíba essa arte por causa do abuso do nome de Deus e sua inerente farsa, confesso que as leis e os costumes de quase todas as nações declaram que todas essas obras milagrosas citadas por mim antes, e muitas outras coisas mais maravilhosas foram atribuídas ao poder das bruxas. Leis essas que, com as execuções e os processos judiciais a elas referentes, e as confissões das bruxas, iludiram quase o mundo todo. Que absurdos a respeito de bruxaria estão escritos na lei das 12 tábuas, que foi a maior e mais antiga lei dos *romanos*? Nela se estrutura o argumento mais forte do poder onipotente das bruxas, como se a sabedoria desses legisladores não pudesse ser abusada. A respeito do que (creio eu) pode ser apresentado um argumento mais forte no nosso lado, isto é, se as principais leis do mundo forem nesse caso ridículas, vãs, falsas, incríveis, de fato, e contrárias à lei de Deus, deve-se suspeitar do restante das leis e dos argumentos nesse sentido. Um argumento contrário comprovaria todas as leis papistas contra os protestantes, e as leis dos príncipes pagãos contra os cristãos seriam justas e entrariam em vigor. Não seria (pensemos bem) uma proclamação estranha que nenhum homem (sob pena de morte) pudesse arrancar a lua do céu? E mesmo assim muitos dos perseguidores de bruxas mais eruditos[589] elaboram seus argumentos sobre bases mais fracas da seguinte maneira: "Nós lemos nos poetas que as bruxas realizam tais e tais milagres; *Ergo*, elas podem realizar e fazer essa ou aquela maravilha". As palavras da lei são estas: *Qui fruges incantasset pœnas dato, Nève alienam segetem pellexeris excantando, neq´; incantando, Ne agrum defruganto*: "Aquele que enfeitiçou o trigo deve ser executado, não transfira o trigo de outro homem para teu solo por encantamento, presta atenção e não encantes nem deixes o campo de teu vizinho infértil. Aquele que faz essas coisas deve morrer, etc".

Capítulo 5
Um exemplo de uma denúncia na lei das 12 tábuas com o qual se prova como a dita lei é ridícula, e sobre bruxas e bruxos capazes de operar maravilhas.

Uma notável purgação de C.F.C. acusado de bruxaria.

Embora acreditemos que foram enfeitiçados aqueles que ficam pobres de repente e não aqueles cuja riqueza aumenta rápido, deve-se compreender que, em *Roma* (como relata *Plínio*), um tal C. *Furius Cressus* foi intimado por *Spurius Albinus* porque ele, sendo recém-libertado há pouco tempo da prisão, com apenas uma lavoura enriqueceu de repente, como se tivesse boas safras, de modo que se

---
589. J. Bodin, Danæus, Hyperius, Heming., Bar. Spineus, Mal. Malef.

tornou suspeito de transferir o trigo verde de seus vizinhos para sua propriedade. Nenhuma intercessão, nenhuma protelação, nenhuma desculpa, nenhuma negação serviriam para ajudá-lo, nem com gracejos ou escárnio, nem ainda mesmo por meios racionais e honestos, mas ele recebeu um prazo peremptório a responder com sua vida. E, portanto, temendo a condenação, que seria dada pela voz e veredicto de três homens (assim como aqui somos julgados por 12), apareceu no dia determinado e levou consigo seus arados e ancinhos, pás e enxadas, e outros instrumentos de agricultura, seus bois, cavalos e bezerros, seus servos e também sua filha, que era uma mulher forte e uma boa agricultora e também (como relata *Piso*) bem arrumada, e disse o seguinte aos juízes: "Vede, aqui meus senhores eu me apresento, de acordo com minha promessa e vossa vontade, mostrando-vos meus encantos e feitiços, que tanto me enriqueceram. Quanto ao trabalho, suor, vigilância, cuidado e diligência que usei, não vos posso mostrá-los neste momento". E assim ele foi dispensado pelo consentimento daquele tribunal. Caso contrário (como se imaginava), não teria escapado da sentença da condenação e pena de morte.

Afirma-se constantemente no *M. Malef.*[590] que *Stafus* costumava sempre se esconder em uma toca de rato e tinha um discípulo chamado *Hoppo*, que transformou *Stadlin* em bruxo-mestre, e eram capazes de fazer tudo quando eles queriam: transferir, invisíveis, um terço do esterco, feno e trigo verde de seu vizinho para sua propriedade, fazer chover granizo, formar tempestades e inundações, com raios e trovões; e matar crianças, gado, etc.; revelar coisas escondidas e muitos outros truques quando e onde quisessem. Mas esses dois não se defenderam tão bem com os inquisidores quanto o outro com os juízes *romanos* e pagãos. Todavia, *Stafus* foi duro demais para todos eles, pois nenhum dos advogados ou inquisidores o levaram a aparecer diante deles, se for verdade que os perseguidores de bruxas escrevem a respeito desses assuntos.

Capítulo 6

Leis promulgadas para a punição de bruxas que operam milagres, com a menção de algumas, e sobre certas leis papistas publicadas contra elas.

Punição de impossibilidades.

Há outras leis de outras nações promulgadas contra feitos impossíveis, como a *Lex Salicarum,* que estipula punição para quem voa no ar de um lugar a outro e se encontra em suas reuniões noturnas e banquetes vistosos, carregando consigo pratos e tais coisas, etc.; exatamente como se promulgássemos uma lei para enforcar aquele

---

590. *Mal. Malef. par. 2. quæ 1, cap. 5.*

que pegasse uma igreja em sua mão em *Dover* e a jogasse no *Calice*. E como nesse caso também leis papistas devem ser consideradas insensatas e imorais como qualquer outra e, especialmente, tão tiranas quanto aquelas mais cruéis, deve-se ouvir quais excelentes leis novas a Igreja de *Roma* criou recentemente. Estas são, portanto, as palavras do papa *Inocêncio VIII* para os inquisidores da *Alemanha*, e do papa *Júlio II*[591] dirigidas aos inquisidores de *Bergomen*: "Chegou aos nossos ouvidos que muitas pessoas imorais, de ambos os gêneros, tanto homens como mulheres, aproveitando-se da companhia dos demônios *Íncubo* e *Súcubo*, com feitiços, encantamentos, conjurações, etc., destroem, etc., os partos de mulheres, os filhotes do gado, o trigo do campo, as uvas das videiras, os frutos das árvores, além de homens, mulheres e todo o tipo de gado e animais do campo, e com seus ditos encantamentos, etc., sufocam, arruinam e extinguem completamente todos os vinhedos, pomares, campinas, pastos, capim, trigo verde e maduro e todas as outras plantações de vagens; de fato, os próprios homens e mulheres por suas pragas sofrem tanto com dores e doenças externas e internas que homens não podem procriar nem as mulheres podem dar à luz filhos, nem mesmo realizar o dever do matrimônio, negando a fé que no batismo professaram e correndo o risco da destruição de suas almas, etc. Desejamos, portanto, que todos os possíveis impedimentos ao ofício dos inquisidores sejam totalmente removidos do meio das pessoas, e que essa mácula de heresia não continue a envenenar e corromper aqueles que ainda são inocentes. E, portanto, ordenamos, por força de nossa autoridade apostólica, que nossos inquisidores da alta *Alemanha* possam executar o ofício da inquisição com todas as torturas e aflições, em todos os lugares e com todas as pessoas, sempre que for necessário, bem como em todos os lugares e dioceses e em qualquer pessoa, e que tão livremente quanto sua nomeação lhes permite, mencionados ou citados nessa nossa comissão".

Capítulo 7

Fontes poéticas geralmente alegadas por perseguidores de bruxas como provas das ações milagrosas das bruxas e para a confirmação de seu poder sobrenatural.

Tenho aqui a oportunidade de expor toda a arte da bruxaria, até mesmo todos os seus encantamentos, talismãs, sinais, amuletos, orações, bênçãos, maldições, danos, ajudas, desonestidade, farsa, etc. Mas primeiro mostrarei que fontes são produzidas para defender e

---
591. Uma sábia lei dos papas Inocêncio e Júlio, embora a sagacidade não fosse sua intenção quando eles a fizeram.

afirmar o mesmo, e isso com seriedade, de *Bodin, Spinæus, Hemíngio, Vairus, Danæus, Hipério, M. Malef.* e o restante.

Carmina[592] *vel cœlo possunt deducere lunam,*
Carminibus Circe socios mut ativ Ulyssis,
Frigidus in pratis cantando rumpitur anguis:

Encantamentos baixam do céu
A lua, embora afixada no alto:
A dama Circe, com seus encantos tão belos,
Os companheiros de Ulisses em porcos transformou;
A serpente com encantos é partida em dois,
Na campina, onde permanece.

Novamente, do mesmo poeta eles citam mais[593]:

Has herbas, atq; hæc Ponto mihi lecta venena,
Ipsa dedit Mœris: nascuntur plurima Ponto.
His ego sæpè lupam fieri, e se condere sylvis,
Mœrim sæpe animas imis exire sepulchris,
Atq; satas aliò vidi traducere messes.

Essas ervas Meris deu-me,
E venenos coletados em Pontus,
Pois lá eles crescem e se multiplicam,
E não o fazem entre nós.
Com eles, ela se transformou
Em loba e escondeu-se na floresta,
Ela tira almas de seus túmulos,
Removendo o trigo de onde crescia.

Além disso, de Ovídio eles citam o seguinte[594]:

Nocte volant, puerósq; petunt nutricis egentes,
Et vitiant cunis corpora capta suis:
Carpere dicuntur lactentia viscera rostris,
Et plenumpotu sanguine gutur habent:

Até as crianças elas voam à noite,
E as agarram enquanto suas amas dormem,
E violam bem seus pequenos corpos,
E para casa os carregam em seus bicos.

Novamente de Virgílio na seguinte forma[595]:

Hinc mihi Massylæ gentis monstrata sacerdos,
Hesperidum templi custos, epulásq; draconi

---

592. Virgílio, *Éclogas* 8.
593. Virgílio, *Éclogas* 8.
594. Ovídio, *Fastos*, 6.
595. Virgílio, *Eneida*, 4.

Quæ dabat, e sacros servabat in arbore ramos,
Spargens humida mella, soporiferúmq; papaver.
Hæc se carminibus promittit solvere mentes,
Quas velit, ast aliis duras immittere curas,
Sistere aquam fluviis, e vertere sidera retrò,
Nocturnósq; ciet manes, mugire videbis
Sub podibus terram, e descendere montibus ornos.

> Dali uma sacerdotisa virgem aparece[596],
>   Da terra de Massila,
> Às vezes do templo lá ela cuidava,
>   E sua mão celestial
> O dragão com carne alimentava: ela cuidava
>   Também do fruto divino,
> Com ervas e bebidas doces que acalmam
>   Pondo para dormir os homens.
> Com feitiços as mentes dos homens (ela diz)
>   Do amor ela pode desatar,
> Em quem ela quiser, mas em outros
>   Ela pode lançar duros cuidados.
> A água corrente dos rios parar e
>   De seu curso as estrelas retroceder,
> E almas ela pode conjurar,
>   Tu verás a irmã embaixo
> Da terra mugindo com uma fenda, e árvores e
>   As montanhas descer, etc.

Ainda, de Ovídio, citam o seguinte[597]:

> *Cùm volui ripis ipsis mirantibus amnes*
> *In fontes rediere suos, concússáq; sisto,*
> *Stantia concutio, cantu freta nubila pello,*
> *Nubiláq; ìnduco, ventos abigóq; vocóq;*
> *Vipereas rumpo verbis e carmine fauces,*
> *Viváque saxa, sua convulsáque robora terra,*
> *Et sylvas moveo, jubeóque tremescere montes,*
> *Et mugire solum, manésque exire sepulchris,*
> *Téque luna traho, etc.*

> > Os rios eu posso fazer recuar
> > Para os mananciais de onde partem,
> > (O que as próprias margens admiram)
> > Posso fazer águas paradas se moverem,
> > Com encantamentos conduzo o mar e as nuvens,

---

596. Tradução das palavras de Vírgilo para o inglês de Tho. Phaiers.
597. Ovídio, *Metamorfoses*, 7.

>   Eu o deixo calmo e turbulento.
>   As mandíbulas das víboras, a rocha,
>   Com palavras e amuletos parto em duas
>   A força da terra congelada em uma,
>   Movo e remexo florestas e planícies;
>   Faço levantar as almas dos homens,
>   Abaixo a lua do céu.

Também do mesmo poeta[598]:

>   Virbáque ter dixit placidos facientia somnos,
>   Quæ mare turbatum, quæ flumina concita sistant:
>
>>   Três vezes ela pronunciou as palavras que provocaram
>>   Doce sono e calmo repouso,
>>   Ela acalmou a ira do mar,
>>   E fortes inundações suprimiu.
>
>   Et miserum tenues in jecur urget acus[599],
>
>>   Ela enfiou também agulhas finas
>>   Em fígados, com o que homens definham.

Há também trechos de outros poetas[600]:

>   Carmine læsa Ceres, sterilem vanescit in herbam,
>   Deficiunt læsi carmine fontis aquæ,
>   Illicibus glandes, cantatáque vitibus uva
>   Decidit, e nullo poma movente fluunt:
>
>>   Com feitiços Ceres é ferida
>>   E murcha, estéril,
>>   Da nascente a água, por encanto, seca,
>>   Ninguém consegue ver onde ela ficava.
>>   Cai das videiras as uvas, do carvalho a glande
>>   Os frutos, como que por encanto, tombam.
>
>   Quæ sidera excantata voce Thessala[601]
>   Lunámque cœlo diripit:
>
>>   Ela derruba a lua e as estrelas do céu,
>>   Com a voz encantadora da Tessália.
>
>   Hanc ego de cœlo ducentem sidera vidi[602],
>   Fluminis ac rapidi carmine vertit iter,
>   Hæc cantu finditque solum, manésque sepulchris
>   Elicit, e tepido devorat ossa rogo:
>   Cùm lubet hæc tristi depellit lumina cœlo,

---

598. Ovídio, de *Medeia*.
599. Ovídio, de *Medeia*, epístola 4.
600. 3. Amor., *Églogas*, 6.
601. Horácio, epod. 5
602. Tibul. de *fascinatrice*, lib. 1, Elegia, 2.

> Cùm lubet œstivo convocat orbe nives:
>> Ela derruba cada estrela de seu trono,
>> E muda o curso das águas tempestuosas,
>> Com feitiços ela transforma a terra em cone,
>> Faz as almas saírem de seus túmulos.
>> Queima os ossos dos homens em uma pira,
>> E arrebata as luzes do céu,
>> E faz nevar quando assim desejar
>> Mesmo no meio do verão.
>
> Mens hausti nulla sanie pulluta veneni[603],
> Incantata perit:
>> Um homem encantado enlouquece,
>> Que nunca nenhum veneno tomou.
>
> Cessavere vices rerum, dilatáque longa[604]
> Hœsit nocte dies, legi non paruit œther,
> Torpuit e præceps audito carmine mundus:
>> O curso da natureza cessou completamente,
>> O ar não obedeceu a sua lei,
>> O dia prolongou-se até a noite,
>> O que fez tanto um como o outro se desviarem,
>> E tudo o que estava no caminho
>> dessa engrenagem encantadora,
>> Que fez o mundo tremer de medo.
>
> Carmine Thessalidum dura in præcordia fluxit[605],
> Non fatis adductus amor, flammísque severi
> Illicitis arsere ignes:
>> Com feitiços tessálios, e não pelo destino
>> Amor ardente é forçado a fluir,
>> Mesmo onde antes houve discórdia,
>> Elas fazem o afeto crescer.
>
> Gens invisa diis maculandi callida cœli[606],
> Quos genuit terra, mali qui sidera mundi
> Juráque fixarum possunt pervetere rerum:
> Nam nunc stare polos, e flumina mittere norunt,
> Aethera sub terras adigunt, montésque revellunt:
>> Essas bruxas detestáveis para com Deus,
>> E hábeis em macular o ar,
>> Que podem perturbar com um aceno
>> O curso da natureza em todo lugar,

---

603. Lucano, lib. de bello civili, 6.
604. Ibidem.
605. Ibidem.
606. Ibidem.

Detêm as estrelas errantes
E conduzem os ventos embaixo da terra,
Elas levam os rios para outro lado,
E derrubam as montanhas onde abundam.
_____ *linguis dixere volucrum*[607]*,*
Consultare fibras, e rumpere vocibus angues,
Solicitare umbras, ipsúmque Acheronta movere,
In noctémque dies, in lucem vertere noctes,
Omnia contando docilis solertia vincit:

Elas falavam com as línguas de pássaros,
Consultando-se com a costa do mar salgado,
Elas partem as serpentes com feitiços,
Rogando aos espíritos,
Elas transformam noite em dia,
E também afastam a luz;
O que, afinal, não pode ser feito
Por aquelas que empregam tal ofício?

Capítulo 8

Na comparação entre poesia e papismo em matéria de encantamentos, os perseguidores de bruxas papistas têm mais vantagem aqui do que os protestantes.

Pode-se ver nesses versos que os poetas (não sei se a sério ou de gracejo) atribuem a bruxas e aos seus feitiços mais do que cabe ao poder humano ou diabólico. Não duvido de que a maior parte dos leitores deste livro admitirá que eles são fabulosos, embora os mais eruditos dentre os meus adversários (por falta de escritura) usariam de bom grado essas poesias como provas, e por falta de julgamento tenho certeza de que consideram verdadeira a transformação de *Actæon*[608]. E por que não? Assim como as metamorfoses ou transubstanciação dos companheiros de *Ulisses* em porcos, em que *Santo Agostinho* e tantos grandes clérigos acreditam e relatam.[609]

Os autores fazem a transição para seus escopos propostos.

No entanto, os autores papistas (confesso) levam vantagem aqui sobre nossos protestantes, pois (além dessas provas poéticas) eles têm (como vantagem) a palavra e a autoridade do próprio papa e outros indivíduos santos cujos amuletos, conjurações, bênçãos, maldições, etc. eu pretendo registrar em parte (como uma amostra) para demonstrar que os poetas não são tão descarados quanto os papistas nesse ponto, nem parecem tão ignorantes, profanos ou ímpios. Portanto, eu mostrarei

---
607. C. Manilius astronom. suæ. lib. 1.
608. Ovídio. Metamorfoses, lib. 3, fab. 2.
609. Ovídio. Metamorfoses, lib. 14, fab. 5 e 6.

como mentem deslavadamente e o que atribuem aos seus amuletos e conjurações. Exporei, enfim, todos os tipos de feitiços de bruxas, com a maior clareza que me for possível.

Capítulo 9

Talismãs, amuletos e simpatias papistas, Agnus Dei, *um colete de proteção, uma simpatia para afastar o mal, um texto trazido do céu para São Leão Magno por um anjo, as virtudes da epístola de São Salvador, um feitiço contra ladrões, um texto encontrado nas chagas de Cristo, a cruz, etc.*

Essas virtudes sob esses versos (escritos pelo papa *Urbano V* ao imperador dos *gregos*) estão contidas em um amuleto ou placa para ser usada em volta do pescoço sempre, chamada *Agnus Dei*, que é um pequeno disco com a imagem de um cordeiro carregando uma bandeira de um lado e a cabeça de Cristo do outro, e é oco, de modo que o evangelho de *São João*, escrito em um papel fino, é colocado na concavidade dele e é composto ou feito da seguinte forma, como eles mesmos relatam:

> Balsamus e munda cera, cum chrismatis unda
> Conficiunt agnum, quod munus do tibi magnum,
> Fonte velut natum, per mystica sanctificatum:
> Fulgura desursum depellit, e omne malignum,
> Peccatum frangit, ut Christi sanguis, e angit,
> Prægnans servatur, simul e partus liberatur,
> Dona refert dignis, virtutem destruit ignis,
> Portatus mundè de fluctibus eripit undæ:

> Bálsamo, cera virginal e água-benta[610],
>   Um Agnus Dei *fazem;*
> Um dom do qual nada pode ser maior,
>   Eu te envio para tomar.
> De fonte clara o mesmo emergiu,
>   Em segredo consagrado:
> Contra raios tem soberana virtude,
>   E os trovões afasta.
> Cada hediondo pecado gasta e destrói,
>   Como o precioso sangue de Cristo o faz,
> E as mulheres, enquanto durar sua jornada,
>   Ele salva, de tão bom que é.
> Concede grandes dádivas e graças,
>   Àqueles que as merecerem:

---

610. Traduzido da versão inglesa de Abraham Fleming. Veja em *The Beehive of the Romish Church, lib. 4, cap. 1, fol. 243.*

> *E quando usado em lugares perniciosos*
> *Do perigo preserva.*
> *A força do fogo, cujo calor destrói,*
> *Rompe e reduz:*
> *E aquele ou aquela que disso desfruta,*
> *Água nenhuma os afogará.*

¶ *Uma simpatia contra tiro ou um colete de proteção.*

Antes do surgimento desse *Agnus Dei*, um traje sagrado chamado de colete para necessidade foi muito usado por nossos antepassados, como uma relíquia sagrada, etc., concedida pelo papa ou algum outro grande conjurador, que prometiam assim todo tipo de imunidade ao usuário, tanto que ele não seria ferido com nenhum tiro ou outra violência. Por outro lado, a mulher que o usasse teria um parto rápido. Ele era feito da seguinte forma:

Na noite de Natal, um fio de linho deveria ser torcido por uma garotinha virginal, em nome do demônio, e também por ela tecido e bordado com a agulha. No peito ou parte dianteira do colete deveriam ser bordadas duas cabeças: a do lado direito teria um chapéu e uma longa barba e a do lado esquerdo uma coroa, e deveria ser tão horrível a ponto de lembrar Belzebu, e em cada lado do colete deveria ser feita uma cruz.

¶ *Para afastar o mal.*

Além disso, a seguinte é outra simpatia falsa, com a qual se afasta o mal.

> *Gaspar fert myrrham, thus Melchior, Balthasar aurum,*
> *Hæc tria qui secum portabit nomina regum,*
> *Solvitur à morbo Christi pictate caduco:*
> *Gaspar com sua mirra começou*
> *Esses presentes a revelar,*
> *Então Melquior presenteou com incenso,*
> *E Baltazar levou ouro.*
> *Agora aquele que desses santos reis*
> *Os nomes carregar*
> *Pela graça de Deus o mal*
> *Jamais temerá.*

Esta é uma cópia verdadeira do texto sagrado que um anjo trouxe do céu para São *Leão Magno*, o papa de Roma, pedindo-lhe para levá-la ao rei *Carlos*, quando este partisse para a batalha em *Roncesvales*. E o anjo disse que o homem ou a mulher que carregasse esse texto consigo com devoção e rezasse todos os dias três *Pai-nossos*, três *Ave-Marias* e um *Credo*, nesse dia[611] não seria derrotado por seus inimigos, corporal ou espiritualmente, nem seria roubado ou assassinado por ladrões, nem

---

611. Esses efeitos são bons demais para ser verdade em um trecho tão pequeno de papismo.

afetado por peste, raios ou trovões, nem seria ferido por fogo ou água, nem mesmo incomodado por espíritos, tampouco sofreria o desagrado de senhores ou damas, não seria condenado por falso testemunho, nem ferido por fadas, ou quaisquer tipos de acessos, nem mesmo atingido pelo mal. Além disso, se uma mulher estivesse em trabalho de parto, se colocassem o texto sobre sua barriga, ela teria um parto tranquilo e a criança nasceria com boa aparência e cristã, e a mãe teria a purificação da santa igreja e tudo o mais em virtude dos seguintes nomes sagrados relativos a Jesus Cristo:

✠ *Jesus* ✠ *Christus* ✠ *Messias* ✠ *Soter* ✠ *Emmanuel* ✠ *Sabbaoth* ✠ *Adonai* ✠ *Unigenitus* ✠ *Majestas* ✠ *Paracletus* ✠ *Salvator noster* ✠ *Agiros iskiros* ✠ *Agios* ✠ *Adanatos* ✠ *Gasper* ✠ *Melchior* ✠ *&Balthasar* ✠ *Mathæus* ✠ *Marcus* ✠ *Lucas* ✠ *Johannes*.

A epístola de *São Salvador*, que o papa *Leão* enviou ao rei *Carlos*, dizia que quem a carregasse consigo, ou a lesse em algum dia, ou a visse, não seria morto por nenhuma ferramenta de ferro, nem queimado com fogo nem afogado, nem qualquer homem maligno ou outra criatura o machucaria. A cruz de Cristo é uma defesa maravilhosa ✠ que a cruz de Cristo esteja sempre comigo ✠ a cruz é aquilo que sempre cultuo ✠ a cruz de Cristo é a verdadeira saúde ✠ a cruz de Cristo rompe os elos da morte ✠ a cruz de Cristo é a verdade e o caminho ✠ eu trilho a minha jornada na cruz do Senhor ✠ a cruz de Cristo derrota todo mal ✠ a cruz de Cristo concede todas as coisas boas ✠ a cruz de Cristo tira as dores para sempre ✠ a cruz de Cristo me salva ✠ Ó, cruz de Cristo, ficas comigo, diante de mim, atrás de mim ✠ porque o inimigo antigo não pode suportar-te ✠ a cruz de Cristo salva-me, guarda-me, rege-me e dirige-me ✠ Tomé carregando esta nota de tua majestade divina ✠ Alfa ✠ Ômega ✠ primeiro ✠ e último ✠ meio ✠ e fim ✠ início ✠ e primogênito ✠ sabedoria ✠ virtude ✠.

¶ *Um amuleto ou simpatia papista contra ladrões que nunca deve ser dito, mas carregado pela pessoa.*

Eu vou e eu venho a vós com o amor de Deus, com a humildade de Cristo, com a santidade da nossa senhora abençoada, com a fé de *Abraão*, com a justiça de *Isaac*, com a virtude de *Davi*, com o poder de *Pedro*, com a constância de *Paulo*, com a palavra de Deus, com a autoridade de *Gregório*, com a oração de *Clemente*, com a cheia do *Jordão*, -p-p[612] p c g e g a q q est p t i k a b g l k 2 a x t g t b am[613] g 2 4 2 i q; p x c g k q a 9 9 p o q q r. Ó, único Pai ✠ ó, único senhor ✠ E Jesus ✠ passando no meio deles ✠ foi ✠ Em nome do Pai ✠ do Filho ✠ e do Espírito Santo ✠.

¶ *Outro amuleto.*

José de Arimateia encontrou esse texto nas feridas da lateral de Jesus Cristo, escrito com o dedo de Deus, quando o corpo foi retirado da

---

612. -p = por ou par.
613. *a m* 2 ed.

cruz. Quem carregasse esse texto consigo não teria uma morte maligna, se acreditasse em Cristo, de todas as perplexidades ele seria liberto, sem temer qualquer perigo. *Fons* ✠ *alpha e ômega* ✠ *figa* ✠ *figalis* ✠ *Sabbaoth* ✠ *Emmanuel* ✠ *Adonai* ✠ *o* ✠ *Neray* ✠ *Elay* ✠ *Ihe* ✠ *Rentone* ✠ *Neger* ✠ *Sahe* ✠ *Pangeton* ✠ *Commen* ✠ *a* ✠ *g* ✠ *l* ✠ *a* ✠ *Matthæus* ✠ *Marcus* ✠ *Lucas* ✠ *Johannes* ✠ ✠ *titulus triumphalis* ✠ *Jesus Nasarenus rex Judæorum* ✠ *ecce dominicæ crucis signum* ✠ *fugite partes adversæ, vicit leo de tribu Judæ, radix, David, aleluijah, Kyrie eleeson, Christe eleeson, pater noster, ave Maria, e ne nos, e veniat super nos salutare tuum: Oremos, etc.*

Encontro em um Lecionário intitulado *As Horas de Nossa Senhora*, de acordo com o uso da igreja de *York*, impresso no ano de 1516, uma simpatia com o seguinte título em letras vermelhas: Para todos aqueles que diante dessa imagem de piedade rezarem com fé cinco[614] *Pater nosters*, cinco *Aves* e um *Credo*, segurando de modo devoto esses brasões da paixão de Cristo, recebem 32.755 anos de perdão. Deve-se pensar que esse perdão foi concedido na época do papa *Bonifácio* IX, pois *Platina* diz que os perdões eram vendidos por um preço tão baixo que aumentou o desrespeito à autoridade católica.

¶ *Uma simpatia papista.*

Signum sanctæ crucis defendat me à malis præsentibus, præteritis, e futuris, interioribus e exterioribus, isto é: Sinal da cruz, defenda-me dos males internos e externos no presente, no passado, no futuro.

¶ *Uma simpatia encontrada no cânone da missa.*

Essa simpatia também é encontrada no cânone da missa: *Hæc sacrosancta commixtio corporis e sanguinis domini nostri Jesu Christi fiat mihi, omnibúsque sumentibus, salus mentis e corporis, e ad vitam promerendam, e capessendam, præparatio salutaris,* isto é: Que esta sagrada mistura de carne e sangue do nosso Senhor Jesus Cristo seja para mim e a todos que a receberem saúde de mente e corpo, e para os beneméritos e receptáculos da vida um preparatório saudável.

¶ *Outras simpatias papistas.*

Aqua benedicta, sit mihi salus e vita:
  Que a água-benta seja saúde e vida para mim[615].
Adque nomem Martini omnis hæreticus fugiat pallidus,
  Quando o nome de Martinho é entoado ou dito,
  Que os hereges fujam espantados.

Mas os papistas têm uma simpatia mais forte do que essa: "Fogo e feixe, Fogo e feixe".

---

614. Se o interessado errar o número, ele terá de implorar pelo perdão.
615. Tradução de Abraham Fleming.

¶ *Uma simpatia da santa cruz.*

Nulla salus est in domo,
Nisi cruce munit homo
   Superliminaria.
Neque sentit gladium,
Nec amisit filium,
   Quisquis egit talia.

Nenhuma saúde na casa existirá,
A menos que seu morador fizer bem-feito o sinal da cruz,
   Em cada porta,
Ele nunca sentirá a ponta da espada,
Nem de seu filho perderá uma articulação,
   Se assim proceder.
E assim continua[616]:
   Ista suos fortiores
   Semper facit, e victores,
Morbos sanat e languores,
Reprimit dæmonia.
Dat captivis libertatem,
Vitæ confert novitatem,
Ad antiquam dignitatem,
   Crux reduxit omnia.
O Crux lignum triumphale,
Mundi vera salus vale,
Inter ligna nullum tale,
   Fronde, flore, germine.
Medicina Christiana,
Salva sanos, ægros sana,
Quod non valet vis humana,
   Fit in tuo nomine, &c.

Deixa seus soldados excelentes[617],
   Coroando-os com a vitória,
Recupera os coxos e impotentes,
   Curando todo o mal.
Os demônios do inferno domina,
   Libertando da prisão,
Vida nova oferece,
   Ela tudo em ordem deixa.
Ó, cruz de madeira incomparável,

---

616. *Sancta crux æquiparatur solutifero Christo. O blasphæmiam inenarrabilem!*
617. Traduzido da versão em inglês de Abraham Fleming. Veja em *The Beehive of the Romish Church*, lib. 4, cap. 3, fol. 251, 252.

A todos no mundo a mais benfazeja:
Madeira nenhuma é tão honrável,
Em ramo, em botão ou flor.
Ó, remédio que Cristo ordenou,
O são salva a toda hora,
Os doentes e os feridos torna sãos de novo,
Por meio de teu poder.
E aquilo que a incapacidade do homem
Nunca compreendeu,
Permita pelo teu nome de santidade
Que possa completar, etc.

¶ *Uma simpatia tirada do Lecionário.*

Esta simpatia foi extraída do Lecionário mencionado. *Omnipotens* ✠ *Dominus* ✠ *Christus* ✠ *Messias* ✠ com mais 34 nomes, e tantas outras cruzes e então continua desta forma: *Ista nomina me protegant ab omni adversitate, plaga, e infirmitate corporis e animæ, plenè liberent, e assistente in auxilium ista nomina regum, Gasper, &c: &12 apostoli (videlicet) Petrus, &c: &4 evangelistæ (videlicet) Matthæus, &c: mihi assistent in omnibus necessitatibus meis, ac me defendant e liberent ab omnibus periculis e corporis e animæ, e omnibus malis præteritis, præsentibus, e futuris, &c.*

Capítulo 10

Como fazer água-benta e as virtudes dela, a simpatia de São Rufino, sobre usar e carregar o nome de Jesus e por que os sacramentos da penitência e da eucaristia são de tanta eficácia quanto outras simpatias e exaltados por L. Vairus.

Se não quisesse me demorar demais, eu mostraria a confecção de todas as suas coisas e como são preparadas. Portanto, citarei apenas algumas notas a respeito da composição de certas receitas, que em vez de um boticário, se as entregarmos a um padre da missa da manhã, ele as fará tão bem quanto o próprio papa. Deveras, agora encerram cada assembleia com cada vez mais esmero, embora distribuam ainda muitas drogas já vencidas.

Se observarmos[618] a indumentária dos ofícios pontificais papistas, veremos como eles fazem sua água-benta da seguinte forma: Eu te conjuro, criatura da água, em nome do pai, do filho e do Espírito Santo, que tu afastarás o demônio de cada canto e orifício desta igreja e altar, de modo que ele não permaneça em nossos recintos que são justos e

---

618. *In 3siæ dedicatione.*

corretos. E a água assim usada (como *Durandus* diz)[619] tem poder de sua própria natureza para afastar demônios. Para aprender a fazer mais dessa arte papista, deve-se consultar o livro da missa, que tem muitas receitas. Se procurarmos em *Durandus*, encontraremos muitas.

Sei que todas essas simpatias e confecções desprezíveis (embora fossem bem mais ímpias e tolas) serão mantidas e defendidas por celebrantes de missas, assim como o restante será por perseguidores de bruxas e, portanto, neste ponto quero acrescentar uma simpatia cuja fonte é igual à do restante, desejando ter opiniões dos papistas a respeito. Encontrei em um livro chamado *Pomœrium sermonum quadragesimalium*[620] que *São Francisco*, vendo *Rufino* provocado pelo demônio a ponto de se considerar condenado, recomendou a Rufino dizer esta simpatia, quando se encontrasse de novo com o demônio: *Aperi os, e ibi imponham stirceus*, que seria algo como: "abra tua boca e eu a encherei de esterco", uma simpatia bem rufianesca.

Leonard Vairus escreve[621]: *De veris, piis, ac sanctis amuletis fascinum atq'; omnia veneficia destruentibus*, onde recomenda especialmente o uso do nome de Jesus. Mas ele[622] exalta o sacramento da confissão acima de todas as coisas, dizendo que enquanto Cristo com seu poder expulsava demônios dos corpos dos homens, o padre afastava o demônio de suas almas pela confissão. Pois (segundo ele)[623] essas palavras do padre, quando ele diz *"Ego te absolvo"*, são tão eficazes para afastar os príncipes das trevas, pelo poder majestoso dessa declaração, como foi a voz de Deus para afastar a escuridão do mundo, quando nos primórdios ele disse: *Fiat lux*. Ele recomenda também, na qualidade de coisas sagradas que afastam demônios, o sacramento da eucaristia, a solidão e o silêncio. Por fim, ele disse que se a isso se acrescentar um *Agnus Dei* usado em volta do pescoço por alguém sem pecado, nada mais faltará de bom e salutar. Mas conclui que se deve usar e fazer marcas na testa, o sinal da cruz enquanto calça os sapatos e em cada ação, etc., e isso também é um remédio atual para afastar demônios, pois eles não suportam tais coisas.

Capítulo 11

O nobre bálsamo usado por Moisés, falsificado na Igreja Romana.

O nobre bálsamo que *Moisés* fez tem de fato muitas virtudes excelentes, além de um perfume agradável e confortável, com o qual *Moisés* em suas leis políticas mandava aspergir reis, rainhas

---

619. *In rationali divinorum officiorum.*
620. *Pom. Sermon. 32.*
621. *L. Vairus, lib. de fascin. 3, cap. 10.*
622. *Ibidem.*
623. *Ibidem.*

e príncipes em suas eleições e coroações verdadeiras e lícitas, até que o rei eterno assim determinasse. Entretanto, tal bálsamo é falsificado na Igreja Romana, com diversas conjurações terríveis, três respirações contrárias (capazes de embrulhar um estômago fraco), nove murmúrios e três reverências, dizendo: *Ave sanctum oleum, ter ave sanctum balsamum*. E assim o demônio é expulso e o Espírito Santo toma seu lugar. Mas quanto a *Moisés*, seu bálsamo não é encontrado em *Roma* nem em qualquer outro lugar que eu conheça. E de acordo com essa ordem papista, bruxas e outras pessoas supersticiosas seguem o exemplo, com feitiços e conjurações feitos de uma forma que muitos maus médicos também praticam, quando seu aprendizado falha, como veremos pelo exemplo a seguir.

Capítulo 12

A opinião de Ferrarius em relação a feitiços, talismãs, pêndulos, amuletos, etc. Os medicamentos homéricos, a opinião constante e os efeitos disso.

Argerius Ferrarius[624], um médico atual muito importante, diz que nenhuma doença pode ser curada ou extinta apenas com dieta ou medicamentos, pois certos resíduos e sequelas permanecem, portanto, médicos usam alegações físicas, pingentes, talismãs, amuletos, simpatias, sinais, etc., que eles supõem fazer bem, mas que Ferrarius tem certeza de que mal não devem causar, insistindo que é necessário e oportuno para um médico fazer de tudo o que puder para a recuperação de seus pacientes e que, por esses meios, realizam-se muitas grandes curas. Ele cita um grande número de experimentos de *Alexandre Traliano, Aécio, Otaviano, Marcelo, Filodoto, Arquigines, Filostrato, Plínio* e *Dioscórides*, e fez os homens acreditarem que *Galeno* (que na verdade desprezava e escarnecia de todas essas futilidades) mudou nos seus últimos dias sua opinião anterior e todas as suas críticas contra essas curas mágicas, escrevendo também um livro intitulado *De Homerica medicatione*, que nenhum homem poderia ver, mas um tal *Alexandre Traliano* disse ter visto e afirmou ainda que é o papel de um homem honesto curar os doentes de qualquer forma ou por qualquer outro meio. Diz também[625] que *Galeno* (que realmente escreveu e ensinou que *Incantamenta sunt muliercularum figmenta*, e era o único pretexto dos maus médicos) afirma que há virtude e grande força nos encantamentos. Como, por exemplo (diz *Traliano*), *Galeno*, reconciliado agora com essa opinião, defende e escreve que os ossos que grudam na garganta de uma pessoa são evitados e expelidos com a violência das simpatias e palavras encantadas; sim, portanto a pedra, a cólica, a recaída da do-

---

624. Arg. Fer. lib. de medendi methodo 2. cap. 11, De medicatione.
625. Precisa-se avaliar se isso não é uma difamação de Galeno.

ença e todas as febres, gotas, corrimentos, fístulas, perdas de sangue e finalmente qualquer aflição (até mesmo além da própria habilidade dele e de qualquer outro médico tolo) são curados e perfeitamente sanados com palavras de encantamento. Deveras, M. *Ferrarius,* embora permitisse e praticasse esse tipo de medicina, protesta que não considera nada eficaz exceto pelo modo da opinião constante, de modo que nem o sinal, nem a simpatia, nem a bruxa, nem mesmo o demônio conseguem a cura, assim como (diz ele) a cura para a dor de dente é realizada pela confiança ou desconfiança tanto do paciente, como do agente, de acordo com o que diz o poeta:

> *Nos habitat non tartara, sed nec sidera cæli,*
> *Spiritus in nobis qui viget illa facit.*
>
> *Nenhuma fúria infernal reside em nós*[626]*,*
> *Nem estrelas com influência celestial;*
> *O espírito que vive e nos rege*
> *Faz tudo engenhosamente.*

Isso (diz ele) chega para os incultos por meio da opinião que eles têm dos sinais e das palavras sagradas, mas os acadêmicos que conhecem a força da mente e da imaginação operam milagres por intermédio disso, de modo que os incultos devem ter auxílio externo para fazer aquilo que os estudiosos realizam sem uma palavra. Ele diz que isso se chama *Homerica medicatio,* porque *Homero* descobriu o sangue da palavra suprimida e as infecções curadas pelos ou nos mistérios.

Capítulo 13

Os efeitos dos amuletos, a intenção de Argerius Ferrarius na recomendação de feitiços, etc.; quatro tipos de medicamentos homéricos e a escolha deles; sobre a imaginação.

Quanto à minha opinião sobre esses amuletos, sinais e outras dessas baboseiras, manifestei-a em outro lugar e revelarei a futilidade dessas ninharias supersticiosas com mais detalhes. Por ora, digo apenas que esses amuletos, que devem ser pendurados ou carregados, se consistem em ervas, raízes, pedras ou algum outro metal, podem ter diversas operações medicinais, e pela virtude concedida a eles por Deus em sua criação podem produzir efeitos estranhos; curar e atribuir essa virtude a qualquer outra substância é bruxaria. E embora *A. Ferrarius* recomende certos amuletos que não demonstram uma operação física, como um prego retirado de uma cruz, água-benta e o sinal da cruz, com outras artes papistas parecidas, creio que assim ele tentava mais atrair os homens ao papismo do que persuadi-los e ensiná-los a verdade da medicina ou da filosofia.

---

626. Traduzido da versão em inglês de Abraham Fleming.

Penso que seja isso, pois ele mesmo vê a fraude de tal prática, confessando que onde esses médicos mágicos aplicam três sementes de três gramíneas com folhas a uma febre terçã e quatro a uma febre quartã, o número não é essencial.
Quatro tipos de medicamentos homéricos e qual é o principal.

Mas quanto a esses remédios homéricos, ele afirma existir quatro tipos, dos quais amuletos, sinais e simpatias são três; todavia, recomenda e prefere o quarto a todos os outros e diz consistir em ilusões, que ele mais propriamente denomina estratagemas. Alega, por exemplo, que em certa ocasião *Filodoto* colocou uma touca de chumbo na cabeça de um indivíduo, este imaginava não ter cabeça e depois disso o paciente curou-se de sua doença ou ideia fixa. Além desse, ele também curou uma mulher que achava que uma serpente ou cobra mordia e rasgava continuamente suas entranhas, e a cura foi realizada fazendo-a apenas vomitar e inserindo na substância vomitada uma pequena serpente, como aquela que ela imaginava ter na barriga.
A força da ideia fixa, opinião ou forte imaginação.

Outro ainda imaginava que sempre queimava no fogo. Forjou-se, então, secretamente sob a cama de tal indivíduo um incêndio, que depois de ser encontrado e apagado, sua obsessão foi satisfeita e seu calor aliviado. À mesma categoria pertence a ideia de que o soluço é curado com um susto repentino ou notícias estranhas e, deveras, dessa forma febres e muitas outras doenças estranhas e extremas foram curadas. E alguns que caíram doentes e sofriam tanto de gota que mal conseguiam se mexer, por medo repentino de fogo ou destruição das casas esqueceram-se de suas enfermidades e males e correram. Mas em meu tratado sobre a melancolia e os efeitos da imaginação, e no discurso sobre magia natural, abordarei melhor esses assuntos.

Capítulo 14

Escolha de simpatias para afastar o mal, a mordida de um cachorro louco, a picada de um escorpião, dor de dente; uma mulher em trabalho de parto, o infortúnio dos reis, como tirar um espinho de qualquer membro ou um osso da garganta de alguém, simpatias a serem ditas em jejum ou colhendo ervas; dores nos olhos, como abrir fechaduras, feitiços contra espíritos, berne em cavalos e, especialmente, para o cavalo do Duque de Albas, contra vinhos azedos, etc.

Há inúmeras simpatias de conjuradores, maus médicos, cirurgiões imorais, bruxas melancólicas e charlatães para todas as doenças e males, especialmente para aqueles que maus médicos e cirurgiões não sabem como curar e, na verdade, são ótimos meios de esconder sua ignorância. A seguir descrevo algumas.

¶ *Para afastar o mal.*

Pegue o sujeito pela mão e sussurre as seguintes palavras em seu ouvido: Eu te conjuro pelo sol, pela lua e pelo evangelho desse dia transmitido por Deus a *Hubert, Giles, Cornélio* e *João*, que te levantes e não caias mais. Ou: Beba na noite em uma fonte de um crânio de alguém que foi assassinado. Ou: Coma um porco morto com uma faca que tenha matado um homem. Ou diga o seguinte:

Ananizapta ferit mortem, dum lædere quærit,
Est mala mors capta, dum dicitur Ananizapta,
Ananizapta Dei nunc miserere mei.

$$\left\{\begin{array}{l} \textit{Ananizapta derrota a morte,} \\ \quad \textit{Enquanto mal ele pretende fazer,} \\ \textit{Esta palavra Ananizapta diz:} \\ \quad \textit{E a morte cativa será,} \\ \textit{Ananizapta, ó de Deus,} \\ \quad \textit{Agora tem misericórdia de mim}^{578}. \end{array}\right\}$$

¶ *Contra a mordida de um cachorro louco.*

Coloque[628] um anel de prata no dedo, dentro do qual devem ser gravadas as seguintes palavras ✠ *Habay* ✠ *habar* ✠ *hebar* ✠ e diga à pessoa mordida pelo cachorro louco: "sou teu salvador, não percas a vida", então fure seu nariz três vezes para que a cada uma ele sangre. Outras opções são: fazer um chumaço de pedaços do crânio de um enforcado; escrever em um pedaço de pão: *Irioni, khiriora, esser, khuder, feres* e dá-lo para aquele que foi mordido comer. Ou ainda: *O rex gloriæ Jesu Christe, veni cum pace: In nomine patris max, in nomine filii max, in nomine spiritus sancti prax: Gasper, Melchior, Balthasar* ✠ *prax* ✠ *max* ✠ *Deus I max* ✠

Mas sem dúvida isso é muito perigoso, tanto que se o indivíduo não for rapidamente e bem socorrido, ocorrerá morte ou loucura pela infecção do humor deixado na ferida resultante da mordida, que, como os maus cirurgiões não conseguem curar, usavam, portanto, simpatias enganosas tolas. Mas *Dodonæus* em seu livro sobre ervas medicinais diz que a erva Alisson cura aquele mal em um experimento que, não duvido, provar-se-á mais verdadeiro do que todas as simpatias do mundo. Quando, porém, diz que aquela erva pendurada no portão ou na entrada da casa de um homem protege este e seu gado de encantamento, ou feitiçaria, já caiu em desatino.

---

627. Traduzido da versão em inglês de Abraham Fleming.
628. J. Bodinus, lib. de dæmon. 3, cap. 5.

¶ Contra a picada de um escorpião

Diga a um asno secretamente, como se sussurrasse em seu ouvido: fui picado por um escorpião.

¶ Contra dor de dente

Escarifique a ferida nas gengivas com o dente de alguém que tenha sido assassinado. Ou: *Galbes galbat, galdes galdat.* Ou então: *A ab hur hus*, etc. Ou na consagração da missa, diga o seguinte, rangindo os dentes[629]: *Os non comminuetis ex eo.* Ou: *strigiles falcesq; dentatæ, dentium dolorem persanate* (Ó, pente e foice que têm tantos dentes, vinde curar minha dor de dente).

¶ Uma simpatia para aliviar uma mulher em trabalho de parto

Jogue no telhado da casa, onde está uma mulher em trabalho de parto, uma pedra ou qualquer coisa que tenha matado três seres vivos, como um homem, um javali e uma ursa.

¶ Para curar doenças de Reis ou Rainhas, ou qualquer outra dor de garganta.

Para curar a doença de Reis ou Rainhas, deve-se primeiro tocar o local com a mão de alguém que tenha morrido prematuramente. Ou peça para uma uma virgem em jejum colocar sua mão sobre a ferida e dizer: *Apolo* nega que o calor da praga possa aumentar, onde uma virgem nua o extinguir, e depois cuspir três vezes nela.

¶ Uma simpatia lida na Igreja Católica sobre o dia de São Brás, que extrairá um espinho de qualquer lugar do corpo ou um osso da garganta, etc. Preleção 3.

Para a retirada de um espinho de qualquer lugar do corpo ou de um osso da garganta, deve-se ler um encantamento na igreja católica no dia de *São Brás*, ou seja, invocar Deus e lembrar *São Brás*. Esse *São Brás* também podia curar todos os animais selvagens que estavam doentes ou feridos com a imposição de suas mãos, como aparece na lição lida em seu dia, onde se verá o assunto na íntegra.

¶ Uma simpatia contra dor de cabeça

Amarre em sua cabeça uma corda que tenha sido usada em um enforcamento.

¶ Um feitiço a ser dito pela manhã por uma bruxa em jejum ou pelo menos antes de ela sair de casa.

O fogo arde, o fogo arde, o fogo arde; porcos cagam nele, porcos cagam nele, porcos cagam nele, pai esteja contigo, o filho comigo, o

---

629. Isto é: não se deve extraí-lo nem diminuir um osso dele.

espírito santo entre nós dois para ser melhor. Então cuspa sobre um ombro, sobre o outro e então três vezes para a frente.

¶ *Outro feitiço que as bruxas usam ao coletar suas ervas medicinais.*

>   *Salve, ó, tu, erva sagrada*
>   *No solo a crescer*
>   *Por todo o monte Calvário*[630]
>   *Primeiro foste encontrada,*
>   *És boa para muitas dores,*
>   *E curas muitas feridas,*
>   *Em nome do doce Jesus*
>   *Eu te colherei do solo.*

¶ *O feitiço de uma velha, com oqual ela fez o bem na região e ficou famosa por causa disso.*

Uma idosa que curava todas as doenças do gado (pelo que ela nunca aceitou qualquer recompensa, além de uma moeda e um pedaço de pão), ao ser interrogada com quais palavras realizava essas coisas, confessou que depois de tocar na criatura doente, ela sempre se afastava imediatamente, dizendo:

>   *Meu pão em meu colo,*
>   *Minha moeda no bolso;*
>   *Vós jamais serão melhores*
>   *E eu jamais serei pior.*

¶ *Outra simpatia parecida na qual se pode notar a força da opinião constante ou da ideia fixa.*

Uma dama com dores nos olhos queixou-se com alguém que prometeu ajudar se ela seguisse seu conselho, que era apenas usar no pescoço um rolo de pergaminho selado para o qual ela não poderia olhar. E ela, na esperança de ser curada, aceitou a simpatia, logo cessando suas lágrimas, com as quais ela estava acostumada por conta da escuridão miserável e sofrimentos intoleráveis. Em pouco tempo seus olhos melhoraram. Mas, infelizmente, ela logo depois perdeu essa joia preciosa e, assim, voltou ao seu pranto costumeiro e, por consequência, aos olhos doloridos. Todavia, depois de acharem de novo a joia ou pergaminho, seus queridos amigos ao examinarem-no encontraram esta única trova:

>   *O demônio puxa seus dois olhos*
>   *E*[631] *evacua nos dois orifícios.*

Percebemos, portanto, o que a opinião constante pode fazer, de acordo com a afirmação de *Platão*: "Se a mente ou o pensamento

---
630. Embora nem a erva nem a bruxa tenham ido lá.
631. Em inglês *and*. Soletre essa palavra de trás para a frente e logo verá esse apelo esloveno de feitiço.

de um homem lhe dão a certeza de que algo prejudicial lhe fará bem, assim será, etc."

¶ *Um feitiço para abrir fechaduras.*
Um feitiço desonesto
Assim como as ervas chamadas *Aethiopides* abrirão todas as fechaduras (se for verdade o que dizem os feiticeiros) com a ajuda de certas palavras, então também deve haver simpatias e amuletos que podem fazer o mesmo sem precisar de qualquer erva, como nos exemplos a seguir. Pegue um pedaço de cera consagrada no batismo e entalhe nele certas flores e o amarre na borda de trás da sua camisa. Quando a fechadura for aberta, sopre três vezes nela, dizendo: *Arato hoc partiko hoc maratarykin*. Eu abro esta porta em teu nome que sou forçado a romper, como tu rompeste os portões do inferno, *In nomine patris, e filii, e spiritus sancti, Amen.*

¶ *Um feitiço para afastar espíritos que assombram uma casa*
– O Feitiço de Paracelso.

Pendure em cada um dos quatro cantos da sua casa estas frases escritas em um pergaminho virgem: *Omnis spiritus laudet Dominum. Mosen habent e prophetas. Exurgat Deus et dissipentur inimici ejus*[632].

¶ *Um belo feitiço ou conclusão para um possuído.*

O corpo possuído deve ir de joelhos até a igreja, por mais distante que seja de sua casa, e assim deve se arrastar sem desviar do caminho, mesmo que este tenha lama, sujeira ou qualquer outra coisa, sem evitar nada, até chegar à igreja, onde ele deve ouvir[633] a missa com devoção e então recuperar-se.

¶ *Outro feitiço para o mesmo propósito.*

Deve ser recomendado a algum suplicante rezar cinco *Pai-nossos* e cinco *Ave-Marias*, o primeiro a ser rezado em nome do possuído, ou enfeitiçado, pelo momento que Cristo foi levado ao jardim; o segundo, pelo momento em que Cristo suou água e sangue; o terceiro, pelo momento em que Cristo foi condenado; quarto, pelo momento em que ele foi crucificado sem culpa; e quinto, pelo momento em que ele sofreu para redimir nossos pecados. Então o doente deve ir à missa por oito dias seguidos, levantando-se no momento em que o evangelho é lido, e misturar água-benta na sua refeição e bebida; o sal bento também deve fazer parte da mistura.

---

632. Frases retiradas de Salmos 150, Lucas 16, Salmos 64 (nessa ordem).
633. Nenhuma parte da missa deve ser omitida de forma alguma, cita nota.

¶ *Outro com o mesmo efeito*

O doente[634] deve jejuar três dias e depois ele e seus pais devem ir à igreja, em uma sexta-feira das Quatro Têmporas, assistir à missa nesse dia e também no sábado e no domingo seguintes. E o padre deve ler sobre a cabeça do doente o evangelho lido em setembro, e na colheita da uva, depois da festa da santa cruz, *In diebus quatuor temporum*, nas quatro têmporas, então o faça escrevê-lo e carregá-lo no pescoço e ele será curado.

¶ *Outra simpatia ou feitiço para a mesma finalidade.*

Este ofício ou conjuração a seguir foi escrito e impresso pela primeira vez em *Roma*, e depois em *Avenion*, no *Ano de* 1515. E para o caso de o demônio esconder-se em alguma parte secreta do corpo, cada parte dele é citada; *Obsecro te Jesu Christe, etc.,* isto é: "Suplico-te, Ó Senhor Jesus Cristo, que extraias de cada membro deste homem todas as enfermidades, de sua cabeça, de seu cabelo, de seu cérebro, de sua testa, de seus olhos, de seu nariz, de seus ouvidos, de sua boca, de sua língua, de seus dentes, de suas mandíbulas, de sua garganta, de seu pescoço, das suas costas, do seu peito, de seus mamilos, de seu coração, do seu estômago, dos seus lados, da sua carne, do seu sangue, dos seus ossos, das suas pernas, dos seus pés, dos seus dedos, das solas dos pés, de sua medula, de seus nervos, de sua pele e de cada articulação de seus membros, etc.".

Sem dúvida Jesus Cristo não poderia se evadir, mas era, de toda forma, forçado a fazer a cura, pois parece que não bastou ele ter dito: "Sai deste homem, espírito impuro", e quando ele assim disse, parece que não realizou. Não creio que haja entre todos os pagãos fábulas supersticiosas ou entre os bruxos, conjuradores, charlatães, poetas, patifes, tolos, etc., que escreveram uma mentira ou feitiço tão deslavado e ímpio quanto se lê em *Barnardine de bustis*,[635] no qual, para curar um doente, o corpo de Cristo, ou seja, uma hóstia foi aplicada externamente do lado de seu corpo e voltada para o coração, à vista de todos os transeuntes. Ora, se autores sérios relatam tais mentiras, que crédito nesses casos devemos atribuir aos contos da carochinha que *Sprenger, Institor, Bodin* e outros escrevem? O mesmo se diz das *Metamorfoses* de *Ovídio*, das *fábulas* de *Esopo*, da *Utopia* de *Moore* e de várias outras fantasias, que contêm tanta verdade nelas quanto um cego tem visão em seu olho.

¶ *Um feitiço contra berne em um cavalo.*

Deve-se dizer e fazer o seguinte no cavalo doente por três dias seguidos, antes do nascer do sol: *In nomine pa✠tris e fi✠lii e spiritus ✠ sancti; Exorciso te vermem per Deus pa✠trem e fi✠lium e spiritum ✠ sanctum*, ou seja: Em nome do Pai, do Filho e do Espírito Santo, eu te

---

634. *Johannes Anglicus ex Constantino, Gualtero, Bernardo, Giberto, &c.*
635. *Barnardine de bustis in Rosar. serm. 15.*

exorcizo, Ó verme, pelo Pai, pelo Filho e pelo Espírito Santo, para que tu não comas nem bebas a carne, o sangue ou os ossos deste cavalo e que tu com isso sejas tão paciente quanto *Jó* e tão bom quanto *São João Batista*, quando ele batizou Cristo no *rio Jordão, In nomine pa✠tris e fi ✠lii e spiritus ✠ sancti*. E então reze três *Pai-nossos* e três *Ave-Marias* no ouvido direito do cavalo para a glória da santíssima trindade. *Do✠minus fili✠us spiri✠tus Mari✠a*.

Há também diversos livros impressos, aparentemente com aprovação da Igreja de *Roma*, com muitas orações medicinais não só contra todas as doenças de cavalos, mas também para cada obstáculo e defeito em um cavalo, tais como se uma ferradura cair no meio da viagem. Há uma oração para proteger o casco do seu cavalo, para que ele não quebre, caso esteja longe da forja do ferreiro, que não agradecerá por essa oração.

Além disso, o cavalo do duque de *Alba* foi consagrado, ou canonizado, nos Países Baixos, na missa solene, na qual a bula papal e também sua simpatia foram publicadas (que eu recitarei depois) e ele, enquanto isso, sentava-se como vice-rei com seu estandarte consagrado na mão até o fim da missa.[636]

¶ *Um feitiço para impedir a formação do vinagre.*

Para que o vinho não azede rápido, escreva no recipiente[637]: *Gustate e videte, quoniam suavis est Dominus.*

Capítulo 15

O encantamento de serpentes e cobras, objeções respondidas a respeito disso, motivos tolos por que os feitiços fazem efeito, o pombo de Maomé, milagres realizados por um asno em Mênfis, no Egito, simpatias papistas contra serpentes, sobre realizadores de milagres, cobras domadas, a mentira de Bodin acerca das cobras.

A respeito do encantamento de serpentes e cobras, meus adversários (como eu disse) acham que têm uma grande vantagem pelas palavras de *Davi* no salmo 58 e por *Jeremias*, capítulo 8, com um profeta comentado por *Virgílio* e o outro por *Ovídio*. Pois as palavras de *Davi* são as seguintes[638]: "Seu veneno é como o veneno de uma serpente, é como uma víbora surda, que tapa os ouvidos para não ouvir a voz do encantador mais hábil em praticar encantamentos". As palavras de *Virgílio* são as seguintes[639]: "*Frigidus in pratis cantando rumpitur anguis*". Como ele diria: *Davi*, tu mentiste, pois a cobra de natureza fria é pelos encantos dos encantadores quebrada em pedaços no

---
636. A missa-lhes concederá uma graça por essa prece.
637. Salmos 33 9 *Vulgata*. Ó, blasfêmia notável.
638. Salmos 58.
639. Virgílio, *Écloga*, 8.

campo onde está. Então vem *Ovídio*[640] e assume o lugar de seu conterrâneo, dizendo no nome e na pessoa de uma bruxa: *Vipereas rumpo verbis e carmine fauces*, isto é, "desejo que minhas palavras e encantos possam quebrar as mandíbulas das víboras". Decerto, *Jeremias*, por outro lado, encontra seu bruxo poético, e não só defende, como também interpreta as palavras de seu colega profeta e não em seu próprio nome, mas no de Deus Todo-Poderoso, dizendo[641]: "Eu colocarei entre vós serpentes e basiliscas, que não podem ser encantadas".

Ora, qualquer homem indiferente (cristão ou pagão) deve julgar se as palavras e as ideias dos profetas não controvertem diretamente as palavras desses poetas (não direi mentes), pois tenho certeza de que eles fizeram com isso apenas escárnio e gracejo, de acordo com a lenda comum a respeito dos poetas mentirosos. E certamente posso encontrar as duas atitudes com outros dois poetas, *Propércio* e *Horácio*, o primeiro ridicularizando alegremente e o segundo refutando seriamente as poesias fantásticas sobre o poder e a onipotência das feiticeiras. Pois onde *Virgílio*, *Ovídio*, etc., escrevem que feiticeiras com seus feitiços pegam a lua e as estrelas do céu, etc.; *Propércio* os ridiculariza com as seguintes palavras:

> *At vos deductæ quibus est fallacia Lunæ,*
> *Et labor in magicis sacra piare focis,*
> *En agedum dominæ mentem convertite nostræ,*
> *Et facite illa meo palleat ore magis,*
> *Tunc ego crediderim vobis e sidera e amnes*
> *Posse Circeis ducere carminibus:*

> > Mas vós que tendes o menosprezo sutil[642]
> > De arrancar a lua do céu
> > E, com o fogo encantador brilhante,
> > Tenta purgar vossos sacrifícios;
> > Vede agora, virem (se pudéreis)
> > A mente e o coração forte de nossa senhora,
> > E que vossos rostos fiquem mais pálidos e abatidos,
> > Do que o meu, que se por arte mágica
> > Vós assim fizéreis, então eu logo acreditarei,
> > Que por vossos feitiços podeis
> > Do alto do céu as estrelas remover,
> > E os cursos dos rios alterar.

E para que se possa ter mais certeza de que esses poetas apenas troçavam e ridicularizavam as pessoas crédulas e tímidas, achei por bem mostrar o que *Ovídio* diz contra si mesmo e outros, que escreveram coisas tão incríveis e ridículas da onipotência das feiticeiras:

---
640. Ovídio, *Metamorfoses*, 7.
641. Jeremias 8, 17.
642. Estrofes traduzidas da versão em inglês de Abraham Fleming.

Nec mediæ magicis finduntur cantibus angues,
Nec redit in fontes unda supina suos:
As cobras no meio não estão rasgadas⁶⁴³
Com encantos da astúcia das bruxas,
Nem as águas de suas fontes levadas
Por força à mudança de curso.

Quanto a *Horácio*, seus versos eu omito, pois os citei em outro lugar. E a respeito desse assunto, *Cardano*⁶⁴⁴ diz que em cada eclipse achava-se que as feiticeiras arrancavam o sol e a lua do céu. E sem dúvida, tal opinião se espalhou por tantos lugares, e continuou por tanto tempo nas bocas das pessoas comuns, que no fim os acadêmicos passaram a acreditar nela e a afirmá-la em seus textos.

Uma dúvida respondida.

Mas pode-se objetar aqui que como é dito (nos locais alegados por mim) que cobras ou víboras não podem ser encantadas; *Ergo*, outras coisas podem. Para responder a esse argumento, eu perguntaria ao perseguidor de bruxas o seguinte: não seria conveniente que, para satisfazer seu desvario, o Espírito Santo devesse mencionar cada coisa específica que ele imagina que pode ser enfeitiçada? Ainda lhe perguntaria que privilégio tem uma cobra sobre outras criaturas, que apenas ela não pode ser enfeitiçada enquanto todas as outras podem? Espero que eles não digam que sua fé ou sua infidelidade são a causa disso, nem admito a resposta de tais adivinhos que dizem que as cobras não podem ser enfeitiçadas, pois uma delas seduziu *Eva*, pelo que o próprio Deus a amaldiçoou e com isso ela é tão privilegiada que nenhum feitiço pode afetá-la. Mas voltarei ao tema adiante.

*Danæus*⁶⁴⁵ diz que os feitiços afetam mais rápido as cobras e víboras por causa de sua conferência e familiaridade com o demônio, pela qual a humanidade foi bastante seduzida por meio delas. Busquemos então uma resposta para esse sofisma, embora em verdade não seja necessário, pois a frase do discurso é absoluta e não envolve uma qualidade especial própria da natureza de uma víbora mais do que quando eu digo: "um coelho não consegue voar", deve-se daí inferir e concluir que quero dizer que todos os outros animais poderiam. Mas deve-se entender que essas víboras podem resistir à voz e à prática de encantadores e feiticeiros mais do que outras criaturas, porque elas por serem venenosas de corpo e natureza não podem ser prontamente destruídas por veneno, com o qual as bruxas em outras criaturas realizam suas práticas nocivas, de acordo com o que diz *Virgílio*⁶⁴⁶:

---

643. Estrofes traduzidas da versão em inglês de Abraham Fleming.
644. *Cardano lib. 15. de var. rer. cap. 80.*
645. *Dan. in dialog. cap. 3.*
646 *Virgílio geo. 4;* traduzido da versão em inglês de Abraham Fleming.

Corrupítque lacus, infecit pabula tabo:
Ela infestou com veneno forte
Lagos e pastagens.

O cachorro de Feates e o pombo de Maomé.

E por isso o profeta alude à natureza corrupta e inflexível das víboras com essa comparação: e não (o que *Tremelius* ficaria grato em mudar) tapando um ouvido com sua cauda e colocando o outro no chão, porque a serpente não ouviria a voz do encantador. Pois ela não possuía tal raciocínio nem as palavras esse efeito, caso contrário a serpente conheceria nossos pensamentos. Deve-se considerar também como essas víboras (a maioria delas) são indomáveis por natureza, tanto que não podem, pelo esforço ou habilidade dos homens, ser domesticadas ou treinadas para fazer qualquer coisa pela qual se busca admiração, como o cachorro de *Bomelio Feates* poderia fazer ou o pombo de *Maomé*, que voava para ele, no meio de seu acampamento, e tirava uma ervilha de seu ouvido, de tal forma que muitas das pessoas achavam que era o Espírito Santo que vinha e contava-lhe algo no ouvido. O mesmo pombo também lhe trouxe um rolo de pergaminho no qual estava escrito: *Rex esto* e o colocou em seu pescoço. E como falei da docilidade de um cão e de um pombo, embora eu pudesse citar infinitas histórias parecidas, terei a audácia de incomodá-los com apenas mais uma.

História da docilidade de um asno.

Em *Mênfis*, no *Egito*, entre outros truques que costumavam ser apresentados lá, havia um que usava um asno, que aprendeu todas as qualidades descritas a seguir. E para ganhar dinheiro, montava-se um palco e uma multidão se reunia. Depois de tudo pronto, na forma de uma peça, o sujeito aparecia com seu asno e dizia: "O *sultão* precisa muito de asnos para ajudar a carregar pedras e outras coisas para um grande edifício que pretende construir". O asno imediatamente caía no chão, demonstrava todos os sinais de doença e enfim morria, de modo que o escamoteador pedia ao público dinheiro por sua perda. Depois de conseguir tudo o que poderia, ele disse: "Agora, meus mestres, vereis que meu asno ainda está vivo, apenas finge, para conseguir algum dinheiro para comprar-lhe forragem, sabendo que sou pobre e preciso de ajuda". Em seguida, ele proporia uma aposta que seu asno estava vivo, ainda que parecesse totalmente morto. E quando alguém havia jogado o dinheiro ao lado dele, ele mandava o asno levantar-se, mas este continuava deitado como se estivesse morto. Então ele bateu no asno com um porrete, o que não adiantou, até se dirigir ao asno, dizendo (como antes) ao público: "O *sultão* mandou que todas as pessoas saiam amanhã e vejam o triunfo, e belas damas então cavalgarão nos asnos mais belos e eles receberão mantimentos e todo asno beberá a água doce do *Nilo*", então o asno levantou-se na hora e empertigou-se, de boa vontade. "Vede (disse seu dono), agora eu ganhei, mas de fato o sultão pediu meu asno emprestado para aquela bruxa velha que é sua esposa usar", e ao ouvir isso o animal imediatamente abaixou as orelhas e mancou, como se estivesse coxo. Então disse seu dono: "Vejo que gostas de jovens mancebas". Ao ouvir essas palavras, ele olhou para cima, como se estivesse alegre. Então seu dono pediu-lhe que escolhesse uma que cavalgasse nele e ele correu para uma mulher muito bonita e a tocou com sua cabeça, etc. Uma cobra jamais seria domesticada dessa forma, etc. *Bodin*[647] diz que era um homem fingindo ser um asno, mas prefiro pensar que se tratava de um asno fingindo ser um homem. Bem, voltando às nossas serpentes, contarei uma história a respeito do encantamento delas.

Na cidade de *Salisborogh*[648] havia um encantador que, diante de todas as pessoas, dizia evocar todas as serpentes e cobras no raio de um quilômetro para dentro de um grande abismo ou vala e lá matá-las. Quando todas as serpentes foram reunidas, enquanto ele estava na beira do abismo, veio por fim uma grande e horrível serpente que não foi dominada, com toda a força de seus encantamentos e (com todas as outras mortas) deu o bote no encantador, abocanhou-o no meio de seu corpo e o jogou na vala, e lá o matou. Pode-se pensar que ela fosse um demônio disfarçado de serpente, que por amor às pobres cobras matou o feiticeiro para alertar a todos os outros bruxos que tivessem cuidado com essa prática perversa. E, certamente, se isso não for verdade, há uma grande quantidade de mentiras contidas no *M. Malef.* e em *J. Bodin*. E se a história for bem ponderada e compreendida, faz cair por terra os argumentos de todos esses perseguidores de bruxas que insistem em tirar os milagres de seu lugar. Pois eles discordam notavelmente, alguns negando e outros afirmando que as serpentes podem ser enfeitiçadas. Entretanto, como em todo o ponto se vê como o papismo concorda com o paganismo, recitarei em seguida certos encantamentos contra víboras, aceitos pela maior parte da Igreja de *Roma*.

Exorcismos ou conjuros contra serpentes.

"Conjuro-te, Ó, serpente, nesta hora, pelas cinco santas chagas de nosso Senhor, que não saias deste lugar, mas aqui permaneças, tão certo quanto Deus nasceu de uma virgem pura". Ou então: "Conjuro-te, serpente, *In nomine patris, e filii, e spiritus sancti*: Ordeno-te por nossa senhora Santa Maria que obedeças a mim, como a cera obedece ao fogo, e este à água que não me firas, nem qualquer outro cristão, tão certamente quanto Deus nasceu de uma virgem imaculada, a respeito do que eu te ordeno, *In nomine patris e filli, e spiritus sancti: Ely lash eiter, ely lash eiter, ely lash eiter*". Ou: "Ó, animal peçonhento, vieste como

---

647. J. Bodin, lib. de dæm. 2, cap. 6.
648. Mal. Malef. part. 2, qu. 2, cap. 9; John Bodin.

Deus aproximou-se dos judeus". Ou ainda: *L. Vairus*[649] diz que *Serpens quernis frondibus contacta,* quem tocar uma serpente com folhas de carvalho a mata e ela fica parada se uma pena da ave Íbis cair ou for jogada sobre ela e que, ainda, se uma víbora for golpeada ou atingida por uma sarça ardente fica atônita, e se tocada com um tronco de faia, adormece e fica rígida na hora.

Usurpadores de parentesco com São Paulo e Santa Catarina.

Deve-se lembrar aqui que muitos costumam se vangloriar de pertencerem à linhagem ou serem aparentados de *São Paulo,* mostrando em seus corpos as imagens de serpentes, as quais (como afirmam os papistas) eram ligadas a todos os seus descendentes. De fato, eles dizem com isso que todos os seus podem manusear serpentes ou qualquer veneno sem risco. Outros também têm (como se vangloriam) uma roda de *Catarina* em seus corpos, alegam pertencer à linhagem de *Santa Catarina* e conseguir pegar carvão ardente com as mãos e mergulhar as mãos em líquido escaldante e, também, em fornos ardentes. A respeito disso, embora o último seja apenas um mero truque a ser feito por qualquer um que o tentar (como um sujeito perverso em *Londres* costumava fazer sem demora), ainda há exibições de tal ato, como se fosse algo certo e incontestável, untando as mãos com sumo de malva, mercúrio, urina, etc., que por pouco tempo protegem contra esses líquidos incandescentes e fogueiras escaldantes.

Mas aqueles que dizem realizar esses mistérios e milagres, depois de ensaiarem essas palavras e encantamentos, pegam essas cobras e víboras com as mãos e às vezes as penduram no pescoço, sem sequer uma picada, para o terror e a admiração dos espectadores, que naturalmente temem e abominam todas as serpentes. Esses encantadores (podem acreditar) não ousam confiar em seus feitiços, mas usam um encantamento que todo homem pode usar licitamente, e com esse uso lícito realizam o que querem em segurança e não se machucam, por mais que as manuseiem. Deveras, com um pedaço de lã, eles tiram suas presas antes, como afirmam alguns homens; mas a verdade é que eles as cansam, isso com certeza. É certamente um tipo de bruxaria que eu denomino conluio privado. *Bodin*[650] diz que todas as cobras em um país foram por encantos e versos levadas para outra região; talvez ele estivesse falando da *Irlanda*, onde dizem que *São Patrício* fez tal proeza com sua santidade, etc.

---

649. *L. Vir. lib de fascinat. 1, cap. 4.*
650. *J. Bodin lib. de dæm. 1, cap. 3.*

James Sprenger e *Henrie Institor* afirmam que serpentes e cobras, e suas peles, excedem todas as outras criaturas por bruxaria, tanto que as bruxas costumam enterrá-las nas soleiras das portas de homens, de casas ou estábulos, para provocar a infertilidade em mulheres e animais, de fato, e a terra e as cinzas delas continuam a ter força de fascínio. Em relação a isso, *Sprenger* e *Institor* recomendam que todos os homens, de vez em quando, cavem a terra sob as soleiras das portas e esparjam água-benta no lugar e também pendurem ramos (consagrados no solstício do verão) na porta do estábulo onde fica o gado e depois mostrem exemplos das mentiras das bruxas ou das suas, que omito, porque vejo meu livro tomando uma proporção que eu não pretendia.

Capítulo 16

Feitiços para carregar água em uma peneira, para saber o que é falado sobre nós pelas nossas costas, para olhos lacrimejantes, para fazer as sementes crescerem bem; sobre imagens feitas de cera, para se livrar de uma bruxa, para enforcá-la; autores notáveis contra imagens de cera, uma história acusando o logro de imagens de cera.

Leonardus Vairus[651] diz que existia uma oração com a qual a água ou outro líquido poderiam ser levados em uma peneira. Penso que era uma concha de argila, que um corvo ensinou a uma donzela a quem foi prometido um bolo tão grande que, para sová-lo, precisaria de tanta farinha o quanto ela pudesse para molhar com a água que ela carregasse em uma peneira e, assim, fixou a argila nela e levou tanta água

---

651. *L. Vairus lib. fascin. 1, ca. 5, Oratio Tuscæ Vestalis.*

que com isso fez um grande bolo e encantou suas irmãs, etc. Ouvi essa história entre as criadas da minha avó e assim pude decifrar essa bruxaria. Além disso, os homens poderiam saber se falavam deles quando sua orelha formigava. Se alguém visse um escorpião e falasse essa palavra (*broto*), não seria nem picado nem mordido. As duas letras gregas Π e Λ escritas em um papel, pendurado no pescoço depois, protegem essa pessoa de lacrimação nos olhos. Sementes de cominho ou cânhamo semeadas com maldições e palavras infames crescem melhor e mais rápido. *Berosus Anianus* pratica uma bruxaria bem antiga, pois diz que *Cam* tocando o membro nu de seu pai pronunciou um feitiço que emasculou ou privou o pai do poder gerador.

¶ *Um feitiço ensinando a ferir quem a pesoa quiser com imagens de cera.*

Uma imagem em nome de quem se quer ferir ou matar deve ser feita com cera nova. Sob o braço direito, encaixa-se um coração de andorinha e um fígado sob o esquerdo. Então, pendure no pescoço da imagem um fio novo em uma agulha nova enfiada no membro que se quer ferir, repetindo certas palavras, que omito para evitar superstição e credulidade tolas. Se fossem inseridas aqui, ouso garantir que não fariam mal, senão para fazer as pessoas de tolas e fisgar ingênuos. Ou então: às vezes essas imagens são feitas de bronze e a mão é trocada pelo pé, e vice-versa, e o rosto é virado de ponta-cabeça. Ou ainda: para um dano maior, molda-se uma imagem idêntica a um homem ou mulher em cuja cabeça é escrito o nome exato da pessoa e em suas costelas as palavras: *Ailif, casyl, zaze, hit mel meltat,* depois do que a imagem é enterrada. Ou então: no domínio de *Marte*[652], duas imagens de um morto devem ser preparadas: uma de cera, a outra de terra. Cada imagem deve ter na mão uma espada com a qual um homem tenha sido morto e aquele que deve ser morto pode ter a cabeça furada com um golpe de florete. Devem-se escrever nas duas imagens certos sinais peculiares e depois elas devem ser escondidas em certo lugar. Ou então: para conseguir o amor de uma mulher, deve-se fazer uma imagem na hora de *Vênus*, de cera imaculada, em nome da amada, marca-se um sinal nela e ela é colocada em uma fogueira para aquecer enquanto se cita o nome de algum anjo. Para se livrar completamente da bruxa e pendurá-la pelo cabelo, deve-se preparar uma imagem de terra de um morto para ser batizada com outro nome, na qual o nome, com um sinal, deve ser escrito; depois ela deve ser untada com um osso podre e três salmos devem ser lidos de trás para frente: *Domine Dominus noster, Dominus illuminatio mea, Domine exaudi orationem meam, Deus laudem meam ne tacueris,* e então ela deve ser enterrada, primeiro em um lugar e depois em outro. No

---

652. O praticante desses feitiços deve conhecer bem os movimentos planetários ou então pode arruinar tudo.

entanto, está escrito no artigo 21 da determinação de *Paris* que afirmar que essas imagens de bronze, chumbo, ouro, ceras branca ou vermelha ou de qualquer outro material (conjuradas, batizadas, consagradas ou até mesmo execradas por essas artes mágicas em certos dias) têm virtudes maravilhosas ou outras que são reconhecidas nos seus livros ou declarações é errado em fé, filosofia natural e verdadeira astronomia e, de fato, conclui-se no artigo 22 desse concílio que é um grande erro tanto acreditar nessas coisas quanto praticá-las.
Uma história comprovada a respeito das premissas.
 Mas a respeito dessas imagens, é certo que elas são muito temidas entre o povo e muito usadas entre as bruxas farsantes, como aparece, em parte, em outro ponto desse meu discurso e também se pode ver pelos conteúdos da seguinte história. Não muito tempo atrás, uma jovem donzela (que mora em *New Romnie*, em Kent), esposa de um *S. L. Stuppenie* (magistrado da mesma cidade, mas falecido antes da execução deste caso) e depois a esposa de *Thomas Eps* (atual prefeito de *Romnie*) foi acometida por uma doença e seus sogros, abusados pela credulidade a respeito do poder sobrenatural das bruxas, recorreram a uma famosa bruxa chamada mãe *Baker*, que morava lá perto, em um lugar chamado *Stonstreet* e (de acordo com o costume enganador das bruxas) esta perguntou se eles não desconfiavam de algum mau vizinho, ao que eles responderam que de fato suspeitavam de uma mulher que morava perto deles (porém, essa mesma mulher era do tipo mais honesto e sábio dentre seus vizinhos, considerada uma boa criatura). Entretanto, a bruxa disse-lhes que havia um grande motivo para sua suspeita, pois esta (disse ela) é aquela pessoa que provocou a destruição de donzelas, fazendo um coração de cera e alfinetando-o com agulhas e alfinetes, afirmando também que o vizinho da bruxa teria feito a mesma coisa, colocando o malefício em algum canto secreto da casa. Acreditando-se nisso, a casa foi examinada por pessoas de confiança, mas nada encontraram. A bruxa ou mulher sábia depois de se certificar disso insistiu, dizendo que precisaria ir até a casa onde ela mesma (como diz) certamente encontraria. Quando foi lá, usou toda sua habilidade (pois teve a chance disso) para criar confusão, ou ao menos para sua descoberta, pois nesse lugar ela colocou secretamente, como alguns dos tipos mais sábios desconfiavam de que ela faria, uma imagem (como ela descrevera antes) em um canto, que já tinha sido diligentemente vasculhado e examinado por outros e, assim, sua farsa foi notavelmente revelada. E eu gostaria que todos os perseguidores de bruxas pagassem por seu reparo imoral a encantadores e pelas consultas com bruxas, e outras com espíritos domesticados, como algumas delas têm; e que pela ordem dos altos-comissários, que em parte por respeito à vizinhança, em parte por outras considerações, deixo de mencionar.

Capítulo 17

Vários tipos de feitiços visando a diversos propósitos. Primeiro, certos feitiços para provocar a taciturnidade em torturas.

>*Imparibus meritis tria*
>   *pendent corpora ramis,*
>   *Dismas e Gestas,*
>*in medio est divina potestas,*
>   *Dismas damnatur,*
>   *Gestas ad astra levatur:*
>Três corpos de um galho pendem[653],
>   Por méritos de desigualdade,
>   Dismas e Gestas, no meio,
>   O poder da divindade.
>Dismas é condenado ao inferno, mas Gestas ascende
>   Aos céus acima das estrelas.

E mais: *Eructavit cor meum verbum bonum veritatem nunquam dicam regi*[654]. Ou então: Assim como o leite de nossa Senhora era saboroso para nosso Senhor Jesus Cristo, que essa tortura ou corda sejam agradáveis aos meus braços e membros. Ou ainda: *Jesus autem transiens per medium illorum ibat*[655]. Ou: Nenhum osso lhe será quebrado[656].

¶ *Antídotos contra essas e todas as outras bruxarias, como as bruxas são importunadas ao pronunciá-los, etc.*

Eructavit cor meum verbum bonum, dicam cuncta opera mea regi[657]. Ou: *Domine labia mea aperies, e os meum annunciabit veritatem.* Ou então: *Contere brachia iniqui rei, e lingua maligna subvertetur.*

¶ *Uma simpatia contra tosse convulsa.*

Tome três goles do cálice quando o padre rezar a missa com devoção, etc.

¶ *Para o descanso corporal ou espiritual.*

>*In nomine patris,* para cima e para baixo,
>*Et filii e spirtus sancti,* sobre minha cabeça,
>*Crux Christi* sobre meu peito,
>A doce Senhora me envia descanso eterno.

---

653. Traduzido da versão em inglês de Abraham Fleming. Esse feitiço parece aludir ao Cristo crucificado entre os dois ladrões.
654. Salmos 44.
655. Lucas 4.
656. João 19.
657. Salmos 44. A escritura aplicada adequadamente.

❡ *Feitiços para encontrar um ladrão.*

O meio de encontrar um ladrão é o seguinte: vire-se para o leste e faça uma cruz sobre um cristal com óleo de oliva e sob a cruz escreva *Santa Helena*.⁶⁵⁸ Então, uma criança inocente e virgem casta, nascida de um verdadeiro matrimônio, e não filha ilegítima, de 10 anos de idade, deve levar o cristal na mão e atrás das suas costas, ajoelhando-se, tu deves com devoção e reverência rezar três vezes o seguinte: "Eu rogo à minha senhora *Santa Helena*, mãe do rei *Constantino*, que encontrou a cruz na qual Cristo morreu pela tua santa devoção, e a invenção da cruz, e pela mesma cruz, e pelo júbilo que tu exprimiste na descoberta dela e pelo amor que tiveste por teu filho *Constantino* e pela grande bondade que sempre praticas, para que me mostres neste cristal tudo o que eu perguntar ou quiser saber, Amém". E quando a criança vê o anjo no cristal, peça o que quiser e o anjo responderá. *Observação*: isso deve ser feito ao nascer do sol, com o tempo firme e claro.

*Cardano*⁶⁵⁹ caçoou dessas e de outras fábulas parecidas, e apresentou seu julgamento de acordo, no décimo sexto livro *De rerum var*. Esses conjuradores e farsantes certamente mostrarão em um copo o ladrão que roubou qualquer coisa da pessoa e esta é sua ordem: Pegue uma garrafinha cheia de água-benta e a coloque em uma toalha de linho, que foi purificada, não só lavando, mas também com sacrifícios, etc. Na boca da garrafinha ou do urinol, devem-se colocar duas folhas de oliva, com esta pequena conjuração sobre eles, feita por uma criança: *Angele bone, angele candide, per tuam sanctitatem, meámq; virginitatem, ostende mihi furem*, com três *Pai-Nossos*, três *Ave-Marias*, e entre elas deve-se fazer o sinal da cruz com a ponta do polegar sobre a boca da garrafa ou do urinol⁶⁶⁰ e, então, aparecerão anjos subindo e descendo como se fossem mariposas nos raios de sol. Enquanto isso, o ladrão sofrerá grandes tormentos e seu rosto será visto claramente, como a própria imagem do homem na lua, creio eu. Pois, na verdade, o vidro é atingido artificialmente por instrumentos que farão a água borbulhar e mecanismos para fazer imagens aparecerem nas bolhas. Existem também espelhos artificiais, que lhes mostrarão muitas imagens de diversas formas, e algumas tão pequenas e curiosas como lembram aquele em que se pensou. Leia em *João Batista Nepomuceno* sobre a confecção desses espelhos. As sutilezas disso são tão reveladas e os mistérios tão comuns agora, e sua farsa tão bem conhecida, etc., que não preciso insistir na refutação específica. *Cardano* no ponto citado antes relata como testou com essas crianças e diversas circunstâncias toda a ilusão, e constatou que isso não passa de farsa e enganação.

---

658. Há uma virtude maravilhosa oculta nas letras do nome sagrado de Santa Helena.
659. *Cardano, lib. 16, de var. rer., cap. 93*.
660. O feitiço não dará certo sem a cruz.

¶ *Outra forma de encontrar um ladrão que roubou qualquer coisa.*

Na beira do mar, devem ser coletados quantos seixos forem os suspeitos dessa questão. Deve-se levá-los para casa e jogá-los no fogo, e enterrá-los na entrada por onde as pessoas chegam. Eles ficam lá por três dias e, então, antes de o sol nascer, devem ser retirados. Em seguida, uma tigela cheia de água deve ser colocada em um círculo, na qual se devem fazer vários sinais da cruz em várias direções, sobre a qual deve ser escrito: "Cristo domina, Cristo reina, Cristo comanda". Um sinal da cruz deve ser feito sobre a tigela e uma forma de conjuração deve ser pronunciada. Então cada pedra deve ser jogada na água, em nome de cada suspeito. Quando a pedra do culpado for colocada, ela fará a água ferver, como se fosse um ferro incandescente. Isso é um mero truque de ilusionismo e pode ser realizado de diversas formas.

¶ *Para arrancar o olho do ladrão.*

Leia os sete salmos penitenciais com a Litania e, em seguida, uma oração horrível para Cristo, e Deus, o pai, com uma praga contra o ladrão. Então no meio de um passo, no chão em que se está, faça um círculo como um olho; escreva nele certos nomes bárbaros e perfure com um martelo de tanoeiro ou enxó ou coloque no meio dele um prego de bronze consagrado, dizendo: *Justus es Domine, e justa judicia tua.* Então o ladrão será revelado por seu grito.

¶ *Outra maneira de encontrar um ladrão.*

Essas são melhores brincadeiras para zombar dos impositores.

Uma tesoura deve ser grudada no aro de uma peneira e duas pessoas devem colocar a ponta de seus indicadores sobre a parte de cima da tesoura, pegando-a do chão virada para cima, e perguntar a *Pedro* e *Paulo* se A, B ou C roubou a coisa perdida e, ao dizer o nome do culpado, a peneira virará. Isso é muito praticado em todas as regiões, causando de fato uma balbúrdia. Pois a pulsação de alguém pode aumentar o movimento, ou ele pode ser causado pelo movimento dos dedos, ou pelo vento que atinge a peneira, etc., como o dono da peneira preferir. Uma causa pode ser a imaginação, alterando a pulsação ao se pensar no sujeito suspeito. A mesma simpatia pode ser feita com um anel firme em uma linha entre o indicador e o polegar, sobre ou dentro de um copo ou taça; o anel baterá contra o lado do receptáculo determinado número de vezes, de acordo com o que pensa a pessoa que o segura, revelando a verdade.

¶ *Uma simpatia para descobrir um ladrão ou frustrar um assalto.*

Quanto a essa questão, em se tratando da detenção de ladrões com palavras, citarei uma simpatia, chamada maldição de *Santo Adalberto*, longa o suficiente para cansar o leitor, e um caráter substancial que abrange tudo o que pertence à fala blasfema ou às maldições permitidas na Igreja *Romana*, como excomunhão e encantamento.

¶ *A maldição de Santo Adalberto ou o feitiço contra ladrões.*

"Pela autoridade do Pai onipotente, do Filho e do Espírito Santo, e pela santa virgem *Maria*, mãe de nosso senhor Jesus Cristo, pelos santos anjos e arcanjos, por *São Miguel e São João Batista*, em nome de *São Pedro* e os demais apóstolos, de *Santo Estevão* e de todos os mártires, de *São Silvestre* e de *Santo Adalberto*, e de todos os confessores, e de *S. Alegand* e todas as virgens santas, e de todos os santos no céu e na terra, que têm poder de prender e soltar, excomungamos, praguejamos, amaldiçoamos e atamos com os nós e as ataduras da excomunhão e segregamos dos limites e das listas de nossa santa madre igreja todos aqueles ladrões, pessoas sacrílegas, apanhadores vorazes, executores, advogados, assistentes, homens ou mulheres, que cometeram esse roubo ou crime ou que tenham usurpado qualquer parte do outro para si.[661] Que seu destino esteja com *Datã* e *Abirão*, que a terra engoliu por seus pecados e orgulho, e que eles tenham parte com *Judas*, que traiu Cristo, Amém; e com *Pôncio Pilatos*, e com aqueles que disseram ao Senhor: 'Afasta-te de nós, não compreenderemos teus caminhos, que os filhos dessas pessoas se tornem órfãos'. Amaldiçoados sejam no campo, no pomar, nos bosques, em suas casas, estábulos, quartos e camas; e amaldiçoados sejam eles na corte, na estrada, na cidade, no castelo, na água, na igreja, no cemitério, no tribunal, na batalha, em suas residências, no mercado, nas suas conversas, no silêncio, comendo, observando, dormindo; e também na bebida, no sentimento ou, ainda, sentando-se, ajoelhando-se e levantando-se, deitados, no ócio, em todos os seus trabalhos, em seu corpo e alma, em suas cinco faculdades mentais e em todos os lugares. Amaldiçoados sejam os frutos de seus úteros, o fruto de suas terras e amaldiçoado seja tudo o que têm. Amaldiçoadas sejam suas cabeças, suas bocas, suas narinas, seus narizes, seus lábios, suas mandíbulas, seus dentes, seus olhos e pálpebras, seus cérebros, o céu de suas bocas, suas línguas, suas gargantas, seus seios, seus corações, suas barrigas, seus fígados, todas as suas entranhas e seu estômago".

"Amaldiçoados sejam seus umbigos, seus baços, suas bexigas. Amaldiçoados sejam suas coxas, suas pernas, seus pés, seus dedos, seus pescoços, seus ombros. Amaldiçoadas sejam suas costas, amaldiçoados sejam seus braços, amaldiçoados sejam seus ombros, amaldiçoados sejam suas mãos e dedos, amaldiçoadas sejam as unhas das mãos e dos pés; amaldiçoados sejam suas costelas e órgãos genitais e seus joelhos, amaldiçoadas sejam a pele de seus corpos e a medula de seus ossos, amaldiçoados sejam eles do topo da cabeça à sola do pé e tudo o que estiver no meio, sejam amaldiçoados, em outras palavras, seus cinco sentidos: visão, audição, olfato, paladar e tato. Amaldiçoados sejam eles na santa cruz, na paixão de Cristo, com suas cinco chagas, com a efusão de

---

661. Nada implica fazer o bem aos nossos inimigos, nem orar por aqueles que nos odeiam e ferem, como Cristo exorta.

seu sangue, e pelo leite da virgem *Maria*. Conjuro-te, *Lúcifer*, com todos os teus soldados, pelo pai, filho e o Espírito Santo,[662] com a humanidade e a natividade de Cristo, com a virtude de todos os santos, que não descanses dia e noite até provocar a destruição deles por afogamento ou enforcamento, que eles sejam devorados por animais selvagens, ou queimados, assassinados por seus inimigos ou odiados por todos os homens vivos. E assim como nosso Senhor deu autoridade a *Pedro* apóstolo e seus sucessores, cujo lugar ocupamos, e a nós (ainda que não o mereçamos), que tudo o que atamos na terra estará atado no céu, e tudo o que desatamos na terra será desatado no céu; portanto, se eles não se emendarem, os expulsaremos dos portões do céu e lhes negaremos um sepultamento cristão, e eles serão enterrados em esterco de asno. Além disso, amaldiçoado seja o solo onde são sepultados, que sejam destruídos no último dia do julgamento, que não conversem entre cristãos, nem recebam a Eucaristia na hora da morte; que eles virem pó diante da face do vento e assim como *Lúcifer* foi expulso do céu, e *Adão* e *Eva* do paraíso, que eles sejam expulsos da luz do dia. Que eles também se unam àqueles a quem o Senhor disse no julgamento[663]: 'Ide, vós que sois amaldiçoados ao fogo eterno, preparado pelo demônio e seus anjos, no qual o verme não morrerá, nem o fogo será extinto. Assim como se apaga a vela, que é tirada da minha mão aqui; que suas obras e sua alma sejam sufocadas no fogo fétido do inferno, exceto aqueles que devolverem o que roubaram, por tal dia, e que todos digam Amém." Depois disso, deve-se cantar, *In media vita in morte sumus, etc.*[664]

Essa maldição terrível acrescida de sino, livro e velas deve realizar milagres. No entanto, entre os ladrões não tem tanto peso, homens sábios e verdadeiros não gostam dela e para aqueles que são roubados ela traz pouco alívio; o apetite dos padres pode ser saciado, mas os bens roubados jamais serão recuperados. Aqui se revela tanto a maldade como a tolice da doutrina papista, cuja impiedade severa é difundida tão impudentemente e anunciada em tal ordem que cada sentença (se servir à oportunidade) deve ser provada herética e diabólica. Mas eu responderei a essa maldição cruel com outra ainda mais leve e civilizada, realizada por um homem tão honesto (ouso afirmar) como aquele que fez a outra, mencionada há pouco.

Aconteceu que um certo *sir John*[665] saiu correndo com seus companheiros e, em uma noite de luar, invadiram o córrego de um moleiro e roubaram todas as suas enguias. O pobre moleiro suplicou a *sir John* por justiça. Este o instou a ficar quieto, prometendo que amaldiçoaria

---

662. Assim eles fazem a santíssima trindade participar de seu exorcismo, ou então não tem negócio.
663. Mateus 15.
664. Isto é, tanto na vida como na morte.
665. Isto é, um padre.

o ladrão e todos os seus comparsas com sino, livro e vela para que eles nem pudessem se regozijar com os peixes. E, portanto, no domingo seguinte, *sir John* o colocou no púlpito, com a sobrepeliz nos ombros e sua estola no pescoço, e pronunciou as seguintes palavras para os presentes: **Uma maldição para o ladrão.**

> *Todos vós que roubastes as enguias do moleiro,*
> *Laudate Dominum de cœlis,*
> *E todos aqueles que consentiram com isso,*
> *Benedicamus Domino.*

Vede (afirmou), pagamos suas enguias com a mesma moeda, meus mestres.

¶ *Outro encantamento.*

Certos padres usam o salmo 108 como um encantamento ou feitiço, ou ao menos dizendo que quando eles o pronunciam contra uma pessoa, ela não vive nem mesmo por um ano.

Capítulo 18

¶ *Um feitiço ou experimento para descobrir uma bruxa.*

In die dominico sotularia juvenum axungia seu pinguedine porci, ut moris est, pro restauratione fieri perungunt: e quando ela entrar na igreja, a bruxa não conseguirá sair, até seus perseguidores a autorizarem.

Proteções contra a bruxaria de acordo com *M. Malef.*, *L. Vairus* e outros.

Mas agora é necessário demonstrar como prevenir e curar todas as maldades realizadas com esses feitiços e bruxarias, de acordo com a opinião do *M. Malef.* e de outros. Um modo principal é pendurar uma ferradura na parte de dentro da porta na entrada da sua casa e, assim, se certificar de que nenhuma bruxa possa entrar lá. E se analisarmos bem, encontraremos essa regra observada em muitas casas. Ou, também, pode-se escrever o seguinte título triunfante na horizontal: *Jesus* ✠ *Nazarenus* ✠ *rex* ✠ *Judæorum* ✠ *Memorandum,* pode-se acrescentar o nome da virgem *Maria*, dos quatro evangelistas ou *Verbum caro factum est.* Ou ainda: em algumas regiões eles também penduram uma cabeça de lobo na porta. Ou ainda: penduram *Scilla* (que é uma raiz ou uma planta bulbosa) no telhado da casa, para afastar bruxas e espíritos e isso eles também fazem com *Alicium.* Ou: o perfume feito com a bile de um cão preto e seu sangue espalhado nos postes e paredes da casa afastam das portas demônios e bruxas. Ou: plantar *Herbe betonica* em casa a deixa livre de todas as maldades. Ou: sabe-se que a Igreja Romana permitia e usava a fumaça de enxofre para afastar espíritos de suas casas, assim como incenso e água-benta. Ou: *Apuleio* diz que *Mercúrio* deu para *Ulisses*, quando ele se aproximou da feiticeira *Circe*, uma erva chamada verbasco, também conhecida como pavio, ou *Tapsus barbatus*, ou pulmonária, o que o protegia dos feitiços. Ou: *Plínio* e *Homero* afirmam que a erva chamada *Molie* é excelente contra encantamentos e dizem que, com ela, *Ulisses* escapou dos feitiços e encantamentos de *Circe*. Esses protetores e defensores funcionavam também de diversas formas e alguns usavam um ou o outro contra encantamentos.

E aqui veremos não apenas como concordam a religião dos papistas e a dos infiéis, mas também como suas cerimônias e suas opiniões são as mesmas a respeito de bruxas e espíritos.

Assim escreve Ovídio a respeito dessa questão[666]*:*

> *Térque senem flamma, ter aqua, ter sulphure lustrat:*
> *Ela purifica com fogo três vezes*
>   *O velho e grisalho Esão,*
> *Três vezes com água, e três vezes com enxofre,*
>   *como ela pensava servir.*

De novo, o mesmo Ovídio fala como antes:

> *Adveniat, quæ lustret anus, lectúmque locúmque,*
> *Deferat e tremula sulphure e ova manu.*
>   *Deixe que alguma velha venha,*
>   *E purgue a cama e o lugar,*
>   *E traga em sua trêmula mão novos ovos*
>   *e enxofre no mesmo caso.*

E Virgílio também tocava na mesma tecla[667]*:*

>   *baccare frontem*
> *Cingite, ne vati noccat mala lingua futuro:*
>   *Com ramos de nardo rústico,*
>   *Uma grinalda ou guirlanda fiz,*
>   *E em sua cabeça e fronte*
>   *Vejo-a decentemente se acomodar;*
>   *Para que uma língua maléfica*
>   *Nosso futuro poeta não atinja.*

Além disso, em momentos de tempestades os papistas costumavam usar, ou tinham a superstição, de tocar seus sinos contra os demônios, confiando mais no badalo dos sinos do que no seu próprio clamor a Deus com jejum e oração (recomendados por Ele em todas as adversidades e perigos), de acordo com a ordem dos padres *trácios*, que

---

666. Ovídio de *Medeia*. Este e os demais trechos foram traduzidos da versão em inglês de Abraham Fleming.
667. Virgílio em *Bucólicas*.

bradariam e gritariam, com todo o barulho que poderiam fazer, nessas tempestades. *Olaus Gothus*[668] diz que seus compatriotas atiravam no ar, para auxiliar seus deuses (que eles achavam estarem discutindo), flechas consagradas, chamadas *Sagittæ Joviales,* exatamente como nossos papistas. Em vez de sinos, eles também tinham grandes martelos, chamados *Mallei Joviales,* para fazer barulho na hora dos trovões. Em algumas regiões eles saem correndo na hora da tempestade, abençoando-se com um queijo, no qual havia uma cruz feita com uma ponta de corda no dia da ascensão. Podiam também jogar três pedras de granizo no fogo em uma tempestade e depois rezar três *Pai-nossos* e três *Ave-Marias,* o evangelho de São *João* e *in fine fugiat tempestas,* um recurso atual. Colocar um ovo posto no dia da ascensão no telhado da casa protegia-a de todos os danos.

Uma conjuração para dissolver granizo.

Além dessas, dizia-se: "Eu os conjuro, granizo e vento, pelas cinco chagas de Cristo, pelos três pregos que perfuraram suas mãos e seus pés e pelos quatro evangelistas: *Mateus, Marcos, Lucas* e *João* que se dissolvam em água". Era também muito comum realizar os sacramentos e venerações, etc., durante tempestades. Contra tempestades, e muitas criaturas mortas, a igreja papista usa a excomunhão como uma simpatia principal.

E para se livrar das bruxas, eles penduram na entrada de suas casas uma erva chamada cipó-doce, cinquefólio, ou então um ramo de oliva, mas também pode ser incenso, mirra, valeriana, verbena, palma, boca-de-leão selvagem, etc.; e espinheira, ou então espinheiro branco, colhido no primeiro dia de maio, ou então a fumaça de uma pena de abibe afastam os espíritos. Há inúmeros exorcismos papistas e conjurações com ervas e outras coisas a serem totalmente feitas para os corpos e as almas de homens e animais e para influenciar o clima. *Observação*: ao colher essas ervas mágicas, devem-se rezar o *Credo* e o *Pai-nosso,* como afirma *Vairus*[669], pois isso não é supersticioso. *Sprenger*[670] também diz que jogar uma galinha preta no ar acabará com todas as tempestades, desde que isso seja feito por uma bruxa. Se encontrar uma alma penada com a aparência de um homem ou de uma mulher à noite,[671] molestando homens, lamentando seus tormentos no purgatório, porque esqueceu de pagar o dízimo, etc. (nem missas ou conjurações podem ajudar), o exorcista deve ir à sepultura desse corpo vestido para a cerimônia e chutá-lo dizendo: "*Vade ad gehennam,* Vade retro para o inferno", e logo a alma vai, lá permanecendo para sempre. Ou então: missas podem ser

---
668. *Olaus Gotus. lib. de gentib. Septentriona lib. 3, cap. 8.*
669. *L. Vairus lib. de fascia. 2, cap. II.*
670. *Mal. Malef. par. 2, quæ I, cap. 15.*
671. Note que uma alma penada nunca será vista de dia.

rezadas com a finalidade de tirar o feitiço de enfeitiçados. Ou então: deve-se cuspir no penico antes de usá-lo. Cuspa também no sapato do seu pé direito, antes de calçá-lo, o que *Vairus* alega ser bom e saudável de fazer, antes de ir para qualquer lugar perigoso. Acredita-se também que para não serem enfeitiçados, caçadores e seus cães devem partir um ramo de carvalho e passar por cima dele. *Santo Agostinho*[672] também diz que para apaziguar o deus *Liber*, para que as sementes plantadas pelas mulheres deem frutos, e seus jardins e plantações não sejam enfeitiçados, alguma matrona distinta costumava colocar uma coroa sobre sua genitália e isso deveria ser feito em público.

Para frustrar um ladrão, uma bruxa ou qualquer outro inimigo e ser libertado do mal.

No dia de Sabá, antes de o sol nascer, corte uma vara de avelã, dizendo: "Corto-te, Ó, ramo do crescimento deste verão, em nome daquele que eu pretendo derrotar ou mutilar". Em seguida, cubra a mesa e diga: ✠ *In nomine patris* ✠ *e filii* ✠ *e spiritus sancti* ✠ *ter*. E batendo nela diga o seguinte (quem conseguir traduzir, pode dizê-la em sua língua): *Drochs myroch, esenaroth,* ✠ *betu* ✠ *baroch* ✠ *ass* ✠ *maaroth* ✠; e em seguida diga: "Santíssima trindade, pune aquele que cometeu este crime e leva-o por tua grande justiça, *Eson* ✠ *Elion* ✠ *emaris, ales, age*", e bata no chão com a varinha.

¶ *Uma simpatia ou remédio notável para retirar a ponta de uma flecha, ou qualquer outro objeto perfurante, de carne ou ossos e não pode ser retirado de outra forma.*

Diga três vezes ajoelhado: *Oremus, præceptis salutaribus moniti, Pater noster, ave Maria*. Então faça o sinal da cruz dizendo: Cavaleiro hebraico[673] perfurou nosso Senhor Jesus Cristo, que te suplico, Ó, Senhor Jesus Cristo ✠ pelo mesmo ferro, lança, sangue e água, arranca este ferro: *In nomine patris* ✠ *e filii* ✠ *e spiritus sancti* ✠

¶ *Simpatias contra uma febre cotidiana.*

Corte uma maçã em três pedaços e escreva em um: o pai é não criado; em outro: o pai é incompreensível; no terceiro: o pai é eterno. Ou então escreva em uma hóstia partida em três pedaços: ó febre a ser venerada; no segundo: ó doença a ser imputada à saúde e às alegrias; no terceiro: *Pax* ✠ *max* ✠ *fax* ✠, e ingira-os em jejum. Ou pinte em três pedaços de hóstia: *Pater pax* ✠ *Adonai* ✠ *filius vita* ✠ *sabbaoth* ✠ *spiritus sanctus* ✠ *Tetragrammaton* ✠, e os ingira, como dito antes.

---

672. *Agostinho, Santo. Decivit. Dei, lib 7, cap. 12.*
673. Esse cavaleiro hebraico foi canonizado: é São Longuinho.

¶ *Para todos os tipos de febres intermitentes*

Um apelo cruzado com outro apelo.

Junte dois pauzinhos de mesmo comprimento no meio, na forma de uma cruz, e pendure no pescoço. Para tratar essa doença os *Turcos* colocam dentro do gibão uma bola de madeira, com outro pedaço de madeira, e batem nele, falando certas palavras frívolas. Certos monges penduravam pergaminhos no pescoço daqueles que estavam doentes, pedindo-lhes que dissessem certas orações a cada crise, e na terceira esperavam que melhorassem e os fazia acreditar que receberiam a cura.

¶ *Talismãs, símbolos, etc. para febres e para curar todas as doenças e livrar de todo o mal.*

Para corpo e alma.

O primeiro capítulo do evangelho de *São João*, em pequenas letras consagrado em uma missa e colocado no pescoço, é um amuleto ou placa votiva que protegia de todas as bruxarias e práticas malignas. Mas, creio eu, se alguém pendurasse um testamento inteiro, ou até uma bíblia, enganaria muitíssimo bem o demônio, assim como fez São Bernardo, que superou o demônio com toda a sua sutileza, depois de este lhe dizer que poderia lhe mostrar sete versículos do Saltério, que repetidos diariamente levariam qualquer homem ao céu e o protegeria do inferno. Mas quando *São Bernardo* quis que o demônio lhe dissesse quais eles eram, ele se recusou, dizendo que não era tolo de se prejudicar. Bem (afirma *São Bernardo*), eu farei bem melhor do que isso,[674] pois recitarei diariamente todo o Saltério. O demônio, ouvindo-o dizer isso, contou-lhe quais eram os versículos, pois se ele lesse todo o Saltério diariamente, seu mérito seria grande demais. Mas se carregar o evangelho de *São João* no pescoço ajuda tanto, o que aconteceria se alguém o comesse?

¶ *Mais simpatias contra febres*

Tônicos preciosos.

Pegue a mão do paciente: *Aequè facilis sit tibi hæc febris, atque Mariæ virgini Christi partus.* Outra opção é banhar-se com o paciente, enquanto entoa o seguinte salmo para si: *Exaltabo te Deus meus, rex, etc.*, ou usar no pescoço um pedaço de prego tirado da cruz envolto em lã. Ou ainda: beber vinho no qual foi mergulhada uma espada que tenha cortado a cabeça de alguém. Ou: pegue três hóstias consagradas e escreva *Qualis est pater talis est vita* na primeira; *Qualis est filius, talis est sanctus* na segunda; e *Qualis est spiritus tale est remedium* na terceira. Então as dê ao doente, recomendando-lhe que não coma nem beba nada mais no dia em que consumir alguma delas, e reze 15 *Pai-nossos* e o mesmo número de *Ave-Marias* em homenagem e louvor da Santíssima Trindade. Outra opção é levar o doente em uma sexta-feira para o sol e dizer: "Este é o dia no qual o Senhor Deus veio para a cruz. Mas como a cruz nunca mais virá

---

674. São Bernardo supera o demônio em todas as suas argumentações.

a ele, então que o acesso quente ou frio dessa febre não mais acometa este homem, *In nomine patris* ✠ *e filii* ✠ *e spiritus* ✠ *sancti* ✠". Então reze 27 *Pai-Nossos* e *Ave-Marias* e use todos esses três dias. Ou então:

> *Fécana, cagéti, daphnes, gebáre, gedáco,*
> *Gébali stant, sed non stant phebas, hecas, e hedas.*

Isso é místico demais para ser "engolido".

O corpo doente deve receber um dia após o outro um pedaço de pão com cada uma dessas palavras escritas anteriormente nessa mesma ordem, e assim será curado. Segundo *Nicolas Hemíngio*, ele as lia por acaso e por brincadeira nas escolas, de modo que alguém notando as palavras praticava a medicina de fato e não só se curava, como também curava muitos outros. E, portanto, ele conclui, esse é um tipo de cura milagrosa, realizada pela ilusão do demônio; se bem que, no entanto, na verdade nenhuma febre terçã durará muito tempo se nenhum remédio for tomado ou nenhuma palavra falada[675]. Ou: a palavra *Abracadabra* escrita em um papel, junto a uma certa figura, e pendurada no pescoço, afastava a febre. Ou: a primeira urina do doente, colhida logo pela manhã, deve ser aquecida nove vezes seguidas, até evaporar. Ou: toque o doente com uma cruz feita com dois gravetos e ele ficará saudável, especialmente se usá-la no pescoço. Ou: durante a crise, beba um pouco de água tirada de três lagos de mesmo tamanho em um recipiente de barro.

Desatinos notáveis de espanhóis e italianos.

No ano do nosso senhor de 1568, os *Espanhóis* e os *Italianos* receberam do papa o seguinte encantamento, que prometia tanto a remissão dos pecados quanto o bom sucesso nas guerras nos Países Baixos. Se esse encantamento não é tão profano e ímpio quanto qualquer bruxaria, deixo a cargo do leitor indiferente. ✠ *Crucem pro nobis subiit* ✠ *e stans in illa sitiit* ✠ *Jesus sacratis manibus, clavis ferreis, pedibus perfossis, Jesus, Jesus, Jesus: Domine libera nos ab hoc malo, e ab hoc peste*; seguido por três *Pai-nossos* e três *Ave-Marias*. Nesse mesmo ano também seus emblemas foram conjurados pela autoridade mencionada com certas cerimônias e consagrados contra seus inimigos. Nas histórias sobre essas guerras, pode-se ver que eles venceram com isso. Além disso, batizaram seu principal estandarte e lhe deram o nome de *Santa Margarida*, que derrotou o demônio. Como o mistério em torno disso será compreendido, prefiro mencioná-lo em outro lugar, pois ele de fato merece a leitura.

¶ *Para hemorragia, ou melhor, uma perda de sangue.*

Pegue um copo de água fria e deixe cair dentro três gotas do sangue. Entre cada uma reze um *Pai-Nosso* e uma *Ave-Maria*, então dê para o paciente beber e pergunte: Quem te ajudará? O paciente deve responder: *Santa Maria*[676]. Então diga: "*Santa Maria* acaba com a hemorra-

---
675. Fernelius.
676. Ele não deve responder a mais ninguém, pois talvez ela tenha a patente dessa cura.

gia". Ou escreva com sangue na testa do paciente: *Consummatum est.* Ou então: diga ao paciente: *Sanguis mane in te, sicut fecit Christus in se; Sanguis mane in tua vena, sicut Christus in sua pæna; Sanguis mane fixus, sicut Christus quando fuit crucifixus:* ter. Ou ainda, o seguinte:

> *No sangue de Adão a morte foi levada*
> *No sangue de Cristo tudo estremecia*
> *E por este mesmo sangue eu te proíbo,*
> *De correr à vontade.*

"Cristo nasceu em *Belém* e padeceu em *Jerusalém*, onde seu sangue foi derramado. Eu te ordeno, pela virtude de Deus e com a ajuda de todos os santos, a ficar parado como o *Jordão*, quando *João* batizou Cristo Jesus; *In nomine patris* ✠ *e filii* ✠ *e spiritus sancti* ✠." Ou faça três cruzes com seu dedo inominável na ferida e reze cinco *Pai-nossos*, cinco *Ave-Marias* e um *Credo*, em homenagem das cinco chagas. Ou então, toque aquela parte e diga: "*De latere ejus exivit sanguis e aqua*". Ou ainda: "*In nomine patris* ✠ *e filii* ✠ *e spiritus sancti* ✠ *&c. Chimrat, chara, sarite, confirma, consona, Imohalite*". Ou: "*Sepa* ✠ *sepaga* ✠ *sepagoga* ✠ *sta sanguis in nomine patris* ✠ *podendi* ✠ *e filii* ✠ *podera* ✠ *e spiritus sancti* ✠ *pandorica* ✠ *pax tecum, Amen*".[677]

¶ *Curas iniciadas e terminadas com bruxaria*

A farsa impudente do cirurgião.

Havia um bom camarada que dizia ser um cirurgião notável, no ducado de *Mentz*, 1567, a quem um cavalheiro adoentado chamado *Elibert* recorreu com um lenço na testa, como era de praxe aos doentes. Mas o cirurgião mandou que ele tirasse o lenço e exigiu que bebesse profusamente com ele. O doente disse que não deveria beber, pois foi proibido pelo médico. Bobagem (disse o homem ardiloso), eles não conhecem sua doença; vá por mim e entregue-se à bebida. Pois o rapaz achou que quando o doente estivesse embriagado seria enganado com mais facilidade nesse trato e sua recompensa seria ainda maior, que ele deveria receber em parte de antemão. Quando eles ficaram bêbados, ele chamou o doente de lado e contou-lhe a gravidade e o risco de sua doença; como ela piorava com bruxaria e que se espalharia por toda sua casa, e entre seu gado, se não fosse prevenida, e impudentemente convenceu o doente a ser curado por ele[678]. E depois de o trato ser feito, ele perguntou ao doente se tinha alguém na sua casa em quem ele confiava cegamente. O doente respondeu que ele tinha uma filha e uma criada. O farsante perguntou quantos anos tinha sua filha. O paciente respondeu: 20. "Bem, disse o farsante, isso serve." Então ele fez a mãe e o pai ajoelharem-se diante da filha e pedir-lhe acima de todas as coisas que obedecesse ao médico e fizesse tudo o que ele mandava, caso contrário

---
677. Ver *J. Wier. cap. 2, conf.*
678. A cirurgia aqui, mais impudente, resolve seu problema.

seu pai não recuperaria a saúde. Os pais humildemente suplicaram-lhe de joelhos. Então ele pediu que a filha levasse para ele em sua residência: o cabelo do pai, da mãe e de todos aqueles que moravam em sua casa, tanto de homens e mulheres como os pelos do gado. Quando ela foi até a casa dele, segundo o acordo feito e a ordem de seus pais, ele a levou a um aposento no piso inferior, onde, depois de fazer um longo discurso, abriu um livro que deixava em uma mesa e colocou sobre ele duas facas cruzadas, com muitas palavras pomposas. Fingiu conjurar e fez sinais estranhos, e depois, fez um círculo no chão onde mandou que ela fincasse uma daquelas facas conjuradas e após muitas outras palavras estranhas, mandou-lhe que fincasse a outra faca do lado. Então a donzela desmaiou de medo e ele foi obrigado a esfregar sabão em sua boca, depois do que ela ficou muito surpresa e perturbada. Então ele despiu os seios da moça e os acariciou por muito tempo. Em seguida, a fez deitar-se de barriga para cima, despindo-a completamente. Nesse momento, a donzela, não querendo mais lhe obedecer, resistiu e, envergonhada, proibiu essa vilania. Então disse o patife: "A ruína de seu pai está próxima, pois, exceto se me obedeceres, ele e toda sua família terão um sofrimento e inconveniência maiores do que tiveram até agora. E a menos que desejes a completa ruína de seu pai, o único remédio é eu ter uma cópula carnal contigo". Dito isso, ele chupou-lhe os seios, dominou-a e tirou-lhe a virgindade. Assim ele fez no segundo encontro e tentou o mesmo no terceiro dia[679]. Mas ele não conseguiu, como a moça confessou depois. Enquanto isso, o farsante ministrava remédios tão cruéis ao doente que com esses tormentos este temia uma morte iminente e era obrigado a permanecer na cama, enquanto antes, porém, caminhava muito bem e com entusiasmo. O paciente em seus tormentos pediu-lhe remédio e ele, agindo com negligência, deu licença para que a filha acompanhasse o pai, que lhe perguntou o que ela achava da cura e se ela tinha esperança na sua recuperação. Ela, então, angustiada, chorava em silêncio até que, enfim, cheia de sofrimento, confessou tudo ao pai. Assim conta *Johannes Wierus*, que ouviu o relato lamentável do próprio pai. E esse relato serve para alertar aos homens que prestem atenção a esses mercadores farsantes e saibam que eles só parecem tão hábeis bruxos para aqueles que estiverem enfeitiçados, como mestre *Elibert* e sua filha foram.

¶ *Outra bruxaria ou farsa, praticada pelo mesmo cirurgião.*

Esse cirurgião ministrou a um nobre, que caiu doente com febre, três pedaços de uma raiz para serem comidos em três vezes, dizendo na primeira: Cristo não deveria ter nascido; na segunda: Cristo não deveria ter sofrido; na terceira: Cristo não deveria ter renascido.[680] E então, pendurando-os no pescoço do homem, exclama: "Ânimo!" E se ele os

---
679. *Ad vada tot vadit urna quòd ipsa cadit.*
680. Três pedaços: o primeiro encantado com o nascimento de Cristo, o segundo com sua paixão e o terceiro com sua ressurreição.

perdesse, quem os encontrasse deveria levar junto consigo a febre do enfermo. Ou então: ✠ Que Jesus Cristo nascido te livres dessa enfermidade; ✠ Que Jesus Cristo morto te livres dessa enfermidade; ✠ Que Jesus Cristo renascido ✠ te livres dessa enfermidade. Então devem ser rezados diariamente cinco *Pai-nossos* e cinco *Ave-Marias*.

¶ *Outro experimento para alguém enfeitiçado.*

Um médico farsante e um paciente tolo

Outro farsante desses convenceu alguém com um abdômen timpanizado de que aquilo era causado por uma víbora velha e duas jovens, colocadas em sua barriga por meio da bruxaria. Mas depois de observar que ele não expeliu os vermes em suas fezes das purgações, ele contou ao paciente que sentiria dores como as de um parto, se não tentasse com mais afinco e, por isso, deveria colocar a mão em seu traseiro e arrancar os vermes de lá. Mas a mãe do doente, alerta, disse que ela mesma poderia fazer isso. A farsa então foi exposta, o doente morreu da doença e o farsante fugiu da região.

¶ *Outro caso.*

*J*ohn *Bodin* fala de uma bruxa que, na tentativa de curar uma mulher enfeitiçada, mandou que rezassem uma missa à meia-noite na capela de Nossa Senhora. E depois de ela se reclinar sobre a doente e respirar certas palavras nela, a mulher foi curada. A respeito disso, *Bodin* diz que ela seguiu o exemplo de *Elias*, o profeta, que ressuscitou o *Sunamita*. E essa história deve ser verdade, pois o pai de família *Hardivin Blesensis*, seu anfitrião, sob o signo de Leão contou-lhe a história.

¶ *Um truque para saber se alguém foi ou não enfeitiçado, ou não, etc.*[681]

Também é oportuno aprender se um doente foi enfeitiçado ou não, isto é, descobrir a prática em si. Deve-se segurar chumbo derretido sobre o doente e despejá-lo em uma tigela cheia de água e, então, o surgimento de qualquer imagem no chumbo é um sinal de que o paciente foi enfeitiçado.

---

681. *Mal. Malef. pa. I, quæ 17, Barth. Spin. in novo Mal. Malef.*

Capítulo 19
Que uma feitiçaria pode ser combatida legalmente por outra.

Scotus, Hostiensis, Gofridus e todos os canonistas concordam que é lícito afastar bruxaria com bruxaria, *Et vana vanis contundere.* Segundo *Scotus*[682] seria tolice não combater bruxaria com bruxaria, pois (afirma) não há nenhuma inconveniência nisso, porque aquele que combate a bruxaria não consente com os trabalhos do demônio. E, portanto, ele diz ainda, é merecido extinguir e destruir os trabalhos do demônio dessa forma. Como se dissesse: não faz diferença, embora *São Paulo* diga: *Non facies malum, ut indè veniat bonum* (Não faças o mal para que o bem venha dele). *Humberto*[683] diz que a bruxaria pode ser afastada pelo mesmo meio com que foi produzida. Mas *Gofredus*[684] censurou o melindre contra os oponentes de tal ideia. Papa *Nicolau V* concedeu indulgência e licença para o bispo *Miraties* (que foi tão enfeitiçado em seus genitais que não poderia usar o dom do ato venéreo) buscar remédio das mãos de uma bruxa. E esta foi a cláusula de sua dispensa: *Ut ex duobus malis fugiatur majus*, de que de dois males, o maior deveria ser evitado. E, assim, uma bruxa, tirando seu gibão, curou-o e matou a outra bruxa, segundo a história, que pode ser vista no *M. Malef.* e em vários outros autores.

Capítulo 20
Quem é imune às bruxas, quais corpos são mais aptos a serem enfeitiçados ou virarem bruxas, por que mulheres se tornam mais bruxas do que homens e o que elas são.

Agora se soubermos quem e quais pessoas são imunes às bruxas, entenderemos que existem mesmo aqueles que não podem ser enfeitiçados. Os primeiros são os inquisidores, aqueles que exercem justiça pública contra elas[685]. No entanto, um juiz de paz em *Essex* (a respeito de quem há mais informações em um livro a ser publicado), cujo nome não mencionarei por diversos motivos, achava há pouco tempo que tinha sido enfeitiçado no exato instante em que examinava a bruxa, tanto que ele quebrou a perna em seguida, etc. Ou tal história é falsa ou tal regra era ilícita, de qualquer forma as duas coisas são ofensivas à providência de Deus. O segundo grupo de indivíduos imunes são aqueles que observam devidamente os ritos e as cerimônias da santa igreja e os tratam com reverência, tais como aspergir água-benta ou receber o sal sagrado, usar licitamente velas consagradas no dia da

---
682. *Scotus in 4. disctinct. 34. de imperio.*
683. *Dist. 4.*
684. *Gofredus in summa sua.*
685. *Mal. Malef. par. 2, quæ 1, cap. 1.*

Candelária e folhas verdes consagradas no domingo de Ramos (coisas que, segundo eles, a Igreja usa para a qualificação do poder do demônio); estes, enfim, são protegidos da bruxaria. Em terceiro lugar, há alguns protegidos por seus bons anjos, que os auxiliam e guardam.

Mas não posso omitir aqui os motivos alegados para provar quais corpos são mais aptos e eficazes de executar a arte do encanto. Isto é, primeiro eles dizem a força dos corpos celestiais, que comunicam indiferentemente suas virtudes a homens, animais, árvores, pedras, etc. Mas esse dom e influência natural do encanto podem ser maiores no homem, de acordo com seus afetos e perturbações, tais como raiva, medo, amor, ódio, etc. Por causa do ódio (segundo *Vairus*)[686], uma inflamação ardente alastra-se pelos olhos do homem, e o ódio é emitido violentamente por raios e jorros, etc., que infectam e enfeitiçam os corpos a quem se opõem. Portanto, ele considera (a respeito das mulheres) esse o motivo pelo qual há muito mais mulheres bruxas do que homens. Pois (segundo ele) elas têm naturalmente uma força tão desenfreada de fúria e concupiscência que não lhes é possível ajustá-la ou moderá-la[687]. De modo que em cada ocasião rotineira, elas (como animais brutos) fixam seus olhos furiosos em quem enfeitiçam (muito como as bruxas que enfeitiçam com o olhar, que mencionei em outro ponto). Acontece com isso que enquanto as mulheres, por terem uma maravilhosa natureza inconstante, quando lhes acontecia algum revés, toda a paz de espírito sumia imediatamente e elas ficavam tão perturbadas com humores malignos que os emanavam em sua respiração venenosa, geravam por sua dieta desfavorecida e aumentavam ao expelirem excrementos perniciosos. Mulheres também ficam (segundo ele) mensalmente cheias de humores supérfluos e, com eles, o sangue melancólico ferve e dele sobem vapores que penetram nas narinas e na boca, etc. para enfeitiçar quem encontrar. Pois elas arrotam certo ar, com o qual enfeitiçam quem quiserem. E dentre todas as mulheres, as mais magras, de olhos encovados, sobrancelhas salientes e velhas (segundo ele) são as mais infecciosas.[688] Decerto, afirma que corpos quentes, finos e magros são mais sujeitos a serem enfeitiçados, se estiverem úmidos, e em geral todos aqueles cujas veias, traqueias e passagens corporais estiverem abertas. Por fim, ele diz que todas as coisas belas logo estão sujeitas a serem enfeitiçadas: jovens bonitos, mulheres belas, aqueles que nascem para serem ricos, animais vistosos, belos cavalos, plantações de trigo exuberantes, belas árvores, etc. De fato, um amigo dele lhe disse que viu alguém quebrar uma pedra preciosa em pedaços com o olhar. E contou tudo isso com tanto juízo que parecia ser verdade. E se fosse, mulheres honestas podem ser bruxas, apesar de todos os inquisidores; além disso, ninguém evitaria uma bruxa, a menos que se trancasse em um quarto.

---

686. L. Vairus, lib. de fascin. 1, c. 12.
687. Muito parecidas com as bruxas que mordem, das quais já falamos.
688. São as mais prováveis de enfeitiçar e serem enfeitiçadas.

Capítulo 21

Quais milagres os perseguidores de bruxas relatam ter sido realizados pelas palavras das bruxas, etc.; contradições dos perseguidores entre si, como animais são curados, manteiga enfeitiçada, um feitiço contra bruxas e um contrafeitiço, os efeitos de feitiços e palavras provados por L. Vairus como milagrosos.

Recitar todos os feitiços e simpatias daria um trabalho infinito. Pois os autores sobre bruxaria acreditavam que quase qualquer coisa podia acontecer e não importava se as palavras do feitiço eram compreensíveis ou não, desde que o feiticeiro tivesse a intenção segura de realizar seu desejo. Então, o que não pode ser feito com palavras? Pois *L. Vairus* diz que anciãs debilitaram e mataram crianças com palavras e fizeram grávidas abortarem; elas fizeram homens consumirem-se até a morte, mataram cavalos, privaram as ovelhas de seu leite, transformaram homens em animais (segundo o que diz *Ovídio* em *Proteu e Medeia*: *Nunc aqua, nunc ales, modò bos, modò cerbus abibat*); voavam, controlavam e domesticavam animais selvagens, tiravam todos os animais e vermes nocivos de cereais, videiras e ervas, encantavam serpentes, etc. e tudo com palavras. Tanto que ele diz que com certas palavras sussurradas no ouvido de um touro por uma bruxa, ele cai morto no chão. De fato, algumas pessoas graças às palavras enfrentaram uma espada afiada e caminharam sob carvão incandescente sem se machucar; com palavras (afirma), cargas e fardos muito pesados foram aliviados e com a palavras cavalos e touros selvagens foram domados, assim como cachorros loucos; com palavras, elas mataram larvas e outros vermes, e controlaram todos os tipos de hemorragias e fluxos; com palavras, todas as doenças do corpo humano são curadas e os ferimentos tratados; flechas são com uma estranheza e uma astúcia maravilhosas arrancadas dos ossos dos homens. Realmente (afirma) há muitas que podem curar qualquer mordida de cachorros ou picada de serpente ou qualquer outro veneno apenas com palavras. E o que é ainda mais inusitado, diz, elas podem curar qualquer estranho, mesmo ausente, com a mesma espada com a qual foi ferido. Mais admirável ainda: se elas empurrarem com os dedos a espada de baixo para cima, o sujeito não sentirá dor, ao passo que se impulsionarem para baixo logo em seguida, o ferido sentirá uma dor insuportável. São várias as outras curas, feitas totalmente pela força das palavras pronunciadas.

Neste momento, aliás, não posso omitir o lembrete especial, mencionado no *M. Malef.*[689], que não se pode aspergir água-benta em animais enfeitiçados, mas ela deve ser derramada em suas bocas.

---

689. *Mal. Malef. par. 2, quæ 2, cap. 7*.

Entretanto, ele e também *Nider*⁶⁹⁰ dizem: "É legítimo abençoar e santificar tanto animais como homens; ambos com feitiços escritos e também com palavras sagradas pronunciadas". Pois (diz *Nider*)⁶⁹¹ se sua vaca estiver enfeitiçada, três sinais da cruz, três *Pai-nossos* e três *Ave-Marias* certamente a curarão, assim como todas as outras cerimônias eclesiásticas. Há a *Máxima* de que os libertos da bruxaria pela confissão são molestados para sempre à noite (creio que por seus padres em espírito). Perdem também seu dinheiro e esquifes, como o *M. Malef.* diz que sabe por experiência. Uma regra geral apresentada também pelo *M. Malef.*⁶⁹² a todas as fabricantes de manteigas e laticínios é que elas não devem dar nem emprestar manteiga, leite ou queijo a nenhuma bruxa⁶⁹³, que costuma pedir sempre que quer fazer maldades para suas vacas ou animais de carne branca. Embora de fato haja no leite três substâncias misturadas: manteiga, queijo e o soro, se ele ficar guardado por tempo demais, ou em um lugar inadequado ou se for usado com tanto desleixo que fica velho e azedo, o que acontece às vezes no inverno, mas mais frequentemente no verão, quando é posto no fogo, o queijo e a manteiga se misturam e se solidificam de tal modo que grudam como um visco e, em pouco tempo, ficará tão seco que se poderá batê-lo até virar pó. Alteração essa que por ser tão estranha causa admiração e é atribuída a bruxas. E a partir daí, às vezes, questiona-se por que a manteiga não foi produzida, e quando as pessoas simples veem que isso aconteceu, tiram da casa da suspeita de bruxaria um pouco de manteiga, com a qual fazem três bolas, em nome da santíssima trindade e, então, se as baterem, a manteiga aparecerá, pondo fim à bruxaria; *Sic ars deluditur arte*. Mas se batermos um pouco de açúcar ou sabão em meio ao creme, a manteiga nunca surgirá, o que é uma bruxaria simples, se for realizada em segredo, com habilidade e da forma exata. Existem 20 formas de fazer manteiga, que omito em nome da concisão, tais como amarrar o produto batido com uma corda, jogar dentro um espeto ardente, etc., mas o melhor remédio – e modo mais certo – é observar de perto sua criada para que ela nunca coma o creme nem venda a manteiga.

¶ *Um feitiço para descobrir aquela que enfeitiçou suas vacas.*

Coloque uma calça na cabeça da vaca e expulse-a do pasto com um porrete em uma sexta-feira, e ela correrá direto para a porta da bruxa e baterá lá com seus chifres.

---

690. *Nider in præceptorio, præcept. I. Cap. II.*
691. *Nider in fornicario.*
692. *Mal. Malef. part. 2, cap. 8.*
693. O que seria uma boa forma de fazer as mulheres pobres morrerem de fome.

¶ *Outro para todo aquele que enfeitiçou algum tipo de gado.*

Quando algum animal do rebanho for morto com bruxaria, deve-se correr até o lugar onde está a carcaça para pegar as vísceras do animal e levá-las para dentro sem passar pela porta, mas entrando pela cozinha, fazer uma fogueira com uma grelha em cima e lá colocar as vísceras ou entranhas. Enquanto elas esquentam, os intestinos das bruxas serão atingidos com calor e dor extremos. Mas deve-se então trancar as portas, senão a bruxa virá e tirará um carvão da sua fogueira, para acabar com seu sofrimento. Sabemos pelo *M. Malef.* que quando a bruxa não aparece, toda a casa fica tão escura, e o ar em volta dela tão turbulento, com tantos barulhos horríveis e terremotos, que a menos que a porta seja aberta, pensaríamos que a casa caiu sobre nossa cabeça. *Tomás de Aquino,* o principal tratadista sobre o assunto, permite conjurações contra crianças trocadas e em vários casos, a respeito dos quais direi mais ao mencionar a palavra *Iidoni.*

¶ *Um feitiço especial para proteger todo o gado da bruxaria.*

A época da festa deve ser observada para o feitiço dar certo.

Na Páscoa, devem-se coletar certas gotas que ficam na parte de cima da santa vela pascal e produzir com elas uma pequena vela de cera. Em uma manhã de domingo, ela deve ser acesa e segurada, para as gotas caírem entre os chifres e as orelhas do animal, enquanto se diz: *In nomine patris, e filii, et duplex s. s.*; queime o animal um pouco entre os chifres ou as orelhas com a mesma cera, e o que sobrar dela grude-a no formato de uma cruz no estábulo ou na entrada ou em cima da porta por onde o gado costuma entrar e sair e, por um ano, seu gado jamais será enfeitiçado. Em outra opção, *Jacobus de Chusa Carhusianus* demonstra como se conjura pão, água e sal, e diz que se um homem ou o animal receberem pão consagrado e água-benta por nove dias, com três *Pai-nossos* e três *Ave-Marias,* em glória da trindade, e de *Santo Huberto,* esse mesmo pão e essa água salvaguardam homem ou animal de todas as doenças e os protege contra todos os ataques de bruxaria, de Satã ou de um cachorro louco, etc.

Este é, enfim, o material considerado pelo menos eficaz, se não benéfico, por todos os papistas e caçadores de bruxas, especialmente pelos últimos, e também pelos mais orgulhosos autores. Deus sabe, contudo, que a apregoada eficácia e seus motivos são desprezíveis e absurdos. Pois eles escrevem assim de tal modo a desprezarem o assunto em questão e isso significa desaparecer com isso. Pois *L. Vairus*[694] diz no início do seu livro não ter dúvidas desse assunto sobrenatural, porque: vários autores concordam com isso; muitas histórias confirmam; diversos poetas lidam com o mesmo argumento; nas 12 tábuas há uma lei contra tal prática; o povo consente totalmente; o louvor imoderado deve ser

---
694. *L. Vair. lib. de fasci. I, cap. I*

aceito como um tipo de bruxaria; mulheres anciãs têm tais encantos e meios supersticiosos para se protegerem disso; porque aqueles que tiram o crédito de tais milagres são ridicularizados; e porque *Salomão*[695] diz: *Fascinatio malignitatis obscurat bona*; e porque o apóstolo diz: *O insensati Galatæ, quis vos fascinavit?*[696] E porque está escrito: *Qui timent te, videbunt me*[697]. E, por fim, ele diz, para que não se desconfie e se tire o crédito de homens tão sérios, de histórias e da opinião comum de todos os homens, ele não pretende de forma alguma provar que há uma obra milagrosa por meio da bruxaria e feitiço; e assim prossegue Vairus, de acordo com sua promessa.

Capítulo 22
Feitiços lícitos, ou melhor, curas medicinais para o gado doente.
O feitiço dos feitiços e seu poder.

Mas se alguém quiser aprender feitiços verdadeiros e lícitos para curar o gado doente, mesmo aqueles com uma doença extraordinária, enfeitiçados ou (como dizem) estranhamente capturados, deve pesquisar no terceiro livro de *B. Googe*, a respeito de gado e, felizmente, haverá algum bom remédio ou cura; ou quem quiser ver algo mais antigo, deve ler os quatro livros de *Vegetius* com referência a isso ou, quem for iletrado, deve buscar algum médico astuto de animais. Se nada disso servir, então coloque a paciência de *Jó* diante de seus olhos. E jamais ache que uma pobre anciã pode alterar de maneira sobrenatural o curso notável que Deus estipulou entre suas criaturas. Se fosse a vontade de Deus permitir tal curso, ele sem dúvida teria avisado em sua palavra que deu tamanho poder a elas e também teria ensinado remédios para impedi-las.

Além disso, se alguém conhecer meios garantidos e feitiços infalíveis, produzindo remédios realmente indubitáveis e prevenindo todo tipo de bruxaria, além dos ataques de espíritos malignos, então despreze toda a mentira de padres, bruxas e farsantes e com uma fé verdadeira leia o sexto capítulo da epístola de *São Paulo aos Efésios* e siga este conselho, ministrado nas seguintes palavras, que recebe o merecido nome de:

O feitiço dos feitiços

Finalmente, meus irmãos, fortalecei-vos no Senhor e na força de seu poder. Revesti-vos da armadura de Deus para poderdes resistir às investidas do diabo. Pois não combatemos contra sangue nem contra carne, mas contra Principados e Autoridades, e contra os Governantes deste mundo

---

695. Sabedoria 4.
696. Gálatas 3.
697. Salmos 119.

das trevas, contra a maldade espiritual, que estão nos lugares mais elevados. Por isso deveis vestir a armadura de Deus para poderdes resistir no dia mau e sair firme de todas as coisas. Portanto, levantai-vos e cingi vossos quadris com a verdade e revesti-vos da couraça da justiça, etc.; como aparece nos versículos 15, 16, 17, 18 deste capítulo, em 1 Tess. 5; 1 Pedro 5, versículo 8; Efésios 1; e em outros lugares na santa escritura.

¶ *Alternativa*

No caso de iletrados que querem o conforto de amigos, devem recorrer a algum evangelista letrado, devoto e prudente. Caso necessitem, devem procurar um médico letrado, que por aprendizado e experiência conhece e pode discernir a diferença, os sinais e as causas dessas doenças, que homens infiéis e médicos inexperientes atribuem à bruxaria.

Capítulo 23

Uma refutação da força e da virtude falsamente atribuídas a feitiços e amuletos pelas fontes de autores antigos, tanto teólogos como médicos.

Minha intenção não é que essas palavras literais possam trazer algum alívio ou conforto ou que seja saudável para seu corpo ou sua alma portá-las no pescoço, pois eu desejaria que a Bíblia inteira fosse usada, o que seria mais eficaz do que qualquer parte dela. Mas não vejo que os apóstolos ou qualquer um deles na igreja primitiva carregassem consigo o evangelho de *São João* ou algum *Agnus Dei* com o intuito de se protegerem de bichos-papões, nem que olhassem nos quatro cantos, no telhado ou na soleira da porta para encontrar bruxaria e assim queimá-la para se libertar dela, de acordo com as regras papistas. Com versos e preces a santos, em tais e tais horas, eles também não tentam obter graça nem falam de nenhuma anciã que realiza tais proezas[698]. Cristo também não usou nem mandou em nenhum momento que água-benta ou cruzes fossem usadas como terrores contra o demônio, que não tinha medo de atacar quando estava na terra. Portanto, não tem fundamento pensar que ele teme essas ninharias ou qualquer coisa externa. Rejeitemos, portanto, essas fábulas ímpias[699]. Pois (como afirma *Orígenes)*[700] *Incantationes sunt demonū irrisiones idololatriæ fæx, animarum infatuatio, &c.*

Cristóstomo questiona[701]: "Alguns carregam no pescoço um pedaço do evangelho. Mas ele não é lido diariamente e ouvido por todos os

---

698. *Mal. Malef. part. 2, qu. 2, cap. 6.*
699. 1Timóteo 4, 7.
700. *Orígenes lib. 3, in Job.*
701. *J. Crisóstomos in Mateus.*

homens?⁷⁰² Mas se eles não melhorarem colocando-o em seus ouvidos, como serão salvos, carregando-o no pescoço?" E continua: "Onde está a virtude do evangelho? Na figura da letra ou na compreensão do sentido? Se for na figura, fazes bem em usá-lo no pescoço, mas se for na compreensão, então deves guardá-lo no coração". *Santo Agostinho* afirma⁷⁰³: "Os ministros fiéis devem censurar e dizer ao seu povo que essas artes mágicas e feitiços não trazem remédio às enfermidades de homens nem do gado, etc.".

Os filósofos pagãos, no último dia, amaldiçoarão a infidelidade e a tolice brutal de nossos perseguidores de bruxas cristãos, ou melhor, anticristãos e profanos. Pois assim como diz *Aristóteles* que *Incantamenta sunt muliercularum figmenta*, *Sócrates* (que era considerado hábil nisso) afirma que *Incantationes sunt verba animas decipientia humanas*. Outros dizem: *Inscitiæ pallium sunt carmina, maleficium, e incantatio*. *Galeno*⁷⁰⁴ também declara que aqueles que atribuem o mal e as doenças a uma fonte divina, e não a causas naturais, são bruxos, conjuradores, etc. *Hipócrates*⁷⁰⁵ os chama de arrogantes, e em outro lugar afirma que em seu tempo havia muitos impostores e farsantes que tentariam curar o mal, etc. com o poder e a ajuda de demônios, enterrando alguns sortilégios ou feitiços ou lançando-os no mar, conclui, portanto, que eles são todos impostores e farsantes, pois Deus é nosso único protetor e libertador. Que declaração notável de um filósofo pagão!

---

702. Observe que não era em latim.
703. *Agostinho 26, quæ, ultim.*
704. *Galeno in lib. de comitiali morbo.*
705. *Hipócrates lib. de morbo sacro.*

Décimo Terceiro Tomo
Capítulo 1

O significado da palavra hebraica Hartumim, *onde ela é encontrada nas escrituras e suas diversas traduções; de que forma a objeção dos magos dos faraós é respondida depois neste livro; e também como a magia natural não é o mal em si.*

Hartumim não é uma palavra hebraica natural, mas um empréstimo de outra nação. Todavia, é usada pelos hebreus nos seguintes lugares: *Gênesis 4, 1, 8, 24; Êxodo 7, 13, 24 e 8, 7, 18 e 9, 11; Daniel 1, 20 e 2,2.* Jerônimo às vezes a traduz como *Conjectores*, às vezes *Malefici* ou ainda *Arioli*, que a maioria traduz como feiticeiras. Mas o significado correto de *Hartumim* pode ser inferido, pois esse é o termo pelo qual os feiticeiros do *faraó*, sendo magos do *Egito*, eram chamados. No entanto, no Êxodo eles eram chamados em algumas traduções latinas de *Venefici*. O *Rabino Levi* diz que a palavra mostra aqueles que fazem coisas estranhas e maravilhosas natural, artificial e enganosamente. O *Rabino Isaac Natar* afirma que recebiam essa denominação aqueles que entre os gentios professavam uma sabedoria singular. Para *Aben Ezra*, o termo refere-se àqueles que conhecem os segredos da natureza e a qualidade de pedras e ervas, etc., obtidos pela arte, principalmente pela magia natural. Mas nós, por falta de palavra ou conhecimento, os chamamos todos pelo nome e termo de bruxos.

Certamente, Deus dotou corpos com graças maravilhosas, que o homem ainda não conhece perfeitamente. Se, por um lado, há entre eles amor, sociedade e consentimento mútuos, por outro, tamanha discórdia natural e inimizade secreta que, dessa maneira, muitas coisas são realizadas para a perplexidade da capacidade humana. Mas quando o engano se une às palavras diabólicas, estende-se à bruxaria e à conjuração, às quais se atribuem falsamente esses efeitos naturais. Portanto, aqui terei oportunidade para dizer algo, a respeito da magia natural, pois sob ela se oculta a malignidade dessa palavra *Hartumim*. Essa arte é considerada por alguns a profundeza e a perfeição absoluta da filosofia natural, apresentando sua parte ativa e com o auxílio de virtudes naturais; pela aplicação conveniente de tais virtudes, obras são publicadas, excedendo toda a capacidade e admiração, entretanto, não tanto pela arte quanto pela natureza.

Essa arte em si não é má, pois consiste em investigar a natureza, as causas e os efeitos das coisas. Até onde sei, foi mais corrompida e profanada por nós, cristãos, do que por judeus ou pagãos.

Capítulo 2

Como os filósofos do passado trabalharam para o conhecimento da magia natural, o conhecimento de Salomão a esse respeito, quem deve ser chamado de mago natural, uma distinção disso e por que é condenado como bruxaria.

Muitos filósofos, tais como *Platão, Pitágoras, Empédocles, Demócrito*, entre outros, viajaram por todo o mundo para descobrir e conhecer essa arte e, quando retornaram, a louvaram e ensinaram, a proferiram e publicaram. Decerto, pareceria pelos magos que vieram a adorar Cristo que o conhecimento e a reputação de tal arte eram maiores do que podemos imaginar ou estimar. Mas, dentre todos, *Salomão* foi o maior divulgador dela, como vemos no livro *Eclesiastes* e principalmente no livro da *Sabedoria*, no qual ele diz: "Deus me deu a verdadeira ciência das coisas, tanto que conheço como o mundo foi feito, o poder dos elementos, o início, o meio e o fim dos tempos, a alteração das horas e a mudança das estações, o curso do ano e a situação das estrelas, a natureza dos seres vivos e a fúria dos animais, o poder do vento e as imaginações dos homens, as diversidades das plantas e as virtudes das raízes, e todas as coisas secretas e conhecidas, etc.".[706] Enfim, ele tinha tamanha habilidade nessa arte que dizem ter sido um conjurador ou feiticeiro e até hoje tem essa reputação na Igreja Romana[707]. Pode-se ver, assim, como tolos e papistas estão propensos a creditar falsas acusações em matéria de bruxaria e conjuração. Quanto menos conhecemos essa arte, mais a desprezamos; a respeito do que *Platão* diz de fato a *Dionísio*: "Fazem da filosofia um arremedo aqueles que a passam para pessoas profanas e rudes". Pelas palavras a seguir, deduzem-se a feitiçaria, a conjuração e o encantamento imputados a *Salomão*[708]: "Dediquei minha mente ao conhecimento e a investigar e explorar a ciência, a sabedoria e a compreensão, a conhecer a tolice do incrédulo e o erro de parvos idólatras". Nessa arte da magia natural (sem dar muita atenção) um aluno logo será abusado. Pois muitos (escrevendo por ouvir falar, sem experiência própria) interpretam mal seus autores e confundem uma coisa com outra. Então como as conclusões são falsas, o experimento é menosprezado e, no fim, parece ridículo, embora nunca tão verdadeiro. *Plínio* e *Alberto*, autores curiosos, são muitas vezes enganados, tanto que chamam *Plínio* de nobre mentiroso e *Alberto* de mentiroso grosseiro, pois um mente por ouvir falar, o outro por autoridade.

---

706. Sabedoria 7, 17-20.
707. Veja Iidoni.
708. Eclesiastes 1 e 13-17.

Descrição de um mago e da arte.

Um mago de fato é aquele que os latinos chamam de sábio, como *Numa Pompilius* era entre os romanos; os gregos de filósofo, tal como *Sócrates* era; os *egípcios* de sacerdote, como era *Hermes*; os cabalistas de profetas. Mas embora eles caracterizassem essa arte, eram responsáveis pela parte infame dela, por serem muito dados à curiosidade perversa, vã e ímpia, tanto quanto a movimentos, números, figuras, sons, vozes, tons, luzes, afetações mentais e palavras; e pela outra parte louvável, ensinando muitas coisas boas e necessárias, como as ocasiões e estações para semear, plantar, arar, podar, etc. e várias outras coisas que mencionarei depois. Entretanto, em geral nós condenamos toda a arte, sem distinção, como parte da bruxaria; aprendendo a odiá-la antes mesmo de conhecê-la. Consideramos bruxaria tudo aquilo o que nossas cabeças ignorantes não compreendem e, mesmo assim, achamos que uma anciã idólatra percebe isso, etc. Neste ponto não consideramos como Deus concede seus dons e estabelece uma ordem em suas obras, enxertando nelas diversas virtudes para o conforto de suas várias criaturas e, principalmente, para o uso e interesse do homem; também não pensamos nesse sentido que a arte serve à natureza como sua criada.

Capítulo 3

Quais segredos estão ocultos, o que é ensinado em magia natural, como a glória de Deus é magnificada nela, que não passa de obra da natureza.

Na arte de magia natural, Deus Todo-Poderoso ocultou muitos mistérios secretos, que um homem pode aprender com as propriedades, qualidades e o conhecimento de toda a natureza[709]. Porque ela ensina a realizar coisas de tal forma e com tal oportunidade que as pessoas comuns a consideram milagrosa e a associam à bruxaria. Entretanto, na verdade, a magia natural é apenas a obra da natureza. Pois na agricultura, enquanto a natureza produz cereais e ervas, a arte, por ser ministra da natureza, a prepara. Nela ocasiões e estações devem ser respeitadas, afinal, *Annus non arvus producit aristas.*

Tantas coisas necessárias e sensatas são ensinadas que, em parte (digo), a arte consiste em tais experimentos e conclusões que são meros artifícios, no entanto estão ocultos na natureza, e por serem desconhecidos, parecem milagrosos, principalmente quando entremeados e corrompidos por um ilusionismo hábil, ou prestidigitação, de onde deriva a estima da bruxaria. Mas sendo aprendidos e conhecidos, esses artifícios são contidos e parecem ridículos, porque apenas aquilo para o qual o observador não pode imaginar causa ou motivo é maravilhoso, de acordo com o

---
709. Leia *Plínio in natural. hist. Cardan de rerum variet. Albertus de oculta rerum proprietate; Barthol, Neap. In natural magia,* entre muitos outros.

que diz *Efésio: Miraculum solvitur unde videtur esse miraculum*. E, portanto, um homem se empenha e paga caro para aprender aquilo que não tem valor e é um mero truque de ilusionismo. A respeito do que se diz que um homem não pode aprender filosofia para enriquecer, mas deve enriquecer para aprender filosofia, pois para preguiçosos, mesquinhos e bufões os segredos da natureza nunca são revelados. Sem dúvida, um homem pode extrair dessa arte aquilo que depois de publicado demonstrará a glória de Deus e será benéfico de muitas formas para a comunidade; a demonstração da glória é feita pela manifestação das obras de Deus e o benefício à comunidade por aplicar suas obras habilmente para nosso uso e serviço.[710]

Capítulo 4
Quais coisas singulares são realizadas pela magia natural.

O uso e a prática diários da medicina afastam toda a admiração dos seus efeitos maravilhosos. Muitas outras coisas de menor peso, por serem mais secretas e raras, parecem mais milagrosas. Vejamos alguns exemplos (se for verdade o que *J. Batista Nepomuceno* e outros autores sempre afirmam). Amarre um touro selvagem em uma figueira e ele será domado na hora; ou pendure um galo velho e ele ficará imediatamente tenro, assim como as penas de uma águia consomem todas as outras penas, se forem misturadas. Não se pode negar que a natureza se mostrou uma excelente operária. Mas parece impossível que um peixinho com apenas 15 centímetros, chamado *Rêmora* ou *Remiligo*, ou de algum *Echencis*, detenha um navio poderoso com toda sua carga e equipamento e também a todo vapor. No entanto, vários autores sérios afirmam isso[711] que não ouso negar, principalmente porque vejo efeitos da natureza que seriam de outro modo tão estranhos quanto a propriedade da magnetita, tão benéfica ao marinheiro; ou do ruibarbo, que apenas se mistura com a cólera e não purga a fleuma nem a melancolia, sendo tão benéfico para o médico quanto a outra é para o marinheiro.

Capítulo 5
A incrível operação das águas, tanto paradas como correntes: de poços, lagos, rios, e seus efeitos maravilhosos.

A operação das águas e suas muitas virtudes também são incríveis, mas não falo das águas compostas e destiladas, pois seria interminável tratar de suas forças, principalmente a respeito dos remédios. Mas temos aqui mesmo na *Inglaterra* fontes naturais, poços e águas,

---
710. A magia natural tem uma finalidade dupla, o que prova sua excelência.
711. *Pompanatius, lib. de incant. Cap. 3; J. Wierus, de lamiis; Jasp Peucer, H. Cardan*, etc.

paradas e correntes, de virtudes excelentes, mesmo aquelas que se não tivéssemos visto, e experimentado, não acreditaríamos serem *In rerum natura*. E podemos agradecer a Deus por elas serem tão são salubres aos nossos corpos. Outrossim, não é milagroso que a madeira de *Coventry*, na *Inglaterra*, seja transubstanciada em pedra pela qualidade das suas diversas águas? Virtude essa que também é encontrada em um lago ao lado da cidade de *Masaca* na *Capadócia*, onde há um rio chamado *Scarmandrus*, que deixa as ovelhas amarelas. De fato, há muitas águas, como em *Pontus e Tessália* e na terra dos *Assírios*, em um rio da *Trácia* (como relata *Aristóteles*)[712], que se uma ovelha branca grávida beber delas, o filhote nascerá preto. *Strabo* escreve sobre o rio *Crantes*, na fronteira com a *Itália*, correndo para o *Tarentum*, onde o cabelo dos homens ficam brancos e amarelos ao serem lavados em suas águas. *Plínio*[713] escreve que os cordeiros terão a mesma cor ou cores das veias sob a língua do carneiro. Há um lago em um campo chamado *Cornetus*, em cujo fundo aparecem evidentes a olho nu as carcaças de cobras, salamandras e serpentes, porém, se alguém tentar tirá-las de lá, nada será encontrado. Em *Arcadia* sai água de uma rocha que uma tigela feita de prata ou de bronze não consegue conter, pois ela espirra para fora. No entanto, ela permanece parada no casco de uma mula. *Jannes* e *Jambres* conheciam essas conclusões (garanto).

Capítulo 6

As virtudes e as qualidades de várias pedras preciosas, a fraude de lapidadores, etc.

As virtudes e as qualidades excelentes das pedras encontradas, concebidas e testadas por essa arte são maravilhosas. No entanto, muitas coisas falsas e fabulosas são acrescentadas aos seus verdadeiros efeitos, pelos quais acho bom testar a paciência e a habilidade dos leitores com elas. Uma ágata (dizem) é boa contra a mordida de escorpiões ou serpentes. Está escrito (embora eu não acredite nisso) que ela torna um homem eloquente e lhe garante o favor de príncipes; mas é fato que os vapores dela afastam tempestades. O *alectorius* é uma pedra com aproximadamente o tamanho de um feijão, tão clara quanto o cristal, retirada do estômago de um galo que foi castrado ou feito capão quatro anos antes[714]. Quando colocada na boca, sacia a sede, faz o marido amar a esposa e torna seu portador invencível, pois dizem que foi com ela que *Milo* derrotou seus inimigos. Uma bufonita, ou pedra dos sapos, liberta da prisão. A celidônia é uma pedra extraída de uma andorinha,

---

712. *Aristóteles in lib. de hist.. animalium.*
713. *Plínio de lacicii colore.*
714. *Ludovicus Cælius. Rhodo. lib. antiq. lect. II. ca. 70. Barthol. Anglicus, lib. 16.*

que cura melancolia; todavia, alguns autores dizem que é a erva com a qual as aves recuperam a visão de seus filhotes, mesmo se seus olhos forem perfurados com um instrumento. A geranita é extraída de uma garça e a draconita de um dragão. Mas deve-se observar que essas pedras devem ser extraídas dos estômagos de serpentes, animais ou aves (onde eles estiverem) ainda vivos, caso contrário elas desaparecem com a vida e assim retêm as virtudes das estrelas sob as quais estão. A ametista deixa um bêbado sóbrio e refresca a memória. O coral[715] protege seu portador de encantamentos ou feitiços e, por isso, é pendurado no pescoço das crianças. De onde vem essa superstição, e quem inventou a mentira, não sei, mas vejo como o povo logo dá crédito a isso, pelo monte de corais que vejo usados dessa forma. Encontro em bons autores que enquanto permanece no mar, é uma planta e quando é retirado de lá, endurece em contato com o ar e se torna uma pedra.

O heliotrópio estanca o sangue, extrai venenos, protege a saúde, de fato, e alguns escrevem que provoca chuva e nubla o sol, protegendo de abuso quem o carrega. O jacinto faz tudo o que as outras fazem, mas também protege contra raios. A dinotera pendurada no pescoço, coleira ou jugo de qualquer criatura, a doma na hora. Um topázio cura o lunático. A aitite, ao ser chacoalhada, soa como se tivesse uma pedra em seu interior, é boa para epilepsia e a prevenção de abortos. A ametista, já mencionada, repele a embriaguez, de tal modo que seu portador poderá beber livremente e recuperar-se logo depois de ficar bêbado como um macaco, além de conceder a um homem sabedoria. A calcedônia dá sorte na lei, acelera o poder do corpo e também é forte contra as ilusões do demônio e cogitações fantásticas oriundas da melancolia. A cornalina mitiga o calor da mente e qualifica a maldade, estanca hemorragias, principalmente o fluxo menstrual das mulheres. O heliotrópio[716], mencionado há pouco, nubla o sol, provoca chuvas, estanca o sangue, promove a boa fama, mantém a saúde do portador e não o deixa ser enganado. Se isso fosse verdade, um deles seria mais precioso do que mil diamantes.

O jacinto livra a pessoa do perigo dos raios, expele veneno e infecção pestilenta e possui muitas outras virtudes. A íris ajuda uma mulher a ter um parto rápido e faz arco-íris aparecer. Uma safira preserva os membros e os deixa vigorosos, além de auxiliar no combate a febres e gota e afastar o medo; tem virtude contra veneno e estanca o sangramento do nariz se for colocada sobre ele. Uma esmeralda[717] é boa para a visão, não deixa a pessoa sofrer na cópula carnal e a torna rica e eloquente. Um topázio aumenta riquezas, cura a paixão lunática

---

715. *Avicena cano. 2. tract. 2. cap. 124. Serapio agg. cap. 100. Dioscor. lib. 5. cap. 93.*
716. *Plínio. Lib. 37. cap. 10. Alberto lib. 2. cap. 7. Solin. cap. 32.*
717. Aforismo do rabino Moisés. *Partic. 22. Isidoro lib. 14. cap. 3. Savanorola.*

e estanca o sangue. A menfita (como *Aarão* e *Hermes* relatam sobre *Alberto Magno*) moída e misturada na água deixa a pessoa insensível à tortura. Por isso, deve-se entender que como Deus concedeu a essas pedras, e outros corpos como esses, virtudes excelentíssimas e maravilhosas, de acordo com a abundância das superstições e tolices humanas, muitos atribuem a elas ainda mais virtudes, ou outras que elas não têm; outros ainda se gabam de que conseguem adicionar novas qualidades a elas. E nisso consiste uma parte da bruxaria e da força comum usadas às vezes pelos lapidadores para lucrar; às vezes por outros para enganar. Uma parte de tal presunção descreverei aqui, porque é apropriado. E não se deve ignorar ou omitir que provavelmente os magos do *faraó* eram hábeis nisso.

Não obstante, apresentarei primeiro a opinião de alguém que declarava ser um lapidador muito hábil e experiente, como aparece em um livro de sua autoria, publicado com o título *Dactylotheca* e (penso eu) possivelmente um dos mais vendidos. Assim é sua declaração:

> *Evax rex Arabum fertur scripsisse Neroni*[718]
> *(Qui post Augustum regnavit in orbe secundus)*
> *Quot species lapidis, quæ nomina, quíve colores,*
> *Quæǽ; sit his régio, vel quanta potentia cuiq',*
> *Ocult as etenim lapidum cognoscere vires,*
> *Quorum causa latens effectus dat manifestos,*
> *Egregium quiddam volumus rarúmque videri.*
> *Scilicet hinc solers medicorum cura juvatur.*
> *Auxilio lapidum morbos expellere docta.*
> *Nec minùs inde dari cunctarum commoda rerum*
> *Autores perhibent, quibus hæc perspecta feruntur.*
> *Nec dubium cuiquam debet falsúmque videri,*
> *Quin sua sit gemmis divinitùs insita virtus:*

Dizem que Evax, um antigo rei árabe,
> Escreveu um tratado, e na Graça de Nero
> a ser conferida,
> (Quem no mundo foi o segundo a reinar
> depois da época de Augusto)
> Sobre pedras preciosas de vários tipos,
> seus nomes e em que clima
> E área eram encontradas,
> suas cores e nuances,
> Seu poder privado e força secreta,
> aquilo que sabemos ser verdade

---

718. *Marbodeus Gallus in sua Dactylotheca*, p. 5-6. Traduzido da versão em inglês de Abraham Fleming.

Para compreender sua causa oculta
os efeitos mais simples declaram:
E isso será uma nobre coisa
e considerada rara.
O cuidado hábil dos médicos doutos
é auxiliado neste caso,
Ajudados com isso e aprendem[719]
com o auxílio das pedras a afastar
De homens tantas doenças
Quantas estes tiverem em si.
Nenhuma mercadoria menos precisa
de todas as outras coisas por perto
É administrada aos homens,
se os autores não mentem,
A quem essas coisas dizem ser
mais evidentemente conhecidas.
Não afigurará para ninguém
Nenhum caso falso ou duvidoso
Além daquele por influência celeste.
Cada pérola e pedra preciosa
Têm em sua substância força fixa
E virtude muito cultivada.

Conclui-se, portanto, que as pedras têm em si certas virtudes apropriadas, concedidas a elas por uma influência especial dos planetas e uma devida proporção dos elementos, sua substância é de um composto muito puro e refinado, consistindo em matéria bem temperada na qual não há mistura bruta, como aparece por prova simples na Índia e na *Etiópia*, onde o sol, por ser mais oriental e meridional, mostra sua operação com mais eficácia, gerando mais pedras preciosas lá do que em nações que ficam mais para oeste e norte. Diversos acadêmicos em épocas passadas concordam com essa opinião: *Alexander Peripateticus, Hermes, Evax, Bocchus Zoroastes, Isaac Judæus, Zacharias Babylonicus,* entre muitos outros autores de não menos antiguidade e aprendizado.

Capítulo 7

Como as pedras preciosas recebem suas operações, o uso curioso que os magos fazem delas e seus selos.

Os magos curiosos afirmam que essas pedras recebem todas as suas virtudes de planetas e corpos celestes, e não só a operação dos planetas, mas também, às vezes, as imagens e impressões

---

719. *Vix gemmarum & lapillorum pretiosorum negatur, quia oculta est, rarissiméque sub sensum cadit.*

das estrelas naturalmente impressas nelas e, em outros momentos, sempre estarão gravadas nelas as imagens de tais monstros, animais e outros instrumentos, como eles imaginam estar tanto internamente em operação quanto externamente em vista, expressos nos planetas. Por exemplo[720], na ágata há esculturas de serpentes ou animais peçonhentos e às vezes até um homem cavalgando uma serpente, que eles conhecem como *Esculápio*, a serpente celestial, com a qual são curados (dizem) de venenos e picadas de serpentes e escorpiões. Elas crescem no rio de *Achates*, onde os maiores escorpiões são gerados e sua nocividade é qualificada nisso. Pela força deles, a virtude das pedras é estimulada e ampliada. Além disso, se induzem o amor pela consumação do ato sexual, eles entalham e expressam nas pedras abraços afetuosos, feições e gestos amáveis, palavras e beijos em imagens convenientes. Pois os desejos da mente estão de acordo com a natureza das pedras, que também devem ser colocadas em anéis e sobre folhas daqueles metais que têm afinidade com essas pedras, por meio da operação dos planetas a que estão ligadas, pelos quais elas podem capitalizar a maior força de sua ação.

Como exemplo, são feitas imagens de *Saturno* em chumbo, do *Sol* em ouro, da *Lua* em prata[721]. Decerto não há pouca consideração pelas épocas certas e devidas a serem observadas nas impressões delas, pois assim são feitas com mais vida, e as influências e configurações dos planetas ficam, portanto, mais abundantes nelas. Se alguém procura amor, deve trabalhar nos aspectos auspiciosos, apropriados e amigáveis, como estavam na hora de *Vênus*, etc.; para provocar discussão, deve-se fazer o contrário. Caso se determine fazer a imagem de *Vênus*, deve-se estar sob *Aquário* ou *Capricórnio*, pois se deve prestar atenção em *Saturno*, *Touro* e *Libra*. Há muitas outras observações, tais como evitar assentos e localizações inauspiciosas dos planetas, quando algo feliz acontece e principalmente aquilo que não pode ser feito no fim, na declinação ou na ponta (como eles denominam) do curso, quando o planeta passa e fica nublado.

Os signos ascendentes de dia devem ser considerados de dia; se ascendem à noite, então se deve trabalhar à noite, etc. Pois em *Áries*, *Leão* e *Sagitário* formam certa triplicidade, na qual o sol tem o domínio de dia, *Júpiter* à noite e no crepúsculo a fria estrela de *Saturno*. Mas como faltam desculpas para as faltas expiadas dessa forma, eles dizem que as virtudes de todas as pedras decaem com o tempo, assim como tais coisas não devem ser buscadas em todos os aspectos como estão descritas. No entanto, *Janes* e *Jambres* viviam naquele tempo e em lugar

---

720. Plínio, lib. 37. cap. 20. Albert. Miner. lib. 2. cap. 1. Solin. cap. II. Diurius in scrin. cap. de complexionibus & complexatis.
721. Geor. Pictorius. Villang. Doct. Medici in scholiis super Marcbod. dactyl.

nada inconveniente e, portanto, podem ter auxiliado nos abusos do *faraó*. *Cardano*[722] diz que embora os homens atribuam uma força nada pequena a tais selos, por exemplo, ao selo do sol, autoridades, honras e favores de príncipes; de *Júpiter*, riquezas e amigos; de *Vênus*, prazeres; de *Marte*, ousadia; de *Mercúrio*, diligência; de *Saturno*, ajuda a ter paciência e suportar o parto; da *Lua*, proteção das pessoas, não ignoro (diz ele) que as pedras fazem bem, mas sei que os selos ou figuras não fazem nada. E quando *Cardano*[723] demonstrou totalmente essa arte, e a tolice dela, e o modo daquelas terríveis, prodigiosas e enganosas figuras dos planetas com seus símbolos, etc., ele diz que essas eram as invenções enganosas criadas por farsantes e não continham nenhuma virtude nem verdade. Mas como falamos de certa forma até agora de sinetes e selos, demonstrarei o que leio relatado por *Vincentius in suo speculo*, onde menciona a pedra jaspe, cuja natureza e propriedade *Marbodeus Gallus* descreve nos seguintes versos:

> *Jaspidis esse decem species septémque feruntur*[724],
> *Hic e multorum cognoscitur esse colorum,*
> *Et multis nasci perhibetur partibus orbis,*
> *Optimus in viridi translucentique colore,*
> *Et qui plus soleat virtutis habere probatur,*
> *Castè gestatus febrem fugat, arcet hydropem,*
> *Adpositúsque juvat mulierem parturientem,*
> *Et tutamentum portanti creditur esse.*
> *Nam consecratus gratum facit atque potentem,*
> *Et, sicut perhibent, phantasmata noxia pellit,*
> *Cujus in argento vis fortior esse putatur.*

> *Dezessete tipos de pedras de jaspe*
>   *Dizem existir,*
> *De muitas cores conhecidas*
>   *o que é observado por mim,*
> *E dizem que em muitos lugares do*
>   *mundo devem ser vistas,*
> *Onde se formam; mas ainda melhor*
>   *é o perfeito verde translúcido,*
> *E aquilo que é provado por ter*
>   *em si mais virtudes acumuladas.*
> *Pois ao serem carregadas por aqueles*
>   *que são de vida simples,*
> *Afasta seus acessos de febre,*
>   *O edema seca,*
> *E colocada em uma mulher fraca*

---

722. H. Card. lib. de subtil. 10.
723. H. Card. lib. de var. rer. 16. cap. 90.
724. *Marbodeus in sua dactylotheca*, p. 41, 52. Traduzido da versão em inglês de Abraham Fleming.

> Em trabalho de parto deitada
> Ajuda, auxilia e conforta
> Suas pontadas de dor quando ela grita.
> De novo, acredita-se ser
> Uma salvaguarda franca e acessível
> Àqueles que a usam e carregam;
> E se consagrada for
> Concede graça e força
> a quem a carrega,
> E ideias nocivas (como escrevem
> aqueles que não querem pervertê-la)
> Tira de fato da mente;
> Sua força será maior,
> Se em prata a mesma for incrustada[725],
> E ainda durará mais.

Mas (como eu disse) *Vincentius*[726] fazendo menção à pedra jaspe, a respeito da qual (como forma de parêntese), pressuponho, falam os versos de *Marbodeus*, diz que em algumas dessas pedras há a imagem nítida de um homem natural, com um escudo na altura do pescoço e uma lança na mão, e sob seus pés uma serpente, e ele prefere essas pedras com essas marcas e sinais ao restante, porque elas são antídotos e medicamentos reconhecidos contra o veneno. Há outras ainda com figuras e marcas na forma de um homem, usando no pescoço um feixe de ervas e flores, estimadas e valorizadas por terem uma faculdade ou poder restritivo de, no mesmo instante, estancar o sangue. Relata-se que *Galeno* usava um anel com esse tipo de pedra. Outras ainda são marcadas com uma cruz, como descreve o mesmo autor, e essas são excelentes contra inundações ou transbordamentos de águas. Eu poderia manter o leitor ocupado com declarações como essas, nas quais apresento o que outros homens publicaram e introduziram ao mundo, preferindo ser um debatedor acadêmico a um determinador universal, mas desejo ser breve.

Capítulo 8

A atração e a aversão de corpos naturais e elementares demonstradas com diversos exemplos de animais, aves, plantas, etc.

Concordância e desacordo a respeito de tolerância.

Se eu fosse escrever sobre os estranhos efeitos da Atração e da Aversão, eu me esforçaria ao máximo para atiçar a curiosidade do leitor, mas mesmo assim ele não acreditaria em mim. Se publicar

---
725. Lembrando que os autores querem dizer que essa pedra deve ser incrustada em prata e usada como um anel, como se verá adiante.
726. *Vincentius. lib. 9, cap. 77; Diescor. lib. 5, cap.100; Aristóteles in Lapidario.*

tais conclusões como comuns e conhecidas, elas não serão levadas em consideração. *Empédocles,* no entanto, achava que todas as coisas eram feitas assim. É quase incrível que o grunhido ou o guincho de um porquinho ou a visão de uma simples ovelha pudessem aterrorizar um poderoso elefante, no entanto foi por esse meio que os *romanos* afugentaram *Pirro* e sua tropa. Um homem não acreditaria que uma crista de galo ou seu canto pudessem confundir um poderoso leão, mas uma experiência desse tipo satisfez todo o mundo. Quem pensaria que uma serpente abandonaria a sombra de um freixo, etc.? Mas não parece estranho, por ser comum, que um homem outrora forte e corajoso não ousasse suportar a visão de um gato? Ou que um gole de bebida derrubasse tanto um homem que uma parte ou um membro de seu corpo não conseguissem nunca mais realizar seu dever e ocupação, além de corromper e alterar tanto seus sentidos, compreensão, memória e julgamento que, em todos os aspectos, exceto na aparência, ele se tornasse um verdadeiro animal? E nesse ponto o experimento da bebida é comprovado pelos poetas, nas seguintes palavras:

> _____ *sunt qui non corpora tantùm,*
> *Verùm animas etiam valeant mutare liquores:*
> *Algumas águas têm uma capacidade tão poderosa*[727]*,*
> *Que não só um corpo pode transformar,*
> *Mas até mesmo as mentes dos homens,*
> *Tamanha é a estranheza de sua operação.*

---

727. Traduzido da versão em inglês de Abraham Fleming.

A amizade[728] entre uma raposa e uma serpente é quase incrível, e podemos ler como um lagarto é carinhoso com um homem, embora não consigamos ver. Entretanto, alguns afirmam que nossa salamandra não só é parecida com o lagarto na aparência, mas também em condição. Afeto esse pelo homem que não difere muito de um cachorro *spaniel*, a respeito do que eu poderia citar histórias incríveis. A amizade entre um falcão quiriquiri e uma pomba é muito observada entre escritores, principalmente como o falcão a defende de seu inimigo, o gavião, algo que a pomba reconhece. Além disso, existem a maravilhosa operação e o valor das ervas, que são infinitos e, para não me estender, recomendo apenas a leitura de *Mattheolus* ou *Dodonæus*. Há entre elas tamanho acordo e desacordo natural, que algumas ervas crescem melhor na companhia das outras, enquanto umas murcham quando plantadas perto das outras. O lírio e a rosa regozijam-se um ao lado do outro. A íris roxa e a samambaia abominam-se tanto que uma não pode viver ao lado da outra. O pepino adora água e odeia óleo.

E para o leitor não pensar que não especifico os valores das ervas, porque até agora não citei nenhuma, contento-me em revelar duas ou três pequenas qualidades e méritos atribuídos a elas; deveras, por mais simples sejam, *Janes* e *Jambres* poderiam ter feito muito com as ervas, se as tivessem. Se os olhos de uma andorinha jovem forem transplantados em uma velha, esta recuperará sua visão, com a aplicação (segundo eles) de um pouco de celandina. *Xanthus*[729], autor de histórias, relata que quando um filhote de dragão fêmea morre, ela pode ser ressuscitada por sua mãe com uma erva chamada Balim. E *Juba*[730] diz que um homem morto na *Arábia* foi ressuscitado com a ajuda de outra erva.

---

728. Leia um pequeno tratado de Erasmo intitulado *De amicitia*, no qual ele fala o suficiente acerca desse ponto.
729. *Xanthus in hist.. prima.*
730. *Jub. lib. 25. cap. 2.*

Capítulo 9

O assunto anterior comprovado com muitos exemplos dos vivos e dos mortos.
Essa experiência comum pode justificar.

E como vemos em pedras, ervas, etc. operação estranha, amor natural e dissensão, assim lemos que no corpo de um homem há numerosas propriedades e virtudes naturais. Ouvi de fonte fidedigna e li muitos autores sérios afirmarem constantemente que o ferimento de um homem assassinado recomeçava a sangrar na presença de um amigo querido ou de um inimigo mortal e essa experiência comum pode ser verificada. Vários outros também escrevem que se alguém passar por um corpo assassinado (mesmo desconhecido), será tomado de medo e sentirá alguma alteração por natureza. Dizem também que uma mulher com mais de 50 anos, com pés e mãos amarrados, vestida e colocada suavemente na água, demora para afundar; alguns dizem que não afunda. Experimento esse com o qual eles costumavam testar as bruxas[731], bem como o *Ferrum candens*, um pedaço de ferro incandescente que era colocado nas mãos das bruxas, sem queimar, para serem testadas. No entanto, *Plutarco*[732] diz que o grande artelho do pé de *Pirro* tinha em si tamanha virtude natural ou até divina que fogo nenhum o queimava.

Alberto[733] conta uma história, que muitos repetem, sobre duas crianças que nasceram na *Germânia*: quando uma delas era carregada no colo no interior de uma casa, todas as portas do lado esquerdo do bebê se escancaravam, enquanto com a outra acontecia o contrário: eram as portas do lado direito que se abriam. Ele diz ainda que muitos testemunharam tais fenômenos e que a causa nada mais era que meras propriedades incomuns dos corpos dos bebês. *Pompanatius*[734] escreve que os reis da *França* são capazes de curar uma doença chamada atualmente de mal do rei ou mal da rainha; tal dom é considerado até hoje uma dádiva milagrosa e peculiar, e uma graça especial concedida aos reis e rainhas da *Inglaterra*. O que alguns atribuem à propriedade das pessoas, outros atribuem ao dom peculiar de Deus e outros ainda à eficácia das palavras. Mas se tanto o rei francês quanto nossa princesa fazem bom uso de tal dom, Deus não ficará ofendido, pois sua majestade apenas usa oração devota e divina com algumas almas que atribuem a cura a Deus e ao médico. *Plutarco*[735] escreve a respeito de certos homens chamados *Psili* que com a boca curam as picadas de serpentes. E *J. Bat. Nep*[736] diz que se

---
731. J. Wierus
732. Plutarco in vita Pirhi.
733. Alberto lib. de mor. animal. cap. 3.
734. Pompan. lib. de incant. cap. 4.
735. Plutarco in vita Catonis.
736. J. Bat. Nep. In lib. de natur. magia. I.

uma oliveira for plantada com as mãos de uma virgem, prospera; mas se uma meretriz plantar, ela murcha. Além disso, se uma serpente ou víbora deitar em um buraco, pode ser facilmente retirada com a mão esquerda, enquanto com a direita não. Embora esse experimento e outros parecidos provavelmente sejam falsos, eles não são tão ímpios quanto os milagres que dizem ser realizados por meio de símbolos, feitiços, etc. Pois muitas propriedades estranhas permanecem nas diversas partes de um ser vivo, que não são universalmente distribuídas e se espalham indistintamente por todo o corpo, como o olho que não cheira, o nariz que não vê, o ouvido que não tem paladar, etc.

Capítulo 10

O veneno cativante contido no corpo de uma prostituta; como seu olhar, sua língua, sua beleza e comportamento enfeitiçam alguns homens; o grande mérito de ossos e chifres.

O veneno de uma prostituta.

A virtude contida no corpo de uma prostituta, ou melhor, o veneno que sai dele pode ser visto com grande admiração. Pois seu olho infecta, seduz e (se posso dizer) enfeitiça muitas vezes aqueles que se acham bem armados contra tal tipo de pessoas. Sua língua, seus gestos, seu comportamento, sua beleza e outros atrativos envenenam e intoxicam a mente; de fato, sua companhia induz o descaramento, corrompe a virgindade, confunde e consome os corpos, bens e até as almas dos homens. Enfim, seu corpo destrói e apodrece a carne e os ossos do corpo de um homem. E isso é tão comum que não nos surpreendemos, assim como mal notamos, nem temos a passagem do sol, da lua ou das estrelas em tão alta conta quanto a do globo terrestre, simulando sua ordem, que a esse respeito não passa da balbúrdia de um artífice. De modo que (creio eu) se o próprio Cristo tivesse continuado por muito tempo na execução dos milagres e tivesse deixado esse poder permanente e comum na igreja, o desprezo por tais milagres aumentaria e eles não seriam estimados, conforme o que ele mesmo diz: "Um profeta não é respeitado em sua própria terra"[737]. Eu poderia recitar propriedades infinitas, com as quais Deus dotou o corpo do homem, digno de admiração e apto para este mundo. A respeito de outros seres vivos, Deus da mesma forma (para sua glória e nosso benefício) concedeu os mais excelentes e milagrosos dons e virtudes em seus corpos e membros, e isso de várias formas maravilhosas.

---

737. Mateus 13; Marcos 6; Lucas 4; João 4.

Efeitos naturais maravilhosos nos ossos de peixes, animais, etc.

Vemos que um osso extraído da cabeça de uma carpa estanca sangue, como nenhuma outra parte desse peixe o faz. O osso da pata de uma lebre mitiga cólicas, como nenhuma outra parte da lebre. Como é precioso o osso que cresce na testa de um unicórnio; se o chifre é visível, do que duvidamos, que importância terão seus demais ossos? Não refletimos no mérito disso, assim como também nas nobres e inúmeras virtudes das ervas, porque agrada a Deus torná-las comuns para nós. O que por acaso teria auxiliado *James* e *Jambres* no endurecimento do coração do *faraó*. A respeito dessas operações secretas e estranhas escrevem *Alberto* em *De mineral cap. I. 11. 17.* E *Marsilius Ficinus, cap. I lib. 4. Cardano de rerum varietate. J. Bat. Nep. de magia naturali. Peucer, Wier, Pompanacius, Fernelius*, entre outros.

Capítulo 11
Duas maravilhas notórias e ainda não admiradas.

As estranhas propriedades de um pedaço de terra.

Creio ser bom aqui inserir duas questões milagrosas, uma das quais sou *Testis oculatus* (testemunha ocular) e da outra fui informado com muita credibilidade e certeza que ouso acreditar ser a mais pura verdade. Quando Mestre *T. Randolph* voltou da *Rússia*, depois de ser despachado de sua embaixada, um cavalheiro de sua comitiva levava para casa um monumento de grande importância, maravilhoso em natureza e propriedade. E como não gosto de me alongar na descrição das circunstâncias, descreverei, antes, a coisa: era um pedaço de terra de uma boa quantidade e de natureza esplendidamente proporcional, com as seguintes qualidades e virtudes. Se alguém tentasse tocá-la com um pedaço de aço perfeito, bifurcado e de ponta afiada, ela se esquivaria com rapidez e, por outro lado, teria procurado ouro, em moedas ou barras, com tanta violência e rapidez quanto evitava o aço. Nenhum pássaro no céu ousaria se aproximar dela e os animais na terra a temiam e, naturalmente, fugiram quando a viram. Ela podia estar aqui hoje e amanhã a 32 quilômetros de distância, e dois dias depois voltava ao mesmo lugar em que estava no primeiro dia, isso sem a ajuda de qualquer outra criatura.

Estranhas propriedades em uma pedra.

Johannes Fernelius escreve sobre uma pedra estranha recentemente trazida da Índia, que tinha um esplendor, uma pureza e um brilho tão maravilhosos que o ar ao redor fica tão iluminado e puro que se pode ler na escuridão da noite. Ela não pode ser guardada em uma sala fechada, pois precisa de um lugar aberto e livre. Não repousa nem fica aqui de boa vontade debaixo da terra, mas sempre tenta subir ao céu. Se alguém a puxar com sua mão, ela resiste e atinge a pessoa rispidamente. É belíssima, sem manchas ou defeitos, porém muito desagradável no paladar e no tato. Se qualquer parte dela for retirada, nunca diminui nem um pouco, pois sua forma é inconstante e muda a todo momento. Esses dois últimos detalhes relatados são estranhos e foram por tanto tempo motivo de surpresa porque seu mistério e a moral não foram revelados, mas quando expus a questão e expliquei que o homem se forma a partir de um pedaço de terra, falei de algumas de suas qualidades descritas e acrescentei que o que estava contido na pedra artificial era fogo, ou uma chama, assim a dúvida foi dirimida e a surpresa acabou. E, entretanto (confesso), há nessas duas criaturas mais matéria milagrosa do que em todas as magnetitas e diamantes do mundo. Mesmo assim, deve-se observar que uma parte dessa arte, chamada de magia ou feitiçaria natural, consiste tanto no engano com palavras como na destreza das mãos, e uma mentira simples é evitada com um discurso figurado, no qual as palavras em si ou sua interpretação têm um duplo sentido, de acordo com aquilo que foi dito nos capítulos a respeito de *Ob* ou *Píton*, no sétimo tomo deste livro, e será abordado em detalhes mais adiante neste tratado.

Capítulo 12

As ilusões, os conluios e os truques de mágica, e como eles podem ser bem ou mal usados.

Muitos autores foram enganados tanto por relatos falsos quanto por ilusionismo e práticas de conspiração e prestidigitação, etc., às vezes atribuindo a palavras aquilo que estava na natureza da coisa e, às vezes, à natureza da coisa aquilo que procedia de fraude e ilusão. Mas quando esses experimentos se tornam superstição ou idolatria, eles são abandonados como vãos ou negados como falsos. No entanto, se essas coisas forem feitas por brincadeiras e passatempo, e não para ferir o próximo, nem para profanar ou usar o nome de Deus em vão, na minha opinião não são ímpias nem ilícitas, embora ainda se trate de algo natural disfarçado de sobrenatural. Esses são os milagres realizados por ilusionistas, consistindo em uma transmissão suave e ágil, chamada prestidigitação, como quando eles parecem fazer desaparecer ou entregar para outro aquilo que ainda retêm nas mãos ou manuseiam de outra forma ou ainda parecem comer uma faca, ou outra coisa parecida, quando na verdade a guardam secretamente no colo ou na cintura. Outro truque é quando eles enfiam uma faca no cérebro ou na cabeça de uma galinha ou frango e parecem curar com palavras o animal, que vive e passa bem, embora, na realidade, nenhuma palavra fosse dita. Alguns desses artifícios consistem também em esquemas aritméticos, em parte em experimentos de magia natural e em parte em conluios, tanto privados como públicos.

Capítulo 13

O conluio privado e o pombo de Brandon.

Por conluio privado refiro-me a quando alguém (por uma trama especial criada por si mesmo, sem qualquer pacto feito com outros) convence os espectadores de que ele de repente e em sua presença fará algo milagroso, que já conseguiu realizar sozinho. Por exemplo, ele mostrará uma carta ou qualquer outra coisa parecida e dirá: "Vejam que marca ela tem", então a queima e, em seguida, tira uma carta igual com a mesma marca do bolso de alguém ou de algum canto onde ele mesmo a colocara antes, para a surpresa e admiração de espectadores ingênuos, que não percebem esse tipo de ilusão, mas esperam milagres e atos estranhos.

Exemplo de uma façanha ridícula.

Que surpresa e admiração havia por *Brandon*, o ilusionista, que pintou em uma parede a imagem de uma pomba e, vendo um pombo sentado em cima de uma casa, disse ao rei: "Agora, vossa Majestade verás o que um mágico pode fazer, se dominar sua arte". Então ele furou a imagem com uma faca com tanta força e com palavras tão eficazes que o pombo caiu morto de cima da casa. Não preciso relatar mais nenhuma circunstância para demonstrar como o assunto foi visto, que espanto causou, como ele foi proibido de usar essa façanha, pois poderia empregá-la em qualquer outro tipo de assassinato, afinal aquele cuja imagem ele furou havia morrido. Dessa forma, a vida de todos os homens estava nas mãos de um mágico, como agora deve estar nas mãos e nas vontades das bruxas. Essa história está, até o dia de seu relato, fresca na memória e é acreditada pela maioria como canônica, como são todas as fábulas em torno das bruxas, mas quando se aprende o truque (quando o segredo e a feitiçaria da questão são revelados e descobertos), este é considerado uma zombaria e uma simples ilusão. Revelando esse mistério, o fato é que o pobre pombo estava antes nas mãos do mágico e este deu ao pássaro um pouco de *Nux vomica,* ou algum outro veneno como esse, que para a natureza da ave era extremo[738] e como depois de tomá-lo o pássaro não poderia viver por mais meia hora e estando ele solto depois da administração do remédio, a ave sempre ia para o topo da casa seguinte, o que ela preferia fazer se já houvesse lá algum pombo empoleirado, e (como já foi dito) pouco tempo depois o pombo caía morto ou bem atordoado. Isso poderia ser feito por um cúmplice, que estaria de pé em alguma janela na torre de uma igreja ou outro lugar adequado segurando o pombo por um anel preso na pata e, depois de um sinal dado por seu companheiro, jogaria o pombo e realizaria o portento. Enquanto isso, o mágico usa palavras de efeito para retardar o tempo e ganhar crédito e admiração dos espectadores. Se este ou outro

---

738. O que comprovei dando tortas com esse veneno a corvos.

truque parecido fosse realizado por uma anciã, todo mundo exigiria fogo e palha para queimar a bruxa.

Capítulo 14
O conluio público e no que ele consiste.

O conluio público é quando há um pacto de antemão entre vários indivíduos: um principal e seus cúmplices na realização de milagres ou na farsa e no abuso dos espectadores. Como quando se conta para alguém na presença de uma multidão o que a pessoa pensou e o fez, ou o que fará ou pensará, depois de ambos terem combinado de antemão. E se isso for feito com cautela e esperteza, causará grande admiração dos espectadores, principalmente quando forem impressionados e enganados por alguns experimentos de magia natural, conclusões aritméticas ou prestidigitação. Essas eram, na maioria, as conclusões e as tramas de *Feates* das quais não se duvida, mas *Janes* e *Jambres* eram especialistas, ativos e preparados.

Capítulo 15
Como os homens são abusados com palavras de subterfúgio, com vários exemplos disso.

Alguns ensinaram e outros descreveram certos experimentos com tais palavras equivocadas, pelas quais muitos foram surpreendidos e enganados com uma credulidade imprudente, de tal modo que às vezes (digo) eles relataram, ensinaram e escreveram a respeito daquilo que sua capacidade domina, contrários à verdade e ao sentido sincero do autor. É uma piada comum entre os barqueiros do Tâmisa mostrar a igreja paroquial de *Stone* aos passageiros, chamando-a pelo nome de farol de

Kent, afirmando, com toda razão, que a dita igreja é fonte de iluminação (referindo-se à sua importância e não à luz) tanto à meia-noite quanto ao meio-dia. No que algum crédulo é levado a acreditar e não hesitará em afirmar e jurar que a mesma igreja está sempre iluminada e qualquer homem conseguirá ler, no interior dela em qualquer momento da noite, sem uma vela.

Um excelente filósofo, cujo nome omitirei, por reverência à sua fama e conhecimento, foi surpreendido por sua anfitriã em *Dover*, que lhe contou alegremente que se ele pudesse colocar e deixar em sua boca certos seixos (que ficavam na costa) não vomitaria até chegar a *Calice*, mesmo que os mares estivessem bem turbulentos e tempestuosos. Quando ele tentou isso e não foi forçado pelo enjoo a vomitar nem a cuspir suas pedras, pois para isso ele precisaria vomitar, achou que sua anfitriã tinha lhe revelado um segredo excelente e não duvidou nada do discurso anfibiológico dela e, portanto, achou válido registrar uma nota entre as pedras milagrosas e medicinais, por isso a inseriu em seu livro, entre outros experimentos coletados com grande diligência, aprendizado, trabalho árduo e julgamento. Todos esses artifícios ajudam um farsante sutil a ganhar crédito com a multidão. De fato, para aumentar sua estima, muitos sussurrarão profecias de sua autoria nos ouvidos daqueles que não são muito sagazes; previsões estas ligadas ao clima, etc. O que, se calhar de ser verdade, lhes serve de triunfo, como se fosse alguma conquista notável; do contrário, eles mudam de assunto, o negam, ignoram ou inventam pretextos, como se quisessem contar ao outro o contrário e falaram aquilo apenas de brincadeira. Todos esses artifícios os magos do *faraó* tinham para manter suas farsas e ilusões, a fim de endurecer o coração do *faraó*.

A essa categoria pertencem todos os tipos de simpatias, talismãs, amuletos, símbolos e outras superstições como essas, tanto papistas como profanas, com as quais (se for verdade o que papistas, conjuradores ou bruxas alegam fazer) podemos ver diariamente os milagres realizados de fato, o que os magos do *faraó* pareciam conseguir. No entanto, como não se pode fazer muita coisa com todas essas maquinações ou farsas, *Janes* e *Jambres* não contavam muito com elas, e eu voltarei ao tema mais adiante.

Capítulo 16

Como alguns são abusados com magia natural, e vários exemplos disso quando a ilusão é adicionada, a ovelha malhada de Jacó e um mouro negro.

Mas como esses exemplos e conclusões notáveis e maravilhosos que são encontrados na natureza (com sabedoria, conhecimento e diligência) causam espanto e opõem-se muito à capacidade do homem, então (digo) quando o engano e a ilusão se juntam a isso, então se buscam e se testam a perspicácia, a fé e a constância do homem. Pois se concordamos que aquilo que não podemos compreender é divino, sobrenatural e milagroso, uma bruxa, um papista, um conjurador, um farsante e um mágico podem nos fazer acreditar que eles são deuses ou outra coisa com mais impiedade, e atribuímos a eles ou ao demônio o poder e a onipotência que pertencem apenas e propriamente a Deus. Esta é a inconveniência da noção de que tudo o que ultrapassa nossa capacidade é divino, sobrenatural, etc. Por exemplo, por conluio ou farsa (como disse antes) eu pareço manifestar os pensamentos secretos do coração, que (como aprendemos no livro de Deus) nada sabem ou buscam além de Deus. E, portanto, quem acredita que eu posso fazer o que pareço fazer, vê em mim um deus e é um idólatra. A respeito do que sempre ouvimos, que um papista, uma bruxa, um conjurador ou um farsante tomam para si mais do que está em poder humano realizar, nós podemos saber e corajosamente dizer que é um truque e não um milagre. E podemos saber ainda que quando o entendemos, esse conhecimento não valerá mais a pena. E com a descoberta desses artifícios milagrosos, deixamos de nos espantar com eles e começamos a nos admirar por termos sido abusados com bobagens. No entanto, essas coisas que Deus guardou em segredo na natureza devem ser examinadas com grande admiração e buscadas com tanto esforço quanto pode ter um cristão (digo), para que nem Deus nem nosso próximo se sintam ofendidos com isso, algo que sem dúvida *Janes* e *Jambres* nunca fizeram. Vemos nas escrituras a prática de diversos experimentos naturais e secretos, como as ovelhas malhadas de *Jacó*, que são confirmados por autores profanos, e não apenas verificados em carneiros e ovelhas, mas também em cavalos, pavões, coelhos, etc. Lemos também[739] sobre uma mulher que gerou um jovem mouro negro, por meio de um velho mouro negro que estava em sua casa no momento de sua concepção, que ela via na fantasia, como se supunha. Um marido ciumento, porém, não ficará satisfeito com tais imaginações fantásticas. Pois na verdade um mouro negro nunca deixou de gerar crianças negras, independentemente da cor da outra pessoa: *Et sic è contra*.

---

739. J. Bat. Neapol. *in natural mag.*

Capítulo 17

A opinião dos perseguidores de bruxas de que os demônios podem criar corpos e os magos dos faraós.

James Sprenger e Henrie Institor afirmam no M. Malef.[740], citando *Albert in lib. de animalib*, que demônios e bruxas com sua finalidade também podem realmente criar seres vivos tão bem quanto Deus, embora não na hora, mas muito repentinamente. Entretanto[741], todos aqueles que forem devidamente instruídos na palavra de Deus perceberão evidentemente e confessarão o contrário, como já foi provado pelas escrituras e pode ser confirmado por uma infinidade de fontes. E, portanto, afirmo que *Janes* e *Jambres*, embora Satã e também *Belzebu* os tenham auxiliado, jamais teriam feito uma serpente ou os sapos do nada, nem teriam alterado as águas com palavras. No entanto, todos os expositores estudiosos dessa questão afirmam que eles fizeram uma demonstração de criação, etc., exibindo com habilidade uma semelhança com alguns desses milagres que DEUS realizou pelas mãos de *Moisés*. De fato, *Santo Agostinho* e muitos outros defendem que eles fizeram com astúcia (e verdadeiramente) as serpentes, etc. Mas que possam por astúcia se aproximar de alguma forma dessas ações mais do que foi declarado até então, aparecerá nessas e em muitas outras conclusões, se forem verdadeiras.

---

740. *M. Malef.* p. I. q. 10.
741. João 1, 3; Colossenses 1, 16.

Capítulo 18

Como produzir ou criar monstros pela magia da arte e por que os magos dos faraós não podiam fazer piolhos.

Conclusões naturais.

*E*stratão, *Demócrito, Empédocles* e, ultimamente, *João Batista Nepomuceno* ensinam por quais meios monstros podem ser produzidos, derivados de animais e também de aves. O próprio *Aristóteles* ensina como fazer uma galinha ter quatro pernas e tantas asas quanto quiser apenas por um ovo com gema dupla, método que também pode criar uma serpente com muitas pernas. Ou qualquer coisa que produza ovos, que pode, da mesma forma, ficar com membros duplicados ou desmembrados, e a criatura mais repulsiva logo levaria a uma deformidade monstruosa, o que em criaturas mais nobres é mais difícil de acontecer.[742] Há também consideráveis experimentos com um ovo para produzir qualquer ave sem a ajuda natural da fêmea, o que acontece se o ovo for chocado no pó das fezes da fêmea, seco e misturado com algumas de suas penas e mexido a cada quatro horas. Pode-se produzir também (como dizem) a serpente mais peçonhenta, nociva e perigosa, chamada basilisca, misturando-se um pouco de arsênico à peçonha de serpentes, ou algum outro veneno forte, mergulhando um ovo nessa mistura e deixando-o lá por certos dias, e se o ovo for colocado de pé, a operação será melhor. Isso também pode ser feito se o ovo for deitado em fezes, que dentre todas as outras coisas passa o calor mais singular e natural e, como diz *João Batista Nepomuceno*, é *Mirabilium rerum parens*[743]. Ele também escreve que *Crines fœminæ menstruosæ* transformam-se em serpentes em pouco tempo, e diz ainda que se o manjericão for moído e colocado em um local úmido, entre duas telhas, cria escorpiões. As cinzas de um pato, posicionadas entre dois pratos e colocadas em um local úmido, criam um sapo enorme: *Quod etiam efficit sanguis menstruosus*. Muitos autores concluem que há dois tipos de sapos: o natural e o temporal, ou seja, os nascidos naturalmente e por procriação ou aqueles produzidos por gerações espontâneas, que são chamadas temporárias, sendo gerados apenas da chuva, e da terra e que, segundo *João Batista Nepomuceno*, são fáceis de serem feitos. *Plutarco* e *Heráclito* dizem que os viram cair com a chuva, e deitar e rastejar nos telhados das casas, etc. Além disso, *Eliano* diz que viu rãs e sapos cujos ombros e cabeças estavam vivos e se tornaram carne, enquanto as partes inferiores eram apenas terra e assim rastejavam sobre dois pés, pois a outra parte ainda não tinha se formado totalmente. *Macróbio* relata que no *Egito* camundongos surgiam da terra e das chuvas, além de rãs, sapos e serpentes em outros lugares.

---
742. Ou seja, produzir qualquer ave fora de um ovo, sem a ajuda natural da galinha.
743. A mãe dos milagres.

Eles dizem que *Danmatus Hispanus* era capaz de fazer quantos quisesse a qualquer momento. Ele não é um bom pescador, porque não sabia com que rapidez as vísceras de um animal, quando enterradas, produziam larvas (que em um termo mais civil são chamadas minhocas), uma boa isca para peixes pequenos. Quem conhece a ordem de preservar bichos-da-seda pode perceber uma conclusão semelhante, porque aquilo que é uma semente morta no inverno, no verão é uma criatura viva. *Janes* e *Jambres* podem conhecer esses experimentos e outros maiores, que servem bem ao seu propósito, especialmente com tais desculpas, atrasos e astúcia que eles poderiam acrescentar às suas artimanhas. Mas, continuando, e para chegar um pouco mais perto de seus feitos e demonstrar um truque além de sua astúcia, garanto que a gordura de um homem ou de uma mulher produz piolhos muito rapidamente e, no entanto, digo, os magos do *faraó* não conseguiam fazê-los, mesmo com toda sua astúcia. Com isso, percebe-se que Deus de fato realizou as outras ações para endurecer o *faraó*, embora este achasse que seus magos realizavam milagres e portentos com não menos destreza do que *Moisés*. Mas alguns dos intérpretes[744] desse fenômeno justificam sua ignorância nessa questão, dizendo, portanto, que o demônio não pode criar nenhuma criatura abaixo da quantidade de um grão de cevada, e como os piolhos são tão pequenos não podem ter sido criados por eles. Como se aquele que conseguisse fazer o maior, não conseguisse produzir o menor. Um completo absurdo. E como se aquele que tivesse poder sobre os grandes não tivesse o mesmo sobre os pequenos.

Capítulo 19

Quais grandes questões podem ser trabalhadas com essa arte, quando príncipes a estimam e a mantêm; diversos experimentos maravilhosos e de conclusões singulares em lentes de vidro, a arte da perspectiva, etc.

Todavia, há apenas insignificâncias em se tratando de outros experimentos a esse respeito, especialmente quando grandes príncipies mantêm e dão auxílio a alunos nessas artes mágicas, o que nessas regiões e nessa era é mais proibido do que permitido, por causa do abuso que costuma estar vinculado a tal prática, o que na verdade é o que provocava admiração e a apreciação de obras milagrosas. Por exemplo, se eu afirmo que com certos feitiços e orações papistas posso colocar uma cabeça de cavalo ou de asno sobre os ombros de um homem, não acreditarão em mim; ou se eu fizer isso, serei considerado um feiticeiro. E, no entanto, se os experimentos fenomenais de *João Batista Nepomuceno* forem verdadeiros, não é difícil dar-lhes essa impressão e o feitiço de uma bruxa ou papista em conjunto com o experimento

---

744. *Giles Alley*, veja a biblioteca do pobre homem.

também resultará no mesmo portento. As palavras usadas em um caso como esse são incertas e devem ser recitadas como a bruxa ou o farsante quiser. Mas a conclusão é esta: corte a cabeça de um cavalo ou de um asno antes de eles morrerem, caso contrário o efeito ou a força serão menores, e faça um recipiente de barro de capacidade adequada para conter a cabeça e o encha de óleo e gordura; cubra bem e coloque argila por cima; deixe ferver sobre uma fogueira fraca por três dias para que a carne fervida transforme-se em óleo e os ossos fiquem aparentes; moa os pelos até virar um pó e misture-o com o óleo. Unte a cabeça dos espectadores com essa mistura e eles parecerão ter cabeças de cavalos ou asnos. Se cabeças de animais forem ungidas com o óleo feito com a cabeça de um homem, eles parecerão ter rostos humanos, como vários autores afirmam solenemente. Se um lampião for ungido com isso, todas as coisas parecerão bem monstruosas. Afirma-se também que se aquilo que se chama *Esperma* em qualquer animal for queimado, e o rosto de qualquer um for ungido com tal substância, parecerá ter o rosto que o animal tinha. Mas se o arsênico for moído e fervido com um pouco de enxofre em uma panela fechada, e aceso com uma vela nova, os espectadores parecerão não ter cabeça. Se colocarmos fogo em uma mistura de água compósita e sal à noite e apagarmos todas as outras luzes, os espectadores parecerão mortos. Todas essas coisas podem ser bem percebidas e conhecidas, e também praticadas, por *Janes* e *Jambres*. Mas os dispositivos maravilhosos, as visões milagrosas e as ideias criadas e contidas no vidro excedem muito todas as outras para as quais a arte da perspectiva é necessária. Pois ela mostra as ilusões daqueles cujos experimentos podem ser vistos em vários tipos de lentes de vidro e espelhos: ocos, planos, em relevo, em forma de coluna, piramidais ou pontiagudos, espiralados, esféricos, redondos, angulares, inversos, eversos, compactos, regulares, irregulares, coloridos e transparentes, ou seja, podem-se personalizar as lentes e os espelhos, porque a imagem ou o favor que estiver gravado na memória deve ser visto. Coisas estranhas são feitas por esses espelhos de perspectiva. Alguns deles são construídos de tal forma que neles se pode ver o que os outros fazem em lugares distantes; em outros podem ser vistos homens pendurados ou voando no ar; em outros ainda, veem-se alguém chegar e outro partir; em outros uma imagem parecerá uma centena, etc. Há uns também onde um homem pode ver a imagem de outro homem e não a sua; alguns produzem muitas semelhanças, outros nenhuma. Outros, contrariamente ao uso de todos os espelhos, fazem o lado direito virar para a direita e o lado esquerdo para a esquerda; há outros que iluminam na frente e atrás; outros não representam as imagens recebidas neles, mas as emitem bem longe no ar, aparecendo como imagens aéreas; e pela incidência de raios solares, com grande força colocam fogo (bem longe) em qualquer coisa que possa ser queimada. Há espelhos transparentes que fazem coisas grandes parecerem pequenas, coisas distantes parecerem próximas e o que está próximo parecer distante; coisas que estão em cima de nós parecem embaixo e aquelas que estão embaixo parecem estar acima. Há alguns também que representam as coisas em diversas cores, e ainda mais belas, especialmente qualquer coisa branca. Por fim, o mais admirável nesses espelhos é que o vidro menor diminui a forma, mas por maior que seja, ele não torna a forma maior do que é. Deve-se lembrar, a respeito desses espelhos, que a vista é enganada, pois *Non est in speculo res quæ speculatur in eo.* Por isso *Santo Agostinho* achou que havia aí algum mistério oculto. *Vitellius* e *João Batista Nepomuceno* escrevem muito a respeito disso. Presenciei a maior parte deles e tenho a receita de como fazê-los, o que, se o desejo por brevidade não tivesse me proibido, teria relatado. Mas não creio que os magos do *faraó* tivessem mais experiência do que eu com esses e outros dispositivos parecidos. E, segundo *Pompanácio,* o fato é que alguns desses feitos teriam sido considerados atos de santos, alguns outros de bruxas. Por isso digo que o papa torna santas as bruxas ricas, enquanto queima as pobres[745].

Capítulo 20
Uma comparação entre os magos dos faraós e nossos feiticeiros, e como sua astúcia consistia em habilidade com mágica.

Portanto, percebe-se que Deus quis demonstrar aos homens que buscam por conhecimento tamanha astúcia na descoberta, composição e estruturação de coisas estranhas e secretas, que com isso parece conceder ao homem parte de sua divindade. No entanto, Deus (do nada, com sua palavra) criou todas as coisas e pode com sua vontade, que está além do poder e da alçada do homem, conquistar tudo o que quiser. E esses milagres no passado ele realizou por meio das mãos de seus profetas, como aqui o fez com *Moisés* na presença do *faraó,* o que *Janes* e *Jambres* quiseram imitar. Mas afirmar que eles por conta própria, ou por todos os demônios no inferno, poderiam realizar de fato o que *Moisés* conseguiu pelo poder do Espírito Santo é pior do que infidelidade. Se alguém refutar e disser que nossas bruxas são capazes de tais façanhas com palavras e feitiços, como os magos do *faraó* faziam com sua arte, eu nego; e todo o mundo jamais será capaz de demonstrá-lo. O que eles fizeram foi feito abertamente, como nossas bruxas e conjuradores nunca farão nada, de modo que estes não podem fazer como eles faziam. Nas palavras de *Calvino*[746], eles não passavam de mágicos. Nada poderiam fazer, como muitos supõem. Pois como *Clemente*[747]

---
745. Uma opinião precipitada não pode ser devidamente julgada.
746. *Jo. Calvino, lib. institut. I. cap. 8.*
747. *Cle. recog. 3.*

diz: "Esses magos realmente parecem operar essas maravilhas em vez de forjá-las na realidade". E se eles fazem apenas demonstrações prestigiosas de coisas, digo que era mais do que nossas bruxas conseguem. Pois bruxarias (como o próprio *Erasto*[748] confessa em uma digressão do argumento) não passam de contos de fadas. Se a serpente do mago fosse uma serpente verdadeira, teria sido transformada a partir de uma vara. E isso teria sido uma obra dupla de Deus, ou seja, a classificação e extinção de uma substância e a criação de outra. Aliás, essas ações estão além do poder do demônio: *ergo*, de bruxas, conjuradores, etc. pois estes não podem fazer alguém desaparecer, nem criar algo do nada e de nada algo; tampouco de uma coisa criar a coisa contrária; não, eles não podem tornar o cabelo de alguém branco ou preto[749]. Se os magos do *faraó* criassem rãs verdadeiras de repente, por que eles não poderiam afastá-las de novo? Se eles não poderiam ferir as rãs, por que pensaríamos que poderiam criá-las? Ou por que nossas bruxas, que nada mais fazem que falsificá-las, podem matar gado e outras criaturas com palavras ou desejos? E, portanto, eu digo com *Jâmblico*[750]: *Quæ fascinati imaginamur, præter imaginamenta nulla habent actionis e essentiæ veritatem*: tais coisas que nossos enfeitiçados imaginavam apenas têm ação ou essência na pura imaginação.

Capítulo 21

Que as serpentes e os sapos foram realmente apresentados e a água envenenada de fato por Jannes e Jambres; sobre os falsos profetas e seus milagres; sobre o asno de Balam.

Não creio realmente que haja a confirmação de uma inconveniência, embora deva admitir que a serpente e as rãs eram apresentadas de verdade e a água foi mesmo envenenada por *Janes* e *Jambres*; não que eles pudessem executar esses milagres sozinhos ou com a ajuda de seus assistentes domesticados ou demônios, mas que Deus, pelas mãos desses farsantes, contrariamente a suas próprias expectativas, apossou-se deles, e os contrariamente em sua ridícula perversidade a serem instrumentos de sua vontade e vingança contra seu mestre, o *faraó*[751], de modo que por suas mãos Deus mostrou alguns milagres, que ele mesmo realizou, como aparece no Êxodo[752]. Pois Deus colocou o espírito da verdade na boca de *Balam*, contratado para amaldiçoar seu povo. E embora ele fosse um corrupto e falso profeta, e fizesse coisas maldosas, Deus fez dele um instrumento (contra sua vontade) para a confusão do ímpio, usado como instrumento para executar os desígnios e julgamentos

---

748. *Erasto in disputat. de lamiis.*
749. Mateus 5, 36.
750. *Jamb. de mysteriis.*
751. Os magos do faraós não eram donos de suas próprias ações.
752. Êxodo 10.

divinos. Se Deus quisesse agir assim, como uma obra especial, com a qual mostra sua onipotência para a confirmação da fé de seu povo, na doutrina de seu Messias, entregue às pessoas pelo profeta *Moisés*, então seria algo milagroso e extraordinário que não deve ser analisado agora. E (como supõem alguns) havia também um consorte ou equipe de falsos profetas, que também previam o futuro e realizavam milagres. Respondo: por meio de atos extraordinários e milagrosos, Deus gostava de testar seu povo, mas hoje Ele já não age assim, pois a realização de milagres[753] acabou. Da mesma forma, nesse caso, pode estar na glória de Deus usar as mãos dos magos do *faraó* para endurecer o coração de seu mestre, e fazer suas ilusões e ideias ridículas tornarem-se eficazes. Pois Deus prometera e determinara o endurecimento do coração do *faraó*. Quanto aos milagres que *Moisés* realizou, eles o amoleceram, de modo que ele sempre se enternecia ao vê-los. Pois à grandeza de seus milagres foram acrescentadas tamanha modéstia e paciência que poderiam comover até um coração de aço ou pedra. Mas o *faraó* teimava cada vez mais com as ações dos magos, cujo exemplo ou a semelhança não encontraremos de novo nas escrituras. E embora naqueles dias existissem pessoas que permitiam ser usadas por Deus para a realização de sua vontade e propósito secreto, isso não significa que agora, quando a vontade de Deus nos foi totalmente revelada em sua palavra e seu filho (em cujo nome ou na manifestação de seu advento permitiam-se ou realizavam-se todas essas coisas), tais coisas continuem a acontecer. Portanto, concluo, uma vez afastada a causa, a coisa derivada dela não permanece. E atribuir a nossas bruxas e conjuradores seu lugar é ridicularizar e reprimir as obras maravilhosas de Deus e contrapor a elas farsas, truques de mágica e coisas sem valor. E, portanto, como se deve admitir que ninguém naqueles dias poderia fazer o que *Moisés* fazia, pode-se responder que ninguém hoje em dia é capaz de agir como *Janes* e *Jambres*, que se foram falsos profetas, meros mágicos, ainda receberam maior privilégio por superar nossas anciãs ou conjuradores na realização de milagres ou nas previsões, etc. Pois quem pode ser comparado a *Balaam*? Ninguém, ouso dizer, porque o asno de *Balaam* realizou um milagre ainda maior e mais sobrenatural do que o papa ou todos os conjuradores e bruxas no mundo poderiam realizar atualmente.

Em suma, deve-se reconhecer (e há provas evidentes o bastante) que a abordagem dos nossos mágicos lembra muito mais a dos magos do *faraó* do que de bruxas ou conjuradores, e eles podem fazer uma apresentação mais vibrante de realização de milagres do que qualquer feiticeiro, pois praticam para demonstrar com ações o que bruxas fazem em palavras e termos. Mas para que se entenda que tenho motivo para manter minha opinião a esse respeito, não me demorarei neste ponto com um monte de palavras, recomendando ao leitor o seguinte tratado

---

753. Efeitos contrários aos milagres de Moisés e aos milagres dos magos egípcios, gravados no coração do faraó.

da arte da mágica, no qual se lerão práticas estranhas e transferências espertas que por não poderem ser tão convenientemente descritas por uma figura de retórica, pois cairão na capacidade daqueles que serão praticantes destas, eu as apresento de uma forma que ajude na compreensão com demonstrações instrumentais. E quando se ler atentamente toda a descoberta da mágica, devem-se comparar as maravilhas dela com as maravilhas atribuídas a conjuradores e bruxas (não omitindo os feiticeiros do *faraó* em nenhum lado dessa comparação), e creio que se determinará que os milagres feitos na frente do *faraó* e os milagres atribuídos a bruxas, conjuradores, etc., podem ser considerados falsos, meras ilusões, etc., e ações como aquelas que costumam ser praticadas por mágicos habilidosos, seja por prestidigitação, com um ou mais cúmplices ou de outra forma.[754]

Capítulo 22
A arte da mágica descoberta e seus principais pontos.

Agora como a oportunidade assim se apresenta e a questão é tão pertinente ao meu propósito, além de a vida da bruxaria e da farsa passar tão evidentemente pela arte da mágica, achei por bem revelá-la, junto ao restante das outras artes dos truques, lamentando ser o responsável por expor os segredos desse mistério para o embaraço desses homens pobres que vivem disso, cujos feitos aqui não só são toleráveis, como também muito recomendáveis, por não abusarem do nome de Deus nem fazerem as pessoas atribuírem seu poder a eles, mas sempre reconhecerem no que consiste a arte, de modo que por meio disso as outras artes ilícitas e ímpias possam ser detectadas e reveladas.

Portanto, a verdadeira arte da mágica consiste na prestidigitação, isto é, na movimentação ágil das mãos, realizada principalmente de três formas. A primeira e principal consiste em esconder e movimentar bolas, a segunda é a alteração de moedas, a terceira é embaralhar cartas. Aquele que for especialista nelas pode demonstrar muito mais prazer e muita destreza, e ter mais astúcia do que todas as bruxas ou magos. Todas as outras partes dessa arte são ensinadas quando descobertas, mas essa parte não pode ser ensinada por nenhuma descrição ou instrução, sem muito treino e gasto de tempo. E por mais que eu prefira descobrir e ensinar esses mistérios, bastará demonstrar que o empenho e o intento dos mágicos referem-se apenas a abusar dos olhos e dos discernimentos dos homens. Agora, portanto, minha intenção é, nas palavras mais simples que puder, revelar certos truques próprios dessa arte, alguns agradáveis e detectáveis, outros espantosos e desesperadores, mas todos meras ilusões, ou ações falsas, como logo se verá pela devida observação de todo truque por mim decifrado aqui.

---

754. A arte de enganar é mais, ou não menos, estranha em milagres do que ao conjurar bruxaria.

Capítulo 23

A bola e o estilo de mágica com ela, além de truques notáveis com uma ou várias bolas.

Grande variedade de jogos com bolas.

Em se tratando de bola, há uma infinidade de brincadeiras e criações, pois com a prática aprende-se a manejá-las bem e daí surge uma centena de truques. Mas mesmo que se pareça jogar a bola na mão esquerda, na boca, em um pote ou no ar, etc., ainda se deve segurá-la na mão direita. Se começar a praticar com uma bolinha de chumbo, é melhor logo passar para bolas de cortiça. No início do aprendizado, deve-se primeiro guardar uma grande bola na palma da mão com o dedo anelar, mas uma bola pequena deve ser colocada com seu polegar, entre o dedo anelar e o do meio, e então praticar entre os outros dedos, depois entre o dedo indicador e o polegar, com os dedos indicador e o médio juntos, ponto que é mais espantoso e exige mais habilidade. Por fim, deve-se praticar com a mesma bola na palma da mão e com a prática se conseguirá não só reter uma bola na mão enquanto ela parece estar em outro lugar, como também segurar na palma da mão quatro ou cinco tão bem quanto uma. Uma vez conseguido isso, vários truques maravilhosos poderão ser feitos com agilidade, clareza e suavidade para que os olhos dos espectadores não os percebam.

Separe três ou quatro bolas e o mesmo número de castiçais pequenos, tigelas, saleiros, as tampas dos saleiros ou o que for melhor. Pegue primeiro a bola com a mão esquerda, aparentando segurá-la de modo firme, então tome um dos castiçais ou qualquer outra coisa (com uma base oca e não muito grande) e finja colocar a bola que se pensa estar na sua mão esquerda embaixo dele, fazendo o mesmo com os outros castiçais e bolas, tudo isso enquanto os espectadores supõem que cada bola está embaixo de cada castiçal. Feito isso, diga alguma palavra mágica. Depois, pegue um castiçal com uma mão e sopre, dizendo: "Vejam, sumiu", e depois olhe embaixo de cada castiçal com a mesma graça e palavras, e os espectadores se perguntarão onde foram parar. Mas se você, ao levantar os castiçais com a mão direita, deixar todas as três ou quatro bolas debaixo de um deles (o que pode ser feito facilmente com um pouco de prática, virando-as na sua mão e segurando-as firmemente com o mindinho e o indicador), pegar o castiçal com os outros dedos e enfiar as bolas nas cavidades deles (pois assim elas não rolarão), os espectadores ficarão espantados. Mas parecerá maravilhosamente estranho se, além de mostrar como não ficou nada embaixo de um dos outros castiçais, que você segura na mão esquerda, você deixar para trás uma bola grande ou qualquer outra coisa, pois o milagre será ainda maior. Primeiro eles acharão que você tirou todas as bolas por milagre; depois que você as reuniu de novo pelo mesmo meio, e nunca pensarão ou verão que qualquer outra coisa tenha ficado para trás debaixo de algum deles. E, portanto, depois de muitos outros truques, volte para seus castiçais, lembrando onde ficou a bola grande e não toque nela de jeito nenhum, mas com outra bola finja guardá-la da maneira dita, debaixo de um castiçal mais longe daquele onde a bola está. E quando parecer que você passa a bola de um castiçal para outro sem tocá-lo, usando apenas palavras mágicas, tais como: "*Hay, fortune furie, nunquam; credo, passe, passe, when come you sirra*" [*Salve, ó fúria da fortuna, aqui e agora; eu creio, passa, passa, quando tu vens*]; isso parecerá maravilhosamente espantoso. Deve-se lembrar que a elegância é um pré-requisito ao truque.

¶ *Como fazer uma bolinha crescer na sua mão até ficar bem grande.*

Pegue uma bola bem grande na mão esquerda ou três um pouco menores do que essa, e mostrando uma ou as três bolas pequenas finja colocá-las na sua mão esquerda, escondendo as outras bolas que estavam lá antes. Então, com palavras, faça-as parecer crescer e abra a mão, etc. Essa brincadeira deve ser variada com uma centena de formas, pois como você as encontra todas debaixo de um castiçal, pode se aproximar de um espectador e tirar seu chapéu e mostrar que as bolas estão lá, colocando-as dentro, enquanto vira o castiçal para baixo.

¶ *Como reduzir uma ou muitas bolas a nada, ou melhor, fazê-las desaparecer.*

Parecerá espantoso pegar uma bola, ou mais, fingir colocá-la na outra mão e, enquanto pronuncia palavras mágicas, passá-la da mão direita para seu colo. Pois quando você abrir a mão esquerda imediatamente, os espectadores mais atentos dirão que a bola está na outra mão, que você também abrirá e os deixará bem surpresos quando não virem nada lá.

¶ *Como dar uma batidinha nos nós dos dedos de alguém.*

Nada mais direi a respeito da bola, pois mesmo em um dia inteiro falando sobre isso eu não conseguiria ensiná-lo a usá-la, nem mesmo a entender o que quero dizer ou escrever a respeito dela, mas certamente muitos são convencidos de que há nela um espírito ou uma mosca, etc. Lembre-se sempre de deixar a mão direita aberta e esticada, apenas escondendo a palma da vista. E, portanto, você pode encerrar com o seguinte milagre:

Coloque uma bola no ombro, outra no braço e uma terceira na mesa. Como ela é redonda e não ficará parada sobre a ponta da sua faca, peça a um espectador para posicioná-la, dizendo que você pretende jogar todas as três bolas na boca ao mesmo tempo. Segurando uma faca como uma pena na mão, quando ele estiver colocando a bola na ponta da sua faca, você pode facilmente dar uma batidinha na mão dele com o cabo, pois de outra forma será mais difícil de conduzir o truque. Esse truque serve para provocar risadas.

Capítulo 24
Truques com moedas.

Os truques com moedas não são muito inferiores àqueles com bolas, mas são muito mais fáceis de fazer. O ponto principal para segurar uma moeda é a palma da mão. É melhor usar uma moeda de tamanho médio, mas com a prática todas poderão ser usadas, exceto aquelas pequenas ou grandes demais para não atrapalhar a troca. Segure-a entre os dedos, quase na ponta, enquanto a bola deve ser mantida mais perto da palma.

¶ *Como passar uma moeda de uma das mãos para a outra com mágica.*

Primeiro, coloque uma moeda pequena ou grande na mão direita. Então posicione sobre ela a ponta do dedo do meio da mão esquerda, diga palavras mágicas e solte rapidamente a mão com a qual segura a moeda para baixo, curvando-a um pouco e ainda segurando a moeda. Aproximando rapidamente sua mão direita da esquerda, você parecerá ter deixado a moeda lá, principalmente quando fechar a mão esquerda no tempo certo. Isso parece mais simples do que realmente é. Pegue então uma faca e finja bater contra a moeda, de modo a fazer barulho, mas em vez de bater na moeda na mão esquerda (que está vazia), segure a ponta da faca com a mão esquerda e bata contra a moeda que segura na outra mão e, assim, acharão que você bateu na moeda na mão esquerda. Pronunciando as palavras mágicas, abra a mão e quando ela estiver vazia, os espectadores se perguntarão como a moeda saiu. Esse truque é lindo se for conduzido com habilidade, pois ele engana tanto a audição como a visão.

¶ *Como converter ou transformar moedas em fichas ou fichas em moedas.*

Outra forma de ludibriar os espectadores é proceder como no truque anterior com uma moeda, e esconder uma ficha na palma da mão esquerda para parecer que se colocou uma moeda naquela mão, enquanto ela na verdade continua na mão direita. Quando se abre a mão esquerda, parecerá que a moeda foi transformada em uma ficha.

¶ *Como colocar uma moeda em cada uma das mãos e com palavras reuni-las.*

Quem adquiriu a prática de segurar uma moeda na mão direita pode apresentar uma centena de ideias agradáveis por esse meio e guardar duas ou três em vez de uma. Então parecerá que a pessoa colocou uma delas na mão esquerda e ainda mantendo a moeda da mão direita, pegue nesse momento outra moeda igual à anterior e, assim, com as palavras, parece que você juntou as duas moedas.

¶ *Como colocar uma moeda na mão de um estranho e outra na sua e transferir as duas para a mão dele com palavras.*

Você pode também pegar duas moedas de mesmo tamanho e colocar as duas, uma sobre a outra, em vez de apenas uma, na mão de um estranho e fingir que coloca uma delas na sua mão esquerda e, com palavras mágicas, dar a impressão de que passa a moeda da sua mão para a do estranho. Quando você abrir a sua mão esquerda, não haverá nada, enquanto ele encontrará as duas moedas onde achava haver apenas uma. Dessa forma (digo), uma centena de truques podem ser realizados.

¶ *Outra forma de realizar o mesmo truque ou outro parecido.*

Segurar uma moeda, etc., entre os dedos, serve principalmente para este e outros propósitos parecidos. Peça para alguém colocar uma moeda na sua mão estendida, então mexa a mão até a moeda ficar quase na ponta dos dedos e segure-a com o polegar; com um pouco de prática, você facilmente passará a borda da moeda entre os dedos indicador e o do meio, enquanto propõe colocá-la na outra mão (desde que sempre a borda não apareça entre os dedos atrás). Isso feito, pegue outra moeda (que você pode pedir para um espectador colocar) e trabalhe com as duas juntas, grudadas como se fossem uma, colocando-as na mão do estranho ou mantendo-as na sua e, depois de algumas palavras mágicas, abra as mãos e, vendo que não há nada em uma mão e as duas moedas na outra, os espectadores se perguntarão como elas se juntaram. Tome sempre o cuidado de dissimular bem ou então estragará o truque.

¶ *Como jogar uma moeda fora e encontrá-la de novo onde quiser.*

Você pode, com os dedos médio ou anelar da mão direita, passar uma moeda para a palma da mesma mão e fingir fazê-la desaparecer, ainda ficando com ela, o que com a ajuda de um cúmplice parecerá estranho, isto é, quando você encontrá-la novamente onde o outro a colocou. Mas tais proezas não podem ser feitas sem exercício e, portanto, continuarei a mostrar as coisas a serem realizadas com moeda, com menos dificuldade e tão singulares quanto as outras, e que por serem desconhecidas são muito elogiadas, mas ao serem descobertas, tornam-se dignas de riso e desmerecidas. Pratique sempre, pois a prática torna os homens preparados e experientes.

¶ *Como fazer uma moeda de maior ou menor valor sair de um pote ou correr em uma mesa com palavras.*

Você verá um mágico jogar uma moeda em uma panela ou colocá-la no meio de uma mesa e, com palavras encantadas, fazê-la pular da panela ou correr pela mesa na sua direção ou na contrária. Isso parecerá milagroso, até você descobrir que é feito com um fio preto longo do cabelo de uma mulher amarrado em um pequeno orifício na borda da moeda feito com um prego. Da mesma forma, pode-se usar uma faca ou qualquer outra coisa pequena, mas se você quiser que ela corra de você, um cúmplice melhorará o truque.

Essa mágica é ainda mais singular se for feita à noite, com uma vela colocada entre os espectadores e o mágico para ocultar melhor o truque.

¶ *Como fazer uma moeda passar por uma mesa ou desaparecer de um lenço de forma muito singular.*

Um mágico às vezes também pega uma moeda emprestada e a marca diante do espectador, aparentando colocá-la no meio de um lenço, dobrando-o bem em volta da moeda, para um espectador voluntário vê-la e senti-la. Então ele dará o lenço ao voluntário para ele ver e sentir se a moeda está lá e também pedirá que coloque a moeda debaixo de um castiçal ou outra coisa parecida. Em seguida, apanha uma bacia e a segura debaixo da mesa na altura do castiçal. Depois de usar certas palavras mágicas, em pouco tempo se ouvirá a moeda cair na bacia. Isso feito, alguém tira o castiçal e o mágico pega o lenço pela ponta e o sacode, mas a moeda sumiu, o que parece tão singular quanto qualquer outro truque, mas, depois de descoberto, o milagre vira uma brincadeira.

Esse truque nada mais é do que costurar uma moeda na ponta de um lenço, coberta por um pedaço fino de linho, um pouco maior do que ela. Coloque a ponta do lenço escondida no meio do lenço em vez da moeda emprestada, que deve ficar na palma da sua mão. Então, deixe a moeda cair na bacia enquanto a coloca debaixo da mesa.

¶ *Um truque notável para transformar uma ficha em moeda.*

Pegue uma moeda de tamanho médio e lixe-a bem em um dos lados. Pegue duas fichas e as desgaste também, uma em um lado e a outra no lado oposto. Grude o lado macio da moeda no lado macio de uma das fichas tão bem quanto conseguir, principalmente nas pontas, que devem ficar tão finas que parecerão uma só, isto é, um lado de ficha e o outro de moeda. Pegue então um pouco de cera verde (que é melhor por ser mais maleável) e esfregue um pouco dela no lado macio da outra ficha, tomando o cuidado de não descolorir muito a moeda na qual a grudará, como se as duas estivessem coladas. Lixe as bordas para parecer uma moeda tão perfeita que o espectador não perceba mesmo pegando-a na mão. Então esfregue um pouco da cera no polegar e no dedo indicador da sua mão direita. Coloque a moeda falsa na palma da sua mão esquerda, da mesma forma que um auditor coloca suas moedas, apertando-a bem com o polegar para deixar a ficha colada com a moeda, aparentemente na palma da mão esquerda, e o lado macio da moeda encerada grudará bem no seu dedo, por causa da cera; assim você poderá escondê-la como quiser. Lembre-se sempre de colocar o lado encerado para baixo e o lado colado para cima. Então feche a mão e enquanto isso ou depois vire a peça, de modo que, em vez de uma ficha (que eles supõem estar na sua mão), você parecerá ter uma moeda, para o espanto dos espectadores, se o truque for bem feito.

Capítulo 25
Um truque excelente para fazer uma moeda passar de uma mão para a outra quando quiser.

Coloque um pouco de cera vermelha (uma camada não muito fina) na unha do dedo mais longo e peça para um estranho colocar uma moeda pequena na palma da sua mão e feche a mão rapidamente, passando a cera da sua unha na moeda, o que com prática você fará sem ninguém perceber. Enquanto isso use palavras mágicas, tais como *Ailif, easyl, zaze, hit mel meltat, Saturno, Júpiter, Marte, Sol, Vênus, Mercúrio, Lua*, ou algo assim, e abra a mão rapidamente, deixando as pontas dos dedos um pouco mais para baixo do que a palma da mão e os espectadores se perguntarão o que aconteceu com a moeda. Então feche a mão de novo e aposte com o público se ela está lá ou não. Você pode deixá-la lá ou levá-la consigo se quiser. Esse truque (se bem feito) provoca mais admiração do que qualquer outro com as mãos. Lembre-se de que como o truque dará mais certo com a cera na moeda, você mesmo precisará colocá-la na mão.

¶ *Como tirar uma moeda da mão de uma pessoa que a segurava firme.*

Espalhe um pouco de cera na ponta do polegar e pegue um espectador pela mão, mostrando-lhe a moeda e dizendo-lhe que você a colocará na mão dele. Enquanto a aperta bem com o seu polegar besuntado com a cera, usando muitas palavras, olhe-o nos olhos e assim que o vir olhando para você ou para sua mão, puxe rapidamente o polegar e feche a mão de modo a parecer que a moeda continua lá, como quando você aperta uma moeda na testa de alguém parecerá grudenta quando ela for retirada, principalmente se estiver molhada. Então peça para que a pessoa mantenha a mão parada, e com rapidez, coloque na mão dela (ou na sua) duas moedas em vez de uma, usando palavras mágicas, com as quais você fará não só os espectadores, como também os participantes acreditarem que você juntou as duas por encanto quando eles abrirem as mãos.

¶ *Como jogar uma moeda em um lago fundo e tirá-la de lá quando quiser.*

Há um número incrível de truques feitos com moedas, mas, se preferir, trabalhe em segredo com um cúmplice no meio do público, por exemplo, marcando qualquer moeda para, em seguida, jogá-la em um rio ou lago fundo, e esconda uma moeda igual em algum outro lugar secreto; peça para alguém ir lá na hora e pegá-la, fazendo todos acreditarem que é a mesma que você jogou no rio. Os espectadores ficarão espantados. Um grande número de truques pode ser feito, mas muitos mais com um cúmplice, entre os quais se pode contar ao outro quanto dinheiro ele leva no bolso e uma centena de outros, todos com dinheiro. Feats foi o mestre desses truques com cúmplices enquanto viveu.

¶ *Como passar uma moeda de uma mão para a outra, com os braços afastados como uma cruz.*

É sempre necessário misturar algumas meras brincadeiras entre seus milagres mais sérios. Por exemplo, pegue uma moeda em cada mão e, abrindo bem os braços, aposte que você as juntará em uma mão sem aproximá-los. Feita a aposta, estenda os braços como uma cruz e, virando o corpo, jogue a moeda de uma das suas mãos na mesa e virando o outro lado, pegue-a com a outra mão e assim ganha-se a aposta. Esse é um truque mais engraçado do que maravilhoso.

¶ *Como aplicar uma lição em um falastrão.*

Dê uma moeda com a mão esquerda para uma pessoa, outra para uma segunda e mostre que você baterá nos dedos de uma terceira, pois ela (descortês e inconveniente), vendo os outros dois receberem dinheiro, não o recusará e tentará pegá-lo. Quando ela fizer isso, você pode dar um tapinha nos dedos dela com uma faca, ou qualquer outra coisa que estiver segurando com a mão direita, dizendo que seu espírito familiar lhe disse que a pessoa queria arrancar o dinheiro de você.

Capítulo 26

Como transformar qualquer coisa pequena em outra dobrando um papel.

Pegue uma folha de papel, ou um lenço, e dobre-a no meio deixando um lado um pouco maior do que o outro. Então coloque uma ficha no centro da folha ou do lenço, segurando-a para que não seja percebida, e coloque uma moeda na parte de fora dele, na mesma altura da ficha, e dobre o papel para baixo juntando com a ponta do lado maior e, quando você desdobrar de novo, a moeda e a ficha trocarão de lugar, de modo que alguns acharão que você transformou a moeda em uma ficha, assim muitos truques podem ser feitos.

Outro método parecido, mas ainda mais singular, é feito com dois papéis com 19 centímetros quadrados, dobrados duas vezes em três partes iguais em cada lado, de modo que cada papel dobrado fique com mais ou menos seis centímetros. Com as duas folhas dobradas, cole-as uma de costas para a outra. Assim as duas folhas parecerão apenas uma e todos os lados parecerão iguais, não importa em qual você abra. Esconda bem o lado dobrado com o dedo médio, de modo que quando colocar uma moeda de um lado e a ficha do outro, é só dobrar o papel para que pareça uma transformação. Isso pode ser realizado melhor colocando os papéis sob um castiçal ou um chapéu e conduza o truque com as palavras mágicas de sua escolha.

Capítulo 27

Truques com cartas, com boas advertências sobre como evitar fraudes com elas. Regras especiais para passar e lidar com as cartas, e o modo e a ordem como executar todas as coisas difíceis e singulares realizadas com elas.

Depois de usar moedas, passemos agora às cartas, que encantaram um grande número de pessoas até elas perderem não só seu dinheiro, como também terras, saúde, tempo e honestidade. Não ouso demonstrar o método imoral dos trapaceiros, pois não quero afrontar os bem-intencionados, nem trazer sofrimento e perdas aos simplórios ou dar oportunidade aos mal-intencionados de fazer o mal. Mas recomendo que todos os jogadores tomem cuidado não só com as cartas e os dados usados, mas principalmente com quem e onde jogam. E, para deixar os dados rolarem (com os quais um homem pode ser inevitavelmente ludibriado), aquele que for habilidoso em fazer cartas marcadas pode arruinar uma centena de homens ricos afeitos ao jogo, mas se ele tiver um cúmplice presente, seja entre os jogadores ou entre os espectadores, a maldade não poderá ser evitada. Se jogar entre estranhos, cuidado com aquele que pareça simplório ou bêbado, pois sob esse hábito apresentam-se os farsantes mais especiais e embora ache que os engane, por causa da simplicidade e imperfeições deles, talvez encorajados por seus cúmplices que você considera amigos, você mesmo será ludibriado. Tome cuidado também com os apostadores e espectadores, principalmente com aqueles que apostam em você, pois enquanto olham seu jogo sem levantar suspeitas, eles o revelam com sinais para seus adversários, que na verdade são cúmplices.

Mas nas demonstrações do controle das cartas, o ponto principal é embaralhar bem, e sempre manter uma certa carta no final ou em algum lugar conhecido do baralho, a quatro ou cinco cartas da última. Com isso você parecerá realizar maravilhas, pois será fácil ver ou espiar uma carta, e embora o vejam fazer isso, não suspeitarão de você, se as embaralhar bem depois. Devo lembrá-lo de que, ao reservar a última carta, deve sempre mantê-la um pouco em cima ou embaixo de todas as cartas, debaixo dela ao embaralhar, colocando-a (digo) um pouco na frente das outras, encostando nela o indicador, ou então atrás do resto das cartas, encostando nela o mindinho da mão esquerda, que é o melhor método, mais fácil e rápido. Quando começar a embaralhar, pegue o máximo de cartas juntas que puder e, no fim, jogue sobre elas a última carta (com aquelas muitas mais que você guardou para qualquer propósito) um pouco antes ou depois do resto. Desde que, sempre, seu indicador, se o monte de cartas estiver antes, ou o mindinho, se o monte estiver depois, fiquem encostados na última carta e não fiquem entre elas. Quando senti-la, deixe o dedo lá até ter embaralhado as cartas de novo, ainda retendo sua carta escolhida embaixo. Aperfeiçoando-se nisso, dá para fazer quase tudo o que desejar com as cartas. Dessa forma, pode-se manter o monte de cartas que quiser unido e perto da última carta, tenha ele oito, 12 ou 20 cartas e ainda assim as embaralhar bem para satisfazer os espectadores curiosos. Para ser breve, demonstrarei vários truque em um exemplo.

¶ *Como dar quatro ases e convertê-los em quatro valetes.*

Faça um monte com oito cartas: quatro valetes e quatro ases e, embora todas as oito cartas devam ficar juntas, cada valete e cada ás devem ficar separados por igual, e as mesmas oito cartas precisam ficar também no ponto mais baixo do maço. Então as embaralhe assim, também na segunda vez, ou ao menos quando terminar de embaralhar as cartas, e um ás deve ficar no fim do baralho ou em qualquer posição que você saiba onde está e para onde vai. Sempre (digo) deixe seu monte de três ou quatro cartas imediatamente sobre esse ás. Enquanto fala ou faz outra coisa, coloque suas mãos com as cartas na beira da mesa para esconder a ação, deixe escapar discretamente um pedaço de um dos valetes, a segunda carta, e mostrando para os espectadores ao lado da última carta (que é o ás ou a carta selecionada) cobrindo também a cabeça ou o pedaço do valete (que é a carta seguinte) com os quatro dedos, baixe esse mesmo valete na mesa. Embaralhe de novo, mantendo seu monte completo e assim você tem seus dois ases juntos embaixo. Portanto, para reformar essa carta desordenada, como também por graça e para favorecer essa ação, retire a carta de cima do monte e encaixe-a no meio das cartas e então tire a última carta, que é um dos seus ases, e a baixe da mesma forma. Em seguida, você pode começar como antes, mostrando outro ás e, em vez desse, baixar outro valete, e assim por diante, até que em vez de quatro ases você tenha baixado quatro valetes. Os espectadores o tempo todo pensam que havia quatro ases na mesa, são ludibriados e se espantarão com a transformação. Esse truque requer bastante prática.

¶ *Como revelar a alguém qual carta ele vê embaixo do maço quando ela está embaralhada com as outras.*

Quando você tiver visto uma carta secretamente, ou como se não a tivesse marcado, coloque-a mais para baixo e embaralhe as cartas como aprendeu, até sua carta ficar de novo no fim. Então, mostre-a para os espectadores, pedindo que se lembrem dela; embaralhe as cartas ou dê para alguém embaralhar, pois você já sabe qual é a carta e, portanto, pode a qualquer momento dizer a eles qual carta viram, o que, contudo, seria feito com muita pompa e aparência de dificuldade, porque a ação provocará mais admiração.

¶ *Uma outra forma de fazer a mesma coisa, sem nunca realmente ver a carta.*

Se não conseguir ver nenhuma carta, ou se suspeitarem de que você viu aquela que pretende mostrar, deixe um voluntário embaralhar primeiro. Pegue as cartas de volta, mostre a última sem a ver e embaralhe de novo, mantendo a mesma carta em sua posição, como aprendeu, e então dê uma olhada nela quando a suspeita dos espectadores passar, o que pode ser feito deixando algumas cartas cair ou colocando todas as cartas em pilhas, lembrando-se de onde você colocou a última carta. Em seguida, espie quantas cartas há em alguma das pilhas e coloque a pilha onde está a última sobre esta e todas as outras em cima e, assim, se havia cinco cartas na pilha sobre a qual você pôs a sua, a mesma deve ser a sexta, que agora você pode tirar ou olhar sem suspeitas e dizer a eles a carta que viram.

¶ *Revelar a alguém sem conspiração em que carta ele pensou.*

Neste truque o olhar revela o pensamento.

Ponha três cartas em uma mesa, a uma curta distância uma da outra.
Peça para um espectador ser sincero e não hesitar, mas pensar em uma das três e pelo seu olhar você certamente perceberá em qual ele pensou. Dá para fazer isso também com duas trincas de cartas e ir virando-as para cima, com umas cobrindo as outras que não serão obviamente percebidas. Mas ao virar as outras cartas na mesa rapidamente, preste atenção tanto no olho do espectador como na carta para a qual ele olha nessa hora.

Capítulo 28

Como revelar em que carta alguém pensou, como transferi-la para uma casca de noz ou um caroço de cereja, etc., e de volta para o bolso de alguém; como fazer alguém tirar a mesma carta que o mágico quiser, e tudo em uma única deixa.

Truques com cartas feitos com a ajuda de um cúmplice.

Faça um buraco na lateral superior da casca de uma noz ou em um caroço de cereja (se preferir) com uma ponteira de flecha aquecida ou um prego. Com a ponteira raspe um pouco do caroço, para que o buraco fique da mesma espessura que o buraco da casca. Então escreva o número ou o nome de uma carta em uma tira de papel, enrole-a bem e a coloque dentro da noz ou do caroço. Feche o buraco com um pouco de cera vermelha e esfregue nela um pouco de pó e não se verá o buraco, se a noz ou o caroço estiver marrom ou for maduro. Então peça para seu cúmplice pensar na carta que você anotou na noz, etc., enfie a mesma noz ou o caroço no bolso de alguém ou a coloque em algum lugar estranho. Então, faça alguém tirar a carta do baralho que você segura na mão, o que com a prática é fácil. Não diga: eu o farei tirar necessariamente essa carta, mas peça para o espectador tirar uma carta qualquer, não importando qual. Se você for bom em coerção e no controle de cartas, apresentará o baralho para ele, que pegará (embora tente pegar uma outra) a carta exata que você selecionou e na qual seu cúmplice pensou, e está escrita na noz e escondida no bolso, etc. Enquanto segura o baralho nas mãos, mexendo nas cartas, lembre-se sempre de nunca perder sua carta de vista. Até ficar bom nesse truque, deve-se marcar a carta e quando você perceber que ele está pronto para tirá-la, coloque-a um pouco mais na direção da mão dele, virando-a com agilidade, e a deixe mais solta e aberta do que o restante, não o deixando tirar nenhuma outra, o que se ele fizer, você deve deixar três ou quatro cartas caírem para começar tudo de novo. Parecerá bem singular se o papel estiver dentro de um botão e com a ajuda de um cúmplice for costurado no gibão ou no casaco de alguém. Esse truque costuma terminar com uma noz cheia de tinta, em cujo caso se pede para um gozador ou um menino infeliz pensar em uma carta e, depois de fazer isso, pedir-lhe para abrir a noz, o que ele não se recusará a fazer, se tiver visto o truque anterior.

Capítulo 29

Apertado ou folgado; como dar um nó firme em um lenço e desatá-lo com palavras.

Rápido e solto como um lenço.

Os truques de bruxaria ou sortilégios dos *egípcios* baseiam-se muito em prender e soltar, a respeito do que eu já escrevi algo mais geral, mas com esta oportunidade citarei aqui algumas de suas proezas específicas, não tratando daqueles truques comuns mais entediantes, nem de sua adivinhação, que é tão ímpia, apesar de ambos serem meras farsas. Pegue as duas pontas de um lenço e com elas dê um nó folgado. Finja apertá-lo segurando bem a extensão do lenço (perto do nó) com a mão direita, puxando a ponta contrária com a mão esquerda, o lado que você segura; arremate cuidadosamente o nó, que ainda estará solto e puxe o lenço com a mão direita, enquanto a esquerda deve ficar perto do nó. Parecerá um verdadeiro nó apertado. Para reforçar a impressão de que está bem firme, peça para um estranho puxar a ponta que você segura na sua mão esquerda, enquanto segura firme a outra na mão direita. Em seguida, segure o nó com o indicador e o polegar e a parte inferior do lenço com os outros dedos, usando-os para travar esse lado enquanto desliza uma mão pelo nó e estica suas rédeas. Feito isso, jogue o lenço sobre o nó com a mão esquerda e solte a ponta, puxando o nó do lenço com o indicador e o polegar, enquanto levanta o nó da sua trava. Entregue o nó coberto e enrolado no meio do lenço para alguém, para apertá-lo e, com as apostas feitas e depois de usar algumas palavras, pegue o lenço, agite-o e ele se soltará.

¶ *Um truque notável de prender ou soltar, isto é, puxar três contas de uma corda, enquanto segura firme as pontas dela, sem tirar a mão.*

Pegue duas cordas de 60 centímetros cada, dobre-as por igual, de modo que apareçam quatro pontas. Pegue três grandes contas, uma delas com um buraco maior do que os outros, e coloque uma conta na curvatura ou laçada de uma corda e outra na outra corda. Depois, pegue a pedra com o buraco maior e esconda os laços dentro dela, o que pode ser mais bem feito se você puser uma laçada dentro da outra. Então puxe a conta do meio sobre as laçadas, duplicada sobre a outra de modo que as contas pareçam estar colocadas sobre as duas cordas sem divisão. Segurando firmemente em cada mão as duas pontas das duas cordas, pode-se sacudi-las como quiser e fazê-las parecer aos espectadores, que não podem ver como você fez, que as contas são colocadas nas duas cordas sem qualquer fraude. Na sequência, dê a impressão de que aperta ainda mais as contas à corda, fazendo um meio nó com uma das pontas de cada lado que serve apenas para que os espectadores pensem que elas estavam lá antes quando as contas forem retiradas. Quando tiver feito o meio nó (que não precisa ser duplo) entregue a um espectador essas duas cordas, ou seja, as duas pontas colocadas igualmente em uma mão, e duas na outra e então com uma aposta, etc. comece a puxar suas contas, etc., o que se for bem realizado, e se o espectador puxar as duas pontas que estiverem com ele, as duas cordas parecerão esticadas e as contas terão passado pelas cordas. Mas essas coisas são tão difíceis e longas para descrever, que as deixarei de lado, muito embora eu pudesse demonstrar grande variedade. Esse truque deve ser realizado com muito cuidado.

Capítulo 30

Truques de ilusionismo em dupla e como saber se uma moeda cairá em cara ou coroa pelo som.

Aposte com um cúmplice (que deve parecer simples ou obstinadamente o oposto disso) que, mesmo atrás de uma porta, você conseguirá (pelo som ou o tilintar da moeda) adivinhar se deu cara ou coroa. Então quando o cúmplice jogar a moeda diante das testemunhas a ser enganadas, ele deve dizer: "O que saiu?", se for cara ou "O que deu?" se for coroa ou alguma outra dica combinada entre os dois e, então, seu palpite sempre estará certo. Dessa forma, com um pouco de criatividade, dá para fazer uma centena de milagres e descobrir os segredos dos pensamentos de um homem ou palavras ditas a distância.

¶ *Como fazer um gansaral arrastar uma tora de madeira.*

O truque para fazer um gansaral arrastar uma tora de madeira é feito pelo mesmo método usado quando um gato parece arrastar um tolo por um lago ou rio, mas realizado um pouco mais longe dos espectadores.

¶ *Fazer um pote ou qualquer coisa parecida parada no armário cair de lá por meio de palavras.*

Uma panela com um fio preto em volta deve ser colocada em um armário posicionado perto de uma janela, de tal forma que um cúmplice possa segurar o fio do lado de fora. Com uma deixa pronunciada em voz alta pelo mágico, o cúmplice deve então puxar o fio. Esse foi o truque de *Eleazar*, que *Josefo* diz ter sido um milagre.

¶ *Como obrigar alguém a dançar quase nu.*

Um menino pode servir de cúmplice. Depois de pronunciar algumas palavras mágicas, obrigue o menino a se despir totalmente, parecendo (enquanto se despe) chacoalhar, sapatear e chorar, enquanto se despe com pressa; mande-o começar a sapatear, chacoalhar e se despir até que você pareça libertá-lo do feitiço (em respeito ao público).

¶ *Como transformar ou alterar a cor da touca ou do chapéu de alguém.*

Pegue o chapéu de um cúmplice, pronuncie certas palavras mágicas sobre ele e devolva o chapéu ao comparsa, que deverá parecer zangado e lhe entregará dizendo que ele lhe dera um chapéu preto novo, mas este é um azul velho, então você deve parecer reverter o feitiço e devolver o chapéu recuperado para a satisfação do cúmplice.

¶ *Como revelar onde foi parar um cavalo roubado.*

Por meio de um acordo, *Steven Tailor* e um tal de *Pope* abusaram de diversas pessoas da região. *Steven Tailor* roubava os cavalos de seus vizinhos, etc. e enviava-os para *Pope*, descrevendo-os para seu cúmplice por meio de diversos sinais para que este os reconhecesse assim que entrassem pela porta. Depois de entrarem, ele dizia que os cavalos foram roubados, mas o ladrão seria forçado a devolvê-los, etc., e os deixaria a um quilômetro a sudoeste de sua casa, como foi combinado antes por ele e *Steven*. Esse *Pope* é visto por alguns como um bruxo, por outros considerado conjurador, mas costumava ser chamado de sábio, que seria o equivalente a um adivinho ou feiticeiro.

Capítulo 31

*Caixas para transformar um grão em outro ou fazer
o grão ou cereal desaparecerem.*

Há diversas caixas mágicas com fundos falsos, com as quais podem ser feitos muitos truques. Primeiro eles têm uma caixa oca com tampas e bases iguais, sendo o fundo em um dos lados raso, de modo que apenas contenha uma única camada de trigo ou pimenta nele. Então use os fundos falsos para colocar dentro deles algum outro tipo de grão, moído ou não. Os mágicos cobrem a caixa e a colocam debaixo de um chapéu ou castiçal e, deixando dentro ou tirando de lá, eles viram a caixa e revelam o lado oposto onde há um outro grão ou mostram o lado colado primeiro (rapidamente jogam uma tigela ou bolsa com esse grão já colado) e, em seguida, exibem a caixa vazia.

¶ *Como transferir (com palavras ou feitiços)
o trigo verde de uma caixa para outra.*

Preste atenção quando o trigo cai e esconde o couro.

Há outra caixa com o formato de um sino onde eles colocam tanto trigo verde ou temperos quanto a caixa oca descrita há pouco pode conter. Em seguida a cobrem com um pedaço de couro, da espessura de uma moeda, que, ao ser encaixado no meio da caixa, funcionará como uma rolha. Se a borda do couro estiver molhada, segurará melhor. Então eles pegam a outra caixa mergulhada no cereal (como já dito) e a colocam na mesa, com o lado vazio para cima, dizendo que passarão o cereal de lá para a outra caixa ou sino. Com a força com que a caixa é colocada na mesa, o couro e o cereal lá contidos cairão de modo que quando se retirar o sino da mesa, o cereal será visto embaixo e, assim, a rolha ficará escondida, coberta pelo cereal. Quando a outra caixa for destampada nada deve permanecer dentro dela, deve-se passar o cereal de uma mão para a outra, para seu colo ou para o chapéu.

Muitos truques podem ser realizados com essa caixa, como colocar dentro dela uma rã, afirmando-se que o cereal foi transformado nela, etc., o que levará muitos espectadores a crer que a mágica foi realizada pelo demônio de estimação do mágico, por quem seus truques e milagres são realizados. Mas, na verdade, há mais sortilégios astutos usados na transferência de cereal assim do que na transferência do cereal da plantação de um homem para o campo de outro, que a lei das 12 tábuas condena tão forçosamente, pois uma é um truque, a outra é pura mentira.

Outra caixa para transformar o trigo em farinha com palavras, etc.

Há outra caixa comum entre os mágicos com um fundo falso no meio, feito para a mesma finalidade. Uma outra também parecida com um barril, na qual se exibem uma grande variedade de coisas, tanto bebidas como condimentos, e tudo por meio de outro compartimento pequeno dentro do barril, dentro do qual ou sobre o qual bebidas e condimentos são exibidos. Mas demoraria muito para descrevê-la.

¶ *Diversos truques triviais de mágica.*

Há muitos outros truques fáceis para confundir as pessoas simplórias, como fazer a aveia girar cuspindo nelas, mas alegando que isso ocorre com palavras mágicas. Podem-se também produzir uma farinha, pimenta, gengibre ou qualquer outro pó na boca comendo pão, etc., o que é feito guardando qualquer uma dessas coisas em um pedacinho de papel ou bexiga escondida na boca e partida com os dentes.

Além desses, um graveto de junco enfiado em um prato de madeira com três furos resulta que, de um lado, o junco sai do segundo furo e, do outro, do terceiro, por causa de um espaço oco feito entre os dois. O truque é girar o prato. É um truque tão simples que até um principiante pode fazê-lo aparentar ser muito difícil.

Capítulo 32

Como queimar um fio e reconstruí-lo com suas cinzas.

Queimar totalmente um fio e reconstruí-lo não é um dos piores truques. Ele é feito na seguinte ordem: pegue dois fios, ou cordões pequenos, cada um com 30 centímetros. Enrole um deles até ficar do tamanho de uma ervilha e o esconda entre o indicador e o polegar. Então pegue o outro e o segure esticado na frente entre o indicador e o polegar de cada mão, com os outros dedos tocando-o delicadamente, como jovens damas aprendem a pegar um pedaço de carne. Então peça para alguém cortar o cordão no meio. Feito isso, junte os polegares e transfira discretamente o pedaço de fio da mão direita para a esquerda, sem abrir o polegar e o indicador esquerdo. Na sequência, segurando os dois pedaços como você fez antes, peça para a pessoa cortar de novo no meio e repita o passo a passo até que o fio fique bem pequeno. Enrole todos os pedacinhos em uma bola e deixe essa bola de fios pequenos separada na frente da outra escondida na sua mão esquerda. Coloque a bola com os fios pequenos na ponta de uma faca e a queime em uma vela até restar apenas cinzas. Tire a faca da chama com a mão direita e deixe as cinzas com a outra bola entre o indicador e o polegar da mão esquerda; com os dois polegares e os indicadores juntos, finja esforçar-se para esfregar e raspar as cinzas até seu fio ser reconstruído, e estique aquele fio que ficou o tempo todo guardado entre o dedo esquerdo e o polegar. Esse truque não é inferior a nenhum outro se for bem feito, pois se você tiver agilidade com as mãos para esconder a mesma bola de fio e movê-la de um lugar ao outro entre os outros dedos (como pode ser feito com facilidade), ele parecerá bem impressionante.

¶ *Como cortar um pedaço de renda no meio e reconstruí-lo.*

Com um truque não muito diferente desse, pode-se parecer cortar ao meio qualquer pedaço de renda pendurado no pescoço de alguém, ou qualquer bordado, espartilho, ou cinta liga, etc. e com bruxaria ou conjuração reconstruí-lo. Para a realização desse truque, deve-se ter (se puder) um pedaço da renda, etc., que se pretende cortar ou pelo menos uma com a estampa parecida, com mais ou menos três centímetros, e (mantendo-a escondida dobrada na sua mão esquerda, perto da ponta de alguns de seus dedos) pegue com a mão esquerda o centro da outra renda que pretende cortar, ainda pendurada no pescoço da pessoa, coloque-a para baixo e junte a sua peça, deixando-a um pouco na frente da outra (a ponta ou o meio dela deve ficar escondido entre seu indicador e o polegar) fazendo a laçada, que deve ser vista, no seu próprio pedaço de tecido. Peça para algum voluntário cortar o seu pedaço e com certeza se achará que a outra renda foi cortada. Usando palavras mágicas e fricção no tecido, etc., parecerá que ele foi reconstruído, o que, se bem feito, parecerá um milagre.

¶ *Como puxar inúmeros tecidos de sua boca, da cor e do comprimento que quiser e sem que nada seja visto dentro dela.*

Um truque comum de habilidade feito entre pessoas simples.

No caso de tirar tecidos da boca, é uma brincadeira um tanto quanto antiquada com a qual os mágicos ganham dinheiro de moças, ao venderem para elas tecidos com 90 centímetros de comprimento, colocando rapidamente na boca um rolo enquanto puxa outro com igual rapidez, dando um nó ao final de cada medida. O mágico segura o nó com os dentes e depois o corta. Assim os espectadores são dupla e triplamente enganados, vendo tantos tecidos quantos cabem em um chapéu, das cores que quiserem, saírem da boca do mágico enquanto ele fala normalmente como se não houvesse nada dentro dela.

Capítulo 33

Como fazer um livro ter cada folha de uma cor diferente: branca, preta, azul, vermelha, amarela, verde, etc.

A mágica como um tipo de bruxaria – a invenção de Clarvis.

Há milhares de truques que reluto em gastar tempo descrevendo, dentre os quais alguns são comuns, outros raros, mas não passam de engodo, farsa ou truques com cúmplices, pelos quais você pode ver simplesmente a arte como um tipo de bruxaria. Portanto, encerrarei aqui com um projeto, que não é comum, mas foi usado principalmente por

Clarvis. Embora eu nunca o tenha visto praticar o truque, ainda assim tenho certeza de sua invenção. Ele tinha (dizem) um livro, com o qual fazia o espectador pensar primeiro que cada folha era branca. Então, com palavras mágicas, mostrava que cada folha era pintada com pássaros, depois com animais, com serpentes, com anjos, etc. A invenção é a seguinte:

Faça um livro com 17 centímetros de comprimento por 12 centímetros de largura ou nessa proporção.[755] Ele deve ter 49 páginas, ou seja, sete vezes sete folhas, de forma que se consiga cortar na margem de cada uma seis entalhes, cada um com 3 milímetros de profundidade e a 2,5 centímetros de distância de cada um. Pinte cada 14ª ou 15ª página (que é o final de cada sexta folha e o início da sétima) da mesma cor ou com o mesmo tipo de imagem. Com uma tesoura de ponta, faça recortes na primeira folha, formando uma reentrância na folha, deixando apenas 2,5 centímetros na parte de cima do papel sem cortar, que ficará quase 3 milímetros mais alto do que qualquer parte dessa folha. Deixe mais 2,5 centímetros no segundo lugar da segunda folha, cortando 2,5 centímetros de papel no ponto mais alto acima dele e todos os entalhes abaixo, faça o mesmo na terceira folha, na quarta, etc., de modo que haverá sobre cada folha apenas 2,5 centímetros de papel acima do restante. Um pedaço de 2,5 centímetros de papel não cortado deve corresponder à primeira folha, diretamente em cada uma das sete folhas do livro, de modo que quando você tiver cortado as primeiras sete folhas, conforme descrito, reinicie na oitava folha exatamente na mesma ordem, descendo como fez nas primeiras sete folhas, reiniciando na 15ª, na 21ª, e assim por diante, até ter passado por todas as folhas do livro.

Agora você entenderá que depois das primeiras sete folhas, cada sétima folha no livro deve ser pintada, exceto por essas sete primeiras folhas, que devem permanecer em branco. No entanto, deve-se observar que em cada página com a reentrância ou recorte na parte superior do papel, a sete folhas de distância, um direta e linearmente oposto ao outro, por toda a extensão do livro, a página e aquela que a precede devem ser pintadas com a mesma cor ou imagem, assim você passa pelo livro com sete diversos tipos de cores ou imagens, de tal modo que quando colocar o dedo em qualquer uma dessas reentrâncias ou recortes e abrir o livro, você verá em cada página uma cor ou imagem por todo o livro; em outra fileira, uma outra cor, etc. Isso parecerá extraordinário aos espectadores. Para simplificar o assunto, veja a seguinte descrição: segure o livro com a mão esquerda, e (entre o indicador e o polegar da sua mão direita) deslize pelo livro em qualquer lugar que quiser e seu polegar sempre parará na sétima folha, ou seja, na reentrância ou recorte de

---

755. Essa habilidade é aprendida mais facilmente por meios demonstrativos do que por teorias verbalizadas.

papel de onde passará ou cairá no próximo quando o livro for fechado, etc. O que, ao segurar firmemente e abrir o livro, os espectadores vendo cada folha com uma cor ou imagem com tantas variedades, todas perpassando direta e continuamente todo o livro, suporão que com palavras você descoloriu as folhas. Mas como talvez você não consiga conceber isso por essa descrição, poderá (se estiver disposto) conferir ou comprar o livro por um valor irrisório na loja de W. Brome, no cemitério de São Paulo, para ter mais esclarecimentos.

Há certos truques de atividade que embelezam muito essa arte; no entanto mesmo nesses casos, alguns são verdadeiros, outros são falsos, ou seja, alguns feitos pela prática, outros com a ajuda de um cúmplice.

Há também diversos truques aritméticos e geométricos. A respeito deles, leia *Gemma Phrysius* e *Record*, etc., que sendo praticado por mágicos dão mais crédito à sua arte.

Existem também (além daqueles que apresentei no capítulo sobre *Hartumim*) diversos experimentos estranhos relatados por *Plínio, Alberto, João Batista Nepomuceno* e *Thomas Lupton*, dentre os quais alguns são verdadeiros e outros, falsos, o que, se *Janes* e *Jambres* ou os nossos mágicos souberem, sua ocupação será a mais exaltada e, assim, eles serão mais reverenciados.

Este é o ensejo para descobrir a desonestidade específica dos sortilégios e da loteria (como eles denominam), com o qual muitas farsas são realizadas, de modo que não ousarei ensinar os vários artifícios, pois, do contrário, os ímpios os praticarão na comunidade, onde muitas coisas são decididas por esses meios, que, com uma intenção honesta, podem ser usados licitamente. Mas eu já disse algo a respeito de tal assunto em geral e, por isso, também preferi suprimir as particularidades, que (na verdade) são meros truques de mágica, dos quais eu poderia expor uma grande quantidade.

Capítulo 34

Truques de ilusionismo desesperadores ou perigosos, nos quais uma pessoa simples deve ser forçada a acreditar que um ilusionista pode, com palavras, ferir e ajudar, matar e ressuscitar qualquer criatura ao seu bel-prazer, por exemplo, matar primeiro qualquer tipo de frango e trazê-lo de volta à vida.

Pegue uma galinha, um frango ou um capão e enfie um prego ou uma faca pontuda no centro da cabeça da ave, apontada para o bico, de modo que pareça impossível para ela escapar da morte. Então use palavras e, puxando a faca, coloque aveia diante dela, etc., e ela comerá e viverá, sem sofrer nem ficar ferida, porque o cérebro fica tão no fundo da cabeça que nem se toca nele, apesar da faca enfiada sob a crista. Depois de ter feito isso, você pode converter suas ações e palavras ao ferimento doloroso e sua pronta recuperação.

¶ *Como engolir uma faca e retirá-la de qualquer outro lugar.*

Segure uma faca sempre limpa, com as duas mãos, de modo a aparecer apenas um pouco da ponta dela. Morda a ponta de um modo que faça barulho. Finja colocar uma grande parte dela na boca, deslizando a mão pela faca para aumentar a ilusão de que enfiou quase a faca toda na boca. Ainda segurando a faca com as mãos, leve-a para a beira da mesa enquanto pede uma bebida ou use alguma outra coisa para distrair o público enquanto deixa a faca cair discretamente no seu colo. Depois de deixar a faca cair no seu colo, coloque as mãos sobre a boca de novo e, em vez de morder a faca, belisque uma unha e então finja enfiar a lâmina da faca na boca, abrindo sua mão perto dela e fingindo empurrar com a outra; simule aos espectadores que soltou as mãos depois de enfiar a faca na sua boca. Agora peça uma bebida, depois de fingir sentir as pontadas da faca e fazer uma cara de mal-estar, etc. Por fim, coloque a mão no colo e, pegando a faca, finja tirá-la de trás de si ou de onde quiser.

Se tiver outra faca igual e um cúmplice, pode fazer uns 20 truques incríveis com ela, como mandar um espectador a um jardim ou pomar, descrevendo-lhe alguma árvore ou arbusto, embaixo do qual ela está. Uma alternativa é encontrá-la na bainha ou no bolso de outra pessoa.

¶ *Como enfiar uma ponteira na cabeça sem ferimento.*

Pegue uma ponteira de flecha ou punhal pequeno feito com um cabo oco, de modo que a lâmina entre nele quando você segura a ponta para cima. Segure-o na frente da testa, fingindo enfiá-lo na cabeça. Esconda uma esponja pequena na mão cheia de sangue ou de vinho, que você bebeu bastante e a aperte, fazendo os espectadores acharem que está saindo sangue da sua testa. Então, depois de fingir sentir dor, puxe a ponteira com força, segurando a ponta para baixo para a lâmina voltar ao lugar sem que se perceba que ela ficou enfiada no cabo. Esconda imediatamente esse punhal do truque na roupa ou no bolso e tire um normal igual ao outro.

¶ *Como enfiar uma ponteira na língua e uma faca no braço: uma visão lamentável, sem ferimento ou perigo.*

Prepare uma ponteira com a lâmina dividida ao meio, com um espaço de aproximadamente 80 milímetros entre as duas partes, cada uma mantida separada da outra com um pequeno arco ou pedaço de ferro curvado, da forma descrita nas páginas a seguir. Então enfie a língua nesse espaço, isto é, dentro do arco na lâmina da ponteira, encaixando o arco atrás do dente e mordendo-o. Ele parecerá tão grudado na sua língua que ninguém conseguirá tirá-lo.

O mesmo truque pode ser feito com uma faca preparada da mesma forma e encaixada no seu braço. O ferimento parecerá ainda mais terrível se derramar um pouco de sangue nele.

¶ *Como enfiar um pedaço de chumbo em um dos olhos e conduzi-lo (com uma vareta) entre a pele e a carne da testa até o outro olho, e de lá retirá-lo.*

Esconda em uma das pálpebras inferiores do seu olho um pedaço pequeno de chumbo, do tamanho da ponta de um prumo, mas não tão comprido (para não haver perigo) e, com um uma varinha de condão (com uma ponta oca), finja enfiar o pedaço de chumbo embaixo da outra pálpebra quando na verdade o encaixa na cavidade da varinha, cuja rolha ou tampa pode ficar escondida na sua mão até o fim desse truque. Então finja arrastar o pedaço de chumbo, com a ponta oca da varinha, desse mesmo olho pela testa para o outro olho e extraia o pedaço de chumbo, que você tinha colocado lá antes, para a admiração dos espectadores.

Alguns ingerem o chumbo e o expelem pelo olho e alguns colocam nos dois olhos, mas o primeiro truque é o melhor.

¶ *Cortar metade do nariz e curá-lo de novo na hora sem qualquer pomada.*

Pegue uma faca com um buraco redondo no meio e a coloque no nariz, de tal forma que pareça que o cortou no meio. Você deve sempre ter outra faca igual sem o buraco para mostrar aos espectadores, fingindo ser aquela com a qual cortou o nariz. Fale palavras mágicas e use sangue também para deixar o ferimento mais realista e as mãos ágeis.

Esse é um truque fácil que, se for bem feito, enganará o olhar dos espectadores.

¶ *Como passar um anel pela bochecha.*

Existe também outro truque antigo, que parece perigoso para a bochecha. Para realizá-lo, você precisará de dois anéis idênticos, um deles com uma fenda para que você finja enfiá-lo na bochecha e o outro deve estar inteiro e colocado no meio de uma varinha. Segure a varinha pelo meio e depois peça para um espectador segurar firmemente cada ponta da varinha. Então, passando o anel com a fenda habilmente para a mão ou (por falta de melhor opção) escondendo-o no meio da sua roupa ou no bolso, tire a mão da varinha e, ao tirá-la, gire o anel sem a fenda para pensarem que esse era o anel que estava na sua bochecha.

¶ *Como cortar a cabeça de alguém e colocá-la em uma bandeja, etc., que os ilusionistas chamam de decapitação de João Batista.*

Para uma exibição notável desse truque, peça para prepararem uma mesa, uma toalha de mesa e uma bandeja com buracos; em cada um deles deve caber o pescoço do seu assistente. A mesa deve ser feita com duas tábuas de madeira, bem longas e largas, e a 45 centímetros da ponta de cada tábua deve ser feita a metade de um buraco de tal modo que quando se juntam as duas tábuas, apareçam dois buracos, como aqueles em um par de meias. Deve ser feito um buraco do mesmo tamanho na toalha ou tapete. Uma bandeja também deve ser colocada bem em cima de um dos buracos da mesa, com um buraco de mesmo tamanho no centro dela e também um pedaço deve ser cortado nela, do tamanho do pescoço do assistente, pelo qual a cabeça dele deve passar e ficar no meio da bandeja. Ele deve ficar sentado ou ajoelhado embaixo da mesa, apenas com a cabeça para fora. Em seguida (para deixar a imagem mais assustadora), coloque um pouco de enxofre em um *réchaud* com carvão, colocando-o diante da cabeça do assistente, que deve inalar a fumaça duas ou três vezes para ela entrar em suas narinas e boca (o que não é nocivo) e a cabeça parecerá morta na hora. Se o assistente fingir estar morto e se espirrar um pouco de sangue em seu rosto, a visão será ainda mais bizarra.

Isso costuma ser praticado com um assistente instruído para esse propósito que, familiarizado e conhecido do público, pode ser reconhecido tanto por seu rosto, quanto pelos trajes. Na outra ponta da mesa, onde há um buraco igual, outro assistente com o mesmo tamanho do moço conhecido deve ser colocado, vestido com sua roupa usual. Ele deve deitar-se na mesa e colocar a cabeça para baixo pelo buraco, de modo que seu corpo parecerá deitado em uma ponta da mesa e sua cabeça ficará em uma bandeja na outra.

Observações necessárias para surpreender o espectador.

Outras coisas podem ser feitas nessa ação, para espantar ainda mais os espectadores, que omito aqui, pois precisam de longas descrições, tais como colocar em volta do pescoço uma massa misturada com sangue de boi, que depois de fria parecerá carne morta e se for furada com uma pena vazia afiada, sangrará, e parecerá bem bizarro, etc.

Muitas regras devem ser observadas aqui, por exemplo, o uso de uma toalha de mesa tão comprida e larga que quase toque o chão.

Não deixar o público ficar tempo demais no lugar, etc.

¶ *Como enfiar, de maneira singular, uma adaga ou ponteira na barriga e recuperar-se instantaneamente.*

Outro milagre com execuções falsas é fingir se matar com uma ponteira ou adaga, ou pelo menos provocar um ferimento irrecuperável na sua barriga, assim como (de verdade) há não muito tempo um mágico se matou de fato em uma taverna em Cheapside, de onde foi parar no cemitério de São Paulo. Ele mesmo foi culpado de seu infortúnio, pois estava bêbado e se esqueceu de colocar a placa que deveria usar para sua proteção. O truque é o seguinte:

Pegue um papelão e o molde de acordo com seu tronco. Ele deve ser bem pintado, não apenas para parecer sua carne, mas também com espinhas, umbigo, pelo, etc., também de modo que (depois de amarrá-lo bem em si) se pareça com sua barriga natural. Então entre a barriga falsa e a verdadeira, coloque um pedaço de linho e sobre ele uma placa dupla (que o mágico que se matou esqueceu ou omitiu de propósito). Lembre-se sempre de colocar entre a placa e a barriga falsa uma bolsa ou saco de sangue de vitelo ou ovelha, mas nunca use sangue de boi ou de vaca, pois é espesso demais. Então enfie ou mande enfiar em seu peito uma ponteira redonda ou a ponta de uma adaga até perfurar a bolsa de sangue. Quando o punhal for retirado, o sangue esguichará ou jorrará em uma boa distância, principalmente se dobrar bem o corpo e apertar a bolsa contra a placa. Lembre-se de representar bem a situação com palavras, feições e gestos para provocar a admiração nos espectadores.

¶ *Como enfiar um fio pelo nariz, boca ou mão, de forma tão sensível que é maravilhoso de ver.*

Há mais um truque, chamado de "rédea", feito com dois ramos de sabugueiro ocos com buracos por onde passa uma corda, que deve ser colocada no nariz como uma tenaz ou pinça. A corda deve ser colocada em volta e puxada para a frente e para trás para os espectadores acharem que ela atravessa seu nariz perigosamente. Os nós na ponta da corda, que permanecem os mesmos depois de retirados dos ramos, não devem ser colocados logo em cima de cada ponta (pois isso deve ser impedido), mas a mais ou menos 1 centímetro embaixo de cada uma. Quando a corda for puxada, parecerá atravessar seu nariz e então você pode pegar uma faca, cortar a corda e tirar a rédea do nariz.

A conclusão na qual são mencionados ao leitor certos padrões de instrumentos com os quais diversos truques aqui especificados devem ser executados.

Em quais ações o truque deve ser contado.

Eu poderia prosseguir infinitamente, mas espero que seja o suficiente, e que eu tenha transmitido os princípios e também os principais truques da arte da mágica para que qualquer homem que a compreenda possa não só fazer todas essas coisas, como também criar outros truques tão estranhos quanto esses e variar cada um desses inventos para outras formas que ele puder imaginar. E contanto que o poder do Deus Todo-Poderoso não passe para o mágico nem este ofenda com uma fala e comportamento indecentes, mas que sua ação sirva de entretenimento para os espectadores, assim como se o mágico sempre confessar no fim que essas não são ações sobrenaturais, mas inventos dos homens e ações ágeis, deixe aqueles indiscretos homens convencidos, de temperamento melancólico, que não podem dar tal conforto ou atração aos seus vizinhos, dizerem o que quiserem, pois isso não só será visto como uma ação indiferente, como também demonstrará o poder e a glória de Deus, revelando o orgulho e a falsidade daqueles que dizem realizar milagres pelo poder de Deus, como fizeram *Janes* e *Jambres* e *Simão, o Mago*.

Se alguém duvidar dessas coisas, como se elas não fossem tão estranhas de ver como relatei, ou pensar, assim como *Bodin*, que são realizadas por espíritos ou demônios, deve ir a S. Martins procurar por um tal *John Cautares* (um francês honesto e incomparável na arte do truque) e ele mostrará muitas mais ações estranhas como essas, pois apesar de não ganhar a vida com isso, trabalha com afinco e tem a melhor mão e técnica (acho) que qualquer homem da sua época.

Não falo (como dizem) sem conhecimento de causa. Pois se eu tivesse tempo, espaço e oportunidade, mostraria tanto a esse respeito, que *Bodin*, *Spinæus* e *Vairus* poderiam jurar que sou um bruxo, com um demônio de estimação ao meu comando. Mas na verdade meu estudo e empenho servem apenas para provar que eles são tolos e revelar a fraude que os expõe, para que eles se tornem mais sábios e Deus possa ter aquilo que a ele pertence.

Tocando os modelos de diversos instrumentos da arte do truque.

Como esses mecanismos mágicos não são facilmente descritos com palavras, incluí ilustrações de diversas formas de instrumentos usados nessa arte, que podem servir de modelos para aqueles que desejam conhecer totalmente os segredos da mágica e fazê-los para praticar e testar o resultado desses mecanismos, como apresento neste tratado de mágica. Na imagem de cada um dos instrumentos que são necessariamente usados na realização desses truques estranhos há o número exato da página onde o uso dele é explicado em detalhes.

Agora continuarei com outro ponto fraudulento de bruxaria, oportuno, necessário no momento e, na minha opinião, apropriado de ser descoberto ou pelo menos exposto entre as artes enganosas. Como muitos foram abusados com isso até a completa ruína, pois isso ocorreu sob a proteção e o pretexto do aprendizado, tais práticas se estenderam, livres de controle geral entre todas as eras, nações e povos.

A seguir há modelos de certos instrumentos usados nos truques de mágica descritos anteriormente.

Para tirar três contas de uma corda enquanto você segura firme as pontas dela, sem tirar a mão.

Atravessar uma corda pelo nariz, boca ou mão, que é chamada a rédea.

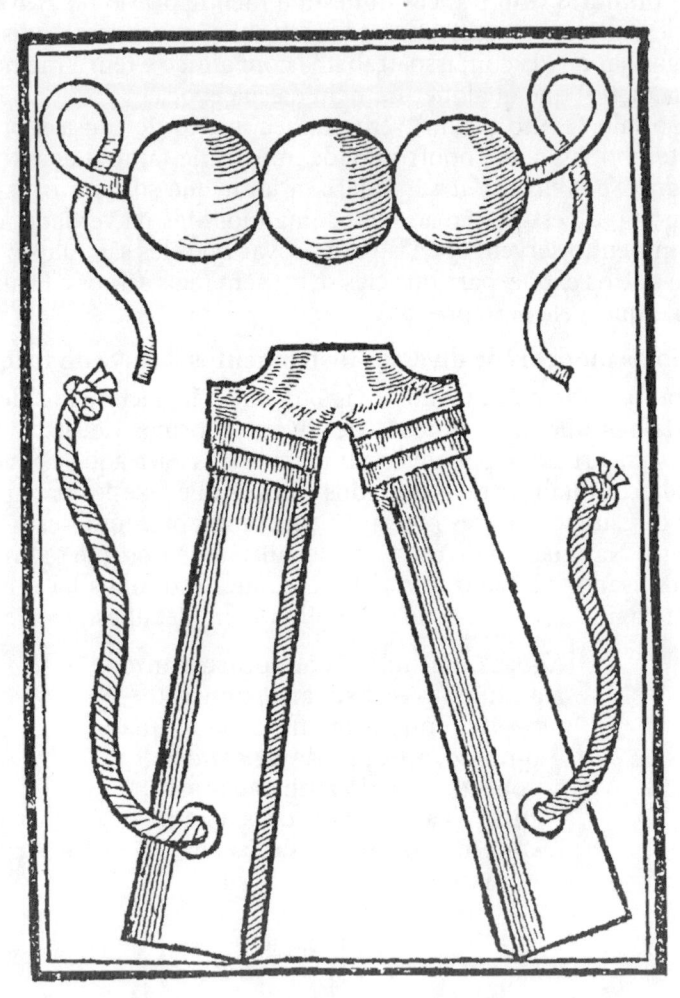

Para saber mais sobre o uso correto dessas contas, leia a página 337 e 338 (*374 desta edição*). Quanto à rédea, leia a página 351 (*384 desta edição*).

[Essas quatro páginas de gravuras não têm páginas nas primeira e segunda edições. As páginas citadas pelo autor referem-se à primeira edição.]

Como enfiar uma ponteira na cabeça e atravessar a língua, etc.

A ponteira da esquerda é aquela com o arco, a do meio é aquela com o centro oco e aquela da direita é a simples que deve ser exibida ao público.

Para aprender mais sobre o uso correto e a aprimorar a prática com essas ponteiras, leia a página 347 (*381 desta edição*).

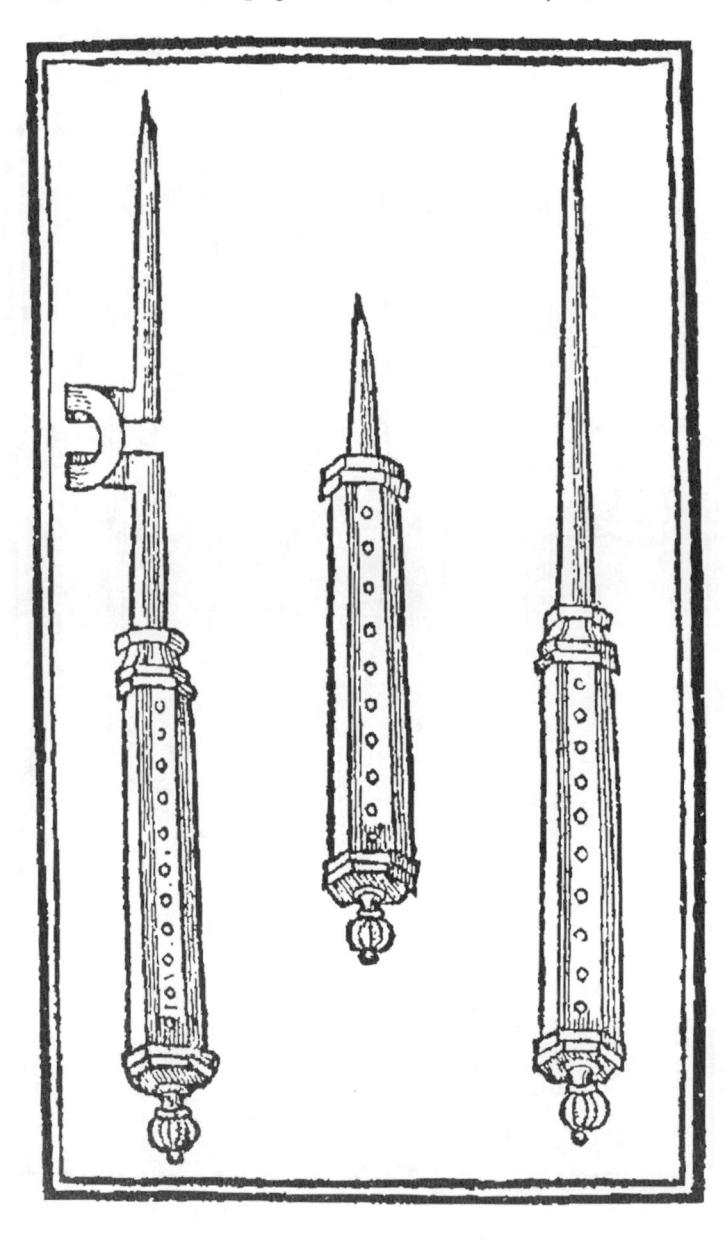

Como enfiar uma faca no braço e cortar o nariz em dois, etc.

A faca do meio é aquela que deve ser exibida, as outras duas são as facas do dispositivo.

Para preparar-se no uso e aperfeiçoar-se na prática dessas facas aqui descritas, veja as páginas 347 e 348 (*381 e 382 desta edição*).

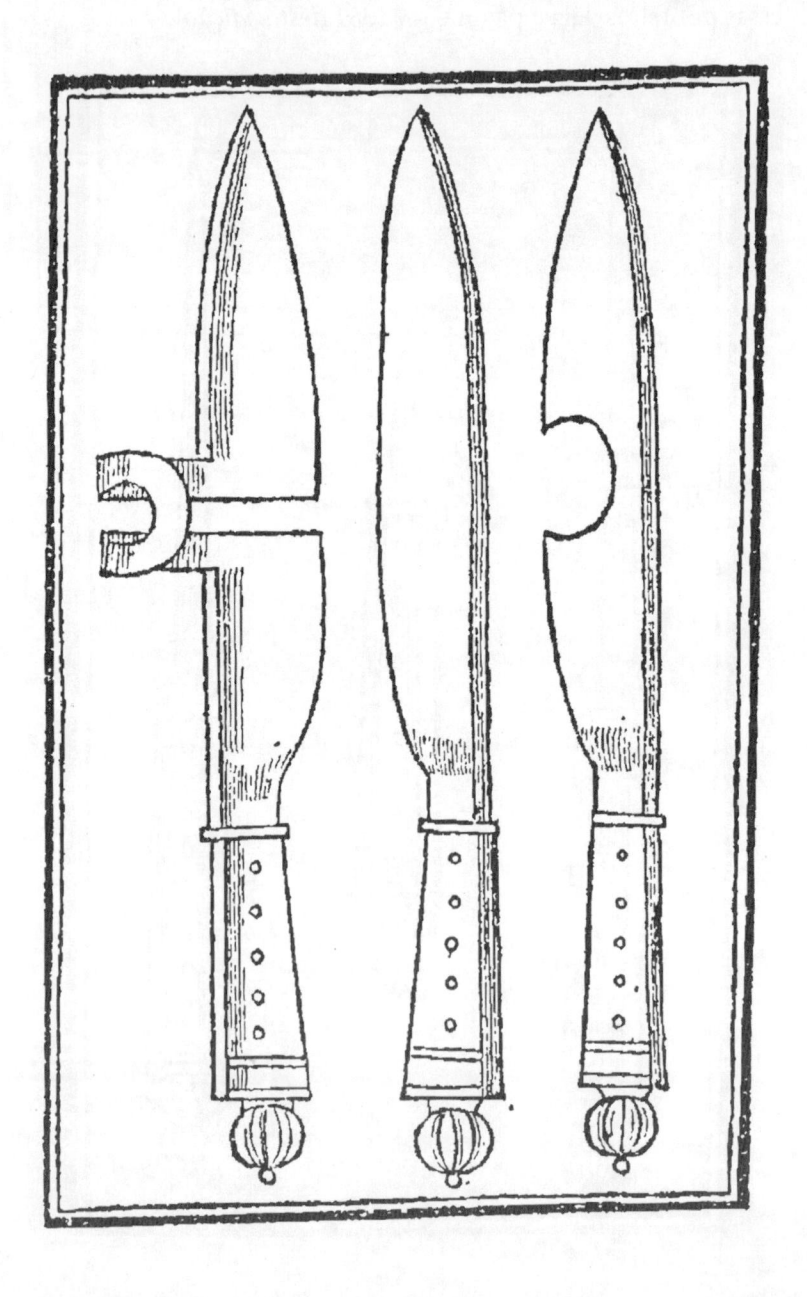

Como cortar a cabeça de alguém e colocá-la em uma bandeja, etc., que os ilusionistas chamam de degolação de João Batista.

A ordem da ação, como deve ser exibida.

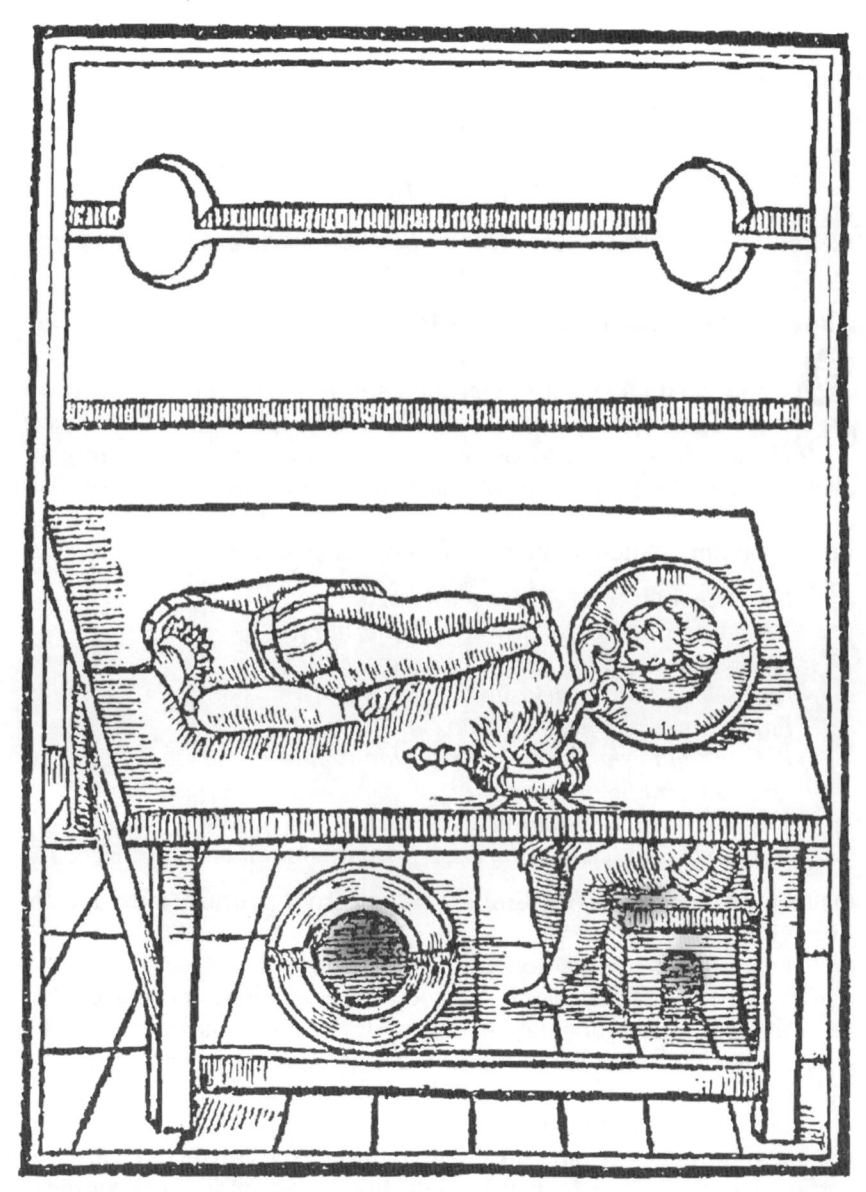

Para saber a ordem que deve ser observada para essa prática com grande admiração, leia as páginas 349, 350 (*382 e 383 desta edição*).

Décimo Quarto Tomo

Capítulo 1

A arte da Alquimia, suas palavras de arte e métodos para ofuscar os olhos dos homens e atrair crédito para sua profissão.

Alquimia é um ofício, não uma arte.

Acho pertinente aqui dizer algo sobre a arte, ou melhor, o ofício da Alquimia, outrora chamada Multiplicação, que *Chaucer*, mais do que todos os outros, decifrou com entusiasmo. Incluem-se nessa arte tanto bruxaria quanto conjuração, pois com isso alguns enganam outros ou são eles mesmos enganados. Pois por esse mistério (como é mencionado no Prólogo do Cônego):

> *Eles dizem virar de cabeça para baixo*[756]
> *Toda a terra entre Southwar e Canterbury,*
> *E pavimentar tudo com prata e ouro, etc.*
> *Mas se lhes falta conclusão,*
> *Para muitos eles fazem ilusão.*
> *Pois sua matéria-prima esvanece tão rápido*
> *Que os torna mendigos enfim,*
> *E com esse ofício eles nunca ganham,*
> *Mas esvaziam seus bolsos, e seu juízo dizimam.*

Os termos da arte da Alquimia criados com o propósito de dar crédito à farsa

E como seus praticantes eram considerados sábios, cultos, espertos e mestres de seu ofício, criaram jargões, frases e epítetos obscuros e tantas confissões (que também eram compostas de outras simples, estranhas e raras) que confundiram as capacidades daqueles que eram incitados a trabalhar com tal arte ou levados a observar ou aguardar suas conclusões. Porque o homem simples não acreditaria que eles são camaradas eruditos e alegres que têm com tanta prontidão tantos termos místicos da arte, tais como sublimação, amalgamação, aglutinação, absorção, incorporação, cementação, citrinação, terminações, amolecimentos e endurecimentos

---

756. G. Chaucer, no prólogo do "Conto do Criado do Cônego".

de corpos, combustão e coagulação de materiais, lingotes, testes, etc. Ou quem conseguir conceber (por causa da confusão abrupta, da contrariedade e das várias drogas, símplices e confecções) a operação e o mistério de suas substâncias e habilidades. Pois essas coisas e muitas mais precisam ser preparadas e usadas na execução desses experimentos, tais como pigmento, *Mercúrio* sublimado, limalhas de ferro, *Mercúrio* cru, terra da Armênia, azinhavre, bórax, fel bovino, arsênico, sal amoníaco, enxofre, sal, papel, ossos queimados, óxido de cálcio, greda, nitrato de potássio, vitríolo, tártaro, álcali, sal preparado, argila feita com fezes de cavalo, cabelo humano, óleo de tártaro, alume, vidro, mosto, levedura, óleo de tártaro, rosalgar, clara do ovo, pós, cinzas, fezes, urina, etc. Utilizam-se também líquidos corrosivos e limalhas, a albificação dos líquidos e a rubefação das águas, etc. Além de óleos, abluções e metais fusíveis. E suas lamparinas, urinóis, discensórios sublimatórios, alambiques, violas, cruzetas, cucúrbitas, destiladores, e sua fornalha de calcinação, junto ao fogo brando e sutil, às vezes de lenha, outras vezes de carvão, composto principalmente de faia, etc. E como eles não parecerão querer nenhum sinal de farsa para impressionar a pessoa simplória ou provocar admiração por suas iniciativas, afirmam possuir quatro espíritos com os quais trabalham: o primeiro é orpimento; o segundo, mercúrio; o terceiro, sal amoníaco; e o quarto, enxofre. Além disso, contam com sete corpos celestiais: *Sol, Lua, Marte, Mercúrio, Saturno, Júpiter* e *Vênus*, a quem eles consagram sete corpos terrestres: ouro, prata, ferro, mercúrio, chumbo, estanho e cobre, atribuindo-lhes a operação do outro, principalmente se os corpos terrestres forem classificados, temperados e trabalhados na hora e no dia de acordo com as posições dos corpos celestiais, com mais vaidade.

Capítulo 2

O intento dos alquimistas, a lenda do criado do cônego, pedras e águas alquímicas.

Agora se deve entender que a finalidade e a intenção de todo seu trabalho alquímico dizem respeito a chegar à composição da pedra filosofal, chamada Elixir, da pedra chamada Titano e de Magnatia, uma água feita dos quatro elementos, que (dizem) os filósofos juram não revelar nem escrever a respeito. Por isso eles dominam o mercúrio e o deixam maleável e empregam em experimentos, assim eles também convertem qualquer outro metal (principalmente cobre) em ouro. Essa ciência certamente é o segredo dos segredos, como se afirma da conjuração de *Salomão* entre os conjuradores. E, portanto, quando eles têm a oportunidade de se encontrar com jovens, ou pessoas simplórias, gabam-se e vangloriam-se e dizem que podem operar milagres, assim como *Simão Mago*[757], e realizam coisas grandiosas. A respeito do que *Chaucer*[758] realmente disse:

> *Cada homem é tão sábio quanto Salomão,*
> *Quando estão todos juntos;*
> *Mas aquele que parece mais sábio, prova-se mais tolo,*
> *E o mais genuíno é um verdadeiro ladrão.*
> *Eles parecem amigáveis com aqueles que nada sabem,*
> *Mas são amigáveis tanto na fala quanto no pensamento,*
> *Entretanto, muitos homens buscam seu conhecimento,*
> *Sem saber de seu falso domínio.*

Chaucer acrescenta – a experiência comprova essa declaração – que tais são feios e estão sempre maltrapilhos, nas seguintes palavras[759]:

> *Esses rapazes são feios,*
> *Estão sempre maltrapilhos,*
> *Tanto que pelo cheiro e vestimenta puída,*
> *Tais camaradas são conhecidos e sempre discernidos.*
> *Mas desde que tenham um lençol com o qual se cobrem à noite,*
> *Ou um andrajo para se vestir à luz do dia,*
> *Eles o gastarão nessa arte,*
> *Não poupam esforços até nada sobrar.*
> *Aqui, pode-se aprender se quiser,*
> *Multiplicar e reduzir seus bens a nada.*
> *Mas se um homem lhes perguntar à parte,*
> *Por que estão tão prodigamente vestidos,*
> *Eles responderão ao pé do ouvido,*
> *Que se forem espionados, os homens os matarão,*
> *E tudo isso por causa de sua nobre ciência,*
> *Assim revelam inocência.*

Os pontos ou partes da Alquimia que podem ser chamados de ciência mística ou oculta.

O "Conto do Criado do Cônego", publicado por *Chaucer*, faz de fato (por meio do exemplo) uma demonstração perfeita da arte da Alquimia ou multiplicação, cujo resultado é o seguinte: um cônego, que é um alquimista ou farsante, espiou um padre avarento, cuja bolsa ele sabia ser bem guarnecida, então o abordou com elogios e fala sutil, dois pontos principais dessa arte. Ele acabou pegando emprestado dinheiro do padre, que é a terceira parte da arte, sem o qual os professores não podem fazer o bem, nem manter si mesmos em boas condições. Então

---
757. Atos 8.
758. G. Chaucer, no prólogo do "Conto do Criado do Cônego".
759. Idem. *Ibidem.*

ele devolveu o dinheiro no seu tempo, que é o ponto mais difícil dessa arte e uma experiência rara. Por fim, para compensar o padre por sua cortesia, prometeu-lhe instruções com as quais ele logo se tornaria infinitamente rico e tudo isso graças a essa arte da multiplicação. E esse é o ponto mais comum dessa ciência, pois nela devem ser habilidosos antes de serem famosos ou obter qualquer crédito. O padre gostou da oferta, principalmente porque ela tendia ao seu lucro e aceitou sua cortesia. Então o cônego pediu-lhe que buscasse imediatamente três onças de mercúrio, que ele alegou conseguir transformar (por sua arte) em prata perfeita. O padre alegava que um homem de sua profissão não poderia estar fingindo e, por isso, com grande alegria e esperança atendeu ao pedido do cônego.

A isca do alquimista para fisgar um tolo.

E agora (certamente) esse alegre alquimista começa a trabalhar na multiplicação e manda o padre fazer fogo de carvão em cujo fundo ele colocou uma cruzeta. Fingindo apenas ajudar o padre a colocar os carvões, ele ocultou no meio da camada de carvões um carvão de faia, dentro do qual estava escondido um lingote de prata perfeita, que (quando acabou o carvão) escorregou para dentro da cruzeta, que estava (digo) logo abaixo. O padre não percebeu a fraude, mas recebeu o lingote de prata e ficou bem feliz em ver tamanho sucesso vir de seu próprio trabalho manual, já que nele não poderia haver fraude (como ele certamente imaginava) e, portanto, deu ao cônego de muito boa vontade 40 libras pela receita desse experimento. Por essa soma o cônego ensinou ao outro uma lição de Alquimia, mas nunca voltou para ouvir repetições ou ver quanto o padre lucrara.

Capítulo 3

Um criado do município enganado por um alquimista.

Eu poderia citar muitas das farsas alquímicas realizadas pelo doutor *Burcot, Feats* e outros, mas as omitirei e repetirei apenas três experimentos dessa arte, um praticado para um criado honesto no condado de *Kent*, o outro para um príncipe poderoso e o terceiro para um padre avarento. Primeiro, no que diz respeito ao criado, ele foi surpreendido e usado da seguinte maneira por um farsante, biltre notável, que professava Alquimia, mágica, bruxaria e conjuração, e com a ajuda de cúmplices e colegas discutia a simplicidade e a habilidade do dito criado, descobrindo que sua situação e humor eram convenientes para seu propósito. Enfim, ele cortejou (como dizem) a filha do criado como quem faz amor habilmente com palavras, embora sua intenção fosse outra. E, entre outras ilusões e narrativas a respeito de sua pretensa riqueza, origem, herança, aliança, atividade, aprendizado, fecundidade e habilidade, gabou-se de seu conhecimento e experiência em Alquimia, fazendo o homem simples acreditar que ele conseguiria multiplicar e de uma moeda de ouro fazer duas ou três. O que pareceu singular ao pobre homem, tanto que ele estava disposto a ver essa conclusão com a qual o alquimista tinha mais esperança e conforto de realizar seu desejo do que se sua filha tivesse consentido em se casar com ele. Em suma, ele, na presença do dito criado, inseriu em uma bolinha de cera virgem duas moedas de ouro e depois de certas cerimônias e palavras de conjuração pareceu dá-la ao criado, mas na verdade (usando a prestidigitação) escondeu na mão do criado outra bola do mesmo tamanho, na qual colocou mais moedas de ouro do que naquela que o outro pensava ter recebido. Agora (certamente) o alquimista pediu-lhe que guardasse a mesma bola de cera e também usasse certas cerimônias (que prefiro omitir). E depois de certos dias, horas e minutos eles voltaram juntos, na data e hora marcadas, e encontraram grandes lucros com a multiplicação das moedas. De tal maneira que o criado, por ser um homem simples, foi assim convencido de que não só teria um raro e notável bom genro, como um companheiro que poderia ajudá-lo a acrescentar à sua riqueza tantos tesouros e à sua situação grande sorte e felicidade. E para melhorar mais sua opinião sobre ele, como também cair ainda mais em suas boas graças, mas principalmente para realizar sua hábil Alquimia ou sua intenção imoral, disse ao criado que era uma tolice multiplicar uma libra de ouro, quando poderia multiplicar um milhão com a mesma facilidade e, portanto, o aconselhou a produzir todo o dinheiro que tinha ou pegar emprestado de vizinhos e amigos, e tirou-lhe a dúvida de que ele poderia multiplicá-lo e aumentá-lo bastante, pois vira por experiência própria como lidava com a pequena quantia que tinha diante de si. Esse criado, na esperança de lucros e primazia, etc., agiu como um tolo notável, consentiu com esse doce gesto não só metade de seus bens, mas também tudo o que era capaz ou pegar emprestado de qualquer forma, colocando tudo aos pés do alquimista mágico. Então este, depois de atingir seu objetivo, embrulhou tudo em uma bola, bem maior do que a outra, e colocou-a em seu peitilho ou bolso, entregando outra bola (como antes) da mesma dimensão ao criado, para ser guardada e mantida em segurança em seu baú, do qual (como a questão era de importância) os dois deveriam ter uma chave e vários cadeados, para que a cerimônia não fosse interrompida, nem abusada por nenhum deles, com um trapaceando o outro. Agora (decerto), com o fim dessas circunstâncias e cerimônias, e a realização da intenção do alquimista, ele contou ao criado que (até um certo dia e hora limitados para retornar) qualquer um dos dois poderia cuidar de seus negócios e afazeres necessários: o criado voltaria ao arado e ele para a cidade de *Londres* e, enquanto isso, o ouro multiplicaria, etc. Mas o alquimista (provavelmente) por ter outros assuntos mais importantes (ou como forma de salvaguardar o crédito da arte) não apareceu na hora marcada, nem no dia, nem no ano, de modo que, embora fosse de certo modo contra a consciência do criado violar sua promessa ou romper o pacto – porém, em parte pela vontade que tinha de ver e em parte pelo desejo de gozar dos frutos desse experimento excelente, tendo (para sua própria segurança) na satisfação do outro alguma testemunha de sua conduta sincera – quebrou o cofre e logo espiou a bola de cera, que ele mesmo tinha colocado lá. De modo que, ele pensou: se a mais pesada caísse, ele encontraria seu ponto fundamental: por que não um bom acréscimo disso agora, quanto do outro antes. Mas, que tristeza! Quando a cera foi partida e o metal descoberto, o ouro ficara muito degradado e tornou-se perfeito chumbo.

> *Agora[760] quem assim quiser proferir tolices,*
> *Aproxime-se e aprenda a multiplicar;*
> *E cada homem que nada tinha em seu cofre,*
> *Deixe-o aparecer, e tornar-se um filósofo,*
> *Ao aprender essa bela tradição élfica,*
> *É tudo em vão, e por Deus muito pior*
> *É instruir um homem imoral nessa sutileza,*
> *Tem vergonha, e não fala daquilo que não será:*
> *Pois aquele que tem erudição e aquele que não tem*
> *Concluem o mesmo em multiplicação.*

Capítulo 4

Um certo rei abusado por um alquimista e um belo gracejo do bobo da corte.

Um rei enganado por um alquimista.

O segundo exemplo é de outro alquimista que abordou um certo rei, prometendo realizar com sua arte muitas coisas grandiosas, compor e transformar metais, além de executar outras proezas não menos admiráveis. Mas antes de começar, ele conseguiu receber por meio de uma ordem de pagamento do rei o empréstimo de uma grande soma de dinheiro, assegurando ao soberano e a seus conselheiros que logo retornaria e cumpriria sua promessa, etc. Logo depois o bobo da corte, entre outros gracejos, caiu em um discurso que expunha todos os tolos e fez de modo tão agradável que o rei começou a se divertir e a gostar de sua disposição feliz. Solicitou, então, que o bobo lhe entregasse um pergaminho com uma lista de todos os nomes dos mais excelentes tolos da terra.

Um bobo sábio.

O bobo resolveu que os nomes dos reis fossem colocados primeiro e, logo abaixo deles, todos os nomes dos nobres de seu conselho privado. O rei, vendo-o tão atrevido e insolente, queria que ele fosse punido, mas um de seus conselheiros, sabendo que ele era um rapaz agradavelmente

---

760. G. Chaucer, no prólogo do "Conto do Criado do Cônego".

presunçoso, rogou à sua majestade exigir dele um motivo para seu libelo, etc., em vez de agir com severidade contra o bobo. Quando perguntado por que ele acusava com tanto atrevimento o rei e seu conselho de grande tolice, o bobo da corte respondeu: "Porque vi um farsante tolo ludibriar todos eles e convencê-los a doar uma grande quantia de dinheiro para, no fim, sumir do seu alcance". "Ora", afirma um membro do conselho, "ele poderia voltar e cumprir sua promessa, etc.". "Então", observa o bobo, "eu posso ajudar nessa questão". "Mas como? Podes fazer isso?", indaga o rei. "Decerto que sim, senhor, eu apagarei o seu nome e colocarei o dele, como o mais tolo do mundo", respondeu o sábio bobo da corte. Muitas outras práticas da mesma natureza poderiam ser anexadas aqui, para a detecção de sua desonestidade e truques dos quais essa arte depende, a respeito do que os leitores podem ter mais prazer em ler do que os praticantes se beneficiarem simplesmente em usá-la. Pois essa é uma arte que consiste totalmente em sutileza e truques, com os quais o homem ignorante e inocente é enganado por sua credulidade excessiva, satisfazendo o humor do farsante dissimulado.

Capítulo 5
Uma história notável escrita por Erasmo sobre dois alquimistas, também sobre alongamento e encurtamento.

O terceiro exemplo é mencionado por *Erasmo*[761], cujo excelente conhecimento e destreza são admirados até hoje. Em um certo diálogo intitulado *Alcumystica*, ele revela muito bem a farsa dessa arte astuta na qual apresenta certo *Balbino*, um padre muito sábio, culto e devoto, porém, alguém que foi enfeitiçado e ficou louco pela arte da Alquimia. Ciente desse fascínio, outro padre farsante o abordou da seguinte forma, em um afiado preâmbulo lisonjeiro:

"Sr. Doutor *Balbino*, não me conheces e pode parecer muito atrevimento de minha parte perturbar-te com minha ousada solicitação, pois estás sempre tão ocupado com estudos grandiosos e divinos". A quem *Balbino*, por ser um homem de poucas palavras, acenou com a cabeça, o que era mais do que ele fazia a todos. Mas o padre, conhecendo o humor dele, disse: "Tenho certeza, senhor, de que se ouvires meu pedido, perdoarás minha importunação". "Peço-te, bom senhor *John*", diz *Balbino*, "que digas o que queres e sejas breve". "Farei isso, senhor", disse ele, de bom grado. "Sabes, Sr. Doutor, por teu conhecimento em filosofia, que o destino de cada homem é diferente e eu, da minha parte, não posso dizer se sou sortudo ou azarado. Pois quando avalio meu próprio caso, ou meu estado, em parte pareço afortunado e, em parte,

---
761. *Erasmo in coloq. de arte alcumystica.*

miserável". Mas *Balbino*, por ser mal-humorado, sempre lhe pediu que fosse conciso, o que o outro padre disse que seria, pois afinal *Balbino* era especialista no assunto. Por isso, ele começou:

"Tive, desde minha infância, uma grande felicidade na arte da Alquimia, que é a essência de toda a filosofia." *Balbino*, ao ouvir a palavra Alquimia, inclinou-se e prestou mais atenção ao que ele falava; decerto foi apenas um gesto corporal, pois era um homem de poucas palavras, mesmo assim lhe mandou que continuasse com sua história. Então, disse o padre: "Pobre de mim, não tive a sorte de conhecer a melhor forma, pois, Sr. *Balbino*, tu (por ser tão universalmente instruído) sabes que nesta arte há duas formas, uma chamada alongamento, a outra chamada encurtamento, e foi minha infelicidade adotar o alongamento". Quando *Balbino* lhe perguntou a diferença dessas duas formas: "Oh, senhor", disse o padre, "podes considerar-me impudente de resolver contar a ti, que dentre todos os outros és o mais especializado nesta arte, a quem peço humildemente para ensinar-me essa forma afortunada do encurtamento. Quanto mais astuto fores, mais facilmente poderás ensinar-me e, portanto, não escondas o dom que Deus te deu de seu irmão, que pode sucumbir de vontade desse favor e, sem dúvida, Jesus Cristo o enriquecerá com bênçãos e dons ainda maiores".

Balbino, constrangido em parte por essa importunação e em parte pela circunstância estranha, contou-lhe que (na verdade) ele não conhecia nem o alongamento nem o encurtamento e, portanto, pediu-lhe para expor a natureza dessas palavras. "Bem", cita o padre, "como é de seu desejo, eu farei, embora com isso eu me encarregue de ensinar aquele que é de fato mais inteligente do que eu". E assim ele começou a enganar *Balbino*: "Oh, senhor, aqueles que passaram todos os dias de suas vidas nessa faculdade divina, realmente transformam uma natureza e forma em outra com duas técnicas, uma muito breve, mas um tanto perigosa, e outra mais longa, muito mais segura, garantida e cômoda. No entanto, acho-me muito desafortunado por ter gastado meu tempo e esforço nessa forma que me desagrada demais e nunca consigo alguém para me demonstrar a outra que tanto desejo.[762] E agora venho até ti, meu senhor, que eu sei ser totalmente especializado nisso, esperando que confortes, por caridade, teu irmão cuja felicidade e bem-estar agora estão em tuas mãos e, portanto, eu te suplico aliviar-me com teu conselho".

Com essas e outras palavras esse biltre farsante evitou suspeitas de fraude e garantiu a *Balbino* que se aperfeiçoara e conhecia bem a outra técnica. Os dedos de *Balbino* coçaram e seu coração bateu mais forte, de modo que ele não poderia esperar mais, mas disse de repente as seguintes palavras: "Que esse encurtamento vá para o diabo que o carregue. Eu nunca tinha ouvido falar disso antes, que dirá entender. Mas dize-me em boa-fé, conheces mesmo o alongamento?" "Sim", disse o padre, "não duvides disso, mas essa técnica não me agrada, é entediante". "Por

---

762. Veja como o padre engana Balbino.

quê?", pergunta *Balbino*, "quanto tempo precisa para a realização dessa obra com o alongamento?" "Tempo demais", disse o alquimista, "quase um ano, mas essa é a melhor técnica, mais garantida e segura, embora se prolongue por tantos meses, antes de ser vantajosa pelos custos e despesas". "Acalma teu coração", disse *Balbino*, "não importa, mesmo que fossem dois anos, podes ter a certeza de que se realizará". Palavras bonitas agradam os tolos e grandes ofertas cegam os sábios.

Por fim, logo se concluiu que o padre começaria o trabalho imediatamente e o outro bancaria as despesas, os ganhos seriam divididos igualmente entre os dois e o trabalho seria feito em segredo na casa de *Balbino*. Depois do voto mútuo de silêncio, que é usual e requisitado sempre no início deste mistério, *Balbino* entregou dinheiro ao alquimista para adquirir foles, lentes de vidro, carvões, etc., que serviriam para a construção e os equipamentos necessários à forja. Tão logo o alquimista pôs as mãos nesse dinheiro, ele correu alegremente para os dados, para a taberna e para os bordéis, e lá foi tão lascivo que de fato dessa forma fez um tipo de transformação alquímica de dinheiro. Agora *Balbino* pedia-lhe que cuidasse dos seus negócios, mas o outro lhe disse que logo que a questão tivesse começado, faltaria metade, pois nesse ponto estava a maior dificuldade.

Bem, enfim ele começou a equipar a fornalha, mas agora certamente um novo suprimento de ouro deveria ser feito, como a semente e o produto do que deveria ser gerado e desenvolvido pela obra da Alquimia. Pois assim como um peixe não é pescado sem uma isca, o ouro não é multiplicado sem algumas porções de ouro e, portanto, o ouro deve ser o alicerce e o princípio fundamental dessa arte ou algo vai dar errado. Mas durante todo esse tempo, *Balbino* estava ocupado em calcular e refletir sobre seu cálculo; usando a aritmética para o cálculo, se uma onça rendia 15, então quanto de lucro duzentas onças renderiam? Isso só mostra quanto ele estava determinado a empregar essa técnica.

Quando o alquimista também consumiu esse dinheiro, demonstrando um grande trabalho por um mês ou dois colocando os foles, os carvões e todas as outras coisas, e nem um pingo de lucro resultante dele, *Balbino* exigiu saber como ia a vida; nosso alquimista ficou surpreso.[763] No entanto, disse em determinado momento: "Certamente mesmo quando esses assuntos de importância costumam avançar, há sempre um acesso bem difícil a eles". Houve (segundo ele) uma falha (que agora descobrira) na escolha dos carvões, que eram de carvalho e deveriam ser de faia. Cem ducados foram gastos dessa forma, assim como as casas de jogos e os bordéis faziam parte das despesas de *Balbino*. Mas depois de uma nova oferta de dinheiro, carvões melhores foram fornecidos e lidou-se com as questões de uma forma mais discreta. No entanto, quando a forja trabalhou muito e não produziu nada, deu-se a desculpa de que os vidros não eram temperados como deveriam. Mas

---

763. Balbino foi enfeitiçado com desejo de ouro, etc.

quanto mais se desembolsava dinheiro nos arredores, menos *Balbino* estava disposto a parar, condizendo com sua veia de jogador, alguém a quem esperança infrutífera leva ao paraíso dos tolos.

O alquimista, para tingir sua farsa com uma boa cor, fingiu ficar furioso e protestou com muitas palavras cheias de falsidade e mentiras que ele nunca teve tanto azar antes. Mas depois de descobrir o erro, ele se certificaria de nunca mais cometer o mesmo descuido e que, dali em diante, tudo estaria seguro e certo, e *Balbino* seria totalmente recompensado no fim. Depois disso, a oficina é reparada pela terceira vez e um novo suprimento é mais uma vez colocado na mão do alquimista, de modo que as lentes fossem trocadas. E agora finalmente o alquimista revelou outro ponto de sua arte e habilidade notável para *Balbino*: esses negócios prosseguiriam muito melhor se ele enviasse para Nossa Senhora algumas coroas francesas como recompensa. Pois para que a arte se consagre, o negócio não pode prosseguir favoravelmente sem o favor dos santos. Conselho esse que agradou muitíssimo *Balbino*, tão devoto e religioso que não passava nenhum dia sem orar a Nossa Senhora.

Agora, depois de receber a oferta de dinheiro, nosso alquimista parte em sua santa romaria até a vila seguinte, e lá consome até o último centavo entre prostitutas e valetes. Ao retornar, contou a *Balbino* que ele tinha uma grande esperança de boa sorte em seu negócio, pois a santa virgem ouviu suas preces e votos e concedeu-lhe uma graça (o alquimista leva *Balbino* ao paraíso dos tolos). Mas depois de tanto trabalho empregado e nem um miligrama de ouro produzido nem coletado da forja, *Balbino* começou a discutir e debater asperamente com o companheiro farsante, que ainda lhe disse que nunca teve tanta má sorte em toda sua vida antes e não poderia imaginar por que isso acontecia, por que as coisas saíram tanto do normal. Depois de muito debate sobre o assunto entre eles, em certo momento *Balbino* pensou em lhe perguntar se ele não se atrasou para assistir à missa ou fazer suas orações, o que se aconteceu, nada prosperaria na sua mão. "Sem dúvida (disse o farsante), acertaste em cheio". "Que desgraçado eu sou! Lembro-me de que uma ou duas vezes, quando estive em um longo banquete, esqueci-me de rezar minha *Ave-Maria* depois do jantar". "Assim (disse *Balbino*), não me admira então que um assunto de tamanha importância tenha tido tamanho insucesso". O alquimista prometeu fazer penitência, como assistir a 12 missas pelas duas para as quais ele se atrasou e para cada *Ave-Maria* esquecida, rezar e repetir 12 para Nossa Senhora.

O alquimista profere palavras de notória descontração.

Logo depois de o alquimista gastar todo o seu dinheiro e também deixar de ganhar mais com suas alterações, ele voltou para casa com este plano, uma farsa notável: como um homem maravilhosamente exausto e pasmo, chorando copiosamente e lamentando seu infortúnio. *Balbino*, então, admirou-se e quis saber a causa dessa queixa. "Ah (disse o alquimista), os cortesãos espiaram nosso empreendimento, de modo que eu posso ser preso a qualquer momento". Ao ouvir isso, *Balbino* ficou encafifado, porque era um crime manifesto trabalhar com tais coisas sem licença especial. "Mas", diz o alquimista, "não temo ser condenado à morte. Antes isso, deveras, que ficar preso em algum castelo ou torre e lá ser forçado a trabalhar por todos os dias da minha vida".

Depois de consultar-se sobre a questão, *Balbino*, por ser tão hábil na arte da retórica e conhecer a lei, quebrou a cabeça pensando em como a acusação poderia ser respondida e o perigo evitado. "Ah", disse o alquimista, "tu te incomodas em vão, pois o crime não deve ser negado e costuma ser tratado com muita brutalidade na corte, nem o fato pode ser defendido, por causa da lei manifesta publicada contra ele". Resumindo, quando muitas formas foram criadas e diversas desculpas alegadas por *Balbino* e nenhuma base sólida para sustentar a segurança dos dois, o alquimista, precisando de dinheiro rápido, estruturou seu discurso do seguinte modo: "Senhor", disse ele a *Balbino*, "demoramos a procurar uma defesa e a questão exige rapidez. Pois eu creio que eles estão vindo atrás de mim nesta mesma hora para levar-me para a prisão e não vejo remédio a não ser morrer com valentia pela causa". "De boa-fé", disse *Balbino*, "não sei o que dizer sobre isso". "Tampouco eu", disse o alquimista, "exceto que vejo que esses cortesãos estão sedentos por dinheiro e dispostos a serem corrompidos e manterem o silêncio. E embora seja uma questão difícil dar dinheiro a esses malandros até se satisfazerem, eu não vejo melhor conselho ou recomendação neste momento". Nem *Balbino* via outro caminho, e lhe deu 30 ducados de ouro para calar as bocas dos cortesãos, embora preferisse arrancar mais dentes de sua boca do que uma dessas moedas de sua algibeira. Claro que o dinheiro ficou com o alquimista, cuja única situação de perigo por todas as suas ambições e lábia divertida era a falta de dinheiro para manter suas amantes ou concubinas, de cujo convívio ele não desistiria, nem se absteria de sua companhia, por todos os bens que ele conseguiria obter, se não fosse nunca por uma conduta indireta e meios ilícitos. Observa-se aqui como esse alquimista vai de um grau de farsa a outro.

Bem, mesmo assim mais uma vez *Balbino* acaba de equipar a forja e faz uma oração diante de Nossa Senhora para abençoar a empreitada. Depois de tudo fornecido e preparado de acordo com o pedido do alquimista e todas as coisas necessárias ministradas de acordo com sua preferência, o negócio inútil consumira agora um ano inteiro e nada aconteceu; surgiu então uma estranha oportunidade pelos meios a seguir, como se verá.

A natureza mais dócil e meiga é geralmente a mais abusada.

Nosso alquimista certamente se aproveitava um pouco da companhia imoral extraordinária da esposa de um cortesão, enquanto este estava fora de casa e que, suspeitando do caso, apareceu inesperadamente e exigiu entrar na casa, ameaçando arrombar a porta. Ele precisava botar um plano em prática naquela mesma hora e não conseguiu pensar em mais nada além daquele que a oportunidade apresentava, isto é, pular pela janela de trás, o que ele fez, não sem correr grande perigo e sofrer alguns ferimentos. Mas isso logo foi divulgado e chegou ao ouvido de *Balbino*, que demonstrou no rosto conhecimento do assunto, embora não dissesse nada. O alquimista, porém, sabia que ele era um homem devoto e um tanto supersticioso, e esses homens são fáceis de serem convencidos a perdoar, por maior que seja o deslize, e resolveu revelar o caso da seguinte forma:

"Ó, Senhor", disse diante de *Balbino,* "quanto azar nesse nosso negócio! Tento imaginar qual seja a causa." Ao que *Balbino*, por ser diferente daquele que parecia ter um voto de silêncio, aproveitou a oportunidade de falar, dizendo: "Não é difícil saber qual é o impedimento, além do obstáculo para isso. É o pecado que atrapalha nesse assunto, com o qual apenas mãos puras devem lidar". Em seguida, o alquimista ajoelhou-se diante dele, batendo no peito e disse chorando: "Ai, mestre *Balbino*, disseste a verdade, é o pecado que nos deu todo esse desgosto; não o teu, senhor, mas o meu, bom mestre *Balbino*. Eu também não ficarei envergonhado de revelar-te minha sordidez, como a um pai santo e religioso. A fraqueza da carne dominou-me e o demônio enredou-me em uma armadilha. Ah, pobre de mim! De um padre tornei-me um adúltero. No entanto, o dinheiro que outrora foi enviado a Nossa Senhora não foi totalmente perdido, pois não fosse ela, eu certamente teria sido morto. Pois o bom homem da casa arrombou a porta e a janela era pequena demais para eu conseguir sair. E nesse perigo extremo pensei em cair prostrado diante da virgem, implorando-lhe (se nosso presente lhe parecesse aceitável), em consideração, por sua ajuda[764]. Para ser breve, corri para a janela e a vi grande o bastante para pular de lá". No que *Balbino* não só acreditou, mas também em respeito disso o perdoou, censurando-o religiosamente a se mostrar agradecido à Senhora compadecida e abençoada.

Balbino sente vergonha por ter sido trapaceado.

Agora mais uma vez ocorre uma nova oferta de dinheiro, e são feitas promessas mútuas de lidar com esse assunto divino com pureza e santidade. Em suma, depois de um grande número desses papéis desempenhados pelo alquimista, um dos conhecidos de *Balbino* viu o alquimista, que ele conhecia da infância e sabia que não passava de um mercador farsante, e contou a *Balbino* o que ele era e que ele o manipularia no fim, assim como usou muitos outros, pois era um farsante e ele poderia provar. Mas o que *Balbino* fez? Queixou-se do impostor ou mandou que ele fosse punido? Não, entregou-lhe dinheiro e o mandou embora, pedindo-lhe, como cortesia, não espalhar como ele o enganou. Estava envergonhado por ter sido passado para trás em um caso evidente de fraude. E quanto

---

764. *En imensa cavi spirant mendacia folles.*

ao alquimista farsante, ele não se importava quem sabia ou o que fazia com a informação, pois não tinha bens ou reputação para perder. Quanto ao seu conhecimento em Alquimia, ele tinha tanto quanto um asno. Com esse discurso, *Erasmo* nos mostrava que sob o nome áureo da Alquimia havia uma calamidade à espreita, nada pequena, na qual haveria variadas alterações e conjuntos de raras sutilezas e enganos que não só empobreceram homens ricos muitas vezes, mas também, com a doce sedução dessa arte, com sua cobiça, bem como as tentações lisonjeiras do ganho esperado, até homens sábios e instruídos foram vergonhosamente passados para trás, em parte por inexperiência nas vilanias e sutilezas do mundo e, em parte, por sua natureza dócil e meiga, da qual os farsantes costumam abusar em nome da cobiça e da conveniência e para a ruína completa dos outros.

Capítulo 6

A opinião de diversos acadêmicos a respeito do disparate da Alquimia.

As substâncias das coisas são intransmutáveis.

Alberto, em seu livro sobre minerais, relata que *Avicena*, ao tratar da Alquimia, diz: "Que os alquimistas entendam que a natureza e a espécie das coisas não podem ser alteradas, mas feitas pela arte de modo a parecer com elas, de modo que elas não são de fato as coisas, mas têm a aparência delas, como castelos e torres parecem ser construídos nas nuvens, enquanto as representações lá demonstradas não passam da semelhança de certos objetos embaixo, provocados em alguma nuvem brilhante e clara, quando o ar não está denso. Uma prova suficiente disso pode ser o espelho. E nós vemos (diz ele) que a cor amarela ou laranja colocada sobre a vermelha parecia ser dourada". *Francisco Petrarca*[765], debatendo o mesmo assunto na forma de um diálogo, apresenta a fala de um discípulo dele, que apreciava essa profissão: "Espero por um sucesso próspero na Alquimia". *Petrarca* responde: "Pergunto-me de onde a esperança virá, visto que o fruto disso nunca cai em teu terreno, nem no de qualquer outro em nenhum momento, pois, como se costuma dizer, muitos homens ricos, por vaidade e loucura, foram levados à miséria; enquanto se fatigavam com tal arte, enfraqueciam seus corpos e desperdiçavam sua saúde ao tentar os meios para fazer ouro produzir ouro". "Eu espero pelo ouro de acordo com a promessa do artífice", respondeu o discípulo. "Aquele que te prometeste ouro fugirá com o teu ouro e tu nunca serás mais sábio", retruca *Petrarca*, "pois alquimistas são um tipo miserável de pessoas, que mesmo se confessando desguarnecidos e carentes, alegarão

---

765. *Francisco Petrarca, trarch. lib. de remed. utr. fort. I, cap. 10.*

prover de riqueza e opulência os outros, como se eles ficassem mais perturbados e condoídos pela pobreza dos outros do que pela própria". Essas são as palavras de *Petrarca,* um homem de grande conhecimento e experiência, que em sua época via as buscas fraudulentas desse ofício abrangente; de fato, não houve nenhuma era, desde que se começou a falar desse ofício, em que alguns poucos sábios não tenham percebido a intenção maligna desses mercadores astuciosos e a revelasse ao mundo.

Um antigo autor[766] de uma ordem religiosa, que viveu mais de mil anos depois, revelando os vários tipos de roubos, depois de uma longa lista, introduz os alquimistas, que ele chama de *Falsificantes metallorum e mineralium,* bruxos e falsificadores de metais e minerais, e os coloca na mesma categoria de ladrões e qualquer um dos demais cuja conduta injuriosa os leva à acusação. "Interpela-se (diz ele) por que a arte da alquimia nunca prova de fato aquilo que pretende realizar em preceito e promessa." A resposta é imediata: se pela arte o ouro pudesse ser feito, então seria benéfico conhecer o modo e o procedimento da natureza na geração, já que dizem que a arte imita e falsifica a natureza. Novamente, é por causa da falha e da imperfeição da filosofia, especialmente em se tratando de minerais: nenhuma forma de procedimento foi apresentada por consentimento e acordo dos filósofos na escrita, no tocante à verdade e ao efeito indubitável dos minerais (não há um fundamento certo na arte da Alquimia). Por isso, supõe-se que o ouro é feito de um tipo de substância dessa forma, outros de outro tipo de substância. E, portanto, é por mero acaso que alguém talvez consiga a aplicação artificial dos ativos e passivos de ouro e prata. Além disso, é certo que mercúrio e enxofre são os materiais (como eles os denominam) dos metais e o agente é o calor. No entanto, é muito difícil saber a devida proporção de mistura dos materiais e qual proporção a geração de ouro exige. Os alquimistas admitem que, por acaso, alcançam essa proporção, porém não conseguem recomeçar ou repetir em outro trabalho, por causa das diversidades ocultas dos materiais e da incerteza da aplicação de ativos e passivos.

O mesmo autor antigo[767] conclui contra essa arte vã dizendo que por todos os legisladores cristãos ela é proibida e não é tolerável em nenhum caso, em nenhuma comunidade, primeiro porque presume forjar ídolos por cobiça, que são de ouro e prata, a respeito do que diz o apóstolo: *Avaritia idolorum cultus,* "cobiça é idolatria"; segundo, como diz *Aristóteles,* a moeda por ser escassa e rara é cara, mas aquelas de baixo valor terão o valor aumentado se ouro e prata forem multiplicados pela arte da alquimia; terceiro, como (o que se prova pela experiência) os sábios são enfeitiçados com isso, aumenta o número de farsantes, príncipes são abusados, os ricos empobrecidos, os pobres ficam miseráveis, a

---

766. Gosehaleus Boll. ordinis; Santo Agostinho in suo præceotirio, fol. 244. col. b. c. d. & i.
767. Idem. Ibidem.

multidão é feita de tola e ainda assim confiam no ofício e nos seus artífices (que loucura!). Até agora. Assim, em poucas palavras, ele desaprovou essa profissão, não pelas imaginações de seu próprio cérebro, mas pelas muitas circunstâncias da prova manifesta. No tocante a essa prática, creio que se falou o bastante dela e mais do que necessário, já que um assunto tão simples e demonstrável não requer trabalho em refutar.

Capítulo 7

Os homens são seduzidos por essa arte atraente por causa de uma vã e enganosa esperança; seus resultados, porém, são inúteis, etc.

Até agora expus em detalhes a farsa da arte da Alquimia, em parte com motivos e em parte com exemplos, para que a coisa em si transpareça não menos ao olho criterioso dos avaliadores do que os ossos e tendões de um corpo anatomizado apareçam ao olho corpóreo dos observadores. Agora não deve ser inoportuno nem impertinente tratar de certa forma da natureza dessa vã e infrutífera esperança, que induz e atrai os homens como se eles estivessem presos por cordas, não apenas para a admiração, mas também para o consentimento deles, de tal forma que alguns são obrigados a cantar atabalhoadamente (como alguém fez no passado, não me recordo agora se em sinal de boa ou má sorte) *Spes e fortuna valete*: Adeus, esperança e boa sorte.

Não é de se admirar então que a Alquimia fascine os homens com tanta doçura e os enrede nos ardis da tolice, uma vez que a isca que ela usa é a esperança ou a fome por ouro, denominada pelo poeta de *Sacra* ou, em outras palavras, Sagrada; não se vê que seria melhor se fosse interpretada como maldita ou detestável[768], pela figura *Acirologia*, quando se utiliza uma palavra de sentido inapropriado em uma oração como se fosse uma nuvem, ou pela figura *Antífrase*, quando uma palavra introduz um sentido contrário àquele que ela costumava ter. Por que a fome por ouro deveria ser considerada sagrada se ela tem (dependendo) tantos milhões de infortúnios e sofrimentos, tais como traições, roubos, adultérios, homicídios culposos, rompimento de tréguas, perjúrios, farsas e um grande exército de outras barbaridades longas demais aqui para detalhar? E, segundo a máxima, se a natureza de cada ação for determinada pelo fim dela, então essa fome não pode ser sagrada, mas sim maldita, que arrasta atrás de si, como se os homens usassem correntes de ferro, tamanho bando de ultrajes e barbaridades, como se de todo seu trabalho, dever, cuidado e custo, etc., nada mais lhes restasse no lugar do lucro, mas apenas alguns tijolos queimados de uma fornalha arruinada, um pacote ou dois de cinzas e uma substância tão leve, que eles são forçados por acaso a

---

768. J. Calvino in Comment. upon Deut. serm. 127. p. 781. Col. I. número 40.

vender no fim, quando a pobreza os aprisiona e coloca seu fardo em seus ombros. Quanto a todo seu ouro, ele é reduzido *In primam materiam* ou, então, *In levem quendam fumulum,* a uma fumaça tênue ou fumigação de vapores mais leve e menos substancial que tudo, exceto os espíritos, cuja natureza e número não se deve isentar.

Capítulo 8
Uma continuação do assunto anterior com uma conclusão.

Agora prosseguirei e concluirei com mais um exemplo aquilo que declarei antes com razões, exemplos e fontes para que nós, como outros em eras anteriores, compreendamos o que é uma esperança vã e sejamos não menos cautelosos para evitar as inconveniências dessa forma de esperança do que *Ulisses* foi precavido para escapar dos encantamentos de *Circe,* aquela velha bruxa. Apresento[769] o exemplo do *Luís* XI da França que, estando certa vez na *Borgonha,* conheceu em uma caçada um tal *Conon,* um sujeito rude, mas honesto e amigável. Pois príncipes e homens importantes divertem-se muito com esses jecas simples. O rei, às vezes por causa de sua caça, usava a casa do camponês para refrescar-se, e como os nobres de vez em quando gostam de coisas caseiras e rústicas, o rei não se recusou a comer nabo e canola no chalé de *Conon.* Logo depois de o rei *Luís* voltar ao seu palácio, sem problemas ou apreensões, a esposa de *Conon* exigiu que ele se dirigisse à corte, se apresentasse ao rei, para lembrá-lo do antigo divertimento que teve na sua casa e presenteá-lo com algumas das mais belas e seletas canolas que ela tinha no estoque. *Conon* pareceu relutar, alegando que ele apenas perderia tempo, "pois príncipes (diz ele) têm outros assuntos mais importantes do que pensar em cortesias tão triviais." Mas a esposa de *Conon* discutiu com ele e o convenceu no fim, escolhendo uma certa quantidade das melhores e mais gostosas canolas que tinha. Então ela as entregou para seu marido levar para a corte e ele partiu em sua longa jornada. Mas *Conon,* tentado no caminho, em parte pela vontade de comer,[770] em parte pelo sabor do alimento que ele carregava, de pedacinho em pedacinho devorou todas as canolas, exceto uma bela e saborosa, afinal não se controla uma barriga faminta. Ora, quando *Conon* chegou à corte, teve a sorte de ficar em um lugar em que, quando o rei passou, o avistou, lembrou-se dele e mandou que o deixassem entrar. *Conon* seguiu seu guia bem de perto alegremente e assim que viu o rei, aproximou-se abruptamente dele, estendeu a mão e deu o presente à sua majestade. O rei o recebeu com mais alegria do que era costumeiro e mandou que um daqueles que estava ao seu lado pegasse a canola e a

---

769. *Erasmo in colloq. cui titulus Convivium fabulosum.*
770. Uma barriga vazia não será prejudicada.

colocasse entre aquelas coisas das quais ele mais gostava e tinha na mais alta conta. Então, convidou *Conon* a jantar com ele e, depois do jantar, agradeceu pela canola ao camponês, que não hesitou em cobrar do rei a cortesia prometida. O soberano mandou que o camponês recebesse mil coroas em recompensa por sua canola, sendo esta uma generosidade real.

O relato dessa generosidade se espalhou em pouco tempo por todo o reino, tanto que um de seus cortesãos, na esperança de receber uma recompensa igual ou maior, deu ao rei um excelente ginete. O rei, percebendo sua intenção e julgando que sua prévia generosidade para com o camponês influenciou essa tentativa cobiçosa do cortesão, aceitou o ginete com muita gratidão e, chamando alguns de seus nobres, começou a se consultar com eles sobre como poderia indenizar seu vassalo pelo cavalo. Enquanto isso acontecia, o cortesão imaginou passar a boa esperança de alguma dádiva principesca, calculando e apostando suas cartas da seguinte forma: "Se sua majestade recompensou um simplório camponês com tanta generosidade por uma mera canola, o que ele faria a um cortesão extraordinário por um galante ginete?" Enquanto o rei debatia a questão e um dizia isso, outro aquilo, e o cortesão viajava em vã esperança, enfim o rei disse, de repente: "Agora eu sei o que dar a ele". O rei chamou um de seus nobres, sussurrou-lhe no ouvido e pediu-lhe que fosse buscar uma coisa, que ele encontraria em seus aposentos embrulhada em seda[771]. O nobre leva então a canola embrulhada na seda, que o rei entrega com as próprias mãos ao cortesão, usando as seguintes palavras: "Que ele tenha um bom retorno, depois de aceitar de bom grado por seu cavalo uma joia que lhe custou mil coroas". O cortesão era um homem feliz e ao partir ansiava ver o que estava embrulhado, e seu coração pulava de alegria. No devido momento, portanto, desembrulhou a seda (um grupo de seus companheiros se juntando ao redor dele para testemunhar sua boa sorte) e, depois de desembrulhar, ele encontrou dentro uma canola murcha e seca. Esse espetáculo provocou nos espectadores uma estrondosa gargalhada, mas deixou o cortesão abatido e o lançou em um acesso de melancolia extrema. Assim a confiança desse cortesão foi reduzida a nada, pois, na vã esperança de uma boa recompensa, separou-se de seu cavalo. Se ele soubesse...

Moral da história.

Essa história nos ensina que a vã esperança pode levar homens indiscretos e inexperientes ao desatino e à loucura. Portanto, não é de se admirar que embora os alquimistas sonhem e fiquem loucos atrás de uma vantagem dupla, agindo como um cão de *Esopo*, que cobiçava gananciosamente tomar e abocanhar a sombra exibida na água da carne que ele carregava na boca, porém, perdeu tanto uma como a outra.

---

771. *Sic ars deluditur arte.*

Mas encerremos agora esse assunto e deixemos para trás esses hipócritas (por que não seriam chamados assim?), dos quais *Homero*, falando com ódio desses malfeitores, diz divinamente e com verdade:

> *Odi etenim seu claustra Erebi, quicúnque loquuntur*[772]
> *Ore aliud, tacitóque aliud sub pectore claudunt:*
> > Odeio até os portões do inferno
> > Aqueles que algo com a língua contam,
> > Entretanto guardam bem,
> > Outra coisa no fundo do coração.

Para deixar esses hipócritas (digo) nos refugos de sua desonestidade, concluirei peremptoriamente que eles, com a turba há pouco descrita e a horda mencionada a seguir, são uns farsantes ordinários e cânceres profundos da comunidade e, portanto, devem ser rejeitados e excomungados da companhia de todos os homens honestos. Pois agora sua arte, que transforma todos os tipos de metais que conseguem encontrar em névoa e fumaça, não é menos evidente ao mundo do que os claros raios de sol ao meio-dia, tanto que posso dizer, com o poeta:

> *Hos*[773] *populus ridet, multúmque torosa juventus*
> *Ingeminat tremulos naso crispante cachinnos:*
> > Todas as pessoas agora riem deles por escárnio,
> > De cada forte e vigoroso sangue
> > Ecoam risadas trêmulas
> > com um nariz bem encarquilhado.

De modo que, se alguém ficar tão afeito à vaidade da Alquimia (como todo tolo terá esse desejo) e se (além de tantos exemplos comprovados de diversos, cuja riqueza desapareceu como um vapor enquanto imergiam nessa prática) esse discurso não o fizer desistir desse desvario, digo-lhe o seguinte, de forma bem conveniente:

> _____ *dicítque facítque quod ipse*[774]
> *Non sani esse hominis non sanus juret Orestes:*
> > Ele diz e faz exatamente aquilo
> > Que o insano Orestes poderia ter dito
> > Com tal juramento, um homem pode
> > Privar-se de razão.

---

772. *Homero.* Traduzido da versão em inglês de Abraham Fleming.
773. *Aul. Persius, satyr. 3.* Traduzido da versão em inglês de Abraham Fleming.
774. *Idem. Ibidem.*

Décimo Quinto Tomo
Capítulo 1
A exposição de Iidoni *e onde é encontrada, na qual toda a arte de conjuração é decifrada.*

O grande significado da palavra *Iidoni*

Esta palavra *Iidoni* deriva de *Iada*, que significa apropriadamente conhecer; às vezes é traduzida como *Divinus*, que é um adivinho ou vidente, como em *Deuteronômio 18* e *Levítico 20*, em outras, *Ariolus*, que é alguém que alega prever o futuro, e é encontrado em *Levítico 19, 2 Reis 23, Isaías 19*. Em suma, a opinião daqueles que são mais habilidosos nos idiomas é que tal palavra se refere a todos os indivíduos que afirmam conhecer tudo do passado e do futuro e respondem de acordo. Sempre acompanha a palavra *Ob* e, nas escrituras, não aparece separada, pouco diferindo em sentido; as duas se referem a oráculos proferidos por espíritos, pessoas possuídas ou farsantes. O que farsantes ou feiticeiros não alegarão ser capazes de fazer? A respeito do que eles admitirão ignorância? Eles se comprometerão a responder qualquer pergunta que lhes for feita, mesmo aquelas cuja resposta apenas Deus tem. E para realizar melhor seus propósitos, bem como ganhar ainda mais crédito na falsa arte que professam, eles buscam cúmplices com quem realizam milagres. E quando possuem conhecimento, eloquência ou agilidade com as mãos para acompanhar seu conluio, ou farsa, então (certamente) passam do grau de feiticeiros e se denominam conjuradores[775]. E lidam com causas que não são inferiores: evocam demônios do inferno e anjos do céu; ressuscitam os corpos que quiserem, embora estivessem mortos, enterrados e há muito tempo putrefatos, e evocam almas do céu ou do inferno com muito mais presteza do que o papa as tira do purgatório. Esses que cito (entre os simples e onde eles não temem a lei nem a acusação) dizem também evocar tempestades e terremotos e fazer tanto quanto o próprio Deus pode fazer. Eles não são tolos, pois não vão trabalhar com um sapo insolente, ou um gato, como as bruxas, mas com certa majestade e com autoridade evocam pelo nome e têm

---

775. *Vide Philast Brix. episc. hæreseôn catal. de phitonissa.*

sob seu comando setenta e nove demônios principais e principescos[776], que têm abaixo deles, como seus ministros, uma grande multidão de legiões de demônios menores, por exemplo estes do capítulo seguinte.

Capítulo 2

Um inventário de nomes, aparências, poderes, governo e efeitos dos demônios e espíritos, sobre suas várias potestades e graus. Um estranho discurso que vale a pena ler.

Notas de Salomão sobre conjuração.

aal é o primeiro e principal rei (que é o regente do leste). Quando conjurado, aparece com três cabeças: a primeira de sapo, a segunda de um homem e a terceira de um gato. Fala com uma voz rouca, faz um homem ficar invisível e tem sob sua obediência e regência 66 legiões de demônios.

Agares é o primeiro duque no potentado do leste. Ele vem calmamente com a aparência de um ancião, montado em um crocodilo e carregando um falcão em seu punho. Ensina todos os tipos de línguas, traz de volta todos aqueles que fugiram e faz correr aqueles que estão parados. Ele destrói todos os dignitários sobrenaturais e temporais, provoca terremotos, é da ordem das virtudes e tem sob seu regimento 31 legiões.

Marbas ou *Barbas* é um grande presidente e aparece na forma de um leão poderoso, mas ao comando de um conjurador aparece à semelhança de um homem e dá respostas completas no que diz respeito a qualquer coisa que esteja oculta ou secreta. Traz doenças e as curas, promove sabedoria e o conhecimento das artes mecânicas ou habilidades manuais. Ele dá aos homens outras aparências e sob sua presidência ou regência estão 36 legiões de demônios.

Amon ou *Aamon* é um grande e poderoso marquês e vem com a aparência de um lobo, com uma cauda de serpente, cuspindo e soltando chamas. Quando assume a forma de um homem, exibe dentes de cão e uma grande cabeça como a de um corvo poderoso. É o príncipe mais forte dentre todos, conhece o passado e o futuro, concede favores, reconcilia amigos e inimigos e governa 40 legiões de demônios.

Barbatos, um grande conde, e também duque, aparece em *Signo sagittarii sylvestris*, com quatro reis, que trazem companhias e grandes tropas. Ele entende o canto dos pássaros, o latido dos cães, os mugidos dos bois e a voz de todos os seres vivos. Detecta tesouros escondidos por mágicos e encantadores e é da ordem das virtudes, que domina em parte; ele conhece o passado e o futuro, reconcilia amigos e potestades. Governa 30 legiões de demônios sob sua autoridade.

---

776. J. Wierus in Pseudomonarchia dæmonum.

Buer é um grande presidente e é visto nesse signo. Ensina filosofia moral e natural, além de lógica e o valor das ervas. Fornece os melhores espíritos familiares, pode curar todas as doenças, principalmente dos homens, e rege 50 legiões.

Gusoin é um grande duque, e forte, aparecendo na forma de um *Xenófilo*. Responde sobre todas as coisas do passado, do presente e do futuro, expondo todas as questões. Reconcilia amizade e distribui honrarias e títulos de nobreza. Rege 40 legiões de demônios.

Botis, outrora *Otis*, um grande presidente e conde, apresenta-se na forma de uma víbora horrenda e, se assume a forma humana, exibe grandes dentes e dois chifres, carregando uma espada afiada na mão. Responde sobre o presente, o passado e o futuro, reconcilia amigos e inimigos. Rege 60 legiões.

Bathin, às vezes chamado de *Mathim*, um grande duque e forte, é visto na forma de um homem muito robusto, com uma cauda de serpente, montado em um cavalo esverdeado. Conhece os valores das ervas e das pedras preciosas, transfere homens de repente de uma região para outra e rege 30 legiões de demônios.

Purson, ou *Curson*, um grande rei, apresenta-se como um homem com rosto de leão, carregando uma víbora feroz e cavalgando um urso, diante dele sempre vão trombetas. Ele conhece as coisas ocultas e pode dizer tudo do presente, do passado e do futuro. Revela tesouros e pode possuir um corpo humano ou etéreo. Dá respostas verdadeiras a todas as coisas terrenas e secretas, acerca da divindade e da criação do mundo, e gera os melhores espíritos familiares; obedecem a ele 22 legiões de demônios, parte da ordem das virtudes e parte da ordem dos tronos.

Eligor, ou *Abigor*, é um grande duque e aparece como um cavaleiro vistoso, carregando uma lança, uma insígnia e um cetro. Dá respostas completas acerca das coisas ocultas e a respeito de guerras e como os soldados devem se agrupar. Ele conhece coisas do futuro e concede favores a senhores e cavaleiros, regendo 60 legiões de demônios.

Leraie, ou *Oray*, um grande marquês, apresenta-se com a aparência de um galante arqueiro, carregando um arco e uma aljava. Ele é autor de todas as batalhas, putrefaz todos aqueles ferimentos que forem feitos com flechas atiradas por arqueiros, *Quos optimos objicit tribus diebus*, e rege 30 legiões.

Valefar, ou *Malephar*, é um duque forte, aparecendo na forma de um leão com a cabeça de um ladrão. Ele é muito íntimo dos ladrões com quem faz amizade até levá-los ao cadafalso. Rege 10 legiões.

Morax, ou *Forali*, grande conde e presidente, é visto como um touro e, se assume um rosto humano, torna os homens maravilhosamente hábeis em astronomia e em todas as ciências liberais. Fornece bons espíritos familiares e sabedoria, conhecendo o poder e o valor das ervas e das pedras preciosas. Rege 36 legiões.

Ipos, ou *Ayporos*, é um grande conde e príncipe, aparecendo com a forma de um anjo, mas de fato ainda mais obscuro e obsceno do que um leão, com uma cabeça de leão, patas de ganso e uma cauda de lebre. Conhece as coisas do passado e do futuro, torna um homem sagaz e ousado e tem sob sua jurisdição 36 legiões.

Naberius, ou *Cerberus*, é um valente marquês, apresentando-se na forma de um corvo, quando fala com uma voz rouca. Torna um homem afável e perspicaz em todas as artes, principalmente na retórica. Proporciona a perda de prelazias e títulos de nobreza. Dezenove legiões obedecem a ele.

Glasya Labolas, ou *Caacrinolaas*, ou *Caassimolar*, é um presidente importante, que se revela como um cão, com asas como um grifo. Transmite o conhecimento das artes e é capitão de todos os homicidas. Compreende o presente e o futuro, conquista a mente e o amor de amigos e inimigos, torna um homem invisível e rege 36 legiões.

Zepar é um grande duque, aparecendo como um soldado, inflamando mulheres com o amor de homens e, quando solicitado, muda de forma, até que elas possam gozar com seu amado; ele também as torna estéreis. Tem 26 legiões sob seu comando.

Bileth é um rei poderoso e terrível, cavalgando um cavalo esverdeado, diante do qual vão trombetas e todo o tipo de música melodiosa. Quando é evocado por um exorcista, aparece rude e furioso, para ludibriá-lo. Então o exorcista ou conjurador deve prestar atenção a ele e, para não perder a coragem, deve segurar um cajado de aveleira nas mãos, movimentá-lo na direção leste e sul e fazer um triângulo por fora de um círculo, mas se o demônio não lhe estender a mão e o conjurador solicitá-lo para que entre no círculo e ele ainda recusar o elo ou corrente de espíritos, o conjurador deve continuar a ler e na mesma hora o demônio se submeterá e entrará nele, fazendo tudo o que o exorcista mandar; este, então, estará seguro. Se *Bileth*, o rei, for mais teimoso e se recusar a entrar no círculo no primeiro chamado, e o conjurador demonstrar medo ou não tiver a corrente de espíritos, certamente o rei nunca o temerá nem terá consideração por ele depois disso. Ademais, se não conseguir fazer um triângulo por fora do círculo, então deve colocar lá um odre de vinho e o exorcista certamente saberá quando sair de lá com seus companheiros, e o dito *Bileth* será seu ajudante, seu amigo e vai lhe obedecer quando aparecer. E quando ele vier, o exorcista deverá recebê-lo com educação e louvá-lo em seu orgulho e, portanto, adorá-lo como outros reis fazem, pois ele não diz nada sem outros príncipes. Além disso, se ele for citado por um exorcista, um anel de prata no dedo do meio da mão esquerda deverá sempre ser segurado contra o rosto do exorcista, como se faz para *Amaimon*[777]. E o domínio e a influência de um príncipe tão poderoso não devem ser preteridos, pois não há nada

---

777. Vide Amaimon.

sob o poder e o domínio do conjurador, apenas aquele que detém tanto homens como mulheres em amor apaixonado, até o exorcista sentir seu prazer. Ele é da ordem das potestades, esperando retornar ao sétimo trono, o que não é digno de crédito. Rege 85 legiões.

Sitri, ou *Bitru*, é um grande príncipe, aparecendo com o rosto de um leopardo e com asas de um grifo. Quando adota a forma humana, é belíssimo, inflama um homem com o amor de uma mulher e também incita as mulheres a amar os homens. Ao ser comandado, ele retém por vontade própria os segredos das mulheres, rindo e zombando delas, para deixá-las voluptuosamente nuas. Obedecem a ele 60 legiões.

Paimon obedece mais a *Lúcifer* do que aos outros reis. *Lúcifer* deve ser compreendido aqui como aquele que se afogou nas profundezas de seu conhecimento, aquele que precisa ser como Deus e, por sua arrogância, foi levado à destruição e de quem se diz: "Cada pedra preciosa te cobrirá"[778]. *Paimon* é obrigado pela virtude divina a posicionar-se diante do exorcista. Quando assume a aparência de um homem, monta em um animal chamado dromedário, que é um corredor suave, usa uma coroa gloriosa e tem um semblante efeminado. À sua frente segue uma hoste de homens com trombetas, pratos retumbantes e todos os instrumentos musicais. No início, ele aparece com um grande grito e rugido, como no *Círculo Salomonis* e na arte é declarado. E se esse *Paimon* fala às vezes coisas que o conjurador não compreende, não se desalente. Mas quando cumprir a primeira obrigação de observar seu desejo, solicite também que lhe responda com clareza e francamente às perguntas que fará a respeito de toda filosofia, sabedoria, ciência e todas as outras coisas secretas. E ele ensinará muito àquele que quiser conhecer a disposição do mundo, o que a terra é e o que a sustenta na água, ou qualquer outra coisa, ou o que é *Abyssus*, ou ainda onde o vento está ou de onde vem. As consagrações também podem ser consideradas, assim como foram os sacrifícios de outra maneira. Concede títulos de nobreza e confirmações. Prende aqueles que resistem a ele em suas correntes e os submete ao conjurador. Prepara bons espíritos familiares e compreende todas as artes. Note que, ao chamá-lo, o exorcista deve ter a precaução de olhar na direção noroeste, pois é lá que fica a casa de *Paimon*. Quando ele é evocado, o exorcista deve recebê-lo sempre sem medo, fazer perguntas ou exigir o que quiser e, sem dúvida, conseguirá o que pede. E o exorcista deve tomar o cuidado de não esquecer o criador dessas coisas, que foram relatadas antes de *Paimon*; alguns dizem que ele é da ordem das dominações, outros dizem que é da ordem dos anjos e, em parte, das potestades. Note que se *Paimon* for citado apenas por uma oferenda ou sacrifício, dois reis o acompanham: *Beball e Absalam,* e outros potentados. Em sua hoste há 25 legiões, porque os espíritos sujeitos a ele nem sempre estão com ele, exceto se forem compelidos a aparecer por virtude divina.

---

778. Ezequiel 88.

A queda de Belial.
Alguns dizem que o rei *Belial* foi criado imediatamente depois de *Lúcifer* e, portanto, acreditam que ele foi o pai e sedutor daqueles que caíram por serem das ordens. Pois ele caiu primeiro entre o tipo mais digno e sábio, o que aconteceu antes de *Miguel* e outros anjos celestiais, que estavam ausentes. Embora *Belial* tenha ido antes daqueles que foram lançados na terra, não foi antes dos que permaneceram no céu. Esse *Belial* é refreado pela virtude divina, quando recebe sacrifícios, presentes e oferendas para que novamente possa dar aos proponentes respostas verdadeiras. Mas ele não permanece nem uma hora na verdade, exceto se for refreado pelo poder divino, como dizem. Assume a forma de um lindo anjo, sentado em uma carruagem de fogo, fala com franqueza, distribui preferências de senatoria e o favor de amigos, além de excelentes espíritos familiares. Rege 80 legiões, parte da ordem das virtudes, parte de anjos. É encontrado na forma de um exorcista nos laços dos espíritos. O exorcista deve considerar que esse *Belial* auxilia mesmo seus súditos em todas as coisas. Se ele não se submeter, o compromisso dos espíritos deve ser lido. A corrente dos espíritos é levada para ele, com a qual o sábio *Salomão* os reuniu com suas legiões em um vaso de bronze, onde foram presos entre todas as legiões 72 reis, cujo principal era *Bileth*, o segundo era *Belial*, o terceiro *Asmoday* e acima de milhares de legiões. Sem dúvida (devo confessar), aprendi isso com meu mestre *Salomão*, mas ele não me disse por que os reuniu e os prendeu; creio, porém, que tenha sido por causa desse *Belial*. Certos necromantes dizem que *Salomão*, depois de ser seduzido em certo dia pela astúcia de uma mulher, inclinou-se para orar diante do mesmo ídolo, chamado *Belial*, algo em que não se pode acreditar. Portanto, devemos pensar (como se diz) que eles foram reunidos naquele grande vaso de bronze por orgulho e arrogância e jogados em um lago ou buraco profundo na *Babilônia*. Pois o sábio *Salomão* realizou suas obras pelo poder divino, que nunca o desamparou. Portanto, devemos pensar que ele não cultuava a imagem de *Belial*, pois não teria encarcerado os espíritos pela virtude divina, uma vez que esse *Belial*, com três reis, estava no lago. Mas os *babilônios*, pensando no assunto, supuseram que encontrariam dentro do vaso uma grande quantidade de tesouro e, portanto, com um consentimento entraram no lago, retiraram e quebraram o vaso, de onde saíram imediatamente os demônios[779] líderes, que voltaram aos seus lugares antigos e apropriados. Mas esse *Belial* entrou em uma certa imagem e lá responde àqueles que lhe fornecem oferendas e sacrifícios, como *Tocz.* relata em suas declarações e a quem os *babilônios* cultuam e oferecem sacrifícios.

Bune é um poderoso e forte duque, que aparece como um dragão com três cabeças, dentre as quais a terceira é humana. Fala com uma voz divina, obriga os mortos a mudar de lugar e os demônios a se reunir nos sepulcros dos mortos. Enriquece muito um homem, torna-o

---

779. Os babilônios se decepcionaram com sua esperança.

eloquente e sábio, respondendo verdadeiramente a todas as exigências; rege 30 legiões.

Forneus é um grande marquês, retratado como um monstro marinho. Ele torna os homens notáveis em retórica, agracia um homem com um bom nome e o conhecimento dos idiomas, e faz com que sejam amados por inimigos e amigos. Tem 29 legiões sob seu domínio, parte da ordem dos tronos, parte dos anjos.

Ronome, marquês e conde, tem a aparência de um monstro, proporciona uma compreensão singular de retórica, servos fiéis, conhecimento de idiomas, favores de amigos e inimigos; rege 19 legiões.

Berith, o demônio dourado, é um grande e terrível duque e tem três nomes. Alguns o chamam de *Beal*, para os judeus ele é *Berith* e é *Bolfrey* para os necromantes. Aparece como um soldado vermelho, com uma coroa vermelha, vestindo roupas vermelhas e em um cavalo dessa cor. Responde com sinceridade a perguntas sobre passado, presente e futuro. É arrastado em uma certa hora, pela virtude divina, por um anel mágico. É também um mentiroso, transforma todos os metais em ouro, agracia um homem com títulos de nobreza e os confirma. Fala com uma voz clara e sutil; comanda 26 legiões.

Astaroth é um grande e forte duque, aparecendo na forma de um anjo com asas emplumadas, sentado em um dragão infernal e carregando uma víbora na mão direita. Responde com sinceridade a assuntos do passado, do presente e do futuro e também de todos os segredos. Fala por vontade própria do criador dos espíritos, de sua queda e de como eles pecaram e caíram. Diz que não caiu por iniciativa própria. Ensina ao homem as ciências liberais e rege 40 legiões. Os exorcistas devem tomar o cuidado de não se aproximar dele, por causa de seu hálito fétido. Por isso, o conjurador deve segurar perto de seu rosto um anel mágico, para se defender dele.

Foras, ou *Forcas*, é um grande presidente, visto na forma de um homem forte. Com uma aparência humana, ele entende o valor das ervas e das pedras preciosas. Ensina lógica, ética e suas partes, concede ao homem invisibilidade, perspicácia, eloquência e vida longa. Recupera coisas perdidas e descobre tesouros. Rege 29 legiões.

Furfur é um grande conde, aparecendo como um veado adulto, com uma cauda de fogo. Mente sobre todas as coisas, exceto quando é colocado dentro de um triângulo. Quando solicitado, assume uma forma angelical e fala com uma voz áspera. Promove o amor entre um homem e sua esposa, evoca raios, trovões e rajadas de vento. Quando ordenado, responde bem, tanto de coisas secretas como divinas. Rege e domina 26 legiões.

Marchosias é um grande marquês, apresenta-se com a aparência de uma loba cruel, com asas de grifos, com uma cauda de serpente e cuspindo sabe-se lá o que da sua boca. Quando está com uma aparência humana, é um lutador excelente, responde a todas as perguntas com verdade, é fiel em todos os negócios dos conjuradores, é da ordem das dominações e rege 30 legiões. Ele esperou por 1.200 anos para retornar ao sétimo trono, mas foi enganado.

Malphas é um grande presidente. Visto como um corvo, mas disfarçado com uma imagem humana, fala com uma voz rouca, constrói casas e torres altas maravilhosamente bem e logo reúne artífices. Além disso, derruba as edificações dos inimigos, ajuda com bons espíritos familiares, recebe sacrifícios de bom grado, mas ludibria todos os sacrificantes. Rege 40 legiões.

Vepar, ou *Separ*, um grande e forte duque, tem a aparência de uma sereia, é guia das águas e dos navios carregados de munições e armas. Quando comandado por seu mestre, torna o mar tempestuoso, encapelado e cheio de navios. Ele mata homens em três dias, com a putrefação de seus ferimentos e produzindo vermes neles, no entanto, todos podem ser curados com zelo. Rege 29 legiões.

Sabnacke, ou *Salmac*, é um grande e forte marquês, aparece como um soldado armado com uma cabeça de leão, sentado em um cavalo esverdeado. Transforma a forma e os favores dos homens, constrói torres elevadas cheias de armas, castelos e cidades. Ele inflige a homens por 30 dias ferimentos putrefatos e cheios de vermes, ao comando do exorcista. Providencia bons espíritos familiares e tem domínio sobre 50 legiões.

Sidonay, ou *Asmoday*, um grande rei, forte e poderoso, é visto com três cabeças, das quais a primeira é a de um búfalo, a segunda de um homem, a terceira de um carneiro, ele tem uma cauda de serpente, lança chamas pela boca, tem patas de ganso, monta em um dragão infernal, carrega uma lança e uma flâmula em sua mão e vai diante dos outros, que estão sob o poder de *Amaymon*. Quando o conjurador exerce esse ofício, ele deve estar fora, ser cuidadoso e ficar de pé. Se estiver usando seu capuz, ele fará todas as suas ações serem reveladas, o que se não fizer, o exorcista será enganado por *Amaymon* em tudo. Mas tão logo ele o vê na forma mencionada, chama-o pelo nome dizendo: "Tu és *Asmoday*"; ele não negará e se curvará na hora. Concede o anel das virtudes, ensina tudo de Geometria, Aritmética, Astronomia e Artesanato. A todas as exigências ele responde na íntegra e, sinceramente, concede invisibilidade ao homem, mostra os lugares onde tem tesouro e o guarda, desde que esteja entre as 72 legiões sob o poder de *Amaymon*.

Gaap, ou *Tap*, o primeiro necromante, um grande presidente e príncipe, aparece em um signo meridional e, quando adota a forma humana, é o guia dos quatro reis principais, tão poderoso quanto *Bileth*. Certos necromantes ofereciam sacrifícios e queimavam oferendas a ele e, para evocá-lo, exercem uma arte, dizendo aquilo que *Salomão*, o sábio, criou. O que é falso, pois foi *Cam*, filho de *Noé*, quem primeiro começou a evocar espíritos malignos depois do dilúvio. Ele evocou *Bileth*, fez uma arte em seu nome e um livro que muitos matemáticos conhecem. Oferendas foram queimadas, sacrifícios foram feitos e dons concedidos, e muita maldade foi realizada pelos exorcistas, que mesclavam com isso os santos nomes de Deus, que nessa arte são pronunciados em todo lugar. Deveras, há uma epístola com esses nomes escrita por *Salomão*, como também escrevem *Helias*

Hierosolymitanus e *Eliseu*. Devo acrescentar que se qualquer exorcista tiver o ofício de *Bileth* e não conseguir fazê-lo ficar diante dele, nem vê-lo, eu não posso revelar como nem declarar os meios para contê-lo, pois é uma abominação e, nesse sentido, nada aprendi com a dignidade e o ofício de *Salomão*. Entretanto, não ocultarei isto: ele torna um homem excelente em Filosofia e nas ciências liberais, faz amor, ódio, insensibilidade, invisibilidade e a consagração dessas coisas que pertencem ao domínio de *Amaymon*, e retira espíritos familiares de outros conjuradores, respondendo com sinceridade e perfeição sobre o presente, o passado e o futuro, e transfere os homens com rapidez para outras nações. Rege 66 legiões e era da ordem das potestades.

Shax, ou *Scox,* é um grande marquês negro, retratado como uma cegonha, com uma voz rouca e sutil. Ele tira admiravelmente a visão, a audição e o discernimento de qualquer homem conforme as ordens do conjurador. Quando solicitado, rouba dinheiro da casa de cada rei, devolvendo-o depois de 1.200 anos. Rouba também cavalos. Embora aparente ser leal e prometa obedecer a todas as ordens do conjurador, é um mentiroso, exceto se for colocado dentro de um triângulo; lá ele revela por adivinhação as coisas ocultas, se não forem mantidas por espíritos malignos. Promete bons espíritos familiares, que são aceitos se não forem impostores. Tem 30 legiões.

Procell é um grande e forte duque, aparecendo na forma de um anjo, mas falando de maneira sombria de coisas ocultas. Ensina Geometria e todas as artes liberais, produz grandes barulhos e ruídos de águas onde não há nenhuma, aquece águas e destempera os banhos em certos momentos, quando o exorcista ordena. Era da ordem das potestades e tem sob seu poder 48 legiões.

Furcas é um cavaleiro retratado como um homem cruel, grisalho e com uma barba comprida, sentado em um cavalo esverdeado, carregando uma arma afiada. Ensina a prática de Filosofia, Retórica, Lógica, Astronomia, Quiromancia, Piromancia e suas partes. Rege 20 legiões.

Murmur é um grande duque e conde, retratado como um soldado, cavalgando um grifo e usando uma coroa. Vão diante dele dois de seus ministros, com grandes trombetas. Ele ensina Filosofia, obriga almas a aparecerem diante do exorcista para responder ao que ele lhes perguntar. Era em parte da ordem dos tronos e, em parte, dos anjos e rege 30 legiões.

Caim é um grande presidente, retratado na forma de um tordo, mas quando adota a forma humana carrega na mão uma espada bem afiada e responde em cinzas. Ele faz os melhores competidores, ensina aos homens a língua de todos os pássaros, o mugido dos bois e o latido de cães, e a compreensão do som e do barulho das águas. Responde melhor sobre o futuro, é da ordem dos anjos e rege 30 legiões de demônios.

Raum ou *Raim* é um grande conde, visto como um corvo, mas quando assume uma forma humana, quando solicitado pelo exorcista, rouba por sortilégio da casa do rei e carrega para onde for determinado.

Destrói cidades e tem um grande desprezo pelos títulos de nobreza. Conhece as coisas do passado, do presente e do futuro, reconcilia amigos e inimigos; é da ordem dos tronos e rege 30 legiões.

Halfas é um grande conde, representado como uma cegonha, com uma voz rouca. Ele constrói notavelmente cidades cheias de armas e munições. Envia guerreiros para os locais determinados e tem sob seu domínio 26 legiões.

Focalor é um grande duque, aparecendo como um homem com asas de grifo. Mata homens e os afoga nas águas, e vira navios de guerra, comandando e regendo ventos e mares. O conjurador deve notar que, se lhe pedir para não ferir ninguém, ele consente de boa vontade. Espera retornar depois de 1.000 anos para o sétimo trono, mas é ludibriado. Tem três legiões.

Vine é um grande rei e conde, surge como um leão, cavalgando em um cavalo negro e carrega uma víbora na pata. Constrói grandes torres com satisfação, derruba muros de pedra e torna as águas tempestuosas. A pedido do exorcista, responde acerca das coisas ocultas, das bruxas e das coisas do passado, do presente e do futuro.

Bifrons é visto como um monstro. Quando assume uma imagem humana, torna alguém hábil em Astrologia, declarando prontamente as casas dos planetas, faz o mesmo com Geometria e outras medições. Compreende perfeitamente a força e o valor das ervas, das pedras preciosas e das madeiras. Transfere corpos mortos de um lugar a outro e parece acender velas nos sepulcros dos mortos; rege 26 legiões.

Gamigin é um grande marquês, visto na forma de um cavalo pequeno. Quando assume a forma humana, fala com uma voz rouca, debatendo todas as ciências liberais. Ele também faz com que as almas de afogados no mar ou que vivem no purgatório (o chamado *Cartagra*, isto é, a aflição das almas) assumam corpos etéreos e, evidentemente, apareçam e respondam a perguntas a pedido do conjurador. Ele permanece com o exorcista até este ter realizado seu desejo; tem 30 legiões.

Zagan é um grande rei e presidente, aparece como um touro com asas de grifos, mas quando assume forma humana, concede perspicácia aos homens, transforma todos os metais na moeda daquele reino e transforma água em vinho e vinho em água, além de transformar sangue em vinho e vice-versa, além de um tolo em sábio. Rege 33 legiões.

Orias é um grande marquês, visto como um leão cavalgando um cavalo forte, com uma cauda de serpente, carregando na mão direita duas grandes serpentes sibilando. Conhece a casa dos planetas e ensina com perfeição os valores das estrelas. Transforma os homens, concede títulos de nobreza, prelazias e confirmações e, também, o favor de amigos e inimigos. Tem sob seu domínio 30 legiões.

Valac é um grande presidente e aparece com asas de anjo como um menino, montado em um dragão com duas cabeças. Revela os tesouros ocultos e onde as serpentes podem ser vistas, que ele entrega nas mãos do conjurador sem qualquer coerção ou força; rege 30 legiões de demônios.

Gomory, uma forte e poderosa duquesa, aparece como uma bela mulher, com uma coroa amarrada na cintura, montada em um camelo. Responde bem e sinceramente acerca das coisas do passado, do presente e do futuro, e de tesouros escondidos e onde eles estão. Obtém o amor das mulheres, principalmente das donzelas, e tem 26 legiões.

Decarabia, ou *Carabia*, vem como uma ✠ e conhece a força das ervas e das pedras preciosas, faz todos os pássaros voarem diante do exorcista e ficarem com ele, como se estivessem domesticados, e beberem e cantarem, como é do seu costume; tem 30 legiões.

Amduscias, um grande e forte duque, aparece como um unicórnio; quando fica diante de seu mestre na forma humana, quando ordenado, ele faz, com facilidade, que as trombetas e todos os instrumentos musicais sejam ouvidos e não vistos e, também, que as árvores se dobrem e se curvem, de acordo com a vontade do conjurador. É excelente entre os espíritos familiares e tem 29 legiões.

Andras é um grande marquês que aparece como um anjo com uma cabeça que lembra a de uma coruja, cavalgando em um lobo negro e muito forte. Brandindo uma espada afiada, ele pode matar o mestre, o servo e todos os assistentes. É autor de discórdias e rege 30 legiões.

Andrealphus é um grande marquês, aparecendo como um pavão. Provoca muitos barulhos e na forma humana ensina bem Geometria e todas as coisas pertencentes às medições. Ajuda um homem a tornar-se um debatedor sutil e hábil em Astronomia e o transforma em um pássaro. Rege 30 legiões.

Ose é um grande presidente, aparece como um leopardo. Fingindo ser um homem, torna alguém hábil nas ciências liberais, responde com sinceridade acerca de coisas divinas e secretas, transforma a forma de um homem e o leva à loucura, de modo que ele passa a achar ser aquilo que não é, por exemplo, que é um rei ou um papa ou que usa uma coroa na cabeça, *Durátque id regnum ad horam*.

Aym ou *Haborim* é um grande e forte duque, aparece com três cabeças, a primeira de uma serpente, a segunda de um homem com duas ☆ na testa e a terceira de um gato. Cavalga uma víbora, carregando na mão uma acha de lenha acesa com a qual ele incendeia castelos e cidades. Concede a uma pessoa a perspicácia, responde com sinceridade sobre assuntos privados e rege 26 legiões.

Orobas é um grande príncipe, aparece como um cavalo, mas quando assume um ídolo humano, fala da virtude divina, dá respostas verdadeiras a respeito do passado, do presente e do futuro, sobre a divindade e a criação. Não engana nem tenta ninguém, concede honrarias e prelazias, o favor de amigos e inimigos; tem sob seu domínio 20 legiões.

Vapula é um grande e forte duque, visto como um leão com asas de grifo. Torna um homem sutil e habilíssimo em Artesanato, Filosofia e nas ciências contidas nos livros. Rege 36 legiões.

Cimeries é um grande e forte marquês, governando nas partes da África. Ensina Gramática, Lógica e Retórica. Revela tesouros e coisas ocultas. Ele faz com que um homem pareça se transformar em um soldado com presteza. Cavalga um grande cavalo preto e rege 20 legiões.

Amy é um grande presidente e aparece em uma chama, mas quando assume uma aparência humana, torna uma pessoa habilíssima em Astrologia e em todas as ciências liberais. Arranja excelentes espíritos familiares e revela tesouros preservados por espíritos. Tem o domínio sobre 36 legiões, é parte da ordem dos anjos e parte das potestades. Ele espera retornar depois de 1.200 anos ao sétimo trono, o que não é digno de crédito.

Flauros, um forte duque, é visto na forma de um terrível leopardo forte, mas quando está com uma aparência humana tem um semblante terrível com olhos flamejantes, responde com sinceridade acerca do passado, do presente e do futuro. Se colocado em um triângulo, engana e mente sobre todas as coisas, e ilude a respeito de outros assuntos. Fala de bom grado da divindade, da criação do mundo e da queda; é compelido pela virtude divina, assim como são todos os demônios ou espíritos, a queimar e destruir todos os adversários dos conjuradores. Se solicitado, ele não deixa o conjurador cair em tentação; tem sob seu domínio 20 legiões.

Balam é um grande e terrível rei, aparece com três cabeças, a primeira de touro, a segunda de homem, a terceira de carneiro, tem uma cauda de serpente e olhos flamejantes, cavalga um urso furioso e carrega um falcão no punho. Fala com uma voz rouca, respondendo com perfeição acerca de coisas do passado, do presente e do futuro, concede sabedoria e invisibilidade ao homem, rege 40 legiões e era da ordem das dominações.

Allocer é um grande e forte duque, aparece como um soldado, cavalgando um grande cavalo, tem um rosto de leão, muito vermelho e com olhos flamejantes, fala com uma voz potente, torna um homem hábil em Astronomia e em todas as ciências liberais, traz bons espíritos familiares e rege 36 legiões.

Saleos é um grande conde, aparece como um galante soldado, cavalgando um crocodilo, e usa uma coroa de duque, pacífico, etc.

Vual é um grande e forte duque, visto como um grande e terrível dromedário, mas na forma humana fala no idioma *egípcio* com uma voz profunda. Esse homem acima de todos os outros concede o amor especial das mulheres, obtém o amor de amigos e inimigos, era da ordem das potestades e rege 37 legiões.

Haagenti é um grande presidente, aparecendo na forma de um grande búfalo com asas de grifo, mas quando assume a forma humana concede sabedoria em todas as coisas ao homem, transforma todos os metais em ouro, transforma vinho em água e vice-versa, e rege o mesmo número de legiões de *Zagan.*

Fênix é um grande marquês, aparecendo como a ave *Fênix* com uma voz infantil, mas antes de postar-se diante do conjurador, canta muitas notas doces. Então o exorcista, com seus companheiros, deve tomar cuidado de não dar ouvidos à melodia, mas fazê-lo adotar de imediato uma forma humana, então ele falará bem de todas as ciências maravilhosas. É um poeta excelente e obediente, espera retornar ao sétimo trono depois de 1.200 anos e rege 20 legiões.

Stolas é um grande príncipe, aparecendo na forma de uma coruja negra. Diante do exorcista, assume a imagem e a forma de um homem e ensina Astronomia, a compreensão dos valores das ervas e pedras preciosas; tem sob seu domínio 26 legiões.

¶ *Note que uma legião é 6666 e agora, com uma multiplicação, conte quantas legiões surgem de cada uma específica.*

✠ *Secretum secretorum*[780],
O segredo dos segredos:
Tu operans sis secretus horum,
Tu que os operaste, mantém-nos em segredo.

Capítulo 3

As horas nas quais os principais demônios podem ser presos, isto é, evocados e impedidos de fazer o mal.

Amaymon, rei do leste, *Gorson*, rei do sul, *Zimimar*, rei do norte, *Goap*, rei e príncipe do oeste, podem ser presos das três horas da manhã ao meio-dia e, depois, até nove horas da noite. Os Marqueses podem ser presos das nove horas às completas e das completas ao fim do dia. Os Duques podem ser presos da primeira hora ao meio-dia; e o tempo claro deve ser observado. Os Prelados podem ser presos em qualquer hora do dia. Os Cavaleiros, desde a aurora até o sol nascer; ou das vésperas ao pôr do sol. Um Presidente não pode ser preso em qualquer hora do dia, exceto se o rei, a quem ele obedece, for evocado; nem no fim da noite. Condes podem ser presos em qualquer hora do dia, desde que seja em um bosque ou campo ermo.

Capítulo 4

A forma de conjurar ou evocar os espíritos mencionados.

Ao se ter qualquer espírito, deve-se saber seu nome e ofício. O jejum também é necessário e deve-se ficar livre de toda contaminação, três ou quatro dias antes, para o espírito ser mais obediente. Então um círculo deve ser feito e o espírito evocado com grande intenção; segurando um anel na mão, o conjurador deve repetir em seu próprio

---

780. Essa era a obra de um tal T.R. escrita em belas letras vermelhas e pretas sobre um pergaminho feito por ele, no ano 1570, para seu sustento, a edificação dos pobres e a glória do santo nome de Deus, como ele mesmo diz.

nome e de seu companheiro (pois se deve sempre estar acompanhado) a seguinte prece, para nenhum espírito o incomodar e seu objetivo se realizar. Observe como isso concorda com simpatias e conjurações papistas.

Em nome de nosso Senhor Jesus Cristo, ✠ pai ✠, filho ✠ e Espírito Santo, ✠ santíssima trindade e unidade inseparável, eu vos conjuro, para que possais ser minha salvação e defesa, e a proteção de meu corpo e minha alma, e de todos os meus bens pela virtude de vossa santa cruz e de vossa paixão, eu vos rogo Ó Senhor Jesus Cristo, pelos méritos de vossa abençoada mãe *Santa Maria* e de todos os vossos santos, para que me deis graça e poder divino sobre todos os espíritos malignos, de modo que cada um daqueles que eu chamar pelo nome venha na mesma hora de cada costa para realizar meu desejo, não me fira nem me cause temor, mas seja obediente e diligente. E por vossa virtude continuamente os comandando, que eles atendam a minhas ordens, Amém. Santo, santo, santo, Senhor, Deus do sabá, que virá a julgar os vivos e os mortos, sois A e Ω, o primeiro e o último, Rei dos reis e Senhor dos senhores, *Ioth, Aglanabrath, El, Abiel, Anathiel, Amazim, Sedomel, Gayes, Heli, Messias, Tolimi, Elias, Ischiros, Athanatos, Imas*. Por esses vossos santos nomes[781] e por todos os outros com os quais vos evoco e suplico, Ó Senhor Jesus Cristo, por vossa natividade e batismo, por vossa cruz e paixão, por vossa ascensão e pelo advento do Espírito Santo, pelo desespero de vossa alma quando esta se apartou de vosso corpo, por vossas cinco chagas, pelo sangue e pela água que saíram de vosso corpo, por vossa virtude, pelo sacramento que concedestes aos vossos discípulos um dia antes de vosso sofrimento, pela santíssima trindade e pela unidade inseparável, pela abençoada *Maria*, vossa mãe, por vossos anjos, arcanjos, profetas, patriarcas e por todos os santos. Por todos os sacramentos criados em vossa honra, eu vos louvo e rogo, santifico e desejo que aceitai essas preces, conjurações e palavras da minha boca, que usarei. Rogo-vos, Ó Senhor Jesus Cristo, que me concedei vossa virtude e poder sobre todos os vossos anjos (que caíram do céu para enganar a humanidade) para atraí-los a mim, amarrá-los e prendê-los e também soltá-los, para reuni-los diante de mim e mandá-los fazerem tudo o que puderem e para que eles não menosprezem minha voz ou as palavras da minha boca, mas obedeçam a mim e ao que eu digo, e me temam. Eu vos suplico por vossa humanidade, misericórdia e graça, e peço-vos, por *Adonai, Amai, Horta, Vegedora, Mitai, Hel, Suranat, Ysion, Ysesy*, e todos os vossos santos nomes e por todos os vossos santos e santas, por todos os vossos anjos e arcanjos, potestades, dominações e virtudes e por aquele nome com o qual *Salomão* prendeu os demônios e os trancou, *Elhrach, Ebanher, Agle, Goth, Ioth, Othie, Venoch, Nabrat* e por todos os vossos santos nomes que estão escritos neste livro e pela virtude de todos, que me permiti congregar todos os vossos espíritos caídos do céu para que eles possam me dar uma resposta

---

781. Observe que os nomes são atribuídos a Cristo, pelo conjurador, nesse exercício de exortação.

verdadeira a todas as minhas exigências e para que eles satisfaçam todos os meus pedidos, sem ferir meu corpo ou minha alma, ou nada mais que seja meu, por nosso Senhor Jesus Cristo, vosso filho, que vive e reina convosco na unidade do Espírito Santo, um mundo Divino sem fim.

Ó pai onipotente, ó filho sábio, ó Espírito Santo, o perscrutador de corações, ó vós em três pessoas, uma verdadeira divindade em substância, que desobrigou *Adão* e *Eva* de seus pecados; e ó vós, filho, que em nome de seus pecados teve a mais torpe morte, sofrendo na santa cruz; ó misericordioso, quando recorro a vossa misericórdia, e solicito-vos por todos os meios que puder, por esses santos nomes do vosso filho: A e Ω, e todos os outros, concedei-me vossa virtude e poder para que eu consiga citar diante de mim vossos espíritos que caíram do céu, e para que eles falem comigo, e enviem aos poucos sem demora, e com uma boa vontade, e sem ferir meu corpo, alma ou bens, etc., como está contido no livro chamado *Annulus Salomonis*.

Ó grande e eterna virtude do Supremo, que pela disposição, estes são chamados a julgamento: *Vaicheon, Stimulamaton, Esphares, Tetragrammaton, Olioram, Cryon, Esytion, Existion, Eriona, Onela, Brasim, Noym, Messias, Soter, Emanuel, Sabboth, Adonai*, eu vos cultuo, eu vos evoco, imploro-vos com toda a força da minha mente que por vós minhas preces, consagrações e conjurações atuais são consagradas e sempre que espíritos malignos são evocados, por força de vossos nomes, eles possam vir juntos de todas as costas, e satisfazer diligentemente a vontade do exorcista. §*Fiat, fiat, fiat.* Amém.

Capítulo 5

Uma refutação das diversas vaidades contidas nos capítulos anteriores, principalmente o controle dos demônios.

Aquele que pode ser convencido de que essas coisas são verdadeiras ou realizadas de fato de acordo com a declaração dos impostores, ou de acordo com a suposição de perseguidores de bruxas e papistas, pode logo ser levado a acreditar que a lua é feita de queijo verde. Pode-se ver que nessa chamada conjuração de *Salomão* há um inventário perfeito registrado do número de demônios, seus nomes, seus ofícios, suas personalidades, suas qualidades, seus poderes, suas propriedades, seus reinos, suas regências, suas ordens, suas disposições, seu domínio, sua submissão e das formas de prendê-los ou soltá-los,[782] com uma nota de quais riquezas, aprendizados, ofícios, bens, prazeres, etc. eles podem conceder e podem ser forçados a se render, apesar de seus corações, àqueles que (certamente) são tão hábeis nessa arte, porém não se viu nenhum homem enriquecer ou ao menos ganhar alguma coisa

---

782. Isso é contrario às escrituras, que dizem que todo bom presente vem do Pai da Luz, etc.

dessa forma, nem algum homem sem estudo tornar-se culto por esse meio ou algum homem feliz que poderia com a ajuda dessa arte livrar seus amigos ou a si mesmo da adversidade ou acrescentar ao seu estado algum ponto de felicidade; no entanto, esses homens, em toda a felicidade mundana, superariam todos os outros, se tais coisas pudessem ser realizadas por eles, conforme se presume. Pois se eles pudessem aprender com *Marbas*[783] todos os segredos e curar todas as doenças; receber de *Furcas* sabedoria e habilidade em todas as artes mecânicas; e aprender a transformar a forma de qualquer homem com *Zepar*; se *Bune* pudesse torná-los ricos e eloquentes, se *Asmodaie* pudesse deixá-los invisíveis e revelar-lhes todos os tesouros ocultos; se *Salmacke* afligisse quem eles quisessem, e *Allocer* pudesse lhes conseguir o amor de qualquer mulher; se *Amy* conseguisse trazer-lhes excelentes espíritos familiares; se *Caim* pudesse fazê-los entender a voz de todos os pássaros e animais; e *Buer* e *Bifrons* concedessem a eles vida longa; e, por fim, se *Orias* conseguisse para eles grandes amigos e a reconciliação com seus inimigos,[784] e eles no fim tivessem todos esses às suas ordens, não viveriam com toda a honra mundana e felicidade? Porém, na verdade, eles vivem em meio à infâmia, à miséria e à indigência e, como pena, vão para o cadafalso, como se tivessem escolhido para si o espírito *Valefer*, que eles dizem trazer a todos aqueles com quem entra em contato um fim não muito melhor do que o patíbulo ou o cadafalso. Mas antes de continuar com a refutação desse material, mostrarei outras conjurações, criadas mais recentemente e de mais autoridade, nas quais se verá como tolos são treinados para acreditar nesses absurdos, sendo convencidos aos poucos de tamanha credulidade. Pois assim começa o autor, como se todos os mais hábeis dos conjuradores derivassem e viessem dos movimentos planetários e do verdadeiro curso das estrelas e dos corpos celestes, etc.

---

783. Um breviário do inventário dos espíritos.
784. O propósito adicional dos autores na descoberta da conjuração.

Capítulo 6

Os nomes dos planetas, seus símbolos, junto aos 12 signos do zodíaco, seus talentos, aspectos e regência, com outras observações.

Conjunção Sextil Quadratura	☌ ✶ □	♄ ♃ ♂ ☉ ♀ ☿ ☽ os símbolos dos planetas Saturno, Júpiter, Marte, Sol, Vênus, Mercúrio, Lua
Trígono Oposição	△ ☍	Saturno, Júpiter, Marte, Sol, Vênus, Mercúrio, Lua

¶ *Os 12 signos do zodíaco, seus símbolos e nomes, etc.*

♈	♉	♊	♋	♌	♍
Áries	Touro	Gêmeos	Câncer	Leão	Virgem
♎	♏	♐	♑	♒	♓
Libra	Escorpião	Sagitário	Capricórnio	Aquário	Peixes

¶ *Suas tendências ou inclinações.*

| ♈ ♋ ♉
♓ ♐ | Signos
bons | ♎ ♏ ♑
♒ ♊ | Signos
maus | ♒ ♏ ♋
♓ ♍ | Signos
indiferentes |

♈ ♎ ♐ Signos muito bons   ♑ ♊ ♌ ♉ Signos muito maus

¶ *A disposição dos planetas.*

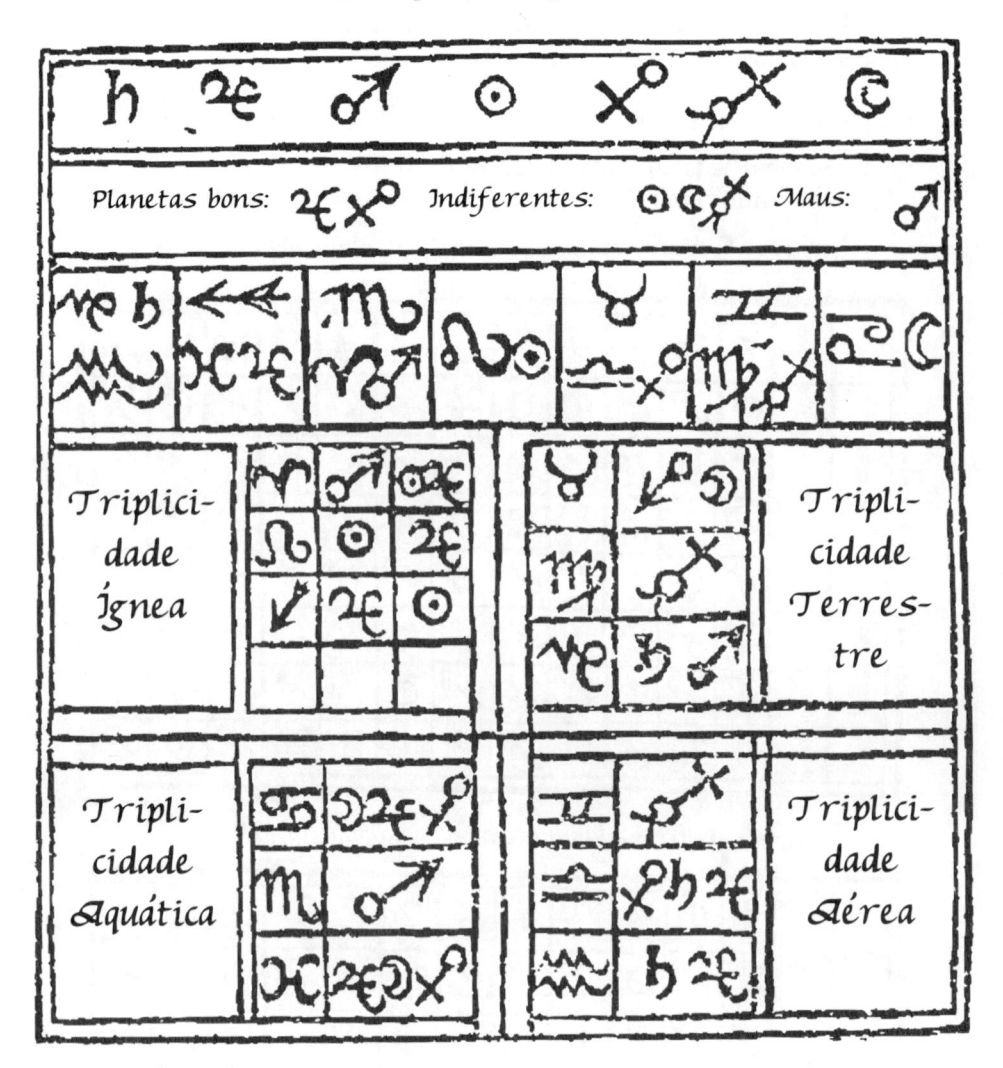

[Tabela astrológica com os planetas bons, indiferentes e maus, e as quatro triplicidades: Ígnea, Terrestre, Aquática e Aérea.]

¶ *Os aspectos dos planetas.*

Os cinco aspectos planetários:

☌ (Conjunção) É o melhor aspecto com planetas bons e o pior com os maus.
✶ (Sextil) É um meio-termo entre bondade e maldade.
△ (Trígono) É muito bom em aspecto para planetas bons e não prejudica nos maus.
□ (Quadratura) Este aspecto é um sinal de inimizade imperfeita.
☍ (Oposição) Este aspecto é um sinal de perfeita inimizade.

¶ *Como o dia é dividido.*

Um dia natural é o espaço de 24 horas, contando a partir da noite anterior, começando a uma da manhã.

Um dia artificial é aquele espaço de tempo que está entre o nascer e o pôr do ☉, etc. Todo o resto é noite e se inicia ao nascer do ☉.

Seguem as tabelas demonstrando como o dia e a noite são divididos em horas e reduzidos à regência dos planetas.

¶ *A divisão do dia e a regência planetária.*

¶ *A divisão da noite e a regência planetária.*

Capítulo 7

*Os símbolos dos anjos dos sete dias,
com seus nomes, figuras, selos e talismãs.*

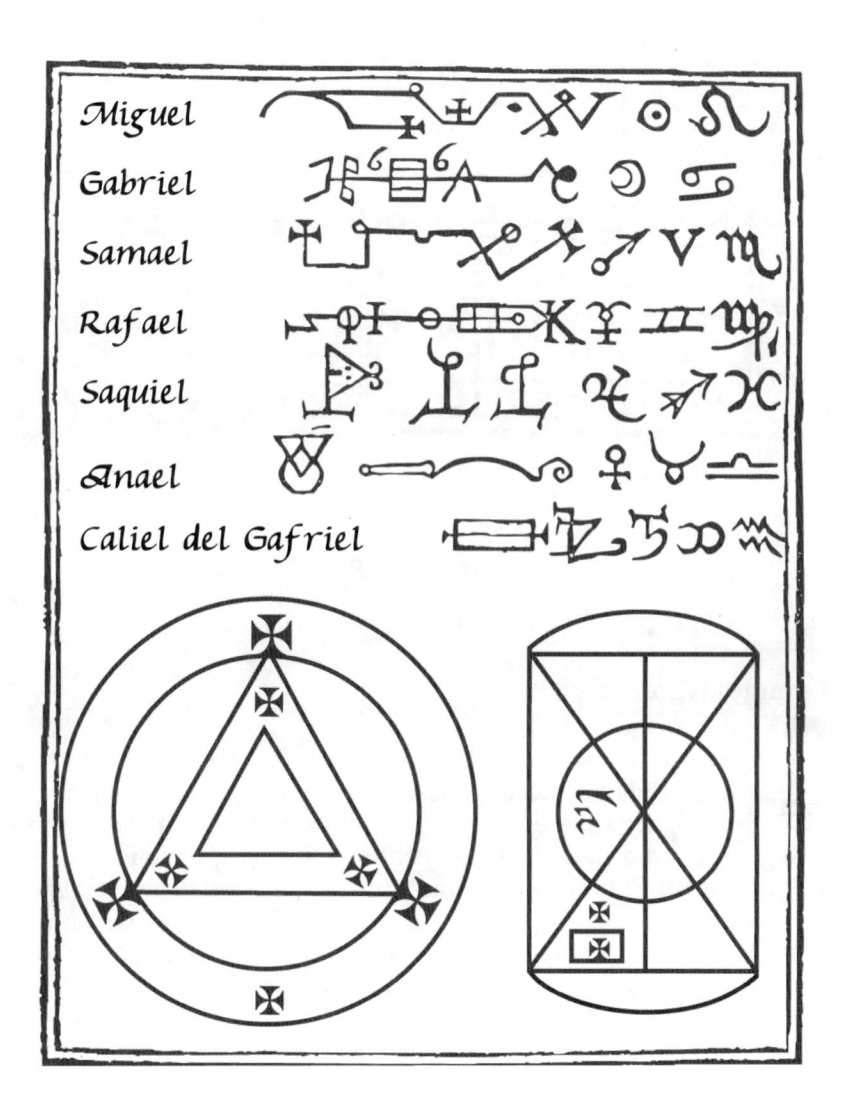

Miguel
Gabriel
Samael
Rafael
Saquiel
Anael
Caliel del Gafriel

{ *Essas figuras chamam-se selos da terra, sem os quais nenhum espírito aparecerá, a não ser que o conjurador os carregue.* }

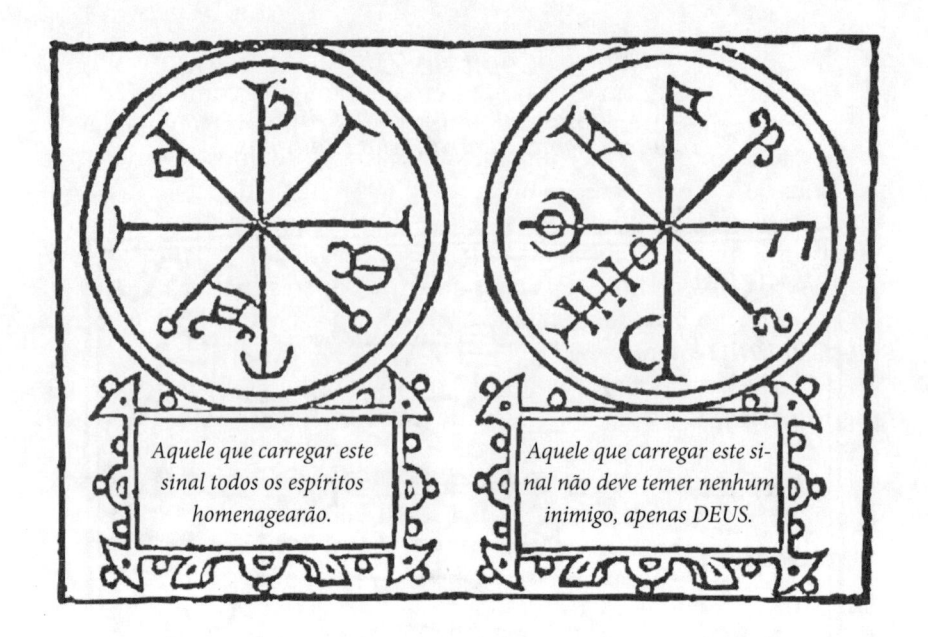

> *Aquele que carregar este sinal todos os espíritos homenagearão.*

> *Aquele que carregar este sinal não deve temer nenhum inimigo, apenas DEUS.*

Capítulo 8
Um experimento com mortos.

Conjuração de um espírito.

Depois de três dias de orações e jejum, além da abstinência de todas as obscenidades, deve-se buscar uma pessoa recém-enterrada, como alguém que se matou ou se destruiu propositadamente ou então garantir com alguém que será enforcado que, após a morte de seu corpo, seu espírito virá ao conjurador e fará um verdadeiro serviço às suas ordens, em todos os dias, horas e minutos. Não se deve deixar ninguém ver isso, apenas um companheiro, pois o impostor (o conjurador, digo) não pode fazer nada sem seu aliado. E por volta das 11 horas da noite, o conjurador deve ir ao local onde o morto está enterrado e dizer com uma fé confiante e um desejo sincero para o espírito ir com aquele que o evoca, e o companheiro do conjurador deve segurar uma vela com a mão esquerda e um cristal na mão direita, e deve dizer as palavras a seguir, com o mestre segurando na mão direita uma vara de aveleira, depois disso devem ser escritos estes nomes de Deus: *Tetragrammaton* ✠ *Adonai* ✠ *Agla* ✠ *Craton* ✠. Então, depois de três batidas no chão, deve-se dizer (note que a numeração ternária, considerada mística, deve ser observada): "Levanta-te, *N*. Levanta-te, *N*. Levanta-te, *N*. Conjuro-te, espírito *N*., pela ressurreição de nosso Senhor Jesus Cristo, a obedecer às minhas palavras e vir até mim esta noite verdadeiramente, como acreditaste ser salvo no dia do julgamento. E jurar-te-ei, pela minha alma, que se vieres até mim e apareceres para mim nesta noite, mostrar-me visões verdadeiras neste cristal e mandares vir até mim a fada *Sibila*, para que eu possa conversar com ela visivilmente e ela apareça diante de mim, como a conjuração comandava, eu te farei um ato de caridade[785] e orarei por ti N. a meu Senhor Deus para que tu recuperes tua salvação no dia da ressurreição para ser recebido como um dos eleitos de Deus para a glória eterna. Amém".

O mestre, de pé na ponta do túmulo, e seu companheiro segurando nas mãos a vela e o cristal devem começar a conjuração como descrita a seguir, e o espírito aparecerá no cristal, na bela forma de uma criança de 12 anos. Quando ele estiver dentro, a pedra ficará quente, mas não se deve temer nada, pois ele ou ela mostrará muitas ilusões para impedir o trabalho do conjurador. Eles devem temer a Deus, não ao espírito. Isso é para refreá-lo, nas palavras seguintes:

"Conjuro-te, espírito N., em nome do Deus vivo, o verdadeiro Deus, e pelo santo Deus e pelas virtudes e poderes que nos criaram, assim como todo o mundo. Conjuro-te, N., por estes santos nomes de Deus: *Tetragrammaton* ✠ *Adonai* ✠ *Algramay* ✠ *Saday* ✠ *Sabaoth* ✠ *Planaboth* ✠ *Panthon* ✠ *Craton* ✠ *Neupmaton* ✠ *Deus* ✠ *Homo* ✠ *Omnipotens* ✠ *Sempiturnus* ✠ *Ysus* ✠ *Terra* ✠ *Unigenitus* ✠ *Salvator* ✠ *Via* ✠ *Vita* ✠ *Manus* ✠ *Fons* ✠ *Origo* ✠ *Filius* ✠ e por suas virtudes e poderes, e por todos os seus nomes, pelos quais Deus concedeu poder ao homem, para falar ou pensar; de modo que por suas virtudes e poderes conjuro-te, espírito N., para que apareças imediatamente nesse cristal, visível a mim e meu companheiro, sem demora ou engodo. Conjuro-te, N., pelo excelente nome de Jesus Cristo A e Ω, o primeiro e o último. Pois esse santo nome de Jesus está acima de todos os outros; pois nesse nome de Jesus cada joelho dobra-se e obedece, tanto de coisas celestiais, quanto terrestres e infernais. E cada língua confessa que nosso Senhor Jesus Cristo está na glória do pai, nem há outro nome concedido ao homem pelo qual ele deve ser salvo. Portanto, em nome de Jesus de Nazaré, e por sua natividade, ressurreição e ascensão e por tudo aquilo que pertence à sua paixão e por suas virtudes e poderes, conjuro-te, espírito N., para que apareças visível neste cristal para mim e meu companheiro, sem qualquer dissimulação. Conjuro-te, N., pelo sangue do inocente cordeiro Jesus Cristo, derramado por nós na cruz, pois todos aqueles que acreditam na virtude de seu sangue serão salvos. Conjuro-te, N., pelas virtudes e poderes de todos os verdadeiros nomes e palavras do Deus

---

785. *Ex inferno nulla redemptio*, diz a escritura: *Ergo*, é mentira, cita a nota.

vivo por mim pronunciadas, a obedecer a mim e a minhas palavras repetidas. Se recusares a fazer isso eu, em nome da santíssima trindade, suas virtudes e poderes, condeno-te, espírito N., ao lugar onde não há esperança de reparação ou descanso, mas horror e dor eternos, e um lugar onde há dor atrás de dor, todos os dias, horrível e lamentavelmente, e tua dor será aumentada como as estrelas no céu e como os cascalhos ou a areia no mar, exceto se tu, espírito N., aparecerdes para mim e meu companheiro visível e imediatamente neste cristal e na bela forma de uma criança de 12 anos e se tu não alterares tua forma, condeno-te à dor da condenação eterna[786]. Conjuro-te, espírito N., pelo cinto dourado, que cingia a cintura de nosso Senhor Jesus Cristo, para que teu espírito, N., fique preso nas dores perpétuas do fogo do inferno por tua desobediência e atenção desrespeitosa que tens aos santos nomes e palavras, e aos seus preceitos. Conjuro-te, N., pela espada de dois gumes, que *João* viu sair da boca do Todo-Poderoso; e assim com essa espada tu, espírito N., serás rasgado e cortado em pedaços e condenado à dor eterna[787], onde o fogo não se extingue e o verme não morre. Conjuro-te, N., pelo céu e pela cidade celestial de *Jerusalém*, pela terra e pelo mar e por todas as coisas contidas neles, e por suas virtudes e poderes. Conjuro-te, espírito N., pela obediência que deves ao teu principal príncipe. E a menos que tu, espírito N., venhas e apareças neste cristal na minha presença, como é supracitado, que caia sobre ti essa grande maldição de Deus, a ira de Deus, as sombras e as trevas da morte e da condenação eterna para todo o sempre, porque negaste tua fé, tua saúde e salvação. Por tua grande desobediência, tu mereces ser condenado. Por isso, que a trindade divina, os tronos, as dominações, os principados, as potestades, as virtudes, querubins e serafins e todas as almas de santos e santas condenem-te para sempre e sejam uma testemunha contra ti no dia do julgamento, por causa de tua desobediência. E que todas as criaturas do nosso Senhor Jesus Cristo digam por isso: *Fiat, fiat, fiat.* Amém".

E quando o espírito aparecer no cristal, como foi dito antes, deve ser preso da seguinte forma: "Conjuro-te, espírito N., que apareceste para mim neste cristal, para mim e meu companheiro; conjuro-te por todas as palavras reais já citadas (o conjurador atribui a aparição de um espírito à coação com palavras), aquelas que te compelem a aparecer nesse ponto e suas virtudes; eu te exorto, espírito, por todas elas, que tu não saias deste cristal, até satisfazeres minha vontade, quando, então, terás permissão para partir. Conjuro e obrigo-te, espírito N., por Deus onipotente, que mandou o anjo *São Miguel* expulsar *Lúcifer* do céu com uma espada da vingança e passar da alegria à dor e por medo dessa

---
786. *Dæmones credendo contremiscunt.* Uma declaração pesada denunciada do conjurador contra o espírito em caso de desobediência, desprezo ou negligência.
787. Como isso poderia acontecer a um espírito, se ele não tem carne, sangue nem ossos?

dor em que está, exorto-te, espírito N., a não sair do cristal, nem ainda alterar tua forma neste momento, exceto quando eu mandar, mas vir até mim em todos os lugares e em todas as horas e minutos, quando e sempre que te convocar, pela virtude de nosso Senhor Jesus Cristo, ou por qualquer conjuração de palavras escritas neste livro, e mostrar para mim e meus amigos visões verdadeiras neste cristal de quaisquer coisas que quisermos, em qualquer momento, e também buscar para mim a fada *Sibila* para que eu possa ter com ela qualquer tipo de conversa, como eu a evocarei por qualquer conjuração de palavras contidas neste livro. Conjuro-te, espírito N., pela grande sabedoria e natureza divina de sua divindade, a satisfazer minha vontade, como dito há pouco, exorto-te sob pena de condenação, tanto neste como no mundo futuro, *Fiat, fiat, fiat.* Amém".

Isso feito, ele deve ir a um lugar para jejuar e, em uma bela sala ou aposento, fazer um círculo com um giz, e fazer outro para a fada *Sibila* aparecer a cerca de um metro de distância do círculo em que o conjurador está e não deve fazer nenhum nome nesse lugar, nem lançar nada sagrado lá, mas traçar um círculo com giz e o mestre e seu companheiro devem se sentar no primeiro círculo e o mestre deve ter o livro em suas mãos, seu companheiro deve segurar o cristal na mão direita, olhando na pedra quando a fada aparecer. O mestre também deve ter em seu peito esta figura aqui descrita em um pergaminho, e começar a trabalhar na ☽ nova e na hora de ♃ e ☉ e a ☽ estarem em um dos signos dos moradores, como ♋ ♐ ♓. Este pacto como se segue é para fazer o espírito no cristal trazer a fada *Sibila* para o conjurador. Depois de feitas todas as coisas, deve-se iniciar esse pacto da seguinte forma, e o conjurador deve ser ousado, pois sem dúvida eles virão diante dele, antes da conjuração ser lida sete vezes.

"Conjuro-te, espírito N., neste cristal, por Deus, o pai, por Deus, o filho Jesus Cristo, e por Deus, o Espírito Santo, três pessoas e um Deus, e por suas virtudes. Conjuro-te, espírito, que vás em paz, mas também retornes rapidamente e tragas contigo neste círculo marcado a fada *Sibila* para que eu possa conversar com ela sobre assuntos que serão para sua honra e glória. Assim, encarrego-te de declarar para ela[788]. Conjuro-te, espírito N., pelo sangue do cordeiro inocente, que redime todo o mundo; pela virtude dele eu te encarrego, espírito no cristal, que declares a ela esta mensagem. Eu também te conjuro, espírito N., por

---

788. Por que não pode fazer isso sozinho, assim como madame Sibila?

todos os anjos, arcanjos, tronos, dominações, principados, potestades, virtudes, querubins e serafins, e por suas virtudes e poderes. Conjuro-te, *N.*, para que partas rápido e também retornes logo e tragas contigo a fada *Sibila* para aparecer neste círculo antes que eu leia a conjuração deste livro sete vezes. Assim, encarrego-te de satisfazer minha vontade, sob pena da condenação eterna. *Fiat, fiat, fiat.* Amém.

Conjuração da fada Sibila.

Então a figura citada, afixada a teu peito, recita as palavras dessa maneira e diz ✠ *Sorthie* ✠ *Sorthia* ✠ *Sorthios* ✠ e inicia a conjuração da seguinte forma, dizendo: "Conjuro-te, *Sibila*, Ó delicada virgem das fadas, pela misericórdia do Espírito Santo e pelo temível dia do julgamento, e por suas virtudes e poderes; conjuro-te, *Sibila*, Ó delicada virgem das fadas, e por todos os anjos de ♃ e seus símbolos e virtudes e por todos os espíritos de ♃ e ♀ e seus símbolos e virtudes, e por todos os símbolos que estão no firmamento e pelo rei e pela rainha das fadas e suas virtudes, e pela fé e a obediência que nutres por eles. Conjuro-te, *Sibila*, pelo sangue que verte da chaga no flanco de nosso Senhor Jesus Cristo crucificado, e pela abertura do céu, e pelo desvelar do templo e pela escuridão do sol na hora da sua morte, e pela ascensão dos mortos no instante de sua ressurreição, e pela virgem *Maria*, mãe de nosso Senhor Jesus Cristo, e pelo nome inefável de Deus, *Tetragrammaton*. Conjuro-te, Ó *Sibila*, virgem bela e abençoada, por todas as palavras reais ditas anteriormente; conjuro-te, *Sibila*, por todas as virtudes a aparecer neste círculo diante de mim, na forma e com a aparência de uma bela mulher em uma veste branca brilhante, com belos enfeites, e a aparecer para mim rapidamente sem engano ou demora e satisfazer minha vontade e desejo com eficácia. Pois eu te escolho para ser minha virgem abençoada e ter uma cópula comum contigo. Portanto, apressa-te a vir até mim e aparecer como disse antes; que sejam honra e glória para sempre, Amém".

O modo de prender a fada Sibila quando ela aparecer.

Isso feito e encerrado, se ela não vier, a conjuração deve ser repetida até as fadas virem, pois sem dúvida virão. E quando ela aparecer, o conjurador deve incensá-la e depois prendê-la com o seguinte elo espiritual: "Conjuro-te, *Sibila*, por Deus, o Pai, Deus, o filho, e Deus, o Espírito Santo, três pessoas e um Deus, pela virgem *Maria*, mãe de nosso Senhor Jesus Cristo, por toda a companhia santa do céu, pelo temível dia do julgamento e por todos os anjos e arcanjos, tronos, dominações, principados, potestades, virtudes, querubins e serafins, e suas virtudes e poderes. Conjuro-te, e prendo-te, *Sibila*, para que não saias deste círculo onde apareceste, nem mesmo alteres tua forma, exceto se eu te der licença para partir. Conjuro-te, *Sibila*, pelo sangue que verte da chaga no flanco de nosso Senhor Jesus Cristo crucificado e, pela virtude disso, conjuro-te, *Sibila*, a vir até mim e aparecer visivelmente para mim em todos os momentos, como orienta a conjuração de palavras escritas neste livro. Conjuro-te, *Sibila*, ó virgem abençoada das fadas, pela abertura do céu, pelo desvelar do templo, pela escuridão do sol na hora da sua morte e pela ascensão dos mortos no instante de sua gloriosa ressurreição, e pelo nome inefável de Deus ✠ *Tetragrammaton* ✠ e pelo rei e pela rainha das fadas, e por suas virtudes, conjuro-te, *Sibila*, a aparecer antes de a conjuração ser lida quatro vezes e aparecer visivelmente, como orienta a conjuração escrita neste livro, para dar-me um bom conselho em todos os momentos e trazer-me tesouros ocultos na terra, e todas as outras coisas que me agradarão e satisfarão minha vontade, sem qualquer engano ou demora; nem mesmo tenhas algum poder sobre meu corpo e minha alma, mundana ou espiritual, nem apodreças mais do meu corpo do que um fio de cabelo. Conjuro-te, *Sibila*, por todas as palavras reais citadas e pelas virtudes e poderes, exorto-te e obrigo-te, portanto, a ser obediente a mim e a todas as palavras mencionadas, e esse elo deve permanecer entre mim e ti, sob pena da condenação eterna, *Fiat, fiat, fiat.* Amém". Se nada disso a buscar, o demônio é um farsante.

Capítulo 9

Uma licença para Sibila ir e vir o tempo todo.

"Conjuro-te, *Sibila*, que venhas aqui diante de mim, pela ordem de teu e meu Senhor, que não tenhas poderes quando vieres até mim, imaginando alguma forma de maldade, na terra ou debaixo dela, de fazer o mal a qualquer pessoa. Conjuro-te e ordeno-te, *Sibila*, por todas as palavras e virtudes reais descritas neste livro, que não deves voltar para o lugar de onde vieste, mas deves permanecer tranquilamente invisível e pronta para vir até mim, quando fores chamada por qualquer conjuração de palavras escritas neste livro a vir (eu digo) ao meu comando, e responder-me devidamente e com sinceridade a respeito de todas as coisas e satisfazer minha vontade rapidamente. *Vade in pace, in nomine patris, e filii, e spiritus sancti.* E que a santa ✠ cruz ✠ esteja entre mim e ti ou entre nós e vós e que o leão de *Judá*, a raiz de *Jessé*, o clã de *Davi*, estejam entre mim e ti ✠ que Cristo venha ✠ que Cristo comande ✠ que Cristo dê poder ✠ que Cristo me defenda ✠ e seu sangue inocente ✠ de todos os perigos de corpo e alma, dormindo ou acordado. *Fiat, fiat,* Amém."

Capítulo 10
Para saber se há um tesouro debaixo da terra.

Os símbolos a seguir devem ser escritos em papel, em um sábado, na hora da ☽, e ele deve ser deixado onde se pensa estar o tesouro. Se de fato ali houver um, o papel queimará (isso seria muito praticado se não fosse um truque enganador). E estes são os caracteres:

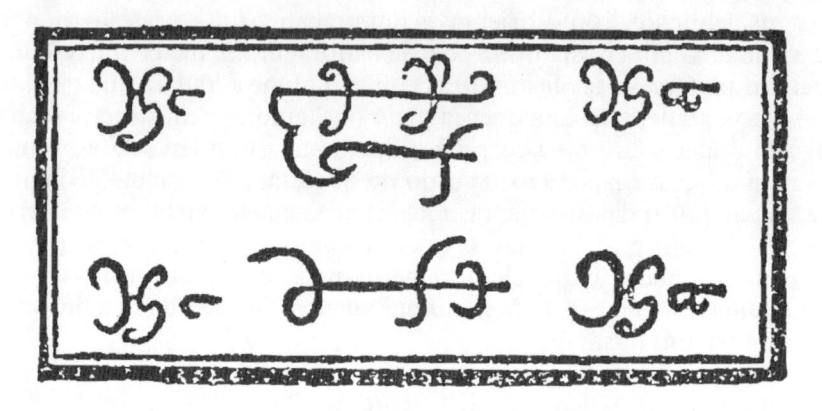

¶ *Esta é a forma de passar invisível por essas três irmandades de fadas.*

Em nome do Pai, do Filho e do Espírito Santo. Primeiro, vá a um gabinete ou aposento limpo e com um solo nivelado e não uma galeria elevada, e fique distante de pessoas por nove dias, porque é melhor, e toda sua roupa deve ficar limpa e perfumada. Molde uma vela com cera virgem e a acenda, e faça uma boa fogueira com carvão em um lugar limpo, no meio do gabinete ou aposento. Pegue água potável que corre contra o leste e coloque-a sobre o fogo antes de banhar-se, dizendo estas palavras, enquanto caminha ao redor da fogueira três vezes, segurando a vela na mão direita: ✠ *Panthon* ✠ *Craton* ✠ *Muriton* ✠ *Bisecognaton* ✠ *Siston* ✠ *Diaton* ✠ *Maton* ✠ *Tetragrammaton* ✠ *Agla* ✠ *Agarion* ✠ *Tegra* ✠ *Pentessaron* ✠ *Tendicata* ✠. Em seguida, recite os nomes: ✠ *Sorthie* ✠ *Sorthia* ✠ *Sorthios* ✠ *Milia* ✠ *Achilia* ✠ *Sibylia* ✠ *in nomine patris, e filii, e spiritus sancti,* Amém. "Conjuro-vos, três irmãs das fadas, *Milia, Achilia, Sibylia,* pelo pai, pelo filho e pelo Espírito Santo, e por suas virtudes e poderes, e pelo mais misericordioso Deus vivo, que mandará seus anjos soprarem as trombetas no dia do julgamento e ele dirá: Vinde, vinde, vinde ao julgamento; e por todos os anjos, arcanjos, tronos, dominações, principados, potestades, virtudes, querubins e serafins, e por todas as suas virtudes e poderes. Conjuro-vos, três irmãs, pela virtude de todas as palavras reais citadas; exorto-vos, aparecei diante de mim visivelmente, na forma e com a aparência de uma bela mulher, vestida de branco, e trazei convosco para mim o anel da invisibilidade com o qual eu possa ficar invisível quando quiser e aprouver em todas as horas e minutos; *in nomine patris, e filii, e spiritus sancti,* Amém." Quando elas aparecerem, deve ser declarado o seguinte elo espiritual:

Ó virgens abençoadas, ✠ *Milia* ✠ *Achilia* ✠, conjuro-vos em nome do pai, em nome do filho e em nome do Espírito Santo, e por suas virtudes exorto-vos a partir em paz por um período. E *Sibila,* conjuro-te, pela virtude do nosso Senhor Jesus Cristo, e pela virtude de sua carne e sangue precioso, que ele herdou de nossa abençoada senhora, a virgem, e por toda a santa companhia no céu; exorto-te, *Sibila,* por todas as virtudes ditas, que sejas obediente a mim, em nome de Deus; que quando, em que momento e lugar eu te evocar pela conjuração anterior escrita neste livro, estejas pronta para vir até mim, em todas as horas e minutos, e para trazeres a mim o anel da invisibilidade, com o qual eu possa ficar invisível quando quiser e aprouver em todas as horas e minutos; *Fiat, fiat,* Amém.

E se elas não aparecerem na primeira noite, faça o mesmo na segunda noite, e na terceira, até elas virem, pois sem dúvida virão, e deitar-te-ão na sua cama, no mesmo gabinete ou aposento. Deixe a mão direita para fora da cama, e coloque um lenço de seda limpo na cabeça, e não tenha medo, elas não lhe farão mal. Pois virão diante de você três belas mulheres, todas vestidas de branco e uma delas colocará um anel[789] em seu dedo, com o qual você ficará invisível. Então, prenda-as depressa com o elo descrito anteriormente. Quando tiver esse anel no dedo, olhe em um espelho e não verá seu reflexo. E sempre que quiser ficar invisível, coloque o anel no dedo, o mesmo em que elas o colocaram e a cada ☽ nova renove-o. Pois depois da primeira vez deverá sempre usá-lo, e sempre iniciar este trabalho na ☽ nova e na hora de ♃ e com a ☽ em ♋ ♐ ♓.

Capítulo 11

Um experimento de Citrael, etc.; angeli diei dominici.

¶ *Primeiro, devem ser ditas as orações dos anjos de cada dia por sete dias.*

Miguel	☉
Gabriel	☽
Samael	♂
Rafael	☿
Sachiel	♃
Anael	♀
Cassiel	♄

Ó anjos gloriosos descritos neste retângulo, que vós sejais meus coadjutores e assistentes em todas as questões e demandas, em todos os meus negócios, e outras causas, por aquele que virá julgar os vivos e os mortos, e o mundo pelo fogo. *O angeli gloriosi in hac quadra scripti, estote coadjutores et auxiliatores in*

---

789. Foi com um anel como este que Giges conquistou o reino de Lídia; *Platão lib. 2 de justo.*

omnibus quæstionibus e interrogationibus, in omnibus negotiis, cæterísque causis, per eum qui venturus est judicare vivos e mortos, e mundum per ignem.

A oração *Regina linguæ* deve ser feita em jejum.

☩ *Lemaac* ☩ *solmaac* ☩ *elmay* ☩ *gezagra* ☩ *raamaasin* ☩ *ezierego* ☩ *mial* ☩ *egziephiaz* ☩ *Josamin* ☩ *sabach* ☩ *ha* ☩ *aem* ☩ *re* ☩ *b* ☩ *e* ☩ *sepha* ☩ *sephar* ☩ *ramar* ☩ *semoit* ☩ *lemaio* ☩ *pheralon* ☩ *amic* ☩ *phin* ☩ *gergoin* ☩ *letos* ☩ *Amin* ☩ *amin* ☩

Em nome do mais compadecido e misericordioso Deus de Israel e do paraíso, do céu e da terra, dos mares e dos infernos, para que esta obra seja realizada com vossa ajuda onipotente, vós que viveis e reinais sempre em um mundo divino sem fim, Amém.

Ó mais imperioso e poderoso Deus, sem início ou fim, por vossa clemência e conhecimento eu desejo que minhas questões, obra e trabalho possam ser plena e verdadeiramente realizados, por vosso mérito, bom Senhor, que viveis e reinais, Deus único e eterno, mundo sem fim, Amém.

Ó santo, paciente e misericordioso grande Deus, a ser louvado, o Senhor de toda sabedoria, claro e justo; desejo de todo coração vossa santidade e clemência, para satisfazer, executar e realizar toda esta minha obra, por vosso mérito e poder abençoado; vós que viveis e reinais, Deus único e eterno, *Per omnia sæcula sæculorum*, Amém.

Capítulo 12
Como encarcerar um espírito em um cristal.

Observações de limpeza, abstinência e devoção.

Esta operação a seguir é para encarcerar um espírito em um cristal ou vidro de berilo, ou em qualquer outro instrumento parecido, etc. Primeiro, na ☽ nova, vestido com trajes novos, frescos e limpos, barbeado, e depois de jejuar naquele dia a pão e água, e se confessar, o conjurador deve dizer os sete salmos e a litania, durante dois dias, com a seguinte oração:

"Desejo que tu, Ó Senhor Deus, meu amado e misericordioso Deus, que concedes todas as graças, transmites todas as ciências, permite que eu, vosso benquisto N. (embora indigno), possa conhecer tua graça e poder, contra todos os engodos e habilidade dos demônios. E concede-me teu poder, bom Senhor, para contê-los com essa arte, pois tu és verdade, DEUS vivo e eterno, que vives e reinas para sempre como único DEUS em todos os mundos, Amém".

Uma observação sobre o uso de cinco espadas.

O conjurador deve fazer isso por cinco dias, e no sexto dia preparar cinco espadas brilhantes e, em algum lugar secreto, fazer um círculo com uma dessas espadas. Então ele deve escrever o nome *Sitrael* e, depois disso, de pé dentro do círculo, enfiar a espada nesse nome. Ele deve escrever novamente *Malanthan*, com outra espada, *Thamaor*, com uma terceira espada, *Falaur* com a quarta e *Sitrami* com a última e fazer como fez com a primeira. Feito tudo isso, ele deve se virar para *Sitrael* e, ajoelhado, dizer isto, com o cristal nas mãos:

"Ó *Sitrael, Malanthan, Thamaor, Falaur* e *Sitrami*,[790] escritos nestes círculos, escolhidos para este trabalho, eu vos conjuro e exorcizo, pelo pai, pelo filho e pelo Espírito Santo, por aquele que vos expulsastes do paraíso, e por aquele que falou a palavra e foi feito e por aquele que virá julgar os vivos e os mortos, e o mundo pelo fogo, todos vós, cinco mestres e príncipes infernais, vinde a mim para realizar e satisfazer todos os meus desejos e pedidos, que eu vos comando. Também vos conjuro, demônios, e ordeno-vos, proclamo-vos e nomeio-vos, pelo Senhor Jesus Cristo, filho do Deus supremo, e pela abençoada e gloriosa virgem *Maria*, e por todos os santos, homens e mulheres de Deus, e por todos os anjos, arcanjos, patriarcas e profetas, apóstolos, evangelistas, mártires e confessores, virgens e viúvas, e todos os eleitos de Deus. Também vos conjuro, todos vós, reis infernais, pelo céu, pelas estrelas, pelo ☉ e pela ☽ e por todos os planetas, pela terra, fogo, ar e água, e pelo paraíso terrestre, e por todas as coisas nele contidas, e por vosso inferno, e por

---
790. Os cinco espíritos do Norte.

todos os demônios que nele habitam, e por vossa virtude e poder, e por absolutamente tudo, e pelo que quer que seja, que possa dominá-los e prendê-los. Portanto, por todas essas virtudes e poderes mencionados, eu vos prendo e domino em minha vontade e poder, para que assim presos possais vir a mim com grande humildade e aparecer visíveis diante de mim em vossos círculos, com a bela forma e aparência de reis da humanidade, e obedecer a mim em todas as coisas, em tudo o que eu desejar e para que não vos afasteis sem minha permissão. E se fordes contra meus preceitos, eu vos prometo que caíreis nas profundezas do mar, exceto se obedecerdes a mim, na parte do filho vivo de Deus, que vive e reina na unidade do Espírito Santo, por todo o mundo dos mundos. Amém".

Essa verdadeira conjuração deve ser dita cinco vezes e, então, virão do norte cinco reis com uma companhia maravilhosa. Quando vierem para o círculo, eles descerão dos cavalos e se ajoelharão diante do conjurador, dizendo: "Mestre, manda o que quiseres e seremos obedientes a ti". Ele deve então responder: "Não vos afasteis de mim sem minha permissão, e aquilo que eu vos mandar fazer deve ser feito com verdade, certeza, fé e essência". Então todos eles jurarão fazer o que o conjurador quiser. Depois desse juramento, deve ser dita a seguinte conjuração.

"Eu vos conjuro, exorto e ordeno, *Sitrael, Malanthan, Thamaor, Falaur* e *Sitrami,* reis infernais, a colocar neste cristal um espírito especializado em todas as artes e ciências, pela virtude do nome de Deus, *Tetragrammaton,* e pela cruz de nosso Senhor Jesus Cristo, e pelo sangue do cordeiro inocente, que redime todo o mundo, e por todas as suas virtudes e poderes, exorto-vos, ó nobres reis, que o dito espírito ensine, demonstre e delacre para mim e meus amigos, em todas as horas e minutos, de noite e de dia, a verdade de todas as coisas, corporais e espirituais, neste mundo, sempre que eu solicitar ou desejar, declarando-me também meu nome. E isso eu vos ordeno a fazer na vossa parte e a obedecer a isso, como vosso senhor e mestre." Isso feito, eles evocarão um certo espírito, que mandarão entrar no centro do cristal circular ou redondo. Então, depois de ser colocado entre os dois círculos, o cristal ficará preto.

Logo, o conjurador deve mandá-los ordenar que o espírito no cristal não saia da pedra, até o mestre permitir e satisfazer a vontade dele para sempre. Isso feito, o conjurador deve mandá-los ir para o cristal, tanto para atender a seus pedidos quanto para aguardar sua licença. Isso feito, os espíritos rogarão por licença e o conjurador dirá: "Ide para seu lugar designado por Deus Todo-Poderoso, em nome do pai, etc.". E então o conjurador deve pegar o cristal, olhar para dentro dele, perguntando o que quiser e a pedra lhe mostrará. Todos os círculos devem ter quase três metros de comprimento e feitos da forma citada. Este trabalho deve ser realizado em ♋ ♏ ou ♓ na hora da ☽ ou de ♃. E enquanto o espírito estiver preso, se o conjurador o temer, deve acorrentá-lo com algum elo espiritual, como já foi explicado em outro lugar neste tratado.

Uma figura ou tipo proporcional, mostrando que forma deve ser observada e mantida; como fazer a figura com a qual o antigo segredo de prender um espírito no cristal é realizado, etc.

Os nomes escritos dentro dos cinco círculos significam os cinco reis infernais.

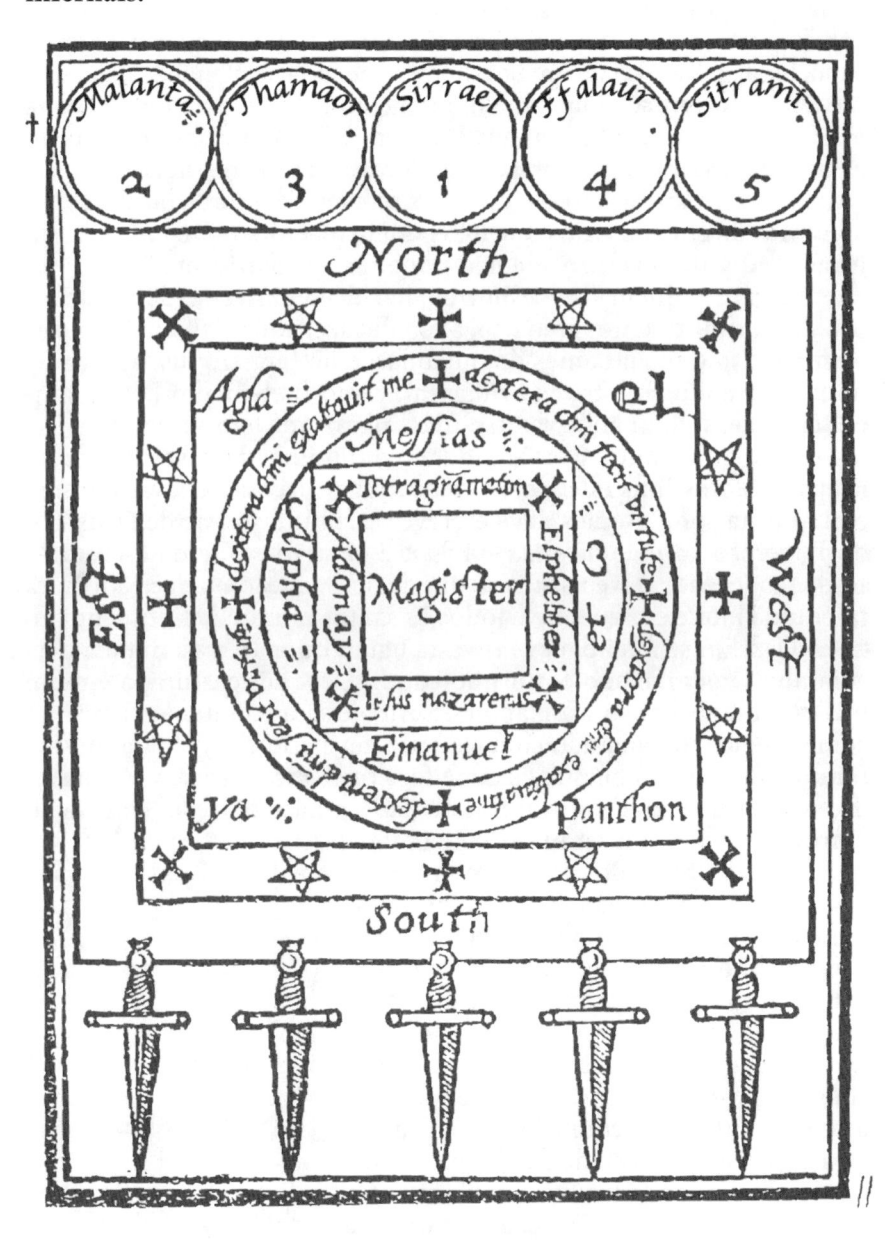

Capítulo 13

Um experimento de Bealfares.

Este é comprovadamente o mensageiro mais nobre que já serviu qualquer homem na terra, e aqui começa o encarceramento do espírito, e como ter uma resposta verdadeira dele, sem qualquer arte ou dano. Ele aparecerá como um belo homem ou uma bela mulher, cujo espírito irá até o conjurador em todos os momentos. Se o conjurador mandá-lo revelar os tesouros ocultos em qualquer lugar, ele assim o fará; ou se pedir para o espírito levar ouro e prata, ele os levará; ou se o conjurador quiser ir de uma região para outra, ele o carregará sem ferir seu corpo ou alma. **Memorando com os vícios que não podem macular o farsante (o conjurador, digo); portanto, ele não pode ser um patife, etc.**

Portanto, quem fizer este trabalho deve abster-se de luxúria e bebida e de juramentos em falso, além de fazer toda a abstinência que puder, e isso três dias antes de trabalhar; e no terceiro dia, ao cair da noite, e quando as estrelas brilharem, e sob o elemento belo e limpo, ele e seus companheiros (se tiver algum) devem se banhar juntos em uma nascente. Em seguida, o conjurador deve vestir-se com roupas brancas limpas, escolher outro lugar privado e levar consigo pena e tinta com as quais deve escrever este santo nome de Deus Todo-Poderoso na mão direita: ✠ *Agla* ✠ e na mão esquerda este nome ✠ ♊ ☞☜ ☞ ✠. Deve usar uma tira de pele de leão ou de veado para fazer um cinto e escrever nele todos os santos nomes de Deus e no fim ✠ A e Ω ✠. Em seu peito, deve ter esta figura ou marca escrita em pergaminho virgem, como é mostrado aqui. Deve ser costurado em um pedaço de linho novo e afixado no peito. E se o conjurador tiver um companheiro trabalhando com ele, este deve estar trajado da mesma forma. Deve-se também levar uma faca brilhante que nunca foi usada e escrever ✠ *Agla* ✠ em um lado da lâmina e ✠ ♊ ☞☜ ☞ ✠ do outro lado. Deve-se fazer um círculo usando essa faca, chamado de círculo de *Salomão*, descrito a seguir. Depois de fazê-lo, o conjurador deve entrar no círculo e fechar de novo o lugar por onde entrou, com a mesma faca, e dizer: *Per crucis hoc signum* ✠ *fugiat procul omne malignum; Et per idem signum* ✠ *salvetur quodque benignum*, e fazer sufumigações em si mesmo e em seus companheiros, com incenso, mástique, *lignum aloes*. Em seguida, isso deve ser colocado no vinho e todos juntos devem declamar com devoção, em louvor do Deus Todo-Poderoso, para que

Peitoral do conjurador.

ele possa defendê-los de todos os males. E quando o mestre encarcerar o espírito, ele deve dizer para o leste, submisso e devoto, os seguintes salmos e orações nesta ordem (os salmos 22 e 51 devem ser lidos inteiros ou recitados de cor, pois são necessários):

¶ *O vigésimo segundo salmo.*

Ó meu Deus, meu Deus, olha por mim, por que me abandonaste e estás tão longe de minha saúde e das palavras do meu clamor? ¶ E assim por diante até o fim desse salmo, como é encontrado no livro.

O salmo 51 também deve ser declamado três vezes, etc.

"Tem piedade de mim, Ó Deus, por teu amor, por tua grande misericórdia, apaga minhas transgressões."

E assim por diante, até o fim desse salmo, concluindo com: "Glória ao Pai, ao Filho e ao Espírito Santo, Como era no início, agora e sempre, mundo sem fim, Amém". Então, deve-se dizer o seguinte verso: "Ó Senhor, não deixes minha alma com os perversos, nem minha vida com os cruéis". Então reze um *Pai-Nosso,* uma *Ave-Maria* e um *Credo,* e *ne nos inducas.* "Ó Senhor, mostra-nos tua misericórdia e seremos salvos. Senhor, ouve a nossa prece, que nosso clamor chegue a ti. Oremos."

"Ó Senhor Deus Todo-Poderoso, como tu avisaste por teu anjo os três reis de *Collen, Gaspar, Melquior* e *Baltasar,* quando estes levaram presentes para *Belém: Gaspar* levou mirra; *Melquior,* incenso; *Baltasar,* ouro; em louvor do rei supremo do mundo inteiro, Jesus, filho de Deus, a segunda pessoa na trindade, nascido da santa e pura virgem *Santa Maria,* rainha do céu, imperadora do inferno e senhora do mundo; ocasião na qual o santo anjo *Gabriel* alertou e recomendou aos três reis que eles pegassem outro caminho, por receio do perigo, pois o rei *Herodes* deu ordens de destruir esses três reis nobres (Gaspar, Baltasar e Melquior, que seguiram a estrela na qual havia uma imagem de um bebê carregando uma cruz, se a *Longa legēda Coloniæ* diz a verdade), que humildemente buscavam nosso Senhor e salvador. Com a sabedoria e a verdade com que esses reis pegaram outro caminho por receio, tão sábia e verdadeiramente, Ó Senhor Deus, de tua poderosa misericórdia, abençoa-nos agora neste momento, por tua paixão abençoada salva-nos, mantém-nos todos juntos longe de todo o mal, e que teu santo anjo nos defenda. Oremos."

"Ó Senhor, rei dos reis, que reges o trono dos céus, observas todas as profundezas, elevas as montanhas e calas com tua mão a terra; ouve-nos, ó mais humilde DEUS, e permita-nos (mesmo indignos), de acordo com tua grande misericórdia, a ter a verdade e a virtude do conhecimento dos tesouros ocultos por este espírito evocado, com tua ajuda, Ó Senhor Jesus Cristo, a quem seja dada toda a honra e toda a glória, de mundos a mundos para sempre, Amém." Então diga estes nomes: ✠

Helie ✠ *helyon* ✠ *esseiere* ✠ *Deus æternus* ✠ *eloy* ✠ *clemens* ✠ *heloye* ✠ *Deus sanctus* ✠ *sabaoth* ✠ *Deus exercituum* ✠ *adonay* ✠ *Deus mirabilis* ✠ *iao* ✠ *verax* ✠ *anepheneton* ✠ *Deus ineffabilis* ✠ *sodoy* ✠ *dominator dominus* ✠ *ôn fortissimus* ✠ *Deus* ✠ *qui*. "Deus, que intercede até pelos pecadores, recebe (nós te suplicamos) estes sacrifícios de louvor e nossas humildes preces, que nós indignamente oferecemos a tua majestade divina. Liberta-nos, e tem misericórdia de nós, e que só teu espírito santo possa parar esta obra, e com tua ajuda abençoada prossegui-la; para que esta nossa obra, que começou contigo, possa terminar por teu poder, Amém". Então o conjurador deve dizer isto logo depois: ✠ *Homo* ✠ *sacarus* ✠ *museolameas* ✠ *cherubozca* ✠, que está na figura no peito já mencionada, o cinto deve ser colocado na cintura do conjurador, o círculo feito, deve-se abençoar o círculo com água-benta, e sentar-se no meio, e ler esta conjuração, com o conjurador sentado de costas para seus companheiros na primeira vez.

> Exorcizo e conjuro Bealfares, praticante e preceptor desta arte, pelo criador dos céus e da terra, e por sua virtude, e por seu nome inefável *Tetragrammaton*, e por todos os sagrados sacramentos, e por toda a majestade e divindade do Deus vivo. Eu te conjuro e exorcizo, *Bealfares*, pela virtude de todos os anjos, arcanjos, tronos, dominações, principados, potestades, virtudes, querubins e serafins, e por suas virtudes, e pelo mais verdadeiro e especial nome de teu mestre, que venhas a nós, na bela forma de um homem ou de uma mulher, visível aqui, diante deste círculo, e não terrível por quaisquer meios. Este círculo, que deve ser cercado por cruzes, passa a ser nossa defesa e proteção, pela bondade misericordiosa de nosso Senhor e Salvador Jesus Cristo, e para que respondas sinceramente, sem ardil ou engano, a todas as minhas exigências e questões, pela virtude e pelo poder do nosso Senhor Jesus Cristo, Amém.

Capítulo 14
Como prender o espírito Bealfares e soltá-lo de novo.

Quando o espírito aparecer, ele deve ser preso com as seguintes palavras: "Conjuro-te, *Bealfares*, por Deus, o pai, por Deus, o filho, e por Deus, o Espírito Santo, e por toda a sagrada companhia no céu e por suas virtudes e poderes, exorto-te, *Bealfares*, que não saias da minha vista, nem alteres o formato corporal em que apareceste, nem tenhas nenhum poder sobre nossos corpos ou almas, terrestres ou espirituais, mas sejas obediente a mim e às palavras da minha conjuração, escritas neste livro. Conjuro-te, *Bealfares*, por todos os anjos e arcanjos, tronos, dominações, principados, potestades, virtudes, querubins e serafins, e por suas virtudes e poderes. Conjuro e exorto-te, obrigo e prendo-te, *Bealfares*, por todas as palavras reais ditas e por suas virtudes, que me obedeças, venhas e apareças visível para mim e que em todos os dias, como domingos, festividades e dias santos, sem exceção, horas e minutos, onde eu estiver, sendo evocado pela virtude de nosso Senhor Jesus Cristo, cujas palavras estão escritas neste livro. Que estejas pronto a aparecer para mim e dar-me bom conselho, como obter os tesouros ocultos na terra, ou na água, e como conseguir dignidade e conhecimento de todas as coisas, isto é, da arte mágica, e de Gramática, Dialética, Retórica, Aritmética, Música, Geometria e de Astronomia, para que minha vontade seja satisfeita; exorto-te sob a pena da condenação eterna, *Fiat, fiat, fiat*. Amém".

Quando ele for preso dessa forma[791], pode-se perguntar o que quiser, e ele contará e dará todas as coisas que o conjurador pedir, sem que se faça qualquer sacrifício a ele e sem renunciar a Deus, isto é, o criador. E quando o espírito satisfez a vontade e atendeu aos intentos do conjurador, ele deve dar-lhe a seguinte autorização para partir.

¶ *Uma autorização para o espírito partir.*

"Vai para o lugar predestinado e escolhido para ti, que o Senhor DEUS designou a ti, até eu chamar-te novamente. Prepara-te para mim e meu chamado, por quantas vezes eu te chamar, sob pena da danação eterna." E se quiser, pode recitar, duas ou três vezes, a última conjuração, até chegar a este termo: *In throno*. Se ele não partir, diga: "*In throno*, sai desse lugar sem qualquer ferimento ou dano a alguém ou qualquer ato a ser feito; que todas as criaturas saibam que nosso Senhor é de todo o poder o mais poderoso, e que não há nenhum outro Deus além dele, que é trindade e uno, vivo para sempre. E a maldição de Deus, o pai onipotente, o filho e o Espírito Santo, desça sobre ti e

---
791. Ele não ousa conjurar outro ser dessa forma, suponho.

habite sempre contigo, a menos que tu partas sem qualquer dano a nós ou a qualquer outra criatura, ou sem fazer qualquer outro mal; e tu vais ao lugar predestinado. E por nosso Senhor Jesus Cristo eu também envio-te ao grande poço do inferno, a menos (eu digo) que partas para o lugar para o qual o Senhor Deus te indicou. E que estejas pronto para mim e meu chamado, em todas as horas e lugares, à minha disposição e ao meu prazer, dia ou noite, sem dano ou ferimento em mim ou qualquer outra criatura; sob pena da danação eterna; *Fiat, fiat, fiat*. Amém, Amém". Que a paz de Jesus Cristo esteja entre nós e vós; em nome do Pai, do filho e do Espírito Santo; Amém. *Per crucis hoc ✠ signum, etc.* Diga *In principio erat verbum, e verbum erat apud Deum* (No início era o verbo, e o verbo estava com Deus, e o verbo era Deus); e assim por diante, como aparece no primeiro capítulo do Evangelho de *São João*, parando nestas palavras: "Cheio de graça e verdade; a quem sejam dadas toda a honra e toda a glória, mundo sem fim, Amém".

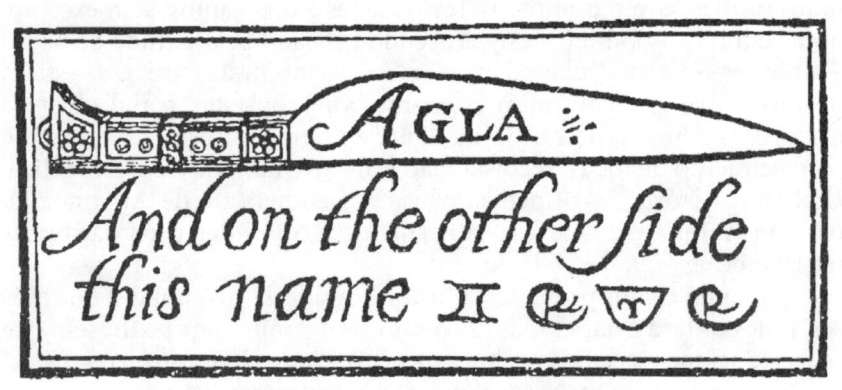

O estilo e a forma da faca de conjuração, com
os nomes gravados ou escritos nela.

Um tipo ou figura de círculo para o mestre e seus companheiros se sentarem dentro dela, mostrando como e de que forma deve ser feita.

Este é o círculo onde o mestre e seus companheiros devem, na primeira evocação, sentar-se virados de costas para o centro, quando ele evoca o espírito e que as fadas fazem com giz no chão, como se afirmou antes. Depois de evocar e encontrar esse espírito *Bealfares,* ele nunca terá o poder de feri-lo. Evoque-o na hora de ♃ ou ♀ na ☽ crescente.

Capítulo 15
A fabricação da água-benta[792].

Exorciso† te creaturam salis, per Deum vivum ✠ per Deum ✠ verum ✠ per Deum sanctum per Deum qui te per Elizæum profetam in aquam mitti jussit, ut sanaretur sterilitas aquæ, ut efficiaris sal exorcisatus in salutem credentium; ut sis omnibus te sumentibus sanitas animæ e corporis, e effugiat atque discedat ab eo loco, qui aspersus fuerit omnis phantasia e nequitia, vel versutia diabolicæ fraudis, omnisq; spiritus immundus, adjuratus per eum, qui venturus est judicare vivos e mortuos, e sæculum per ignem, Amen. Oremus:

Immensam clementiam tuam, omnipotens ceterne Deus, humiliter imploramus, ut hanc creaturam salis, quam in usum generis humani tribuisti, bene✠dicere e sancti✠ficare tua pietate digneris, ut sit omnibus sumentibus salus mentis e corporis, ut quicquid ex eo tactum fuerit, vel repersum, careat omni immundicia, omniq; impugnatione spiritualis nequitiæ, per Dominum nostrum Jesum Christum filium tuum, qui tecum vivit e regnat in unitate spiritus sancti, Deus per omnia sæcula sæculorum, Amen.

¶ *Para a água também diz o seguinte.*

Exorciso te creaturam aquæ in nomine ✠ patris ✠ e Jesu Christi filii ejus Domini nostri, e in virtute spiritus ✠ sancti ✠ ut fias aqua exorcisata, ad effugandam omnem protestatem inimici, e ipsum inimicum eradicare e explantare valeas, cum angelis suis apostatis, per virtutem ejusdem Domini nostri Jesu Christi, qui venturus est judicare vivos e mortuos, e sæculum per ignem, Amen. Oremus:

Deus, qui ad salutem humani generis máxima quæque sacramenta in aquarum substantia condidisti, adesto propitius invocationibus nostris, e elemento huic multimodis purificationibus præparato, virtutem tuæ benedictionis ✠infunde, ut creatura tua mysteriis tuis serviens, ad abigendos dæmones, morbosq; pellendos, divinæ gratiæ sumat effectum, ut quicquid in domibus, vel in locis fidelium hæc unda resperserit, careat omni immundicia, liberetur à noxa, non illic resideat spiritus pestilens, non aura corrumpens, discedant omnes insidiæ latentis inimici, e si quid est, quod aut incolumitati habitantium invidet aut quieti, aspersione hujus aquæ effugiat, ut salubritas per invocationem sancti tui nominis expetita ab omnibus sit impugnationibus defensa, per Dominum nostrum Jesum Christum filium tuum, qui tecum vivit e regnat, in unitate spiritus sancti Deus per omnia sæcula sæculorum, Amen.

---

792. *Absque exorcismo salnon sit sanctus.*

Depois pegue o sal na mão e, ao colocá-lo na água, diga o seguinte, fazendo o sinal da cruz:

Commixtio[793] *salis e aquæ pariter fiat, in nomine patris, e filii, e spiritus sancti, Amen. Dominus vobiscum, Et cum spiritu tuo, Oremus: Deus invictæ virtutis author, e insuperabilis imperii rex, ac semper magnificus triumphator, qui adversæ dominationis vires reprimis, qui inimici rugientis sævitiam superas, qui hostiles nequitias potens expugnas; te Domine trementes e supplices deprecamur ac petimus, ut hanc creaturam salis e aquæ aspicias, benignus illustres, pietatis tuæ rore sancti fices, ubicunq; fuerit aspersa, per invocationem sancti tui nominis, omnis infestatio immundi spiritus abjiciatur, terrórq; venenosi serpentis procul pellatur, e præsentia sancti spiritus nobis misericordiam tuam poscentibus ubiq; adesse dignetur, per Dominum nostrum Jesum Christum filium tuum, qui tecum vivit e regnat in unitate spiritus sancti Deus per omnia sæcula sæculorum, Amen.*

Então, ao aspergi-la sobre qualquer coisa, deve-se dizer:

Asperges[794] *me Domine hyssopo, e mundabor, lavabis me, e supra nivem dealbabor. Miserere mei Deus, secundum magnam misericordiam tuam, e supra nivem dealbabor. Gloria patri, e filio, e spiritui sancto: Sicut erat in principio, e nunc, e semper, e in sæcula sæculorum, Amen. Et supra nivem dealbabor, asperges me, e. Ostende nobis Domine misericordiam tuam, e salutare tuum da nobis; exaudi nos Domine sancte, pater omnipotens, æterne Deus, e mittere dignare sanctum angelum tuum de cælis, qui custodiat, foveat, visitet, e defendat omnes habitantes in hoc habitaculo, per Christum Dominum nostrum, Amen, Amen.*

Capítulo 16

Como fazer um espírito aparecer em um cristal.

"Conjuro-te, N., pelo pai, pelo filho e pelo Espírito Santo, aquele que é o início e o fim, o primeiro e o último, e pelo último dia do julgamento, que tu, N., apareças de fato neste cristal ou em qualquer outro instrumento, quando eu quiser, para mim e meu companheiro, gentil e lindamente, na bela forma de um menino de 12 anos, sem ferir ou danificar nenhum de nossos corpos ou almas; informa-me e mostra-me corretamente, sem qualquer fraude ou astúcia, tudo o que desejarmos ou quisermos saber, pela virtude daquele que virá a julgar os vivos e os mortos, e o mundo pelo fogo, Amém."

---

793. *Oratio ad Deum ut sali exorcisato vires addat.*
794. *Oratio, in qua dicenda, exorcista sese sacri laticis aspergine debes perrorare.*

"Eu também te conjuro e exorcizo, N., pelo sacramento do altar e por sua substância, pela sabedoria de Cristo, pelo mar e por sua virtude, pela terra, e por todas as coisas acima da terra, e por suas virtudes, pelo ☉ e a ☽, por ♄ ♃ ♂ e ♀ e por todas as suas virtudes, pelos apóstolos, mártires, confessores, e as virgens e viúvas, e os castos, e por todos os santos de homens e de mulheres, e inocentes, e por suas virtudes, por todos os anjos e arcanjos, tronos, dominações, principados, potestades, virtudes, querubins e serafins, e por todas as suas virtudes, e por todos os santos nomes de Deus, *Tetragrammaton, El, Ousion, Agla*, e por todos os outros santos nomes de Deus, e por suas virtudes, pela circuncisão, paixão e ressurreição de nosso Senhor Jesus Cristo, pela aflição de nossa senhora a virgem, e pela alegria que ela teve quando viu seu filho ressuscitar dos mortos, que tu, N., apareças neste cristal, ou em qualquer outro instrumento, quando eu quiser, para mim e meu companheiro, gentil, belo e visível, na bela forma de uma criança de 12 anos de idade, sem ferir ou danificar nossos corpos ou almas, e informar de fato e mostrar para mim e meu companheiro, sem fraude ou engano, todas as coisas de acordo com teu juramento e promessa a mim, sempre que eu exigir ou desejar, sem qualquer obstáculo ou demora, e esta conjuração deve ser lida por mim três vezes, sob a pena da condenação eterna, até o último dia do julgamento; *Fiat, fiat, fiat.* Amém."

Para encontrar um tesouro oculto.

(Observa-se como isso se assemelha ao papismo.)E quando ele aparecer, o conjurador deve prendê-lo com o elo espiritual dos mortos escrito anteriormente e depois dizer o seguinte: "¶ Exorto-te, N., pelo pai, a mostrar-me visões verdadeiras neste cristal, se houver algum tesouro oculto em tal lugar N., e onde ele está e a que distância desse pedaço de terra para leste, oeste, norte ou sul".

Capítulo 17
Um experimento com mortos.

Promessas e juramentos trocados entre o conjurador e o espírito.

Primeiro, obtenha de alguma pessoa que será condenada à morte uma promessa, e jure-lhe que se ela vier a ti, depois de sua morte, seu espírito estará com você, e permanecerá por todos os dias de sua vida prestando-lhe um serviço sincero, como está contido no seguinte juramento e promessa. Então coloque a mão em seu livro e faça este juramento: "Eu, N., juro e prometo-te, N., a dar-te um donativo todo mês e também a orar por ti uma vez por semana, rezar a oração do Senhor para ti e continuar assim por todos os dias da minha vida, com a ajuda de Deus e por tudo o que é mais sagrado, e pelo conteúdo deste livro. Amém".

Então ele deve lhe fazer seu juramento como se segue, e deve dizê-lo na sua frente, colocando a mão no livro:

"Eu, N., faço este juramento a ti, N., por Deus, o pai onipotente, por Deus, o filho Jesus Cristo e por seu sangue precioso que redimiu o mundo inteiro, pelo qual eu creio que serei salvo no dia do julgamento geral, e pelas virtudes disso, eu, N., faço este juramento a ti, N., que meu espírito que está em meu corpo agora não ascenderá, nem descerá, nem irá a nenhum lugar de descanso, mas irá a ti, N., e permanecerá de muito bom grado contigo, N., por todos os dias da tua vida, e assim ficar preso a ti, N., e aparecer para ti, N., em qualquer cristal, vidro ou outro espelho, e assim tomá-lo como meu local de descanso. E que, tão logo meu espírito deixe meu corpo, ele fique diretamente às tuas ordens e que em todos os dias, noites, horas e minutos, obedeça a ti, N., depois de ser chamado por ti pela virtude do nosso Senhor Jesus Cristo, e imediatamente ter uma conversa comum contigo em todos os momentos, e em todas as horas e minutos, para revelar e declarar a ti, N., a verdade de todas as coisas do presente, passado e do futuro e como trabalhar a arte mágica, e todas as outras ciências nobres, sob o trono de Deus. Se eu não cumprir este juramento e promessa a ti, N., ou evitar a mínima parte dela, estarei condenado para todo o sempre. (Esta é a penalidade por quebrar a promessa com o espírito). Amém".

"Eu, N., também te juro, por Deus, o Espírito Santo, e pela grande sabedoria que há na Divindade sublime, e por suas virtudes, e por todos os santos anjos, arcanjos, tronos, dominações, principados, potestades, virtudes, querubins e serafins, e por todas as suas virtudes eu, N., juro, e prometo ser-te obediente como é relatado. E aqui, por testemunha, eu, N., dou-te, N., minha mão direita, e dou-te minha fé e palavra, com a ajuda de Deus e tudo o que é mais sagrado. E pelo conteúdo sagrado deste livro eu, N., juro que meu espírito será teu leal servo, por todos os dias de tua vida, como já foi dito. E aqui atesto que meu espírito será obediente a ti, *N.*, e àqueles elos espirituais de palavras que estão escritos neste *N.* antes de os elos serem recitados três vezes; ou então estarei condenado para sempre e, a respeito disso, atestam todas as almas e espíritos leais. Amém, Amém."

Então ele deve jurar três vezes, beijar o livro (três vezes, provavelmente em respeito à Trindade, P.F.E.S.), e em cada uma delas fazer um sinal da cruz para o elo. Em seguida, percebendo a hora que o espírito partirá, o conjurador deve afastar as pessoas de si e pegar ou levar o cristal, vidro ou outra coisa que tiver na mão, e rezar o *Pai-nosso*, a *Ave-Maria*, o *Credo* e a oração a seguir. E em todo o momento da partida do espírito, o conjurador deve recitar os elos de palavras; e no fim de cada elo, dizer muitas vezes: "Lembra-te de teu juramento e promessa". E prenda-o a si, e ao seu cristal, e não o deixe partir, lendo seu elo 24 vezes. E todos os dias quando chamá-lo por outro elo, ele deve ser bem seguro pelo primeiro. Esse elo será aplicado pelo espaço de 24 dias e o conjurador será feito homem para sempre.

Agora o Pai-nosso, *a* Ave-Maria *e o* Credo *devem ser rezados e depois esta oração:*

"Ó Deus de *Abraão*, Deus de *Isaac*, Deus de *Jacó*, Deus de *Tobias*; aquele que livrou as três crianças da pira, *Sidrac, Misac* e *Abdenago*, e *Susanna* do crime falso, e *Daniel* do domínio do leão; mesmo assim, Ó Senhor onipotente, eu te suplico, por tua grande misericórdia, a ajudar-me nesses meus trabalhos e entregar-me este espírito de *N.* para que ele seja um súdito leal meu, *N.*, por todos os dias da minha vida e permaneça comigo e com este *N.* todos os dias da minha vida. Ó Deus glorioso, Pai, Filho e Espírito Santo, rogo por tua ajuda neste momento e para dar-me poder por teu nome santo, méritos e virtudes para que eu possa conjurar e encarcerar este espírito de *N.* para que ele me obedeça e possa cumprir seu juramento e promessa, em todos os momentos, pelo poder de toda tua santidade. Isso me concede, Ó Senhor Deus das hostes, pois tu és justo e santo, e tu és o verbo, e o verbo Deus, o início e o fim, sentado nos tronos de teus reinos eternos, e na natureza divina de sua Divindade eterna, a quem sejam dadas toda honra e glória, agora e para todo sempre, Amém, Amém."

Capítulo 18

Um elo espiritual para prendê-lo a você e ao seu N. da seguinte forma.
Resumo dessa obrigação ou elo espiritual.

"Eu, *N.*, conjuro e prendo o espírito de *N.* pelo Deus vivo, pelo Deus verdadeiro e pelo Deus santo, e por suas virtudes e poderes conjuro e prendo teu espírito, *N.*, para que não ascendas ou desças de teu corpo, para nenhum local de descanso, mas apenas para tomar teu local de descanso com N. e com este N. por todos os dias da minha vida, de acordo com teu juramento e promessa. Conjuro e obrigo o espírito de N. por estes santos nomes de Deus: ✠ *Tetragrammaton* ✠ *Adonay* ✠ *Agla* ✠ *Saday* ✠ *Sabaoth* ✠ *planabothe* ✠ *panthon* ✠ *craton* ✠ *neupmaton* ✠ *Deus* ✠ *homo* ✠ *omnipotens* ✠ *sempiternus* ✠ *ysus* ✠ *terra* ✠ *unigenitus* ✠ *salvator* ✠ *via* ✠ *vita* ✠ *manus* ✠ *fons* ✠ *origo* ✠ *filius* ✠ e por suas virtudes e poderes conjuro e obrigo o espírito de N. a não descansar nem permanecer no fogo, nem na água, no ar, nem em nenhum lugar privado da terra, mas apenas comigo, N., e com este N. por todos os dias da minha vida. Exorto-te, espírito de N., sob pena da condenação eterna, a lembrar de teu juramento e promessa. Conjuro também o espírito de N. e obrigo-te pelo nome excelente de Jesus Cristo, A e Ω, o primeiro e o último; por este santo nome de Jesus estar acima de todos os nomes, pois nele todos dobram seus joelhos[795] e obedecem, tanto coisas celestiais como mundanas e infernais. Não há qualquer outro nome dado ao homem, pelo qual temos alguma salvação além do nome de Jesus. Portanto pelo nome, e em nome de Jesus de *Nazaré*, e por seu nascimento, ressurreição e ascensão, e por tudo aquilo que se refere à sua paixão, e por suas virtudes e poderes, conjuro e obrigo o espírito de N. a não adotar nenhum local de descanso no ☉ nem na ☽, nem em ♄, nem em ♃, nem em ♂, nem em, ♀, nem em ☿, nem em nenhum dos 12 signos, nem na concavidade das nuvens, nem em qualquer outro lugar privado, para descansar ou ficar, mas apenas comigo N. ou com este N. por todos os dias da minha vida. Se não me obedeceres, de acordo com teu juramento e promessa, eu, N., condeno o espírito de N. ao abismo do inferno para sempre, Amém."

Penalidades dolorosas impostas ao espírito por desobediência.

"Conjuro e obrigo o espírito de N. pelo sangue do cordeiro inocente, Jesus Cristo, que foi derramado na cruz, pois todos aqueles que obedecerem a ele, e acreditarem nele, serão salvos e, em virtude disso, e por todos os nomes reais citados e palavras do Deus vivo por mim pronunciadas, eu te conjuro e obrigo, espírito de N., a me obedeceres, de acordo com teu juramento e promessa. Caso te recuses a fazer como é dito, eu, N., pela santíssima trindade, e por sua virtude e poder condeno o espírito de N. ao lugar onde não há esperança de alívio, mas condenação eterna, e horror, e dor atrás de dor, diária, horrível e lamentavelmente as dores lá aumentarão, tão intensamente quanto as estrelas do firmamento, e quanto os grãos de areia no mar, a menos que tu, espírito de N., obedeças a mim, N., como foi relatado antes; senão eu, N., condeno o espírito de N. ao abismo da condenação eterna. *Fiat, fiat,* Amém. Eu também te conjuro e obrigo, espírito de N., por todos os

---

795. Tanto na escritura como aplicado ao conjurador, como no caso de Satã tentando Cristo, Mateus 4, 6.

anjos, arcanjos, tronos, dominações, principados, potestades, virtudes, querubins e serafins e pelos quatro evangelistas, *Mateus, Marcos, Lucas* e *João*, e por todas as coisas contadas no Antigo e no Novo Testamentos, e por todas as suas virtudes, e pelos 12 apóstolos, e por todos os patriarcas, profetas, mártires, confessores, virgens, inocentes, por todos os predestinados e eleitos, o que é, e será, aquilo que acompanha o cordeiro de Deus; e por suas virtudes e poderes eu conjuro e obrigo com firmeza o espírito de N. a conversar comigo, em todos os momentos e em todos os dias, noites, horas e minutos, em minha língua materna, para que eu possa ouvir e compreender, declarando a verdade sobre todas as coisas para mim, de acordo com o juramento e a promessa; caso contrário, será condenado para sempre. *Fiat, fiat,* Amém."

"Eu também conjuro e prendo o espírito de N. pelo cinto dourado[796] que cingia a cintura do nosso Senhor Jesus Cristo, de modo que tu, espírito de N., fiques assim acorrentado, e sejas lançado ao abismo da condenação eterna, por tua grande desobediência e atenção desrespeitosa que tens aos santos nomes e palavras de Deus Todo-Poderoso por mim pronunciadas. *Fiat,* Amém."

"Eu também conjuro, obrigo, comando e amarro o espírito de N. pela espada de dois gumes, que *João* viu sair da boca de Deus Todo-Poderoso; a menos que tu obedeças como é dito, a espada te corta em pedaços e te condena ao abismo das dores eternas, onde o fogo não se extingue e onde o verme não morre. *Fiat, fiat, fiat.* Amém. (Palavras fortes)"

"Eu também conjuro e obrigo o espírito de N. pelo trono da Divindade, e por todos os céus sob ele, e por toda a cidade celestial, nova *Jerusalém*, e pela terra, pelo mar, e por todas as coisas criadas e contidas nela, e por suas virtudes e poderes, e por todos os infernais, e por suas virtudes e poderes, e todas as coisas ali contidas, e por suas virtudes e poderes, conjuro e obrigo o espírito de N. a me obedecer imediatamente, e em todos os outros momentos, e àquelas palavras pronunciadas por mim, de acordo com o juramento e a promessa; senão[797], que o grande curso de Deus, a ira de Deus, a sombra e as trevas da condenação eterna caiam sobre ti, espírito de N., para todo o sempre, porque tu negaste tua saúde, tua fé e salvação, por tua grande desobediência mereces ser condenado. Portanto que a trindade divina, os anjos e arcanjos, tronos, dominações, principados, potestades, virtudes, querubins e serafins, e todas as almas dos santos, que ficarão à direita de nosso Senhor Jesus Cristo, no dia geral do julgamento, te condenem, espírito de N., para todo o sempre, e testemunhem contra ti, por causa de tua grande desobediência, nas tuas promessas e contra elas *Fiat, fiat,* Amém."

---

796. Não se menciona nos Evangelhos que Cristo usasse um cinto dourado.
797. É possível ser maior do que a maldição de São Adalberto? *Veja em Habar. Lib. 12, cap. 17, p. 263-265.*

Depois de ser preso assim, ele precisa obedecer ao conjurador, queira ou não; experimente isso. No capítulo seguinte, há um elo espiritual para evocá-lo para seu N. e mostrar-lhe visões verdadeiras em todos os momentos, como na hora de ♄ para amarrar ou encantar qualquer coisa, e na hora de ♃ por paz e harmonia, na hora de ♂ para arruinar, destruir e deixar doente, na hora do ☉ para amarrar línguas e outras amarras humanos, na hora de ♀ para aumentar o amor, alegria e benevolência, na hora de ☿ para afastar inimizade ou ódio, descobrir roubo, na hora da ☽ por amor, benevolência e harmonia, ♄ chumbo ♃ estanho ♂ ferro ☉ ouro ♀ cobre ☿ mercúrio ☽ prata, etc.

Capítulo 19

¶ *Este elo espiritual é para chamá-lo ao seu cristal, ou copo de cristal, etc.*

"Eu também te conjuro, espírito N., por Deus pai, pelo Deus filho e por Deus, o Espírito Santo, A e Ω, o primeiro e o último, e pelo último dia do julgamento daqueles que virão a julgar os vivos e os mortos, e o mundo pelo fogo, e por suas virtudes e poderes obrigo-te, espírito N., a vir àquele que segura o cristal em sua mão, e aparecer visível, como se segue depois. Eu também te conjuro, espírito N., por estes santos nomes de Deus ✠ *Tetragrammaton* ✠ *Adonay* ✠ *El* ✠ *Ousion* ✠ *Agla* ✠ *Jesus* ✠ *de Nazaré* ✠ e por suas virtudes, e por sua natividade, morte, sepultamento, ressurreição e ascensão, e por todas as outras coisas relativas à sua paixão, e pela abençoada Virgem Maria (um complemento papista), mãe de nosso Senhor Jesus Cristo, e por toda a alegria que ela teve quando viu seu filho ressuscitar da morte para a vida, e pelas virtudes e poderes disso te obrigo, espírito N., a vir para o cristal e aparecer visivelmente, como será declarado adiante. Conjuro também ao teu espírito, N., por todos os anjos, arcanjos, tronos, dominações, principados, potestades, virtudes, querubins e serafins, e por ☉ ☽ ♄ ♃ ♂ ♀ ☿ e pelos 12 signos, e por suas virtudes e poderes, e por todas as coisas criadas e confirmadas no firmamento, e por suas virtudes e poderes obrigo-te, espírito N., a aparecer visível neste cristal, na bela forma e aparência de um anjo branco [798], um anjo verde, um anjo negro, um homem, uma mulher, um menino, uma donzela virgem, um cão branco, um demônio com grandes chifres, sem qualquer ferimento ou perigo aos nossos corpos ou almas, e informar e mostrar-nos com sinceridade visões verdadeiras de todas as coisas neste cristal, conforme teu juramento e promessa, sem qualquer obstáculo ou demora, para

---

798. Talvez ele tivesse o dom de aparecer em várias formas, como se diz de *Proteus em Ovídio lib. metamorf. 8. fab. 10* e *de Vertuno; lib. metamor. 14, fab. 16.*

aparecer visível, por este elo de palavras lido por mim três vezes, sob pena da condenação eterna. *Fiat, fiat,* Amém."

Depois de ele aparecer, diga estas palavras:

"Conjuro-te, espírito, por Deus pai, para que mostres visões verdadeiras neste cristal, onde houver qualquer *N.*, em tal lugar ou não, sob pena da condenação eterna, *Fiat.* Amém. Eu também te conjuro, espírito *N.*, por Deus filho, Jesus Cristo, para que mostres visões verdadeiras para nós, sejam de ouro ou prata, ou quaisquer outros metais, ou se havia ou não algum, sob pena da condenação, *Fiat,* Amém. Eu também te conjuro, espírito *N.*, por Deus, o Espírito Santo, aquele que consagra todas as almas e espíritos leais, e por suas virtudes e poderes obrigo-te, espírito *N.*, a falar abertamente e a declarar, com sinceridade, como podemos encontrar esses tesouros ocultos em *N.* e como tê-los em nossa custódia, e quem os guarda, e quantos existem e quais são seus nomes e por quem foi colocado lá e a mostrar-me visões verdadeiras de que tipo seriam e que imagem teriam, e por quanto tempo eles o mantêm e em que dias e horas devemos evocar tal espírito, *N.*, para nos trazer esses tesouros, nesse lugar, *N.*, sob pena da condenação eterna ✠[.] (O espírito está comprometido com a obediência sob pena da condenação do fogo do inferno.) Eu também te obrigo, espírito *N.*, por todos os anjos, arcanjos, tronos, dominações, principados, potestades, virtudes, querubins e serafins, a me mostrar em uma visão verdadeira neste cristal quem enviou ou tirou esse *N.* e onde ele está, e quem o tem, e a que distância, e qual é o nome dele ou dela, e como e quando chegar a ele, sob pena da condenação eterna, *Fiat,* Amém. Eu também te conjuro, espírito *N.*, por ☉ ☽ ♄ ♃ ♂ ♀ ☿ e por todos os símbolos no firmamento, que tu demonstres uma visão verdadeira neste cristal, onde e em que estado esse *N.* está, e há quanto tempo ele está lá e em que momento ele estará nesse lugar, em que dia e hora; e que declares esta e todas as outras coisas com franqueza, sob pena do fogo do inferno. *Fiat,* Amém.

¶ *Uma autorização para partir.*

"Saias da vista deste cristal em paz por um momento e estejas pronto para aparecer lá de novo em quaisquer momentos que eu te chamar, pela virtude do nosso Senhor Jesus Cristo, e pelos elos de palavras escritos neste livro, e que apareças visivelmente, quando as palavras forem recitadas. Obrigo-te, espírito *N.*, pela natureza divina da Divindade, a obedecer a essas palavras recitadas, sob pena da condenação eterna, tanto neste mundo como no próximo *Fiat, fiat, fiat.* Amém."

Capítulo 20

Quando conversar com espíritos e receber respostas verdadeiras para encontrar um ladrão.

Os dias e as horas de ♄ ♂ ☿ e da ☽ são os melhores para realizar todos os rituais de necromancia e para falar com espíritos, encontrar ladrões e ter uma resposta verdadeira quanto a esse assunto, ou qualquer outra coisa parecida. Os dias e as horas do ☉ ♃ ♀ são melhores para todos os experimentos de amor, para adquirir graça e para ficar invisível, e para fazer qualquer operação, qualquer que seja, para as quais a ☽ é um signo conveniente. Assim como para qualquer trabalho para roubo, deve-se ver se a lua está em um signo de terra, como ♉ ♍ ♑, ou de ar, como ♊ ♎ ♒. E se for para amor, favor ou graça, a ☽ deve estar em um signo de fogo, como ♈ ♌ ♐, e para ódio em um signo de água, como ♋ ♏ ♓. Para qualquer outro experimento, a ☽ deve estar em ♈. Se o ☉ e a ☽ estiverem em um signo que é classificado em número par, então se pode escrever, consagrar, conjurar ou preparar todos os tipos de coisas a serem feitas, etc.[799]

¶ *Como falar com espíritos.*

Devem-se evocar os nomes *Orimoth, Belimoth, Lymocke* e dizer assim: "Conjuro-vos pelos nomes dos anjos *Satur* e *Azimor* a comparecerdes diante de mim nesta hora e me enviardes um espírito chamado *Sagrigrit* para que ele execute minhas ordens e satisfaça meus desejos e também consiga compreender minhas palavras por um ou dois anos, ou por quanto tempo eu quiser, etc.

Capítulo 21

Uma refutação da conjuração, principalmente para a evocação, o elo espiritual e a dispensa do demônio; como ficar invisível e outras práticas perversas.

Assim percorremos a demonstração detalhada da vaidade de necromantes, conjuradores e aqueles que fingem ter uma conferência real e consulta com espíritos e demônios, na qual (creio eu) pode-se ver que blasfêmia notória é cometida, além de outras cerimônias supersticiosas cegas, uma pilha desordenada que está bem longe de desenvolver as tentativas desses praticantes de magia negra, deixando-as em seus desatinos e falsidades tão nuas e expostas quanto uma anatomia. Quanto a essas conjurações ridículas, relatadas anteriormente, que gozam de grande reputação entre os ignorantes, foram na maior parte criadas por *T.R.* (o máximo que ele revelou de seu nome) e *John Cokars*, inventadas e criadas para o aumento e a manutenção de sua

---

799. Isso é recomendado para classificar loucuras por doutores como *Crysos. sep. Matth. Gregor, in homil. sup. Ephiphan. Domini* e outros.

vida, para a edificação dos pobres e para a propagação e a amplificação da glória de Deus, como eles protestam no início de seu livro de conjurações; que, neste ponto, para manifestar mais sua impiedade, e o desatino e a credulidade dos perseguidores de bruxas, achei por bem inserir, por meio das quais o restante de seus procedimentos pode ser julgado, ou até mesmo detectado. Pois, se analisarmos bem o tema da conjuração, e o desígnio dos conjuradores, eles serão considerados, na minha opinião, mais culpados do que aqueles que se consideram bruxos, como transgressores manifestos contra a majestade de Deus e sua lei sagrada, e como profanadores evidentes das leis e da tranquilidade desse reino, embora de fato eles não realizem tal coisa que pessoas crédulas, farsantes, mentirosos e perseguidores de bruxas supõem e incitam. Pois estes são sempre instruídos e abusam de outros mais do que por outros são abusados.

Uma confusão irônica.

Mas vejamos que aparência de verdade ou possibilidade se oculta nesses mistérios, e mostremos o engano. Eles escolheram certas palavras, com as quais alegam realizar milagres, etc. Antes de qualquer coisa, podem evocar demônios e almas do inferno (embora encontremos nas escrituras provas cabais de que todas as passagens para a saída do inferno são fechadas),[800]. de modo que conseguem ir para lá, mas de lá nunca sairão, pois *Ab inferno nulla est redemptio*, no inferno não há redenção. Bem, depois de evocarem esses demônios e almas, eles os trancafiam em um círculo feito com giz, que é tão cercado com cruzes e nomes que não conseguem sair por mais que tentem, o que é algo bem provável. Em seguida, podem prendê-los e soltá-los quando quiserem, e fazer aqueles que mentiram desde o início contarem a verdade; sim, eles podem obrigá-los a fazer qualquer coisa. E os demônios são forçados a lhe obedecer, mas não podem ser levados à devida obediência a Deus, seu criador. Isso feito (eu digo), eles conseguem realizar todos os tipos de milagres (exceto milagres azuis) e muitos acreditam que isso seja verdade:

Tam credula mens hominis, e arrectæ fabulis aures.

Tão crédula é a mente do homem,
E atentos às lendas são seus ouvidos de vez em quando.[801]

Mas mesmo se Cristo (apenas por um momento) deixasse o poder de realizar milagres entre seus apóstolos e discípulos para a confirmação de seu evangelho, e a fé de seus eleitos, eu negaria terminantemente que ele deixou esse poder com esses farsantes, que ocultam seus propósitos enganadores sob essas palavras imorais e tolas, conforme o que *Pedro* diz: "Com palavras fingidas farão de vós negócio". E, portanto, é bom o conselho que *Paulo* nos dá, quando ele nos recomenda não deixar nenhum homem nos enganar com palavras vãs. Pois apenas o Senhor que opera

---
800. Lucas 16, etc.
801. Tradução do latim para o inglês por Abraham Fleming.

grandes milagres e realiza coisas poderosas.[802] Também está escrito que as palavras de Deus, e não as palavras dos conjuradores, ou os feitiços de feiticeiros, curam todas as coisas, criam tempestades e as acalmam.

Mas supondo que o demônio pudesse ser materializado e algemado, e preso de novo quando eles quisessem, etc., eu ainda me admiro que alguém pudesse ser tão enfeitiçado a ponto de acreditar que por meio de suas palavras qualquer criatura terrestre possa ficar invisível. Achamos uma mentira dizer que o branco é preto, e o preto, branco, mas é ainda mais vergonhoso afirmar que branco não é branco, nem muito menos preto, e um descaramento maior dizer que um homem é um cavalo, mas um desaforo ainda mais evidente dizer que um homem não é um homem, ou ser diminuído em tamanha quantidade que possa ficar invisível e, ainda assim, permanecer com vida e saúde, etc., e isso em plena luz do dia, mesmo na presença daqueles que não são cegos. Mas, certamente, aquele que não pode deixar um cabelo branco ou preto, nenhum dos quais (por outro lado) cai da cabeça sem a providência especial de Deus, nunca pode fazer com que a criatura visível de Deus se torne nada, ou perca a virtude e a graça embutidas nela por Deus, o criador de todas as coisas.

Se eles dizem que o demônio os cobriu com uma nuvem[803] ou véu, como afirmam *M. Malef., Bodin* e muitos outros, ainda assim (creio eu) devemos ver o invólucro ou a coisa coberta. E embora por acaso eles digam em seus corações: "Ora, o Senhor não vê quem de fato os cegou, de modo que vendo, eles não enxergam"; entretanto, eles nunca conseguirão persuadir o sábio, mas que Deus e o homem tanto os veem como sua farsa. Ouvi falar de um tolo, que foi levado a acreditar que conseguiria ficar invisível e nu; embora ele fosse açoitado por aqueles que (como ele acreditava) não poderiam vê-lo. Dizem[804] que foi levado a um paraíso dos tolos por tentar matar o príncipe de Orange.

Capítulo 22
Uma comparação entre exorcistas papistas e outros conjuradores, uma conjuração papista publicada por um importante doutor da Igreja Romana, suas regras e alertas.

Não vejo diferença entre essas conjurações e as papistas, pois elas correspondem em ordem, palavras e assunto, com a única diferença de que os papistas as fazem sem vergonha, abertamente, ao passo que os outros as fazem secretamente em uma mixórdia. Os papistas (digo eu) têm sacerdotes encarregados disso, chamados de exorcistas ou conjuradores, e

---
802. Pedro 2; Efésios 5; Salmos 72, etc.
803. Ezequiel 8 e 9; Isaías 6, 26 e 30.
804. John Jauregui, servo de Gaspar Anastro, ambos espanhóis, em 18 de março de 1582, um domingo, depois do jantar cometeu essa maldade. Leia todo o discurso a respeito impresso em Londres pela Tho: Card and Will: Brom Booksellers.

eles não veem os outros farsantes com bons olhos, por levarem vantagem sobre eles. E como os papistas não serão isentos a esse respeito e para que o mundo possa ver sua farsa, impiedade e desatino tão grandes quanto os dos outros, citarei uma conjuração (dentre as quais eu poderia citar centenas) publicada por *Jacobus de Chusa*[805], um grande doutor da Igreja Romana, que serve para descobrir a causa do barulho e de estrondos espirituais em casas, igrejas ou capelas e conjurar mortos-vivos, o que sempre é farsa e enganação no mais alto grau. O leitor pode observar a farsa disso e comparar a impiedade com os outros.

Observações para o exorcista.

Primeiro (claro), ele diz que é aconselhável jejuar por três dias e celebrar um certo número de missas, e repetir os sete salmos penitenciais; então quatro ou cinco padres devem ser chamados ao lugar onde está o espírito ou o barulho, e deve-se acender uma vela consagrada na festa da Candelária enquanto se recitam os sete salmos e o evangelho de *São João*. O exorcista deve carregar uma cruz e um incensário para incensar ou perfumar o lugar, aspergir água-benta e usar uma estola consagrada, e (depois de várias outras cerimônias) deve fazer uma oração a Deus, da seguinte forma:

"Ó Senhor Jesus Cristo, conhecedor de todos os segredos, que sempre revelaste todas as coisas saudáveis e proveitosas a teus filhos fiéis e permites um espírito mostrar-se neste lugar, suplicamos-te por tua paixão amarga, etc., autorizar-nos a comandar este espírito, revelar e indicar para nós, teus servos, sem terror ou detrimento, o que ele é, para tua honra e seu conforto: *In nomine patris, &c.*". E então ele continua com estas palavras: "Suplicamos-te, por amor de Cristo, Ó espírito, que se houver algum entre nós, que respondas, digas teu nome ou manifesta-te por algum sinal. É o frei *P.*[806] ou o doutor *D.* ou o doutor *Burc* ou *sir Feats,* ou sir *John*, ou sir *Robert: Et sic de cæteris circunstantibus*". Pois é sabido (diz a glosa), ele não responderá a todos. Se o espírito fizer algum som de voz, ou batida, na menção do nome de alguém, ele é o farsante (o conjurador, eu diria) que deve ter a incumbência desta conjuração ou exame. E o interrogatório certamente deve ser o seguinte: "És a alma de quem? Por que vieste? O que tens? Queres sufrágios, missas ou donativos? Quantas missas são do teu agrado, três, seis, 10, 20, 30, etc.? Por qual sacerdote deverão ser realizadas? Ele deve ser religioso ou secular? Farás algum jejum? Quais? Quantos? Por quanto tempo? E por quais pessoas? Entre hospitais? Leprosos? Ou mendigos? Qual será o sinal de teu livramento perfeito? Por que estás no purgatório? Algo assim. Isso deve ser feito à noite, pois esses espíritos não são tão astutos de dia quanto à noite.

Se nenhum sinal aparecer nesse momento, o exorcismo deve ser adiado. A água-benta deve ser deixada no local. Não se deve temer (eles dizem) que tal espírito possa ferir o conjurador (ou seriam revelados), porque ele

---

805. *Jac. de Chusæ in lib. de apparitionib. quorundam spirituum.*
806. Lembrando que ele deve ser o mais farsante ou insensato de toda a companhia.

não pode pecar mais, por estar entre o bem e o mal, e até agora no estado de satisfação. Se o espírito ferir, então é uma alma condenada, e não um eleito. Nem todo homem precisa estar presente, principalmente aqueles de natureza fraca. Eles aparecem de diversas formas, nem sempre com corpo ou formato corporal (como é lido na vida de *São Martin,* que o demônio fez), mas às vezes invisíveis, sendo percebidos apenas pelo som, pela voz ou por um barulho (assim a farsa poderia ser mais bem feita). Tudo isso, segundo *Jacobus de Chusa.*

Mas como se verá que essas não são palavras vazias, nem calúnias, mas que em verdade tais coisas costumavam ser postas em prática na Igreja Romana, apresentarei aqui um exemplo, recente e verdadeiro, embora realizado com imoralidade; e este aconteceu de fato como relatado a seguir.

Capítulo 23
Um experimento recente ou conjuração falsa praticada em Orleans pelos frades franciscanos, como ela foi detectada, e o julgamento dos autores dessa comédia.

Uma conjuração falsa.

No ano de nosso Senhor de 1534 em *Orleans,* na *França,* a esposa do prefeito morreu, desejando ser enterrada sem qualquer pompa ou barulho, etc. Seu marido, em respeito à sua memória, fez como ela queria. E como ela foi enterrada na igreja dos *franciscanos*[807], ao lado de seu pai e avô, e o marido lhes deu como recompensa apenas seis coroas, quando eles esperavam por uma prenda maior, logo depois disso, quando ele abateu algumas árvores e vendeu a madeira, os padres quiseram que lhes desse alguma parte da lenha gratuitamente, o que ele negou. Eles não aceitaram isso. Embora antes não gostassem dele, agora demostravam tanto desgosto que imaginaram um meio de se vingar, ou seja, de condenar a esposa dele para sempre. Os principais autores e executores dessa tragédia foram *Colimannus* e *Stephanus Aterbatensis,* ambos doutores em teologia; esse *Coliman* era um grande conjurador, e tinha todos os seus utensílios de prontidão, que estava disposto a usar em um negócio daquele tipo. E assim eles lidaram com o assunto: colocaram em cima dos arcos da igreja um jovem noviço (pois os franciscanos não conseguem conjurar sem um cúmplice), que, à meia-noite, quando vinham orar, como costumavam fazer, fazia um grande estrondo e barulho. De improviso, os monges começaram a conjurar e enfeitiçar, mas ele não respondia. Então, ao ser solicitado a responder com um sinal se era um espírito mudo ou não, ele começou com o barulho de novo, o que eles consideraram um sinal certo. Depois de preparar o

---
807. Leia um material nobre a respeito dessa ordem em um livro impresso em *Franfeford* intitulado *Alcoran. Francisconorum.*

terreno, procuraram certos cidadãos, homens importantes, e outros que os favorecessem, declarando que apareceu uma oportunidade importante em seu monastério, sem revelar qual era o assunto, mas querendo que tais cidadãos fossem às matinas à meia-noite. Quando chegaram e as orações começaram, o falso espírito começou a fazer um barulho incrível no topo da igreja. (Foi um desaforo notório! Com rostos tão desavergonhados os frades abusaram de um grupo tão crédulo.) Sendo questionado sobre o que queria dizer, e quem era, ele deu sinais de que não era autorizado a falar. Portanto, eles o mandaram responder com batidas e sinais a certas perguntas que lhe fariam. Por um buraco feito na abóbada, o noviço conseguia ouvir e compreender a voz do conjurador. Ele carregava uma pequena tábua, com a qual, a cada questão, batia no chão, de tal forma que pudesse ser ouvido embaixo. Primeiro lhe perguntaram se ele era um daqueles que foram enterrados no mesmo lugar. Depois citaram os nomes daqueles muitos que tinham sido enterrados lá e, por fim, também mencionaram o nome da esposa do prefeito e, na mesma hora, o espírito deu um sinal de que era a alma dela. Perguntaram-lhe em seguida se era uma alma condenada ou não e, se fosse, por qual motivo, pecado ou falha; se por avareza, luxúria, por orgulho ou falta de caridade ou se foi por heresia, ou por causa da seita de *Lutero* recém-surgida; perguntaram ao pretenso espírito o que ele queria dizer com todo aquele barulho e agitação; se queria que o corpo enterrado agora em solo sagrado fosse exumado e colocado em outro lugar. Perguntas essas às quais ele respondia com sinais, como lhe fora ordenado, com os quais afirmava ou negava alguma coisa, conforme batia na tábua duas ou três vezes. E, portanto, quando ele deu a entender que a causa de sua danação era a heresia de *Lutero* (o pretenso espírito soube disso antes) e que o corpo precisava ser exumado, os monges pediram aos cidadãos, cuja presença aproveitaram, e até abusaram, que testemunhassem essas coisas que viram com seus olhos e dessem sua palavra quanto à validade delas. Os cidadãos aceitando o bom conselho acerca do assunto, para não ofenderem o prefeito, ou se colocarem em problemas, recusaram-se a fazer isso. Mas, não obstante, os monges tiraram de lá o doce pão, que eles chamam de hóstia e corpo do nosso Senhor, com todas as relíquias de santos e as levaram para outro lugar, e lá rezaram sua missa. O juiz substituto do bispo (que eles chamam de Juiz Eclesiástico) sabendo da questão foi até lá, acompanhado de certos homens honestos, com a intenção de se informar com mais exatidão sobre toda a circunstância e, assim, ele os mandou fazer a conjuração em sua presença. Também exigiu que alguns fossem escolhidos para ver se algum fantasma aparecia ou não na abóbada (e assim encontrar o cúmplice). *Stephanus Aterbatensis* negou terminantemente que isso fosse lícito e admiravelmente o convenceu do contrário, afirmando que o espírito não deveria ser perturbado de modo algum. E apesar da insistência do Juiz em ver a conjuração do espírito, não conseguiu convencê-los.

Enquanto essas coisas aconteciam, o prefeito, após mostrar aos outros juízes do município o que esperava que fizessem, procurou o rei e revelou-lhe toda a questão. Como os monges recusaram o julgamento sob o pretexto de terem suas próprias leis e liberdades, o rei escolheu alguns vereadores de *Paris* e lhes deu autoridade plena e absoluta para investigar o assunto. O mesmo fez o chanceler *Anthonius Pratensis*, cardeal e emissário do papa na França. Portanto, como não fizeram objeção, eles foram enviados a *Paris* e lá obrigados a responder. Mas nada foi arrancado deles pela confissão (em uma obstinada e teimosa persistência em negar ou não confessar o crime cometido) e, depois, foram colocados em prisões diferentes: o noviço foi levado para a casa do mestre *Fumanus*, um dos vereadores. Examinado várias vezes, foi-lhe solicitado a verdade, entretanto ele não confessou nada, porque temia que os monges o condenassem à morte por macular sua ordem, envergonhando-a em público. Mas quando os juízes prometeram ao noviço que ele escaparia da punição e nunca cairia nas mãos dos monges, revelou-lhes como tudo foi feito e confirmou o mesmo na frente de seus companheiros ao ser colocado diante deles. Embora os monges já fossem réus, e por esses meios quase condenados pela malfeitoria, recusaram os juízes, gabando-se e vangloriando-se de seus privilégios, mas tudo em vão. Pois foram sentenciados e condenados a serem levados de volta a *Orleans* e lá presos, finalmente apresentados ao público na principal igreja da cidade e de lá levados ao local da execução, onde fariam a confissão de seus crimes.

Certamente isso era muito comum entre monges e frades, que mantinham sua religião, luxúria, liberdades, pompa, riqueza, honra e desonestidade com tais práticas fraudulentas. Agora exporei mais ordens especiais de conjurações papistas que são tão vergonhosamente admitidas na Igreja de *Roma*, que não só são permitidas, como também seu uso é ordenado, não à noite secretamente, mas de dia descaradamente. E essas com certeza dizem respeito à cura de pessoas enfeitiçadas e aqueles que forem possuídos, ou seja, aqueles que têm um demônio colocado neles pelos encantamentos das bruxas. Com isso, apresentarei certas regras reveladas a nós por doutores papistas da maior reputação.

Capítulo 24

Quem pode ser conjurador na Igreja Católica Apostólica Romana além dos padres, uma definição ridícula de superstição, quais palavras devem ou não ser usadas em exorcismos, rebatismo permitido; é lícito conjurar qualquer coisa, as diferenças entre água-benta e conjuração.

Tomás de Aquino[808] diz que qualquer um, seja ele de uma ordem inferior ou superior, ou até mesmo de nenhuma ordem (e como *Gulielmus Durandus glossator Raimundi* afirma, uma mulher assim não benze a cinta ou a vestimenta, mas a pessoa do enfeitiçado) tem poder para exercer a ordem de um exorcista ou conjurador, mesmo tão bem quanto qualquer padre pode rezar missa em uma casa não consagrada. Mas isso ocorre (segundo o *M. Malef.*) mais pela benevolência e autorização do papa do que por mérito do sacramento. Há também exemplos descritos, nos quais alguém enfeitiçado foi curado (como o *M. Malef.* aborda) sem nenhuma conjuração. De fato há certos *Pai-nossos, Ave-Marias* e *Credos* e alguns sinais da cruz, mas são simpatias, dizem eles, não conjurações. Pois afirmam que tais simpatias são lícitas, porque não há superstição nelas, etc.

Vale a pena ter o trabalho de demonstrar como os papistas definem a superstição e como expõem essa definição[809]. A superstição (dizem eles) é uma religião observada acima de medida, uma religião praticada com circunstâncias malignas e imperfeitas. Além disso, tudo aquilo que usurpa o nome da religião, por meio da tradição humana, sem a autoridade do papa, é supersticioso, como acrescentar ou colocar mais hinos na missa, interromper ofícios fúnebres, encurtar qualquer parte do credo ao cantá-lo ou cantar quando os órgãos soam e não com o coro, não ter alguém para ajudar o padre na missa, entre outras coisas.

Esses exorcistas papistas[810] muitas vezes esquecem suas próprias regras. Pois não deveriam evocar o demônio diretamente em suas conjurações (como fazem) com súplicas, mas com autoridade e controle. Também não deveriam ter em seus feitiços e conjurações quaisquer nomes desconhecidos. Nem deveria haver (como sempre há) alguma falsidade contida no tema do feitiço da conjuração, como (dizem eles) tem nas conjurações das anciãs, quando dizem: "A virgem abençoada atravessou o *Jordão*, e então *Santo Estevão* a encontrou e pediu-lhe, etc.". Nem deveriam ter quaisquer outros sinais vãos, além da cruz (pois essas são as palavras) e muitas outras precauções como essas eles têm, embora não as observem, apesar de as tornarem legítimas em outros lugares.

Mas *Tomás*, seu principal pilar[811], prova a legitimidade de sua conjuração e feitiços com São *Marcos*[812], que diz: "*Signa eos qui crediderunt;*

---

808. *In 4 dist. 23. sent.*
809. *Et glos super illo ad coll. 2.*
810. *Mendaces debent esse memores, multò magis astuti exorcistæ.*
811. Tomás de Aquino, super. Marc. ultim.
812. Marcos 16, 17.

E: *In nomine meo dæmonia ejicient, &c.*: com o qual ele também prova que eles podem conjurar serpentes. E aí ele se esforça para provar que as palavras de Deus têm tanta santidade quanto as relíquias dos santos, considerando que (nesse respeito, como querem dizer) são parecidas e de fato nada dignas. E posso ir mais longe, afirmando que cada uma delas pode causar mal tanto ao corpo como à alma do homem.

Uma aparente consequência.

Mas eles se apoiam em *Santo Agostinho*, dizendo: *Non est minus verbum Dei, quàm corpus Christi*: a respeito do que concluem (um belo resultado): "Pelas opiniões de todos os homens é legítimo carregar com reverência as relíquias dos santos; *Ergo*, é legítimo contra espíritos malignos invocar o nome de Deus de todas as formas, tais como pelo *Pai-nosso*, a *Ave-Maria*, a natividade, a paixão, as cinco chagas, o título triunfante, pelas sete palavras faladas na cruz, pelos pregos, etc., e depositar esperança neles. Sim, eles alegam[813] ser legítimo conjurar todas as coisas, porque o demônio pode ter poder em todas as coisas. E, primeiro, sempre a pessoa ou coisa onde está o demônio deve ser exorcizada e, então, o demônio deve ser conjurado. Eles também afirmam que é tão oportuno consagrar e conjurar mingau e carne, quanto água e sal, ou coisas assim.

Ritos, cerimônias e relíquias de exorcismo no rebatismo dos possuídos ou enfeitiçados.

O ordem correta do exorcismo no rebatismo de uma pessoa possuída ou enfeitiçada requer que a exsuflação e a abrenunciação sejam feitas para oeste. Devem-se ter também o levantar das mãos, a confissão, a profissão de fé, a oração, a bênção, a imposição das mãos, o despojamento e a unção com o óleo sagrado depois do batismo, da comunhão e da indução da sobrepeliz. Entretanto, nada disso é necessário se o enfeitiçado confessar primeiro; e, em seguida, segura-se uma vela na mão, e em vez de uma sobrepeliz para amarrar em seu corpo nu, uma vela consagrada da altura de Cristo, ou da cruz em que ele morreu, que por dinheiro pode ser obtida em *Roma*. *Ergo* (diz o *M. Malef.*), pode ser dito o seguinte: "Conjuro-te, *Pedro* ou *Bárbara* doentes, mas regenerados na água sagrada do batismo, pelo Deus vivo, pelo Deus verdadeiro, pelo Deus santo, pelo Deus que te redimiu com seu sangue precioso, para que tu te tornes um homem (mulher) conjurado (a), para que cada fantasia e perversidade de falsidade diabólica se esquivem e se afastem de ti e para que cada espírito impuro seja conjurado por meio daquele que virá a julgar os vivos e os mortos, e o mundo pelo fogo, Amém". *Oremus*, &c.". E essa conjuração, com o *Oremus*, e uma oração devem ser repetidas três vezes e, no fim sempre se deve dizer: *Ergo maledicte diabole recognosce sententiam tuam, &c.* (Lembrando que isso é para a pessoa enfeitiçada.) E essa ordem deve ser sempre seguida. Por fim, deve

---
813. *Mal. Malef.* part. 2, quæ 2.

ser feita uma busca diligente em cada canto, embaixo de cada colcha e catre, e sob cada limiar das portas, por instrumentos de bruxaria. Se algum for encontrado, deve ser jogado no fogo na hora. Também se devem trocar a roupa de cama, suas vestes e sua moradia. Se nada for encontrado, o indivíduo a ser exorcizado ou conjurado deve ir à igreja logo cedo e quanto mais santo for o dia, melhor, principalmente o Dia da Anunciação. E o padre, se o indivíduo tiver recebido a absolvição e estiver em perfeito estado, fará o melhor nesse lugar. E aquele que for exorcizado deve segurar uma vela consagrada na mão, etc. Com a ressalva de que sempre se jogue água-benta nele e uma estola seja pendurada em seu pescoço, com *Deus in adjutorium*, e a Litania, com a invocação dos santos. E essa ordem pode continuar três vezes por semana, para que (dizem eles) com a multiplicação dos intercessores, ou das intercessões, a graça possa ser obtida e o favor granjeado.

Discute-se na igreja romana se o sacramento do altar deve ser recebido antes ou depois do exorcismo. Na confissão também o confessor deve saber se o indivíduo não foi excomungado, e por falta de absolvição, suportar essa provação. *Tomás*[814] mostra a diferença entre água-benta e conjuração, dizendo que a água benta afasta o demônio de partes externas e exteriores, mas conjurações das partes internas e interiores e, portanto, ambas devem ser aplicadas no indivíduo enfeitiçado.

Capítulo 25

Os sete motivos pelos quais alguns não se livram do demônio com todas as suas conjurações papistas, por que não há conjuradores na igreja primitiva e por que o demônio não é expulso tão rápido do enfeitiçado quanto é do possuído.

Provas adequadas dos sete motivos.

Segundo os papistas, há sete motivos para explicar por que alguns não são curados mesmo com todas as suas conjurações. Primeiro, os espectadores não têm fé; segundo, a fé daqueles que apresentam o indivíduo não é muito melhor; terceiro, por causa dos pecados do enfeitiçado; quarto, por negligenciar as soluções adequadas; quinto, por causa da reverência das virtudes sendo transferida aos outros; sexto, pela purgação; sétimo, pelo mérito do indivíduo enfeitiçado.

Os quatro primeiros são provados por *Mateus* 7 e *Marcos* 4 quando alguém apresentou seu filho e a multidão não tinha fé, e o pai disse: "Que o Senhor me ajude com minha incredulidade ou descrença". Depois do que se disse: "Ó, geração incrédula e perversa, por quanto tempo estarei convosco?" E onde estas palavras estão escritas: E Jesus o repreendeu, etc. Segundo eles, são referências ao possuído ou ao enfeitiçado

---

814. *Tomás de Aquino, supr. dist. 6.*

por seus pecados. Pois pela negligência das soluções devidas parece que não havia com Cristo homens bons e perfeitos, uma vez que os pilares da fé, *Pedro, Tiago* e *João* não estavam. Nem havia jejum e oração, sem os quais esse tipo de demônio não pudesse ser expulso. No caso do quarto ponto, o descuido do exorcista com a fé pode aparecer, pois os discípulos perguntaram a causa de sua impotência. E Jesus respondeu: era por sua incredulidade; dizendo que se tivessem fé do tamanho de uma semente de mostarda, moveriam montanhas, etc. O quinto é provado por *Vitas patrum*, as vidas dos padres, onde se vê que Santo *Antônio* não pôde fazer aquela cura, enquanto seu estudioso *Paulo* sim. Como prova da sexta desculpa, afirma-se que embora o pecado seja afastado, nem sempre o castigo é lançado. Por último, afirma-se que é possível que o demônio não fosse expulso do indivíduo antes do batismo pelo exorcista, ou a parteira não o batizou bem, omitindo alguma parte do sacramento.

Por que não havia conjuradores nos primórdios da Igreja, com outros pontos sutis.

Se alguém alegar que não havia exorcistas nos primórdios da Igreja, retruca-se que a Igreja não pode errar agora. E *São Gregório* nunca teria instituído o exorcismo em vão. E é uma regra geral que aquele ou aquilo que acabou de ser exorcizado deve ser rebatizado, assim como aqueles que caminham ou falam durante o sono; pois (dizem) ao serem chamados por seus nomes, eles acordarão, ou cairão se ascenderem; pelo que se infere que eles não são verdadeiramente nomeados no batismo. Dizem também que é um pouco mais difícil expulsar o demônio de alguém enfeitiçado do que de alguém possuído, porque no enfeitiçado, ele é duplo; no outro, único. Há uma centena dessas notas abjetas, tolas e frívolas.

Capítulo 26
Outros absurdos repulsivos de perseguidores de bruxas nessa questão das conjurações.

Um conjurador não deve ter medo.

Certamente, não consigo ver que diferença ou distinção os perseguidores de bruxas fazem entre o conhecimento e o poder de Deus e do demônio; por mais que pensem, louvem ou conversem com Deus, até seus corações doerem, ele nunca os ouve; mas o demônio conhece cada pensamento e imaginação de suas mentes, e ambos poderão e farão qualquer coisa por eles. Pois se alguém ler certas conjurações com boa-fé com o demônio, ele aparecerá (dizem) num instante. De fato, se outro que não tiver intenção de evocá-lo, ler ou pronunciar as palavras, ele nem se mexerá. Entretanto, *J. Bodin* confessa que teme ler tais conjurações, como *John Wierus* recita, porque (talvez) o demônio apareça e o arranhe com suas longas unhas. De modo que me admiro que o demônio não lide com mais ninguém além de bruxas e conjuradores. Da minha parte, li várias conjurações, mas nunca consegui ver nenhum demônio, exceto em uma peça de teatro. Mas o demônio (talvez) conhece minha mente; isto é, que eu relutaria a entrar no alcance de suas garras.

A bruxa cura por feitiço e o conjurador por conjuração.

Mas vejamos os argumentos dessas pessoas. *Bodin, Bartholomeus Spineus* e *Institor*, etc., afirmam constantemente que as bruxas devem ser punidas com mais rigor do que os conjuradores e às vezes com a morte, enquanto os outros devem ser perdoados mesmo tendo cometido o mesmo crime, porque (dizem) as bruxas fazem um pacto com o demônio, e os conjuradores não (enquanto uma bruxa cura por encanto, o conjurador cura com uma conjuração). Ora, se os conjuradores não fazem um pacto por sua própria confissão, e os demônios não conhecem na verdade nossas cogitações (a respeito do que dei provas suficientes), então quero saber de nossos perseguidores de bruxas o motivo (se eu leio a conjuração e realizo a cerimônia): por que o demônio não atenderá ao meu chamado? Mas, ó, credulidade absurda! Mesmo nesse ponto muitos homens sábios e acadêmicos foram e são ludibriados; ao passo que se fizessem experiência ou expusessem devidamente a causa, tudo logo seria resolvido, principalmente quando toda a arte e circunstância são tão contrárias à palavra de Deus, que deve ser falsa, se a outra for verdadeira. De modo que se pode compreender que os papistas não só por sua doutrina, em livros e sermões ensinam e publicam conjurações, e a ordem delas, com as quais eles podem induzir os homens a aplicar ou desperdiçar seu dinheiro em missas e sufrágios por suas almas, mas também fazem disso uma parcela de seu sacramento das ordens (dentre as quais está a de conjurador) e inserem muitas formas de conjurações em seu serviço divino, e não só em seus pontificados, como também em seus missais; até mesmo no cânone da missa.

Capítulo 27

Certas conjurações tiradas do pontifício e do missal.

Mas vejamos um pouco mais das conjurações papistas e compará-las-emos às outras. No pontifício[815] há esta conjuração, que os outros conjuradores usam tão solenemente quanto eles: "Conjuro-te, criatura da água, em nome do ✠pai, do ✠filho e do Espírito ✠ Santo para que afastes o demônio dos limites dos justos, para que ele não permaneça nos cantos sombrios desta igreja e altar". No mesmo título[816], encontram-se as seguintes palavras para serem usadas na consagração de igrejas. Uma cruz de cinzas deve ser desenhada no piso, de uma ponta da igreja à outra, com uma mão de largura e um dos padres deve escrever de um lado o alfabeto grego e, do outro, o latino. *Durandus*[817] revela que a cruz representa a união na fé dos judeus e dos gentios. E concordando bem consigo mesmo ele afirma que a cruz se estendendo de um lado a outro significa que os povos, que estavam na cabeça, serão colocados na cauda.

¶ *Uma conjuração escrita no livro da missa. Fol. I.*

"Conjuro-te, Ó criatura de sal, por Deus, pelo Deus ✠ que vive, pelo verdadeiro ✠ Deus, pelo santo ✠ Deus, que por *Elizæus*, o profeta, ordenou que fosses lançada na água, para que com isso esta fique sã e salva, para que teu sal (aqui o padre deve olhar para o sal) possa ser conjurado pela saúde de todos os crentes, e para que tu sejas para todos que te consomem saúde para corpo e alma, e que todas as fantasias e perversidade, artifício ou truque diabólico saiam do lugar onde é aspergido; como também cada espírito impuro, sendo conjurado por aquele que julga os vivos e os mortos pelo fogo." *Resp.:* Amém. Em seguida, reza-se uma oração, sem *Dominus vobiscum*; mas com *Oremus*, como segue:

¶ *Oremos.*

Uma oração para ser aplicada ao exorcismo anterior.

"Deus eterno e Todo-Poderoso, nós humildemente rogamos tua clemência [aqui o padre olha para o sal] para que me autorizes, por piedade, a aben✠çoar e consa✠grar esta criatura de sal, que concedeste para o uso da humanidade, para que seja a todos que a recebam saúde de mente e corpo; de modo que tudo o que for tocado por ela, ou aspergida com ela, possa ser destituída de toda a impureza, e de toda a resistência da iniquidade espiritual, por nosso Senhor, Amém.

O que pode ser feito além de uma conjuração dessas palavras também, que está escrita no cânone ou consagração da missa? Que esta santa

---
815. *Tit. de ecclesiæ dedicatione.*
816. *Ibidem, fol. 108.*
817. *Durand. de ecclesiæ dedicatione lib. 1 fol. 12.*

mistura de corpo e sangue do nosso Senhor Jesus Cristo seja feita para mim e para todos os destinatários, saúde de mente e corpo, e um preparativo salutar para o mérito e o recebimento da vida eterna, por nosso Senhor Jesus, Amém."

Capítulo 28
Os padres papistas não deixam nada sem conjurar, uma forma de exorcizar o incenso.

A conjuração do incenso

Embora os papistas tenham muitas conjurações, de modo que tudo tem sua forma de conjuração: água, fogo, pão, vinho, cera, sebo, igreja, cemitério, altar, toalha do altar, cinzas, carvões, sinos, cordas de sinos, vestimentas litúrgicas, túnicas, óleo, sal, vela, castiçal, cama, colunas da cama, etc., em nome da concisão omitirei várias, e terminarei aqui com a seguinte conjuração do incenso: ✠ Conjuro-te, imundo e horrível espírito, e cada visão de nosso inimigo, etc.: vai e afasta-te dessa criatura de incenso, com toda tua falsidade e perversidade, para que esta criatura seja consagrada e em nome de nosso Senhor ✠ Jesus ✠ Cristo ✠ para que todos aqueles que sentirem seu gosto, toque ou cheiro possam receber a virtude e a assistência do Espírito Santo; de modo que esteja onde estiver este incenso, tu não sejas tão ousado de se aproximar ou tomar a liberdade ou tentar ferir, mas seja qual for o espírito impuro que fores, que com toda tua destreza e sutileza, esquiva-te e afasta-te, sendo conjurado pelo nome de Deus, o pai Todo-Poderoso, etc. E que qualquer fumaça ou vapor que sair dele afaste e expulse todos os tipos de demônios, assim como foram com o incenso[818] de fígado de peixe, como fez o arcanjo *Rafael*, etc.

---
818. Tobias viii, 2-3

Capítulo 29

As leis e as regras dos exorcistas papistas e outros conjuradores, com uma refutação de seu poder, como São Martinho conjurou o demônio.

Papistas e conjuradores enganando seus pares.

Os papistas têm certas leis e regras gerais, tanto como se abster de pecado, jejuar, como também se purificar de outra forma de todas as contaminações, etc., e o mesmo acontece com os outros conjuradores. Alguns dirão que os papistas usam o serviço divino e orações; até mesmo os conjuradores comuns (como se pode ver) imitam a forma papista, não se desviando nada deles em fé e doutrina, nem mesmo nos tipos ímpios e insensatos de solicitações. Penso que pode ser um argumento suficiente para derrubar a evocação e as obras milagrosas dos espíritos, pois está escrito[819]: apenas Deus conhece e perscruta os corações, e apenas Ele opera grandes maravilhas. Argumento esse que sendo defendido até o fim jamais pode ser refutado, de tal maneira que o poder divino é exigido nessa ação.

E se for dito que nessa conjuração falamos com os espíritos e eles nos ouvem, e portanto não precisam conhecer nossos pensamentos e imaginações, eu pergunto em primeiro lugar se o rei *Baal*, ou *Amoimon*, que são espíritos regentes das regiões mais distantes do leste (como dizem) podem ouvir a voz de um conjurador, que chama por eles, mesmo estando nos extremos do oeste, com tantos barulhos interpostos, onde talvez estejam ocupados e preparados para trabalhar nas mesmas questões. Segundo, se esses espíritos têm o mesmo poder de Deus, que está em todo lugar, preenchendo todos os lugares e é capaz de ouvir todos os homens no mesmo instante, etc. Terceiro, de onde vem a força de tais palavras que elevam os mortos e comandam demônios. Se forem emitidas pelo som, então podem ser feitas por um tambor e uma flauta ou qualquer outro instrumento sem vida. Se for a voz, então podem ser pronunciadas por qualquer animal ou ave. Se forem palavras, então um papagaio pode pronunciá-las. Se for apenas em palavras humanas, qual é a sílaba tônica, a primeira, a segunda ou a terceira? É uma sílaba ou palavra que tem a força? Se for a imaginação, então o demônio conhece nossos pensamentos. Mas tudo isso é vão e fictício.

Está escrito[820]: "Todas as gerações da terra eram saudáveis e não há veneno da destruição nelas. Por que então eles conjuram criaturas salubres, como sal, água, etc. onde não há demônios? Deus viu todas as suas obras, e viu que era tudo muito bom. Qual o propósito (pergunto eu) dos sete filhos de *Ceva*[821], que é a grande objeção dos perseguidores de

---

819. 1 Samuel 16, 7; 1 Reis 8, 39; Jeremias 17, 10; Salmos 44, 21; Salmos 72, 18.
820. Sabedoria 1, 14; Eclesiastes 9; Gênesis 1.
821. Atos 19.

bruxas? Eles precisariam dizer que expulsam os demônios dos possuídos. Mas o que realizaram?". Contudo, isso foi no tempo em que Deus às vezes permitia que os milagres fossem realizados frequentemente. Com isso, pode-se ver o que os conjuradores conseguem realizar.

Onde está uma promessa como essa a conjuradores ou bruxas, tal como é feita no Evangelho aos que crerem? Onde está escrito[822]: "Em meu nome expulsarão demônios, falarão novas línguas; se beberem algum veneno mortal, este não lhes fará mal; eles afastarão serpentes e imporão as mãos sobre os doentes e eles se recuperarão?". De acordo com a promessa, essa concessão de obra milagrosa foi realizada na igreja primitiva, para a confirmação da doutrina de Cristo e o estabelecimento do Evangelho.

Porém, como provei em outro momento, esse dom foi temporário e agora acabou; nem foi criado para papista, bruxo ou conjurador. Eles alegam evocar e expulsar demônios; e desfazer com um demônio aquilo que outro demônio fizera. Se um demônio pudesse expulsar outro, seria um reino dividido e não resistiria. Argumento que o próprio Cristo faz e, portanto, posso ter a ousadia de dizer, mesmo com Cristo, que eles não têm tal poder. Pois[823] além dele, não há salvador, ninguém pode soltar-se de sua mão. Quem, além dele, pode proclamar, pôr em ordem, decretar e anunciar o que acontecerá? Ele destrói os sinais dos adivinhos, e enlouquece os conjecturadores, etc. Ele proclama o futuro, e isso os bruxos não conseguem fazer.

Não há remédio na feitiçaria, adivinhação e outras ciências vãs como essas. Pois os demônios são expulsos pelo dedo de Deus, que *Mateus*[824] chama o espírito de Deus, que é o grande poder de Deus, e não por meio do mero nome, sendo falado ou pronunciado, pois isso todo homem perverso faria. E *Simão Mago* não precisaria então ter oferecido dinheiro para comprar o poder de realizar milagres e portentos, pois poderia falar e pronunciar o nome de Deus, bem como dos apóstolos. Decerto, eles podem logo expulsar todos os demônios que estão no incenso, e criaturas como essas, quando, na verdade, não há demônios; mas nem eles, nem toda a água-benta podem de fato curar um homem possuído por um demônio, em corpo ou mente, como Cristo fazia. Além do mais, por que eles não expulsam o demônio que possui suas próprias almas?

Que eu ouça qualquer um deles falar em línguas novas, que bebam apenas um trago de uma poção que prepararei para eles, que curem os doentes com a imposição das mãos (embora as bruxas aleguem fazer isso, e os perseguidores de bruxas acreditem nisso) e, então, concordarei com eles. Mas se aqueles que depositam tanta certeza nas ações de bruxas e conjuradores prestassem atenção ao seu engano e em como o alvo

---

822. Marcos 16, 17.
823. Isaías 43, versículos 11 e 13; 44, 7, 25.
824. Isaías 46, 10; 47, 12, 13; Lucas 11, 20; Mateus 12, 28; Atos 8, 10.

deles é o dinheiro (não falo dessas bruxas que são acusadas falsamente, mas aquelas que afirmam dar respostas, etc., como a mãe *Bungie* fazia), veriam a farsa. Pois são ludibriados, assim como muitos espectadores dos mágicos, que acreditam estar vendo atos milagrosos quando, na verdade, tudo é feito com ligeireza e sutileza.

Mas nessa matéria de bruxarias e conjurações, se os homens confiassem em seus próprios olhos em vez de em contos de fadas e mentiras, ouso garantir que a farsa seria exposta, por ser mais fácil de ser percebida do que o ilusionismo. Mas preciso confessar que não é uma grande maravilha, embora os simplórios sejam iludidos, quando tais mentiras a respeito dessas questões são ditas por pessoas de importância, que se imiscuem no serviço divino. Por exemplo, está escrito que *São Martinho* enfiava os dedos na boca de alguém endemoninhado que costumava morder as pessoas e, então, mandava devorá-las se pudesse. E como o demônio não podia sair de sua boca, sendo impedido pelos dedos de *São Martinho*, fugia de bom grado pelo traseiro. Ah, que mentira deslavada![825]

Capítulo 30
É uma vergonha para os papistas acreditar nos feitos de outros conjuradores, quando os seus têm tão pouca força, a opinião de Hipócrates sobre isso.

E eu ainda penso que papistas (dentre todos os outros), que na verdade são os mais crédulos, e que mais afirmam a força dos feitiços das bruxas, e das farsas dos conjuradores, deveriam perceber e considerar inválidos os procedimentos dos conjuradores. Pois quando eles veem seu próprio material, tais como água-benta, sal, velas, etc., conjurado por seus santos bispos e padres; e que nas palavras da consagração ou conjuração (pois assim as chamam seus doutores)[826] eles adjuram a água, etc. para curar não apenas a enfermidade das almas, mas também todas as doenças, ferimentos ou dores do corpo, e também mandam as velas, com a força de toda sua autoridade e poder, e pelo efeito de todas as suas santas palavras, não se esgotarem e mesmo assim nem alma ou corpo ou qualquer coisa recuperam, nem as velas duram mais um minuto, com que cara podem eles defender as obras milagrosas dos outros, como se as ações das bruxas e dos conjuradores fossem mais eficazes do que as deles? *Hipócrates* não passa de um pagão, e por não ter o conhecimento perfeito de Deus conseguia ver e perceber bem essa farsa e desonestidade, dizendo: "Aqueles que se vangloriam de conseguir remover ou remediar as infecções das doenças com sacrifícios, conjurações, ou outros instrumentos mágicos ou meios não passam de indivíduos

---

825. Conjuração de São Martinho: *in die sancti Martini, leet. I.*
826. *Vincent. dominica in albis: in octa. pasch. sermone. 15; Durand. de exorcist.*

carentes, à procura de um meio de vida e, portanto, atribuem suas palavras ao demônio, porque pareciam saber um pouco mais do que as pessoas comuns". É de admirar que os papistas afirmem que água-benta, cruzes ou palavras secretas tenham tamanha virtude e violência a ponto de afastar demônios de um modo que eles não ousam se aproximar de nenhum lugar ou da pessoa emporcalhada com tal coisa, quando, no evangelho, vemos que o demônio ousou atacar e tentar o próprio Cristo. Pois o demônio de fato se ocupa fervorosamente em seduzir o devoto, já o perverso, ele reconhece e apenas o acompanha, como se já fosse seu. Mas continuemos com nossa refutação.

Capítulo 31
Como os conjuradores iludiram as bruxas, quais livros eles carregam para conseguir crédito para sua arte, declarações perversas contra Moisés e José.

Portanto, vê-se que os conjuradores não são nada bobos. Pois enquanto as bruxas, por serem pobres e necessitadas, vão de porta em porta em busca de auxílio, nunca têm tantos sapos ou gatos em casa, nem tanto estrume de porco e cerefólio ou nunca têm tantos feitiços guardados; esses conjuradores (digo) conquistaram cargos na Igreja de Roma, com os quais obtiveram autoridade e grande estima. Além do mais, para dar mais crédito a essa arte, esses conjuradores carregam hoje livros intitulados com os nomes de *Adão, Abel, Tobias, e Enoque*, dentre os quais *Enoque* é considerado o maior especialista nessas questões. Eles também carregam consigo livros que dizem ter sido escritos por *Abraão, Arão e Salomão*. Também possuem livros de *Zacarias, Paulo, Honório, Cipriano, Jerônimo, Jeremias, Alberto e Tomás*, além de autoria dos anjos *Riziel, Razael e Rafael* e esses, sem dúvida, eram aqueles livros que dizem terem sido queimados na Ásia Menor. E para ter mais crédito, eles se vangloriam de que devem ser e são habilidosos e especialistas nas seguintes artes: *Ars Almadell, ars Notoria, ars Bulaphiæ, ars Arthephii, ars Pomenat, ars Revelationis, &c.* De fato, esses conjuradores espalhados pelos cantos não se aferram (com *Justine*) em relatar e afirmar que *José*, que era uma figura verdadeira de Cristo, que nos libertou e redimiu, era especialista nessas artes, e por meio delas profetizava e expunha sonhos, e que essas artes foram passadas por ele a *Moisés* e, por fim, de *Moisés* para eles, o que *Plínio* e *Tácito* afirmam a respeito de *Moisés*. *Strabo* também, em sua cosmografia, faz o mesmo relato blasfemo. Assim como *Apolônio, Molon, Possidonius, Lisímaco* e *Apiano* chamam *Moisés* de mago e conjurador,[827] o que *Eusébio* refuta com muitos argumentos notáveis. Pois *Moisés* diferia tanto do mago quanto a verdade da falsidade, e a piedade da vaidade, pois, na verdade, ele desba-

---

827. *Plínio. lib. 30, cap. 2. Strabo. lib. 16.*

ratava toda a magia e fazia o mundo ver, e os magos astutos da terra confessarem que suas proezas não passavam de ilusões, enquanto os milagres de Moisés eram realizados pelo dedo de Deus. Mas que o conhecimento das bruxas anciãs é assim tão extenso (como afirma *Danœus*)[828] não é verdade, pois até onde eu compreendo suas solicitações são apenas por uma xícara de leite, etc. na casa de seu vizinho, a 800 metros de distância.

Capítulo 32
Todas as artes mágicas refutadas por um argumento a respeito de Nero, o que Cornélio Agrippa e Carolus Gallus deixaram escrito sobre isso e provaram por experiência.

O convite de Tirídates a Nero e as leis de Nero contra conjuradores e conjurações.

Certamente, *Nero* provou que todas essas artes mágicas são mentiras vãs e fabulosas, e nada além de farsa e desonestidade. Ele era um príncipe notável, com suficientes dons da natureza para tratar de tais questões, tesouros também suficientes para empregar na busca disso, e, no entanto, nada descobriu de verdadeiro nelas, por mais que tivesse inquirido por toda parte; ele oferecia e teria dado metade de seu reino para ter aprendido essas coisas, como ouvira falar que os magos realizavam; atraiu todos os magos habilidosos do mundo a *Roma*, além de buscar livros e todas as outras coisas necessárias para um mago e nunca conseguiu encontrar nada nele, além de farsa e prestidigitação. Por fim, conheceu um tal *Tirídates*, grande mago, que junto a todos os seus acompanhantes, e colegas magos, bruxas, conjuradores e farsantes, convidou *Nero* a certos banquetes e exercícios mágicos. O que quando *Nero* pediu para aprender, ele (para esconder sua farsa)[829] respondeu que não iria, nem poderia ensiná-lo, mesmo que ele lhe desse seu reino. A causa dessa recusa (eu digo) foi para que *Nero* não espionasse os truques enganadores. Quando *Nero* os viu e compreendeu que eles e toda essa arte eram frívolos, mentirosos e ridículos, tendo apenas sombras de verdade e que suas artes eram apenas venefícios, proibiu-as terminantemente, e fez leis justas e fortes contra o uso e os praticantes dessa arte, como relatam *Plínio* e outros. É de se admirar que um homem possa ser tão ludibriado dessa forma a ponto de supor que Satã seja comandado, compelido ou preso pelo poder do homem, como se o demônio pudesse se sujeitar ao homem, além da natureza; e não a Deus, seu criador, de acordo com as leis da natureza. Visto que há (como confessam) tanto bons anjos como maus, eu saberia por que eles evocam os anjos do inferno e não os anjos do céu. Mas para isso eles têm resposta (conforme diz *Agrippa*). Anjos bons (certamente) não aparecem, e os outros estão

---
828. *Danœus. In dialog de sortiariis.*
829. Nero fez leis contra conjuradores e conjurações.

de prontidão. Aqui não posso deixar de contar como *Cor. Agrippa*[830] revela, detecta e deturpa essa arte da conjuração, ele que em sua juventude mergulhou fundo em todas essas ciências mágicas, e não era apenas um grande conjurador e praticante delas, mas também escreveu com muita habilidade *A Filosofia Oculta*. Todavia, mais tarde, em uma idade mais sábia, ele abjurou de suas opiniões e lamentou seus desatinos a esse respeito, e descobriu a impiedade e as vaidades dos magos e feiticeiros, que se vangloriam de realizar milagres; ação essa que agora acabou (diz ele) e atribui-lhes um lugar com *Jannes* e *Jambres,* afirmando que essa arte ensina apenas truques vãos para exibicionismo. *Carolus Gallus* também diz: "Comprovei muitas vezes, pelas bruxas e pelos conjuradores, que suas artes (principalmente aquelas que consistem em feitiços, impossibilidades, conjurações e bruxarias, do que eles costumavam se vangloriar) eram meras tolices, mentiras deslavadas e sonhos". Da minha parte, posso dizer o mesmo, mas prefiro não alegar minhas próprias provas e fontes, pois meus adversários dirão que elas são parciais, e não indiferentes.

Capítulo 33

As conjurações de Salomão e a refutação da opinião a respeito de sua habilidade e prática.

Vários autores afirmam que *Salomão* foi o criador dessas conjurações e, a respeito disso, *Josefo* faz o primeiro relato em seu quinto livro, *A Antiguidade dos Judeus*, cap. 22, no qual narra com seriedade a seguinte história, que *Polidoro Virgílio,* e muitos outros repetem literalmente dessa forma, e parecem dar crédito à fábula que não tem quase nada de verdade.

Salomão era o maior filósofo, filosofava sobre tudo e tinha o conhecimento pleno e perfeito de todas as suas propriedades, mas esse dom lhe viera do Altíssimo, para o bem e a saúde da humanidade, eficaz contra os demônios. Ele também fez feitiços para afastar doenças e deixou diversos tipos de conjurações escritos, com os quais os demônios que se sujeitam são afastados para tão longe que nunca retornam. E esse tipo de cura é muito comum entre meus conterrâneos, pois vi (*Probatum est* em um paciente diante de testemunhas; *Ergo,* não é mentira) um vizinho meu, um tal *Eleazer*, que na presença de *Vespasiano* e seus filhos, e o resto dos soldados, curou muitos que foram possuídos por espíritos. A cura tinha a seguinte forma e ordem. Ele punha no nariz do possuído um anel e sob seu fecho estava pendurada uma espécie de raiz, cujo efeito *Salomão* declarava e o perfume dela arrancava o demônio pelo nariz;

---

830. C. Agrip. Lib. de vanitat. scient.

depois disso, o homem caía no chão e então *Eleazer* conjurava o demônio a partir e não voltar mais. Enquanto isso, fazia menção a *Salomão*, recitando encantamentos da autoria deste. E então *Eleazer*, disposto a mostrar aos espectadores sua habilidade e a eficácia maravilhosa de sua arte, colocou não muito longe de lá uma panela ou bacia cheia de água, e mandou o demônio que saiu do homem que, ao derrubar a vasilha, demonstrasse aos espectadores que abandonara completamente o homem. Isso feito, ninguém duvidou da grandeza do conhecimento e da sabedoria de *Salomão*. Assim um truque de mágica foi produzido para confirmar uma jogada persuasiva de desonestidade ou farsa.

Outra história da conjuração de *Salomão*, encontro citada na sexta lição[831], lida na Igreja de *Roma* no dia de *Santa Margarida*, bem mais ridícula do que essa. Também *Pedro Lombardo*, mestre das sentenças, e *Graciano*, seu irmão, compilador dos decretos dourados, e *Durandus* em seu *Rationale divinorum*, todos afirmam seriamente a habilidade de *Salomão* nessa questão e contam a história: que *Salomão* prendeu milhares de demônios em um vaso de bronze e o deixou em um buraco fundo ou lago, de modo que depois os *babilônios* o encontraram e supondo que haveria ouro ou prata dentro dele, o quebraram e de lá saíram os demônios, etc. Percebe-se que essa história é digna de crédito porque se julga adequado lê-la na Igreja Romana como parte de seu serviço divino. Nas lições do dia de *Santa Margarida*[832], a virgem, essas palavras serão encontradas literalmente, que eu prefiro recitar, pois me serviram diversas vezes, ou seja, para as conjurações de *Salomão*, para a história do vaso de bronze e para as conjurações do papa, que amplificam a fé e a doutrina, e para mostrar que crédito tem a religião deles, tão vergonhosamente maculada com mentiras e fábulas.

Capítulo 34
Lições lidas em todas as igrejas sob autoria do papa no dia de Santa Margarida, traduzidas palavra por palavra.

Santa *Margarida* rogou a Deus para travar um conflito frente a frente com seu inimigo secreto, o demônio; depois de terminar sua prece, ela viu um dragão terrível que a devorou, mas ela fez o sinal da cruz e o dragão partiu-se ao meio[833].

Em seguida[834], ela viu outro homem sentado com as pernas cruzadas e as mãos sobre os joelhos, pegou-o pelos cabelos, jogou-o no chão e enfiou seu pé na cabeça dele; depois de fazer suas orações, uma luz brilhou no céu, que ela viu na prisão onde estava, e a cruz de Cristo foi vista no céu, com

---

831. *Lib. 4 dist. 14. Decret. aureum. dist. 21 Rub. de exorcist.*
832. *Lect. 5 & 6.*
833. *Lect. in die sanctissimæ Marg. vir. 5.*
834. *Lect. 6.*

uma pomba sentada sobre ela, que disse: "Abençoada sejas tu, Ó Margarida, os portões do paraíso aguardam tua chegada". Então, agradecendo a Deus, ela disse ao demônio: "Dize-me teu nome". O demônio disse: "Tira teu pé do meu rosto para que eu possa falar e revelar-te". Feito isso, o demônio disse[835]: "Sou *Veltis,* um daqueles que *Salomão* prendeu no vaso de bronze, e quando os *babilônios* apareceram e achando que haveria ouro dentro do vaso, eles o quebraram e nós fugimos; e desde então aguardo para importunar os justos". Mas vendo que recitei uma parte da história dela, eis aqui o fim. Na hora da execução de Santa Margarida esta foi sua prece:

"Permite, então, Ó Pai, que quem escreve, lê ou ouve minha paixão, ou lembra-se de mim, mereça perdão por todos os seus pecados; quem me evocar, se estiver à beira da morte, será liberto das mãos de seus adversários. E eu também rogo, Ó Senhor, que quem construir uma igreja em minha honra, ou servir-me velas (os papas lucram, eu garanto) de seu justo trabalho, obtenha tudo o que pedir por sua saúde. Protege do perigo todas as mulheres no parto que me invocarem".

Sua oração terminou, houve muitos estrondos de trovões e uma pomba desceu do céu, dizendo: "Abençoada sejas, Ó Margarida, esposa de Cristo. Essas coisas que pediste são-te concedidas; então vem para teu descanso eterno, etc.". Então o carrasco (embora ela tenha pedido) recusou-se a degolá-la e ela lhe disse: "Se fizeres isso, não terás a ver comigo, e ele, enfim, o fez, etc.". Isso é comum (dizem eles) quando uma bruxa ou um conjurador morre. Mas como estou sendo monótono, achei bom reanimar meu leitor com uma história lamentável, dependendo do assunto precedente, relatada por muitos autores sérios, palavra por palavra, da seguinte forma.

Capítulo 35

Uma história delicada de um lombardo que, a exemplo de Santa Margarida, precisou combater um demônio real.

Havia (depois de um sermão feito, no qual a história de *Santa Margarida* foi relatada, pois em tal coisa consistia não só sua cerimônia, como também seus sermões no tempo cego do papismo), (digo) um certo jovem, um *lombardo,* com tamanha simplicidade que não tinha apreço pelos bens mundanos, mas afetou totalmente a salvação de sua alma, pois ouvindo como foi grande o triunfo de *Santa Margarida,* começou a pensar consigo como o demônio era cheio de afrontas. E entre outras coisas ele disse: "Ó que Deus permite que o demônio lute comigo corpo a corpo em forma visível! Eu então certamente o derrubaria e lutaria com ele até obter a vitória". E assim ao meio-dia ele saiu da cidade, e encontrando um lugar conveniente para

---
835. Ver o capítulo sobre a palavra *Iidoni.*

orar, ajoelhou-se secretamente, orou entre outras coisas para que Deus permitisse que o demônio aparecesse para ele em forma visível, seguindo o exemplo de *Santa Margarida*, para ser derrotado em batalha. E enquanto rezava, chegou àquele lugar uma mulher muda com um gancho na mão para colher certas ervas que cresciam lá. Quando chegou ao lugar e viu o jovem ajoelhado entre as ervas, ela ficou com medo,[836] empalideceu e, afastando-se, rugiu de tal forma que sua voz não podia ser compreendida, e com sua cabeça e mãos fazia sinais ameaçadores para ele. O jovem, vendo uma meretriz tão feia e repugnante, decrépita e cheia de rugas pela idade, com um corpo comprido, de rosto macilento, pálida, com roupas esfarrapadas, gritando muito alto e com uma voz incompreensível, ameaçando-o com o gancho que ela carregava na mão, teve certeza de que ela não era uma mulher, mas um demônio com a aparência de mulher, e achou que Deus ouvira as suas preces. Causas pelas quais ele partiu para cima dela com avidez e acabou jogando-a no chão, dizendo: "Vieste, demônio amaldiçoado, vieste? Não, não, não me derrotarás em luta visível, depois de me derrotar em tentação invisível".

Enquanto dizia essas palavras, pegou-a pelo cabelo, arrastou-a, batendo nela ora com a mão, ora com os calcanhares e, às vezes, com o gancho tão longo, e feriu-a tanto que a deixou agonizando. Ao ouvirem o barulho, muitas pessoas correram até eles, e vendo o que foi feito, apreenderam o jovem e o colocaram em uma prisão repulsiva. *S. Vicente*, que por sua santidade compreendia toda essa questão, mandou que o corpo que parecia morto fosse levado a ele, e lá (de acordo com seu costume) ele colocou sua mão sobre ela, que ressuscitou na hora e chamou um de seus capelães para ouvir a confissão da mulher. Mas aqueles que estavam presentes disseram ao homem de Deus que era inútil fazer isso, pois ela nasceu surda e não conseguia ouvir nem entender o padre, nem poderia confessar seus pecados com palavras. Apesar disso, *S. Vicente* pediu ao padre para ouvir sua confissão, afirmando que ela poderia falar de todas as coisas com ele claramente. Portanto, sempre que o homem de Deus mandava, o padre obedecia e, assim, se aproximou dela para ouvir sua confissão. Ela, que toda a *Catalunha* sabia ter nascido surda, falou e se confessou, pronunciando cada palavra com tanta clareza como se nunca tivesse sido. Depois de se confessar, ela pediu a eucaristia e a extrema-unção e, por fim, confiou-se a Deus e na presença de todos que foram ver esse milagre, ela continuou falando enquanto seu corpo ainda respirava. O jovem que a matou foi salvo do cadafalso por *S. Vicente* e com sua intercessão foi para casa na *Itália*. Essa história relatada é encontrada no *Speculo exemplorum*[837] e repetida também por *Robert Carocul*, bispo de *Aquinas*, e muitos outros, e pregada publicamente na Igreja de *Roma*.

---

836. Erro mútuo por meio de visão súbita.
837. *Dist. 8. exempl. 17. serm 29, cap. 20.*

Capítulo 36

A história de Santa Margarida provada como ridícula e ímpia em todos os pontos.

Primeiro, que a história de *Santa Margarida* era uma fábula pode ser provado pelos temas incríveis, impossíveis, absurdos, ímpios e blasfemos contidos nela e por sua circunstância ridícula. Embora a santa tenha derrotado o demônio com crueldade, enquanto ele estava com as mãos atadas, foi cortês ao tirar o pé de cima dele como ele pediu. O demônio não poderia falar enquanto ela pisava em sua cabeça e, mesmo assim, disse: "Tira teu pé que eu digo quem sou". Santa Margarida viu o céu aberto mesmo estando em uma prisão fechada. Mas sua visão era tão clara que ela conseguiu ver uma pombinha sentada em uma cruz tão distante. O céu é mais alto do que o sol e o sol, quando está mais perto de nós, fica a 149.597.870.700 metros de distância. E ela tinha bons ouvidos para conseguir ouvir uma pomba falar de tão longe. Para sua sorte, *São Pedro,* que (dizem)[838] é porteiro, ou então o papa, que tem mais conquistas do que *Pedro,* tinha tempo livre para ficar nos portões tanto tempo por ela. *Salomão* não forneceu um bom lugar nem cumpriu bem a ordem com seu vaso de bronze. Acho estranho como deixaram o vaso se quebrar e sair os demônios. Também é de se admirar que estes não o tenham derretido com seu sopro muito antes, pois os demônios sempre carregam consigo o fogo do inferno, tanto que (dizem) deixam cinzas por onde andam. Certamente, ela fez em sua oração um pedido irracional[839]. Mas a data de seu documento não bate, porque creio que quem hoje em dia queimar uma boa vela de uma libra diante de si nunca será melhor, mas valerá bem menos. E ao lermos sobre a vida de *Santa Margarida,* descobrimos que era a esposa de Cristo; o que nos torna muito mais sábios do que antes. Também na lenda áurea de *Santa Catarina*, pode-se ver que ela era esposa de Cristo e que Nossa Senhora celebrou o casamento, etc. Uma permissão excelente para bigamia. Aqui eu também citarei outras dessas histórias notáveis, ou milagres de fonte autorizada, e assim trazer vergonha ou incomodar os leitores com isso. Jamais teria eu conseguido escrever essas fábulas, mas elas são autênticas entre os papistas e nós, que somos protestantes, podemos ficar satisfeitos tanto com os milagres de conjuradores e bruxas, como com os dos outros, pois os dois tipos são igualmente graves.

---

838. *Secundiem Bordinum Corrigens, Quæst Math. Tract. 1, sect.. 77.*
839. *Psellus de operatione dæmonum.*

Capítulo 37
Um milagre agradável realizado por um padre papista.

Na época em que as heresias dos *Waldenses* começaram a surgir, certos homens perversos, sustentados e mantidos pela virtude diabólica, mostraram certos sinais e milagres[840] com os quais fortaleciam e confirmavam suas heresias, além de perverter na fé muitos fiéis, pois caminhavam sobre a água e não afundavam. Mas um certo padre católico vendo isso, e sabendo que os verdadeiros sinais não poderiam se associar à falsa doutrina, levou o píxide com o corpo de nosso Senhor para a água, onde ele demonstrou seu poder e valor para as pessoas, e disse para todos os presentes: "Conjuro-te, Ó demônio, por aquele que carrego em minhas mãos, que tu não realizes essas grandes visões e fantasias por esses homens para o afogamento desse povo". Apesar dessas palavras, quando eles caminharam tranquilos na água, como fizeram antes, o padre em fúria jogou o píxide com o corpo de nosso Senhor no rio, e, na mesma hora, assim que o sacramento tocou o elemento, a fantasia deu lugar à realidade e comprovando-se sua falsidade, eles afundaram como chumbo no fundo do rio e se afogaram; e o píxide com o sacramento foi levado imediatamente por um anjo. O padre, vendo todas essas coisas, ficou bem contente com o milagre, mas pesaroso com a perda do sacramento, passando a noite inteira em prantos e lamentos. Na manhã seguinte, ele encontrou o píxide com o sacramento no altar. Lembrando que se confessa no papismo que os verdadeiros milagres não podem ser acompanhados de falsa doutrina; *Ergo*, nem papista, nem bruxa, nem conjurador podem realizar milagres.

---

840. *In speculo exemplorum dist. 6, ex. lib. exemplorum, Cæsariis, exempl. 69.*

Capítulo 38

O milagre anterior refutado, com uma história singular de Santa Luzia.

Quanto *sir* John ficou feliz seria agora tolice eu dizer. Como ele teria amaldiçoado o diabo, que afogou seu deus no rio? Mas se outra pessoa não tivesse mais poder para destruir os *Waldenses* com espada e fogo do que esse padre teve de afogá-los com sua caixa de conjuração e falsos sacramentos, muitas vidas teriam sido salvas. Mas não posso omitir uma fábula, de fonte fidedigna, na qual embora não se pronuncie uma conjuração, garanto que havia farsa tanto quando ela foi realizada como quando foi contada. ☞ Na lição[841] sobre o dia de Santa Luzia lê-se que, depois de ser condenada, não conseguiram removê-la do lugar nem mesmo com uma junta de bois, nem conseguiram atear fogo nela, de tal maneira que queriam cortar sua cabeça com uma espada e, mesmo assim, ela conseguiria falar tanto quanto queria. E isso superou todos os outros milagres, exceto aquele que *Bodin* e o *M. Malef.* narram de *Nider*, de uma bruxa que eles só conseguiram queimar depois de um pergaminho ser retirado de onde ela o escondeu, entre a carne e a pele.

Capítulo 39

Visões, barulhos, aparições e sons imaginados, entre outras ilusões, e almas errantes, com uma refutação disso.

Muitos na mais completa melancolia imaginam ver ou ouvir visões, espíritos, fantasmas, barulhos estranhos, etc., como eu já provei antes amplamente[842]. Muitos, pelo medo originado de

---
841. *Lect. in die sanctæ Luciæ* 7 & 8.
842. Veja a história de Simon Davi e Ade, sua esposa, tomo 3, cap. 10, p. 55-57.

uma natureza e temperamento covardes ou de uma criação efeminada e extremosa, são tímidos e têm medo de espíritos e monstros, etc. Alguns por um defeito da visão também temem suas próprias sombras, e (como diz *Aristóteles*) veem-se às vezes como se estivessem em um espelho. E alguns por fraqueza têm imaginações imperfeitas. Bêbados também supõem às vezes verem árvores andarem, etc.; de acordo com isso *Salomão* diz aos bêbados: "Teus olhos verão visões estranhas e manifestações maravilhosas".

Contra as visões falsas de padres papistas e outras visões falsas.

Em todas as eras, monges e padres iludiram e fascinaram o mundo com visões falsas, que vinham por causa de ócio e falta de casamento que os deixavam fogosos e lascivos, por isso criavam tais meios para rodear e obter seus amores. Como indivíduos simplórios eram muito supersticiosos, nunca desconfiavam de que esses homens santos os fariam de cornos, e abandonavam suas camas e cediam o espaço aos clérigos. Além disso, as criadas das mães apavoravam tanto as crianças que depois elas não suportavam ficar no escuro sozinhas, por medo de monstros. Muitos são enganados por truques de espelhos. Muitos ouvem falsos relatos, imaginam e acreditam naquilo que não é verdade. Muitos dão crédito àquilo que leem em livros. Mas quantas histórias e livros de almas e espíritos errantes de homens são escritos, contrários à palavra de Deus; um volume sensato não poderia conter. A opinião entre os papistas de que todas as almas caminhavam na terra depois de deixarem seus corpos era muito comum? Sim, tanto que na época do papismo era um assunto comum desejar que pessoas doentes em seus leitos de morte aparecessem para eles depois de falecerem para revelar sua situação. Padres e doutores antigos da Igreja eram crédulos demais em relação a isso, etc. Portanto, não é de se admirar, apesar do tipo comum de homens simplórios, que principalmente as mulheres eram enganadas assim. Deus no passado enviou anjos e aparições visíveis aos homens, mas agora não faz mais isso. Por uma ignorância dos antigos na religião, pensava-se que todo cemitério fervilhava de almas e espíritos, mas agora com a palavra de Deus mais livre, aberta e divulgada, esses conceitos e ilusões são mais manifestos e aparentes, etc.

Doutores, concílios e papas, que (dizem eles) não podem errar, confirmaram o caminhar, a presença e a ressurreição das almas. Mas onde eles encontram nas escrituras essa doutrina? Quem certifica que essas aparições eram verdadeiras? De fato, tudo o que eles não conseguem realizar, as mentiras espalhadas largamente começam a se tornar verdade, embora o próprio papa nunca assine embaixo, autentique e jure. Onde estão as almas que fervilhavam no passado? Onde estão os espíritos? Quem ouve seus ruídos? Quem vê suas visões? Onde estão as almas que receberam dinheiro para os trintários para aliviarem as dores no purgatório? Foram todas para a *Itália*, porque o gosto pelas missas aumentou na *Inglaterra*? Deve-se marcar bem essa ilusão e ver como ela é contrária à palavra de Deus. Consideremos como todos os papistas acreditam que essa ilusão é verdadeira e como todos os protestantes são levados a dizer que é e era uma ilusão papista. Onde estariam os espíritos que vagavam até ter um enterro para seus corpos? Pois muitas dessas almas errantes cuidavam de seus assuntos. Não é de se pensar que os papistas não se mostrem como sacerdotes devotos para pregar e ensinar tal doutrina às pessoas, e para inserir em sua cerimônia religiosa tais fábulas como aquelas que são lidas na Igreja Romana, com toda a escritura cedendo o espaço a isso? Pode-se ver nas lições lidas lá no dia de *Santo Estevão* que *Gamaliel Nicodemos,* seu parente, e *Abdias,* seu filho, com seu amigo *Santo Estevão,* apareceram a um certo padre chamado *sir Lucian,* pedindo-lhe para retirar seus corpos e enterrá-los em um lugar melhor (pois lá repousavam desde a hora de sua morte, até aquele momento, no reinado do imperador *Honório,* ou seja, foram 400 anos enterrados no campo de *Gamaliel,* a respeito do que se disse a *sir Lucian*: "*Non mei solummodo causa solicitus sum, sed potiùs pro illis qui mecum sunt*"; isto é, "Eu não me preocupo apenas comigo, mas também com meus amigos que estão comigo"). Por meio do qual todo o processo pode ser percebido como uma falsa prática e uma visão forjada, ou até uma invenção imoral. Pois no céu as almas dos homens não permanecem em mágoa e preocupação; nem estudam lá como cercar e obter um enterro respeitável aqui na terra. Se fizessem isso, não teriam demorado tanto. Agora, portanto, nós não devemos mais permitir que sejamos ludibriados por padres conjuradores ou bruxas melancólicas, mas agradeçamos a Deus que nos libertou de tamanha cegueira e erro.

Capítulo 40

A opinião de Cardano sobre barulhos estranhos, como visões falsas ganham crédito, aparições papistas, papa Bonifácio.

Cardano, falando a respeito de sons,[843] diz, entre outras coisas: "Um barulho é ouvido na sua casa; pode ser um rato, um gato ou um cachorro passando entre os pratos; pode ser um impostor ou um ladrão de verdade, ou a culpa pode ser dos seus ouvidos". Eu poderia citar uma grande quantidade de histórias de como homens até mesmo abandonaram suas casas por causa de tais aparições e sons, e tudo aconteceu por uma mera farsa grosseira. E onde quer que se ouça que à noite se escutam esses estrondos e ruídos temerosos, pode-se ter a certeza de que é uma completa farsa, realizada por alguém que muito reclama e de quem menos se suspeita. E disso há uma arte, que por determinados pontos de vista, não revelarei. O demônio busca diuturnamente quem ele pode devorar e realiza seus feitos tanto de dia como à noite, ou então é um demônio jovem e um verdadeiro amador. Mas de todos os outros farsantes, esses conjuradores são do mais alto grau e aqueles que mais merecem a morte por sua impiedade blasfema.

---

843. H. *Cardano. lib. de var. ver.* 15. cap. 92.

Papa *Celestino* afastado de seu pontificado por uma farsa do papa *Bonifácio*.

Mas que essas visões e conjurações papistas, usadas tanto pelos papistas quanto pelos próprios papas, eram meras farsas e que as narrativas dos papas recitadas por *Bruno* e *Platina*, acerca de suas criações mágicas, não passavam de desonestidade e meras falácias, observa-se na história do papa *Bonifácio* VIII, que usou esse tipo de encantamento para afastar seu antecessor *Celestino*. Ele forjou uma voz usando um pedaço de bambu, como se viesse do céu, persuadindo-o a entregar seu pontificado e instituir nele um *Bonifácio,* um homem mais digno, caso contrário a voz o ameaçava de danação. E assim o tolo cedeu conforme solicitado ao dito *Bonifácio*, no ano de 1264, a respeito de quem se disse: "Ele veio como uma raposa, viveu como um lobo e morreu como um cão".

Há inúmeros exemplos de tais visões, que quando não são detectadas, passam por histórias verdadeiras e, por isso, quando se responde que algumas narrativas são verdadeiras e outras falsas, até eles conseguirem mostrar diante de seus olhos uma questão de verdade, pode-se responder com esta distinção: as visões comprovadas são falsas, as indeterminadas e não comprovadas são verdadeiras.

Capítulo 41

O barulho ou som do eco, alguém que escapou por pouco de se afogar por causa disso, etc.

Ah! Quantas coisas naturais existentes são tão estranhas que a muitos parecem milagrosas, e quantas questões falsas existem que aos simplórios parecem ainda mais maravilhosas? *Cardano*[844] conta sobre um tal *Comensis*, que chegando tarde a uma margem

---
844. *H. Cardano. lib. de subtilitat. 18.*

de rio, sem saber por onde atravessá-lo, gritou para alguém lhe mostrar o vau. Ao ouvir um eco responder de acordo com sua última palavra, supondo que fosse um homem respondendo e informando-lhe do caminho, ele passou pelo rio, em um lugar onde havia um profundo redemoinho de água e quase não escapou com vida; depois contou aos amigos que o demônio quase o convenceu a se afogar. Em alguns lugares, esses ecos são ainda mais estranhos do que em outros, principalmente em *Ticinum* na *Itália*[845], no grande saguão, onde se ouvem diversos barulhos e vozes, que parecem terminar tão lamentavelmente, como se fosse um homem agonizando, de modo que poucos podem acreditar que é o eco e não um espírito que responde.

O barulho de Winchester.

Dizia-se que o barulho em *Winchester* era um verdadeiro milagre e muito se questionou sobre ele, aproximadamente no ano de 1569, embora na verdade fosse um mero ruído natural produzido pelo vento, a concavidade do lugar e outras questões instrumentais ajudando o som a parecer tão estranho aos ouvintes, principalmente àqueles que acrescentaram novos relatos para o aumento do espanto.

Capítulo 42

Teurgia, com uma refutação dela, uma carta enviada a mim a respeito desses assuntos.

Há mais uma arte proferida por esses conjuradores farsantes, que alguns teólogos crédulos afirmam ser mais honesta e lícita do que a necromancia, que é chamada Teurgia, na qual eles trabalham com anjos bons. Todavia, suas cerimônias são completamente papistas e supersticiosas, consistindo na limpeza, em parte da mente e em parte do corpo, e em parte das coisas pertencentes ao corpo e ao seu redor, como da pele, das roupas, da casa, do vaso e de utensílios domésticos, em oferendas e sacrifícios; essa limpeza, dizem eles, prepara os homens para a contemplação dos elementos celestiais. Eles citam as seguintes palavras de *Isaías* como fonte: "Lavai-vos e purificai-vos, etc.". Tanto que eu conheço diversas pessoas respeitadas supersticiosas, que costumam lavar todos os seus utensílios ridiculamente com essas ideias. Pois a sujeira (dizem) corrompe o ar, infecta o homem e afasta os espíritos puros. A isso pertence a arte de *Almadel*, a arte de *Paulo*, a arte do Apocalipse e a arte notária (anexos à pretensa arte divina da Teurgia). Mas (como afirma *Agrippa*) quanto mais divinas essas artes parecem ao ignorante, mais execráveis elas são. Mas suas afirmações falsas, suas presunções de realizar milagres, seus símbolos, seus nomes estranhos, suas frases difusas, falsa santidade, cerimônias papistas, palavras tolas

---

845. *Idem. Ibidem.*

misturadas à impiedade, sua ordem de construção bárbara e iletrada, suas práticas desavergonhadas e coisas insignificantes, sua conduta secreta, sua vida miserável, o pacto com tolos, o engano do simplório, seu alcance e compulsão por dinheiro revelam que toda sua arte é uma farsa. Para satisfazer mais o leitor, achei por bem inserir neste ponto uma carta enviada a mim por alguém que foi um prisioneiro condenado por essa questão no Tribunal do Banco do Rei e perdoado pela misericórdia de sua majestade, depois da boa mediação de um personagem nobilíssimo e virtuoso, cuja disposição honrável e devota neste momento não louvarei como deveria. Aquele que de fato escreveu essa carta parece-me uma boa pessoa, bem convertida e penitente, não esperando nenhum ganho das minhas mãos, mas temendo falar aquilo que sabe sobre esse assunto, caso contrário terá aborrecimentos.

¶ *A cópia de uma carta enviada a mim, R. S., por T. E., Mestre da arte, e praticante da Medicina, e também de certas ciências vãs no passado; condenado a morrer por isso, na qual ele revela a verdade sobre esses truques.*

Mestre *R. Scot, atendendo ao seu pedido, relatei certos abusos dignos de nota a respeito do trabalho que tem em mãos; coisas que eu mesmo vi nesses 26 anos, em meio àqueles famosos por suas habilidades nessas ciências. Como o discurso completo não pode ser citado sem mencionar os nomes de certas pessoas, dentre as quais algumas estão mortas e outras vivas e cujos amigos ainda têm grande reputação, em respeito a isso e sabendo que a quantidade dos meus inimigos já excede a de meus amigos, pensei comigo mesmo que é melhor conter minha mão e não entregar isso ao mundo, o que poderia aumentar ainda mais meu sofrimento do que aliviá-lo. Não obstante, como sou mais famoso do que muitos outros por ter realizado alguns procedimentos nessas vãs artes e práticas perversas, devo, portanto, demonstrar-lhe – e falo isso na presença de Deus – que dentre todos aqueles famosos e eminentes praticantes com quem conversei sobretudo nesses 26 anos, não vi nenhum pingo de verdade nessas ciências perversas, mas apenas farsas e ilusões. Com* *eles, que eu considerava os mais habilidosos e que tentaram ver algumas coisas em minhas mãos, passei meu tempo por 12 ou 14 anos, para minha contrariedade e desgosto, sem jamais ver um único lampejo da verdade. Entretanto, neste momento sou merecidamente condenado por isso, porque, contrariamente às leis do meu príncipe, à lei de Deus e também à minha própria consciência, passei meu tempo em estudos e práticas tão fúteis e perversos, tendo servido de espetáculo, e continuando a ser, para todos os outros receberem um alerta. Deus permita que seja meu último (falo isso de coração); e assim desejo, não apenas em minha pátria, mas também por toda a face da terra, principalmente entre cristãos. Da minha parte, lamento meu tempo perdido, e arrependi-me há cinco anos, momento em que vi um livro escrito na antiga língua saxônica, por um tal* sir John Malborne, *um teólogo de Oxenford, há 300 anos, no qual ele revela todas as ilusões e invenções dessas artes e ciências; algo digno de nota. Deixei o livro com o pároco de Slangham em Sussex onde, se pedir por ele em meu nome, o terá. Deve achar seu trabalho bem empregado e ele promoverá ainda mais a boa iniciativa que tem em mãos, e lá verá toda a ciência discutida detalhadamente e todas as suas ilusões e farsas decifradas na íntegra. Por isso, peço seu perdão pelo que lhe prometi, por temer, ficar indeciso e relutar colocar minhas mãos ou nome sob qualquer coisa que possa ser ofensiva ao mundo ou prejudicial a mim mesmo, considerando meu caso, apesar do excelente aval de meu L. de Leicester, que é meu bom Senhor e por quem logo abaixo de Deus (exceto por sua Majestade) fui preservado, por isso, reluto em ofender seus ouvidos. E assim o deixo aos cuidados do Senhor, que levará vossa Senhoria e suas ações a bom termo e propósito, para a glória de Deus, e para o bem de todos os cristãos. Da corte de justiça no dia 8 de março de 1582. Do pobre e desolado amigo e servo de vossa Senhoria, T. E.*

Fui buscar esse livro com o pároco de *Slangham*, e solicitei a seus melhores amigos, homens de grande respeito e reputação, que o convencessem a emprestar-me por algum tempo. Mas tamanho é seu desatino e superstição que, embora tendo confessado que o tinha, ele não poderia emprestá-lo, mesmo com um amigo meu, cavaleiro do condado, garantindo com sua palavra que o livro seria devolvido são e salvo.

Conclui-se, portanto, que seja lá o que for que se supunha antigamente no tocante a essas artes falíveis, a respeito das quais muito escrevi, agora são consideradas falsificações, por isso não são permitidas pelo senso comum, muito menos pela razão, que analisaria tais práticas disfarçadas e fingidas, tirando-as de seus trapos e farrapos remendados para que apareçam descobertas e exibam-se em sua nudez. Qual será o fim de cada intento secreto, propósito privado, prática oculta e plano reservado, se eles nunca tivessem esses esconderijos e refúgios temporários; e se eles não estiverem cobertos e escurecidos com tanta cautela e prudência sutil, em algum momento serão evidentemente detectados pela luz, de acordo com este antigo verso:

Quicquid nix celat, solis calor omne revelat[846]:

*Tudo aquilo que a neve esconde,
O calor do sol revela.*

E de acordo com o veredicto de Cristo, o verdadeiro Nazareno, que nunca contou mentiras, mas é a substância e o fundamento da verdade, dizendo[847]: *Nihil est tam occultum quod non sit detegendum* (Não há nada oculto que não venha a ser conhecido e revelado).

---

846. *Andrœas Gartnerus Mariæmontanus. Versão de Ab. Fle.*
847. Mateus 10, 26; Marcos 4, 22; Lucas 8, 17 e 12, 2.

Décimo Sexto Tomo

Capítulo 1

Uma conclusão, na forma de um epílogo, repetindo muitos dos absurdos dos pensamentos dos perseguidores de bruxas, refutações disso e a autoridade de James Sprenger e Henry Institor, inquisidores e compiladores do M. Malef.

Os compiladores ou autores do livro para esmagar o cérebro das bruxas.

Até agora apresentei aquilo que reuni e compreendi a respeito desse assunto. Em sua essência e partes principais não consigo ver diferença entre os autores, não importa a nação, condição, classe social ou religião deles, mas acho que quase todos concordam em inconstância, fábulas e impossibilidades, riscando do *M. Malef.* a essência de todos os seus argumentos, de modo que com a desaprovação de seus autores, eles devem inventar coisas novas ou procurar as criadas de suas avós para aprender mais contos da carochinha, de onde extraem essa arte da bruxaria. Mas deve-se saber que *James Sprenger* e *Henrie Institor*, sobre os quais tive a oportunidade de falar muitas vezes, foram coautores na composição desse livro profundo e erudito chamado *Malleus Maleficarum*, e eram os maiores doutores dessa arte, de quem reuni temas e absurdos suficientes para confundir as opiniões formadas sobre a bruxaria; embora eles fossem inquisidores reconhecidos e nomeados pelo papa, com a autoridade e a recomendação de todos os doutores da universidade de *Collen*, etc. para convocar diante deles, aprisionar, condenar e executar bruxas e depois apreender e confiscar seus bens.

Esses dois doutores, para manter sua reputação e cobrir suas injúrias, publicaram essas mesmas mentiras monstruosas, que abusaram de toda a cristandade,[848] espalhando-se por toda parte com tamanha autoridade que será difícil anular a reputação de seus escritos, mesmo sendo tão ridículos e falsos. O que embora eles mantenham e incitem com seus próprios elogios, ainda assim os homens ficam tão enfeitiçados a ponto de lhes darem crédito. Como prova disso, quero lembrar que eles escrevem em um ponto

---

848. Não é de se admirar que eles sejam tão opinativos nesse assunto, pois Deus os entregou a fortes ilusões.

de seu livro que, por causa de seus procedimentos severos contra as bruxas, sofreram ataques intoleráveis, principalmente à noite, encontrando muitas vezes agulhas enfiadas em suas toucas, enviadas por feitiços de bruxas; mas por sua inocência e santidade (dizem) sempre foram protegidos milagrosamente do mal. No entanto, afirmam que não revelarão tudo o que pode determinar a manifestação de sua santidade, pois o autoelogio não prestaria em suas bocas. Mesmo assim, Deus sabe que seu livro inteiro contém apenas mentiras deslavadas e papismo. Como são fracos e vacilantes seus alicerces e princípios fundamentais, indignos de crédito e tão fracos em sua apresentação, até uma criança poderá logo discernir e perceber.

Capítulo 2

Por quais meios as pessoas comuns foram levadas a acreditar nas obras milagrosas das bruxas, uma definição da bruxaria e uma descrição dela.

As pessoas comuns foram tão estupefatas e enfeitiçadas com tudo o que poetas inventaram a respeito da bruxaria, com sinceridade, por brincadeira ou até com escárnio, e com o que mentirosos deslavados e farsantes inventaram aqui para seu bel-prazer, e com quaisquer histórias que tenham ouvido de velhas idólatras e das criadas de suas mães, e com tudo o que seu avô crédulo, seu pai religioso ou qualquer outro padre da missa lhes informou e, por fim, com tudo o que eles engoliram por tanto tempo ou por causa de sua própria natureza tímida ou pensamento ignorante a respeito dessas conversas sobre mulheres velhas e bruxas, e como formaram sua opinião e reputação com referência a isso, acham heresia duvidar de qualquer parte do assunto, principalmente porque encontram a palavra feitiçaria pronunciada nas escrituras, o que é como defender a oração a santos, porque *Sanctus, Sanctus, Sanctus* está escrito no *Te Deum*.

Definição ou descrição da bruxaria.

Chegamos agora à definição de bruxaria, que até o momento protelei de propósito para que se percebesse sua verdadeira natureza, em vista das circunstâncias e levando em conta a variedade dos outros autores. A bruxaria é na verdade uma arte enganadora na qual se abusa do nome de Deus, profanado e blasfemado, e seu poder é atribuído a uma criatura vil. Na opinião das pessoas vulgares, é um trabalho espiritual, elaborado entre uma anciã corporal e um demônio espiritual. Seu costume é tão secreto, místico e estranho que até hoje nunca houve nenhuma testemunha confiável dele (causa formal). É incompreensível ao sábio, erudito ou fiel; um tema atraente para crianças, tolos, pessoas melancólicas e papistas (causa final). O ofício é considerado ímpio. O efeito e o fim disso às vezes são o mal, como quando um homem ou animal, capim, árvores ou cereais, etc. são danificados por essa arte; outras vezes o efeito é bom, como quando doentes são curados, ladrões revelados e homens verdadeiros adquirem seus bens, etc. (causa material). A matéria e os instrumentos com os quais a bruxaria é realizada são palavras, feitiços, signos, imagens, símbolos, etc.; palavras essas que embora qualquer outra criatura pronuncie, do modo e da forma que fazem, sem deixar de fora qualquer circunstância requisitada ou usual para essa ação, afirma-se que ninguém tem a graça ou o dom de realizar a questão, exceto se ela for uma bruxa ou considerada como tal, por seu consentimento ou imputação dos outros.

Capítulo 3

Razões para provar que palavras e símbolos não passam de tolices e que as bruxas não conseguem realizar coisas como aquelas que as multidões acreditam que elas possam fazer, a prova de que seus maiores portentos são insignificâncias; um jovem cavalheiro enganado.

Creio que provei bem que palavras, símbolos, imagens e outros adornos como esses, considerados instrumentos para a bruxaria (sem os quais nada pode ser realizado), não passam de bobagens criadas por farsantes para ludibriar as pessoas. E o mesmo pode ser percebido com mais clareza pelas sucintas razões que se seguem.

Um resultado necessário.

Primeiro, *turcos* e infiéis, em sua bruxaria, usam outras palavras e outros símbolos além daqueles que nossas bruxas usam e, também, aqueles que são o contrário. Tanto que, se os nossos forem maus, com todo o direito, os deles devem ser bons. Se as bruxas deles conseguem fazer qualquer coisa, as nossas não conseguem fazer nada. Pois assim como nossas bruxas devem renunciar a Cristo, e desprezar seus sacramentos, as outras renunciam a *Maomé* e suas leis, que é um grande passo para o Cristianismo.

Deve-se também pensar que todas as bruxas são farsantes quando mãe *Bungie* (*Probatum est* pela confissão dela), com a reputação de uma bruxa importante, investigada e condenada por todos os homens, e continuando com essa prática e estima por muitos anos (tendo enganado e abusado de todo um reino, visto que perseguidores de bruxas de todas as partes mais longínquas da terra a procuraram e ela é apresentada em diversos livros com autoridade; em relatos e crônicas é citada pelo nome de grande bruxa de *Rochester* e tem a reputação, entre todos os homens, de líder de todas as outras bruxas) é julgada uma mera farsante por uma boa prova; confessando em seu leito de morte por livre e espontânea vontade, sem coação ou violência, que sua habilidade consistia apenas em ludibriar e enganar o povo, embora possuísse (a fim de manter sua reputação nessa arte farsante) um conhecimento vago de medicina e cirurgia, e contasse com a assistência de um amigo, chamado *Heron*, professor de tais ciências. Sei disso, em parte, por conhecimento próprio, em parte pelo testemunho do marido dela e de outras pessoas de confiança, às quais (digo) em seu leito de morte e em várias outras ocasiões ela confessou tais coisas; além disso, ela nunca teve de fato um espírito material ou demônio (como a voz dizia), nem mesmo sabia como trabalhar com qualquer coisa sobrenatural, como em sua vida ela fez os homens acreditarem.

O mesmo pode ser dito de um tal T. *de Canturburie*, cujo nome não revelarei literalmente, mestre em ludibriar muitos nessas bandas, fazendo-os pensar que ele conseguia revelar onde estava alguma coisa perdida, com várias outras práticas como essas, pelas quais sua fama era muito maior do que a de outros. Entretanto, em seu leito de morte ele confessou que não sabia mais do que qualquer outro, mas com truques e artifícios, sem o auxílio de algum demônio ou espírito, exceto o espírito da farsa, e isso ele (digo) afirmou diante de muitos de grande honestidade, confiança e sabedoria, que podem testemunhar e também lhe fazer menções favoráveis por seu fim devoto e honesto.

Novamente, quem afirmará que bruxarias comuns não são farsas quando se descobre que as grandes e famosas bruxarias, que receberam essa reputação não só de todas as pessoas comuns, mas também de homens de grande sabedoria e autoridade, são truques abjetos de biltres farsantes? E se assim não fosse, haveria uma grande objeção perpétua contra mim. Não foram encontradas recentemente três imagens em uma estrumeira, para o terror e espanto de milhares de pessoas[849]? De fato, acreditava-se na pretensa realização de grandes coisas com a bruxaria. Mas se o Senhor preserva as pessoas (cuja destruição se maquinava) de todas as outras práticas imorais e ataques de seus inimigos, não tenho dúvida de que resistiriam também a esse e outros artifícios semelhantes, por mais que fossem praticados contra elas. Sem dúvida, se tais conversas tolas pudessem ter trazido essas perversidades, pelas mãos de traidores, bruxas ou papistas, há muito tempo nós estaríamos privados da joia e do conforto mais excelentes de que desfrutamos neste mundo. No entanto, confesso que o medo, o pensamento e a suspeita de tais pretensões maldosas podem alimentar a inconveniência para aqueles que se espantam. E eu desejo que, até por tais práticas, embora jamais façam efeito, os praticantes sejam punidos com todo rigor, porque dessa forma é manifestado um coração traidor para com a Rainha e uma presunção contra Deus.

O uso das imagens de cera encontradas recentemente perto de Londres.

Mas retornemos à descoberta da citada farsa e bruxaria. Em certa ocasião, um velho farsante, querendo dinheiro, inventou, ou melhor, resolveu praticar tal arte (pois é um velho artifício) para suprir sua necessidade, prometendo a um jovem cavalheiro, cujo humor ele achava que serviria bem dessa forma, que pela soma de 40 libras ele não falharia com sua habilidade nessa arte da bruxaria em arrumar-lhe o amor da mulher que ele quisesse dentre três mulheres que o cavalheiro citasse. O jovem cavalheiro, iludido por tais artifícios, e também logo se

---

849. J. Bodin no prefácio, no início de seu livro *Dæmonomania*, relata isso de um padre conjurador, antigo pároco de Islington. Ele também mostra para que finalidade. A passagem está em latim.

rendendo a essa proposta, atendeu à exigência de dinheiro desse homem astuto. Como não possuía essa quantia naquela hora, o cavalheiro pediu um empréstimo a um amigo. Enfim, esse homem habilidoso fez as três bonecas de cera, etc., não deixando nada de fora que pertencesse à farsa, até as enterrou, conforme se conta. Mas não citei ainda que engodo foi feito com isso e também quais rumores e mentiras se espalharam, como aparições de cães brancos e negros à noite passando pela atalaia, apesar de toda a preparação contra eles, etc. O jovem cavalheiro, porém, que por breve período permaneceu na esperança, em um misto de alegria e amor, com o tempo tem essa sua felicidade pulverizada em dúvida e desespero. Pois em vez de conquistar seu amor, ele bem que preferia seu dinheiro de volta. Mas como não poderia conseguir um nem o outro de jeito nenhum (pois seu dinheiro estava nas mãos do mercenário e o progresso com sua pretendente não era melhor), ele expôs todo o caso, esperando assim recuperar o dinheiro, o que não aconteceu; tampouco pôde pagar o empréstimo. Mas até que sua simplicidade, ou mesmo tolice, fosse julgada, ele passou por várias atribulações, das quais hoje já se safou.

Capítulo 4

Alguém que foi tão enfeitiçado que não conseguia ler escrituras, apenas as horas canônicas, um demônio que não conseguia falar latim, uma prova de que a bruxaria é uma evidente farsa.

Um milagre estranho, se fosse verdade.

Aqui posso convenientemente inserir outro milagre de importância, do qual até uma criança se lembraria, que induz qualquer pessoa razoável a cogitar que essas ações sobrenaturais não passam de fábulas e farsas. Havia um homem, cujo nome não revelarei por respeito, que ficou cego, surdo e mudo, de tal modo que nenhum médico conseguia ajudá-lo. Esse homem (certamente), embora estivesse (como se diz) cego, surdo e mudo, ainda conseguia ler alguma escritura canônica, mas nenhum dos apócrifos dos quais do nome de Deus dependia o milagre. Mas se uma folha dos apócrifos fosse extraordinariamente inserida entre as escrituras canônicas, ele a lia como autêntica, e assim foi desmascarado e a farsa revelada.[850] Outra pessoa tinha um demônio que respondia a todas as perguntas dos homens, mas não compreendia o latim, e assim a farsa de tal pessoa foi descoberta (como todos os demais serão). Nossos autores de obras a respeito da bruxaria dizem que, na verdade, certos demônios falam apenas a linguagem do país onde residem, como francês ou inglês, etc.

Além disso, em minha opinião, nada prova com mais clareza que a bruxaria é uma farsa e que os instrumentos das bruxas não passam de conversa fiada, completamente sem efeito, do que quando teólogos estudiosos

---

850. O hipócrita foi superado por toda a sua seriedade dissimulada.

e devotos, em seus escritos sérios, produzem experimentos como aqueles realizados pelas bruxas e por demônios sob as ordens delas, o que eles expõem como milagres, embora na realidade sejam insignificâncias. Seus conceitos são errôneos e eles se deixam dominar pela credulidade.

Capítulo 5

A adivinhação feita com peneira e tesouras, com um livro e uma chave, a refutação da opinião de Hemíngio sobre isso, uma conversa simples para saber as horas, certos truques de ilusionismo, muitas razões para a ruína de bruxas e conjuradores e suas fraudes, as transformações dos demônios, Ferrum candens, etc.

Os maiores clérigos não são os homens mais sábios.

Para deixar de lado todas as fábulas, atestadas pelos doutores papistas, devemos ouvir as palavras de N. Hemíngio[851], que eu outrora elogiaria por seu zelo e erudição, mas sinto muito e me envergonho ao ver sua ignorância e desatino a esse respeito. Eu não teria revelado nada, mas ele mesmo, entre outros absurdos a respeito da afirmação da onipotência das bruxas, publicou-as, para seu grande descrédito. Padres papistas (diz ele) como os *caldeus* usavam a adivinhação com peneira e tesouras para a detecção de roubo, usam de fato um saltério e uma chave colocada sobre o salmo 49 para descobrir um ladrão. E quando os nomes dos suspeitos são colocados em ordem na cavidade da chave, na leitura destas palavras do salmo: "Se vês um ladrão, tu corres com ele" o livro balançará e cairá das mãos daquele que o segura e aquele cujo nome permanecer na chave deve ser o ladrão. Depois disso, *Hemíngio* infere que embora padres conjuradores e bruxas não realizem isso pelas palavras absolutas do salmo, que tendem a uma alçada bem diferente, Satã, agilmente, com sua mão invisível, puxa o livro, assim como nos outros casos, em que caem tesoura, peneira, chave e livro, e se revela o ladrão, enquanto o demônio foge rindo, etc.

Uma razão natural do truque anterior.

Mas, que pena! *Hemíngio* é ludibriado ao não perceber a ideia, ou melhor, o engano disso. Pois embora ele suponha que essas ações sejam milagrosas e feitas por um demônio, na verdade não passam de meras bobagens, que consistiam sequer em prestidigitação. Pois todo carroceiro pode compreender tal truque, porque o livro e a chave, a peneira e as tesouras, depois de arrumados nessa ordem pelo curso natural, e por necessidade devendo ficar dentro desse espaço (por meio do ar e da pulsação na ponta dos dedos), viram e caem. Com o conhecimento dessa experiência, a bruxa ou o conjurador formam e estruturam sua

---

851. *Heming. in lib de superst. magicis.*

profecia de acordo com ela, assim como qualquer um que tente prová-la perceberá. Por essa arte, prática ou experiência, se saberá que horas são; e se segurar entre o indicador e o polegar um fio de 15 ou 17 centímetros de comprimento, com um anel de ouro amarrado na outra ponta, ou algo parecido, de tal forma que com a sua pulsação e o movimento do anel, ele bata em cada lado de um copo ou cálice. Essas coisas são bruxaria (devo confessar) porque o efeito ou o evento não se origina nessa causa que os farsantes alegam fazer e outros acreditam. Assim como quando aplicam um medicamento para uma febre intermitente, etc., nos pulsos de uma criança, eles também pronunciam certas palavras ou feitiços, por meio dos quais (dizem) a criança é curada, ao passo que foi apenas o remédio o responsável. Outro tolo truque de mágica, que requer prestidigitação, é percebido ao enfiar um alfinete ou uma pequena faca na cabeça e no cérebro de um frango, macho ou fêmea, e com certas palavras místicas parecer curar o animal, considerando que, mesmo sem pronunciar nenhuma dessas palavras, o frango viveria e bem, como ensina e declara a experiência.

Novamente, se aqueles que persistiram na arte e na profissão da conjuração, e escreveram a respeito com muita habilidade, publicaram retratações e confessaram suas ilusões, como fez *Cornélio Agrippa*[852], por que a defenderíamos? Além disso, quando príncipes pagãos, de grande renome, poder e erudição buscaram, com tamanho esforço e cuidado, o conhecimento e o segredo da conjuração e da bruxaria, e finalmente descobriram por experiência que tudo que se relatava delas era falso e vão, como no caso de *Nero, Juliano apóstata* e *Valence*[853], por que deveríamos investigar mais para provar que a bruxaria e a conjuração não passam de farsa?

Se os milagres atribuídos a eles excedem em quantidade, qualidade e número todos os milagres que Cristo realizou aqui na terra, para a introdução de seu evangelho, para a confirmação da nossa fé e para a predominância de seu glorioso nome, qual bom cristão acreditará que são verdadeiros? E se o próprio Cristo diz: "As obras que eu faço homem nenhum pode realizar", por que pensaríamos que uma velha tola poderia realizar todas elas e muito mais?

Além disso, se Cristo não conhecia essas bruxas, nem falou nada a respeito delas por toda a sua estadia aqui na terra, mesmo tendo ocasião necessária (se ao menos elas pudessem fazer com seus espíritos familiares o que fizeram pelo espírito de Deus, como se afirma constantemente), por que suporíamos que podem fazer o que dizem, em vez de acreditar que são impostoras? Quando se afirma que as feiticeiras não praticaram essa arte em todos aqueles 33 anos em que Cristo viveu, que elas não existiam na época de *Jó* e que os oráculos farsantes agora terminaram, quem não vê que são ignorantes e tolos loucos aqueles que as sustentam? Quando todos os danos são realizados por venenos

---

852. *C. Agrippa in lib de vanit scient. & in epistola ante librum de occulta philosophia.*
853. *Plin. lib. natural hist. 30, cap. 1. Pet. Mart. in locis comunibus*

e meios naturais, o que afirmam ser realizado com palavras, sua farsa é manifesta ao mundo. Quando se comprova que todos os pontos da escritura levados em conta como prova dessas feiticeiras pelos perseguidores de bruxas em nada contribuem para esse objetivo, suas próprias fábulas e mentiras merecem pouco crédito. Quando um dos pontos principais na controvérsia, a execução das bruxas, baseia-se em uma tradução falsa: "não deixarás a feiticeira viver" (*Veneficam non retinebitis in vita,* em latim), em que a palavra aos ouvidos de todos os homens soa como envenenadora, em vez de realizadora de milagres, e assim interpretada pelos 70 intérpretes, *Josefo,* e quase todos os *rabinos,* que eram *hebreus,* por que se deveria acreditar ou levar em conta algumas de suas interpretações ou alegações? Quando acabaram os milagres, assim como o dom da profecia, de modo que os devotos, pela invocação do espírito santo, não podem realizar tais coisas maravilhosas, como essas bruxas e conjuradores incumbem-se de fazer pela invocação dos demônios e espíritos malignos e o fazem, como dizem; que homem que conhece e glorifica Deus ficará tão cego a ponto de acreditar nessas mentiras e, assim, preferir o poder das bruxas e dos demônios aos devotos dotados do espírito santo de Deus? Quando muitos livros impressos são publicados, com propriedade, expondo esses milagres realizados por esses farsantes, para a detecção da bruxaria; e no fim tudo isso não só é falso e foi realizado por meio de farsa, mas também houve assim um propósito determinado de difamar matronas honestas para fazer com que elas fossem consideradas bruxas, por que deveríamos acreditar em *Bodin, M. Malef.,* etc. em suas histórias e fábulas enganadoras? Quando dizem que as bruxas podem voar no ar e entrar por uma pequena fresta ou um buraco em uma janela, roubar bebês e machucar suas mães, mas quando elas são presas, não conseguem escapar pelas grades, que são bem maiores, quem não condenará tais acusações ou confissões como frívolas, etc.? Se (no caso de suas declarações serem verdadeiras) no que diz respeito a demônios se metamorfoseando, andando, falando, deliberando, ferindo e usando todos os tipos de conduta com criaturas mortais, o argumento de Cristo para *Tomé* foi fraco e respondido com facilidade (na verdade, o argumento de Cristo foi incontestável, *Ergo, etc.*); realmente, metade ou o mundo inteiro pode ser habitado por demônios, a casa de todo homem poderia ser elevada acima da cabeça dele por um demônio, ele poderia adotar a forma e as boas graças de uma mulher honesta e representar a bruxa; ou de um homem honesto e representar o ladrão, e assim levar os dois, ou quem ele quiser para o cadafalso, quem não vê que essas declarações são vãs? Pois então o demônio poderia cometer qualquer crime com a aparência de um homem honesto, como *Lavater* em seu décimo nono capítulo de *De spectris* relata o caso de um distinto e sábio magistrado no território da *Tigúria* que afirmou que quando ele e seu servo passaram por certas pastagens, avistaram em uma manhã o demônio com a aparência de alguém que ele conhecia muito bem, conduzindo maldosamente uma égua. Ao ver isso, ele imediatamente foi para a casa desse indivíduo (eu me pergunto por que) e lá soube que este não saiu de seu quarto naquele dia. E se a questão não fosse criteriosamente examinada, o bom homem honesto (diz ele) teria com certeza sido preso e colocado na roda de tortura, etc.

Em uma história semelhante, lemos a respeito de uma *Cunegunda*[854], esposa de *Henrique* II, em cujo quarto o demônio (com a aparência de um jovem e de quem se suspeitava que ela fosse íntima demais na corte) era visto frequentemente entrando e saindo. No entanto, ela foi expurgada e inocentada pelo julgamento *Candentis ferri*, pois passou ilesa pelo ferro incandescente, etc. Entretanto, *Salomão* diz[855]: "Porventura tomará um homem fogo em seu peito sem que suas vestes se queimem? Ou pode um homem andar sobre brasas e seus pés não se queimarem?". E assim o demônio pode conduzi-lo a cada púlpito e espalhar heresias, como não duvido que faça na boca de pregadores malvados, embora não tão grosseiramente como é imaginado e relatado por papistas e perseguidores de bruxas. Para que não se diga que eu os interpreto mal, citarei uma história relatada crivelmente por seus principais doutores, *James Sprenger* e *Henrie Institor*[856], que diz o seguinte, palavra por palavra.

Capítulo 6
Como o demônio pregava a boa doutrina disfarçado de padre, como ele foi descoberto e que vergonha é (depois de uma refutação das maiores bruxarias) para qualquer homem dar crédito a tudo isso.

Em certa ocasião, o demônio subiu ao púlpito e lá fez um sermão bem católico, mas um santo padre abençoado, por sua santidade, percebeu que era o demônio. Então prestou bastante atenção nele, mas não conseguiu encontrar falha em sua doutrina. Por isso, assim que o sermão terminou, chamou o demônio, exigindo a causa de sua pregação sincera (ele deveria ter perguntado quem o mandou e deu-lhe autorização para pregar). Ele então respondeu: "Veja, eu falo a verdade, sabendo que embora os homens sejam ouvintes seguidores da palavra, Deus é o mais insultado e meu reino mais ampliado". E esse foi o conselho mais estranho (creio eu) que algum demônio já usou, pois os próprios apóstolos não poderiam ter feito melhor. Novamente, quando com todos os seus espíritos familiares, seus unguentos, etc., com os quais eles andam invisíveis, ou com todos os seus feitiços, eles não conseguem se livrar das mãos daqueles que os aguardam em uma emboscada; nem sair da prisão, embora de outra forma consigam entrar em uma toca de

---
854. *Albertus Crantzius in lib. 4, metropolis, cap. 4.*
855. Provérbios 6.
856. *Mal. Malef. part. 2, quæ 1, cap. 9.*

rato e sair dela; nem por fim podem se salvar do cadafalso, transubstanciando seu corpo e o dos outros em moscas ou pulgas, etc., quem não vê que eles mentem ou têm seus milagres desmentidos? Quando dizem que transferem o cereal de seus vizinhos para seu próprio terreno, mas são indigentes perpétuos e não conseguem enriquecer, com dinheiro ou de outra forma; quem é tão tolo a ponto de não questionar seu poder sobrenatural? Quando desde os primórdios do mundo até hoje ninguém nunca mostrou abertamente um truque, ideia ou ponto astuto de bruxaria, qualquer mais do que prestidigitação ou farsa, quem demorará mais para julgar? Quando tanto o direito comum como as liminares condenam as profecias e também os falsos milagres, bem como aqueles que acreditam nisso hoje em dia, quem não terá medo de dar crédito a essas farsas? Quando com isso eles fazem do demônio um deus que ouve as preces e entende as mentes dos homens, quem não se envergonhará, sendo cristão, de ser tão abusado por ele? Quando aqueles que escrevem com franqueza a respeito desses assuntos, exceto os mentirosos *Sprenger e Institor*, nunca viram nada nesse sentido, tanto que a prova mais confiável que *Bodin*[857] traz dessas histórias maravilhosas de bruxaria é o relato do hospedeiro de uma taberna onde comia, quem dará ouvidos a essas fábulas incríveis? Quando em todo o novo testamento não somos alertados dessas aparições corpóreas dos demônios, como somos de suas outras sutilezas, etc., quem terá medo de seus monstros? Quando nenhum pacto é mencionado nas escrituras, por que deveríamos acreditar em alianças tão incríveis e impossíveis, sendo o alicerce de toda a religião dos perseguidores das bruxas, sem as quais eles não encontram argumento para suas declarações tolas? Quando, se apelarmos à consciência de qualquer homem honesto (se bem que muitos daqueles que aparentam ser honestos são bem crédulos), ele confessar que nunca viu um julgamento de bruxaria ou conjuração acontecer, que consciência pode condenar pobres almas que são acusadas injustamente ou acreditar naqueles que afirmam de forma ímpia realizar tais coisas impossíveis? Quando todo o curso da escritura repudia totalmente essas opiniões impossíveis, exceto por algumas sentenças, que apesar de serem corretamente compreendidas não os aliviam em nada, quem será seduzido por seus argumentos insensatos? Agora que os homens perceberam a farsa dos oráculos e suas falcatruas e que não sobrou nenhum oráculo no mundo, quem não percebe que todo o resto desses artifícios antigos eram farsas, enganos e mentiras? Quando o poder de Deus é tão impudentemente transferido para uma criatura comum, qual bom cristão pode tolerar e render-se a tais milagres realizados por tolos? Quando mulheres velhas acusadas de bruxaria são totalmente

---

857. *John Bodin.*

insensatas e incapazes de falar a seu favor e muito menos
de realizar tais coisas de que são acusadas por serem indigentes, quem não lamentará ver o extremismo usado
contra elas? Quando os indivíduos mais tolos sempre
desconfiam do mal pela bruxaria e se desconfia de que
pessoas mais simples e idólatras podem fazer o mal,
que homem sábio não pensará que tudo isso não
passa de tolice? Quando era uma questão fácil para
o demônio, se ele pode agir como afirmam, con-
ceder-lhes uma grande quantia de dinheiro e
torná-las ricas, e não o faz;[858] sendo algo
com o qual ele obteria mais discípulos do que qualquer outra coisa
no mundo; o sábio deve
precisar condenar
o demônio de
leviandade, e as
bruxas de im-
pertinência por
se esforçarem
tanto e darem
suas almas ao
demônio para
serem torturadas no
fogo do inferno e seus corpos
ao carrasco ao serem enforcadas no
cadafalso por uns níqueis em uma bolsa.

Capítulo 7
*Uma conclusão contra a bruxaria, no modo
e na forma de uma Indução.*

Uma conclusão geral contra aqueles que são o tema deste livro.

Nesse meio-tempo, todos os cidadãos de Kent sabem (exceto alguns tolos) que o duende Bom Robin é uma farsa. Todos os sábios compreendem que as ações milagrosas das bruxas, por serem
contrárias à natureza, à probabilidade e à razão, não são verdadeiras
nem possíveis. Todos os protestantes percebem que as simpatias, as
conjurações, as execrações e bênçãos papistas não são eficazes, mas meros instrumentos e artifícios para manter as pessoas cegas e enriquecer
o clero. Todos os cristãos veem que para confessar as bruxas podem
fazer o que eles dizem, atribuindo de certo modo a uma criatura o poder

---

858. As bruxas geralmente são muito pobres.

do Criador. Todos os filhos bem-criados discernem e compreendem, ou pelo menos aprendem, que os milagres dos mágicos consistem em prestidigitação e conluio. Os pagãos são levados a confessar que não há um encontro entre um demônio espiritual e uma bruxa corporal, como se supõe. Pois, sem dúvida, todos os pagãos então teriam seu demônio familiar, pois não teriam a consciência de se familiarizarem com um demônio que não é familiarizado com Deus.

Eu lidei e deliberei com muitos (na maioria papistas, devo confessar) que sustentam cada ponto desses absurdos. E, certamente, levo mais em conta seus julgamentos do que de outros em quem alguma parte dessas farsas é descoberta e vista; entretanto, quanto ao resto, eles permanecem tão sábios quanto antes, principalmente por aceitarem a maior parte de conjuração e farsa, isto é, o papismo, e ainda assim são ludibriados com truques abjetos e bruxaria.

Capítulo 8

A bruxaria natural ou fascinação.

Mas como reluto em me opor a todos os autores aqui contidos, ou desacreditar suas histórias de modo geral, ou apagar totalmente seus relatos, no tocante aos efeitos da fascinação ou bruxaria, agora apresentarei certas partes que, pessoalmente, não consigo admitir sem dúvidas, dificuldades e exceções, mas darei total permissão aos outros para acreditarem nelas, se quiserem, pois não contestam diretamente meu objetivo.

Muitos grandes e sérios autores escrevem[859], assim como outros crédulos também afirmam, que há certas famílias na África que com suas vozes enfeitiçam quem quiserem. Tanto que se elogiam alguma planta, cereal, criança, cavalo ou quaisquer outros animais, eles murcham, apodrecem e morrem. O mistério da bruxaria não é desconhecido ou negligenciado por nossos perseguidores de bruxas e tolos supersticiosos aqui na *Europa*. Mas para demonstrar exemplos perto de casa aqui na *Inglaterra*, como se nossa voz tivesse a mesma operação: não se ouvirá um açougueiro ou um negociante baratear um touro ou um cavalo velho, mas se ele não o comprar, diz: "Deus me livre"; se ele esquecer, e o cavalo ou o touro morrer por acaso, a culpa é atribuída ao mascate. Certamente a declaração é piedosa se vier de uma mente fiel e devota, mas se for falada como um feitiço supersticioso, e com essas palavras e sílabas ganhar poder com a fascinação e a desgraça de palavras desafortunadas, a frase é maligna e supersticiosa, embora contenha uma demonstração de piedade bem maior do que parece.

---

859. *Isigonus, Memphradorus, Solon, etc. Vairus, y. Bodinus, Mal. Malef.*

Capítulo 9
Olhos que enfeitiçam ou encantam.

Muitos autores concordam com *Virgílio* e *Teócrito* acerca do efeito dos olhos que enfeitiçam, afirmando que na *Sicília* há mulheres chamadas *Bithiæ,* com duas pupilas negras no globo ocular. O antigo povo Ilírio era dotado da mesma característica, se levarmos em conta as palavras de Sabinus baseadas no relato de Aul. Gell. E como *Dídimo* relata, algumas têm em um olho duas dessas pupilas e, no outro, a imagem de um cavalo. Essas (certamente) com seus olhares raivosos enfeitiçam e ferem não apenas cordeiros, mas também crianças. Há outros que retêm tanto veneno em seus olhos e o lançam em raios e jorros com tamanha violência que, com isso, ferem não só aqueles com quem se relacionam sempre, mas também todos os outros com quem se encontram, independentemente de idade, força ou aparência, como *Cícero, Plutarco, Filarco* e muitos outros apresentam em suas obras.

Essa fascinação (segundo *João Batista Napolitano*[860]), embora comece com toque ou um sopro, é sempre realizada e finalizada com o olhar, como um extermínio ou expulsão dos espíritos pelos olhos, aproximando-se e infectando o coração do enfeitiçado, etc. Por meio do qual acontece de uma criança ou um jovem dotado de um sangue inocente, sadio, sutil e doce liberar semelhantes espíritos, sopros e vapores saídos do sangue mais puro do coração.[861] E os espíritos mais leves e delicados, depois de ascender às partes mais elevadas da cabeça, entram nos olhos e de lá são expelidos, por serem de todas as outras partes do corpo a mais pura, e mais cheia de veias e poros, e com o espírito ou vapor emanando de lá, são propagados como se fossem raios e jorros de uma certa força ígnea; aquele que olhar para tais olhos doloridos terá uma boa experiência. Pois o veneno e a doença no olho infectam o ar ao redor, que avança carregando consigo o vapor e a infecção do sangue corrompido com o contágio do qual os olhos dos espectadores são mais dispostos a serem infectados. Por esse mesmo meio, acredita-se que o basilisco priva a vida e um lobo cala a voz daqueles que encontra de repente e observa. Isso é considerado verdadeiro por alguns.

---

860. *J. Bat. Napol. in lib. de naturali magia.*
861. Isso é considerado como verdade por alguns.

Mulheres idosas, em quem o curso comum da natureza não consegue mais purgar seus humores mensais naturais, demonstram também alguma prova disso. Pois (como o citado J. B. N. relata, apresentando *Aristóteles* como o autor) elas deixam em um espelho certa espuma, por meio dos vapores repugnantes saindo de seus olhos. Acontece que esses vapores ou espíritos, expelidos com tanta abundância por seus olhos, não conseguem furar e penetrar no espelho, que é duro e sem poros, e, portanto, resiste; mas os raios que são carregados na carruagem ou no veículo dos espíritos, dos olhos de uma pessoa à outra, penetram nas partes internas e lá causam infecção, enquanto vasculham e buscam a região adequada[862]. Como esses raios e vapores saem do coração de uma pessoa, eles se transformam em sangue em volta do coração da outra, e como esse sangue diverge da natureza do indivíduo enfeitiçado, infecciona o resto de seu corpo e o deixa doente. Esse contágio continua por tanto tempo que o sangue desordenado tem força nos membros. Como a infecção é do sangue, a febre ou a náusea serão contínuas, ao passo que se fosse de cólera ou fleuma, seriam intermitentes ou mutávéis.

Capítulo 10

A bruxaria natural por amor, etc.

Mas assim como a fascinação e a bruxaria de olhos maliciosos e raivosos causam o mal, existem aspectos fascinantes tendendo ao sentimento oposto, o amor, ou pelo menos à promoção da boa vontade e da preferência, como diz Virgílio: "*Nescio quis oculus teneros mihi fascinat agnos*". (Não sei que olho fascinante usas para enfeitiçar minhas tenras ovelhas, sorvendo minhas fêmeas e as encantando).

---

862. *Non est in speculo res quæ speculator in co.*

Pois se a fascinação ou bruxaria for realizada ou provocada pela paixão, pelo desejo e pela cobiça de alguma forma bela ou favor, o veneno é secretado pelos olhos, ainda que de longe, e a imaginação de uma linda forma repousa no coração do amante e acende o fogo com o qual é afligido. Como o sangue mais delicado, doce e tenro da pessoa amada lá corre, seu semblante é representado brilhando em seu próprio sangue e não pode ficar imóvel, sendo, assim, arrastado de lá de modo que o sangue do ferido reverbera e corre para quem o fere, de acordo com o que diz o poeta *Lucrécio*, com o mesmo propósito e sentido nestes versos:

> *Idque petit corpus, mens unde est saucia amore,*
> *Námque omnes plerúnque cadunt in vulnus, e illam*
> *Emicat in partem sanguis, unde icimur ictu;*
> *Et si cominùs est, os tum ruber occupat humor:*

> *E a esse corpo reverbera*[863]*,*
> *De onde a mente por amor é ferida,*
> *Pois de uma forma todos*
> *A essa ferida de amor chegam*
> *E o sangue corre para a parte*
> *De onde sentimos o golpe,*
> *Se rijo à mão e próximo,*
> *Então a rubra cor preenche a face.*

Parece que já abordei bem o tema da magia natural; no entanto, muito mais pode ser acrescentado, contudo, para evitar o tédio e para passarmos mais rápido ao que ainda resta, interromperei este tratado. E agora algo será dito a respeito de demônios e espíritos no discurso a seguir.

---

863. Traduzido para o inglês por Abraham Fleming.

Um Discurso a Respeito de Demônios e Espíritos,
Abordando Primeiro as Opiniões dos Filósofos, mas também o Raciocínio Deles, e a Refutação.

Capítulo 1

Não há questão nem tema (diz *Hierome Cardano*)[864] tão difícil para lidar, nem um argumento tão nobre para debater quanto este acerca de demônios e espíritos. Pois, seja confessada ou duvidada, a eternidade da alma é afirmada ou negada. Os filósofos pagãos (plantonistas e estoicos) concluem entre si o seguinte. Primeiro, aqueles que defendem a eternidade da alma dizem que se a alma morreu com o corpo, para que os homens se esforçariam para viver ou morrer bem, quando nenhuma recompensa pela virtude nem punição pelo vício vêm depois desta vida, que eles poderiam passar em sossego e segurança? O outro grupo (os epicuristas e os peripatéticos) diz que se deve buscar a virtude e a honestidade, *Non spe præmii, sed virtutis amore,* isto é, nunca à espera de recompensa, mas por amor à virtude. Se a alma vive para sempre, a menor parte da vida é aqui. E, portanto, nós que defendemos a eternidade da alma, podemos ter melhor conforto e coragem de suportar com mais constância a perda de filhos e até mesmo a perda da vida, ao passo que, se a alma fosse mortal, toda nossa esperança e felicidade seriam depositadas nesta vida, o que muitos ateus fazem hoje em dia (garanto). Mas tanto um quanto o outro perdem o foco. Porque fazer qualquer coisa sem Cristo é nos fatigarmos em vão, visto que apenas nele nossas corrupções são expurgadas. E, portanto, o desatino dos gentios, que colocam *Summum bonum* na felicidade do corpo ou na alegria ou prazeres da mente (pois *Summum bonum* não pode consistir na felicidade do corpo ou da mente), não só deve ser ridicularizado, como também abominado. Nossos corpos e mentes misturam-se às calamidades mais miseráveis, portanto, a felicidade perfeita não pode consistir nisso. Mas na palavra de Deus nos é exibida e oferecida essa esperança que é mais certa, absoluta, sólida e sincera, que não deve ser respondida ou negada pelo julgamento dos filósofos. Pois aqueles que preferem a temperança moral às outras coisas como *Summum bonum* precisam vê-la como uma mera testemunha de sua calamidade natural, corrupção e maldade, e que ela serve apenas para

---

864. *H. Card. lib. de var. rer. 16, cap. 93.*

refrear a devassidão, que acontece em suas mentes infectadas com vícios; que devem ser reprimidos com correções; até mesmo o melhor de todos erra em algum ponto de modéstia. Para que serve a prudência moral de nossos filósofos senão para sustentar seu desatino e miséria, pelos quais eles poderiam ser totalmente arruinados? E se sua natureza não estivesse enredada em erros, eles não precisariam dessa circunspecção. A justiça moral a respeito da qual eles falam serve apenas para protegê-los de roubo, furto e violência e, entretanto, nenhum deles é tão justo, pois até os melhores e mais corretos recaem em grandes fraquezas, cometendo e sofrendo muitos erros e injúrias. E qual é sua fortaleza moral além de se armar para suportar miséria, sofrimento, perigo e morte? Mas que felicidade ou bondade devem ser depositadas nesta vida, na qual se aguardam tais calamidades e, por fim, conta com a ajuda da morte para encerrá-la? Mas pergunto, se é tão miserável, por que depositam nela *Summum bonum*? *São Paulo* mostrou aos *romanos*[865] que não é possível alcançarmos a justiça pelas ações morais e naturais e pelos deveres desta vida, porque estes, os judeus ou gentios, nunca poderiam expressar tanto na vida quanto exigia a lei da natureza ou de *Moisés*. E, portanto, aquele que trabalha sem Cristo calcula mal.

Capítulo 2
Minha própria opinião a respeito desse argumento, para a contestação de alguns autores aqui mencionados.

A vaga e difícil questão em torno dos espíritos.

Quanto a mim, também acho esse argumento sobre a natureza e a substância de demônios e espíritos tão difícil que me convenci de que nenhum outro autor escreveu nada certo ou perfeito a respeito disso até agora. Por isso não posso reconhecer as seitas e doutrinas impiedosas e profanas dos *Saduceus* e *Peripatéticos*, que negam a existência de demônios ou espíritos; nem os tratados insensatos e supersticiosos de *Platão, Proclo, Plotino, Porfírio*, nem mesmo as opiniões vãs e absurdas de *Psellus, Nider, Sprenger, Cumanus, Bodin, Michaël, Andrœas, Janus Mathœus, Laurentius Ananias, Jâmblico, etc.*, que com muitos outros escrevem tão absurdamente desses assuntos, como se fossem criancinhas aterrorizadas por bichos-papões. Alguns, como Plotino, os gregos e Laurentius Ananias, afirmam que as almas dos mortos se tornam espíritos, os bons viram anjos, os maus, demônios; outros que espíritos ou demônios existem apenas nesta vida; outros ainda dizem que são homens ou mulheres; alguns afirmam que os demônios são do gênero que quiserem, outros que eles não têm início nem fim, como defendem os *Maniqueístas*; outros, ainda, que eles são mortais e morrem, como *Plutarco* afirma de *Pã*;

---
865. Romanos 2.

alguns dizem que eles não têm corpos, mas os recebem de acordo com suas fantasias e imaginações; outros declaram que seus corpos lhes são concedidos ou até que eles os fazem (como *Pselus, Mal. Malef.*, Avicena e os cabalistas). Alguns dizem que eles são o vento, como os talmudistas; outros que são o sopro dos seres vivos; outros ainda, que um deles gera o outro; alguns, como *Psellus*, que eles são criados da parte inferior da massa da qual a terra foi feita e, outros, que são as substâncias entre Deus e o homem, e que eles podem ser terrestres, celestiais, aquáticos, aéreos, ígneos, estelares (os platonistas), e alguns são formados com um pedaço de cada um dos elementos, e que conhecem nossos pensamentos, e levam nossas boas ações e orações a Deus, retornam com seus benefícios para nós e devem ser cultuados. Nesse ponto há uma concordância com os papistas, tanto que se lermos as notas no segundo capítulo da epístola aos *Colossenses*, no testamento dos Seminários impresso em *Rhemes*, veremos claramente, embora tão contrário à palavra de Deus quanto o preto do branco, como aparece no *Apocalipse*[866], onde o anjo proíbe expressamente *João* de cultuá-lo.

Novamente, alguns dizem que ficam no meio entre corpos terrestres e celestes, comunicando parte de cada natureza e que embora eles sejam eternos, também são movidos por sentimentos; assim como há pássaros no ar, peixes na água e vermes na terra, o quarto elemento, o fogo, é a habitação de espíritos e demônios. E antes que os achemos ociosos, eles dizem que cuidam dos homens e do governo em todos os países e nações. Os saduceus dizem que eles são apenas imaginações na mente humana. *Tertuliano* diz que são pássaros e voam mais rápido do que qualquer ave do ar. Alguns dizem que os demônios não existem, exceto quando são enviados e, portanto, são chamados anjos malignos. Alguns acham que o demônio envia seus anjos para fora e ele mesmo faz do inferno o lugar de sua morada eterna, sua mansão.

---

866. Apocalipse 19, 10; 22, 8-9.

Capítulo 3

A opinião de Psellus no tocante a espíritos, suas várias ordens e uma refutação de seus erros.

Psellus, autoridade na Igreja de *Roma*, e não impugnável por qualquer católico, por ser instruído também nessas questões sobrenaturais ou diabólicas por um monge chamado *Marcus*, que conversou intimamente por um bom tempo, como ele disse, com um certo demônio, relata a respeito do próprio, e para ajudar a entender melhor o estado dessa questão, que os corpos de anjos e demônios não se constituem hoje de apenas um elemento, embora talvez assim o fosse antes da queda de *Lúcifer*, que os corpos de espíritos e demônios podem sentir e ser sentidos, ferir e ser feridos, tanto que eles lamentam quando são atacados e queimam ao serem colocados no fogo, e que, no entanto, eles mesmos queimam continuamente, de tal forma que deixam cinzas para trás nos lugares onde estiveram (assim como os espíritos andando com lençóis brancos, etc.), e uma prova evidente disso aconteceu (se ele diz a verdade) na fronteira com a *Itália*. Explica ainda, com o mesmo crédito e convicção, quais demônios e espíritos se esquivam e derramam de seus corpos tal semente ou natureza pela qual certos vermes são criados e que eles são nutridos com alimento, assim como nós, exceto que não o recebem na boca, mas o absorvem pelo corpo, como as esponjas encharcam-se de água. Eles também têm nomes, aparências e moradias, mas não do tipo temporal e corporal.

Psellus[867] diz ainda que há seis tipos de demônios principais, não só corporais, mas também temporais e mundanos. O primeiro constitui-se em fogo, vagando na região próxima à lua, mas sem poder para entrar nela. O segundo tipo constitui-se em ar e sua moradia é mais baixa e próxima a nós; estes (diz ele) são grandes e orgulhosos ostentadores, muito sábios e enganadores, e quando descem são vistos brilhando com raios de fogo na cauda (Ó tolice pagã, ou melhor, papista). Ele diz que estes costumam ser conjurados para fazer imagens rirem e lamparinas acenderem sozinhas e que, na *Assíria*, são muito usados para vaticínio em uma bacia de água. Essa é a opinião de todos os papistas. Esse tipo de encantamento é comum entre nossos conjuradores, mas aqui costuma ser realizado em um jarro ou panela com água ou em um cálice de vidro cheio de água, onde eles dizem que primeiro se ouve um som sem uma voz, que é um sinal da chegada dos demônios. Logo a água parece se agitar e então se ouvem pequenas vozes, com as quais eles dão suas respostas, falando com tanta suavidade que homem nenhum pode ouvi-los, para (segundo *Cardano*)[868] suas mentiras não serem rebatidas ou reprovadas. Mas esse truque enganador eu descrevi e refutei com detalhes em outro lugar. O terceiro tipo é dos demônios, segundo *Psellus*, terrestres; o quarto, aquáticos ou marítimos; o quinto,

---

867. *Psellus, ibid. caps. 9, 10, 11.*
868. *H. Card. lib. de var. rer. 16, cap. 93.*

subterrâneos; o sexto tipo é de demônios *Lucifugi*, isto é, os noturnos, aqueles que se regozijam na escuridão e são pouco dotados de sentimento, e tão broncos que nem se comovem com feitiços ou conjurações.

Demônios de várias naturezas e suas operações.

O mesmo homem diz que alguns demônios são piores do que outros, mas todos odeiam Deus e são inimigos do homem. Mas os piores grupos de demônios são *Aquei, Subterranei* e *Lucifugi*, isto é, aquáticos, subterrâneos e noturnos, porque (diz ele) eles não ferem as almas dos homens, mas destroem seus corpos como animais devoradores e loucos, molestando tanto suas partes internas como as externas. *Aquei* são aqueles que evocam tempestades, afogam os navegantes e fazem todos os outros males na água. *Subterranei* e *Lucifugi* penetram nas vísceras dos homens e os possuem, atormentando-os com loucura e epilepsia. Eles também atacam aqueles que são mineiros ou sapadores, que costumam trabalhar em buracos profundos e escuros sob a terra. Segundo ele, os demônios terrestres e aéreos penetram com sutileza nas mentes dos homens para enganá-los, provocando neles afetos absurdos e proibidos.

Mas, refutando a opinião anterior, sua filosofia é bem improvável, pois se o demônio é terrestre, ele precisa ser palpável; se for palpável, tem de matar aqueles cujos corpos possui. Além do mais, se ele for criado a partir da terra, então também deve ser visível e inalterável nesse ponto, pois a criação de Deus não pode ser aniquilada pela criatura. De modo que, embora lhes fosse permitido aumentar sua substância e forma, etc., é mais certo que os demônios não conseguissem diminuir ou alterar a substância na qual consistem, nem virar (quando quiserem) espíritos, ou sair da terra, água, fogo, ar ou esse ou aquele elemento do qual são feitos. Mas, seja como for que imaginem água, ar, ou fogo, tenho certeza de que a terra deve ser sempre visível e palpável; sim, e o ar deve sempre ser invisível, o fogo deve ser quente e a água molhada. E quanto a estes últimos três corpos, principalmente a água e o ar, nenhum formato pode ser exibido para olhos mortais naturalmente ou pelo poder de qualquer criatura.

Capítulo 4

Mais declarações absurdas de Psellus e outros a respeito de ações e paixões dos espíritos, sua definição delas e sua experiência.

Além disso, o mesmo autor[869] diz que os espíritos sussurram em nossas mentes, e mesmo não falando tão alto a ponto de os ouvirmos, nossas almas falam juntas quando são dissolvidas; é citado um exemplo de um som alto que vem de longe e feita uma comparação com o sussurro suave próximo, de modo que o demônio penetre tão perto da mente que o ouvido não precise ouvi-lo. Aliás, cada parte de um demônio ou espírito vê, ouve e fala, etc. Mas nesse ponto acredito mais em *Paulo* do que *Psellus*, ou em seu monge, ou no espírito do monge. Pois *Paulo* diz[870]: "Se o corpo todo fosse olho, onde estaria a audição? Se o corpo todo fosse audição, onde estaria o olfato, etc.". Percebe-se, com isso, como se contrapõem as palavras de Deus e os perseguidores de bruxas.

Os papistas continuam dizendo que esses espíritos usam grandes truques e uma indescritível indecência nas nádegas e partes íntimas de homens e mulheres, fazendo cócegas e outras ações imorais, de modo que chegam a conclusões precipitadas em sua opinião e julgamento, embora muito erroneamente, sobre o dito *Psellus*[871], de cuja doutrina tais ideias derivam. Eles dizem que esses demônios não ferem o gado pelo ódio que nutrem pelos animais, mas por amor pelo seu calor e umidade naturais, por serem criados em locais profundos, secos e frios; eles odeiam o calor do sol e do fogo, porque esse tipo de calor acaba rápido demais. Jogam pedras nos homens, mas elas não machucam aqueles que atingem, porque não são lançadas com força, pois (dizem eles) os demônios têm pouca força, de modo que essas pedras apenas amedrontam os homens, como os espantalhos fazem com os pássaros nas plantações. (Se uma criança de 2 anos jogar pedras do campanário de Powles em alguém, vai machucá-lo, etc.) Mas quando esses demônios penetram nos poros, provocam distúrbios estupendos no corpo e na mente do homem. Se for um demônio subterrâneo, desfigura e curva o possuído, e fala por ele, usando o espírito do paciente como seu instrumento. Mas *Psellus* diz que quando *Lucifugi* possuem um homem, este fica mudo, como morto; e esses são os demônios expulsos (segundo ele) apenas com jejum e oração. Todavia, acho que o espírito da tentação é desse demônio, por isso Cristo nos pede para vigiar e orar para não sermos tentados, etc.

---

869. *Psellus lib. de operat. dæm. cap. 12*. Se isso fosse falado a respeito das tentações, etc. de Satã, seria tolerável.
870. 1 Coríntios 12.
871. *Psellus, ibid. cap. 13.*

O mesmo *Psellus*, com seus colegas *Bodin*, os autores do *M. Malef.*, entre outros, critica os médicos que afirmam que tais enfermidades devem ser curadas com dieta, e não com encantamentos, dizendo que os médicos cuidam apenas do corpo e daquilo que é percebido pelo sentido exterior e não têm habilidade nenhuma nesse tipo de filosofia sobrenatural. E para fazer demônios e espíritos parecerem ainda mais corpóreos e terrenos, ele diz[872] que cada demônio pertence a um país e fala o idioma desse lugar, e nenhum outro; alguns falam *assírio*, alguns, *caldeu*, e outros, *persa* e sentem chicotadas e temem ferimentos, principalmente golpes de espada e, para aterrorizá-los, conjuradores portam espadas em seus círculos. Eles também mudam suas aparências tão repentinamente quanto os homens mudam de cor ao ruborizar ou sentir medo, raiva e outros humores da mente. Ele diz ainda que há demônios animalescos e brutais, ainda assim demônios, e são sujeitos a qualquer tipo de morte; estes são tão tolos que podem ser comparados a moscas, pulgas e minhocas, que só respeitam seu próprio alimento, sem considerar ou se lembrar do buraco de onde saíram por último. De fato os demônios compostos de terra não conseguem se transformar, mas residem na figura de quem eles preferirem e com quem se deleitam, tais como pássaros ou mulheres, por isso os gregos os chamam de *Neidas*, *Nereidas* e *Dreidas* no gênero feminino. Essas *Dreidæ* moravam (como escrevem alguns) nas ilhas ao lado da *Escócia* chamadas *Druidæ* e daí tiraram seu nome. Outros demônios que residem em locais mais secos se transformam em homens. Por fim, *Psellus* diz que eles conhecem nossos pensamentos e podem profetizar o futuro. Segundo sua definição, eles são mentes perpétuas em um corpo sensível.

Para comprovar esses artifícios diz *Psellus* que ele mesmo viu em certa noite um homem ser levado por *Aletus Libius* a uma montanha, pegar uma erva e cuspir três vezes na boca do homem, e ungir seus olhos com certo unguento, de modo que com isso ele viu grandes tropas de demônios e percebeu que um corvo voava para dentro da sua boca e, a partir de então, pôde profetizar em todos os momentos, exceto na sexta-feira santa e no domingo de Páscoa. Se o final dessa história fosse verdade, não só satisfaria a Igreja grega por manter o dia da Páscoa junto à Igreja de *Roma*, como também teria agradado o papa atual com nossos Natais e Páscoas, e não ter reunido as minutas e as reformado de modo a demonstrar a falsidade dele e de seus antecessores (que não podiam errar; segundo eles) até agora. E realmente isso e o movimento solar na manhã do dia de Páscoa provam bem ou até milagrosamente esse cálculo, do qual o papa começa agora a duvidar e a questionar.

---

872. *Psellus in operat. dæm. caps. 14, 17.*

Capítulo 5
A opinião de Facio Cardano a respeito de espíritos e sobre seu demônio domesticado.

Facio Cardano[873] tinha (como relatam ele mesmo e seu filho *Hierome Cardano*) um demônio familiar, constituído do elemento ígneo que, desde que ele usasse conjuração, dava respostas verdadeiras a todas as suas exigências, mas quando *Cardano* queimou seu livro de conjurações, embora ainda recorresse ao demônio, este dava sempre respostas falsas. Ele o manteve preso por 28 anos e solto por cinco. Durante o tempo em que estava preso, o demônio disse-lhe que havia muitos demônios ou espíritos. Nem sempre ele vinha sozinho, às vezes trazia alguns de seus companheiros. *Cardano* concordava mais com *Psellus* do que com *Platão*, pois afirmava que eles eram criados, nasciam, morriam e viviam por muito tempo, mas não disse por quanto; todavia, como conjecturava pelo rosto do demônio, que tinha 42 anos de idade, mas ainda parecia bem jovem, achava que eles viviam 200 ou 300 anos, e diziam que as suas e as nossas almas também morriam com seus corpos. Os demônios possuíam escolas e universidades, mas ele não compreendia como um deles poderia ser tão bronco, como *Psellus* os descreve. Ambos acreditavam de bom grado nessas fábulas, que na verdade formam a base da bruxaria e da conjuração. Mas essas histórias são tão grosseiras e palpáveis que meu tempo seria tão desperdiçado em refutá-las quanto em responder às histórias do Frade *Rush*, Adam Bell ou a Lenda Áurea.

Capítulo 6
A opinião de Platão concernente a espíritos, demônios e anjos, de que sacrifícios eles mais gostam, o que eles temem, e o demônio domesticado de Sócrates.

A opinião dos platonistas.

Platão e seus seguidores defendem que bons espíritos aparecem com sua própria aparência, mas os malignos aparecem e se mostram na forma de outros corpos, e que um demônio reina sobre o resto, como faz um príncipe em comunidade perfeita sobre os homens. Além disso, eles alcançam seus propósitos e desejos apenas pelas súplicas de homens e mulheres, porque na natureza eles são seus inferiores e usam a autoridade sobre os homens, exceto os sacerdotes por causa de sua função e da religião, na qual (dizem) executam o ofício de Deus. Às vezes, dizem que os espíritos ígneos ou substâncias supremas penetram na pureza da mente e assim alcançam seu objetivo; às vezes de outra

---
873. *Fac. Card. operat. de dæmon.*

maneira, isto é, por meio de feitiços sagrados, e até quando um pobre homem obtém em nome de Deus qualquer coisa na mão de um príncipe por importunação, por assim dizer.

A outra classe de demônios e almas corrompidas conhece tão bem a terra que fere muito os corpos terrestres, principalmente na luxúria. Deus e anjos (dizem eles), por carecerem de toda a substância material e bruta, desejam em sua maioria o puro sacrifício da mente. Os espíritos mais brutos e terrestres desejam os sacrifícios mais repugnantes, tais como de animais e gado. Aqueles no meio ou na região mediana alegram-se com oferendas de incenso e coisas medíocres, por isso (dizem) é necessário sacrificar a eles todos os tipos de coisas, desde que sejam mortas e não morram naturalmente, pois isso eles abominam. Alguns dizem que os espíritos temem ameaças notavelmente vãs e por isso se afastam, como se disséssemos que cortaríamos os céus em pedaços ou revelaríamos seus segredos ou nos queixaríamos deles aos deuses ou faríamos qualquer impossibilidade ou coisas que eles não conseguem entender; ficam com tanto medo que somem na hora e essa é considerada a melhor forma de se livrar deles. Mas aqueles que mais comumente são dessa classe ou companhia são chamados *Principados*, e de todos os outros são os mais fáceis de conjurar.

Sócrates e seu demônio particular ou espírito familiar.

Dizem que *Sócrates* tinha um demônio familiar, em quem *Platão* confiava muito, usando apenas como argumento para provar a existência de tal espírito o fato de *Sócrates* (que não mentia) confirmar isso e, em parte, porque esse demônio sempre o dissuade e proíbe, não apenas para o bem do próprio *Sócrates*, mas também às vezes em nome de seus amigos, os quais (se fosse verdade) poderiam ter salvado a vida. Seus discípulos deduziram que o demônio era Saturnal e um demônio ígneo principal, e que ele e todos aqueles que conhecem naturalmente seus demônios são os únicos chamados de *Dæmonii viri*, ou então, Farsantes. Além disso, dizem que os espíritos ígneos recomendam contemplação aos homens, os aéreos recomendam negócios, os aquáticos, a luxúria e dentre esses alguns são marciais, que dão resistência; alguns são joviais, dando sabedoria; alguns saturniais, usando sempre a dissuasão. Além disso, alguns nasceram conosco e permanecem conosco por toda nossa vida; alguns são meros estranhos, que não passam de almas de falecidos.

Capítulo 7

As nove ordens de espíritos e anjos de Platão; a divisão de Dionísio não difere muito delas, todas contestadas por teólogos.

Platão propõe ou apresenta nove ordens de espíritos, além dos espíritos e das almas dos homens. A primeira é Deus, que comanda todo o resto; a segunda são aqueles chamados *Idea*, que concedem todas as coisas a todos os homens; a terceira refere-se às almas dos corpos celestes que são mortais; a quarta são os anjos; a quinta, os arcanjos; a sexta são os demônios, que são ministros dos poderes infernais, como os anjos são dos celestiais; a sétima são os semideuses; a oitava são os principados; a nona são os príncipes. *Dionísio*[874] não se afasta muito dessa divisão, exceto que ele lida (como diz) apenas com bons espíritos, que divide também em nove partes ou ordens. A primeira ele chama serafins; a segunda, querubins; a terceira, tronos; a quarta, dominações; a quinta, virtudes; a sexta, potestades; a sétima, principados; a oitava, arcanjos; a nona e inferior ele chama de anjos. Todavia, alguns desses (na minha opinião) são espíritos malignos, ou então *Paulo*[875] nos deu um mau conselho quando recomendou que combatêssemos os principados, as potestades e todas as perversidades espirituais.

Mas *Dionísio*[876] nesse ponto vai além, atribuindo a cada país, e quase a cada pessoa de qualquer histórico, um anjo específico; por exemplo, para os *judeus* ele escolheu *Miguel*; para *Adão, Razael*; para *Abraão, Zaquiel*; para *Isaac, Rafael*; para *Jacó, Peliel*; para *Moisés, Metatron*, etc. Mas nesses discursos ele seguiu suas próprias imaginações e pensamentos ou as corrupções dessa era. No entanto, eu preferiria citar as palavras de M. *Calvino*[877] e meu parente M. *Deering* para refutá-lo do que as minhas. Pois M. *Calvino* diz que *Dionísio* não espalha boatos, fala como se as coisas que viu lhe tivessem sido sussurradas do céu. Já *Paulo* (diz ele) ficou absorto no terceiro céu e não relata essas questões. Mas se lermos M. *Deering*[878] a respeito do primeiro capítulo da epístola aos *Hebreus*, veremos como ele lida bem com essa questão, quando afirma que sempre que um arcanjo é mencionado nas escrituras, significa nosso Cristo salvador e não alguma criatura. E com certeza o próprio Cristo foi chamado de anjo. Os nomes dos anjos[879], como *Miguel, Gabriel, etc.*, são concedidos a eles (diz *Calvino*) de acordo com a capacidade de nossa fraqueza. Mas como a decisão dessa questão não está no alcance da capacidade humana, nem mesmo de seu conhecimento, não discutirei mais isso, mas mostrarei as opiniões absurdas de papistas e perseguidores de bruxas, de um lado, e as coletâneas mais sensatas e prováveis de opiniões contrárias do outro.

---

874. *Dionísio in cælest. hierarch. cap. 9, 10.*
875. Efésios 6.
876. *Dionísio in cælest. hierarch.*
877. *J. Calvino, lib. instit. I, c. 14.*
878. *Edw. Deering in lect. upon the Hebrues reading 6.*
879. Malaquias 3, 1.

Capítulo 8

A criação dos demônios de acordo com o capítulo 14 de Isaías; Lúcifer e sua queda; as opiniões dos cabalistas, dos talmudistas e dos acadêmicos sobre a criação dos anjos.

Os perseguidores de bruxas, em geral teólogos bastardos, deduzem credulamente e presumem falsamente a criação dos demônios de acordo com o capítulo 14 de *Isaías*[880], no qual eles supõem que *Lúcifer* é citado como o nome de um anjo, que desejando em um momento derrotar o próprio Deus, quis (quando Deus estivesse um pouco afastado) se sentar ou empoleirar-se na cadeira principal e episcopal e que, por isso, Deus o expulsou e todos os seus cúmplices do céu, de modo que alguns caíram de lá para as profundezas da terra; alguns desceram apenas para a região mediana e os demais, por ainda não terem passado pela região superior, detiveram-se imediatamente quando Deus disse: "Ei, aquietai-vos". Mas Deus sabe que nada é mencionado nesse sentido. Pois há apenas o prenúncio da deposição e da pobreza do rei *Nabucodonosor*, que se enaltecendo com orgulho (como se estivesse acima das estrelas) considerava sua glória maior do que a de todos os outros, visto que *Lúcifer*, a brilhante estrela da manhã, brilhava mais gloriosamente do que as outras estrelas comuns, e foi punido com o exílio, até que tivesse se humilhado, por isso era metaforicamente chamado *Lúcifer*.

A opinião dos talmudistas, entre outros.

Contudo, certamente, como esses grandes clérigos seriam considerados metódicos, e advindos do seio da sabedoria, mas que mais pareciam ter saído dos piores dos desatinos, eles pretendem nos demonstrar, primeiro, do que esses anjos que caíram do céu foram criados, isto é, com o lado esquerdo do molde de massa de que o mundo foi composto, o qual (dizem eles) era *Putredo terræ*, isto é, a podridão da terra. Os *cabalistas*, com quem *Avicena* parece concordar, dizem que um deles gerou o outro; outros dizem que todos eles foram criados de uma vez só. Os gregos escrevem que os anjos foram criados antes do mundo. Os latinistas dizem que eles foram criados no quarto dia com as estrelas. *Laurentius Ananias*[881] diz que foram criados no primeiro dia e não poderiam ter sido feitos no quarto dia porque está escrito: *Quando facta sunt sidera, laudaverunt me angeli,* de modo que (diz ele) eles foram feitos sob o nome do céu (*Creavit cœlum e terram* – Gênesis 1, 1).

Os acadêmicos também questionam se mais anjos caíram com *Lúcifer* ou permaneceram no céu com *Miguel*. Com uma má opinião da honestidade dos anjos, muitos afirmam que a maior parte caiu com

---
880. Isaías 14.
881. *Laur. Anan. lib. de natur. dæm. I.*

Lúcifer, mas a melhor opinião é (segundo *Laurentius Ananias*)[882] que a maioria permaneceu. E dentre aqueles que pensam assim, alguns dizem que a décima parte caiu, alguns, a nona; e outros deduzem, a partir de *São João*, que apenas a terceira parte foi condenada, porque está escrito que o dragão com sua cauda arrastou consigo a terceira parte das estrelas.

Capítulo 9

A controvérsia entre os gregos e a igreja latina referente à queda dos anjos, as divergências entre os próprios papistas em torno disso, um conflito entre Miguel e Lúcifer.

Houve também outra controvérsia entre as Igrejas grega e latina a respeito de quais ordens eram os anjos que caíram com *Lúcifer*. Nossos estudiosos dizem que os anjos de todas as nove ordens participaram da conspiração de *Lúcifer*. Mas como a ordem superior tinha uma constituição mais nobre e uma posição excelente, e a inferior possuía uma natureza menos estimável, a maior parte das ordens inferiores caiu com *Lúcifer*, tão culpadas e criminosas quanto ele. Alguns[883] dizem que o próprio demônio era da ordem inferior dos anjos, e alguns que ele era da ordem mais elevada, porque está escrito: *In cherubim extentus e protegens possui te in monte sancto Dei*. E estes dizem ainda que ele era chamado de dragão, por causa de seu excelente conhecimento. Por fim, esses grandes doutores concluem que o próprio demônio era da ordem dos serafins, a mais elevada, porque está escrito: *Quomodo enim manè oriebaris Lucifer?*[884] Os membros desse grupo afirmam que *Cacodæmones* eram aqueles que se rebelaram contra *Jove*; refiro-me àqueles da doutrina de *Platão*, pois ele mesmo também defende a mesma opinião. Nossos estudiosos diferem muito em relação à causa da queda de *Lúcifer*. Pois alguns dizem que foi por falar estas palavras: *Ponam sedem meam in aquilone, e similis ero altíssimo*[885] (Erguerei meu trono no norte e serei como o altíssimo); outros dizem que foi porque ele negou terminantemente a felicidade e a desprezou; outros que foi por ele achar que toda sua força vinha de si e não de Deus; outros dizem que foi porque ele tentou fazer sozinho, com a habilidade própria, aquilo que outro deveria ter concedido; outros que sua condenação veio depois que ele desafiou o lugar do Messias; outros afirmam ainda que ele depreciou o momento de adorar a majestade de Deus, como outros anjos fizeram; afirma-se também que foi porque ele a negou completamente. *Scotus* e seus discípulos, com quem os *tomistas* levianamente

---
882. Laur. Anan. lib. de natur. dæm. I.
883. *Ibidem*.
884. Isaías 14, 12.
885. Isaías 14, 13-14

nunca concordam, dizem que foi porque ele reivindicou com rebeldia a mesma onipotência de Deus. Outros dizem que foi por todas essas causas juntas, e muitas mais, de modo que depois disso (segundo *Laurentius Ananias*)[886] eclodiu um conflito incrível entre *Miguel* e os anjos bons, de um lado, e *Lúcifer* e seus amigos do outro e, então, depois de uma longa e duvidosa escaramuça, *Miguel* derrotou *Lúcifer* e expulsou todos eles.

Capítulo 10
Onde se travou a batalha entre Miguel e Lúcifer, quanto tempo ela durou, e seu poder, com que ingenuidade papistas e infiéis escrevem a respeito deles, e a reverência com que os cristãos deveriam pensar neles.

Há uma controvérsia tão grande quanto aquela entre *Miguel* e *Lúcifer* entre os estudiosos a respeito de onde se travou essa batalha e quanto tempo ela durou. Os *tomistas* dizem que essa batalha aconteceu no céu imperial, a residência dos espíritos abençoados, o lugar do prazer e da felicidade. *Agostinho* e muitos outros dizem que a batalha aconteceu na região mais elevada do ar; outros afirmam que foi no firmamento; ou até no paraíso. Os *tomistas* também dizem que ela durou por apenas um instante ou breve momento (*Instans, vi. punctum tem. Nempe individuum Nunc*); pois eles demoraram apenas dois instantes ao todo, da sua criação à sua expulsão. Os *scotistas* dizem que entre sua produção e sua queda houve apenas quatro instantes. Entretanto, o maior número de estudiosos afirma que eles continuaram por apenas três instantes, porque, submetidos à justiça de Deus, receberam três avisos, e no terceiro *Lúcifer* caiu como chumbo (essas são as palavras) nas profundezas do inferno; o restante foi deixado no ar para tentar o homem. Os *saduceus* foram ignorantes de outra forma, pois diziam que os anjos não significavam nada, além do movimento que Deus inspira nos homens ou os símbolos do seu poder. Em *Eusébio*[887] há muitas outras opiniões e afirmações absurdas a respeito dos anjos, tais como há quantos milhares de anos eles servem como anjos antes de serem promovidos a arcanjos, etc.

Monsieur Bodin, M. Malef. e muitos outros papistas deduzem da leitura do sétimo capítulo de *Daniel* que há 10 milhões de anjos no céu. Muitos dizem[888] que os anjos não o são por natureza, mas por ofício. Por fim, a exposição das coletâneas absurdas e curiosas a respeito disso não teria fim. Eu concordo com *Calvino* que os anjos são criaturas de Deus, embora *Moisés* não fale nada sobre sua criação, que apenas se aplicava à capacidade das pessoas comuns, não recitando nada além das coisas vistas. Concordo também quando ele diz que os anjos são

---
886. *Laur. Anan. lib. de natur. dæm. I.*
887. *Eusébio in ecclesi. histor.*
888. *Johannes Cassianus in confessione theolog. tripart.*

espíritos celestes, cujo auxílio e serviço Deus usa e por isso recebem esse nome[889]. É certo também que eles não têm uma forma, pois são espíritos que nunca tiveram uma e, por fim, repito com ele que as escrituras, pela capacidade de nossa inteligência, não nos pintam os anjos com asas em vão, para que imaginássemos que eles estão prontos para nos socorrer rapidamente. E, de fato, todos os teólogos mais sensatos compreendem e anunciam que tanto os nomes como o número dos anjos são registrados na escritura pelo Espírito Santo, para nos fazer entender a grandeza e o estilo de suas mensagens; que (digo) são explicadas pelo número de anjos ou anunciadas por seus nomes.

Além disso, os estudiosos[890] afirmam que quatro das ordens superiores de anjos nunca adotam nenhum formato de corpo ou aparência, nem eles são enviados com alguma missão em qualquer momento. Quanto aos arcanjos, são enviados apenas para assuntos grandes e secretos, e os anjos são mensageiros comuns de qualquer trivialidade e podem adotar a forma ou o corpo que quiserem, exceto pelo fato de nunca assumirem a forma de mulheres ou crianças. Diz-se também que os anjos assumem as formas mais terríveis, por exemplo, como *Gabriel* apareceu para *Maria*, quando ele a saudou: *Facie rutilante, veste coruscante, ingressu mirabili, aspectu terribili, etc.*, isto é, com uma face rutilante, uma veste cintilante, gestos maravilhosos e uma visão terrível, etc. Mas a respeito das aparições, falei um pouco antes e abordarei mais depois. É uma opinião antiga, mas ainda constante, não apenas entre os papistas, mas também entre outros, que a todo homem foi atribuído, no instante de seu nascimento, um anjo bom e um mau. Para o que não há motivo na natureza, nem fonte na escritura. Pois dizem que não apenas um anjo, mas também todos se alegram mais com um pecador convertido do que com 99 justos. Tampouco foi apenas um anjo que levou *Lázaro* para o seio de *Abraão*[891]. E, portanto, concluo com *Calvino*[892] que aquele que se refere a um anjo como o cuidado que DEUS tem com todos nós erra muito, como vemos pelas tantas carruagens de fogo exibidas por *Eliseu* ao seu servo. Mas no tocante[893] a esse mistério dos anjos, pensemos com reverência neles e não busquemos com curiosidade sua natureza, considerando a pequenez de nossa condição, em respeito da glória de sua criação. E quanto às tolas imaginações e fábulas de *Lúcifer, etc.* citadas, elas não são apenas ridículas, mas também justificáveis entre essas curiosidades ímpias e questões vãs, sobre as quais *Paulo* fala; nem há qualquer título ou texto na escritura para a sustentação de opiniões ignorantes a esse respeito.

---

889. *J. Cal. lib. instit. I. cap. 14, sect. 8.*
890. *Mich. And. thes. 101, 103, 107, 108.*
891. Lucas 15, 7; Lucas 16, 23.
892. *J. Cal. lib. instit. I. cap. 14.*
893. 2 Reis 16, 17.

Capítulo 11

Se eles se tornaram demônios porque ao serem anjos não mantinham sua vocação, em Judas e Pedro; as opiniões crédulas dos rabinos referentes a espíritos e bichos-papões, com uma refutação disso.

emos em *Judas* e encontramos confirmado em *Pedro*[894] que os anjos não conservaram seu principado, mas deixaram sua própria morada, e pecaram, e (como *Jó* diz) cometeram desatinos e que Deus, portanto, lançou-os ao inferno, guardando-os em grilhões eternos sob as trevas, para o julgamento do grande dia. Mas muitos teólogos alegam não encontrar em lugar nenhuma menção de que Deus os fez demônios ou que eles se tornaram os príncipes do mundo, ou então do ar, mas prisioneiros. No entanto, diversos doutores afirmam[895] que esse *Lúcifer*, apesar de sua queda, tem mais poder do que qualquer um dos anjos no céu. De fato, dizem que há certos demônios do grupo inferior de anjos que foram colocados para fora por deslizes menores, por isso são atormentados com pequenas dores, além da danação eterna; e esses (segundo tais doutores)[896] não fazem tanto mal. Afirmam também que eles apenas usam certos truques de mágica, deliciando-se com isso para fazer os homens rirem, enquanto viajam pelas estradas, mas outros (segundo se diz) são muito mais grosseiros. Como prova disso, defensores dessas afirmações apresentam o capítulo oito de *Mateus*, em que o demônio só ficaria satisfeito pela troca da perturbação de um único homem pela destruição de toda uma manada de porcos. Os *rabinos*, por exemplo, o *Rabino Abraham*[897], escrevendo sobre o segundo capítulo do Gênesis, diz que de fato Deus criou as fadas, os bichos-papões, o Íncubo, o duende Robin, outros espíritos familiares ou domésticos e demônios na sexta-feira; e, impedido pela noite do Sabá, não os terminou, deixando-os imperfeitos. Portanto, desde então eles costumam fugir da santidade do Sabá, buscando buracos escuros em bosques e montanhas onde se escondem até o fim do Sabá e, por fim, saem para perturbar e molestar os homens.

A estupidez ignorante de muitos ao ouvir o nome de um espírito.

Mas como essas opiniões são ridículas e coletadas com ingenuidade, então se respeitarmos apenas a palavra ou os trechos exatos em que os espíritos ou demônios são mencionados nas escrituras, depararemos com absurdos tão perigosos quanto esses. Pois alguns são tão apegados às coisas mundanas que, nem bem começam a falar de um espírito, já pensam em um homem negro com pés fendidos, um par de chifres, uma cauda, garras e olhos tão grandes quanto uma bacia, etc. Mas certamente o demônio não foi tão sábio em sua geração, como eu o considero, pois

---
894. Judas, versículo 6; 2 Pedro 2, 4.
895. *Mal. Malef. par. 2, quæ 1, cap. 2, 3.*
896. *Mich. And.; Laur Anan.; Mal. Malef.*, etc.
897. *Author, lib. Zeor hammor in Gen. 2.*

aterrorizaria os homens com essas formas feias, embora ele pudesse fazer isso quando quisesse. Pois assim os homens teriam um bom ensejo e oportunidade de fugir dele e correr a Deus por socorro, como as pessoas aterrorizadas costumam fazer, embora já não pensassem em Deus por certo tempo. Mas em verdade nosso maior medo do demônio deve ser quando ele se insinua lisonjeiramente em nossos corações, para satisfazer, agradar e servir a nossos humores, atiçando-nos a seguir nossos próprios apetites e prazeres, sem nenhum desses terrores externos. Gostaria que esses homens me mostrassem nas escrituras onde é dito que alguns demônios são espirituais e alguns corporais; ou como esses demônios terrestres ou aquáticos entram na mente do homem. *Agostinho* diz[898], e vários outros afirmam, que Satã ou o demônio nos seduz com a gula enquanto nos alimentamos; ele introduz a luxúria na nossa geração e a preguiça no nosso exercício; na nossa conversa, inveja; nos nossos negócios, avareza; na nossa reprimenda, ira; no nosso governo, orgulho; ele coloca maus pensamentos em nossos corações; mentiras em nossas bocas, etc. Quando acordamos, ele nos leva a trabalhos malignos; quando dormimos, a sonhos perversos e obscenos; ele provoca os alegres ao desatino e os tristes ao desespero.

Capítulo 12
Que os ataques dos demônios são espirituais e não temporais, e como as pessoas entendem grosseiramente essas partes da escritura.

A respeito do que foi dito até agora, verifica-se que os ataques de Satã são espirituais e não temporais e, por isso, *Paulo*[899] não quer que trajemos um corselete de aço para nos defendermos de suas garras, mas nos pede para nos revestirmos da armadura completa de Deus, para que consigamos resistir às invasões do demônio[900]. Pois o nosso combate não é contra carne e sangue, mas contra principados, potestades e a maldade espiritual. Portanto, ele nos aconselha a sermos sóbrios e observarmos, pois o demônio anda ao redor bramindo como um leão, buscando a quem pode devorar. Ele não quer dizer com dentes carnais, pois em seguida lemos: "Ao qual resisti firme na fé". E novamente ele diz: "Aquele que é espiritual discerne apenas coisas espirituais, pois nenhum homem carnal consegue discernir as coisas do espírito"[901]. Por que então deveríamos pensar que um demônio, que é um espírito, pode ser conhecido ou domesticado e transformado em espírito familiar por um homem natural; ou contrariamente à natureza,

---
898. *Agostinho in ser. 4, Greg. 29, sup. Job, Leão, papa. Ser. 8, Nativit.*
899. Efésios 6, 11, 12.
900. 2 Timóteo 2, 8-9.
901. 1 Coríntios 2, 14.

pode ele por uma bruxa ser transformado em corporal, sendo por Deus ordenado a uma proporção espiritual?

Esse conceito ignorante existe porque prestamos mais atenção aos contos da carochinha e damos mais crédito a essas fábulas do que à palavra de Deus, imaginando pelas histórias que nos são contadas que o demônio aparece como um boi de cara preta, como eu descrevi antes. Pois tudo aquilo que nos é proposto na escritura por parábolas, linguagem figurada ou sugestão, ou adaptado a nossas capacidades brutas, etc., é por eles considerado e exposto de tal forma como se preferissem o sentido literal do texto, ou suas imaginações ignorantes a respeito dele, ao verdadeiro sentido e significado da palavra. Pois ouso dizer que quando esses estúpidos leem a parábola de *Joatão*[902] no nono capítulo do livro Juízes aos homens de *Siquém*: que as árvores se puseram a caminho para ungir um rei que reinasse sobre elas, dizendo à oliveira: "Reina sobre nós!". A oliveira então respondeu: "Renunciaria eu ao meu azeite, etc.?", eles imaginam que as árvores andaram e falaram com uma voz humana; ou então que algum espírito entrou nas árvores e respondeu como se imagina ter acontecido nos ídolos e oráculos de *Apolo*, entre outros. De fato, tais indivíduos têm olhos, mas não veem; ouvidos, mas não ouvem; bocas, mas não falam, etc.

Capítulo 13

O equívoco com a palavra espírito, a diversidade com que ela é adotada nas escrituras; o ensinamento de que a escritura nem sempre deve ser interpretada literalmente, nem alegoricamente deve ser entendida.

Aqueles que buscam com o espírito da sabedoria e da compreensão descobrirão espíritos bons e maus, retratados de forma diversa nas escrituras; de fato, eles perceberão bem que o demônio não é um animal chifrudo. Pois às vezes, nas escrituras, espíritos e demônios são responsáveis pelas enfermidades do corpo, às vezes pelos vícios da mente; em outras pelas concessões dos dois. Às vezes um homem é chamado de demônio, como *Judas* no sexto capítulo de *João*, e *Pedro* no 16º de *Mateus*. Às vezes um espírito é representado no Evangelho; em alguns momentos como a mente ou a alma do homem; às vezes como a vontade do homem, sua mente e conselho; em outros momentos como professores e profetas; às vezes como o zelo para com Deus; em outras horas como júbilo no Espírito Santo, etc[903].

Para elucidarmos a natureza e o sentido dos espíritos, encontramos estas palavras na escritura: "O espírito do Senhor repousará sobre ele; O

---

902. Juízes 9, 7-14
903. Êxodo 31, 1; Atos 8, 19; Gálatas 3; João 6; Mateus 16; 1 Coríntios 2, 3, 5; Gálatas 3, 2; Coríntios 7; Lucas 9; Filipenses 1; 1 Tessalonicenses 5; 1 João 4; 1 Timóteo 4; Efésios 5.

espírito de conselho e fortaleza; O espírito de sabedoria e de inteligência; O espírito de conhecimento e o temor ao Senhor". E também estas: "Eu derramarei meu espírito sobre a casa de *Davi, etc.;* O espírito da graça e compaixão". Novamente: "Não recebestes o espírito da escravidão, mas recebestes o espírito da adoção"[904]. E, portanto, *Paulo* diz: "A um é dado, pelo espírito, a palavra de sabedoria; a outro, a palavra do conhecimento pelo mesmo espírito; a outro, o dom da audição; a outro, o dom da fé pelo mesmo espírito; a outro, o dom da profecia; a outro, a realização de grandes obras; a outro, o discernimento dos espíritos; a outro, a diversidade das línguas; a outro, a interpretação das línguas; e o único e mesmo espírito realiza todas essas coisas". Essas foram as palavras de *Paulo*. E, por fim, *Isaías* diz: "O Senhor espalhou entre eles o espírito do erro". E em outro lugar: "O Senhor cobriu-te com um espírito de torpor" [905].

Quanto aos espíritos da adivinhação mencionados na escritura, temos, por exemplo: a mulher de *Endor*[906], a mulher *filipense,* a meretriz de *Westwell* e a donzela de *Kent*[907], dotadas de espíritos ou dons da adivinhação, com os quais elas conseguiam improvisar para ganhar dinheiro e abusar das pessoas com truques e invenções astutas. Mas essas são possuídas de espíritos emprestados, como está descrito no livro da Sabedoria[908]; e espíritos de mera farsa e artifício, como provei bem em outra parte. Não nego, portanto, que há espíritos e demônios de tal substância que agradava a DEUS criá-los. Mas onde quer que se encontre ou leia nas escrituras, um espírito deve ser entendido espiritualmente e não é algo corpóreo nem visível. Onde está escrito que Deus enviou um espírito maligno entre *Abimelec* e os homens de *Siquém*, devemos entender que ele enviou o espírito do ódio e não um bicho-papão. Além disso, onde se diz: "Se o espírito do ciúme vier sobre ele", seria o mesmo que dizer: "Se ele agir com uma mente ciumenta", e não que ele foi atacado por um demônio corporal[909]. Está escrito no Evangelho[910]: "Havia uma mulher, possuída por um espírito da enfermidade há 18 anos, que estava inteiramente recurvada, etc. Cristo, ao impor-lhe as mãos, a livrou de sua doença". Conclui-se assim que, embora se diga que *Satã* a amarrou, etc., uma enfermidade ou doença a afligia, pois as palavras de Cristo expunham isso. Não há também nenhuma palavra de bruxaria mencionada que fosse a causa disso, segundo alguns.

Sete demônios foram expulsos de *Maria Madalena*[911]. Isso não é tão grosseiramente compreendido pelos estudiosos como se houvesse

---

904. Isaías 11, 2; Zacarias 12, 10; Romanos 8, 15
905. 1 Coríntios 8, 9, 10, 11, 12; Isaías 19, 14; 29.
906. 1 Samuel 28.
907. Hest. 16.
908. Sabedoria 15, 15, 19.
909. Juízes 9, 23; Números 5, 14.
910. Lucas 13, 11
911. Marcos 16, 9.

nela sete demônios corporais, como descrevi antes, mas que o número de sete demônios representa uma grande multidão e uma quantidade incerta de vícios. Essa é uma figura comum em diversos locais da escritura. E essa interpretação está mais de acordo com a palavra de Deus do que a paráfrase papista, ou seja, que Cristo, sob o nome dos sete demônios, relatou apenas os sete pecados capitais[912]. Outros não levam em conta nenhuma dessas exposições, porque supõem que a eficácia do milagre de Cristo dessa forma seria arruinada, como se não fosse uma questão tão difícil, com um toque para fazer de uma pessoa pecaminosa uma boa cristã; por exemplo, curar a dor com uma palavra ou qualquer outra doença de um corpo doente[913]. Não creio que qualquer uma dessas duas curas possa ser realizada de qualquer maneira, no decorrer do tempo, sem milagre; uma pelo sacerdote, a outra pelo médico. Mas digo que a obra de Cristo foi milagrosa nos dois casos, pois com poder e autoridade, até mesmo com um toque de seu dedo e uma palavra da sua boca, ele fazia o cego ver, o coxo andar, purificava o leproso, devolvia a audição ao surdo, ressuscitava os mortos e transmitia o Evangelho aos pobres, dos quais (digo) ele expulsa demônios e, milagrosamente, transformava em bom cristão aquele que outrora era um habitante desregrado, a quem ele disse: "Vai e não peques mais"[914].

Capítulo 14

Deus preferia manifestar o poder de seu filho e não de feiticeiras com milagres.

Jesus Cristo, para manifestar seu poder divino, repreendeu os ventos e as águas do mar e tudo se acalmou[915], o que nem nossos teólogos nem nossos médicos podem fazer, muito menos nossos conjuradores e, menos ainda, todas as nossas velhas bruxas. Mas Deus gostava de manifestar o poder de Jesus Cristo por esses meios milagrosos e extraordinários, como se estivesse preparando doenças que não poderiam ser curadas de outra forma, para que a glória de seu filho e a fé de seu povo ficassem mais evidentes, tais como lepra, loucura e cegueira, como se vê no Evangelho, no qual se diz que o homem não foi acometido de cegueira por seus pecados, nem por nenhum erro de seus antepassados, mas ficou cego para que nele as obras de Deus pudessem ser manifestadas pelas mãos de Jesus Cristo. Mas bruxas com seus feitiços podem curar (como afirmam os perseguidores) todas essas doenças

---

912. Levítico 26; Provérbios 24; Lucas 17.
913. Mateus 8, 16.
914. Lucas 4, 36; 7, 21; João 8, 11.
915. Lucas 8, 14.

mencionadas na escritura, e muitas outras, como gota, dor de dente, etc., que não vimos Cristo curar[916].

Quanto àqueles mencionados no Evangelho como possuídos por espíritos[917], parece em muitos casos que são indiferentes, ou seria o mesmo dizer: "Ele é possuído por um demônio" ou "Ele é um lunático ou delirante", pois hoje se diz que essa doença vinha da melancolia. Mas se todo aquele que agora é lunático fosse possuído por um demônio real, então poderia se pensar que os demônios deveriam ser expulsos dos homens com medicamentos. Mas quem diz hoje em dia, como a mulher de *Canaã*: "Minha filha é perturbada por um demônio", a menos que se pressuponha que ela queira dizer que a filha sofre de alguma doença? De fato dizemos, com verdade, aos perversos: "Ele está endemoninhado", mas não queremos dizer com isso que ele tenha sido possuído por um demônio real. E se fosse assim, eu me pergunto com que aparência esse demônio real, que o possuiu, permanece. Ele entra no corpo com uma aparência e na mente com outra? Se o admitirem como espiritual e invisível, concordarei.

Na opinião de alguns, a dita mulher de *Canaã* queria dizer na verdade que sua filha sofria com alguma doença, pois não está escrito que o demônio foi expulso, mas que sua filha ficou curada naquela mesma hora. De acordo com o que é dito no capítulo 12 de *Mateus*: "Trouxeram até Cristo um endemoninhado, cego e mudo, e ele o curou; de modo que o mudo e cego podia falar e ver". Mas foi o homem, não o demônio, que recebeu a cura e começou a falar e a ver. Infere-se, portanto (digo), que se dizia que aqueles que estavam doentes, além daqueles que eram lunáticos, estavam possuídos por demônios[918].

---

916. Levítico 14, 7-8; Lucas 7, 17, 4; João 9.
917. Mateus 4, 17, etc.
918. Mateus 15, 28; Mateus 12, 22.

Capítulo 15
A possessão por demônios.

Aqui não posso deixar de mostrar com que insensatez diversos autores, como *James Sprenger* e *Henrie Institor*[919], concluem e observam o motivo pelo qual o demônio resolve possuir os homens em certas fases da lua. Isso tem (dizem tais autores) duas explicações: primeira, que os demônios podem difamar uma criatura tão boa quanto a lua; segunda, que o cérebro é a parte mais úmida do corpo. O demônio, portanto, considera a capacidade e a conveniência disso (a lua têm domínio sobre todas as coisas úmidas, segundo uma máxima filosófica, como aquela que diz "o sol *in aridis e siccis*"), de modo que daí tira vantagens para realizar melhor seus intentos. Dizem ainda que os demônios ao serem conjurados e invocados aparecem com mais rapidez em algumas constelações do que em outras; induzindo, assim, os homens a pensar que há alguma divindade nas estrelas. Mas quando *Saul* foi ressuscitado ao som da harpa, afirmam tais autores que a saída do demônio aconteceu por meio do signo da cruz impresso nas veias de *Davi*. Assim podemos ver como as imaginações e os artifícios dos homens são absurdos, quando falam de acordo com sua veneta, sem o aval da palavra de Deus. Mas creio que é bem absurdo *Josefo* afirmar que o demônio deva ser expulso de qualquer homem com a ajuda de uma raiz.[920] Ainda que seja em vão, *Eliano* escreve a respeito da erva mágica *Cynospastus*, outrora chamada *Aglophotis*, que é igual à raiz de *Salomão* chamada *Baaros*, por ter o poder de expulsar qualquer demônio de alguém possuído

Capítulo 16
Nós, por não sermos totalmente informados da natureza de demônios e espíritos, devemos nos satisfazer com o que nos é passado nas escrituras a respeito disso; como essa palavra demônio deve ser entendida tanto no singular quanto no plural, sobre o espírito de Deus e o espírito do demônio; espíritos domados; Ahab.

Portanto, como a natureza e a substância de demônios e espíritos não estão tão evidentes na escritura, como já sabemos, devemos nos contentar – e adaptar com fé – a acreditar nas palavras e no sentido transmitidos a nós pelo espírito supremo, o Espírito Santo, o Senhor de todos os Espíritos;[921] considerando sempre que os espíritos são sempre citados na escritura, como algo espiritual; embora para ajudar nossas capacidades, às vezes, eles sejam simbolizados de uma forma mais concreta e corporal do que são, em parábolas ou com metáforas. Por exemplo (omitindo a história de *Jó*, que discuto em outro momento), está escrito[922]: "O Senhor

---
919. *Mal. Malef. quæst 5. pa. I.*
920. *Josefo. de antiquitat. jud. item de bello jud. lib. 7, cap. 35.*
921. Números 27, 16.
922. 1 Reis 22, 20-22.

disse: Quem enganará *Ahab*, para que ele caia em *Ramot Galaad, etc.*? Então um espírito se aproximou e colocou-se diante do Senhor, dizendo: Eu o enganarei. E o Senhor disse: De que modo? E ele disse: Partirei e serei um espírito de mentira na boca de todos os seus profetas. Então o Senhor disse: Vai, serás bem-sucedido, etc.".

Essa história é mostrada assim aqui como uma condescendência para com nossas capacidades, principalmente naquela época, na qual os homens só poderiam compreender as coisas espirituais com essas demonstrações corporais. E mesmo aqui se deve notar que um espírito, e não muitos ou diversos, possuiu todos os falsos profetas ao mesmo tempo. Mesmo que em outro lugar se descreva a possessão de apenas um homem por milhares de demônios, também se diz no mesmo lugar que esse homem foi possuído por apenas um. Pois lá[923] se diz que Cristo conheceu um homem possuído por um demônio, e ele mandou o espírito abominável sair, etc. Mas *Calvino* diz[924]: "O Satã ou o demônio ser citado no singular simboliza o poder da maldade, que se coloca contra o reino da justiça. Quando muitos demônios são citados na escritura, concluímos com isso que devemos combater uma turba infinita de inimigos; e se desprezarmos a pouca quantidade deles, ficaríamos mais relaxados ao entrar na batalha e, assim, cairíamos na segurança e na inatividade".

Por outro lado, é registrado com tanta clareza na escritura que alguns são possuídos pelo espírito de Deus, assim como outros são possuídos e presos pelo espírito do demônio. De fato, lemos às vezes que um bom espírito foi colocado em um grande número de pessoas e, novamente, que diversos espíritos repousavam e entraram em um homem, mas este não é um espírito substancial e corporal. Por exemplo, em: "O Senhor tomou o espírito que repousava sobre *Moisés*, e o colocou nos 70 anciãos, e quando o espírito repousou sobre eles,[925] eles profetizaram". Por que esse não seria um espírito substancial e corporal como aquele com o qual a donzela nos *Atos dos Apóstolos* foi possuída? E também *Eliseu* pediu a *Elias* que, quando este partisse, seu espírito em dobro fosse entregue a ele. Lemos também que o espírito do Senhor veio para *Otoniel, Gedeão, Jefte, Sansão, Balaão, Saul, Davi, Ezequiel, Zacarias, Amasai*;[926] de fato, está escrito que *Caleb* tinha outro espírito além daqueles de todos os israelitas, e em outro lugar se diz que *Daniel* tinha um espírito mais excelente do que qualquer outro. De modo que, embora digam que os espíritos, sejam eles bons ou maus, sejam concedidos por número e proporção, trata-se e se pressupõe a qualidade deles, não a quantidade. No entanto, devo confessar que Cristo tinha o espírito de Deus sem medida, como está escrito no

---

923. Lucas 8, 27, 28. Marcos 5, 9; Lucas 8.
924. *J. Cal. lib. instit. lib. 1. cap. 14, sect. 14.*
925. Números 11, 25.
926. Atos 16; 2 Reis 2; Juízes 3, 10; 6, 34; 11, 29; 14, 6; Números 14, 24; Samuel 11, 3; 16,13; 18,14; 1 Crônicas 12,18; 2 Crônicas 14.

evangelho de *João*.⁹²⁷ Mas onde se diz que os espíritos podem ser domesticados e ficar às ordens, eu cito a esses ignorantes intérpretes da escritura o que disse *Salomão*, que, como eles afirmam erroneamente, era dentre todos o maior conjurador, nestas exatas palavras: "Nenhum homem há que tenha domínio sobre o espírito, para o reter como quiser".⁹²⁸

Capítulo 17
Se espíritos e almas podem assumir corpos e sobre sua criação e substância, a respeito do que os escritores discordam e variam muito.

Alguns defendem a opinião de que espíritos e almas podem assumir e se apropriar de corpos quando e de que forma ou substância quiserem; opinião compartilhada por todos os papistas e alguns protestantes, por serem mais ignorantes do que outro grupo, que defendem que tais corpos são feitos de partes deles. No entanto, esses variam nos elementos, com os quais esses corpos espirituais são compostos. Pois (como eu disse) alguns afirmam que eles são constituídos de fogo, alguns pensam em ar, outros em estrelas e outros ainda em potestades celestiais. Mas se eles forem celestiais, então (de acordo com *Pedro Mártir*) devem seguir o movimento circular e, se forem elementares, então devem seguir os movimentos desses elementos que compõem seus corpos, porque cada movimento natural é circular ou elementar. De ar eles não podem ser, pois o ar é *Corpus homogenium*, de modo que cada pedaço de ar é ar, do qual não podem se criar membros distintos. Pois um corpo orgânico deve ter ossos, nervos, veias, carne, etc. que não podem ser feitos de ar. Um corpo aéreo também não pode (segundo *Pedro Mártir*) receber ou ter qualquer formato ou figura. Mas alguns ascendem às nuvens, onde encontram (como dizem) diversos formatos e formas mesmo no ar. Objeção essa à qual *P. Mártir* diz em resposta, e isso verdadeiramente, que as nuvens não são ar, mas uma mistura de outros elementos mesclados.

---
927. João 3, 34.
928. Eclesiastes 8,8.

Capítulo 18

Certas razões papistas a respeito de espíritos feitos de éter, demônios diurnos e noturnos e por que o demônio não gostava de sal em sua carne.

Muitos afirmam (a respeito de uma fábula citada pelo M. Malef.) que espíritos são compostos de ar, porque eles foram cortados (como diz) em dois e fechados de novo, e também porque eles desaparecem tão repentinamente. Mas essas aparições que já citei, e que voltarei a citar, são vistas mais na imaginação de fracos e doentes do que na realidade. Essas visões e aparições eram comuns entre os infiéis e agora elas são mais raras desde a pregação do evangelho. E se entre pessoas medrosas, como mulheres, crianças e doentes, eles costumam se aglomerar, entre corpos fortes e de estômago forte os espíritos nunca aparecem, como provei em outra parte, demonstrando que são apenas fantásticos e imaginários. Quem imagina que demônios e espíritos são feitos de ar diz que eles precisam ser compostos desse elemento porque, caso contrário, quando desaparecessem de repente, deixariam alguma substância terrena para trás. Se eles fossem de água, então molhariam o local onde ficam e derramariam água no chão. Se fossem feitos de fogo, queimariam tudo o que tocassem, mas (dizem eles) *Abraão* e *Ló*[929] lavaram os pés e não se escaldaram nem se queimaram.

Não encontro na Bíblia, mas em *Bodin*[930], que os demônios se dividem entre diurnos e noturnos. Ele diz que *Deber* é o nome do demônio que fere à noite, e *Cheleb* é aquele que age de dia, porém, afirma que Satã pode ferir tanto de dia quanto de noite, embora seja correto (segundo ele) que Satã possa fazer mais mal à noite do que de dia, por exemplo, na noite em que ele matou os primogênitos do *Egito*. No entanto, como aparece claramente no texto que o próprio Senhor fez isso[931], parece que *Bodin* não difere entre Deus e o demônio. Para provar essa sua tola afirmação de que demônios são mais valentes à noite do que de dia, ele cita o *Salmo 104*[932], em que se diz: "Colocas as trevas, e vem a noite, e nela rondam todas as feras da selva, rugem os leões, etc., quando o sol nasce, eles se retiram, etc.". De modo que agora ele transforma todas as feras em demônios ou os demônios em feras. Ó, cegueira bárbara! Esse *Bodin* também diz que o demônio não gosta de sal em sua carne, pois isso é um sinal da eternidade e usado por ordem de Deus em todos os sacrifícios;[933] abusando das escrituras, ele não tem vergonha de citar tal coisa. Mas agora declararei como a escritura instrui nossas competên-

---

929. Gênesis 18, 19.
930. *J. Bodin. lib de dæm. 3, cap. 4, 5.*
931. Êxodo 12, 29.
932. Salmos 104.
933. *J. Bodin. lib. de dæm. 3, cap. 5.*

cias embotadas a imaginar que tipo de coisa o demônio é pelos nomes apropriados a ele na Bíblia[934].

Capítulo 19
Os demônios mencionados nas escrituras têm em seus nomes sua natureza e qualidades declaradas, com exemplos disso.

Os demônios mencionados nas escrituras têm em seus nomes a expressão de sua natureza e qualidades, sendo na maioria os ídolos de certas nações erigidos com idolatria, no lugar ou até apesar de Deus. *Belzebu*[935], por exemplo, significa o senhor das moscas porque ele captura cada coisa simples em sua teia. Ele era um ídolo ou oráculo erigido em *Ecrom* que *Ahaziah* consultou para saber se ele se recuperaria de sua doença, como se não houvesse Deus em Israel. Esse demônio *Belzebu*[936] era conhecido entre os *judeus* como o demônio principal. Os *gregos* o chamavam de *Plutão*, ele era o *Sumanus, quase summum deorum manium* dos latinos, o principal fantasma ou espírito do morto que eles supõem caminhar à noite; embora também acreditassem absurdamente que a alma morria com o corpo. De modo que eles atribuíam uma diferença entre o fantasma e a alma de um homem, assim como nossos papistas; portanto, acreditavam que a alma é um fantasma, quando caminha na terra depois da decomposição do corpo, ou aparece a qualquer homem, fora do céu, do inferno ou do purgatório. *Nisroch* significa uma tentação delicada e era cultuado por *Senaqueribe* na *Assíria*. *Tartac* significa agrilhoado e era o demônio ou ídolo dos *hivitas*. *Belfegor*, outrora chamado *Príapo*, o deus boquiaberto ou nu era cultuado entre os *noabitas*. *Adrameleque*, isto é, o manto ou governo do rei, era um ídolo na cidade assíria de *Sefarvaim*. *Camos*, isto é, pressentimento ou divergência, era cultuado entre os *Moabitas*. *Dagom*, isto é, cereal ou pesar, era o ídolo dos filisteus. *Astarte*, isto é, gado ou rebanho, é o nome de uma divindade feminina em *Sidônia*, cultuada por *Salomão*; alguns a associam a *Vênus*. *Melcom*, isto é, um rei, era um ídolo ou demônio, cultuado pelos filhos de *Amon*[937].

Às vezes, também encontramos nas escrituras que demônios e espíritos adotam os nomes de homens perversos ou das casas ou locais de pessoas abomináveis, como *Astaroth*, que (segundo *Josefo*)[938] era o ídolo

---
934. Levítico I.
935. 2 Reis 13.
936. Mateus 10 e 12; Marcos 3; Lucas 11.
937. 2 Reis 19, 23; 2 Reis 17; Oseias 9, 10; Números 23; Deuteronômio 3 e 4; Josué 22; 2 Reis 17; Números 21; 1 Reis 11; 2 Reis 23; Juízes 16; 1 Macabeus 10; 1 Reis 11; 2 Reis 23; 1 Crônicas 20; Jeremias 49.
938. *Josefo lib. de antiquit. Jud. 6, cap. 14*. 1 Samuel 7.

dos *filisteus*, cultuado por *Salomão*, que mandou os *judeus* o adotarem. Embora seu nome signifique riquezas, rebanhos, etc., foi uma cidade pertencente ao rei *Ogue* de *Basã*[939], conhecida como morada dos gigantes. Sob esse ponto de vista, *Astaroth* é um dos demônios especiais nomeado na conjuração de *Salomão* e muito empregado pelos conjuradores. Provei bem nessas citações que esses ídolos são *Dii gentium*, os deuses dos gentios; e o profeta *Davi*[940] pode dar a entender que eles são demônios, ao dizer *Dii gentium dæmonia sunt*, "Os deuses dos gentios são demônios". Que demônio deveria ser considerado o crucifixo chamado Cruz da Graça, além de um daqueles mencionados e descritos antes, que adotou seu nome de seu comportamento cortês e gracioso para com seus adoradores ou aqueles que se oferecem a ela? Depois da revelação da farsa idólatra, a cruz é conhecida entre os teólogos como um demônio em vez de um deus, assim como vários outros do mesmo tipo.

Capítulo 20
Os diversos nomes do demônio, com os quais sua natureza e temperamento são manifestados.

Deus também gostava de informar nossas fraquezas, por semelhanças e exemplos, ou por comparações, para entender que tipo de coisa é o demônio, pelos nomes apropriados e atribuídos a Ele nas escrituras, onde ora é chamado por um nome, ora por outro, por metáforas conforme suas condições. *Elephas* em *Jó* recebe o nome *Beemot*, que significa *Brutal*, simbolizando a grandeza e a brutalidade do demônio. *Leviatã* não difere muito de *Elephas*, por meio do qual a grande sutileza e o poder do demônio nos são demonstrados. *Mammon* é a cobiça por dinheiro, com o qual o demônio domina os perversos. *Dæmon* significa aquele que é esperto ou astuto. *Cacodæmon* é perversamente inteligente. Todos aqueles que na Antiguidade eram cultuados como deuses recebiam esse nome. *Diabolus* é *Calumniator*, um acusador ou um caluniador. Satã é *Adversarius*, um adversário, que perturba e molesta. *Abaddon*, um destruidor. *Legio*, porque são muitos. Príncipe do ar. Príncipe do mundo. Um rei dos filhos do orgulho. Um leão a rugir. Um homicida ou assassino, um mentiroso, o pai das mentiras. O autor do pecado. Um espírito. De fato, às vezes ele é chamado o espírito do Senhor, como o executor e ministro de seu desagrado, etc. Às vezes, o espírito da fornicação, etc. E muitos outros epítetos ou adições parecidos são dados a ele como seu nome. Ele também é chamado o anjo do Senhor. O anjo cruel. O anjo de Satã. O anjo do inferno. O grande dragão, por seu orgulho e força. O dragão vermelho por sua crueldade.

---
939. 1 Samuel 7; 2 Reis 23.
940. Salmos 96.

Uma serpente. Uma coruja, um milhafre, um sátiro, um corvo, um pelicano, um porco-espinho, um grifo, uma cegonha, etc[941].

Capítulo 21

Que os ídolos ou deuses dos gentios são demônios, seus nomes diversos e em que questões seus trabalhos e autoridades são empregados, nos quais se descobre a superstição cega do povo pagão.

E como os ídolos dos gentios são chamados de demônios[942], e confundidos e misturados aos demônios citados nas escrituras pelos ignorantes, achei conveniente falar agora daqueles aos quais os gentios dão nomes conforme os ofícios a eles atribuídos. *Penates*, assim como Juno e Minerva são os deuses domésticos ou demônios que, segundo diziam, faziam os homens viverem em paz dentro de casa. Mas alguns pensavam o contrário, pois os gentios achavam que eles se destinavam aos reinos, e que os *Lares* são aqueles que importunam as casas particulares e protegem cruzamentos e cidades. *Larvæ* são os espíritos que caminham apenas à noite. *Genii* são os dois anjos, que se supõe terem sido escolhidos para zelar por cada homem. *Manes* são os espíritos que se opõem aos homens no caminho. *Dæmones* eram deuses inventados por poetas, como *Júpiter, Juno*, etc. Os *Virunculi terrei* são como o duende Bom Robin, ou seja, deuses farsantes e teriam o cargo de servos, principalmente de criados, cuidando de tarefas como acender uma fogueira pela manhã, varrer a casa, moer mostarda e malte, buscar água, etc., além de andar pelas casas, abrir trancas, subir e descer escadas, etc. *Dii geniales* são os deuses aos quais todo homem fazia sacrifícios no dia de seu nascimento (terra, água, ar, fogo, sol e lua). *Tetrici* são aqueles que metem medo e têm uma aparência tão feia, que muitos de nossos teólogos chamam de *Subterranei*. *Cobali* são aqueles que seguem os homens e gostam de fazê-los rir com acrobacias, mágicas e brincadeiras parecidas. *Virunculi* são anões com cerca de três palmos de comprimento, que não fazem mal, mas são vistos a cavar minérios e ficam muito ocupados, mas não fazem nada. *Guteli* ou *Trulli* são espíritos (eles dizem) com aparência de mulheres, que demonstram muita gentileza para com todos os homens; por isso as mulheres alegres eram chamadas de *truls*. *Dæmones montani* são aqueles que trabalham com minérios e auxiliam maravilhosamente os trabalhadores, que não os temem. *Hudgin* é um demônio bem familiar, que só fará mal ao corpo se

---

941. Jó, 40; Jó, 3; Isaías, 27; Mateus 6; Mateus 4, etc.; Marcos 16; Tiago 2; Mateus 4; João 8; Apocalipse 12; Apocalipse 9; Marcos 5; Lucas 8; Éfesos 2; João 8, 12, 14, 16; 1 Pedro 5; João 8; 1 João 3; Atos 16; Oseias 4; Salmos 34; 1 Crônicas 21; Provérbios 17; 2 Coríntios 12; Apocalipse 9; Apocalipse 12; Jó 41; Gênesis 3; Apocalipse 12; Isaías 27; Isaías 13, 34.
942. Salmos 96.

for agredido, mas ele não pode aturar isso, nem mesmo ser ridicularizado; conversa com os homens amigavelmente, ora visível, ora invisível. Havia tantas histórias sobre esse *Hudgin* em algumas partes da *Alemanha*, quantas na *Inglaterra* havia do Bom Robin. Mas *Hudgin* recebia esse nome porque sempre usava um gorro ou capuz (*hood*) e, portanto, acho que era Robin Hood. O frei *Rush,* na Inglaterra, era considerado por todo mundo outro sujeito como esse *Hudgin* e criado na mesma escola, ou seja, em uma cozinha, de modo que as histórias dos dois são idênticas, incluindo o lavador de pratos, que dizem ter sido assassinado, etc. Para saber mais sobre esse assunto, recomendo a leitura da história do Frei *Rush* ou então do *De præstigiis dæmonum,* de *John Wierus*[943].

Havia também *Familiares dæmones,* que denominamos espíritos familiares, como aqueles que *Sócrates* e *César* teriam e como aquele que *Feats* vendeu ao doutor *Burcot. Quintus Sertorius* tinha a deusa *Diana* como seu espírito familiar e *Numa Pompilius* tinha *Egéria,* mas nenhum deles foi protegido por seus espíritos familiares contra uma morte prematura. *Simon Samareus* gabava-se de ter conseguido por conjuração a alma de uma criança que foi assassinada como seu espírito familiar e que lhe contava coisas sobre o futuro, etc. Eu me admiro com o privilégio que as almas têm, quando estas saem do corpo, de saber do futuro mais do que as almas dentro dos corpos. Havia espíritos, chamados *Albæ mulieres* e *Albæ Silyllæ,* bem familiares e que faziam muito mal (segundo eles) a mulheres com filhos e a bebês. *Deumus* como um demônio é cultuado entre os *indianos* em *Calecute* e (conforme acreditam) tem o poder concedido a ele por Deus de julgar a terra, etc. Sua aparência é horrível. *Thevet* diz que um demônio na *América,* chamado *Agnan,* dominava aquela região. Em *Ginnie* (atual *Níger*), *Grigrie* é considerado o grande demônio que protege as florestas; eles têm sacerdotes (indecentes, digo) chamados *Charoibes,* que profetizam depois de ficarem deitados por uma hora, prostrados sobre uma garota de 12 anos de idade, e o tempo todo (dizem eles) invocam um demônio chamado *Hovioulsira,* que se apresenta e revela sua profecia. Para dar certo, as pessoas oram enquanto esse tipo de sacerdote se deita arrastando-se como um farsante imoral. Há outros milhares de nomes atribuídos aos demônios; e aqueles que eles adotam para si são mais ridículos do que os nomes dados pelos outros, que têm mais tempo livre para criá-los. Nos livretos com o farsante possuído, em *Maidstone,* onde esse milagre era realizado, assim como em outros lugares, pode-se ver uma quantidade de nomes criados para os demônios[944], entre outras baboseiras.

---

943. *J. Wier. lib. de præst. dæm. 1, cap. 23.*
944. Veja no capítulo a respeito da palavra *Ob*, Tomo 7, cap. 3.

Capítulo 22

Os deuses dos chefes romanos chamados Dii selecti *e sobre outros deuses pagãos, seus nomes e ofícios.*

Um bom Deus e Deusas para mulheres.

Havia entre os *romanos* 20 deuses idolátricos, chamados *Dii selecti sive electi*, deuses eleitos; dentre os quais 12 homens e oito mulheres, cujos nomes são: *Jano, Saturno, Júpiter, Gênio, Mercúrio, Apolo, Marte, Vulcano, Netuno, Sol, Orco* e *Libra*, masculinos; *Telo, Ceres, Juno, Minerva, Luna, Diana, Vênus* e *Vesta,* femininas. Nenhum homem poderia se apropriar de alguns deles, e eram indiferentes a todos os homens vivendo em um reino, província ou cidade notável. Esses gentios pagãos também tinham seus deuses, que serviam para diversos propósitos, por exemplo, provocar trovões. Eles tinham *Júpiter Estator, Júpiter Tonante, Júpiter Feretrii* e *Jupiter Elicius*. Tinham também *Cantius* para o qual oravam por crianças sábias, pois ele era mais apto para esse propósito do que *Minerva*, que saiu do cérebro de *Júpiter*. *Lucina* proporcionava um parto seguro às grávidas e, por isso, era chamada a mãe das gestantes. *Opis* era chamada a mãe do recém-nascido, cuja imagem mulheres com filhos penduravam em suas cintas na frente da barriga e a usavam durante nove meses, e a parteira sempre tocava a criança com isso, antes de ela ou qualquer outra pessoa pôr as mãos nela.

Os nomes dos deuses pagãos e suas peculiaridades.

Se a criança nascesse saudável, eles ofereciam sacrifícios à deusa, exceto se a mãe abortasse, mas se a criança tivesse alguma deficiência, ou nascesse morta, etc. era costume moer a imagem, queimá-la ou afogá-la. *Vagianus* era aquele que impedia as crianças de chorar, por isso sua imagem era pendurada nos pescoços dos bebês, pois achavam que o choro em excesso na infância pressagiava má sorte na vida adulta. *Cunina* era a divindade que protegia (segundo as crenças) as crianças do infortúnio no berço. *Rumina* protegia as mamas. *Volumnus* e sua esposa *Volumna* eram deuses para homens e donzelas que desejassem casar, pois aqueles que rezassem com fé a eles logo se casariam. *Agrestis* era o deus do campo, e para ele se orava por fertilidade. *Bellus* era o deus da guerra e dos guerreiros, da mesma forma que *Vitória*, para a qual foi construído o maior templo de *Roma*. *Honório* cuidava dos estalajadeiros, para que eles tratassem bem os hóspedes. *Berecíntia* era a mãe de todos os deuses. *Esculano* descobria suas minas de ouro e prata, e a ele rogavam por sucesso nesse interesse. *Esculápio,* cujo pai era *Apolo,* curava os doentes e servia para afastar as ervas daninhas da plantação de cereais. *Segácia* fazia as sementes crescerem. *Flora* protegia as videiras de geadas e rajadas de vento. *Silvano* protegia aqueles que caminhavam em jardins. *Baco* era o deus dos bêbados, *Pavor,* dos vaqueiros; *Meretriz,* a deusa das prostitutas e tinha um templo em *Roma,* no meio de 44 ruas, que eram habitadas por prostitutas comuns. Por fim, *Colatina*, ou *Clotina*, era a deusa das fezes, das fossas e da latrina, e a ela, assim como a todos os outros, foi erigido um templo peculiar, além daquele notável templo chamado *Panteão*, onde todos os deuses eram colocados juntos, de modo que todo homem e mulher, de acordo com seus desatinos e devoções, poderiam ir lá e cultuar os deuses que quisessem.

Capítulo 23
Diversos deuses em várias terras.

Animais, aves, insetos, peixes, ervas e outras bobagens cultuados como deuses.

Os *egípcios* eram ainda mais tolos a esse respeito do que os *romanos* (refiro-me aos *romanos* pagãos de outrora, e não aos atuais *romanos* papistas, pois nenhuma nação chega perto deles em qualquer tipo de idolatria). Os *egípcios* veneravam *Anúbis* com a aparência de um cachorro, porque amavam cachorros e caça. Eles cultuavam todas as criaturas vivas, principalmente animais como bisão, cachorro e gato; aves, como a Íbis (que é um pássaro com um longo bico para devorar naturalmente coisas venenosas e serpentes peçonhentas) e um gavião; dentre os peixes eles tinham dois deuses: *Lepidotus piscis* e *Oxyrinchus*. Os *saitanos* e *tebanos* tinham um carneiro como seu deus. Na cidade chamada *Licópolis* eles cultuavam um lobo; em *Herinópolis*, o cinocéfalo; os *Leopolitanos*, um leão; em *Letópolis*, um peixe do *Nilo* chamado *Latus*. Na cidade *Cinópolis* eles cultuavam *Anúbis*. Na *Babilônia*, ao lado de *Mênfis*, fizeram de uma cebola seu deus; os *tebanos*, uma águia; os *mendesianos*, um bode; os *persas*, um fogo chamado *Orimasda*; os *árabes*, *Baco*, *Vênus* e *Diasareno*; os *beócios*, *Anfiaraus*; os *africanos*, *Mopsus*; os *cítios*, *Minerva*; em *Náucratis*, a serpente *Serápis*; *Astarte* (por ser, segundo *Cícero*, a quarta *Vênus*, que era ela, como outros afirmam, quem *Salomão* cultuava a pedido de suas concubinas) era a deusa dos *assírios*. Em *Noricum*, por ser uma parte da *Bavária*, eles cultuam *Tibileno*; os *mouros* cultuam *Juba*; os *macedônios*, *Gabirus*; os *peônios*, *Urano*; em *Samos*, *Juno* era seu deus; em *Pafos*, *Vênus*; em *Lemnos*, *Vulcano*; em *Naxos*, *Liberus*; em *Lâmpsaco*, *Príapo* com os grandes genitais, que foi inserido em *Helesponto* para ser adorado. Na ilha *Diomedea*, *Diomedes*; em *Delfos*, *Apolo*; em Éfeso, cultuava-se *Diana*. E como eles preferiam um joguinho em vez de ficarem sentados, tinham *Acharus Cyrenaicus* para protegê-los de moscas e lêndeas; *Hércules Canópio* para protegê-los de pulgas; *Apolo Parnópio* para proteger seus comandantes da mordida de ratos.

Deuses imperiais e seus assistentes.

Os *gregos* foram os primeiros, que eu saiba, a atribuir aos deuses seus principais reinos e ofícios, como *Júpiter* para governar no céu, *Plutão* no inferno, *Netuno* no mar, etc. A esses eles acrescentaram, como assistentes, vários comissários; por exemplo, para *Júpiter*, *Saturno*, *Marte*, *Vênus*,

Mercúrio e *Minerva*; para *Netuno, Nereus*, etc. *Tutilina* foi apenas uma mediadora para *Júpiter*, para não destruir o cereal com trovões ou tempestades, e diante dela eles costumavam acender velas no templo para apaziguar o deus, de acordo com o costume papista atual. Mas eu não posso repetir o nome de todos, pois o número de deuses dos gentios chegava, para um bom resultado, como *Varro* e outros relatam, a mais de 30 mil. Por isso o leitor sensato pode considerar uma ignorância tais superstições.

Capítulo 24

Os ídolos provincianos papistas, uma comparação entre eles e os deuses pagãos, os deuses físicos e a ocupação de cada ídolo papista.

Ídolos papistas das nações.

Ora, se eu achasse que pudesse pôr um fim em qualquer período razoável, começaria com nossos deuses anticristãos, outrora chamados ídolos papistas, que são demônios tão ordinários quanto *Dii gentium* citados nos Salmos, ou como *Dii montium* apresentados e relatados no primeiro livro dos Reis, ou como *Dii terrarum* ou *Dii populorum* mencionados no capítulo 32 do segundo livro das Crônicas e no capítulo 16 do primeiro livro das Crônicas, ou como *Dii terræ* no capítulo 3 dos Juízes, ou como *Dii Filiorum Seir* no capítulo 25 do segundo livro das Crônicas, ou como *Dii alieni*, tão mencionados nas escrituras[945].

Ídolos papistas paroquiais.

Certamente, havia na igreja papista mais desses em número, no geral, mais privados, mais públicos, mais para propósitos imorais e para nenhum propósito entre todos os pagãos, no passado ou no presente, pois ouso afirmar que para cada ídolo pagão eu poderia produzir 20 da igreja papista. Pois cada nação tinha seu ídolo próprio, seu padroeiro, como *São Jorge* a cavalo na *Inglaterra* (a não ser pelo fato de que não há mais cavaleiros no céu, exceto *São Martinho*), *Santo André* na *Borgonha* e na *Escócia*, *São Miguel* na *França*, *São Tiago* na *Espanha*, *São Patrício* na *Irlanda*, *São Davi* no *País de Gales*, *São Pedro* em *Roma* e em alguma parte da *Itália*.

Cada cidade em todos os domínios do papa também não tem vários padroeiros? Como *Paulo* em *Londres*, *Dinis* em *Paris*, *Ambrósio* em *Milão*, *Amândio* em *Ghent*, *Romualdo* em *Machelen*, o leão de *São Marcos* em *Veneza*, os três reis magos em *Collen* e tantos outros. De fato, cada cidade, vila e paróquia também não têm diversos ídolos (cujos nomes não tenho tempo para repetir)? Como *Santo Sepulcro* em uma, *Santa Brígida* em outra, Todos os Santos e todas as Nossas Senhoras, cuja quantidade de títulos seria por demais tedioso relatar. Eles não têm ídolos masculinos e femininos, alguns para homens, outros para mulheres,

---

945. 1 Reis 20; 2 Crônicas 32; 1 Crônicas 16; Juízes 3; 2 Crônicas 33; 2 Reis 23, etc.

uns para animais, e outros para aves, etc.? *São Martinho* não poderia ser um contraponto a *Baco*? Se *São Martinho* for fraco demais, temos *Santo Urbano, São Clemente* e muitos outros para auxiliá-lo. Não foram *Vênus* e *Meretriz* defensoras das prostitutas entre os gentios? Havia na Igreja Romana *Santa Afra, Santo Afrodísio* e *Santa Maria Madalena* como equivalentes a elas. Mas apesar de *Meg* por muito tempo ter sido tão prostituta quanto a melhor delas, foi injusto não ter sido canonizada e receber o mesmo crédito de outros, por terem nascido em uma família rica, motivo pelo qual o papa demonstrava grande respeito ao canonizar seus santos. Pois (como eu já disse) ele canoniza os ricos como santos e queima os pobres como bruxos. Mas não duvido de que, assim como *Madalena*, muitas outras mulheres religiosas sejam santas no céu, embora o papa nunca as tivesse canonizado, mas não é justo torná-las padroeiras de meretrizes e fornicadoras.

Santos e santas antigos com suas virtudes peculiares para a cura de doenças.

Havia um traidor entre todos os ídolos pagãos, como *São Tomás Becket*? Ou uma prostituta como *Santa Brígida*[946]? Eu garanto que *Santo Hugo* foi um caçador tão bom quanto *Anúbis*. *Vulcano* foi o protetor dos ferreiros pagãos? Sim, certamente, e *Santo Eulógio* foi padroeiro dos nossos. Nossos pintores tiveram *Lucas*, nossos tecelões *Estevão*, nossos moleiros tiveram *Arnulfo*, nossos alfaiates tiveram *Homobono*, nossos sapateiros tiveram *Crispim*, nossos oleiros *São Goar* com um demônio em seu ombro e um vaso em sua mão. Havia um veterinário melhor entre os deuses dos gentios do que *Santo Elói*? Ou um cuidador de porcos melhor do que *Santo Antão*? Ou um dentista melhor do que *Santa Apolônia*? Creio que *Apolo Parnopeio* não fosse um caçador de ratos melhor do que *Santa Gertrudes*, que tem a patente e o encômio do papa por isso. Os *tebanos* não tinham um pastor melhor do que *São Wendelin*, nem um guardador de gansos melhor do que *São Galo*. Mas quanto à Medicina e à Cirurgia, nossos ídolos superam todos. Pois *São João* e *São Valentim* eram excelentes contra a epilepsia, *São Roque* era bom contra a peste, *Santa Petronila* contra a febre. Quanto à *Santa Margarida*, ela era melhor parteira do que a deusa *Lucina*, entretanto, era apenas uma auxiliadora, por isso S. *Marburgo* foi comissionado a juntar-se a ela.

São Romano era excelente para os loucos e aqueles possuídos por demônios, assim como o frade *Rufino*, que também era bem habilidoso nessa arte. Para chagas e biles, *Cosme e Damião*; *Santa Clara* para os olhos, *Santa Apolônia* para os dentes, *São Jó* para a sífilis. Para dores na mama *Santa Ágata* era tão boa quanto *Ruminus*. Quem servisse *Servácio* bem certamente não perderia nada; se *Servácio* falhasse em seu ofício, *São Vindiciano* poderia substituí-lo com sua astúcia, pois ele podia recuperar todas as coisas perdidas. Mas aqui paro por um momento e mostro os nomes de alguns, que superam esses, tanto que poderiam ter sido

---

946. Leia sobre a vida de Santa Brígida na *Legenda Áurea*.

canonizados como arquissantos. Todos os santos ou ídolos comparados a eles são amadores e indolentes. E com a licença do leitor, quando todos os outros santos desistirem da questão, e os santos abandonarem totalmente seus criados, eles recorrem a estes que citarei, com o consentimento do papa, que é o fautor, ou o patrono de todos os santos, demônios e ídolos vivos ou mortos, e de todos os deuses, exceto um. E embora nenhum outro santo pudesse curar mais de uma doença, de tal maneira que seria idolatria, insensatez, ir a *Jó* por alguma outra enfermidade que não a sífilis, estes são mais apropriados. Pois são bons em qualquer coisa e não têm nenhum escrúpulo com sua habilidade; de fato, dizem que lidam com questões maiores do que todos os outros santos.

Eles são: a Santa mãe *Bungie*,
Santa *mãe Paine*, São *Feats*,
Santa *mãe Still*, Santa mãe *Dutton*, São *Kytrell*, Santa *Ursula Kempe*, Santa mãe *Newman*,
Santo doutor *Heron*,
São *Rosimund,* um
bom velho pai
e vários
mais que
merecem
ser re-
gistrados
no calen-
dário do papa ou
na rubrica do demônio.

Capítulo 25

Uma comparação entre os pagãos e os papistas, a respeito das suas desculpas para a idolatria.

Sabendo que os papistas dirão que seus ídolos são santos, e não demônios como eram os deuses dos gentios, pode-se lhes dizer que não só seus santos, como também as imagens deles eram chamados *Divi*[947]. O que, embora signifique deuses e, por consequência, ídolos ou espíritos, acrescentando um *ll* à palavra em latim, temos o equivalente a demônio em inglês (*Divill*). Mas eles dirão também que não é justo da minha parte zombar deles, pois eram homens e mulheres santos. Admito que alguns eram sim, e mais longe da concessão

---

947. *Divos vocant Grammatici eos qui ex hominibus dii facti sunt.*

da idolatria papista dedicada a eles, do que entristecido com o escárnio usado contra esse abuso. Sim, do mesmo modo que prata e ouro são transformados em ídolos sobre aqueles que os amam demais e buscam demais por eles, esses homens e mulheres santos são transformados em ídolos por aqueles que os cultuam e atribuem-lhes tanta honra que pertence apenas a Deus.

Os deuses pagãos eram na maioria bons homens, membros úteis para a comunidade onde viveram e mereceram fama, etc., por isso foram transformados em deuses quando morreram; assim como foram transformados em demônios aqueles imperadores e filósofos odiados ou merecedores da ira. E não é exatamente assim, ou pior, na comunidade e na Igreja Católica? O papa não excomunga, amaldiçoa e condena hereges e os leva ao poço sem fundo do inferno, chamando de demônios todos aqueles que escrevem, falam ou pensam o contrário de sua doutrina idólatra? *Cícero*[948], quando escarnecia dos deuses pagãos e protestava contra aqueles que prestam uma homenagem tão servil a eles, sabia que as pessoas contra quem esse abuso foi cometido assim o mereceram; e que a boa fama se devia a eles, não à estima divina. De fato, os infiéis que homenageavam esses deuses, esperando receber benefícios por sua devoção empregada dessa forma, sabiam e compreendiam que as estátuas e imagens, diante das quais com tanta reverência eles derramam suas preces, eram troncos e pedras, apenas imagens dos entes reverenciados; de fato, eles também sabiam que os indivíduos eram criaturas e não poderiam fazer tanto quanto o que os papistas e perseguidores de bruxas acham que a Cruz da Graça ou mãe *Bungie* poderiam fazer. Entretanto, os papistas conseguem ver o abuso dos gentios, mas não podem ouvir sobre sua própria idolatria ser mais ignorante e condenável do que a dos outros. Os papistas veem uma mariposa nos olhos dos outros, mas não enxergam um palmo diante dos seus.

Capítulo 26

O conceito dos pagãos e dos papistas reunidos em idolatria, o Concílio de Trento, uma história notável de um enforcado denunciado depois de ser morto e enterrado, etc.

Mas os papistas certamente negarão que atribuem tanto a esses ídolos, como relato; ou que acham tão meritório rezar para as imagens de santos como se deve, afirmando que eles cultuam Deus e os santos sob a forma de imagens. Também era a opinião dos pagãos e sua desculpa a esse respeito. A visão e a compreensão deles nesse ponto eram tão amplas quanto as distinções papistas publicadas pelos

---

948. Cic. de natur. deorum.

papas e seus concílios. Nenhum deles admite uma idolatria tão inaceitável quanto a praticada pelo Concílio de *Trento*, permitindo o culto à Cruz, que se deve ao próprio Jesus Cristo, e também a outras imagens de santos. Portanto, acho pertinente inserir neste ponto um exemplo retirado do Rosário de Nossa Senhora[949], em cujo livro há ainda (além desse) 98 exemplos nesse sentido, que são de tamanha autoridade na Igreja de *Roma* que toda a escritura deve dar lugar a eles. E são lidos lá como suas homilias especiais ou exortados por seus principais doutores. E este é o sermão para esse dia traduzido literalmente do dito Rosário, um livro muito valorizado e reverenciado entre os papistas.

Um carrasco passando em frente à imagem da Nossa Senhora a saudou, colocando-se sob sua proteção. Depois disso, enquanto rezava diante dela, foi chamado para enforcar um criminoso, mas seus inimigos o interceptaram e o mataram no caminho. Um certo santo padre, que caminhava à noite por todas as igrejas da cidade, acordou naquela noite e estava indo para a igreja da sua, ou melhor, da Nossa Senhora. E no cemitério ele viu muitos mortos, muitos dos quais conhecia, e perguntou para algum deles o que acontecia, etc. O morto respondeu que o carrasco havia morrido e o demônio exigiu sua alma, que Nossa Senhora disse que era dela. O juiz, que lá estava perto, vinha ouvir a causa e por isso (eles disseram) estamos agora aqui reunidos. O padre achou que seria chamado para a audiência e, apavorado, escondeu-se atrás de uma árvore. Ele logo avistou o trono judicial já preparado e equipado, onde o juiz, Jesus Cristo, sentou-se ao lado de sua mãe. Logo depois, os demônios trouxeram o carrasco amarrado e provaram com provas cabais que sua alma pertencia a eles. Por outro lado, Nossa Senhora rogou pelo carrasco, provando que ele, na hora da morte, entregou-lhe sua alma. O juiz, ouvindo a questão tão bem debatida por ambos os lados, mas disposto a obedecer (pois essas são suas palavras) ao desejo de sua mãe, e relutante em ser injusto para com os demônios, deu a sentença de que a alma do carrasco deveria retornar a seu corpo, até ele ter feito penitências suficientes, ordenando que o papa anunciasse uma forma de oração pública pela alma do carrasco. Questionou-se: quem poderia fazer o pedido à sua santidade? "Vede", diz Nossa Senhora, "lá está o padre à espreita atrás da árvore."[950] Eles então chamaram o padre e lhe ordenaram a tomar tal providência. O padre então perguntou qual sinal ele deveria levar para rogar por um esforço do papa para agir conforme seu decreto. Entregaram-lhe, então, uma rosa de tamanha beleza que, quando o papa a viu, soube que sua mensagem era verdadeira. E assim, se eles não fizeram bem, rogo a Deus que nós façamos.

---

949. *Exempl. 4.*
950. Nossa Senhora o observou bem, o suficiente, assim como você leu.

Capítulo 27

Uma refutação da fábula do enforcado, muitas outras narrativas e aparições dissimuladas e ridículas, com uma reprovação disso.

Pela história mencionada, compreende-se o que é cultuar a imagem de Nossa Senhora por seu favor. Pois embora nós nos ajoelhemos ao próprio Deus e façamos pedidos nunca tão humildes a ele, sem fé e arrependimento não obteremos nenhum favor. Entretanto, mostrou-se uma grande benevolência para com esse carrasco por um momento de cortesia usado para com Nossa Senhora, sem nenhuma gota de fé, arrependimento, nem mesmo de honestidade nele. A natureza do homem é tão crédula a ponto de acreditar nessa e em outras fábulas parecidas; sim, desacreditar nisso é considerado entre os papistas uma heresia evidente. Embora nós, protestantes, não acreditemos nesses artifícios, por serem tão aparentemente papistas, acreditamos e relatamos outras aparições e apropriações de corpos por almas e espíritos, embora eles sejam tão profanos, absurdos e ímpios quanto o outro caso. Temos certeza de que a visão da santa donzela de *Kent* era uma farsa, mas damos crédito, anotamos e publicamos como uma possessão ou história verdadeira a farsa usada por um criado embusteiro em *Maidstone* e muitas outras como essa. Achamos que almas e espíritos podem sair do céu ou do inferno, apropriarem-se de corpos, acreditando nas muitas histórias absurdas contadas por acadêmicos e doutores católicos nesse sentido, mas não acreditamos em todas as histórias que eles, e homens igualmente sérios, nos contam com conhecimento e crédito, de almas condenadas ao purgatório, vagando por socorro e libertação com trintários e missas rezadas por um padre papista, etc., porém estas são iguais em probabilidade e excedem muito as outras em número[951].

Acreditamos ser uma mentira o que está escrito ou é atribuído a *Lutero*: que ele conhecia o demônio e conversava muito com ele, que comera muitos alqueires de sal e bebera alegremente com ele, e que seu argumento fora refutado em um debate com um demônio real a respeito da abolição da missa privada. Tampouco acreditamos no relato de que o demônio, com a aparência de um homem alto, estivesse presente em um sermão proferido abertamente por *Carolostadius*[952] e depois do sermão fosse para sua casa e dissesse ao seu filho que o levaria embora depois de um dia ou dois, como os papistas dizem que de fato aconteceu, embora eles mintam em cada ponto, com más intenções. Mas podemos acreditar em *Platina* e outros, quando nos contam sobre as

---
951. Greg. A. dialog. cap. 51.; Alexandr. Lib. 2, cap. 13 & lib. 2, cap. 9, &c.; Greg. Lib. 4, dialog. ca. 40, 55 e em outros inúmeros lugares. Micha And. thes. 151.
952. Alex. ab. Alex and. lib. 4. Genealog. dierum, cap. 19; Plutarco oration ad Apollonium. Item, Abasiliens. In epist.; Platina de vitis pontificum; Nauclerus 2 generat. 35.

aparições dos papas *Bento* VIII e IX; como o primeiro cavalgou em um cavalo negro na selva, exigindo que um bispo (conforme me lembro) que ele encontrou lhe desse certa quantia de dinheiro, decorrente de um furto das esmolas para os pobres, etc., e como o outro foi visto cem anos depois de o demônio matá-lo no bosque de um eremita, usando uma pele de urso e segurando uma cabeça de burro nos ombros, etc.; ele mesmo dizendo que apareceu da mesma forma que vivia. *Platina* relata vários episódios assim.

Ora, *Santo Ambrósio*[953] escreve que *Santa Ana* apareceu para *Constância*, filha de *Constantino*, e aos seus pais observando de seu sepulcro. *Eusébio* e *Niceforo* dizem que a virgem *Pontamiana*, discípula de *Orígenes*, apareceu a *São Basílio* e colocou uma coroa na sua cabeça, em símbolo da glória de seu martírio, que logo se seguiu, e *Jerônimo* escreve a respeito da aparição de *Paulo* e *Teodoreto*, de *São João Batista*; e *Atanásio* de *Ammon*, etc., e muitos acreditam que essas mesmas histórias e aparições milagrosas são verdadeiras. Mas poucos protestantes darão crédito a fábulas tão vergonhosas, ou qualquer uma como elas, quando as encontram escritas no Legendário, no Festival, nos Rosários de Nossa Senhora ou algum outro desses autores papistas. Com isso, concluo que se o protestante acredita em poucas mentiras, os papistas acreditam em um grande número delas. Isso eu escrevo para demonstrar a imperfeição do homem e como nossos ouvidos prestam atenção a essas histórias. E embora tal questão não seja de fé ou infidelidade, nós que proferimos o evangelho devemos tomar cuidado com os papistas para não sermos influenciados por cada rajada vã de doutrina, e devemos nos afastar desses contos da carochinha profanos. E embora essa questão tenha passado tanto tempo com crédito geral e autoridade, muitos autores sérios[954] condenaram desde então todas essas visões e aparições vãs, exceto aquelas que foram mostradas por Deus, seu filho e seus anjos. *Atanásio* diz que as almas, uma vez desgarradas de seus corpos, não têm mais sociedade com os homens mortais. *Agostinho* diz que se as almas pudessem andar e visitar seus amigos, etc. ou adverti-los em seus sonhos, ou de outra forma, sua mãe que o seguiu por terra e por mar se mostraria a ele, e revelaria seu conhecimento, ou lhe daria um aviso, etc. Mas é verdade aquilo que está escrito no evangelho: "Temos *Moisés* e os profetas, que devem ser ouvidos, e não os mortos"[955].

---

953. Ambr. ser. 99 de passione; Agn. Euseb. lib. eccles. Hist. 5; Niceph. lib. 5, cap. 7; Hieronum. In vita Pau.; Theodor. Lib. hist. 3, cap. 24; Athan in vita Antho.
954. Melaneth. in Calendar. Manlii, 23 abril; Marbach, lib. de miracul. Adversus; Ins. Johannes Rivius de veter. superstit.; Athan. lib. 99, quæ 11; Agostinho de cura pro mortu. ca. 13
955. Lucas 16.

Capítulo 28

Uma refutação de Johannes Laurentius e de muitos outros que defendiam essas narrativas e aparições dissimuladas e ridículas e o que os afastou; a aparição de Moisés e Elias no Monte Thabor.

Além disso, para dar prosseguimento a esse assunto, se eu digo que essas aparições de almas são meras farsas e enganações, eles rebatem dizendo que *Moisés* e *Elias*[956] apareceram no monte *Thabor* e conversaram com Cristo na presença dos principais apóstolos, sim, e que Deus aparece na sarça, etc. Como se almas e espíritos pudessem fazer tudo o que o Senhor quisesse ou mandasse que fosse feito para sua própria glória ou para a manifestação dos milagres de seu filho. Por isso, acho bom dar uma amostra das opiniões absurdas dos perseguidores de bruxas a esse respeito[957].

Primeiro, deve-se entender que, segundo eles, todas as almas no céu podem descer e aparecer para nós quando quiserem e assumir qualquer outro corpo além do próprio, caso contrário (dizem eles) essas almas não ficariam perfeitamente felizes. Eles dizem ser muito fácil diferenciar as almas boas das más. Pois uma alma condenada tem uma aparência muito pesada e carrancuda, enquanto a alma de um santo tem um semblante alegre e jovial; este também aparece brilhante e vestido de branco enquanto o outro está de preto. Essas almas condenadas também podem sair do inferno quando quiserem; embora *Abraão* fizesse os *Demônios* acreditarem no contrário[958]. Eles também dizem[959] que na lei antiga era raro as almas aparecerem; e depois do dia do julgamento final, nunca mais seriam vistas; na época da graça elas serão mais frequentes. A caminhada dessas almas (diz *Michael Andr.*) é um argumento excelente para provar a existência do purgatório, pois (diz ele) essas almas atestaram aquilo que os papas afirmaram a esse respeito: que não só existe um local de punição, mas também que elas são libertas de lá com missas e outras obras satisfatórias. Isso igualmente ratifica e confirma a benevolência da missa[960].

---

956. Mateus 17; Lucas 9.
957. *Johann. Laur. lib. de natur. dæmon.*
958. *Mich. Andr. thes. 136, 222, 226, 235, etc.*
959. *Gregor. in dial. 4.*
960. *Mich. Andr. thes. 313, 316, 317, 345, 346.*

Essas almas celestes ou do purgatório (dizem eles)[961] costumam aparecer mais àqueles que nascem nos dias de têmporas e elas também costumam caminhar mais nesses dias, pois nessa época estamos em condições melhores de orar por uma e acompanhar a outra. Dizem[962] também que as almas aparecem em geral à noite, porque os homens estão nesse momento em seu tempo livre e em silêncio. Elas também nunca aparecem para uma multidão, raramente para um grupo de pessoas e mais comumente para apenas uma. Assim, uma pessoa pode contar uma mentira sem controle. Elas também costumam ser vistas por aqueles que estão prontos para morrer, como *Trasilla*, que viu o papa *Fælix*; *Ursino, Pedro* e *Paulo*; *Galla Romana, São Pedro* e como a criada *Musa* viu Nossa Senhora, que são as aparições mais incontestáveis, fidedignas e reconhecidas da Igreja de *Roma*. Além disso, elas podem ser vistas apenas por alguns enquanto outros nada veem, como *Ursino* viu *Pedro* e *Paulo*, mas muitos dos presentes nesse instante não conseguiram ver nada e pensaram ser uma mentira, como eu, por exemplo[963]. *Michael Andræas*[964] confessa que papistas têm mais visões do que protestantes e afirma que uma alma boa assume apenas a aparência de um homem; decerto uma alma condenada pode e assume a aparência de um mouro negro, de um animal ou de uma serpente, ou principalmente de um herege. Os símbolos cristãos que afastam essas almas malignas são a cruz, o nome de Jesus e as relíquias dos santos, por exemplo, a água-benta, o pão bento, o *Agnus Dei, etc*[965]. Pois *Andræas*[966] diz que apesar de *Juliano* ser um *Apóstata* e um traidor da religião cristã, em um caso extremo, com o único símbolo da cruz, ele afastou muitos desses espíritos malignos; com isso também (segundo ele) os maiores males e doenças são curados e os piores perigos evitados.

---

961. *Leo. serm. de jejuntis 10. Mens.*
962. *Gelas in epistola ad episc.*
963. *Greg dial. 4, caps. 11-14.*
964. *Mich. Andr. thes. 341, 345, 388, 411, 412.*
965. *Mal. Malef.; J. Bodin, etc.*
966. *Mich. Andr. thes. 412, 414.*

Capítulo 29

Uma refutação quanto a assumir corpos, e a serpente que seduziu Eva.

Aqueles que defendem tão fervorosamente que os demônios assumem corpos e aparências visíveis pensam que levam uma vantagem maior pelas palavras proferidas no terceiro capítulo do *Gênesis*, segundo as quais o demônio entrou em uma serpente ou cobra e que pela maldição parece que todo o desagrado de Deus desabou apenas sobre a pobre cobra. Tais palavras foram utilizadas propositadamente para que nós, em nossa capacidade fraca, compreendêssemos melhor a substância, o teor e o verdadeiro sentido da palavra, que é apresentada lá ao modo de uma dramatização, em uma forma tão humana e sensível que coubesse em nossa compreensão; embora pareça contrário ao curso espiritual de espíritos e demônios, e também à natureza e divindade de Deus, que é infinito, e que homem nenhum viu com olhos corpóreos e viveu. Sem dúvida, se não fosse para a serpente ser considerada absoluta nem metaforicamente como o demônio, o Espírito Santo teria nos informado em alguma parte dessa história. Mas afirmar que ora ela é um demônio, ora uma cobra, embora não haja essa distinção no texto, é uma falácia e uma invenção (creio eu) além da alçada de toda divindade. Certamente foi a serpente que seduziu *Eva*, agora se era o demônio, ou uma cobra, que qualquer homem sábio (ou a palavra de Deus) julgue[967]. Sem dúvida, a escritura a expõe em muitos pontos como o demônio. E tenho (com certeza) um sábio ao meu lado com a mesma interpretação, chamado *Salomão*[968], que diz: "É por inveja do demônio que a morte veio ao mundo"; referindo-se ao demônio, o que *Moisés* fez ao pé da letra com a serpente. Mas não é necessária uma exposição melhor disso do que o texto em si, no terceiro capítulo do Gênesis, no qual está escrito: "E porei inimizade entre ti e a mulher, e entre a tua semente e a semente dela, esta te ferirá a cabeça e tu lhe ferirás o calcanhar". Que cristão não sabe que nessas palavras está incluso e prometido o mistério da nossa redenção? Pelo que não se quer dizer (como muitos supõem) que a semente comum da mulher pisará na cabeça de uma serpente e assim a partirá em pedaços, etc., mas essa semente especial, que é Cristo, nascerá de uma mulher para a ruína completa de Satã e para a redenção da humanidade, cujo calcanhar ou carne em seus membros o demônio ferirá e atacará, em tentativas contínuas e provocações carnais, etc.

---

967. Gênesis 3, 1; 1 Coríntios 11, 3.
968. Sabedoria 2, 24.

Capítulo 30

Resposta a uma objeção a respeito de demônios assumindo os corpos de serpentes.

Essa palavra Serpente na santa escritura é interpretada como o demônio: "A serpente era mais sutil do que todos os animais no campo"[969]. Refere-se da mesma forma a falantes perversos, aqueles que têm línguas caluniadoras, hereges, etc.: "Afiam as línguas como serpentes". Simboliza também a morte e o sacrifício de Cristo: "Como *Moisés* levantou a serpente no deserto, assim será necessário levantar o filho do homem na cruz". Além disso, simboliza homens perversos: "Serpentes e geração de víboras". Essa palavra também significa tanto um homem prudente como um sagaz, e Cristo a usa nesse sentido quando diz: "Sede prudentes como as serpentes, etc."[970]. Com essa breve compilação, infere-se, portanto, como essa palavra serpente é ambígua, pois ora tem uma interpretação boa, ora má. Mas onde se diz que a serpente era o pai das mentiras, o autor da morte e executor da farsa, creio que seja uma opinião ridícula, pois assim se refere a uma cobra, o que deveria ser, se preferirmos o sentido literal à alegoria. Realmente, a opinião de *Calvino*[971] deve ser apreciada e reverenciada, e seu exemplo deve ser aceito e seguido, na medida em que ele se oferece para concordar com aqueles que defendem que o Espírito Santo nesse ponto usou figuras obscuras de propósito, pois a explicação clara seria protelada até a vinda de Cristo. Ele diz também com a mesma menção favorável (falando disso e escrevendo sobre esse ponto) que *Moisés* se acomoda e se adapta à compreensão das pessoas comuns, em um estilo rude e grosseiro, ao proferir suas mensagens, abstendo-se de citar o nome de Satã. E Calvino afirma ainda que essa ordem não pode ser considerada de autoria de *Moisés,* mas foi ensinada a ele pelo espírito de Deus; pois era assim (diz ele) naqueles dias dos primórdios da Igreja, incapaz de receber uma doutrina mais elevada ou profunda. Por fim, ele diz até mesmo depois disso que o Senhor supria, com a luz secreta de seu espírito, tudo o que quisesse em simplicidade e clareza das palavras externas.

Se dissermos, por experiência, que outros animais são bem mais sagazes do que a serpente, respondem, o que não é absurdo de confessar, que o mesmo dom foi tirado dela, por Deus, porque ela trouxe destruição à humanidade. O que é mais (creio eu) do que precisa ser admitido a esse respeito. Pois Cristo não diz: "Sede prudentes como as serpentes eram antes de sua transgressão", mas "Sede prudentes como as

---

969. Gênesis 3, 1.
970. Salmos 139, 4; Números 8 e 9; João 3, 14; Mateus 23, 33; Mateus 10,16.
971. *J. Cal. in Genes. cap. 3.1.*

serpentes".⁹⁷² Eu saberia que impiedade, absurdo ou ofensa é defender que *Moisés*, sob a pessoa da serpente ou cobra peçonhenta, descreve o demônio que envenenou *Eva* com suas palavras mentirosas e ataque venenoso. Mas de onde vem essa denominação do demônio como Víbora, Serpente, etc. e de seus filhos como geração de víboras, senão por causa dessa primeira descrição do demônio feita por *Moisés?*⁹⁷³ Pois acho tão inaceitável supor que os perversos são os filhos das cobras, de acordo com o sentido literal, quanto pensar e concluir que Deus mantém um livro da vida, escrito com tinta no papel, como os cidadãos registram seus homens livres.

Capítulo 31
A praga relatada em Gênesis 3 e a devida exposição, a opinião de João Calvino sobre o demônio.

A praga divina relatada nesse trecho, com o qual os perseguidores de bruxas esforçam-se muito para provar que o demônio entrou no corpo de uma cobra e, por conseguinte, pode tomar o corpo de qualquer outra criatura quando quiser, etc. influencia mais (creio eu) as questões dos demônios do que podemos compreender ou nos é necessário saber; e é bem mais improvável estender a praga à geração de cobras, como se elas tivessem sido criadas com pernas e, após a maldição, fossem privadas desse benefício. Entretanto, se o demônio tiver entrado na cobra, da forma que supõem, não consigo ver qual a proporção do pecado da pobre cobra, levando Deus, o mais sensato dos juízes, a se ofender com ela. Mas embora eu abomine essa interpretação imoral da família do amor, e outras heréticas como essa, que reduziriam toda a Bíblia em alegorias, o rastejar aqui (creio eu) é citado como uma metáfora ou um símbolo, não literalmente; mesmo por essa figura, acusada até o fim. Nela o demônio lembra uma criatura odiosa, que assim como rasteja até nós para incomodar nossos corpos, rasteja também até a consciência de *Eva* para enganá-la e abusar daquela cuja semente, apesar disso, pisará nele e dissolverá seu poder e sua maldade. E por meio dele todos os bons cristãos (como diz *Calvino*)⁹⁷⁴ terão poder para fazer o mesmo. Pois não podemos imaginar uma tragédia tão material, como é lá descrita, para o conforto de nossas tênues e fracas capacidades.

Pois sempre que achamos nas escrituras que o demônio é chamado de deus, o príncipe do mundo, um homem armado forte, a quem é dado o poder do ar, um leão a rugir, uma serpente, etc., o Espírito Santo nos instava assim a tomar cuidado com o inimigo mais engenhoso, forte e poderoso, e a nos prepararmos e armarmos com fé contra um

---
972. Mateus 10, 16.
973. Isaías 30, 6; Mateus 3, 12, 14; Lucas 3, etc.; Gênesis 3.
974. *J. Cal. lib. instit. cap. 14, sect. 18.*

adversário tão terrível. *Calvino*[975] opina e aconselha que ao notarmos nossas próprias fraquezas e sua força manifestada em termos como esses possamos tomar cuidado com o demônio e recorrer a Deus por conforto e auxílio espiritual. E quanto aos seus ataques corporais, ou suas tentativas de agressão aos nossos corpos, suas caminhadas noturnas, suas aparições visíveis, sua dança com bruxas, etc., não somos alertados a respeito deles nas escrituras, e Deus e seus profetas não nos mandam evitá-los nem há menção feitas a eles nas escrituras. Portanto, creio que esses perseguidores de bruxas e autores absurdos são tão ignorantes de um lado quanto os *saduceus* são ímpios e tolos do outro, por dizerem que espíritos e demônios são apenas gestos e afetos, e que anjos são apenas símbolos do poder de Deus. Da minha parte, admito com *Agostinho*[976] que tais questões estão acima da minha alçada e capacidade, e na medida em que a palavra de Deus me ensina, não continuarei a dizer que eles são criaturas vivas, determinadas a servir ao Senhor em sua vocação. Embora não residam em sua primeira morada, eles ainda são os ministros do Senhor, e executores de sua ira, para colocar este mundo à prova e punir os condenados no fogo do inferno no futuro.

Capítulo 32

Minha própria opinião e resolução sobre a natureza dos espíritos e o demônio, com suas propriedades.

Mas para usar poucas palavras em uma questão tão longa, e termos simples em um caso duvidoso, esta é a minha opinião a respeito deste presente argumento. Primeiro, acredito que demônios sejam espíritos, não corpos. Pois (como diz *Pedro Mártir*)[977] espíritos e corpos são opostos por antítese, de tal modo que um corpo não é um espírito, nem um espírito é um corpo. E que o demônio, seja um ou muitos, como se pode compreender pela forma como ele é mencionado nas escrituras, é citado ora como apenas um, ora como se representasse muitas legiões. O sentido disso eu já declarei de acordo com a opinião de *Calvino*, que ele é uma criatura feita por Deus, por vingança, como está escrito em *Eclesiástico 39, versículo 28*, e sem um poder unicamente seu, embora fosse empregado por Deus por propósitos necessários e justos. Pois nos pontos onde está escrito que todas as criaturas de Deus são boas; e, novamente, quando Deus, na criação do mundo, viu que tudo o que fez era bom, o demônio não está incluso nessas palavras de recomendação. Pois está escrito que ele era um homicida desde o início e não residia na verdade, pois não há verdade

---

975. *J. Cal. lib. instit. I. cap. 14, sect. 13.*
976. *Agostinho de cura pro mort., etc.*
977. *P. Mart. in loc. com. 9 sect. 14.*

nele, mas quando ele conta uma mentira, fala por vontade própria, por ser um mentiroso, o pai das mentiras, e (como *João* diz) um pecador desde o início. Nem sua criação foi (até onde posso ver) naquela semana que Deus fez o homem e aquelas outras criaturas mencionadas no primeiro capítulo do *Gênesis;* entretanto, Deus o criou propositadamente para destruir[978]. Considero sua substância como aquela que homem nenhum pode definir com aprendizado, nem por sabedoria descobrir. M. *Deering*[979] diz que o próprio *Paulo,* calculando os principados, poderes, etc., acrescenta: "Cada nome que se pode dar neste mundo, ou no vindouro". Uma sentença clara (diz ele) da modéstia de *Paulo,* ao confessar uma santa ignorância do estado dos anjos, denominação essa que também é dada aos demônios em outros pontos da escritura. Sua essência e também sua forma lhes são tão propícias e peculiares (na minha opinião) que ele mesmo não pode alterá-las, mas precisa se contentar com elas, assim como com o que Deus ordenou para ele e atribuiu-lhe, de forma tão peculiar como ele nos deu nossa substância sem que possamos alterá-la quando quiséssemos[980]. Pois nunca soubemos que um espírito pode fazer um corpo, mais do que um corpo pode fazer um espírito; exceto pelo espírito de Deus, que é onipotente. No entanto, sei que a natureza deles é propensa a todo mal, pois o sentido exato de um inimigo e acusador está incluso em *Satã* e *Diabolus,* como o próprio Cristo declara no décimo terceiro capítulo de *Mateus.* E, portanto, o demônio tolera bem seu nome, pois mente todos os dias à espera não somente de corromper, mas também de destruir a humanidade; por ser (digo) o atormentador selecionado por Deus para afligir os perversos neste mundo com tentações malignas e no mundo vindouro com o fogo do inferno[981]. Mas não posso esquecer aqui como o M. *Malef.*[982] e o resto dessa turba expõem o étimo da palavra *Diabolus,* pois *Dia* (segundo eles) é *Duo,* e *Bollus* é *Morsellus,* pelo que eles inferem que o demônio comeu o corpo e a alma de um homem em dois pedaços. É bom acrescentar que, na verdade, dizem que o perverso comeu e engoliu o demônio, não o contrário, embora se possa dizer por uma figura de linguagem que o demônio é como um leão a rugir buscando quem pode devorar, o que se refere a um devorar de alma, espiritual, como os principiantes na religião podem observar.

---

978. 1 Samuel 22; Lucas 8; João 8; Efésios 6; 2 Timóteo 2; 1 Pedro 5; Colossenses 1, 16; 1 Coríntios 10; Mateus 8 e 10; Lucas 4; Sabedoria 1; Apocalipse 4; 1 Timóteo 4, 4; Gênesis 1; Gênesis 8, 44; 1 João 3,8; Isaías 54, 16.
979. Edw. Deering em sua leitura do Hebreus 1, lendo o 6º versículo.
980. Efésios 6, 12; Colossenses 2, 16; Mateus 25.
981. 1 Pedro 5, Mateus 25, 41.
982. *Mal. Malef. par. 1. quæ 5.*

Capítulo 33

Contra perseguidores de bruxas tolos e suas opiniões a respeito dos demônios corporais.

Ora, se e como os espíritos masculinos e femininos de *Brian Darcies*, Tittie e Tiffin, Suckin e Pidgin, Liard e Robin, etc., seus espíritos brancos e negros, cinza e vermelhos, os demônios sapo e cordeiro, os demônios gato e gata concordam com isso, ou possam ser consonantes com a palavra de Deus, ou a verdadeira filosofia, que o céu e a terra julguem. Enquanto isso, qualquer homem de bom julgamento deve ler atentamente esse livro publicado por *W.W.* e bastará para satisfazê-lo em tudo o que possa ser exigido no que tange às vaidades dos exames, das confissões e das execuções das bruxas, em que, embora o relato seja feito apenas da parte do acusador, sem qualquer outra resposta delas além do que seus adversários apresentam, minha declaração será suficientemente comprovada. Por parecer ser realizada com algum tipo de autoridade, não falarei mais da refutação, mas me referirei ao livro em que se nada reprovável for adicionado, ouso garantir que nada que sirva para sua condenação é deixado de fora. Devem-se verificar o estado civil, a reputação, o gênero e a idade das testemunhas, ou seja, se são pessoas pobres, imorais, miseráveis e invejosas; a maioria afirma que são mulheres velhas e crianças de 4 a 9 anos.

Devem-se observar também como e o que as bruxas confessam, e verificar qual o peso e a importância das causas; se suas confissões foram obtidas na esperança de um favor e extraídas por meio de elogios ou ameaças, sem provas. Mas como não houve mais do que 17 ou 18 condenações de uma só vez em *S. Osees*, no condado de *Essex*, isto é, toda a paróquia (ainda que pequena), falarei o mínimo, confiando que não existam muitos mais nessa paróquia. Se tiver sobrado alguém, não duvido, mas *Brian Darcie* o saberá; e se precisar de ajuda, poderá contar com *Richard Gallis* de *Windsor*. Nesse sentido, *Gallis* apresentou outro livro de certas bruxas de *Windsor* executadas em *Abington*. Mas com que desaforo e desonestidade ele o conclui, com que mentiras e falsidades o guarnece, quantas tolices e loucuras pronuncia nele, eu me envergonho de relatar e, portanto, por custar pouco, prefiro que o leitor o compre e o leia com atenção, em vez de encher meu livro com coisas tão bestiais.

Capítulo 34

Uma conclusão com a descrição do Espírito dos espíritos, pela iluminação do qual todos os espíritos devem ser tentados: com uma refutação dos Pneumatômacos negando redondamente a divindade desse Espírito.

A respeito do sentido múltiplo dessa palavra [Espírito], expressei minha opinião em outro lugar neste breve discurso, que é uma palavra nada diferente de sopro ou vento em hebraico. Pois todas as seguintes palavras: *Spiritus, Ventus, Flatus, Halitus* são usadas indiferentemente pelo Espírito Santo e mencionadas pela palavra hebraica רוח na sagrada escritura. Para mais provas disso, cito *Isaías*: "O seu espírito (ou sopro) é como um rio que transborda até o pescoço, etc.", em que o profeta descreve o advento de Deus em cólera e indignação no julgamento, etc. Cito também as palavras de *Zacarias*: "Estes são os quatro ventos do céu, etc.". E do *Gênesis*: "E um espírito de DEUS pairava sobre as águas". Além dessas, cito as palavras de Cristo: "O espírito (ou vento) sopra onde quer". A essas fontes citadas infinitos outros exemplos da santa escritura podem ser acrescentados, tendendo todos a este propósito: dar-nos isso como uma nota de que em todas as declarações citadas, com muitas mais que eu poderia acrescentar, nas quais se faz uma menção ao espírito, o texto hebraico usa apenas uma palavra: רוח, que significa (como disse) *Spiritum, ventum, flatum, halitum*, que podem ser traduzidas como espírito, vento, sopro, hálito[983].

Mas antes de entrar no mérito da questão, não devo esquecer-me de familiarizar com os vários teólogos escolásticos[984] que distinguem e dividem essa palavra [Espírito] em seis significados, dizendo que ora deve ser interpretada como ar, ora como vento, ora como os corpos dos bem-aventurados, ora como as almas dos bem-aventurados, ora como o poder imaginativo da mente humana, ora como Deus. Novamente dizem que dos espíritos há dois tipos, alguns criados e outros não criados.

Um espírito não criado (dizem eles) é o próprio Deus, é considerado em sua essência e está de acordo com a noção de três pessoas, o Pai, o Filho e o Espírito Santo pessoalmente. Um espírito criado é uma criatura, que também pode ser de dois tipos: corpórea e incorpórea. Um espírito corpóreo também se divide em dois: pois alguns tipos de espíritos recebem o nome de espiritualidade, distinguindo-se da corporalidade; caso contrário é chamado *Spiritus á spirando, id est, á flando*, de hálito ou sopro, como o vento.

Um espírito incorpóreo é um aspecto da chamada espiritualidade, é interpretado como a substância espiritual e pode ser de dois tipos: alguns são inteiros e completos, chamados de completos ou perfeitos,

---

983. Isaías 30, 28; Zacarias 6, 5; Gênesis 1, 2; João 3, 8.
984. *Erasm. Sarcer. In dictio. Scholast. doctr. lit. S.*

como um espírito angelical; outros não são completos e perfeitos, e são chamados de incompletos ou imperfeitos, como a alma. Existe também o espírito vital, que é uma certa substância sutil ou muito tênue, preparado e tendendo necessariamente à vida. Há também espíritos naturais, que são substâncias sutis e muito tênues, preparados e tendendo às aparências iguais de corpos. Novamente há espíritos animais, que são certas substâncias sutis e muito tênues, arranjando e endurecendo o corpo, que pode ser animado na forma, isto é, que deve ser aperfeiçoado pela alma sensata. Por aqui paramos. Nessa divisão, observa-se um tipo filosófico de procedimento que, embora não seja totalmente condenável, não deve ter todos os seus pontos aprovados.

Quanto ao espírito dos espíritos, refiro-me ao principal e santo espírito de Deus[985], definido ou descrito como a terceira pessoa da trindade vindo do pai e do filho, não mais a caridade, predileção e amor do pai e do filho, do que o pai é a caridade, predileção e amor do filho e do Espírito Santo. Um outro tratado[986] sobre o mesmo argumento continua desta forma reverente: "O espírito santo é a virtude ou poder de Deus, estimulando, nutrindo, fomentando e aperfeiçoando todas as coisas, por cujo único sopro nós conhecemos e amamos DEUS e nos tornamos finalmente iguais a ele; espírito que é a promessa e sinal da graça divina e apresenta um testemunho no nosso coração, enquanto gritamos *Abba*, Pai". Esse espírito é chamado o espírito de DEUS, o espírito de Cristo e o espírito daquele que ressuscitou Jesus dos mortos[987].

Jesus Cristo, por não ter recebido o espírito em parte, mas inteiro, o chama de seu espírito, dizendo: "Mas quando vier o Consolador, que eu vos hei de enviar, o Espírito Santo mesmo, ele testificará de mim". Esse espírito tem diversos nomes metafóricos atribuídos a ele nas escrituras sagradas. É chamado pelo nome de água, pois banha, conforta, hidrata, amacia e torna frutíferas toda a bondade e as virtudes das mentes dos homens, que do contrário seriam impuras, desconsoladas, duras, secas e desprovidas de toda bondade. A respeito disso, diz o profeta *Isaías* com estas palavras: "Derramarei água sobre o sedento e rios sobre a terra seca, etc.". Com as quais todas as palavras de Cristo concordam: "Aquele que crê em mim, segundo as escrituras, de seu ventre jorrarão rios de água viva". E também: "Quem beber da água que eu lhe darei, nunca mais terá sede". Há outras fontes iguais em que o Espírito Santo é representado pelo nome da água e do dilúvio, como no capítulo 13 de *Isaías*, no 29 de *Ezequiel* e no *Salmo* 146, etc. O mesmo espírito é denominado fogo por motivo de força e veemência. Pois ele depura e purifica todo o homem da cabeça aos pés, queima o solo e o refugo dos pecados e o coloca todo em um zelo ardente e incandescente para promover e favorecer a glória de Deus. O que aparece claramente nos

---

985. *Erasm. Sar. In lib. loc. & lit. prædictis.*
986. *Laurent. à Villavicentio in phrasib. s. script. lit. S. p. 176.*
987. Romanos 8, 15; 2 Coríntios 6, 5.

apóstolos que, quando receberam o espírito, falaram palavras incandescentes, realmente aquelas palavras que eram incontroláveis, tanto que comprovavam mais do que qualquer outro essa declaração do profeta *Jeremias*: "*Nunquid non verba mea sunt quase ignis?*" (Minhas palavras não são como o fogo?) Isso foi declarado e demonstrado por aquelas línguas de fogo, vistas sobre os apóstolos depois de eles receberam o Espírito Santo[988].

Além do mais, esse espírito é chamado unção, ou unguento, porque no passado padres e reis eram nomeados e tomavam posse pela unção e com ela ficavam aptos e úteis para seus cargos e, ainda assim, os eleitos não são tão declarados quanto renovados e tornam-se aptos pela instrução do Espírito Santo, tanto para viver bem como para glorificar Deus. No que se baseia a declaração de *João*: "Vós não precisais que ninguém vos ensine, pois a unção vos ensina". É também mencionado na escritura: "O óleo da alegria e do júbilo", do qual se diz no livro dos *Salmos*[989]: "Eis por que Deus, teu Deus, ungiu-te com o óleo do júbilo e da alegria, etc.". E por esse agradável e confortável nome de óleo nas escrituras manifesta-se a misericórdia de Deus, porque a natureza dela concorda com a propriedade e qualidade do óleo. Pois como o óleo flutua e paira sobre todos os outros líquidos, a misericórdia de Deus sobrepuja e alcança todas as suas obras, e ela se revela acima de tudo ao homem miserável[990].

É igualmente chamado de dedo de Deus, isto é, a força e o poder de Deus graças aos quais os apóstolos expulsavam demônios, isto é, exatamente pelo dedo de Deus[991]. É chamado espírito da verdade, pois torna os homens verdadeiros e fiéis em sua vocação, por isso é o critério para testar todas as criações forjadas no cérebro humano e todas as ciências vãs, práticas profanas, artes enganosas e invenções fraudulentas, como são em geral todos os tipos de feitiçarias e encantamentos, dentre os quais estão inclusos todos aqueles de que tratei neste meu discurso, ou seja, simpatias ou feitiços, adivinhações, augúrios, astrologia judicial, mapa astral, alquimia, conjuração, sortilégio, um catolicismo romano insignificante, com diversos outros; nenhum dos quais nem todos juntos são capazes de enfrentar um julgamento ou escrutínio, pois esse espírito da verdade separará aqueles espíritos falsos e malignos. Não só isso, quando forem colocados na balança, eles serão mais leves do que a vaidade; serão uma matéria inútil, quando vierem a ser julgados pelo calor abrasador desse espírito e assim como o joio, quando esse espírito sopra sobre eles, afasta-os com um violento redemoinho, tamanha é a perfeição, a integridade e a operação eficaz desse espírito, cuja obra é múltipla, de tão maravilhosa, portanto ele pode ser e é chamado de espírito dos espíritos.

---

988. João 15, 26; Isaías 44; João 7, 38; João 4, 14; Jeremias 23, 29.
989. 1 João 2, 20; Salmos 44.
990. *Cyrill. In evang. Joh. lib. 3, cap. 14.*
991. Êxodo 8.

Esse espírito, ao retirar-se dos corações dos homens, pois não habitará e residirá onde domina o pecado (o Espírito Santo não pode habitar em nada que seja carnal e impuro), cede lugar ao espírito do erro e da cegueira, ao espírito da servidão e da compunção, que morde, corrói e estimula seus corações com um ódio mortal pelo evangelho de tal modo que aflige suas mentes e aborrece seus ouvidos para ouvir ou entender a verdade; doença que os fariseus do passado tinham e que acomete os papistas no presente. Sim, a carência desse espírito bom é a causa de muitos caírem no espírito da perversidade e da petulância, no espírito da confusão, da mentira, da preguiça e do enfado, de acordo com o que diz o profeta *Isaías*: "Pois o Senhor derramou sobre vós um espírito de torpor, fechou-vos os olhos" e, novamente, em outro ponto: "*Dominus miscuit in medio, etc.*", "O Senhor espalhou entre eles o espírito da confusão, e desencaminhou o *Egito* como se desencaminha um ébrio que vai vomitando", como diz *Paulo:* "E seus corações tolos estavam cegos, e Deus os entregou aos desejos de seus próprios corações". Com esta punição *Moisés* ameaçou os judeus: "O Senhor te ferirá com a loucura, com cegueira e demência, e ficarás tateando ao meio-dia como o cego costuma fazer, etc."[992].

Em suma, essa palavra [Espírito] significa uma força e um poder secretos, com os quais nossas mentes são movidas e direcionadas; se para coisas sagradas, então é a ação do Espírito Santo, do espírito de Cristo e de Deus; se para coisas malignas, então é a sugestão do espírito perverso, do demônio e de Satã. A respeito do que eu concluo, por meio de uma pergunta, com que espírito devemos ser movidos, quando cada um pratica qualquer uma das vaidades retratadas neste livro ou pela credulidade, quando pela credulidade nos dedicamos a esses oráculos divinos ou à voz de anjos rompendo as nuvens? Não podemos imputar essa moção ao espírito bom;[993] pois ele conseguiria discernir entre a natureza dos espíritos e não se desviaria no julgamento; portanto, o espírito da cegueira e o do erro o seduzem de fato, de modo que não é de se admirar se na alienação de sua mente ele aceita a falsidade como verdade, sombras como substâncias, fantasias como realidades, etc., é bem provável, sem dúvida, que o espírito bom de Deus o tenha abandonado, ou pelo menos, ausentara-se; esses espíritos bons abominariam essas criações demoníacas dos homens, que consistem apenas em ilusões e práticas vãs, das quais (suponho) este meu livro é uma descoberta suficiente.

Julgamento distinto.

Dizem que não devo julgar, pois aquele que julga será julgado. Ao que respondo que o julgamento deve ser compreendido como três tipos de ações em sua natureza própria, das quais a primeira é ser secreto, e o julgamento deles pertencerá a Deus, que em tempo revelará aquilo que é feito em segredo e isso por seu julgamento justo. A segunda refere-se

---
992. Isaías 29, 10; Isaías 19, 14; Romanos 1, 21-23; Deuteronômio 18, 28, 29.
993. Uma resposta.

às ações mistas, parte delas secretas e parte declaradas, de modo que por causa de suas dúvidas e incertezas elas são discutíveis e devem ser testadas; estas, depois do devido exame, devem receber seu julgamento competente e são ligadas aos magistrados. As terceiras são claras e evidentes, como aquelas que não se mostram aparentemente menos do que uma inflamação de sangue no corpo. Acerca dessas ações cada indivíduo dá seu julgamento, porque são de tamanha certeza como aquelas que um homem pode bem concluir, como ao deduzir que como o sol nasceu no leste, *Ergo*, é manhã; ele mudou de direção e está no sul, *Ergo*, é meio-dia; ele está se pondo e escurece no oeste, *Ergo*, é noite. De modo que assim a objeção é respondida.

Todavia, deixando isso passar, e falando espiritualmente desse espírito que, embora muitos o afirmassem como tal, aconteceu de se provar inteiramente carnal; e sem desfrutar da divindade celestial caíram esses em algo pior do que o barbarismo filosófico e são como os autores chamados *Pneumatômacos*[994], uma seita tão ofensiva ao Espírito Santo de Deus que, desprezando a declaração de Cristo em que ele vaticina que o pecado contra o Espírito Santo jamais deve ser perdoado, neste mundo ou no vindouro, eles não apenas negam que ele seja Deus, como também tiram dele todo o ser, e junto aos *saduceus* defendem que o Espírito Santo não existe, mas que esse nome refere-se a uma certa força divina, que move nossas mentes e a graça e o favor de Deus, pelos quais somos seus queridos. Contra esses vergonhosos inimigos do Espírito Santo, não usarei armas materiais, mas silogismos. E primeiro apresentarei alguns de seus paralogismos ou argumentos falsos, inferindo até o último refutações convenientes baseadas na razão sensata e na verdade certa.

A primeira resposta. A refutação do antecedente.

Seu primeiro argumento é apresentado da seguinte forma. O Espírito Santo não é chamado explicitamente de Deus em nenhum lugar das escrituras, *Ergo*, ele não é Deus ou, pelo menos, não deve ser chamado assim. O antecedente desse argumento é falso, pois o Espírito Santo recebe o título ou o nome de Deus no quinto capítulo do livro *Atos dos Apóstolos*. Mais uma vez, o consequente é falso. Pois embora ele não seja explicitamente chamado de Deus, não se deve concluir que não seja o genuíno Deus, porque a ele são atribuídas todas as propriedades de Deus. E não negamos que o pai é a verdadeira luz, embora não esteja escrito isso diretamente sobre o pai, mas sobre o filho. Ele era a verdadeira luz dando a luz a cada homem que vem a este mundo. Da mesma forma, portanto, não se deve negar que o espírito seja Deus, embora a escritura não mencione isso explicitamente, mas atribua as mesmas coisas a ele, tais como as propriedades e as obras de Deus, o serviço devido a Deus, e que alterne muitas vezes os nomes do Espírito e de Deus. Aqueles, portanto, que veem essas coisas atribuídas ao Espírito Santo, e mesmo assim não permitem que ele seja chamado pelo

---

994. *Josias Simlerus li. 4. ca. 5. adversus veteres & novos Antitrinitarios, etc.*

nome de Deus, como que se recusam a garantir a *Eva* o nome de *Homo*, embora admitam que ela é uma criatura sensível e mortal.

O segundo motivo é o seguinte: *Hilário*[995], em todos os seus 12 livros da Trindade, não escreve em lugar nenhum que o Espírito Santo deve ser cultuado; ele nunca lhe concede o nome de Deus, nem ousa pronunciar o nome dele de outra forma que não seja o espírito de Deus. Além disso, há orações comuns da Igreja chamadas em geral de Coletas, dentre as quais algumas são direcionadas ao pai, algumas ao filho, mas nenhuma ao Espírito Santo, porém todas elas fazem menção às três pessoas. A que eu respondo que embora *Hilário* não chame abertamente o Espírito Santo de Deus, nega de forma veemente que seja uma criatura. Ora, se alguém me perguntar por que *Hilário* foi tão tímido e sutil ao chamar o Espírito Santo de Deus, que ele nega ser uma criatura, quando não obstante entre Deus e uma criatura não houvesse um meio-termo, eu direi na realidade o que penso. Suponho que *Hilário* acreditava na divindade do Espírito Santo, mas sua opinião foi influenciada pelos *Pneumatômacos*, que naquela época acreditavam devidamente no filho, juntando-se, assim, àqueles de julgamento sensato. Há também na história eclesiástica um livreto que foi dado a *Libério*, um bispo de *Roma*, em que se insinuava o credo de *Nicene*. E que *Hilário* era amigo dos *Pneumatômacos*, percebe-se em seu livro *De synodis*, no qual ele escreve o seguinte: *"Nihil autem mirum vobis videri debet, fratres charissimi, etc."*; "Não deve parecer provocar-vos espanto, caros irmãos, etc." (Este trecho é longo, por isso prefiro indicar ao leitor o livro onde está inserido.) Quanto à réplica às orações da Igreja chamadas Coletas, porque nelas o Espírito Santo não é nomeado, nós nos opomos e apresentamos contra elas as canções da Igreja em que o dito espírito é citado. Mas as Coletas são mais antigas do que as canções, os hinos e os coros litúrgicos. Não discutirei no momento a antiguidade, nem compararei as canções com as Coletas, mas digo apenas que no passado da Igreja o Espírito Santo era abertamente nomeado na congregação. Agora, se me pedirem para dar um exemplo, que este sirva. Na Coleta no Domingo da Santíssima Trindade há o seguinte[996]: "Deus, eterno e todo-poderoso, que concedestes a vossos servos a graça pela confissão de uma verdade para reconhecer a glória da eterna trindade e no poder da Majestade divina cultuar a unidade, nós vos rogamos que pela firmeza desta fé possamos ter sempre a proteção contra toda adversidade, porque vive e reina um Deus no mundo sem fim". Ora, como isso está na Coleta, onde a trindade é explicitamente citada, os nomes das pessoas não são expressos, mas o Deus eterno e todo-poderoso invocado, que reside em trindade e unidade, aparece facilmente em outro lugar também, em que as pessoas não são nomeadas, sob o nome de Deus eterno e todo-poderoso, não devendo ser entendido apenas como o pai, mas Deus que reside em trindade e unidade, isto é, pai, filho e Espírito Santo.

---

995. *Hilarius lib. 12 de Triade.*
996. *Collecta in die domin. santæ Trinit.*

O espírito não é para ser rezado, mas apenas ao pai.

Em uma terceira objeção, eles dizem que, muitas vezes, o filho de DEUS, orando nos evangelhos, fala ao pai, promete o Espírito Santo e também exorta os apóstolos a orar para o pai celeste, mas ainda no nome do filho. Além disso, ele lhes prescreve esta forma de oração: "Pai-nosso que estais no céu". *Ergo*, deve-se rogar apenas ao pai, consequentemente, apenas o pai é o único e verdadeiro Deus, a respeito de quem se escreve: "Adorarás o Senhor teu Deus, e só a ele servirás".

Respondo primeiro negando esta inferência: o filho orava apenas ao pai, *Ergo*, nós também devemos orar apenas ao pai. Pois o filho de DEUS diferencia-se de nós em pessoa e ofício. Como um mediador, ele intercede por nós junto ao pai, e embora o filho e o Espírito Santo recebam juntos e nos coloque em favor com Deus, dizem que ele roga ao pai por nós, porque o pai é a fonte de todos os conselhos e obras divinas. Além disso, a respeito da forma de oração prescrita por Cristo, não quer dizer que o nome do pai deva ser considerado pessoalmente nela, visto que não há uma distinção entre as pessoas, mas pelo nome do pai indefinidamente entendemos Deus ou a essência de Deus, o pai, o filho e o Espírito Santo. Pois esse nome nem sempre diz respeito à geração do filho de Deus, mas Deus é chamado de pai dos fiéis, por causa de sua benevolente e livre adoção deles, cujo alicerce é o filho de Deus, em quem somos adotados, mas adotados de tal forma que não só o pai nos recebe em seu favor, mas com ele o filho e o Espírito Santo também fazem o mesmo. Portanto, quando no início da oração apregoamos a bondade de Deus, para conosco, não lançamos um olhar apenas ao pai, mas também ao filho, que nos deu o espírito da adoção, e ao Espírito Santo, em quem bradamos *Abba*, Pai. E supondo que essa invocação e oração se restringissem apenas ao pai, então os santos fizeram mal em rogar, invocar e orar ao filho de Deus, e com o filho e o Espírito Santo, no batismo, de acordo com a forma prescrita e pronunciada pelo próprio Cristo.

A nós disse que o espírito estava criado.

Outra objeção é retirada do quarto capítulo de *Amós*.[997] "Pois veja sou eu que faço o trovão, e crio o espírito, e mostro aos homens seu Cristo, fazendo a luz e as nuvens, e as montanhas acima dos lugares elevados da terra, o Senhor Deus das hostes é seu nome". Ora, por causa do que é lido neste trecho: "Mostrando aos homens seu Cristo", os *Pneumatômacos* afirmam que essas palavras devem ser entendidas como uma referência ao Espírito Santo.

Mas *Ambrósio*, em seu livro *De spiritu santo, lib. 2, cap. 7*, responde corretamente que o espírito nesse trecho refere-se ao vento, pois se o propósito e a vontade do profeta fossem falar sobre o Espírito Santo, ele não teria começado com trovão, nem terminado com luz e nuvens. No entanto, segundo o mesmo pai da igreja: "Se alguém supõe que essas

---

997. Amós 4, 13.

palavras devem ser levadas em conta na interpretação do Espírito Santo", porque o profeta afirma: "Mostrando aos homens seu Cristo", ele também deve levar em conta essas palavras nos mistérios da encarnação do Senhor e expor o trovão como sendo as palavras do Senhor, e o espírito como a alma justa e perfeita. Mas a primeira interpretação é certa e condizente com as palavras do profeta, que não menciona Cristo, embora o poder de Deus seja divulgado em suas obras. "Eis (diz o profeta) aquele que forma as montanhas, cria o vento e declara ao homem qual é seu pensamento, que torna a manhã escura e caminha nos locais elevados da terra, o Senhor Deus das hostes é seu nome." É nesses termos que *Santes,* um homem correto e habilidoso na língua hebraica, traduz esse trecho do profeta. Mas admitir que esse trecho fosse escrito a respeito do Espírito Santo e não se aplicava ao vento nem à encarnação do Senhor, não é o mesmo que dizer que o Espírito Santo seja uma criatura, porque a palavra Criação nem sempre significa fazer algo do nada, como escreve *Eusébio*[998] ao explicar estas palavras (O Senhor me criou no início de seus caminhos). Quando o profeta na pessoa de Deus diz: "Vede, sou aquele que fez o trovão, criou o espírito e mostrou aos homens seu Cristo", essa palavra "criou" não deve ser interpretada como aquilo que foi concluído de forma que isso não existia antes. Pois Deus não criou o espírito, visto que por este ele mostrou e declarou seu Cristo a todos os homens. Nem foi algo de início tardio sob o filho, mas foi antes de tudo o início, e posteriormente enviado, quando os apóstolos estavam reunidos, quando um som como o trovão veio do céu, acompanhado de um vento poderoso; a palavra Criada foi usada no sentido de enviar, estipular, ordenar, etc., e a palavra "trovão" significando outro modo de pregar os evangelhos. Nos *Salmos* há uma declaração semelhante: "Um coração puro cria em mim, Ó Deus"; na qual ele roga não como alguém sem coração, mas alguém cujo coração precisava ser purificado e aperfeiçoado; e esta frase também da escritura: "Que ele possa criar dois em um novo homem", isto é, que ele junte, una ou reúna, etc.

Além disso, os *Pneumatômacos* por estes testemunhos a seguir tentam provar que o Espírito Santo é uma criatura. Do primeiro capítulo de *João*: "Por esta palavra todas as coisas foram feitas, e sem ela nada foi feito". Em 1 *Coríntios* 8: "Nós temos um Deus, o pai, de quem todas as coisas procedem, e nós nele, e um Senhor Jesus Cristo, pelo qual tudo existe e nós por ele". De 1 *Colossenses*: "Por ele todas as coisas foram feitas, coisas no céu e coisas na terra, visíveis e invisíveis, etc.". Agora, se todas as coisas foram feitas pelo filho, conclui-se que por ele o Espírito Santo também foi feito.

Respondo que quando dizem que todas as coisas são feitas pelo filho, aquela mesma proposição universal é limitada pelo próprio *João* até um certo tipo de coisas: "Sem ele (diz o evangelista) nada foi feito do tudo que foi feito". Portanto, deve-se demonstrar primeiro que o Espírito Santo foi feito e, então, concluiremos de *João* que se foi feito do filho. A

---

998. *Euseb. Cæsariens, li. 5, adversus Marcellum.*

escritura não menciona em lugar nenhum que o Espírito Santo foi feito do pai ou do filho, mas deriva, vem e é enviado dos dois. Ora, se essas proposições universais não tiverem um limite, a conclusão será que o pai foi feito do filho, e o que pode ser mais absurdo e ímpio do que tal ideia?

Mais uma vez, eles contestam com o capítulo 11 de *Mateus:* "Ninguém conhece o filho senão o pai, e ninguém conhece o pai senão o filho", ou seja, de e por ele mesmo, pois caso contrário tanto os anjos quanto aqueles a quem mais o filho quiser revelar o pai conhecem tanto pai como filho. Agora, supondo que o espírito não seja igual ao pai e ao filho em conhecimento, ele não só é diferente e menor do que eles, como também não é Deus, pois a ignorância não incide sobre Deus.

Como proposições ou discursos exclusivos devem ser interpretados.

Respondo: quando na sagrada escritura encontramos proposições universais negativas ou exclusivas, elas não devem ser interpretadas como relativas a uma pessoa, excluindo o restante; mas criaturas ou deuses falsos devem ser excluídos e o que mais estiver fora da essência e do ser de Deus. Motivos para provar e confirmar essa interpretação eu poderia trazer muitos, dentre os quais adicionarei alguns como exemplos. No sétimo capítulo de *João* está escrito: "Quando Cristo vier, ninguém saberá de onde ele é"; apesar dessas palavras, os judeus achavam que nem Deus nem seus anjos ignorariam de onde Cristo seria. No quarto capítulo da epístola aos *Gálatas:* "Uma aliança ou testamento de um homem confirmado com autoridade ninguém anula ou adiciona qualquer coisa a ela". Nenhum homem justo faz isso, apenas tiranos e quebradores de promessas não se importam com alianças. Em *João* 8: "Jesus ficou sozinho e a mulher permaneceu lá, no meio". Entretanto, não se deve supor que uma multidão de pessoas e os discípulos de Cristo não estivessem presentes, mas a palavra *Solus,* sozinho, refere-se aos acusadores da mulher, que se retiraram um a um e partiram. No sexto capítulo de *Marcos:* "Ao anoitecer, o barco estava no meio do mar, e ele sozinho na terra", ele não estava sozinho na terra ou na costa, pois esta não estava totalmente vazia, mas apenas não tinha nenhum de seus discípulos consigo, nem ninguém para levá-lo até seus discípulos de barco. Nas escrituras sagradas, há muitas frases ou formas de discurso como essas e em autores gregos e latinos, por meio dos quais entendemos que não se deve insistir estritamente com as partículas universais negativas nem as exclusivas, mas se deve explicar da forma que o assunto em questão exija. Quando, portanto, se diz que apenas o filho conhece o pai, e insiste-se que o Espírito Santo é privado de conhecer o pai, tal interpretação deve ser questionada. Alguns trechos analisam o Espírito Santo e o consideram junto ao pai e ao filho, por isso ele não deve ser separado. Em outro lugar também se atribui apenas ao Espírito Santo o conhecimento das coisas de Deus, e a busca pelos segredos profundos de Deus e, por isso, o conhecimento de Deus não deve ser excluído dele.

Objeta-se ainda que não é conveniente ou apropriado a Deus a maneira de os pleiteantes rebaixar-se e humilhar-se, mas o Espírito

Santo faz isso, orando e rogando por nós com gemidos inefáveis (*Romanos* 8). *Ergo*, o Espírito Santo não é Deus.

Respondo que o Espírito Santo ora e roga tanto quanto ele nos motiva a orar, e nos faz suspirar e gemer. Muitas vezes também nas escrituras essa ação ou feito é atribuído a Deus; e tal ação somos encorajados e levados por ele a realizar. Por isso mencionam Deus a *Abraão* da seguinte forma: "Agora sei que temes a Deus", e mesmo antes do sacrifício de *Isaac*, Deus conhecia o coração de *Abraão* e, portanto, essa palavra *Cognovi*, "sei", é como *Cognoscere feci*, "eu o fiz ou o compeli a saber". E que o espírito de orar e rogar é o mesmo de compelir a orar e rogar, o apóstolo ensina lá mesmo, escrevendo que nós recebemos o espírito da adoção, em quem bradamos *Abba*, Pai. No que fica evidente que somos nós que bradamos, com o Espírito Santo nos provocando e forçando a isso.

No entanto, eles vão além em seu raciocínio. O enviado é inferior e menor do que aquele de quem é enviado, além disso ele é de uma substância compreensível, pois passa por um movimento local de um lugar a outro, mas o Espírito Santo é enviado do pai e do filho, *João* 14, 15 e 16. Emana e é derramado sobre os homens, *Atos* 10. *Ergo,* o Espírito Santo é menor do que o Pai e o Filho, e de uma natureza compreensível, por consequência, não é o Deus genuíno.

Respondo primeiro que aquele que é enviado nem sempre é menor do que aquele que envia e, para provar essa opinião, qualquer compreensão mediana pode inferir muitos exemplos. Além do mais, no tocante ao envio do Espírito Santo, estamos aqui para imaginar que não houve mudança ou troca de lugar. Pois se o espírito quando emana do pai e é enviado altera seu local, então o pai também deve estar em um lugar para que possa sair de lá e ir para outro. E quanto à natureza incompreensível do espírito, ele não pode deixar seu lugar e passar para outro. Portanto, o envio do espírito é a vontade eterna e invariável de Deus de fazer algo por meio do Espírito Santo, e a revelação e a execução dessa vontade pela operação e pelo trabalho do espírito. O espírito foi enviado aos apóstolos; espírito esse que estava presente com eles, pois está presente em todo lugar, mas, então, de acordo com a vontade de Deus pai ele se mostrou presente e poderoso.

Alguém pode dizer: "Se o envio revela e escancara a presença e o poder, então dizem que o pai é enviado, porque ele também é revelado". Eu respondo que quando dizem que o espírito é enviado, não apenas a revelação, como também a ordem de sua revelação são declaradas, pois a vontade do pai e do filho, de quem ele é enviado, vai antes, não no tempo, mas na ordem das pessoas: o espírito se revela, o pai e também o filho. O pai revela-se pelos outros, o filho e o Espírito Santo, de modo que sua vontade vai antes. Portanto, o envio é um trabalho em conjunto de todas essas três pessoas; no entanto, pela ordem da ação, é reconhecido por diversos nomes. O pai se revelará aos homens com o filho e o Espírito, será poderoso neles e, portanto, é ele o que envia. O filho e o espírito consentem com a vontade do pai, e querem que essa vontade do pai seja feita por eles; eles são considerados enviados. E como a vontade do filho vem antes do espírito na ordem das pessoas, diz-se também que ele envia o espírito.

Entretanto, por tudo isso se alega que se o Espírito tivesse perfeição, então ele falaria de si, e não precisaria sempre da repreensão de outro, mas ele não fala de si, mas do que ouve, como Cristo afirma explicitamente em *João* 16. *Ergo,* ele é imperfeito e tudo o que ele tem é pela participação e, portanto, não é Deus.

Respondo que esse argumento é vazio, pois foi refutado por hereges há muito tempo contra aqueles que defendem a verdadeira opinião, como *Cirilo*[999], que diz que pelas palavras de Cristo deve-se inferir que o filho e o Espírito Santo têm a mesma substância. Porque o espírito é chamado de mente de Cristo. *1 Coríntios 2*: e, portanto, ele não fala por vontade própria, ou contra sua vontade naquele e de quem ele vem, mas tem toda sua vontade e trabalho originários naturalmente da substância como se fossem dele.

Por fim, argumentam: ou as coisas não são geradas nem nascidas, ou são concebidas e nascidas; se o espírito não fosse gerado, seria o pai; e então haveria dois sem início; ele também não é concebido, pois seria gerado pelo pai, e haveria dois filhos, os dois irmãos ou ele seria gerado do filho, e então seria neto de Deus; dentre tudo aquilo que pode ser imaginado, o que é mais absurdo? *Ergo,* ele é criado.

Ao que eu respondo que a divisão ou distribuição é imperfeita, pois omite o mais divino que já existiu: o próprio Jesus Cristo, nosso salvador; ou seja, originou-se ou foi originado: aquele mesmo Espírito Santo que se origina do pai. Assim interpretado por *Nazanzen*: o espírito, por se originar, não é uma criatura e por não ser criado, não é o filho, mas como ele é o meio entre criado e não criado, deve ser Deus, etc.

Assim, depois de invalidar todos esses sofismas dos *Pneumatômacos,* tais como os arianos, os triteístas, os samosatanos, uma seita de hereges ofensiva demais ao Espírito Santo, de tal forma que tentam o que podem para roubar-lhe o direito à sua divindade, quero que todos os cristãos prestem atenção em suas opiniões pestilentas, cujo veneno não atinge aqueles resolvidos na verdade, mas que não pode fazer bem para os que estão em um momento indeciso. Depois de ter investido contra eles e derrubado suas opiniões, preciso exortar a todos aqueles que depararem com esta leitura que primeiro reflitam a que mistério reverendo tudo isso que foi dito até agora neste capítulo se refere, isto é, o espírito da santificação; e que ponderem a ponto de reservar ao Espírito Santo o título glorioso de divindade, que por natureza é apropriado

---

999. *Cyrill. lib. 13, thesaur. cap. 3.*

a ele[1000], assim, julgo esses *Pneumatômacos* ou *Teômacos* como porcos, deleitando-se mais nas fezes imundas de suas invenções do que na água límpida da fonte da palavra de Deus; de fato, condeno-os pela ignorância mais brutal do que dos antigos filósofos, que embora desfrutassem pouco da teologia celestial, ainda tinham alguma iluminação do Espírito Santo e divino, ainda que nebulosa, obscura, falha e claudicante; porém, fosse o que fosse, maior ou menor, davam ao Espírito Santo a devida reverência, tanto que o reconheceram e o chamaram de *Animam mundi*, a alma ou vida do mundo, e (como testemunha *Nazanzen*) τὸν τοῦ παντος νοῦν, a mente do sopro universal e eterno, ou o sopro que vem de fora[1001]. *Porfírio*, expondo a opinião de *Platão*, que não era totalmente insensível a esse mistério, diz que a substância divina emana e estende-se a três subsistências e seres e que Deus é, sobretudo e essencialmente, bom; depois dele, o segundo criador; e o terceiro é a alma do mundo, pois *Porfírio* defende que a divindade estende-se até essa alma. Quanto a *Hermes Trismegisto*, ele diz que todas as coisas precisam desse espírito, pois em sua dignidade ele suporta tudo, dá vida e sustenta tudo e é derivado da fonte sagrada, dando sopro e vida a tudo, e sempre permanece contínuo, profuso e pleno.

E aqui, aliás, em uma nota digna de leitura e consideração demonstro como todas as nações de certa forma, por alguma influência celestial, concordam em escrever e pronunciar o nome de Deus com não mais do que quatro letras[1002]. Os *egípcios*, por exemplo, o chamam *Theut*, os *persas* o chamam de *Syre*, os *judeus* pronunciam seu nome inefável da melhor forma possível com a palavra *Adonai*, consistindo em quatro vogais; os árabes o chamam de *Alá*, os *maometanos* o chamam de *Abdi*, os *gregos* o chamam de *Theos*, os *latinos* de Deus, *etc*. Isso, embora não seja apropriado ao nosso presente propósito, não é totalmente impertinente (porque estamos lidando com a divindade do Espírito Santo). Mas por que DEUS teria seu nome universalmente ligado, por assim dizer, ao número de quatro letras, posso dar vários motivos, que demandam uma digressão longa demais e, portanto, eu os ocultarei no momento. Essas opiniões de filósofos, relembrei por vontade própria para demonstrar que a doutrina a respeito do Espírito Santo é muito antiga; seja ela tirada dos escritos de *Moisés* ou das obras dos antigos pais da Igreja, publicadas e divulgadas em livros, embora não sejam total e perfeitamente conhecidas e entendidas; meu intento é também mostrar que os *Pneumatômacos* cometem mais disparates em assuntos divinos do que os pagãos, que não reconhecem o poder essencial e produtivo da divindade com o qual todas as coisas recebem a vida. De fato,

---

1000. *Sus magis in cæno gaudet quàm fonte sereno.*
1001. Cyrill, lib. 1, contra Julianum.
1002. Marsilius Ficinus in arg. In Cratyl. Plat.

os pagãos separavam a alma do mundo (que eles também denominam mente gerada) do Deus mais soberano e não gerado, e imaginavam certas diferenças de graus, (como diz *Cirilo*) arianizando a trindade.

Concluo, então, contra esses *Pneumatômacos*, que da mesma forma que imitam os antigos gigantes, que amontoaram o *Pelion* sobre o *Ossa*, e os dois montes sobre o *Olimpo*[1003], tentaram escalar os céus para arrancar *Júpiter* de seu trono de Estado e roubar-lhe seu principado, e apesar de sua força, com a qual eles conseguiam carregar montanhas enormes nos ombros, sentiram-se sobrecarregados por essas montanhas e foram esmagados até a morte pelo peso delas; esses *Pneumatômacos,* por serem inimigos tanto do Espírito Santo quanto da santa Igreja (pois se não o fossem, confessariam a trindade em unidade, e a unidade em trindade e, consequentemente, a divindade do *Espírito Santo*) merecem ser consumidos com o fogo de sua boca, cujo calor pode ser apagado, extinguido ou evitado. Pois não há nada mais contrário às leis da natureza, nada mais monstruoso do que opor à pessoa da divindade (refiro-me ao espírito da santificação) o poder do homem, o juízo do homem, a diretriz do homem, etc., conforme exemplificado pela ficção poética dos gigantes, os chamados *Anguipedes*, pés de cobra, em cuja persuasão perversa, como *Joachimus Camerarius* expõe acerca dos conselheiros malignos, os tiranos confiam como em seus pés; e *James Sadolet*[1004] interpreta a respeito dos filósofos, que confiando demais em sua própria inteligência, ousam em tal ponto desafiar o louvor por sua sabedoria, que no fim tudo se transforma em desatino e confusão. Assim exponho os hereges e cismáticos que, por sua doutrina corrupta ou por manter opiniões precisas, ou até pela violência direta, etc., tentam arruinar a verdadeira religião, romper a unidade da Igreja, negar a *César* sua reverência e a DEUS seu dever, etc. e, portanto, deixar *Jovis fulmen,* por quem eles foram mortos, garantir-lhes que há uma *Divina ultio* a todos aqueles que ousam na leviandade de seus pensamentos ficar em débito com o Espírito Santo; de quem, por terem vergonha aqui na Terra (caso contrário, o reconheceriam com segurança e ousadia com a boca e a pena), ele terá vergonha deles no céu, onde provavelmente ficarão tão distantes de ter qualquer relação com os santos que seu destino será ficar na mesma medida com os infames e infiéis. Portanto, devemos discernir e testar se os espíritos são de Deus ou não, buscar pela iluminação desse espírito esclarecedor, que como traz luz consigo para enxergar todos os espíritos, irradia um calor tão causticante que nenhum espírito falso pode ficar ao seu lado por medo de queimadura. No entanto, o Espírito Santo deve estar em nós, caso contrário perderemos essa prerrogativa de julgar os espíritos.

1003. *Ovídio lib. metamorph. I, fab. 5, de gigantib. cælum obsideni.*
1004. *Jacob. Sadol. in lib. de laud. philosoph. Inscript. Phædrus.*

Mas aqui alguns, em dúvida, questionarão como o Espírito Santo está em nós, considerando que *Infiniti ad finitum nulla est proportio, neque loci angustia quod immensum est potest circumscribi*[1005]: daquilo que é infinito ao que é finito não há proporção; nem pode aquele que é desmedido ser limitado ou contido em qualquer recinto, etc. Eu respondo que o excelentíssimo pai amoroso de Cristo o envia a nós, de acordo com o que o próprio Cristo nos prometeu na pessoa de seus apóstolos: "O consolador (diz ele), o Espírito Santo, que meu pai enviará em meu nome".
E quanto à proporção daquilo que é infinito para o que é finito, etc., eu de forma alguma pensaria que o Espírito Santo está em nós, como um corpo colocado em um lugar limitado, mas atribuo a ele, como devidamente pertence à divindade, uma ubiquidade ou presença universal; incorpórea e impalpável, mas efetiva, poderosa, mística, divina, etc. De fato, ouso acrescentar que Jesus Cristo o envia a nós do pai. Ele também não nos é transmitido para qualquer outro fim, além de nos enriquecer profusamente com todos os bons dons e excelentes graças; e (dentre o resto) com o discernimento correto dos espíritos, para que não sejamos enganados[1006]. E aqui encerro.

Fim.

1005. *Pedro Mártir, in loc. com. part. 2, cap. 18, sect. 33, p. 628.*
1006. João *14*, 26; João 14, 16 e João 16, 14.

Apêndice I

[Os nove capítulos que formam o início do décimo quinto tomo da terceira edição, de 1665, são numerados c. 1, etc. O capítulo 1 de Scot transforma-se no capítulo 10, e assim por diante].

Décimo Quinto Tomo

Capítulo 1

Círculos Mágicos e o motivo de sua Instituição.

Círculos imaginários.

Os magos e os conjuradores mais eruditos usam círculos de várias formas com diversas intenções. Primeiro, quando a conveniência não permite, quanto ao momento ou local em que o círculo real deveria ser delineado, eles traçam um círculo imaginário, com encantamentos e consagrações, sem faca, lápis ou compassos, desenhando um círculo de nove pés (2,7 metros) de circunferência ao seu redor, que eles simulam consagrar com palavras e cerimônias, espargindo sua Água-Benta por toda a extensão dessa demarcação e com a seguinte forma de Consagração alteram a propriedade do solo, que de comum (como dizem) fica santo e adequado para usos mágicos.

Como consagrar um círculo imaginário.

O Exorcista, trajando uma veste preta até a altura do joelho e embaixo dela um manto branco de linho que cubra seus tornozelos, deve se colocar no meio do local onde pretende realizar suas conjurações. Jogando os velhos sapatos a uns nove metros de distância do lugar, ele deve colocar os sapatos santos de couro castanho com uma cruz na parte de cima de cada pé. Então, com sua varinha mágica, que deve ser um graveto de aveleira recém-cortado, com 1,80 metro de comprimento, ele deve esticar o braço para todos os quatro Ventos três vezes, virando-se para cada Vento, e dizendo, o tempo todo, com fervor:

Eu, que sou servo do Altíssimo, por meio de seu Santo Nome, Immanuel, santifico para mim a circunferência de 2,7 metros ao meu redor, ✠ ✠ ✠ do leste, Glaurah; do oeste, Garron; do norte, Cabon; do sul, Berith; neste solo que tomo para minha própria defesa de todos os espíritos malignos, para que eles não tenham poder sobre meu corpo e minha alma, nem ultrapassem esses limites, mas respondam com sinceridade quando interpelados, sem ousar ultrapassar seus limites: Worrh. Worrah. harrot. Gambalon. ✠ ✠ ✠.

O tempo para as conjurações.

Realizadas essas Cerimônias, o local santo fica igual a qualquer Círculo real. E na composição de qualquer Círculo para magia, o momento mais adequado é o luar mais brilhante, ou quando ocorrem tempestades com raios, ventos ou trovões, porque nesses momentos os Espíritos Infernais ficam mais perto da terra e podem ouvir melhor as Invocações do Exorcista.

Os locais para os círculos.

Quanto aos locais dos Círculos Mágicos, eles devem ser melancólicos, lúgubres, escuros e solitários, em Bosques ou Desertos, em uma encruzilhada ou entre ruínas de castelos, abadias, monastérios, etc., ou na beira-mar à luz do luar, ou então em alguma sala com as paredes e o piso pintados de preto, com portas e janelas bem fechadas, e velas acesas. Mas se a Conjuração for para o Espírito de algum falecido, os lugares mais adequados para isso são os locais dos mortos, como Bosques onde alguém se matou, cemitérios, valas comuns, etc. Assim como para todos os tipos de Espíritos, suas moradias devem ser escolhidas quando eles são chamados, lugares como poços, cavernas e locais vazios, no caso dos Espíritos Subterrâneos; os topos das torres, para Espíritos Aéreos; Navios e Rochedos do Mar, para os Espíritos Aquáticos; Bosques e Montanhas para Fadas, Ninfas e Sátiros, seguindo a mesma ordem com todos os demais.

O modo de fazer o círculo.

Assim como os lugares onde devem ser feitos, é necessário conhecer perfeitamente como os Círculos devem ser desenhados. Primeiro, para Espíritos Infernais, dentro de um Círculo preto com 2,7 metros de diâmetro, deve-se inserir outro com 15 centímetros de diâmetro, deixando 15 centímetros desses dois Círculos abertos para o mago e seu assistente entrarem. E, ao redor desses Círculos, escrevem-se todos os santos Nomes de Deus, com Cruzes e Triângulos em cada Nome, fazendo também um triângulo maior em um lado do Círculo externo, com os nomes da Trindade nos sete cantos, isto é, Yehowah, Ruah Kedesh, Emmanuel, escritos nos círculos pequenos.

O motivo que os magos dão para os Círculos e sua Instituição é que o solo abençoado e consagrado com palavras sagradas tem uma força secreta para expelir todos os Espíritos malignos dos seus limites; e depois de ser espargido com água-benta abençoada pelo Mestre, o solo fica purificado; além dos santos Nomes de Deus escritos ao redor, cuja força é tamanha que nenhum Espírito maligno tem a capacidade de invadir o Círculo depois que o Mestre e o Assistente entraram e fecharam a abertura, tamanha é a antipatia que eles têm por esses Nomes Místicos. E o motivo do Triângulo é que se os Espíritos não forem convencidos facilmente a falar a verdade, eles podem ser conjurados pelo Exorcista a entrar lá, onde, com a ajuda dos nomes da Santíssima Trindade, falarão apenas o que for correto e verdadeiro.

Mas para invocar Espíritos Astrais como Fadas, Ninfas e Espíritos de homens, deve-se fazer o Círculo com Giz, sem Triângulos; e no lugar dele o Símbolo Mágico do Elemento ao qual eles pertencem deve ser descrito no fim de cada Nome.

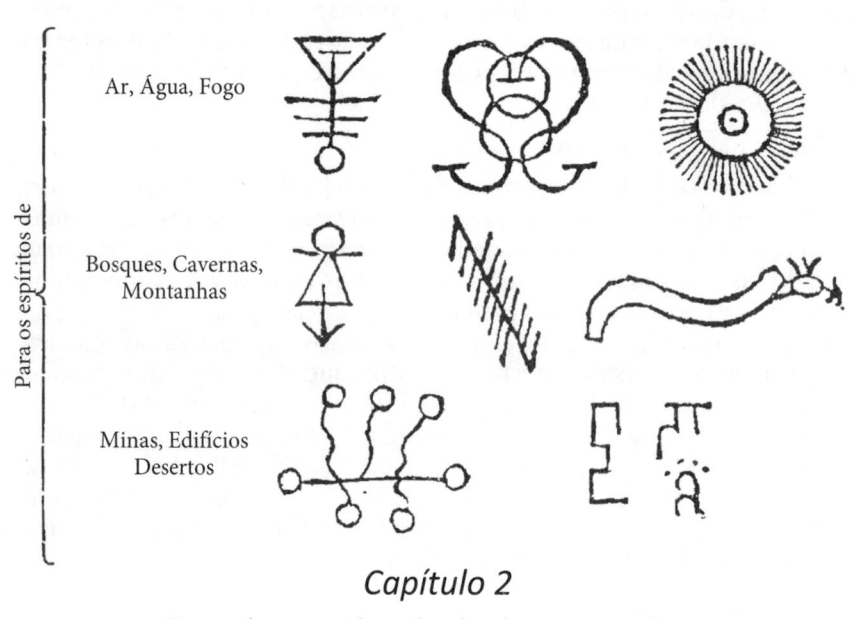

Para os espíritos de:
- Ar, Água, Fogo
- Bosques, Cavernas, Montanhas
- Minas, Edifícios Desertos

Capítulo 2

Como elevar a Alma de alguém que se enforcou.

Esse experimento deve ser posto em prática enquanto o esqueleto ainda estiver pendurado e, portanto, o Exorcista deve procurar pela vara de aveleira mais reta que conseguir encontrar e amarrar na ponta dela a cabeça de uma coruja, com um feixe de *erva-de-são-joão* ou *Milliès Perforatum*. Feito isso, ele deve ser informado sobre alguma criatura miserável que se enforcou em algum Bosque ou lugar deserto (o que eles raramente deixam de fazer) e com o esqueleto ainda pendurado, o

Mago deve se dirigir ao local, à meia-noite, e começar suas Conjurações da seguinte forma.

As cerimônias da Necromancia.

Primeiro, estique a Varinha consagrada na direção dos quatro cantos do Mundo, dizendo: *Pelos mistérios das profundezas, pelas chamas de Banal, pelo poder do Leste e o silêncio da noite, pelos ritos sagrados de Hécate, conjuro e exorcizo-te, Espírito Aflito, a apresentar-se aqui, e revelar para mim a causa da tua Calamidade, por que trataste com tanta violência tua própria vida pregressa, onde estás agora e para onde irás depois.*

Então, batendo delicadamente no esqueleto nove vezes com a varinha, diga: *Conjuro-te, espírito de N., falecido, a responder a minhas exigências que estou prestes a propor-te, como tu sempre esperaste pelo resto dos santos e o alívio de todo teu sofrimento; pelo sangue de Jesus derramado por tua alma, conjuro e obrigo-te a responder-me o que eu te perguntar.*

Em seguida, tirando o esqueleto da árvore, vire a caveira para o Leste e, durante a repetição da seguinte Conjuração, coloque um fogareiro na mão direita do esqueleto, no qual se deve derramar um pouco de vinho, mástique e goma aromática e, por fim, um frasco cheio do óleo mais doce, com também um fole e um pouco de carvão novo para fazer o fogo queimar bem no instante em que o esqueleto se levanta. A Conjuração é esta:

A conjuração.

Conjuro-te, espírito de N., para que entres imediatamente em teu corpo antigo novamente e responda a minhas exigências, por meio da santa ressurreição e pela disposição do corpo do Salvador do mundo, exorto-te, conjuro-te, ordeno-te sob a pena dos tormentos e da perambulação de três vezes 70 anos, que eu, pelo poder dos ritos mágicos sagrados, tenho poder de infligir sobre ti, por teus suspiros e gemidos, conjuro-te a falar com tua voz; que Deus e as orações da santa Igreja te ajudem. Amém.

A resposta do espírito.

Essa Conjuração deve ser repetida três vezes enquanto o fogo arde com mástique e goma aromática, o corpo começará a levantar e, no fim, ficará de pé diante do Exorcista, respondendo com uma voz tênue e rouca, às perguntas feitas a ele. Por que se enforcou; onde vive; como é seu alimento e sua vida; quanto tempo demorará a descansar e como o Mago pode ajudá-lo a descansar, além de perguntar onde os tesouros deste mundo estão escondidos. Ademais, ele pode responder com exatidão quais são os lugares onde residem os Espíritos e como se comunicar com eles, ensinando a natureza dos Espíritos Astrais e dos seres infernais, até onde for sua capacidade.

Depois de o Espírito responder a tudo isso com detalhes, o Mago deve por piedade e reverência ao falecido usar os meios possíveis para dar descanso ao Espírito. Para isso, ele deve cavar uma cova e enchê-la até a metade com cal, um pouco de sal e enxofre comum e, em seguida, colocar ali o Esqueleto nu. Esse experimento, depois da queima do corpo em cinzas, é de grande força para acalmar e encerrar a perturbação do Espírito Astral.

Mas se o Espírito com quem o Exorcista se consultar for alguém que teve uma morte comum e recebeu as cerimônias funerárias, o corpo deve ser exumado à meia-noite e o mago deve estar acompanhado de alguém que segura uma tocha na mão esquerda; batendo no Cadáver três vezes com a varinha consagrada, o Exorcista deve virar-se e dizer aos quatro ventos:

Por meio da santa ressurreição e dos tormentos dos condenados, exorcizo e conjuro-te, espírito de N., falecido, a atender às minhas exigências soberanas e obedecer a essas cerimônias sagradas sob pena da angústia e do tormento eternos. Então ele deve dizer: *Berald, Beroald, Balbin gab gabor agaba; Levanta, levanta, exorto-te e ordeno-te.*

Depois dessas Cerimônias, ele pode perguntar o que quiser e será respondido.

Uma advertência para o exorcista.

Mas como uma advertência firme ao praticante dessa Arte, concluirei com o seguinte: se o Mago, pela Constelação e Posição das Estrelas no dia de seu nascimento, estiver no ponto daqueles que seguem as Artes Mágicas, será muito perigoso testar esse experimento por medo de acontecer uma morte repentina, que os Espíritos dos falecidos podem facilmente provocar naqueles cujos mapas astrais os levem à Conjuração. E essa morte súbita e violenta as Estrelas sempre prometem àqueles marcados com o *Estigma* dos Magos.

Capítulo 3

Como conjurar os três Espíritos, Paymon, Bathin e Barma, e que coisas maravilhosas podem ser realizadas com sua Assistência.

Espírito *Paymon* é do poder do Ar, o 16º na classificação dos Tronos, subordinado a *Corban* e *Marbas*.

Baldin é de um alcance maior na fonte do fogo, o segundo depois do espírito familiar de *Lúcifer*, e ninguém se assemelha a ele em agilidade e afabilidade em toda a Hierarquia Infernal.

Barma é uma poderosa Potestade da ordem dos *Serafins*, a quem 20 legiões de Espíritos Infernais obedecem. Sua propriedade é metamorfosear o mago em quem ele quiser e levar para países estrangeiros.

Esses três Espíritos, embora sejam de vários graus e ordens, têm todos o mesmo poder, habilidade e natureza, e a forma de invocá-los é única. Portanto, o Mago que desejar se consultar com alguns deles deve escolher uma noite no quarto minguante da Lua, durante a regência do Planeta *Mercúrio*, às 11 horas da noite; deve ir sozinho, pois essa ação particular não admitirá ninguém. Durante quatro dias antes da noite escolhida, ele deve se barbear todo dia pela manhã e vestir-se com uma roupa limpa de linho, desde que coloque antes os dois Selos da Terra, desenhados exatamente como são, em pergaminho, tendo também preparado seu Cinto consagrado com a pele de um gato preto, mantendo o pelo e estes nomes escritos do lado de dentro do Cinto: Da, Da ✠ Aie Aaie ✠ Elibra ✠ Elohim ✠ Saday ✠ Dah Adonay ✠ *tuo robore* ✠ *Cinctus sum* ✠.

Nos sapatos deve estar escrito Tetragrammaton, com cruzes em volta, e seu traje deve ser um manto sacerdotal preto, com um capuz de Frade, e ele deve portar uma Bíblia.

O círculo.

Quando todas essas coisas forem preparadas e o Exorcista viver castamente, e retirar-se até a hora estipulada, ele deve deixar preparada uma bela Sala ou Porão, com cada fresta e janela fechadas. Deve então acender sete velas, e desenhar um Círculo duplo com seu próprio sangue, preparado de antemão. O círculo deve ser dividido em sete partes, e sete nomes serão escritos nas sete divisões, colocando em cada nome uma vela acesa em um castiçal de bronze no espaço entre os círculos. Os nomes são: Cados ✠ Eseherie △ Aniek ✠ Sabbac ☒ Sagun ✠✠ Aba ✠ Abalidoth △.

Ao acender as velas, o Mago deve ficar no centro do Círculo, apoiando-se em duas espadas, e dizer em voz baixa e dócil: *Eu, em nome dos sete Nomes santos que são as Lamparinas do Deus vivo, consagro para meu uso este Círculo fechado, e extermino dele todos os Espíritos malignos e seu poder; para que além do limite de sua circunferência eles não participem da dor dos tormentos duplicados,* Dah Agion, Helior, Heligah. *Amém.*

Ao fim dessa Consagração, ele deve espargir o Círculo com água consagrada e, com um incensário com carvão, perfumá-lo com incenso e canela, deixando as espadas cruzadas no Círculo e ficar em pé diante delas. Então, enquanto a fumigação queima, ele começa a evocar esses três espíritos da seguinte maneira:

A conjuração.

Conjuro e Exorcizo-vos, três Espíritos Nobres e Gentis do poder do Norte, pelo grande e temível nome de Peolphan, *vosso Rei, e pelo silêncio da noite, e pelos ritos sagrados da Magia, e pelo número das Legiões Infernais, adjuro e invoco-vos; para que sem demora vós vos apresenteis aqui diante do quadrante norte deste Círculo, todos vós, ou qualquer um, e respondeis minhas exigências pela força das palavras contidas neste Livro.* Isso deve ser repetido três vezes, e na terceira repetição aparecerão os três Espíritos ou qualquer um deles, se os outros estiverem ocupados em algum outro lugar. Aparecerão diante deles três cães velozes perseguindo uma lebre, que correrão em volta do Círculo por 7,5 minutos; depois disso mais cães virão e, no fim, um *Etíope* feio, que tirará a lebre de suas bocas vorazes e desaparecerá com os cães. Por fim, o Mago ouvirá o som da trombeta de um caçador, e um arauto montado em um cavalo virá galopando com três caçadores atrás em cavalos negros, que darão sete voltas no Círculo, e na sétima se posicionarão no quadrante norte, dispensando o arauto que apareceu antes deles, e virando seus cavalos de frente para o Mago, dirão: *Gil pragma burthon machatan dennah*; ao que o Mago deve responder com coragem: *Beral Beroald, Corath, Kermiel; Pelos ritos sagrados da Magia, vós sois bem-vindos, três famosos Caçadores do Norte, e minha ordem é que pelo poder dessas Cerimônias sejais obedientes e fiéis às minhas convocações, às quais eu vos conjuro pelos santos nomes de Deus,* Dah, Gian, Soter, Dah, Jehobah, Emmanuel, Tetragrammaton, Dah, Adonay, Sabtay, Seraphin: *exortando e obrigando-vos a responder com franqueza, respeito e verdade, por todos esses santos nomes, e pelo nome tremendo de vosso poderoso Rei* Peolphon.

Depois que o Mago disser isso, o caçador do meio chamado Paymon responderá: *Gil pragma burthon maehatan dennah, Somos os três poderosos Caçadores do Norte, no Reino de* Fiacim, *e viemos para cá pelo som das tuas Conjurações, às quais juramos por aquele que vive para obedecer, se* Judas *que o traiu não for citado.*

Então o Mago jurará: *Por aquele que vive, e por tudo o que estiver contido neste Livro santo, juro-vos nesta noite, e pelos mistérios desta ação, juro-vos nesta noite, e pelos elos das trevas, juro-vos nesta noite, que* Judas, o Traidor, *não será citado, e que sangue não vos será oferecido, mas que trégua e as mesmas condições serão observadas entre nós.* Dito isso, os Espíritos abaixarão suas cabeças nas crinas dos cavalos, apearão e chamarão o arauto para levar os cavalos; feito isso, o Mago poderá começar a negociar com todos, ou qualquer um deles, como um espírito familiar invisível para lhe atender ou para responder a todas as dificuldades que ele propõe; então ele pode começar a perguntar-lhes da composição do Mundo, e dos Reinos contidos nele, que os geógrafos desconhecem. Também pode ser informado de todos os processos físicos e operações, bem como ficar invisível e voar pela região etérea. Do mesmo modo, eles podem conceder-lhe o poderoso Cinto da Vitória, que tem a força quando amarrado na cintura de fazê-lo conquistar Exércitos e todos os homens, e o ensinam a compô-lo e consagrá-lo. Além disso, não há nenhum Rei ou Imperador em todo o mundo dos quais, se ele assim desejar, eles não se comprometerão a lhe trazer joias e riquezas mais preciosas em 24 horas, revelando-lhe também a forma de encontrar tesouros ocultos e as minas mais ricas.

O modo de dispensar.

Satisfeitos os desejos, o Conjurador dispensará os Espíritos supracitados da seguinte forma.

Exorto-vos, três Espíritos serviçais, a partir para o lugar de onde fostes chamados, sem nenhum dano a homem ou animal, deixando o tenro cereal intocado e a semente intacta; eu vos dispenso e dou-vos licença para voltar até eu vos evocar e a estar sempre pronto para meu desejo, principalmente tu ligeiro Bathin, *que eu escolhi para me atender, para que tu estejas sempre pronto quando eu tocar um sino e te apresentares sem a realização de quaisquer Cerimônias Mágicas. Então, saiais daqui e que a paz esteja convosco e conosco, em nome do Pai, do Filho e do Espírito Santo. Amém.*

Quando o Mago repetir esta última forma de dispensa, ouvirá imediatamente soar uma trombeta, verá aparecer o arauto trazendo os cavalos negros, e os três Espíritos montarão neles, darão sete voltas no Círculo, com o arauto soando sua trombeta diante deles e, em cada vela, eles abaixarão a cabeça na crina dos cavalos, até que ao se aproximarem do quadrante norte parecerão se afastar com grande obediência, passando pela parede sólida como se fosse um portão.

Capítulo 4
Como consagrar todos os tipos de círculos, fumigações, piras, vestimentas mágicas e utensílios.

Quais coisas devem ser consagradas.

As consagrações estão relacionadas à pessoa ou à coisa consagrada. A pessoa é o próprio Mago, cuja consagração consiste em Abstinência, Temperança e Vestes sagradas. Os materiais a serem consagrados são o Óleo, o Fogo, a Água. As Fumigações, compostas de Gomas e Condimentos orientais; a Espada mágica, Lápis, Penas e Compassos, a Régua e Velas de Cera, os Pentagramas, Amuletos, Lâminas; e Sigilos, Túnicas, Capuzes e Trajes Sacerdotais.

Pentagramas.

Os Pentagramas sagrados servem como símbolos e talismãs para a amarração de Demônios Malignos, consistindo em Símbolos e Nomes da Ordem Superior dos Espíritos bons em oposição àqueles malignos que o Mago está prestes a invocar; e em Desenhos, Imagens e Figuras Matemáticas sagradas adaptadas aos nomes e às naturezas das Substâncias separadas para o bem ou para o mal. Agora, a forma de Consagrar tais Pentagramas Mágicos é citar a virtude dos santos Nomes e Figuras, sua Antiguidade e Instituição, com a intenção de a Consagração purificar o Pentagrama com fogo consagrado, passando-o sobre as chamas.

Utensílios.

Quando o Exorcista consagrar Lugares ou Utensílios, Fogo ou Água para usos mágicos, deve repetir a Consagração ou Dedicação de *Salomão*, o Rei, no edifício do Templo, a Visão de *Moisés* na Sarça e o Espírito do Senhor nas copas das Amoreiras, repetindo também o sacrifício dele mesmo sendo aceso; o Fogo sobre *Sodoma* e a Água da Vida Eterna. O Mago ainda deve se lembrar de falar dos sete Castiçais Dourados e das Rodas de *Ezequiel*, encerrando a Consagração com os profundos e misteriosos Nomes de Deus e dos santos *daimons*.

Instrumentos.

Quando instrumentos específicos precisam ser santificados, o Mago deve espargi-los com Água consagrada e fumigá-los com incensos, ungi-los com Óleo consagrado e, por fim, selá-los com Símbolos sagrados. Depois de realizar tudo isso, ele deve fazer uma Oração ou Prece, relatando os pormenores da Consagração com Petições àquele Poder em cujo Nome e Autoridade a Cerimônia for realizada.

Como consagrar.

"E da mesma maneira tu consagrarás e santificarás cada Utensílio, com Aspersões, Fumigações, Unções, Selos e Bênçãos, celebrando e reiterando as santificações, na santa Escritura, das Tábuas da Lei entregues a *Moisés*; dos dois Testamentos na Nova Aliança, dos santos Profetas nos úteros das suas Mães, e de *Aholiah* e *Aholibah*, que o Espírito de Deus inspirou a modelar todos os tipos de trabalhos curiosos para o Tabernáculo". Essa é a essência da Consagração.

Capítulo 5
Tratando de modo prático da consagração de círculos, piras, vestimentas e fumigações.

A elaboração dos Círculos Mágicos.

Na Elaboração de Círculos Mágicos, a hora, o dia ou noite, a estação do ano e a Constelação devem ser considerados, assim como que tipos de Espíritos serão evocados e a que Região, Ar ou Clima pertencem. Portanto, este método deve ser seguido para se ter um procedimento mais ordeiro e certo. Primeiro, deve-se desenhar um Círculo de 2,7 metros de diâmetro, dentro do qual se deve traçar outro Círculo a sete centímetros deste, no centro do qual constarão o nome da hora, o Anjo da hora, o Sinete do Anjo, o Anjo do dia predominante em que o trabalho é realizado. Esses atributos devem ser inscritos entre os Círculos ao redor deles com as letras *Alfa* no início e *Ômega* no fim.

Depois de composto o Círculo, ele deve ser espargido com água-benta, enquanto o Mago diz: *"Banha-me, Senhor, e eu ficarei mais branco do que a Neve"*, e no momento das Fumigações sobre eles, esta Bênção deve ser declamada: *Ó Deus de* Abraão, Isaac *e* Jacó, *abençoa tuas criaturas subservientes, para que elas possam multiplicar a força de seus excelentes odores para impedir que espíritos malignos e fantasmas entrem no Círculo, por nosso Senhor. Amém.*

Como exorcizar o fogo.

O Exorcista deve preservar em um turíbulo de barro o fogo para os usos mágicos, expiações e fumigações. A consagração é feita da seguinte forma.

Por aquele que criou Céu e Terra, e é o Deus e Senhor de tudo, exorcizo e santifico-te, criatura de Fogo, para que imediatamente afastes todos os fantasmas de ti, para que não sejas prejudicial de nenhuma forma. Eu te imploro, Senhor, confirma pela santificação e purifica esta criatura de fogo, para que possa ser abençoada e consagrada à honra de teu santo Nome. Amém.

Ao vestir o traje.

O Mago diz: *Pelo mistério figurativo desta Estola ou Veste sagrada, eu me cobrirei com a armadura da Salvação na força do Altíssimo.* Ancor, Amacor, Amides, Tjeodonias, Anitor. *Que meu fim desejado possa ser realizado com tua força, Adonai, a quem pertencem toda honra e toda glória para sempre.*

Terminadas essas Cerimônias, o Exorcista passará à parte prática da Invocação e Conjuração de todos os graus de Espíritos, deixando cada utensílio e apêndice preparados para o trabalho e procedendo de acordo com o método descrito nos capítulos seguintes.

Capítulo 6
Como elevar e exorcizar todos os tipos de espíritos pertencentes à região etérea.

Que tipo de roupa deve ser usada.

De acordo com as opiniões dos principais Magos, para realizar esta ação o Exorcista deve estar vestido com um Manto Sacerdotal, que se não estiver disponível em nenhum lugar pode ser uma túnica de linho limpa e clara, com o pentagrama santo costurado nela sobre um pergaminho feito com pele de cabrito, sobre o qual se deve dizer uma Invocação e, então, o pentagrama deve ser espargido com água-benta. Enquanto veste o traje mágico, repetirá esta oração: *Por teu santo poder, Adonai Sabaoth, e pelo poder e mérito de teus anjos e arcanjos e pela virtude da santa Igreja, que tu santificaste, visto-me com este Traje consagrado para que tudo aquilo que eu praticar possa se realizar por teu Nome, que é para todo o sempre.*

O modo de conjurar.

Quanto à hora da operação e seu método, as Instruções apresentadas anteriormente são suficientes para orientar o Exorcista; apenas o Autor e seu Assistente devem prestar atenção no caminho, enquanto se dirigem para o local da Conjuração, para reiterar as formas sagradas de Consagrações, Orações e Invocações. Um deles deve carregar um vaso de barro com fogo consagrado e o outro a Espada Mágica, o Livro e os Trajes, até se aproximarem do lugar onde devem desenhar o Círculo e lá começar a fazê-lo da maneira mencionada antes. E no fim devem Exorcizar os Espíritos da seguinte forma:

Vendo que Deus nos concedeu o poder de esmagar a cabeça da Serpente e dominar o Príncipe das Trevas, muito maior é nosso poder para governar cada Espírito aéreo. Portanto, pelo Nome forte e poderoso Jeovah, eu vos conjuro, nomes dos Espíritos, *e pelas ordens secretas entregues a Moisés no Monte e pelo santo Nome Tetragrammaton e por todos os Nomes e Atributos maravilhosos a Ele,* Sadai, Ollon, Emillah, Athanatos, Paracletos, *etc. para que apareceis aqui diante deste Círculo, em forma humana, e não em uma forma terrível ou monstruosa, sob a pena do sofrimento eterno que suportais, a menos que vós prontamente atendeis minhas ordens,* Bathar, Baltar, Arehim, Anakim, Nakun. *Amém.*

As aparições.

Quando o Exorcista terminar essa Conjuração, ele e seu assistente devem continuar virando-se para o Leste, Oeste, Norte e Sul, dizendo, com os capuzes nas mãos: Gerson, Anek, Nephaton, Basannah, Cabon; e em um pequeno espaço eles verão diversas aparições no solo, e no ar, com vários hábitos, formas e instrumentos; depois disso, o Exorcista perceberá uma tropa de homens armados com uma carruagem ameaçadora aparecer diante do Círculo, que, depois de conjurados a deixar seus fantasmas, se apresentarão diante do Exorcista na forma humana.

Então o Mestre deve pegar com cuidado a Espada consagrada e a taça de vinho nas mãos; o Vinho ele derramará no fogo e a Espada ele brandirá com o braço direito com uma fita amarrada. Depois disso o Mago dirá: Gahire, Gephna, Anepheraton; então os Espíritos começarão a se curvar ao Exorcista dizendo: *Estamos à disposição para satisfazer tua vontade.*

De modo que quando o Mago trouxer os Espíritos, ele pode perguntar tudo o que desejar e eles responderão, desde que as perguntas pertençam à ordem de cada um.

O que esses espíritos podem fazer.

Agora, as propriedades em que eles se sobressaem são as seguintes: podem conceder o dom da Invisibilidade e a previsão das mudanças climáticas; podem ensinar o Exorcista a provocar Tempestades e como acalmá-las de novo; podem trazer notícias em um espaço de horas sobre o sucesso de qualquer Batalha, Cerco ou Esquadra, por mais longe que esteja; também podem ensinar a linguagem dos pássaros e como voar invisivelmente.

Um exemplo do poder deles.

Foi com o auxílio desses Espíritos aéreos que *Chanchiancungi*, o Imperador *tártaro*, deu aos *chineses* uma rota tão desesperada perto do ano 1646 a.C., pois se relata que ele tinha sempre em sua presença dois magos, chamados *Ran* e *Sionam*, que percebiam cada movimento do Exército *chinês*, e esses Espíritos o informavam sobre os Conselhos privados e Conferências do Imperador.

Magos relatam de modo verossímil que coisas maravilhosas podem ser efetuadas com facilidade com o auxílio desses tais Espíritos, de modo que o Exorcista deve ser muito afável para com eles e dispensá-los gentilmente (quando estiver satisfeito) da seguinte forma:

Como dispensá-los.

Vendo que respondestes prontamente a todas as nossas interrogações e desejos, vos damos licença para partir para seu lugar, em Nome do Pai, do Filho e do Espírito Santo, e ficar sempre preparados para atender ao nosso chamado; ide, digo, em paz, e que a paz seja confirmada entre nós e vós. Amém. ✠ ✠ ✠

Finalizadas todas essas cerimônias, os Espíritos começarão a partir, fazendo uma mesura enquanto saem e o Mestre deve desfazer o Círculo e, recolhendo todos os Utensílios, repetir o *Pai-nosso* enquanto eles se afastam do local da Conjuração.

Capítulo 7

Como ter relações amistosas com o Gênio, ou Anjo Bom, e fazê-lo aparecer.

De acordo com as instruções anteriores para conjurar Espíritos, devemos continuar com a consulta com os *Espíritos Familiares* ou *Geni*. Primeiro, depois do modo prescrito pelos Magos, o Exorcista deve informar-se sobre o *nome* de seu *Gênio* bom, que ele pode encontrar nas Leis de *Travius* e *Philermus*, assim como que *Símbolo* e *Pentagrama*, ou *Lamin*, pertence a cada *Gênio*. Feito isso, ele deve compor uma Oração sincera para o dito *Gênio*, que ele repetirá três vezes pela manhã por sete dias antes da Invocação.

O Mago também deve estar perfeitamente informado da Hierarquia ou Ordem à qual o *Gênio* pertence, e como ele é dignificado em respeito de seus Superiores e Inferiores; pois essa forma de Conjuração não pertence ao Reino Infernal ou Astral, mas à Hierarquia Celestial e, portanto, exige-se aqui uma grande seriedade e santidade, além da devida observação de todas as outras prescrições, até chegar a hora na qual ele executa a Conjuração.

Quando chega o dia em que o Mago invocaria seu *Gênio* próprio, ele deve entrar em um quarto privado, com uma mesinha, um Tapete de Seda e duas Velas de Cera acesas, assim como um Cristal em um formato triangular do tamanho de uma maçã, encaixando a pedra em uma moldura no centro da Mesa. Assim, seguindo com grande devoção à Invocação, ele deve repetir três vezes a Oração, concluindo-a com um *Pai-nosso, etc.* e um *Missale de Spiritu Sancto*.

Como fazer as consagrações.

Em seguida, deve começar a Consagrar as Velas, o Carpete, a Mesa e o Cristal, espargindo-os com seu sangue e dizendo: *Pelo poder dos santos nomes Aglaon, Eloi, Eloi, Sabbathon, Anepheraton, Jah, Agian, Jah, Jehovah, Emmanuel, Archon Archonton, Sadai, Sadai, Jeobasehah, etc. eu santifico e consagro esses santos utensílios para a realização deste trabalho sagrado, em nome do Pai, do Filho e do Espírito Santo. Amém.*

Feito isso, o Exorcista deve rezar a seguinte Oração com o rosto virado para o Leste, ajoelhando-se de costas para a Mesa consagrada.

Ó abençoado Phanael, meu Anjo da Guarda, digna-te a descer com tua santa Influência e presença neste Cristal imaculado, para que eu possa observar tua glória e desfrutar de tua sociedade. Ó tu, que estás acima do quarto Céu e conheces os segredos de Elanel. Tu que cavalgas nas asas do vento e és poderoso e potente em tua moção celestial e supralunar, desças e estejas presente, eu te rogo e suplico, se alguma vez mereci tua sociedade ou se minhas ações e intenções forem puras e santificadas diante de ti, traz tua presença externa aqui e conversa com teu Pupilo submisso, pelas lágrimas dos Santos e Canções dos Anjos. Em nome do Pai, do Filho e do Espírito Santo, que são um único Deus para todo o sempre.

Depois de dizer essa Oração pela primeira vez, virado para o Leste, ela deve ser rezada em seguida por três vezes para todos os quatro ventos. E então o Salmo 70 deve ser lido de uma Bíblia que foi consagrada da mesma forma que o restante dos utensílios. Depois de realizar essas cerimônias com seriedade, o Mago deve se levantar e sentar-se diante do Cristal, sem capuz, com a Bíblia consagrada na mão e as Velas de Cera recém-acesas, aguardando com paciência e internamente pela vinda e aparição do *Gênio*.

Sinais da aparição.

Aproximadamente 15 minutos antes de o Espírito vir aparecerão uma grande variedade de imagens e visões no cristal, tais como uma estrada ou trecho de terra batida, e viajantes, homens e mulheres caminhando em silêncio; depois aparecerão Rios, Poços, Montanhas e Mares; em seguida, um Pastor em uma agradável colina alimentando um vistoso rebanho de ovelhas e o sol brilhando no poente e, por fim, inúmeras exibições de Aves e Animais, Monstros e aparições estranhas, barulhos, reflexos e sustos, demonstrando que tudo desaparece por fim quando o *Gênio* aparece.

E então o *Gênio* aparecerá no meio do Cristal, com o mesmo traje e aparência da pessoa que o invocou, dando instruções ao Exorcista de como levar sua vida e retificar suas ações.

Mas principalmente (que é o trabalho próprio de cada *Gênio*) ele tocará seu coração e abrirá seus sentidos e compreensão para que, assim, ele possa obter o conhecimento de todas as Artes e Ciências que antes da abertura de seu Intelecto permaneciam-lhe ocultas e inacessíveis.

Depois disso, o *Gênio* se tornará um espírito familiar na Pedra a cada Oração do Mago.

Capítulo 8
Uma forma de conjurar Luridan, o Demônio Doméstico, outrora chamado Belelah.

A natureza de Luridan.

Luridan é um espírito familiar doméstico do *Norte*, que agora se tornou servo de Balkin, Senhor e Rei das Montanhas do *Norte*; ele se autodenomina *Gênio Astral* de *Pomônia,* uma ilha entre as Órcades, além da *Escócia*. Mas não mora lá, pois nos dias de *Salomão* e *Davi*, ele estava em *Jerusalém*, ou *Salém*, com o nome de Belilah, quando, então, seguiu com *Júlio César* e permaneceu algumas centenas de anos em *Cambria*, ou *País de Gales*, instruindo seus poetas proféticos nas rimas *britânicas*, recebendo então o sobrenome *Urthin-Wadd Elgin* e de lá se dirigiu à Islândia, no ano de 1500, onde ficou por 50 anos, finalmente entregando seu Domínio para *Balkin* e permanecendo até hoje assistente desse Príncipe.

Ele é um Espírito do Ar na ordem de Glauron e, segundo dizem, procria como os mortais. Costuma ser enviado por seu Mestre em tarefas para a *Lapônia*, na *Finlândia*, e *Stricfinia*, bem como a maior parte *setentrional* da *Rússia*, fazendo limite com o Oceano gelado no *Norte*. Seu ofício (ao ser invocado pelos Magos) é demolir as fortalezas dos

Inimigos, destruindo à noite o que eles construíram no dia anterior, extinguir incêndios e fazer com que o disparo deles não tenha poder de fogo, pois sua natureza é ser inimigo do fogo e, sob seu Mestre com muitas Legiões, ele trava guerras contínuas com os Espíritos ígneos que habitam a Montanha *Hecla* na *Islândia*, onde eles tentam extinguir essas chamas irascíveis, enquanto os Espíritos locais defendem as chamas de seu Mestre e suas Legiões.

As guerras dos espíritos.

Nessa peleja, muitas vezes eles extirpam e destroem totalmente uns aos outros, matando e aniquilando quando se encontram em poderosas e violentas Tropas no Ar sobre o Mar; e nessa ocasião muitos dos Espíritos de fogo são destruídos, quando o Inimigo os tira da Montanha para lutar sobre a água; ou então, quando a batalha é travada na própria Montanha, os Espíritos do Ar ficam em desvantagem, e grandes lamentos e ruídos dolorosos são ouvidos na *Islândia*, na *Rússia* e na *Noruéga* por muitos dias.

Como fazer o círculo e as conjurações.

Mas quanto à forma de conjurar esse Espírito, em uma noite de luar em algum vale solitário o Mago deve desenhar com um giz dois Círculos, um com 5,4 metros de diâmetro e outro dentro a 30 centímetros do primeiro; e o Exorcista deve usar duas peles de cobra amarradas juntas em sua cintura, formando um cinto, e muitas outras peles de cobra amarradas no capuz, penduradas na frente e atrás. Além disso, ele deve desenhar com giz a forma de uma Montanha de fogo de um lado do Círculo da seguinte forma:

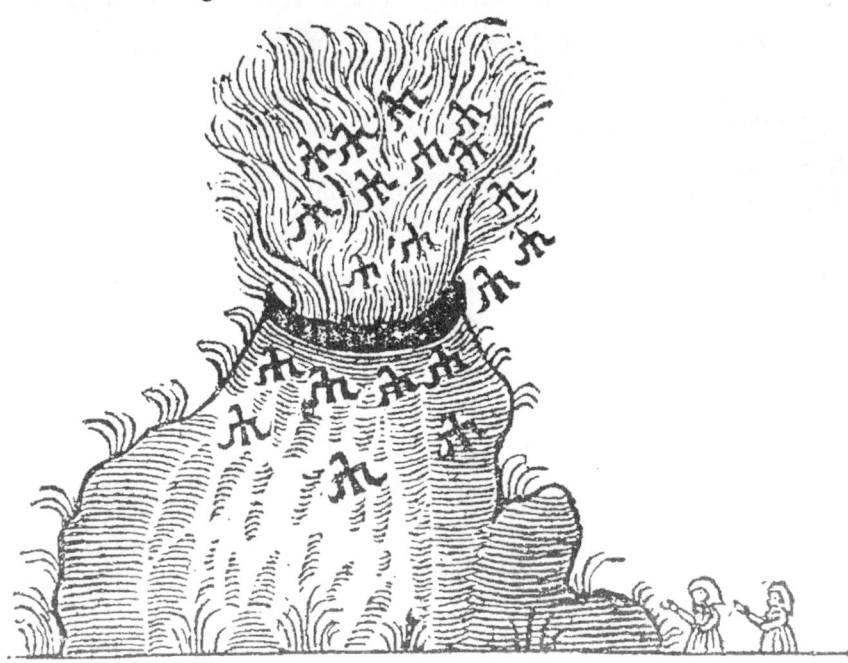

A consagração da montanha.

Em volta da Montanha devem ser escritos os nomes: Glauron, Opotok, Balkin, Opotok, Urthin, Opotok, Swaknar, Nalah, Opotok ✠ ✠ ✠. Depois de desenhar a Montanha, ele deve consagrá-la com as seguintes palavras: *Ofron, Anepheraton, Baron Barathron, Nah halge tour herla, Em nome do Pai, do Filho e do Espírito Santo, Amém.* ✠ ✠ ✠. Depois de consagrar a Montanha, o Mago deve escrever entre os círculos as seguintes palavras: Urthin ✠ Male hii ✠ ✠ Kiddal Kattron ✠ Agla ✠ Glaura ✠ Bashemo ✠ Phowah ✠ Elohim ✠ Emmannuel ✠ Amém. △ ✠ △ ✠ △ ✠. Feito isso, o Mago começa a invocar o Espírito desta maneira:

Ó Poderes do Leste, Athanaton; do Oeste, Orgon; do Sul, Boralim; do Norte, Glauron; exorto e ordeno-vos pelos Nomes temíveis aqui mencionados, e a Consagração desta terrível Montanha, a vos apresentar um de cada grupo diante deste Círculo pelo poder de Emmanuel e seu santo Nome. Depois que isso for repetido três vezes com fervor, o Exorcista ouvirá grandes barulhos de luta com Espadas, o relinchar de Cavalos e o soar das Trombetas; por fim, aparecerão quatro Anões ou Pigmeus nus diante do Círculo, falando *irlandês* antigo. Depois de serem confinados em um triângulo, seu idioma será traduzido e o teor da fala será de seu lugar de origem e a respeito das coisas maravilhosas que conseguem fazer. Então, o Mago deve perguntar-lhes se conhecem o espírito familiar Luridan. Eles responderão *Lamah ni trulloh Balkin*, ele é Secretário ou servo de Balkin. Na sequência, o Exorcista os encarregará de trazer o dito Luridan até ele. Trarão imediatamente um Anão com um nariz torto, e o apresentarão ao Mago no triângulo; então o Mago o amarrará e o prenderá com o elo da obrigação, com seu próprio sangue, sem qualquer contrato de condições a ser realizado, para que ele fique a seu serviço sempre repetindo três vezes: Luridan, Luridan, Luridan. E o anão estará sempre pronto a ir aonde o Mago for, seja até os *turcos* ou às partes mais remotas da Terra, o que poderá fazer em uma hora e destruir todos os seus arsenais.

Depois de o Mago se deixar comprometer dessa forma, receberá do Espírito um pergaminho escrito nestes termos:

que é o Contrato para servi-lo por um ano e um dia. Em seguida, o Mago o dispensará, por ora, na forma da licença.

Capítulo 9
Como conjurar o Espírito Balkin, Mestre de Luridan.
Os nomes dos Anjos Olímpicos.

Assim como no capítulo anterior, o Exorcista também é instruído a desenhar a forma de uma Montanha nessa Conjuração, dessa vez *Mathiel*, acrescentando os seguintes nomes ao redor da Montanha: Kahuniel, Seraphiel, Lyniel, Kayel, Fraciel. Esses são os nomes dos *Anjos Olímpicos*, regentes do *Norte*, que controlam cada Espírito aéreo que pertença ao clima *setentrional*, de modo que a autoridade desses nomes deve ser usada na evocação desse Espírito, pois ele é um grande Senhor, e muito imponente, e não aparecerá sem fortes e poderosas Invocações.

Portanto, o Mago deve fazer em um pergaminho virgem os dois Selos da Terra e arranjar um Cinto feito de pele de urso, com o lado áspero virado para seu corpo, e estes nomes escritos em toda a parte externa: ✠ Alpha ✠ Coronzon, Dah, Taniah, Adonay ✠ Soncas ✠ Damael ✠ Angeli fortes ✠ pur pur ✠ Elibra, Elohim ✠ Omega ✠ per flammam ignis ✠ per bitam Coronzon ✠ *Amém*. Também deve vestir um Manto Sacerdotal preto que bata no tornozelo e uma Espada nova com *Agla* escrito em um lado, e *On* no outro. Deve se manter casto e abstêmio por três dias antes da execução de seu intento, e quando se aproximar a noite escolhida, levará consigo uma panela de barro com fogo dentro e um pequeno frasco com um pouco de seu sangue, bem como um pouco de terebintina, goma ou resina de pinheiro.

Ao chegar ao lugar determinado em algum vale solitário, ele deve desenhar um círculo com giz, como em outras invocações, um círculo dentro do outro, e os seguintes nomes poderosos na circunferência: Otheos on Panthon ✠ Breschit, Hashamaim, TUaharetz TUahayah ✠ Tohu ✠ da Bohu ✩ ✠ ✠ ✠ ✩ magnus es tu ben Elohim qui super alas bentorum equitaris ✠.

Essa Circunscrição é considerada entre os Magos a mais poderosa e prevalente de todas.

Depois disso o Círculo, a Montanha, o Fogo, a Terebintina, o Cinto, o Traje, a Espada e o Sangue devem ser consagrados de acordo com as formas de consagração anteriores, acrescentando o seguinte ao final da consagração:

Poderoso és tu, Ó Adonay Elohim Ya Ya Aie Aie Aeimoy, *que criaste a luz do dia e a escuridão da noite, a quem todos os joelhos se dobram no Céu e na Terra, que criaste o* Tohu *e o* Bohu, *que és estupor ou torpor em algo a ser admirado, e poderosos são teus Anjos magníficos* Damael *e* Guael, *cuja influência pode fazer os ventos se dobrarem e cada Espírito aéreo se curvar; que tua mão direita santifique estes utensílios consagrados, exterminando tudo o que for nocivo de seus corpos e da circunferência deste Círculo. Amém.* Calerna, Shalom, Shalom, Agla ou Sassur, Tafrae, Angeli fortes. *In Nomine Patris, Filii, e Spiritus Sancti. Amém, Amém, Amém.* Depois disso, ele apagará o círculo suavemente com uma cauda de raposa e o espargirá com seu sangue, molhando também a Espada, ou ungindo-a com o sangue, e brandindo-a em sua mão direita, ele começará a conjurar o Espírito da seguinte maneira:

Exorcizo e Conjuro-te, grande e poderoso Balkin, *senhor de* Glauron, *Senhor de* Luridan *e de 1.500 Legiões, Senhor das Montanhas do Norte, e de cada Animal que lá habita pelos santos e maravilhosos Nomes dos Poderosos* Jehovah, Athanato ✠ Aionos ✠ Dominus sempiternus ✠ Alethrios ✠ Saday ✠ Jehovah, Kedesh, El gabor ✠ Deus fortissimus ✠ Anapheraton, Amorule, Ameron ✠✠✠ Panthon ✠ Craton ✠ Muridon ✠ Jah, Jehovah, Elohim pentasseron ✠✠ trinus et unus ✠✠✠ ✡ *Exorcizo e Conjuro, Invoco e Ordeno-te, Espírito citado, pelos poderes dos Anjos e dos Arcanjos, dos Querubins e dos Serafins, pelo poderoso Príncipe* Coronzon, *pelo sangue de* Abel, *pela honradez de* Set, *e as Orações de* Noé, *pelas vozes do Trovão e o temível dia do Julgamento; por todas essas poderosas e reais palavras ditas, para que sem demora ou intento malicioso, venhas com seus assistentes diante de mim aqui na circunferência deste Círculo consagrado atender às minhas propostas e desejos sem nenhum tipo de forma terrível, mas apenas te apresentes obediente, distintamente e com boa intenção diante de mim, tendo este Círculo como minha defesa, pelo poder daquele que é Poderoso e o santificou. Em nome do Pai, do Filho e do Espírito Santo. Amém.*

Depois de repetir essa Conjuração três vezes, o Mago deve acender o fogareiro diante dele na mesma hora e colocar a resina para fumigar quando os Espíritos conjurados aparecerem; e no instante de sua aparição, ele deverá segurar o incensário na mão esquerda e a Espada na direita, ainda se virando como fazem os Espíritos.

Pouco tempo depois da repetição da Invocação, ele ouvirá o barulho de trovões e perceberá diante dele no Vale uma forte tempestade com chuva e raios, que cessará dali a algum tempo; e uma companhia numerosa de Anões ou Pigmeus aparecerá, todos montados em camaleões indo em direção ao Círculo.

Em seguida chega Balkin com seus assistentes. Ele aparecerá como o deus *Baco* em um pequeno Bode, e seu séquito o seguirá a pé.

Assim que eles se aproximarem do Círculo, sairá de suas bocas uma névoa, ou neblina, que turva a luz da Lua, deixando o Mago no escuro de tal modo que ele não conseguirá enxergar nada; mas não deve se sentir confuso ou com medo, pois essa névoa logo se dissipará e os Espíritos percorrerão o Círculo atrás de Balkin, seu senhor, que cavalga um Bode. Eles continuarão a cercar o Círculo até o Mago começar a forma de obrigação ou de pacto com seu Líder ou Rei do seguinte modo, com a Espada na mão direita, com a Resina queimando no Incensário diante dele.

Conjuro e obrigo-te, Balkin, *que apareceste diante de mim, pelo Pai, pelo Filho e pelo Espírito Santo, por todas as santas Consagrações que fiz, pelos poderosos Nomes do Céu, e da Terra, e do Inferno, que usei e proferi ao evocar-te, pelos Selos que vês aqui e a Espada que te apresento,*[1007] *por este Cinto santificado e todas as coisas santificadas e potentes já citadas, que aqui permaneças tranquilo e na tua aparência presente diante do quadrante norte deste Círculo, sem qualquer dano a mim em corpo, alma, ou fortuna, mas, pelo contrário, para atender com sinceridade às minhas demandas e não sair daqui até que eu te dê licença para partir, em nome do Pai, do Filho e do Espírito Santo. Amém.*

Comprometido dessa forma, ele apeará de seu Bode e fará seus Assistentes se afastarem para o Vale, e se colocará tranquilamente diante do Círculo para responder ao Mago.

Em seguida, o Mago começará a exigir para si um Espírito Familiar que construa ou derrube qualquer Castelo ou fortaleza em uma noite, e que esse Familiar traga consigo o Cinto da Conquista, ou Vitória, para que, ao usá-lo, o Mago derrote todos os inimigos.

Além do mais, o Espírito é capaz de informá-lo sobre todas as questões a respeito de Raios e Trovões, dos Movimentos dos Céus, dos Cometas e das Aparições no ar, da Peste e da Fome, de rajadas de vento nocivas e malévolas, bem como dos habitantes do polo *norte* e das maravilhas não descobertas em todo o mundo.

Da mesma forma, se o Exorcista indagar a respeito das moradas dos Espíritos estelares, ele lhe responderá sem demora, descrevendo suas ordens, alimento, vida e passatempo com sinceridade e exatidão.

Quando o Mago estiver satisfeito com suas indagações e perguntas curiosas ao Espírito, sairá do meio da companhia um pequeno Espírito de um palmo de altura, como um pequeno *Etíope*, que o grande rei Balkin entregará ao Exorcista para permanecer com ele como um Espírito Familiar por toda a vida, e ao qual ele pode dar o nome que quiser.

Os três últimos que receberam esse Espírito foram três magos do *Norte*, o primeiro dos quais, *Honduros*, um *norueguês*, que o chamou de Philenar e o comandava com um sininho.

Depois dele, *Benno*, seu filho mais velho, desfrutou do mesmo espírito com esse mesmo nome.

E *Swarkzar*, um padre *polonês*, foi o último que desfrutou dele sob o nome Muncula. A escolha do nome desse espírito familiar ficava a cargo do Exorcista, seu Amo, que o escolhia segundo sua vontade.

Depois de o Amo levar esse espírito sob sua custódia e serviço, o Espírito Balkin desejará partir, pois ficará cansado se a ação ultrapassar uma hora. Portanto, o Mago deve ter o cuidado de dispensá-lo da seguinte forma:

1007. Ele mostra, mas não dá.

Como tu atendeste diligentemente às minhas exigências, prontificando-te a vir ao meu primeiro chamado, dou-te licença aqui para partir para teu lugar, sem dano ou perigo a homem ou animal; vai, eu digo, e atende sempre ao meu chamado, sendo devidamente exorcizado e conjurado pelos Ritos sagrados da Magia; exorto-te a partir em silêncio e paz, e que a paz continue entre mim e ti. Em nome do Pai, do Filho e do Espírito Santo. Amém.

Então a companhia de espíritos começará a marchar com seu Príncipe em uma tropa formal pelo vale, enquanto o Mago repete *Pai-nosso, etc.* até os Espíritos saírem da vista e desaparecerem.

Essa é a forma completa de conjurar esse Espírito, de acordo com as Leis de *Vaganostus*, o *Norueguês*.

Apêndice II

[Segundo Tomo de Um Discurso a Respeito de Demônios e Espíritos*]*

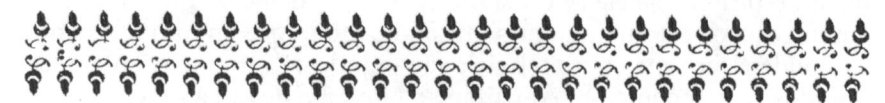

Segundo Tomo

Capítulo 1

Espíritos em geral, o que eles são e como devem ser considerados, e até onde vai o poder de Magos e Bruxas para operar em Magia Diabólica.
O motivo dessa inclusão.

Como o autor em seu tratado anterior, sobre a *Natureza de Espíritos e Demônios*, apenas tocou no assunto, omitindo a parte mais material, com um tratado breve e superficial, ele concluiu o mínimo a respeito desse conteúdo, que de fato precisa ser ilustrado mais detalhadamente; portanto, penso ser apropriado acrescentar este discurso, sucedendo o anterior e levando a um trabalho mais completo.

A Natureza dos Espíritos deve ser considerada de modo variado, de acordo com a fonte à qual cada *Caterva* pertence, pois enquanto alguns têm uma natureza totalmente divina e celestial, não sujeita a Encantamentos e Conjurações abomináveis da humanidade cruel, outros são os grandes Instigadores, incitando o coração do homem a tentar a busca pela parte mais obscura e misteriosa da Magia ou da Bruxaria; tampouco é essa sugestão dada sem segundas intenções, isto é, que pela insinuação particular, conforme o afeto ou o desejo da Bruxa ou do Mago, esses Instigadores podem convertê-los totalmente à sua própria natureza, tornando seus corações, pela prática constante, insensíveis e empedernidos de tal forma que se unem e deleitam-se com essa associação, tornando-se incapazes de quaisquer gestos considerados bons.

Se pudermos acreditar em um exemplo, que é a prova mais cabal, as imaginações e o sentimento de um Mago criam uma Essência maligna ou Demônio, que não havia antes no ser, pois, como muitos acreditam que os Espíritos Astrais germinam e procriam um ao outro, os Espíritos infernais também são capazes de multiplicação em seu poder e essência, de acordo com suas Ordens, Classificações e Tronos, por meio da imaginação forte de uma Bruxa, ou pessoa malévola, desejando sinceramente sua assistência.

Não que os Espíritos ou Demônios assim gerados aumentem ou contribuam de alguma forma ao número em geral, pois assim como eles são capazes de aumentar em substâncias distintas e separadas, também se contraem novamente, como se estivessem aniquilados, quando a força dessa Imaginação sumir, que era a causa de sua produção. A natureza de um espírito, seja ele celestial ou infernal, é dilatar-se ou contrair-se em um espaço estreito, quando quiser, de modo que em um momento eles podem ter uma circunferência tão grande quanto uma centena de mundos e, de repente, se reduzirem ao tamanho de um átomo.

Eles também não são tão limitados conforme diz a Tradição, pois não ficam todos encarcerados em um lugar separado, mas podem se locomover por milhões de quilômetros em um piscar de olhos e, ainda assim, permanecer onde estavam a princípio, porque, de seu próprio elemento, ou qualidade, eles nunca podem vir. Aonde quer que vão, estão na escuridão, e a causa está dentro deles, não fora, como alguém cuja mente está perturbada aqui na *Inglaterra* pode remover seu Cadáver para qualquer lugar; entretanto, mesmo se a pessoa fosse até as fronteiras mais remotas da Terra, não poderia deixar sua mente perplexa e atormentada para trás.

Quanto a formatos e diversas aparências dos Demônios, acredita-se no geral que conforme suas várias capacidades de perversidade, as formas respondem de um modo mágico, lembrando espiritualmente algum monstro feio e repugnante, pois suas conspirações contra o poder de Deus foram soberbas e monstruosas, quando eles caíram do Céu, e a condição de alguns deles é apenas de horror contínuo e desespero; outros triunfam em um poder abrasador e pompa, tentando arrancar Deus de seu Trono, mas a qualidade do Céu lhes é vedada, de modo que eles nunca podem encontrá-la, o que aumenta muito seu tormento e miséria.

Mas aqueles materialmente fustigados e chamuscados no fogo são inferiores a qualquer um digno de crédito, totalmente hábil em sua natureza e existência, porque sua substância é espiritual; de fato, seu poder é maior que qualquer tormento externo. Sem dúvida, seu sofrimento é grande o suficiente, mas não é provocado por chamas externas, pois seus corpos conseguem atravessar madeira, ferro, pedra e todas as coisas terrestres. Nem todo o fogo ou combustível deste mundo é capaz de atormentá-los, pois em um instante eles conseguem atravessá-los. Mas a fonte infinita de seu sofrimento está continuamente diante deles, de modo que nunca conseguem descansar, longe da presença de Deus. Esse tormento é maior para eles do que todas as torturas deste mundo juntas.

As almas perversas que partem desta vida também são capazes de reaparecer, respondendo às Conjurações de Magos e Feiticeiros, por um tempo, de acordo com *Nagar, o Indiano*, e os *Pitagóricos*. Não se pode conceber facilmente que o tormento delas seja muito diferente do restante dos Demônios, pois a Escritura diz: *"Todos são recompensados conforme suas obras"* e *"O homem colherá aquilo que planta"*. Ora, assim como os Espíritos condenados, quando viviam na Terra, colheram vaidade e infundiram suas almas de iniquidade, como um tesouro para carregar consigo ao Reino ao qual o pecado naturalmente leva, então quando lá se encontram, eles ruminam e se alimentam das mesmas abominações que aqui cometeram, e quanto maior elas forem, maior será o tormento que surge diante deles a cada momento.

Embora esses Espíritos Infernais sejam Inimigos declarados dos meios que Deus estipulou para a salvação humana, a mente da humanidade é tão degenerada e corrupta que há nela uma vontade por convivência e familiaridade, para ter sua assistência em qualquer coisa que sua vã imaginação lhe sugerir; pois esses homens se informam acerca de cada Tradição de Conjuração e Exorcismo, bem como de nomes, naturezas e poderes de Demônios em geral, e não descansam até suas almas estarem totalmente dedicadas a essa natureza maldita e detestável, que é contrária a Deus e à bondade.

Prosseguindo agora com a descrição desses Espíritos Infernais e *Dæmons* separados, ou *Seres Astrais*, como também daqueles no Reino Angelical, os membros do Reino do Céu são Anjos divididos em seus graus e ordens ou almas virtuosas que partiram e descansaram. É impossível que a vida dos Anjos e das Almas dos Falecidos seja a mesma no Céu, como também o alimento que os nutre, e os frutos que brotam diante deles. Nem é possível para alguém, por mais especialista que seja em Artes Mágicas, compelir um deles, sejam de que grau forem, a se apresentarem ou aparecerem diante do Conjurador. Embora muitos tenham escrito grandes Discursos e Formas de Convocação para compelir os Anjos a se comunicarem com eles por Ritos e Cerimônias Mágicas.

É possível acreditar de fato, ao se observar a existência de um número infinito de Anjos, que eles também sejam utilizados pela glória de Deus e a proteção da humanidade (mas não sujeitos às Conjurações). Além disso, eles acompanham muitos homens íntegros invisivelmente, e protegem cidades e países de Pragas, Guerra e infestações de Espíritos malignos, contra quaisquer Principados e Potestades das Trevas, pois é seu dever lutar e guerrear para a confusão do Reino das Trevas.

Mas esses Espíritos que pertencem a esse Mundo externo e são de qualidade Elementar, sujeitos a um início e um fim, e a graus de permanência, podem ser requisitados por Conjurações e também informar aos Magos todos os segredos da Natureza; mas de forma tão sombria (porque querem o órgão externo), que não é possível alguém ter amizade com esses espíritos para aprender deles qualquer operação manual perfeita e distinta.

Muitos insistiram nas Naturezas desses Espíritos Astrais, alguns alegando: *"Eles fazem parte dos Anjos caídos e, portanto, sujeitos aos tormentos do Inferno do Julgamento Final"*. Outros dizendo: *"Eles são as almas de homens e mulheres falecidos, confinados a esses Elementos externos até a Consumação"*. Por fim, outros, como *Del rio, Nagar*, o Mago indiano, e os *plantonistas* afirmam: *"Sua natureza é intermediária entre Céu e Inferno, e eles reinam em um terceiro Reino separado dos dois, sem qualquer outro julgamento ou condenação a esperar para sempre"*.

Mas para explicar melhor suas naturezas, sua fonte são as estrelas, e eles têm seus graus de permanência, alguns dos quais vivem centenas, outros milhares de anos. Seu alimento é o *Gás* da Água e o *Sopro* do Ar. Em seus Aspectos, ou feições, eles diferem quanto ao vigor e à alegria. Ocupam vários lugares deste mundo, como Bosques, Montanhas, Águas, Ar, Chamas, Nuvens, Estrelas, Minas e Tesouros ocultos, como também Edifícios antigos e locais dos mortos. Alguns novamente são espíritos familiares em Casas e, frequentemente, aparecem para os mortais e conversam com eles.

Eles são sujeitos à fome, à tristeza, à paixão e ao aborrecimento; não há nada neles que os leve a Deus, sendo compostos apenas da parte mais espiritual dos Elementos. E quando se esgotam, retornam à sua essência própria ou qualidade primária novamente, como o gelo quando se dissolve em água. Eles se reúnem em Tropas poderosas e travam guerras entre si. Também procriam e às vezes têm poder de provocar grandes comoções no Ar e nas Nuvens, além de se vestirem com corpos visíveis, retirados dos quatro elementos, aparecendo em Companhias em Colinas e Montanhas, muitas vezes enganam e iludem os observadores das Aparições, que as tomam como presságios de grandes mudanças, mas que não passam de jogos e passatempos desses Espíritos travessos, como Exércitos no Ar, Tropas marchando na Terra, barulhos e carnificina, Tempestade e Raios, etc.

Esses Espíritos Astrais devem ser considerados de variadas formas: alguns são seres separados e absolutos, que não fazem parte de nenhum trabalho ou serviço. Uns são subservientes aos Anjos que têm domínio sobre as Influências das Estrelas. Outros são os Espíritos Astrais de homens falecidos, que (se o falecido estivesse perturbado ou preocupado na hora da sua morte) por muitos anos continuam na fonte deste mundo entre esses Espíritos aéreos, para grande inquietação da alma da pessoa à qual eles pertencem. As causas pelas quais esses Espíritos não descansam são várias: 1. Quando por Feitiçaria, eles são encantados e obrigados a vagar por muitos anos, como três ou quatro vezes sete, antes de serem reduzidos a nada. 2. Quando a pessoa foi assassinada, de modo que o Espírito nunca descansará enquanto o crime não for descoberto. 3. Quando o desejo ou cobiça por Esposa, Filhos, Casa, Terras, ou Dinheiro é forte demais na hora da morte; é verdade de certa forma que esse exato espírito pertencente às estrelas ansiará por essas coisas, e ficará preso aos fortes desejos e fixação da Imaginação, que é deixada para trás. Ele também não descansa até a questão com a qual está preocupado ser realizada. 4. Quando um Tesouro está escondido, ou o indivíduo cometeu algo secreto, há uma causa mágica de algo atraindo o espírito estelar de volta para a revelação de seu feito. A respeito do que insistem os capítulos seguintes mais minuciosamente.

Capítulo 2

Se Dæmons *ou* Genii *são bons ou maus, o que são e como se manifestam e também sobre seus nomes, poderes, faculdades, ofícios, e como devem ser considerados.*

De acordo com a disposição da mente, ou da alma, há um *Dæmon* bom ou mal, visível ou invisível, que acompanha o indivíduo, e eles são de tantas classificações, ordens e nomes quanto for a capacidade da alma das pessoas às quais eles pertencem. Dizem que seu ofício é alertar a pessoa do perigo iminente, ora por um instinto interno, ora por meio de sonhos à noite, outrora aparecendo externamente. O *Dæmon* ou *Genius* altera sua natureza e poder, como a pessoa muda a sua; e se for bom, o indivíduo se degenera até a iniquidade; então pouco a pouco o Anjo bom o deixa e um *Dæmon* mal o sucede naturalmente, pois cada coisa atrai aquilo que lhe for semelhante.

Magos mencionam três formas de desfrutar da sociedade de um *Bonus Genius*: primeiro por associação intelectual, quando instigações secretas e mentais surgem no coração, para fazer isso ou aquilo, e reprimir o outro, como no Manuscrito de *Nagar, o Indiano,* seu testemunho a esse respeito: *Meu abençoado Guardião Damilkar comunicou-se tão suavemente comigo agora mesmo. Por todas as manifestações, com as quais um santo* Dæmon *pode visitar e conversar com a humanidade, ele aparece para mim, primeiro no modo intelectual, ele está sempre presente, e a cada momento me motiva a agir e ao que reprimir. Ah, se ele não tivesse penetrado nos poderes da minha alma e de repente me alertado em minha viagem para Quiansi na China, pela região aérea, a virar rápido para a direita, em um instante, uma poderosa Tropa de Demônios, cujo líder era Grachuock, vindo por esse trecho do ar, teria me esmigalhado em milhares de pedaços.* Este é o primeiro grau de sua aparição.

Então ele continua na linguagem de *Sina*, descrevendo a segunda forma de manifestação: *E quando o sono mais profundo me domina, nunca estou sem ele; às vezes meu* Damilkar *aparece diante de mim como uma Virgem gloriosa, administrando-me um Cálice da bebida dos Deuses, que meu homem intelectual exaure; às vezes ele traz consigo Companhias celestiais, e eles dançam ao meu redor, e quando depois da fadiga dos Sentidos, por meio da contemplação, caio em sono suave no santo Monte da Convocação, que é chamado* Adan, *ele me mostra o movimento dos Céus, a natureza de todas as coisas e o poder de cada* Dæmon *maligno.*

Terceiro, ele continua a descrever a aparência externa do *Genius* desta forma: Damilkar *aparece diante de mim quando eu quiser, pois os meus desejos são os dele. Quando eu dormia por um longo período em minha morada particular, ele apareceu externamente, e molhando-me com o orvalho do quarto Céu, eu acordei, enquanto ele dizia três vezes* Nankin Nagar. *Então chegou o momento, nós voamos pelo Ar até o Monte sagrado da Convocação.*

Nesse exemplo, os três graus da Aparição do *Bonus Genius* ou *Bom Dæmon* são decifrados primorosamente, o que é também o caso na aparição do *Genius mal*; e de acordo com os Magos mais sinceros, há *sete Anjos bons*, que frequentemente se tornam guardiões particulares de todos os outros, cada um com sua respectiva capacidade, mas também *sete Dæmons maus*, que são mais recorrentes em associação com pessoas depravadas, como guardiões delas.

Este são os sete Anjos ou Dæmons *bons:*

Jubanladace, um poderoso príncipe no Domínio dos Tronos, aproxima-se daqueles que acompanham questões nacionais e são levados à guerra e à conquista; carrega sempre uma Espada flamejante, usa um cinto, um elmo e aparece ainda diante do indivíduo no Ar. Deve ser solicitado e invocado com Castidade, Votos, Vapores e Orações, e este é seu símbolo a ser usado como um amuleto:

Yah-li-Yah, um dos Poderes, acompanhando os Virgens e dedicados à Religião e a uma vida eremita. Ele ensina todos os nomes e poderes dos Anjos e concede talismãs sagrados contra os ataques dos *Dæmons Malignos*. A pessoa deve se dirigir a ele pela Oração, resignação e jejum com uma canção celestial tirada do Canto de *Nagar*. Este é seu Símbolo:

Nal-gab, aparecendo àqueles que são dedicados ao conhecimento da Magia, ensinando-os a como exercitar a Bruxaria Infernal sem perigo, apesar dos Demônios. Ele deve ser procurado por horas, minutos, constelações, com retiro e sangue, etc. Segura um arco dobrado em sua mão e usa uma Coroa de Ouro na cabeça. Este é seu símbolo:

Maynom, um dos Poderes que tem a habilidade da administração subserviente, isto é, em um mesmo momento estar presente com muitos. Ele lembra uma ovelha, tipificando sua natureza nessa aparência.

Gaonim, um anjo, concede ao seu pupilo a Invisibilidade e transporta-o quando quiser em um instante às partes mais remotas da terra.

Balanu, o Instrutor nas operações manuais, por quem *Bezalel* e *Aoliabe* eram inspirados divinamente pela estrutura do Tabernáculo.

Kama-umi, que é o Instrutor na Magia Cabalista, revela os segredos dos números, os nomes dos Anjos e a virtude de *Boim*.

Estes são os sete Anjos ou Dæmons *maus:*

Assim como o poder e a capacidade do *bem* se originam da força de Deus, na qualidade do céu, a força dos *Genii malignos* corresponde à qualidade infernal; pois se deve notar que esses *Anjos malignos* antes de sua queda desfrutaram dos mesmos lugares e graus de que os *Anjos bons* ou *sagrados* desfrutam, de modo que o poder destes é instruir os homens em Governo, Abstinência, Filosofia, Magia e Artes Mecânicas, por uma boa intenção e para a glória de Deus. O poder dos *malignos* é o mesmo para informar e instigar nas mesmas capacidades, desde que elas possam ser instrumentais para o Demônio ou o Reino das Trevas.

Seus nomes são: 1. Panalcary, aparece como um crocodilo com duas cabeças. 2. Baratron, aparece como um Conjurador em um hábito sacerdotal. 3. Sondennah, um caçador. 4. Greizmodal, acompanha seu Pupilo como um cão cocker spaniel. 5. Ballisargon, o grande Instigador ao furto e ao roubo, até levar seus seguidores à destruição. 6. Morborgran, que pode assumir várias aparências, principalmente a de um Servo. 7. Barman, que costuma possuir a alma daqueles que se unem a ele.

Esses são os nomes dos sete *Dæmons* bons e *maus*, de acordo com a escrita antiga, na Arte Mágica, que também atribui certos Anjos bons e maus a muitas cidades e países específicos; um deles protege e defende, o outro inflige a Peste e a Fome em seus habitantes. Um exemplo disso é esta história registrada por *Sigbertus* em *Chronicis: Que no 11º ano do reinado de* Constantino, *um anjo bom e um mau foram vistos por toda a cidade de* Constantinopla, *voando à noite pela cidade; e, muitas vezes pelo comando do Anjo bom, o outro atingia qualquer casa com um dardo na mão, deixando grande número de mortos naquela casa, de acordo com seus golpes.*

Qualquer um que alegue desfrutar de familiaridade com um Espírito Familiar ou aspire a isso deve temer. Digo que é muito suspeito todos esses familiares pertencerem ao Reino das Trevas, pois eles são intrometidos demais e prontos para atender aos desejos depravados dos mortais, ao passo que se a comunicação com os Anjos da Guarda, bons e santos, for alcançável de algum modo, ainda assim tamanha é a dificuldade, que os exemplos disso, se verdadeiros, são raríssimos. Mas, em geral, há nos escritos de Magos e Naturalistas muitos exemplos dessa natureza; ainda não se sabe se bons ou maus. Ouvi falar de um certo camponês, hoje em dia, que era continuamente incomodado pela companhia de uma mulher, que apenas ele discernia. Se ele estava em um cavalo, ela ficava atrás dele; se estava jantando, ela se sentava ao seu lado; se estivesse deitado na cama, ela também estaria lá. E se em algum momento ele viajasse ou iniciasse algum negócio desvantajoso, ela não o acompanhava; e raramente ele escapava de algum infortúnio quando ela não estava. Mas, no fim, apesar de todas as suas pretensões respeitosas, enquanto ela o acompanhava, cavalgando por um rio profundo e caudaloso, derrubou-o na parte mais funda e subiu nele até conseguir estrangulá-lo ou afogá-lo.

Entre os *judeus* esse tipo de idolatria era frequente para se consultar e se associar com Espíritos familiares, que eles obrigam a fazer o serviço doméstico, cuidando de seus camelos, carregando seus fardos e levando mensagens; para obter seu serviço eles tinham muitas formas blasfemas, além de Cerimônias e Sacrifícios supersticiosos, fazendo os santos nomes de Deus servirem às suas práticas malditas. Um, cujo nome era Baal-Ben-ammin, foi julgado pela Lei de *Moisés* a ser queimado por práticas semelhantes, condenado na época de um tal de *Judah*, Sumo Sacerdote, à Prisão por matar uma criança e com seu sangue realizar um sacrifício a Belzebu, com várias cerimônias misturadas, por meio das quais seu Deus concedeu-lhe um certo lacaio da Tropa Infernal para atendê-lo e servi-lo por toda sua vida. Isso pode ser encontrado no Comentário de *Zoar* a respeito de *Berosus*, e *Belus,* que afirma: *"Que em seu julgamento ele tentou provar que o mesmo era o Anjo bom ou Gênio concedido a ele pela misericórdia de Deus".*

Tanto os *Cabalistas Hebraicos* como os *Magos Pagãos*, assim como aqueles viciados em Magia no Cristianismo, registraram certas formas de obter a companhia de um Anjo bom ou mal por números e observações astrológicas, adequados às leis da Conjuração e das Invocações. E muitos dos *rabinos* supersticiosos afirmaram *"que eles eram capazes por tais práticas de fazer o espírito de* Adão, Eva *ou de qualquer um dos santos Patriarcas aparecerem para eles"*, o que certamente era uma ilusão de Satã para endurecer seus corações. Mas na Adição ao 15º Tomo da *Descoberta* trato desse assunto de maneira mais prática, em que muitas formas de obter a Sociedade de um *Gênio Bom* ou *Mau* são decifradas com clareza, até onde elas poderiam ser descritas com segurança e conveniência.

Capítulo 3

Os Espíritos Astrais dos homens falecidos; o que eles são e por que aparecem de novo, e que feitiçaria pode ser realizada por eles.

Enquanto os Espíritos Astrais se separam, aquilo que não pertence a nenhum falecido sobrevive de fato por muito anos ou continua; de modo que se o falecido partiu descontente e melancólico, sabe-se muitas vezes que ele retorna e, causando terror a famílias e casas, espera por uma oportunidade para se aliviar para que, enfim, encontre seu descanso desejado.

Muitos acreditam *que quem aparece é o Demônio à semelhança deles*. Mas os mais estudiosos deram provas suficientes, por Exemplo e Experiência, *de que a aparição é realmente a própria pessoa falecida*. Nem pode ser facilmente negado que a cada homem e mulher, enquanto eles vivem a vida natural, pertence um *Espírito sideral ou estelar*, que adota sua forma original da propriedade elementar, e de acordo com a capacidade mais fraca, ou forte, do indivíduo, tem uma duração maior ou menor depois da morte do corpo.

Pessoas que são assassinadas em segredo, e outras que se matam em segredo, frequentemente reaparecem e vagam perto do local onde seu Corpo está, até a mistura radical ser totalmente consumida. Segundo *Paracelso*, depois dessa consumação, eles não conseguem mais reaparecer, mas se dissolvem em seu primeiro ser, ou *Astrum*, depois de um certo período de meses, ou anos, conforme o vigor ou força dessa primeira atração que era a única causa de seu retorno.

O modo e os períodos de sua aparição são diversos. Às vezes antes de a pessoa à qual eles pertencem partir desta vida, eles a avisam por apresentações externas, perto do momento que o dia da morte se aproxima. Como se relata a respeito de *Codrus Lænus*, a quem um Fantasma esquálido apareceu à meia-noite, indicando-lhe *que uma Tragédia triste e pesarosa logo o atingiria*, e acrescentou: *ele o visitaria na Execução*, o que aconteceu exatamente de acordo com as palavras da aparição, pois no mesmo instante em que sua Esposa Traiçoeira o esfaqueara no coração, de repente ele o viu com as preparações para seu enterro, embora ainda estivesse vivo após o golpe fatal.

Às vezes o espírito estelar de uma pessoa a quilômetros de distância de seu amado Companheiro aparece para ele, que ignorava a morte da pessoa amada. Costuma-se dizer que quando nenhum dos parentes do falecido for incomodado por ele, ou pelo menos sentir sua aparição, ainda assim para alguns de seu contato mais íntimo ele se revela e o importuna para realizar alguma cerimônia com o intuito de obter o descanso, ou descobrir algum tesouro, escondido pelo indivíduo enquanto estava vivo, ou ainda solucionar algum assassinato que ele tenha cometido. Mas a causa mais frequente do seu retorno é quando o próprio indivíduo foi assassinado sem ninguém saber.

Pois tamanha é a malícia venenosa e o espírito sanguinário dos assassinos que não basta lhes ter privado de suas Vidas, mas também por certos Desejos, Pragas e Conjurações sinceras, eles os esconjuram depois, para que por um certo período de anos nunca consigam reaparecer. Esses desejos pronunciados francamente com a torcida infernal do assassino atormentam muitíssimo o espírito do indivíduo assassinado, deixando-lhe uma impressão tão profunda que seu sofrimento e angústia são contínuos, até expirar o período de anos e o assassinato ser revelado ao mundo. Depois dessa descoberta, ele retorna ao descanso perfeito. Os especialistas em bruxaria e os assassinos cruéis sabem muito disso, embora essa situação não seja comum àqueles que matam apenas uma vez.

Existem muitas famílias antigas, na *Europa*, às quais o Fantasma de seu primeiro Progenitor, ou Antepassado, aparece logo antes do falecimento de algum herdeiro ou chefe dessa mesma família. Essa afirmação é confirmada por *Cardano* em um exemplo de "uma família antiga, no ducado de *Parma*, chamada *Tortellis*, à qual pertence um antigo Castelo, com um Salão espaçoso; perto da chaminé desse Salão costuma aparecer uma velha senhora decrépita, com mais de 100 anos, quando algum membro da família está prestes a morrer. Relata-se entre eles que ela é o Fantasma de alguém pertencente ao mesmo nome e família, que por suas riquezas foi assassinada por alguns de seus sobrinhos e jogada em um poço."

Muitas aparições como essas continuam a ser vistas por muitos anos em um local específico, aguardando sempre uma oportunidade de descobrir algum assassinato ou Tesouro escondido. E a causa da dificuldade da tal descoberta consiste na natureza da substância deles, pois se esses espíritos pudessem usar o órgão da Língua logo descobririam; ou se tivessem o benefício externo das mãos, poderiam encontrar o Tesouro ou o Cadáver assassinado, mas isso eles raramente conseguem por serem desprovidos dos órgãos externos e da mediação das Mãos para segurar ou da Língua para desabafar suas queixas. Pode-se confirmar a veracidade disso no estilo de sua aparição, pois tudo o que eles conseguem fazer, se foram assassinados, é aparecer perto do local exato onde está seu corpo, como se tivessem afundado ou desaparecido lá, ou então serem vistos na postura de uma pessoa assassinada, com lacerações e ferimentos com sangue e o cabelo desgrenhado. Mas é raro ouvir falar que alguma dessas aparições tenha falado ou declarado com palavras a hora de seu assassinato, com a causa, o nome da pessoa ou o lugar, a menos que o homicídio, por circunstâncias tão fora do comum, tenha sido tão horrendo e execrável que com a lembrança disso a aparição consegue proferir uma voz, com o auxílio do ar, e revelar o fato.

Mas, falando de um modo geral a respeito das aparições, por que elas são vistas tão raramente e por que esses espíritos, quando aparecem, não conseguem fazê-lo sem o auxílio do homem? Isso pode ser facilmente compreendido porque todos os Espíritos, ou substâncias espirituais, e Demônios, têm sua vida, respiração e movimento em uma fonte ou Elemento diferente deste mundo externo. E como qualquer criatura, que o Elemento Água nutriu, e alimentou, pode viver apenas por um breve período na Terra, assim é com eles, quando saem de suas moradas adequadas; esse é o motivo da raridade da aparição, pois é tão difícil para qualquer espírito manifestar-se nesse princípio externo, dos quatro elementos, quanto é para um homem continuar com sua cabeça embaixo d'água. De fato, é mais doloroso do que prazeroso para qualquer espírito, bom ou mau, vir a este mundo externo.

Grande é a vilania de necromantes e magos perversos ao lidar com os espíritos dos falecidos, que eles invocam com certas formas e conjurações, exumando seus corpos, ou com a ajuda de Sacrifícios e Oblações aos Deuses infernais, compelindo o fantasma a se apresentar diante deles. Como isso era realizado na Antiguidade, por Bruxas e Feiticeiras, é descrito na História *Etíope*, de *Heliodoro*, "na prática de uma mulher antiga, que veio ao acampamento, na calada da noite, onde, em meio a muitos corpos, seu Filho também jazia morto, cujo cadáver ela colocou diante de si, cavando uma cova e fazendo uma pira de cada lado do corpo. Então, pegando um recipiente de barro de um banquinho, ela derramou mel de dentro dele na cova; de outro recipiente, ela derramou leite, e da mesma forma do terceiro. Por fim, modelou um pedaço de massa endurecida, na forma de um homem na cova. A imagem foi coroada com louro e então ela jogou sobre ela um pouco do arbusto chamado *Bdellium*. Feito isso, passou uma espada freneticamente em seu corpo, cortando-se, e com um ramo de louro pingou seu sangue no fogo. Em seguida, sussurrando no ouvido de seu filho, ela o fez se levantar e, questionando-o sobre o destino de seu Irmão, o que foi feito dele, ele respondeu dubiamente contando o destino de duas pessoas que a observavam em segredo e lhe disse que a morte repentina a visitaria por sua impiedade, o que aconteceu antes de ela deixar o local; depois dessas previsões, o Cadáver parou de responder e caiu no chão de novo".

Embora muitos homens, assim como o autor em seu livro anterior *A Descoberta da Bruxaria*, acreditem invariavelmente que a Feiticeira de *Endor* não tenha elevado *Samuel*, nem seu Espírito, como não acreditam que haja um *Espírito Astral* ou Espírito pertencente a cada homem, é muito provável que por suas conjurações ela tenha feito seu *Espírito Sideral* aparecer, o que é possível e já foi feito antes, como *Weaver* em seu *Funeral Monuments* relata de *Edward Kelly*, "que no Parque de *Walton Ledale*, no Condado de *Lancaster*, um tal *Paul Waring* invocou um Demônio e, depois, exumou o Cadáver de um pobre homem que tinha sido enterrado naquele mesmo dia, em um lugar perto de lá, chamado *Cemitério Law*, que ele obrigou por Encantamentos e Conjurações a falar, e pronunciar palavras proféticas, a respeito do mestre de um de seus Assistentes".

A condição do *Espírito Astral* depende do estado e da circunstância em que uma pessoa morre, ou seja, se ela morrer em perfeita paz e tiver passado pelo vale do verdadeiro Arrependimento, morrendo para esta vida antes de deixá-la, então seu *Espírito estelar* entra em descanso, em sua origem adequada, ou qualidade, no instante de sua Morte; tampouco é possível com todas as Conjurações fazer aqueles no Inferno retornarem ou reaparecerem.

Mas alguns podem contestar que *Samuel era um Profeta Santo com uma Vida perfeita*, a que se pode responder que antes de Cristo vir ao mundo nenhum dos Profetas mais Santos de Deus atingiu esse grau de bem-aventurança que os cristãos possuíam depois de Cristo, pois na época da Lei estenderam um véu ou uma capa sobre os rostos de todas as pessoas, e havia algo que impedia ou afastava suas almas de qualquer visão clara e perfeita e da fruição de Deus; caso contrário, por figuras e sombras, que separam muros, a Encarnação de Cristo romperia.

Nos textos de *Platão* há muitas Relações estranhas das aparições de Almas, ou de seus tormentos e purgações, da causa de seu retorno, de qual é sua natureza, quais são sua substância e propriedade e qual seu alimento e nutrição, mas ele confunde a *Alma* com o *Espírito Astral*, pois quando a Alma retorna e aparece, é bem diferente; se uma Alma Santa aparecer, será como ela mesma e isso em sonho, alertando as pessoas de perigos e revelando-lhes segredos celestiais. E se uma Alma condenada aparecer, é da mesma forma para aqueles que são de uma mesma natureza que a sua, que ela instiga, adormecidos, ensinando-lhes Vilanias nos Sonhos e provocando neles toda espécie de pensamento perverso.

A seita de *Pitágoras* tem opiniões estranhas e antigas concernentes a Almas, Fantasmas ou Espíritos estelares. Alega-se que eles se convertem frequentemente em *Deuses, Dæmons* ou *Semideuses* e *Heróis* (como acreditam os *platonistas*) e que há uma contínua translação e transmigração de Almas, de uma a outra, até enfim conseguirem a deificação e então aparecem frequentemente àqueles que forem como elas, instruindo e prevenindo-os. Muitos filósofos sábios e antigos também acreditavam que os *Oráculos* vinham desses *Dæmons*, assim como os Espíritos, ou Almas de homens sábios e excelentes, tais como o *Oráculo de Apolo* e o *Oráculo de Pallas* ou *Minerva*. Essas opiniões têm muita razão e probabilidade.

Alguns também creem que certos Espíritos de homens famosos, depois da morte do corpo, ocupam de fato algumas habitações particulares, perto de Cidades, Estados ou Países, que eles mais afetam, como Tutelares e Guardiães. Isso é relatado por *Vopiscus,* de *Apolônio de Tiana,* quando sua cidade *Tiana* foi invadida pelo Imperador *Aureliano* e quando ele estava em sua tenda, ponderando furiosamente como destruí-lo, o Fantasma de *Apolônio* lhe apareceu dizendo: "Aureliano, *se desejas ser um Conquistador, nem penses em matar esses meus Cidadãos;* Aureliano, *se quiseres ser um Regente, não derrames sangue inocente;* Aureliano, *sê manso e gentil, se quiseres ser um Conquistador*".

Eu ouvi muitos Relatos extraordinários de Lunáticos ou daqueles que são quase tolos naturais, que afirmaram: *"Depois de se confraternizarem por muitos dias entre as fadas nos Bosques, Montanhas e Cavernas da Terra, eles se regalaram com elas e então foram magnificamente entretidos com uma variedade de iguarias, quando então observaram vários de seus Vizinhos ou conhecidos familiares com o traje que costumavam usar, apesar de saberem que haviam morrido alguns anos antes".*

E muitos autores eruditos também insistiram nesse pormenor, alegando que: *"Quando aqueles que as Fadas trouxeram para sua Sociedade se deleitam e festejam com elas, apesar de terem um conhecimento real e perfeito de seus vizinhos e conhecidos dentre os demais, não conseguem entender sua linguagem, nem esses Conhecidos deles reconhecem ou reparam neles, mas se sentam (bem como os demais) em um silêncio profundo e tedioso, ou então discursam em um tipo estúpido de linguagem sem sentido, incompreensível a estranhos".*

Mas para ilustrar essa conjectura com mais detalhes, eu poderia mencionar a pessoa que apareceu recentemente três vezes desde seu Falecimento, ou pelo menos algum ser fantasmagórico ou outro, que atribui a si mesmo o nome de uma pessoa que estava morta há mais de cem anos e que foi considerada Profeta ou Previsor em sua vida pela assistência de Espíritos Sublunares. E agora ao aparecer também deu previsões estranhas a respeito de Fome e Fartura, Guerras e Derramamento de Sangue e o fim deste mundo.

Pela afirmação da pessoa que se comunicava com ele, a última de suas Aparições aconteceu da seguinte forma: *"Fui vender um Cavalo na Cidade de Mercado mais próxima, mas não consegui um preço bom. Enquanto voltava para casa encontrei no caminho esse homem que começou a puxar assunto comigo, perguntando das novidades e como andavam as coisas na região; respondi como achava adequado. Além disso, falei-lhe do meu Cavalo e ele pechinchou até combinarmos um preço, depois do que ele voltou comigo e me disse que se eu o acompanhasse, receberia meu dinheiro; nós fomos, eu montado no meu cavalo e ele em outro animal branco como o leite. Depois de muita conversa, perguntei-lhe onde ele morava e qual era seu nome; ele respondeu que sua casa ficava a mais de um quilômetro de distância, em um lugar chamado Farran. Eu nunca tinha ouvido falar desse lugar, mesmo conhecendo toda a Região. Ele também me disse que era aquela pessoa da Família dos Learmonts, tão famosa por ser um Profeta. Nesse momento comecei a ter um pouco de receio, percebendo que estávamos em uma estrada onde nunca estivera antes, o que aumentou ainda mais meu medo e surpresa. Nós fomos bem até ele me levar para debaixo da terra, não sei como, na presença de uma bela mulher, que me pagou o dinheiro sem dizer nenhuma palavra. Ele me levou para fora de novo por uma entrada ampla e comprida, onde eu vi acima de mim 600 homens de armadura prostrados no chão como se dormissem. Enfim, eu me vi no campo aberto e, sob a luz da lua, percebi que era aquele mesmo lugar onde eu o encontrei e me virei para chegar a minha casa às três da manhã, mas o dinheiro que eu recebi era o dobro do que eu imaginava, e do que a mulher me pagou, do qual neste instante tenho várias moedas para mostrar na quantia de nove pences, 13 pence halfpennies, etc".*

A variedade de exemplos por todos os textos acadêmicos pode servir como uma forte persuasão para confirmar essa particularidade dos *Espíritos Astrais* ou *Almas Penadas* que pertencem a homens mortais, retornando após a morte até a causa do seu retorno ser resolvida. No passado, antes do nome da Cristandade, não havia nada mais frequente do que milhões de aparições de pessoas em campos onde batalhas foram travadas, parecendo lutar como faziam a princípio, o que os antigos pagãos acreditavam acontecer pela falta do sepultamento. Daí surgiu o Romance Poético da *perambulação de Fantasmas nas margens do Rio Estige por cem anos*. E o costume do Enterro Solene.

Mas o mais provável é que o Costume das Piras Funerárias usadas pelos *Romanos* e o das urnas para reduzir seus Cadáveres às cinzas tenham sido instituídos a princípio para prevenir o tormento do falecido; do contrário, seu Espírito vagaria, ou retornaria, o que sem dúvida de uma causa natural pode ter o mesmo efeito que reduzir o cadáver às cinzas logo depois de seu falecimento para impedir o retorno do Espírito Astral; pois se for verdade o que afirma *Paracelso* que o *Espírito estelar não continua fora da mistura radical no corpo,* conclui-se naturalmente que sua aparição é evitada quando o corpo é queimado, visto que a mistura é totalmente exterminada e consumida pelo fogo. E, de certa forma, pode-se dizer que a Cerimônia é salutar e sensata, por ter uma consequência tão benéfica.

Semelhantemente ao sepultamento por uma causa natural no costume das urnas antigas, o enterro de corpos assassinados tem a mesma causa de prevenir as aparições, pois li muitos exemplos daqueles que, depois de morrerem em guerras, apareciam para seus parentes e conhecidos pedindo-lhes que realizassem os Ritos Funéreos Sagrados em seus corpos para que suas Almas pudessem descansar, pelo que muitos se consultaram com os Oráculos para se informar se o falecido merecia um enterro, pois consideravam ilegal enterrar pessoas Assassinas, Incestuosas e Sacrílegas que a própria Natureza também parece considerar, se o seguinte Relato não for falso: "Alguns estudiosos, voltando da Pérsia, onde foram ver o Rei *Cosroes*, enterraram um cadáver que eles encontraram desenterrado pelo caminho. E na noite seguinte a Alma de uma Matrona Antiga, como se fosse o Espírito do Mundo ou a própria Madame Natureza, apareceu-lhes, dizendo: *'Por que enterrastes aquele nefasto cadáver? Deixai os Cães o devorarem. A Terra que é a Mãe de todos nós não admite o homem que corrompe sua Mãe'*. Ao retornarem eles encontraram o Cadáver desenterrado".

Para confirmar a veracidade dos *Espíritos Astrais* propriamente ditos e seu retorno, concluirei este capítulo com o exemplo do famoso poeta *Aristeu* que "na ilha de *Marmora* morreu de repente. Nesse instante um certo filósofo de *Atenas* chegou, afirmando *que ele esteve recentemente em sua Companhia e discutiu com ele*. Enquanto isso, quando iam enterrá-lo, o encontraram ainda vivo, mas nunca depois disso ele teve qualquer residência constante entre os mortais. Sete anos depois disso, foi visto em *Proconnesus*, sua cidade natal, e permaneceu por um tempo compondo vários poemas e versos chamados *Arimaspei* e, então, desapareceu. Trezentos anos depois, ele foi visto em *Metapontis*, exigindo que o Altar de *Apolo* fosse erigido em nome de *Aristeus Proconnesius*." Relatam-se histórias semelhantes de *Apolônio* e *Pitágoras*, que segundo seus seguidores deviam ser *Onipresentes*, afirmando *que em um mesmo instante eles eram vistos em vários lugares a milhares de quilômetros de distância um do outro*. *Jâmblico* escreveu sobre a Vida de *Pitágoras*, e *Filóstrato* a respeito de *Apolônio de Tiana*, e muitas coisas fabulosas são relatadas a respeito da separação dos *Espíritos Astrais* e do retorno ao corpo. Entretanto, tentei com afinco separar a parte verdadeira da mais poética neste tema específico dos *Espíritos estelares* pertencentes a cada indivíduo e seu retorno depois da decomposição do corpo.

Capítulo 4
Espíritos Astrais ou dæmons *separados em todas as suas distinções, nomes, naturezas e moradias, e o que pode ser realizado com sua assistência.*

Depois de ilustrar bem no capítulo anterior a natureza dos *Espíritos Astrais* no sentido exato, que pertencem a cada indivíduo, o tema deste capítulo será dos *Espíritos Astrais em separado*, que não constitui nenhum trabalho ou serviço específico, mas apenas, conforme sua natureza e temperamento, eles assombram tais lugares no mundo sublunar que mais correspondam às suas naturezas e existência.

De acordo com o Julgamento dos Magos, os Sete Planetas têm sete Espíritos estelares a eles vinculados, cujas naturezas respondem a esse planeta específico sob o qual eles se constituem. Dizem que são substitutos abaixo dos sete Anjos Celestiais que regem as influências das esferas superiores, com nomes e permanências iguais àquele planeta de cujo Espírito eles são, isto é, até o Fim de todas as coisas visíveis.

E nessa hora, mês, dia ou ano onde seus planetas tiverem o maior domínio, então sua eficácia é mais predominante e sua operação mais poderosa sobre os corpos inferiores, seja para a ruína ou prosperidade desse animal, vegetal ou mineral sujeito às suas influências, de acordo com a dignificação do Planeta no Domínio naquele instante, pois se for mal afetada, sua natureza é destruir com míldio, raios e trovões qualquer vegetação própria de seus planetas; privar qualquer animal de visão ou do movimento dos nervos sob seu domínio; e, por fim, trazer pragas, peste e fome, tempestades e temporais ou, ao contrário, trazer influências doces e excelentes sobre os animais ou vegetais sob sua regência planetária, desde que bem e honrosamente exaltado.

Inúmeros são os Espíritos que habitam a Região Etérea, germinando entre si, como afirmam os Magos, e gerando um ao outro depois de um costume místico. É sua propriedade estar presente em tempestades e no clima tormentoso que, segundo dizem, lhes dão alegria e prazer. Eles podem ser evocados com muita facilidade em uma estação dessas, e aparecerem, o que fazem de acordo com sua idade e jovialidade, com uma aparência jovem ou velha condizente com seus anos. Além disso, marcham em tropas poderosas por toda a Região Etérea, travando guerras entre si, destruindo outros seres ou Existências, depois do que eles se reduzem à fonte primária ou natureza das Estrelas. Deve-se observar também que de acordo com a linguagem, o vigor, a vida e o hábito dessa região onde vivem, tal é seu hábito, linguagem e habilidade; e uma *Caterva* ou companhia ignora a linguagem de seus vizinhos ou inimigos, de modo que eles precisam do Auxílio dos Espíritos que vivem em *in omnibus Elementis* como intérpretes.

Sem dúvida, daí se originam as várias ilusões nas quais os homens incidem em seus julgamentos das Aparições, persuadindo-se de que são presságios e sinais de Guerra e Fome, quando esses Espíritos numerosos são vistos Lutando ou Marchando no Ar, na Terra ou na Água; enquanto, na verdade, isso é apenas o efeito das Naturezas e dos Temperamentos de tais seres etéreos ao lutarem e reunirem-se imediatamente depois do pôr do sol ou então mais tarde nas noites de verão, que é seu horário principal de Convenções. Embora se deva confessar que esses Espíritos podem ser, e são, os Instrumentos Diabólicos enquanto pertencem ao Reino que os rege. Considerados por si sós, sua Natureza é completamente inofensiva, como deve ser aquele que pode ser chamado *Mal inato,* não tendo nada neles que seja eterno como a Alma do Homem e, consequentemente, nada neles que os torne capazes de desfrutar do Céu ou suportar os tormentos do Inferno.

Alguns acreditam que conforme o movimento das esferas, há certas companhias de Espíritos Etéreos boas ou más que as seguem em seus movimentos ao redor da Terra, as boas influências purificadoras e as más, aquelas influências destrutivas a cada coisa que esteja sob seu Domínio. Acredita-se também que com a assistência de Demônios e Espíritos condenados, esses Espíritos Etéreos são concedidos como Espíritos Familiares para alguns Magos e Bruxas com quem copulam de fato, segundo dizem, e desfrutam todas as carnes mais saborosas com o auxílio deles, conseguindo assim ficar invisíveis, voar pelo ar, roubar tesouros e joias dos cofres de príncipes, como também se fartar de bebida e comida em adegas e despensas daqueles que têm as melhores iguarias.

Subordinados a esses Espíritos Etéreos estão os Espíritos Terrestres, que são de vários graus de acordo com os lugares que ocupam, como Bosques, Montanhas, Cavernas, Pântanos, Minas, Ruínas, Locais Isolados e Edifícios Antigos, que receberam vários nomes dos antigos pagãos, como *Ninfas, Sátiros, Lâmias, Dríades, Silvanos, Cobali, etc.* E, em particular, as *Fadas*, que habitam principalmente montanhas e cavernas, cuja natureza é fazer aparições estranhas na terra em campinas ou montanhas, com a aparência dos filhos de homens e mulheres, soldados, reis e damas, além de cavaleiros vestidos de verde, o que fazem para roubar talos de cânhamo dos campos para convertê-los em cavalos, como reza a lenda. Além disso, muitos afirmam e acreditam que essas crianças são os verdadeiros *changelings* (crianças trocadas) ou lunáticos, que foram trazidas por tais Espíritos e Duendes, deixadas no lugar das crianças verdadeiras retiradas por essas fadas no local onde os *changelings* são deixados, estando em geral com a cabeça meio fora do lugar e dedicadas a muitas práticas antigas e gostos extravagantes; paixões essas que derivam na realidade da influência poderosa do planeta em seu nascimento, e não de tais conjecturas tolas.

Dizem que tais Espíritos alegres e brincalhões se divertem à noite fazendo acrobacias e caçoando de servos e pastores em casas no campo, enchendo-lhes de beliscões e às vezes deixando com eles pão, manteiga e queijo, que se eles se recusarem a comer, algum mal provocado por essas fadas sem dúvida recairia sobre eles. Muitas delas foram levadas embora pelos tais Espíritos, por uma quinzena ou um mês, sendo carregadas com eles em Carruagens pelo Ar, sobre Vales e Montanhas, Rochedos e Precipícios, até enfim serem encontradas inconscientes em alguma Campina ou Monte e, geralmente, por um de seus próprios membros.

Certamente os *Lares* e *Penates*, ou deuses domésticos dos antigos pagãos, eram nada menos do que Espíritos que por vários anos mantinham residência em uma casa até que, depois de algum aborrecimento ou ofensa feita por alguém da família, eles partiam e nunca mais se ouviria falar deles. Há vários exemplos em *Olaus Magnus* e *Heitor Boécio* em seu livro *History of Scotland,* relatando passagens maravilhosas dos espíritos familiares *Bom Robim* e outros como eles em meio aos humanos.

Luridan, um espírito familiar desse tipo, residiu por muitos anos na ilha *Pomônia,* a maior das Órcades na *Escócia,* exercendo a função de criado ou criada com um cuidado extraordinário para com essas Famílias que eles assombravam, varrendo suas salas, lavando a louça e acendendo as lareiras antes de elas acordarem de manhã. Luridan afirmava que ele era o *gênio Astral* daquela ilha e seu lugar ou residência nos dias de *Salomão* e *Davi* ficava em *Jerusalém*; nessa época, os *judeus* o chamavam de Belelah e posteriormente ele permaneceu muito tempo no Domínio do País de Gales, instruindo seus bardos em poesia *inglesa* e profecias com os nomes Urthin, TUadd, Elgin. "Agora", disse ele, "saí de lá e infelizmente minha estada é curta, pois em 70 anos devo entregar minha posição a Balkin, Senhor das montanhas *Setentrionais*".

Muitas coisas maravilhosas e incríveis são ditas a respeito desse Balkin, denominado Senhor das Montanhas *Setentrionais,* afirmando que ele foi moldado como um sátiro e se alimentava de ar, com até 12 mil esposas e filhos, que eram a linhagem das Fadas *Setentrionais* habitando *Southerland* e *Catenes* com as ilhas adjacentes. E que essas eram as Companhias de Espíritos que travam guerras contínuas contra os Espíritos Ígneos na Montanha *Heckla,* que vomita fogo na *Islândia.* Falava irlandês antigo e morava nas cavernas de rochedos e montanhas, cujo relato está registrado nas Antiguidades de *Pomônia.*

Li outro relato fantástico em um livro intitulado *Annulis Antiquorum* a respeito de um jovem recém-casado e que perdera o poder de *Vênus,* de modo que não podia manter relações com sua esposa. A história resumida é esta: "Ocupado em dar atenção ou divertindo-se com alguns de seus Convidados no dia do seu casamento, ele colocou a aliança no dedo da Estátua de *Vênus* que ficava ao lado do local para não perdê-la; depois de ter feito isso, ao voltar para pegar a aliança, o dedo da estátua estava curvado para dentro e ele não conseguiu tirá-la de jeito nenhum, para sua surpresa. Saiu de lá no mesmo instante e, à noite, a imagem de *Vênus* apareceu-lhe, dizendo: 'Tu me desposaste e não mexerás com nenhuma outra; ao retornar pela manhã, a aliança tinha sumido e o dedo estava esticado de novo, o que o perturbou tanto que ele se consultou com um mago, que escreveu uma carta para algum Espírito Principal naquele Domínio ao qual *Vênus* pertencia, solicitando que o indivíduo ficasse observando em tal lugar em determinada hora até passarem por ele muitas tropas de Espíritos, e descrevendo um deles em uma Carruagem, de semblante sério e terrível a quem se solicitara que entregasse a carta, o que ele fez e, depois de a pessoa na Carruagem ler todo o teor da carta, irrompeu nesta expressão: 'Deus do céu, por quanto tempo nos submeteremos às insolências desse maldito biltre, ou seja, o Mago'? Mas depois de chamar a mais bela mulher dentre a Companhia, ele a mandou devolver a Aliança, o que ela acabou fazendo com muita relutância e depois disso ele gozou de seus ritos matrimoniais sem impedimento".

Além das inúmeras Tropas de Espíritos Terrestres chamadas *Fadas* existem também as *Ninfas* dos bosques, montanhas, pomares e fontes, como Eagle, Aretusa, Io, Menipe, Irene, etc. Consideradas totalmente femininas, divertindo-se, dançando e regalando-se entre as árvores nos Bosques, e banhando-se em fontes puras e límpidas, elas eram vistas por muitos, e os poetas *romanos* e *gregos* aludem a elas. Há também um relato de um príncipe *alemão*, que "sedento e cansado da caça e da falcoaria, perdeu sua Companhia nos Bosques, viu de repente uma fenda em um pequeno outeiro entre as árvores e uma linda donzela oferecendo um chifre dourado cheio de bebida, que ele recebeu e bebeu e, em seguida, se livrou do tal chifre, sem se importar com as lágrimas da virgem, que pranteava atrás dele; dizem que por ter derramado um pouco da tal bebida, ela arrancou o pelo da pele do cavalo dele, e o chifre ainda pode ser visto na *Alemanha,* o que eu soube por alguém que o viu e manuseou, afirmando *que nenhum Ouro seria mais puro que aquele".*

Outros tipos são os *Incubi* e *Succubi,* dos quais se relata que os hunos descendem, por terem sido gerados entre esses *Incubi* e certas mulheres mágicas que *Philimer,* o rei dos *Godos,* baniu para os desertos, de onde surgiu essa nação selvagem e indômita, cuja fala parecia mais as tentativas mudas de animais irracionais do que qualquer som articulado e palavras bem discerníveis. A esses *Incubi* são atribuídas as doenças do sangue chamadas *Terrores Noturnos* (*Night-hag* [bruxa da noite] em inglês), que certamente têm uma causa natural, embora no momento em que o problema aflige o indivíduo, é provável que certos Espíritos malévolos possam se misturar e aterrorizar-lhe a mente e a alma.

Dentre esses Espíritos que residem entre os mortais, há um tipo bem obstinado, que sente prazer em derrubar o que o homem construiu, visto à noite na construção de castelos fortes e poderosos derrubando tudo o que os operários erigiram no dia anterior; desse tipo eram Loron, Stilkon, Glaura e Kibbolla, quatro animais perniciosos e turbulentos que por muitos anos infestaram os primeiros fundadores do Império *Seraglio,* até que um dos muçulmanos os confinou e os obrigou com certos feitiços a dizer seus nomes e a causa de sua perturbação, que eles declararam; e foram por ele obrigados a destruir as minas de cobre na *Hungria.*

Existe ainda uma referência na vida de *Paulo,* o Eremita, a um Sátiro que aparecera a ele no bosque; Paulo afirmava ser uma criatura tão mortal quanto ele, a qual servia ao mesmo Deus, dissuadindo o povo a cultuá-lo como semideus, como se costumava fazer. Semelhante é a História da Morte do grande Deus *Pã*; um marinheiro velejando pela ilha da *Sicília* ouviu alguém, na costa, chamar; e uma voz lhe pediu que contasse aos habitantes da ilha próxima que o grande Deus *Pã* morrera, o que ele obedeceu, e embora em tal ilha não houvesse habitantes, ao se aproximar, ele proclamou na direção da costa que *Pã* falecera, e imediatamente ouviu os lamentos e barulhos mais dolorosos e lacrimosos daqueles que pranteavam sua partida.

Segundo os magos, Janthe é um Espírito aquático, presente sempre que alguém se afoga na água, deleitando-se muito com a destruição da humanidade, para que ele possa desfrutar a Companhia de seus Espíritos Astrais depois de seu falecimento; pois de acordo com as quatro naturezas ou constituições do corpo do homem, o Espírito Astral associa-se com substâncias separadas: o fleumático, com espíritos aquáticos; o sanguíneo, com os etéreos; o colérico com os ígneos; e o melancólico com os terrestres. Mas só se pode supor isso de tais pessoas que morreram com desgosto e desassossego.

De outro tipo são aqueles *Animais Aquáticos* que no passado conviveram e procriaram com a humanidade gerando diversos filhos. Por fim, arrebatando-os todos de volta para o elemento aquático, a respeito do qual há vários exemplos em *Cardano* e *Bodin*. Desse tipo era o Espírito Familiar de *Paulo*, um monge mendigo, chamado por ele de Florimella, que foi seu companheiro de cama por 40 anos, embora apenas ele o conhecesse e o visse, até que em uma feia carruagem do frade, seu companheiro, acompanhando-o sobre o *Danúbio*, pulou no rio e nunca mais foi visto.

Inúmeros são os relatos e acidentes ligados àqueles que frequentam os mares, tais como pescadores e marinheiros que falam de barulhos, clarões, sombras, ecos e outras aparições visíveis à noite, ouvidas na superfície da água. E como o céu é disposto de acordo com as constelações e climas, esses espectros são apropriados a partes específicas, e costas, do polo norte ao sul. Mas são mais especificamente abundantes no norte, em volta da *Ilha Norueguesa*, da *Groenlândia* e da *Nova Zelândia*.

As histórias dos poetas gregos e latinos também não devem ser desprezadas a esse respeito, pois há muitas verdades entrelaçadas com suas ficções. Eles falam de florestas sonantes, como *Dódona*, rios *falantes*, como *Escamandro*, de fontes sensíveis como *Aretusa*, *Menipe* e *Egle*. Historiadores mais confiáveis confirmaram isso em parte no relato de *Dódona*, garantindo que as árvores parecem mesmo falar por causa de várias aparições e fantasmas, que frequentam a floresta. Além disso, na história do rio *Escamandro*, se diz que até hoje fornece vários espectros e Espíritos proféticos, que conversam à noite com os marujos *turcos e* atravessam aquele caminho com galés até o *Mediterrâneo*.

Relata-se o mesmo a respeito de um castelo na *Noruega* perto de um lago, no qual aparece um sátiro tocando uma flauta antes da morte de qualquer soldado ou administrador do castelo. Dizem que é o fantasma de algum capitão assassinado que se tornou fatal e agourento a seus sucessores. Mas é mais provável que possa ser chamado de um espectro próprio do lugar conforme a constelação.

Especuladores eminentes conjecturam que dos quadris de espíritos na *Groenlândia* surgem as numerosas linhagens de *elfos, fadas, lobisomens* e *pigmeus*, ora visíveis, ora invisíveis, nos rochedos adjacentes onde eles não têm consortes, apenas ursos e cocleária para se unirem com eles, exceto se forem de lá para as partes *setentrionais* da *América*, onde encontrarão seus descendentes adorados, como deuses e deusas, pelos habitantes ignorantes ao redor da nova *Albion* e até o *sul no México*, como é amplamente relatado nos discursos de *Drake, Cortes* e *Purchas* a respeito da conquista e descoberta desses territórios.

Muitos foram tentados por aparições na água ao pular no mar, seguindo-os até se afogarem. Dentre tais aparições há certos espectros chamados por *Psellus* de *Ordales*, que aparecem como patos ou outras aves aquáticas, flutuando sobre a água, até atraírem seus perseguidores por uma distância tão grande que muitos falecem na tentativa, o que alegra muito esses Espíritos desleais que (como dissemos antes) acompanham por muito tempo seus Espíritos Astrais depois de sua morte. Eu mesmo ouvi falar de um exemplo desse tipo, além dos vários relatos que escutei das bocas de outros, que confirmam as opiniões dos magos antigos referentes a esses espíritos aquáticos, que de todos os outros eles são os mais enganosos e perigosos, como os mares aduladores e correntes suaves, os quais, quando conquistam alguém por admiração ou pelo som, carregam a pessoa violentamente para o abismo de seu próprio elemento.

Mas deixemos as águas e insistamos um pouco na natureza dos *Espíritos Ígneos* ou *de Fogo* que habitam os montes *Hekla, Etna, Propo Champ* e *Poconzi*, onde ficam as cortes e os castelos desses pujantes campeões. Segundo alguns, *eles não são astrais, mas espíritos infernais e almas condenadas, que por um certo prazo estão confinados nessas montanhas ardentes por suas iniquidades*. Embora essa opinião seja aceita como verdadeira, ainda podemos afirmar que, na maioria dos casos, as aparições, os sons, os barulhos, tinidos e clamores que são ouvidos em volta do Monte *Hekla* na *Islândia* e outros lugares são os efeitos de seres estelares separados, não bons nem maus, mas de uma natureza vegetativa média, e na dissolução da *Media Natura* se reduzirão novamente ao seu Éter primário.

E de causas naturais, pode ser facilmente demonstrado que há uma grande correspondência entre tais substâncias e o elemento Fogo, por causa do Ruído Interno e Vida Central emanando da Quintessência de apenas um elemento que os sustêm em Movimento, Vida e Nutrição.

Como cada ser natural e sobrenatural é sustentado e mantido a partir da mesma raiz que é sua fonte, assim os anjos alimentam-se do *Maná Celestial*, os demônios dos frutos do inferno, o que é natural ao seu apetite, como o lixo é para porcos; os seres astrais, da fonte das estrelas; animais, pássaros ou répteis, dos frutos da Terra e do gás do ar; os peixes, da corrente da água. Mas, principalmente, cada coisa é alimentada por sua mãe, como bebês no peito, por absorção ou fomento.

Esses Espíritos são solícitos demais em queimar cidades ou minas de carvão, sentindo prazer ao dançar e divertir-se entre as chamas, e se tornam incendiários piores do que a causa material da combustão, tentando muitas vezes os homens ébrios a queimar suas casas, fazendo os servos dormirem despreocupadamente, para que esses acidentes desafortunados possam acontecer. Como confirma, por exemplo, a História de *Kzarwilwui*, uma cidade na *Polônia*, reduzida às cinzas por três desses animais pestilentos chamados Saggos, Broundal e Baldwin, que depois das muitas ameaças declaradas por seis meses de que eles destruiriam a cidade e os cidadãos, em uma noite escura e tempestuosa, colocaram fogo de repente em 20 ou 30 lugares, destruindo completamente os habitantes.

A nutrição dos Espíritos ígneos é o calor radical e a influência da Região Aérea; seu divertimento e passatempo consiste, de um modo geral, em acrobacias e enganos mútuos quando as chamas são mais impetuosas e violentas nos montes. Alguns também acreditam que o ofício deles é excruciar e punir alguns habitantes malignos, retendo e atormentando suas Almas ou Espíritos Astrais por muitos anos depois do falecimento do corpo, que é uma noção vazia demais para ser levada em consideração por qualquer um que conheça bem suas naturezas.

Nem se deve questionar por que eles sentem tanto prazer com a qualidade ígnea em se tratando de apropriação e afinidade com espíritos infernais, cujo estado e ser são completamente execráveis e deploráveis; pois embora eles não tenham a habilidade para obter a qualidade celestial ou infernal, por serem totalmente desprovidos do centro mais profundo, e possam ser chamados brutos em vez de animais racionais, embora por pertencerem ao princípio [fogo] mais externo, tal é sua afinidade inata, e ter Unidade com o Mundo sombrio, ou reino infernal, eles muitas vezes se tornam os agentes demoníacos para propagar suas obras na face da Terra.

Por instigações dos Espíritos infernais, eles são com frequência enviados para aterrorizar os homens com visões noturnas, na aparência de animais monstruosos ou dos fantasmas de seus amigos falecidos. Além do mais, são instigados muitas vezes a tentar e provocar pessoas melancólicas a se matar; além dos inúmeros modos que eles têm de executar os desejos de Espíritos iníquos com instigações maliciosas e estratagemas secretos projetados por eles para a destruição de homens mortais, principalmente quando o trabalho a ser realizado pelo Demônio é árduo demais para sua natureza sutil e espiritual realizar, porque esta pertence à fonte astral ou princípio externo ao qual esses Espíritos dúbios pertencem; eles são, portanto, frequentemente solicitados a servirem de mediadores em tais ações traiçoeiras, pois os Espíritos infernais conspiram contra as vidas dos mortais.

De um modo mais particular, esses Espíritos que pertencem ao elemento Fogo são mais solícitos nesse tipo de serviço, por serem da natureza aqui já explicada; mas de acordo com as classificações e categorias às quais eles pertencem, alguns são mais inveterados e maliciosos em suas tarefas do que o restante. Mas todo tipo de Espírito Astral é obsequioso ao reino das trevas, de forma que os espíritos demoníacos podem fazer pouco ou nada sem seu auxílio nesse princípio externo das estrelas e elementos nos corpos ou possessões da Humanidade; pois seus corpos são imaturos e inacabados demais para a transferência de sua influência, seja em Sonhos, Arrebatamentos, Filtros, Simpatias ou Constelações, como o capítulo seguinte a respeito da natureza dos seres infernais esclarecerá, no qual a natureza e a capacidade de cada espírito condenado são decifradas conforme a verdade da Filosofia antiga.

Deixemos agora os Espíritos do fogo para ilustrar as naturezas dos seres subterrâneos, de várias Ordens, Espécies e Graus; pois eles dependem destas distinções, *viz*: Espíritos dos falecidos, Almas dos falecidos, Espíritos Astrais separados, Espíritos semi-infernais separados, Espíritos apropriados às Constelações onde alguns dos sete metais, *viz. Saturno, Júpiter, Marte, Sol, Lua, Vênus, Mercúrio* são encontrados nas entranhas da Terra e até onde as naturezas dos minerais se distinguem umas das outras, tão distantes quanto são esses Espíritos Subterrâneos em Natureza e Capacidade em respeito a seus lugares, aparências, nomes e qualidades.

Mas nem todos eles se limitam ao reino metálico, pois há também Espíritos das Montanhas, Vales, Cavernas, Abismos, Fendas ou Ravinas da Terra, Tesouros ocultos, Tumbas, Criptas e Sepulturas dos Mortos. Ao último pertencem os Espíritos Astrais dos mortais falecidos, que gostam de pairar sobre as antigas carcaças às quais pertenciam, tentando ainda ser dissolvidos, questionando diligentemente a causa de sua retenção; eles residem em cavernas silenciosas e criptas solitárias, onde jaz o falecido até o *Humidum Radicale* (umidade radical) ficar ressequido e secar totalmente, depois do que seus truques não são mais evidentes, mas totalmente extintos e aniquilados.

Ao próximo pertencem aqueles Espíritos que protegem os tesouros ocultos de uma causa natural, pelo que invejam muitíssimo o benefício do homem e sua subsequente acomodação, sempre assombrando aqueles lugares onde houver dinheiro escondido e retendo influências malévolas e venenosas, para destruir as Vidas e os Membros daqueles que ousarem encontrar tais bens; *Peters de Devonshire* com seus cúmplices, que por Conjuração tentaram procurar esses tesouros defendidos, foram esmigalhados até os átomos, por assim dizer, ao serem reduzidos às cinzas com seus companheiros em um piscar de olhos.

Nessa questão, temos muitos exemplos da destruição daqueles que descobriram tesouros ocultos com experimentos mágicos. Esses exemplos parecem provar que aqueles que assombram esses lugares pertencem mais à Hierarquia Infernal do que à Astral e, a esse respeito, eles assolam e estão tão arraigados em meio aos mortais que a Grande Intenção do Príncipe das Trevas pode ter seus planos realizados.

Mas dentre todos, os que assombram minas e mineiros são os mais perniciosos e frequentes pelo mesmo motivo que os anteriores. A natureza deles é bem violenta; muitas vezes eles matam companhias inteiras de trabalhadores, às vezes enviam inundações que destroem as minas e os mineiros, mandam vapores tóxicos e perniciosos para sufocar os operários diligentes; em suma, todo o seu prazer e capacidade consistem em atormentar, matar e esmigalhar homens que busquem tais tesouros que a humanidade nunca aproveitará para aliviar seus cuidados e necessidades mundanas.

Assim era *Anœbergius*, um animal virulentíssimo que atrapalhava totalmente as tarefas daqueles que trabalhavam na mina de prata mais rica da *Alemanha*, chamada *Corona Rosacea*. Ele aparecia muitas vezes ora como um bode com chifres dourados, empurrando os operários com grande violência, ora como um cavalo soltando fogo e peste pelas ventas. Em outros momentos, ele representava um monge em todo o seu *Pontificalibus*, zombando de seu Trabalho e imitando suas Ações com escárnio e desdém até que, com seu tormento diário e contínuo, lhes tirava a capacidade de perseverança.

Assim, mencionei as várias distinções e subdistinções próprias ou comuns aos Espíritos Astrais, ilustrando suas naturezas conforme as opiniões dos estudiosos; daqui sigo dizendo o que é a hierarquia infernal e em que ela consiste, no próximo capítulo.

Capítulo 5
Espíritos Infernais, ou Demônios e almas condenadas, discutindo quais são suas naturezas, nomes e poderes.

Deixando o reino astral, passarei agora a descrever as naturezas e distinções dos Espíritos Infernais ou Demônios, e Almas condenadas, que devem ser considerados de acordo com suas categorias e ordens, que correspondem exatamente aos Coros e às Hierarquias dos Anjos, ou seres celestiais, por isso insistirei em seus nomes, aparências, lugares, épocas, ordens, poderes e capacidades, passando paulatinamente de uma narração geral a uma anatomia específica de cada tipo de Espírito em seu local e ordem adequados.

Quanto à Localidade ou Circunscrição do Reino das Trevas, ela deve ser vista de forma bem diversa à do relato vulgar, que considera a habitação infernal uma ravina ou golfo distinto em certo lugar, acima, abaixo ou no Centro da Terra, onde moram inúmeros Demônios e almas perversas, que são perpetuamente chamuscadas e atormentadas com chamas de fogo materiais. Essa é a opinião à qual naturalmente todos os homens são propensos e se apegam. Mas se considerarmos corretamente o Reino do Céu e o do Inferno, um em respeito ao outro, devemos analisar a semelhança da luz e das trevas neste mundo externo, já que eles não têm um contorno definido nem ficam em localidades diferentes, pois quando o sol nasce, as trevas da noite desaparecem, não para se retirarem para algum outro lugar ou Região, mas o brilho da luz as dominam e as engolem, de modo que embora elas desapareçam, é como se estivessem lá, com a luz.

Deve-se considerar também na descrição das habitações de seres bons ou maus que eles na verdade estão um no outro, mas um não inclui o outro, nem de fato poderiam, pois se os espíritos malignos se locomovessem por mais de 10 mil quilômetros, ainda assim teriam a mesma qualidade e fonte, nunca conseguindo descobrir onde fica o Reino do Céu, embora ele esteja na realidade completamente junto ao reino das trevas, mas em outra qualidade, o que os torna estranhos um ao outro.

Pode-se comparar isso com as qualidades naturais da vida humana, quanto aos dons da alma considerados no justo e no perverso; pois ser bom, puro e santo são qualidades em *potentia* na alma depravada, ainda que a Alma esteja revestida com Abominações, de modo que o olho que deveria observar Deus ou a Bondade não o faça. Mas se a alma apenas saísse de si e entrasse em outra fonte ou princípio, no seu âmago poderia ver o Reino do Céu dentro de si, conforme o que dizem a Escritura e *Moisés*: "*A palavra está perto de ti, em teu coração e em tua Boca*"[1008].

Fato é que os Demônios e as almas condenadas às vezes não conseguem se manifestar neste Mundo Astral, porque a natureza de alguns deles está mais próxima da qualidade externa do que dos outros, de modo que embora as trevas internas e externas sejam sua residência aproximada, eles frequentemente florescem, vivem, deslocam-se e germinam na Região Etérea, alguns dos quais como criaturas finitas e determinadas.

Mas conforme sua natureza ígnea, é bem difícil para eles aparecer neste mundo exterior, porque há toda uma essência ou um golfo entre eles, isto é, estão presos em outra qualidade ou existência, de modo que lhes é mais difícil encontrar a existência neste Mundo ou vir com sua presença para cá do que é para nós a passagem para o Reino do Céu ou

---

1008 Deuteronômio 30, 14.

do Inferno com nosso intelecto; pois, se fosse o contrário, e se os Demônios tivessem poder de aparecer aos mortais quando quisessem, quantas vilas, cidades, etc. seriam destruídas e queimadas, quantas crianças seriam mortas por seu poder malicioso? Sim, poucos escapariam em Vida, ou Posses, e com a mente saudável, ao passo que agora todos esses prazeres são gratuitos entre mortais, o que prova que é dificílimo para os Espíritos malignos aparecerem no terceiro princípio deste mundo, assim como é para um homem viver debaixo d'água e para os peixes viverem na terra. No entanto, devemos admitir que quando as imaginações e os desejos sinceros de alguns Magos específicos e de criaturas invejosas agitam o centro do Inferno dentro de si, então o Demônio às vezes tem acesso a este mundo em seus desejos, e continua aqui a fustigar e atormentar desde que a força desse desejo permaneça como a primeira causa atrativa.

Pois a causa da escassez de aparições hoje em dia é a plenitude do tempo e esplendor do Cristianismo, dispersando tais névoas, como o sol faz as nuvens se afastarem, não com violência ou compulsão, mas por uma causa natural; ainda assim, enquanto o Reino da Luz cresce sobre a alma do homem, em poder e domínio, naturalmente encerra o Centro das trevas e dispersa as influências demoníacas, de modo que seus truques caem por terra e sua vontade por fim se torna totalmente passiva em relação ao homem.

Na época da Lei, quando a ira e o zelo do Pai dominaram o Reino da Natureza, todos os Espíritos Infernais tinham muito mais acesso à humanidade do que têm agora, pois antes da encarnação de Cristo a fúria de Deus tinha mais domínio sobre a alma do Homem e estava mais próxima dele na natureza, de modo que os Demônios poderiam surgir com mais facilidade no elemento da ira para se manifestarem nesse princípio externo, porque a base e o alicerce do Inferno embaixo são construídos e compostos com a Ira de Deus, que é o canal para levar o Demônio a esse Mundo sublunar.

Mas quando Cristo começou a se manifestar para o Mundo, a multiplicidade de Aparições e os possuídos com Demônios começaram a diminuir imperceptivelmente e a desaparecer. E se alguém contestar: *Que entre o espaço de sua Encarnação e de sua Agonia tais contingências eram bem mais frequentes do que nos anos anteriores a isso*, eu respondo que o Demônio sabia bem que seu tempo era curto e que até ele se oferecer no grande Sacrifício, teria licença para circular por todo o Reino deste Mundo; portanto, ele empregou todas as suas forças e empenho para atormentar essas almas miseráveis e cativas que Cristo veio libertar.

Mas depois que a parede divisória foi rompida e o véu de *Moisés* e da fúria de Deus saíram da alma na morte de Cristo, houve uma queda sensível e visível nas travessuras dos Demônios entre os mortais, e esse pequeno resquício de lunáticos e possuídos, que continuaram depois de

Cristo, foi socorrido e colocado em liberdade pelos Aspóstolos, com a influência e por meio da promessa do filho de Deus (a saber), *o Espírito Santo*, ou *O Consolador*, que só poderia vir depois que o Cristo partisse. E no dia de *Pentecostes*, enquanto esperavam em humildade a promessa se cumprir, o efeito do nascimento e da agonia de Cristo se manifestaram pela primeira vez em si, quando o Espírito Santo surgiu entre eles para a destruição do Pecado e de Satã.

Enquanto a pureza do Cristianismo continuou na Igreja Primitiva, o Demônio conseguiu possuir pouquíssimos no Homem Astral, por um espaço de duzentos anos depois da morte de Cristo, até que da Mansidão e Abstinência os cristãos começaram a se exaltar em Imponência e Honras Mundanas; então o Demônio começou a levantar a cabeça entre os cristãos da boca para fora, enfeitiçando-os com Luxúria e cativando suas faculdades internas e externas como bem entendesse – como se vê claramente no Papismo.

Entretanto, a vinda de Cristo evitou a força do Demônio em geral. Aquelas Nações que nunca abraçaram a fé cristã ainda são iludidas e enfeitiçadas por ele, porque o centro nunca foi de fato despertado em nenhuma delas, de modo que o poder do Demônio prevalece sobre elas vigorosamente para seduzi-las a cultuar as coisas visíveis, não o verdadeiro Deus. Pois onde houver mais escuridão na Religião e no Culto, ou na compreensão natural, seu poder predomina mais, como no *Tártaro*, na *China* e nas *Índias Orientais*; e também na *Lapônia*, na *Finlândia* e nas *Ilhas Setentrionais*.

Nas Índias Ocidentais ou *América*, seu acesso é muito fácil e frequente aos habitantes, de modo que por costume e persistência, desde a descoberta dessas terras, seus habitantes se tornaram tão obsequiosos para com o poder do Demônio que embora soubessem que ele é uma potência das Trevas, o adoravam; do contrário, ele os destruiria e a seus filhos. Chegaram ao auge no desembarque de *Cortes*, *Drake* e *Vandernort*, de tal forma que poderiam se converter familiarmente em Lobos, Ursos e outros animais furiosos. Essas metamorfoses eram sugeridas em seus *Entusiasmos* e *Adivinhações*, e eram mantidas em alta estima.

Até a invasão dos *espanhóis*, o mal maior expulsou o menor, e os cruéis Assassinos dessa tradição anticristã extinguiram a população das ilhas e de grande parte do continente; e também por acidente, embora não com uma boa intenção, extirparam a raça daqueles que se viciaram nesse tipo infame de Adivinhação. Nessa devastação e inquisição sangrenta, os ídolos nativos foram descobertos com seus oráculos e encantamentos, bem diferentes dos conjuradores *europeus* e de qualquer uma de suas cerimônias.

Porém, o mais extraordinário nos procedimentos infernais é que não existe uma nação abaixo do sol em que o Demônio não tenha se introduzido em suas Cerimônias e Cultos, por mais opostas umas às outras que sejam. Pois no Reino da *China*, com o sacrifício de *Sangue* e *Panaak*, ele é conjurado e exorcizado com as repetições de várias invocações supersticiosas para o sol e a lua. No *Tártaro*, os magos atuam de maneira totalmente diversa, com oferendas ao oceano, às montanhas e aos rios, a queima de incenso e vários tipos de penas, por meio dos quais os Demônios são compelidos a aparecer. Por isso vemos como esse *Proteus* pode se dispor nos vários reinos deste mundo, recebendo mais nomes no *Tártaro*, na *China*, nas Índias Orientais e *Ocidentais*, etc., que entre os conjuradores *europeus*. Da mesma forma, *gregos* e *romanos* poderiam invocar espíritos com orações à lua, e diversos sacrifícios de leite, mel, verbena e sangue. E aqueles que são muito ligados a conjurações no Cristianismo chegaram a um modo mais amplo e elevado de encantamento e conjuração com trajes mágicos, fogo, velas, círculos, observações astrológicas, invocações e os santos nomes de Deus, de acordo com a *Cabala* dos *judeus*.

Por isso cada nação distinta adapta sua conjuração às cerimônias da religião que professa. Deve-se observar que de uma causa natural cada nação tem suas conjurações e nomes de Demônios, da constelação sob a qual está o país e do ar ou vento aos quais essas Dominações pertencem; de modo que não haverá nenhum resultado se uma região se habituar tradicionalmente às formas e aos exorcismos usados por outra nação. É por esse motivo que tantas tentativas são oferecidas em vão entre cristãos declarados para elevar espíritos, porque eles têm pouco ou nada de sua própria Constelação, mas aproveitam-se do que pegaram emprestado de *gregos* e *romanos* ou da antiga imbecilidade dos sacerdotes *egípcios*; isto é, suas formas simples de invocação.

Mas como preferimos tratar da exposição do reino infernal, pois ele não depende dos feitos de homens mortais; revelarei a seguir o que os antigos disseram a respeito dele. Passaremos agora, depois da descrição de suas habitações, e do modo de suas aparições, a seus nomes e apelações diversamente considerados. Primeiro, da Criação do Mundo ao advento de Cristo, eles tinham os nomes *hebraicos*, como Belial, Baal, Baalzebub, Lelah, Ador, Abaddon, etc. de acordo com o *seculum* no qual eram invocados, assumindo os nomes de acordo com a ocasião presente por volta da qual eram empregados.

Sob a Constelação da *China*, eles são invocados com os nomes Kan, Sinoam, Nantam, Bal, Baltal, Sheall, os seis Governadores ou Presidentes; Chaneangian, o chefe dos Demônios; Po, Paym, Nalkin, Nebo, os Demônios dos quatro ventos; Lean, Lan, Pan, Adal, os Demônios dos quatro elementos. E de acordo com a natureza de sua linguagem ou palavras que consistem em não mais do que uma sílaba, assim os Demônios são chamados. Sim, como muitos magos estudiosos conjecturam, esse idioma dos *chineses* é mais mágico e adaptado às conjurações do que todas as *línguas orientais* por causa da sua consonância e prolixidade, junto aos numerosos símbolos usados por eles.

Nas Índias Orientais e no *Tártaro*, os nomes são os mesmos da *China*, embora as cerimônias sejam diferentes. Na *Pérsia*, na *Arábia*, em *Natólia*, no *Egito*, na *Etiópia*, os Nomes são os mesmos dos *rabinos judaicos*. Mas *gregos* e *romanos* diferem do restante, de acordo com sua linguagem e superstições. *Turcos, moscovitas, russos, lapões* e *norugueses* usam a língua *eslava* em suas conjurações. Os *indianos ocidentais* têm cerimônias e nomes próprios bem antigos e estranhos, não dependendo em nada de tradições e práticas do mundo antigo; pois, como foi dito antes, o Demônio é capaz de se introduzir nas superstições religiosas de cada nação, conforme as constelações, ainda que estranho a ritos e cerimônias de outras.

Mas embora seus nomes combinem com a linguagem e o clima de cada nação onde são elevados ou convocados, eles têm diversos nomes, uns 20 ou 30 para um Demônio, como se supõe, de acordo com os vários sacerdócios que tiveram desde a Criação até hoje, deixando vários nomes para trás a cada aparição na terra, pois, conforme o testemunho do próprio Demônio, se dermos crédito aos Demônios, eles, considerados em separado em seu próprio reino, não têm nomes impostos de distinção, mas são forçados a adotá-los quando se elevam no princípio externo deste mundo; embora, em parte, deva-se admitir que há alguns Reis e Duques principais na hierarquia infernal com nomes estabelecidos que não podem ser transferidos nem alterados.

Quanto aos nomes registrados em *A Descoberta da Bruxaria*, por ser um catálogo dos Demônios em suas classificações e hierarquias, supõe-se que eles sejam fictícios e totalmente imaginários, tendo sido retirados de *Bodin* ou *Wyerus*, que registraram a partir da tradição e manuscritos obscuros. E, de fato, se houvesse alguma certeza nessa Lista de Demônios, ela seria a descrição mais ampla e exata que existe. Mas é questionável por causa da pouca coerência que tem com os Nomes de Demônios recebidos antes na *Europa*, na Ásia, na África ou na *América*.

Se fôssemos falar de Almas Condenadas e seus Nomes ou Títulos, eles devem ser considerados de forma bem diferente dos Demônios, pois assim como seus nomes eram impostos aqui na Terra, assim é o nome que eles têm no reino das trevas, segundo um modo Mágico, de acordo com a linguagem da natureza no primeiro princípio das Trevas; assim como os santos no céu retêm seus nomes de maneira celestial. E também, assim como o Espírito Astral de um falecido retêm seu nome antigo de acordo com a fonte astral no princípio do único elemento.

Pois, como a linguagem da Natureza é encontrada no segundo princípio, ela também é evidente na propriedade dos Mundos sombrios, de acordo com o primeiro Princípio da Ira, assim como as aparências monstruosas de Demônios e Almas Condenadas correspondem às posturas mágicas de suas Almas enquanto vivem; a respeito do que falarei mais quando descrever suas Aparências. De acordo com elas, bem como o restante de seus atributos, tais como *Classificações, Números, Tempos, Poderes, Lugares,* etc., seus Nomes são adaptados e ajustados de acordo com a uniformidade do nome e da coisa nos princípios da natureza eterna e externa.

E como todas as outras Nações têm suas várias Denominações para Demônios e Almas Condenadas, com seu tom ou linguagem natural, portanto, podemos mencionar um Reino mais admirável do que o resto, isto é, o Reino do *Fiacim* no *Polo Norte*, onde todos os Conselheiros são Magos e os Nomes que eles usam nas Invocações são dispostos matematicamente em uma harmonia e eficácia maravilhosas para a realização das operações mágicas. Já chega dos Lugares e dos Nomes dos Seres Infernais; agora consideraremos suas Aparências e Semelhanças.

As Aparências dos Demônios respondem à causa da sua Queda e aos Domínios aos quais eles pertencem. Aqueles que pertencem à Hierarquia Suprema, quando são chamados pelos Magos, aparecem a princípio na forma de leões ferozes e terríveis, vomitando fogo e rugindo horrendamente ao redor do Círculo; daí eles se convertem em Serpentes, Macacos e outros animais, até o Mago repetir a forma da Constrição ou Confinamento a uma Tríade ou Triângulo, como foi mencionado no 15º Tomo de *A Descoberta*.

Depois de repetir a Conjuração, eles abandonam essas aparências bestiais e adotam a forma humana, primeiro como tropas de homens armados, até que, por fim, com repetições frequentes de outras cerimônias, eles aparecem como homens nus de semblante e comportamento gentis. Mas o Mago deve tomar o cuidado de não ser enganado por eles com insinuações, pois sua fraude é indescritível em sua aparição e pactos com a humanidade, porque podemos ter certeza de que eles não aparecem por vontade própria, mas são compelidos por conjurações obrigatórias, de modo que eles se importarão com seus próprios fins ao se intrometer com o homem, isto é, depravar sua mente, ou subverter a Vida e as Propriedades dos outros por seu meio e assistência.

O restante dos Domínios Infernais têm várias aparências. As aparências das duas ordens seguintes representam as belas cores das Aves e de Animais, como Leopardos, Tigres, Pavões, etc. Mas com Conjurações eles também podem se reduzir a uma forma humana, na qual prontamente responderão a qualquer demanda ao alcance da sua capacidade, responsável à Ordem à qual eles pertencem. Porém, muitos deles aparecem em formas monstruosas, e mal podem ser conjurados a abandonar tais formas. Embora o Exorcista nunca os enfeitice tão prudentemente, eles lhe mostrarão um par de mandíbulas de crocodilos ou uma pata de leão, com outras ameaças temíveis o suficiente para aterrorizar qualquer novato dessas injunções abomináveis, como a prática da magia.

Mas, principalmente, a opinião dos antigos é de que de acordo com a divisão dos animais puros e impuros na Lei apresentada a *Moisés*, as Aparências dos Demônios são dispostas no reino infernal. De modo que os mais perversos e potentes entre os Demônios representam os animais mais feios e perniciosos, de acordo com essa seguinte divisão, isto é, Demônios como Astaroth, Lúcifer, Bardon, Pownok, que inclinam e instigam os homens ao orgulho e à presunção, têm as aparências de Cavalos, Leões, Tigres, Lobos. Aqueles que instigam Luxúria e Cobiça têm as formas de porcos, serpentes, e outros répteis imundos ou animais invejosos, como cães, gatos, urubus, cobras, etc. Aqueles inclinados ao Assassinato têm as aparências de todos os pássaros e animais de rapina. Aqueles que respondem às perguntas dos humanos na Filosofia ou na Religião têm aparências mais toleráveis, quase humanas, mas com narizes tortos, como sereias ou sátiros. Deve-se observar de todo o restante que como uma única Luxúria ou Vício não tem domínio sem a mistura nos Espíritos malignos, eles não têm uma aparência distinta de um único animal, mas compõem-se de Monstros, com caudas de serpentes, quatro olhos, muitos pés e chifres, etc.

Como no geral essas são as aparências dos Demônios, as aparências específicas das Almas Condenadas devem ser consideradas da mesma forma que o restante, apenas com a diferença de que elas são mais ligadas na metamorfose e em variar suas aparências. No entanto, na maior parte, as Almas Condenadas retêm a aparência humana por meio de um modo mágico, de forma que a maior parte desse número incontável esteja com suas aparências antigas, principalmente quando se manifestam no sonho para seus conhecidos vivos. Seus aspectos são bem lúgubres e melancólicos, como os Fantasmas da fonte astral.

Falemos agora dos Tempos e das Estações de sua Aparição. O melhor tipo de Mago determina seu tempo com as horas astrológicas, principalmente de *Saturno, Lua* e *Vênus,* no quarto crescente da lua e no meio da noite, ou ao meio-dia. Nessas horas eles também arrumam seus Trajes, Capuzes, Candelabros, Figuras, Lâminas, Pentagramas e Círculos para Conjuração. Quanto aos momentos em respeito a seus cursos infernais, os mais adequados são quando surgem na Ira ou quando afundam no Desespero, o que é um mistério para os conjuradores estudiosos da *Europa*.

A respeito desse Mundo exterior, eles aparecem com mais facilidade em lugares ermos, quando o sol se põe; pois estão em inimizade com o sol, porque este se coloca como um tipo de mediador, ou coração e centro que eles perdem totalmente em sua queda e permanecem destituídos, como uma roda sem um eixo. De fato, essa carência é a principal causa de todo seu tormento e do ataque do verme roedor, quando eles consideram sua sentença irrevogável e perda irrecuperável.

Em tempestades de granizo, ou neve, o momento em que há vento, tempestade e raio é considerado entre os magos uma hora para conjurar com mais facilidade. Eles dizem que essas cerimônias se provarão eficazes, se um Conjurador começar seus Exorcismos na hora e no dia da *Lua*, no meio de uma tempestade terrível de raios e trovões, em uma cripta ou celeiro que seja fechado e afastado. Além disso, quando o vento sopra alto, sem chuva, dizem, os Demônios ficam mais perto do reino deste mundo e podem com grande facilidade ser solicitados ou elevados nessa estação, porque os demônios gostam de todos os climas extremos, sendo eles mesmos a primeira causa da desordem das propriedades no Reino da Natureza.

Mas em alguns países eles podem aparecer com mais facilidade do que em outros, de acordo com as constelações, pois se regalam muito nas extremidades dos dois polos na direção da *Lapônia*, da *Nova Zelândia*, da *Groenlândia* e do *Tártaro*, e no *sul* na direção das ilhas espalhadas pelos confins da *Terra Incógnita*. Eles também são Invocados com mais facilidade na costa entre Penhascos e Precipícios elevados ou em Desertos e Sertões longe de Cidades ou Habitantes. Dizem que respeitam muito o movimento dos Mares em sua aparição para aqueles que os solicitam em lugares *Marítimos* ou *Plagiários*.

Quanto às suas Classificações ou Ordens, é um tanto difícil descobrir, porque não sabemos ao certo de que Ordens eram aqueles que *Caíram*. A opinião da maioria dos homens é: *"Que de cada ordem muitos caíram"*. Mas aqueles que conhecem melhor a natureza das hierarquias celestiais provaram *"Que de qualquer Classificação ou Ordem ninguém pode cair a não ser que todos os sigam"*. Portanto, com mais razão pode-se julgar que antes de os Demônios caírem, a Hierarquia do Céu consistia em três Classificações ou Ordens; ou seja, a Ordem de Uriel, de Miguel, de Lúcifer: a de Lúcifer fica totalmente no *Inferno;* a outra que está sob Miguel é o domínio do Céu; a última, de Uriel, está mais no domínio desse terceiro princípio das *Estrelas,* com os *Planetas* em seu domínio, com as influências deles.

Portanto, o catálogo anterior, transcrito pelo autor dessa *Descoberta,* é totalmente falso e fictício, porque faz esses muitos tipos de Demônios terem Domínio sobre várias Legiões em várias distinções de *Serafins, Potestades, Tronos, Dominações, Querubins,* etc. Ao passo que todo o Reino do Inferno consiste em apenas uma Hierarquia, a de Lúcifer e suas *Legiões,* reduzidas por suas exorbitâncias àquela postura lamentável na qual eles estão agora e ficarão para sempre. Doutrina essa que considerada seriamente provará que as tentativas de Conjuradores e Magos são completamente vãs e suas formas de Invocação, vaidade e falsidade puras.

Seu número pode ser considerado mais minuciosamente, se entendermos que eles consistem em uma Hierarquia e nada mais; entretanto, devemos confessar que não se deve colocar limite a isso, porque sua natureza é germinar e multiplicar como eles quiserem, contraindo e dilatando-se de acordo com a força de seus poderes e capacidades imaginativas. Mas embora se admita isso, há um número estabelecido de Demônios que não varia. Embora o número de Almas Condenadas seja infinito e incomensurável, quanto à sua extensão de espaço ou lugar, sua miríade nunca é limitante, pois são capazes de amarrar milhares de Legiões na carcaça de um homem. Quanto às opiniões dos autores, elas são várias; alguns acreditam *que as estrelas respondem ao seu número;* outros falam *dos grãos de areia na beira do mar;* seja como for, o certo é que *elas são tão inumeráveis quanto as capacidades humanas.*

Suas naturezas agora devem ser consideradas por pertencerem à fonte ou à qualidade infernal. Em si, essas almas não descansam, nem são capazes da duração ou brevidade do tempo, nem dos cursos alternados de dia e noite. A maldade que elas cometeram nesta vida são seu tormento contínuo, que as rói e corrói magicamente, crescendo e fervendo perpetuamente dentro delas, drenando-as, e é por esse intercurso que o cúmulo da Maldade começa a incitá-las a blasfemar contra Deus e a se elevarem, acima do céu e da bondade, em suas Imaginações adulteradas, o que é para elas como um esporte e um passatempo, os quais duram pelo tempo que para nós seria 40 minutos. Isso também não lhes traz nenhuma vantagem, mas aumenta seu tormento, pois a dor interrompida é a maior; nem a amolação seria amolação, se não tivesse suspensão ou clemência, pois o contrário também se manifesta. *Nam contraria juxta se posita majus eluscescunt.* Entretanto, seu tormento é muito diferente, de modo que o tormento de uma, em relação à outra, não passa de um Sonho ou Fantasia; digo, entre as Almas Condenadas, e não os Demônios, pois a dor e o sofrimento dos Demônios são maiores do que o maior tormento das Almas perdidas, por muitos milhares de graus, conforme o curso da natureza e a razão, pois quanto maior a queda, maior o sofrimento e *optima corrupta fiunt pessima.*

Mas maravilhosos e diversos são os tormentos que todos das tropas infernais em geral sofrem, conforme as várias lascívias que os dominavam enquanto viviam na terra. O tormento dos assassinos cruéis que morreram na fonte efervescente de sangue e inveja é o maior, eles estão sempre assassinando em suas imaginações, e buscando, como sonhadores, realizar o que a falta do Órgão não os permite fazer, pois de acordo com o que os mais sábios dizem a esse respeito, essa é a tormenta e o sofrimento de todos os Condenados, *pois estão sempre desejando e ansiando e, em seus anseios, geram ideias e representações, que são as espécies de seus exageros e fantasias ilusórias.*

Aqueles que foram enterrados em Luxúria e Gula, Embriaguez e Lascívia, também estão em tormentos miseráveis, mas bem inferiores aos primeiros; vivem imaginando seus prazeres antigos na *Magia* como em um sonho, que quando eles acordam, os atormenta com crueldade; em geral, se enforcam, esfaqueiam e mutilam por amor, e estão perpetuamente mergulhados em sofrimento e desespero, se morreram de amor, ou se estão no auge de seus afetos astrais, deixando para trás uma pilha de desejos e luxúrias, que são a única causa de todo seu tormento. Nós podemos comparar bem as paixões das pessoas melancólicas ou daquelas que em Desertos, Bosques e Montanhas consomem-se de amor por mulheres, com seus tormentos; que, por serem de fato a preocupação da mente, são absolutamente as maiores e mais pesadas que a fonte ou propriedade deste mundo propicia, isto é, as perturbações da mente em geral.

Aquelas almas, nas quais a fonte efervescente da Ira e da Raiva tem uma moradia ou receptáculo, se partem inabaláveis, também entram em um tipo de tormento terrível, que aparece sempre como um Verme mordaz e um fogo ávido para duplicar e acumular o excesso de desespero, se dominaram muito dessa maneira enquanto viviam neste Mundo. Aquelas almas também que reinam em Orgulho e Inveja estão sempre tentando arrancar Deus de seu trono e elevar-se em suas imaginações, como homens que sonham, ainda buscando pelo Reino do céu, insultando e gabando-se disso, mas a qualidade do Reino do céu está totalmente oculta e afastada delas, de modo que nunca conseguem encontrar, sentir, ouvir nem ver, embora fizesse parte de seu princípio peculiar próprio. Isso aumenta seu sofrimento perpetuamente e surge às vezes com pontadas e desgastes horríveis, como as dores cansativas e aflitivas às quais o corpo humano está sujeito, que cessam por um tempo e então começam a disparar e a doer intermitentemente, como a gota, a dor de dente, a convulsão, dores pungentes e causadas por pedras.

Assim seus tormentos são descritos em suma, mas de fato a capacidade humana não consegue alcançar a descrição dos sofrimentos cruéis e das pontadas contínuas que aquelas almas contraem para si, pois cada faculdade mental é incomodada ao extremo. O sentido da audição é perturbado com sons desarmoniosos e escabrosos que causam uma antipatia a esse órgão; sons tão roucos e desconexos ofendem externamente os ouvidos e mexe com os nervos afetando suas fibras tenras. A visão também é ofendida e incomodada cruelmente com aparições monstruosas e ideias representadas continuamente em suas imaginações. E não há nenhum gosto repugnante no Reino deste Mundo, seja animal, vegetal ou mineral, do qual estejam livres em qualquer momento, sendo continuamente importunadas e sufocadas com vapores imundos e fumaças de frutos infernais, tais como fedores sulfúreos e abominações.

Os sentidos do tato e do olfato também não ficam atrás na participação de tormentos parecidos, que as próprias iniquidades despertam e provocam; além disso, esses espíritos estão sempre atormentando um ao outro; e se alguém tiver o mesmo sofrimento que conhecia aqui na terra, o conhecimento mágico e a perceptibilidade, ou a recordação disso, além de expressão ou concepção, aflige sordidamente e macera as almas e todos os seus sentidos.

Pois a natureza de sua habitação é tal que seu tormento é excessivamente agravado, porque a extremidade dos quatro elementos é convertida em um Princípio completo de ira e aflição. O excesso de calor e frio, seca e umidade sempre os assola alternadamente. Nem se vê qualquer luz ou brilho em suas Cortes, exceto aquilo que vem de seus Olhos faiscantes, como um olhar ou vislumbre mortal, por serem lampejos faiscantes repentinos e brilhantes, tal como Pólvora inflamada ou *Aurum fulminans*.

E como cada tipo de ser se alimenta de algo de sua própria natureza, propriedade e elemento, seja planta, animal ou algo metálico, assim os Demônios não são destituídos de carne, bebida, nem roupas, de acordo com seu reino e qualidade, com frutas brotando e crescendo diante deles de naturezas infernais, amargas ou venenosas, que lhes são reais e palpáveis, e não imaginárias ou típicas, embora para nós sejam mágicas e invisíveis; nem se deve questionar, se considerarmos a natureza da Alma humana, *In Media Natura*, pois se ela se alimenta da Palavra interna e substancial, que é o próprio Pão da Vida, deve por necessidade ruminar em outra coisa, isto é, os frutos da Iniquidade, que um indivíduo toma e bebe como o boi bebe água, de modo que para a alma o pecado torna-se palpável, fartando-se e saciando; de fato, tão substancial para a Alma, quanto Sujeira ou Tinta sobre o Linho branco é para nossos olhos externos; a alma também não pode se libertar dessas máculas até a água acima do Firmamento as lavar.

Também a respeito da fonte astral a ela não falta alimento, quando o leva para si, pois o gás do ar e as bolhas da água a nutrem, enquanto ficam lá, como já foi afirmado aqui. Essas influências do ar e da água as fontes levam para seu *Limbus* e convertem em suas próprias naturezas venenosas, assim como de ervas doces e saudáveis os sapos imundos e outros animais venenosos fazem seu veneno, convertendo-as em uma natureza como a deles. E pelo contrário, as ervas venenosas são convertidas em alimento bom e saudável por outros animais limpos.

E como as Tropas Infernais são consideradas em respeito aos quatro elementos, elas têm um tom ou linguagem peculiar e distinta, que exercitam e falam umas com as outras, como fazem os mortais. Mas elas perderam totalmente a dignidade de seus sons de acordo com a natureza eterna. Da mesma forma têm sua pronúncia ou dialeto totalmente deturpados desde que caíram de sua primeira glória celestial; por isso sua fala é ríspida, lúgubre e terrível, como os frutos dos quais se alimentam e a vida que levam. Essa depravação é bem aparente no Reino deste Mundo nas Linguagens divididas de cada região, conforme a constelação em que se situam. A verdadeira e mágica linguagem da natureza é oculta de todas as nações da Terra.

Mas quando aparecem nos Elementos externos, elas muitas vezes se expressam em *Irlandês*, *Galês*, *Latim* ou *Russo*, as linguagens que mais assumem para responder às Conjurações ou Pactos. De modo que se qualquer Mago que ignore essas linguagens citadas em qualquer momento Elevar ou Exorcizar esses Espíritos, ele deve ter o cuidado de confiná-los à sua língua materna para que sua fala seja completamente ininteligível, pois tudo aparece no que mais afeta ou ao que é mais ligado; muito embora os Espíritos tenham seus afetos, paixões e posturas distintas, em palavra, hábito, aparência e gestos, o Mago deve ter cautela ao Exorcizar e confiná-los a um lugar, uma postura, aparência e linguagem diferentes, para responder às suas intenções sem impedimento.

Pois eles são bem variáveis e inconstantes em suas condutas para com a humanidade, e não aderem a nada que não os prenda por meio de Palavras, Símbolos e Imprecações, exceto se o Exorcista tiver habilidade para confiná-los em uma Tríade Mágica, que tem a força certa de obrigá-los ou compeli-los a falar a verdade, e não mentir, em todas as suas Respostas ou Informações. Mas a homens e mulheres miseráveis como esses, que fizeram Pactos e Contratos para corpo, alma e trabalhos, digo que eles não obedecem nem se sujeitam aos seus comandos, mas, pelo contrário, atrapalham e submetem os conjuradores à sua vontade e poder até lhes destruírem a vida.

Entretanto, nenhum dos Príncipes mais potentes no Poder Infernal tem a menor habilidade para destruir os filhos dos homens sem o consentimento da mente e dos sentidos da Alma, pois até que a vontade da Alma lhe seja revelada, suas ameaças, truques e estratagemas não têm poder ou força, como os nervos de um morto. Claro que cada Espírito maligno se gaba do contrário, como se todo o mundo estivesse sob suas ordens e cada Alma estivesse sujeita à sua autoridade e disposição, com os Bens ou Posses do Mundo externo.

Quando qualquer Espírito maligno for invocado por Conjurações, sem Aliança ou Pacto, esses espíritos assim chamados são fraudulentos e enganosos demais, como servos teimosos que fazem a vontade de seus Mestres por coação e não por um ato natural de obediência aos seus comandos. Mas para aqueles com os quais fizeram pacto, eles são presentes e zelosos, empregados como Agentes para a destruição de outros e de sua substância e, ao se casarem com eles, até se tornam iguais, sendo a eles incorporados, de modo que em nada diferem de Demônios encarnados, exceto que a centelha da Luz divina, que foi o dom de Deus por penitência, só é totalmente erradicada quando o corpo definha.

Desses Pactos com esses Espíritos inconstantes eles obtêm fumigações, odores e oferendas, ou Sacrifícios de Sangue, Fogo, Vinho, Unguentos, Incenso, Frutas, Excrementos, Ervas, Gomas, Minerais e outros ingredientes, pelos quais de uma causa mágica eles têm mais influência e autoridade sobre o indivíduo enfeitiçado para insinuar em seu afeto, perfurando até seus ossos e medula, até as pessoas se habituarem de tal forma ao seu serviço, que este se torna seu pão diário e único deleite para realizar cada vilania e abominação que a instigação maliciosa e sutil de Satã os leva a fazer.

Até aqui, ilustrei as Naturezas dos Seres Infernais, que é um tópico tão intricado e abundante em si, que grande dificuldade acompanha sua Explicação; por causa da variedade de suas naturezas na fonte das trevas, onde vivem, se movem, comem, respiram e habitam, com qualidades, ações e paixões inúmeras, são completamente desconhecidos e incompreensíveis para nós, humanos. De modo que tentar uma demonstração ampla deste presente tópico requereria uma especulação mais profunda do que o tema merece, levando em conta que há tantos *Protei* e Crianças trocadas (*Changelings*) nesse Reino sombrio, que nunca ficam ou continuam na mesma natureza, propriedade e forma por mais de uma hora, mas podem ser comparados à suavidade dos Ventos, ou à imagem e forma de um rio veloz que passa como um pensamento e não é mais lembrado. Assim é com os Espíritos das Trevas, cuja vida é uma mera angústia e inconstância de um sofrimento a outro por toda a Eternidade.

Capítulo 6

A natureza, a força e as formas de simpatias, talismãs, amuletos, pentagramas, conjurações, cerimônias, etc.

Antes de ocorrerem as Aparições, depois da repetição de formas de Conjuração, os Espíritos Infernais fazem várias demonstrações extraordinárias, barulhos e tentativas em um prenúncio de sua aparição. As primeiras tentativas dos novatos na Conjuração são acompanhadas por barulhos, tremores, clarões, uivos e os gritos mais horripilantes. Até progredirem e ganharem experiência, eles se aproximam mais dessa natureza Elementar, até que os espíritos paulatinamente conseguem se manifestar para seu Exorcista.

Quando *Chiancungi* e sua irmã *Napala* tentaram evocar Espíritos pela primeira vez, começaram com o Espírito do décimo segundo grau, Bokim. Eles penduraram uma câmara debaixo da terra revestida de preto de cima a baixo e, desenhando o Círculo da Ordem dos Tronos, com os sete planetas e seus Símbolos Mágicos no Centro, começaram as Cerimônias da Conjuração. Depois de repetirem várias vezes as formas de evocação, e nada aparecer, ficaram tão desesperados que abandonaram o Círculo e cada Símbolo defensivo ou Cerimônia, e recorreram ao ramo mais maldito e detestável da Magia, que consiste em Acordos ou Confederação. Após intimar o Espírito Bokim com um Pacto solene, eles obtiveram 155 anos do Espírito, comprometendo-se com esse pacto com seu corpo, alma e obras.

Em sua vida condenada, eles continuaram a exercitar estranhos portentos em todas as Regiões. Com a ajuda desse Mago, os *Tártaros* destruíram uma flotilha com mais de 100 navios pertencentes à *China*; ele provocou nesse Reino muitas perdas de Filhos, Frutos, Trigo, Seda e Navegação. Costumava-se transportar pelo ar e carregava em uma mão um peso de 500 quilos para a surpresa de todos que o conheciam. Participava de muitas disputas públicas com magos de outras regiões, torneios de habilidade em Arte Mágica, na qual dizem que ele era melhor do que qualquer um anterior a ele.

Outro era *Lewis Gaufridi*, um padre *francês*, que fez um pacto com o Demônio e o serviu por 14 anos em trabalhos detestáveis, sacrificando crianças a ele, cultuando-o em uma forma abjeta e tentando os outros à sua sociedade Mágica ou Convenções Noturnas, nas quais, como se conta, eles se regalavam e banqueteavam com uma variedade de iguarias, que embora parecessem deliciosas, não tinham sabor.

Deixando esses relatos de lado, deve-se dizer a respeito de *Talismãs* e *Feitiços* que eles se dividem da seguinte maneira: primeiro, os amuletos que são esculpidos e moldados no formato de Dinheiro ou Moeda, que servem para provocar o amor e a intimidade com a pessoa amada, quando pendurados no pescoço em certas horas planetárias. Segundo, Feitiços ou Simpatias em um Pergaminho com Símbolos Mágicos, como Talismãs para Curar doenças ou para dar coragem, atiçar a memória e firmeza em alguém. Terceiro, Corseletes, que são um antigo Talismã *dinamarquês* de colares compostos de Pedras do Trovão, com inscrições de Letras Mágicas para resistir a todas as influências nocivas e ao perigo de raios.

Os *pentagramas* são um quarto tipo de apêndice, usados por Conjuradores, Encantadores e Magos, formados por cinco pontas, de acordo com os cinco sentidos e a operação inscrita nos cantos; devem ser compostos com duas partes de linho fino com uma Mortalha no meio. Essa figura o Mago segura na mão, tirando-a da saia de seu traje à qual é anexada, quando os Espíritos invocados forem teimosos e rebeldes, recusando-se a permanecer nas Cerimônias e Rituais de Magia.

Além disso, ao exibir os *Pentagramas*, com estas palavras: Glauron, Amor, Amorula, Beor, Beorka, Beroald, Anepheraton, repetidas nesse instante, os Espíritos malignos que possuem os corpos de enfeitiçados são torturados e assombrados com crueldade, sendo forçados finalmente pela repetição frequente das palavras a partir com o auxílio do Exorcismo do sexto cânone para a ordem dos serafins.

Quando Magos exercitam a Conjuração sob o luar em Vales ou Montanhas, eles têm outro tipo de talismã por meio dos Telesmas, que enterram a 100 passos do lugar onde o Círculo é desenhado na direção do *Leste, Oeste, Norte* e *Sul*. Pois esses feitiços têm o poder secreto de impedir a aproximação de qualquer criatura viva, até seu Exercício terminar, exceto o Espírito Infernal, cuja presença eles desejam tão ansiosamente.

Existem *Feitiços* feitos em alguma *matéria comestível* com *Símbolos* para *Febre, Dor de cabeça, Epilepsia, Parto, etc.* São especialmente poderosos quando o indivíduo ignora o feitiço tomado. Muitos daqueles que conheço têm um efeito maravilhoso. Mas quanto às poções mágicas para os mais diversos fins, elas têm uma causa natural, mesmo que seus efeitos sejam afligir com Doenças para Envenenar ou para provocar Amor em um Indivíduo indiferente. Elas não devem ser inclusas entre as simpatias, porque seu efeito é apenas natural, de uma causa natural.

Mas, insistindo mais na natureza da Conjuração, os Magos exercitam-se muito no seu tempo em *Fumigações* para aqueles Espíritos que estão prestes a provocar; suas fumaças são distribuídas conforme a natureza do Espírito sob qualquer um dos sete Planetas, que os antigos conjuradores eram bem pontuais em observar, embora hoje em dia isso esteja esquecido, considerado supérfluo ou até perigoso de inserir entre as Cerimônias de Conjuração. Apresentaremos ainda, aqui, uma divisão das Fumigações de acordo com a Influência dos Planetas e Ordens dos Espíritos.

As *Fumigações* para *Saturno* são feitas de Olíbano, Raízes de Mentruz, Estoraque e Gálbano; por estes espíritos: Marbas, Corban, Stilkon, Edos, etc. E todos da primeira ordem na adstringência são acalmados e provocados quando os *vapores* são colocados em um *Tripé* na hora de *Saturno* conforme a divisão planetária. Essas *Fumigações* fazem esses Espíritos aparecerem como velhos magros e de barbas promissoras; como Serpentes, Gatos, Lobos, Texugos, Panteras; como Velhos de Armadura; como Trombeteiros em muitas categorias e divisões.

Para Espíritos sob *Júpiter*, eles usam madeira de Agar, sementes de Freixo, Benjoim, Estoraque, Penas de Pavão e *Lápis-Lazúli*, misturando tudo com o sangue de uma Cegonha, Andorinha ou de Veado, adicionando também os miolos. O *vapor* é acionado na hora de *Júpiter* e em um local adequado à sua natureza. E por esse sacrifício os Espíritos da ordem seguinte são evocados, como Reis gloriosos com muitos assistentes e uma pompa poderosa; antecedidos por Arautos, Porta-estandartes, Trombeteiros, Guardas e todos os tipos de instrumentos musicais.

Eles fazem *Fumigações* para os Espíritos da ordem das Potestades, quando estão sob *Marte* na divisão planetária, com Goma Aromática, Bdélio, Euphorbium, Magnetita, Heléboro branco e negro, e uma adição de Enxofre para formar um Amálgama com o sangue de um homem e de um gato preto. Essas misturas são consideradas excelentes para a Magia de modo que, sem qualquer outra adição, dizem, apenas essa *fumigação* é capaz de fazer tais Espíritos aparecerem diante do Exorcista com Armaduras brilhantes e brandindo armas, com olhares terríveis, mas com poder inferior aos Espíritos de *Saturno*, embora também possam exibir a forma de Leões, Lobos, Tigres, Ursos e todos os outros Animais cruéis ou vorazes.

Da mesma forma, no caso dos Espíritos sob a regência do *Sol*, da ordem dos Tronos, eles fazem uma *Sufumigação* com Açafrão, Louro, Canela, Âmbar gris, Cravo, Mirra – o Incenso, Almíscar e Árvore Balsâmica misturados com e cérebro de uma Águia e o sangue de um Galo branco, moldados como pílulas ou bolinhas e colocadas no *Tripé*; suas aparições são Castelos, Jardins, Montanhas, Rios, Pescadores, Caçadores, Ceifadores, Cães, Carneiros, Bois e outros animais domésticos.

Sob *Vênus* estão os Espíritos da sexta ordem das Potestades; suas aparições são bem majestosas, como a natureza do planeta, como Cortesãos, Damas, Príncipes, Rainhas, Infantes, Crianças e perfumes. As *fumigações* apropriadas a eles são Rosas, Coral, *Lignum Aloes* e *Sperma ceti* misturados com pardais, miolos e sangue de pombos para serem fumigados com uma Canção.

Mercúrio envia Cavaleiros, Pescadores, Trabalhadores, Sacerdotes, Estudantes, Servos, etc., e raposas, serpentes, cães, lebres, hienas, hidras e outros animais monstruosos se a ele *fumigam* incenso, mástique, cinquefólio incorporados com o cérebro de uma raposa e o sangue de uma pega.

Espíritos sob a *Lua* são como Almas Penadas e sombras, muito pálidos, embora em forma humana ora sejam masculinos, ora femininos. São oferecidas a eles *fumigações* de sapos desidratados, semente de papoula branca, olhos de touros, cânfora e incenso, incorporados com sangue de ganso e o sangue menstrual das mulheres.

Essas são as divisões das *fumigações*. Também não se pode negar que, em muitas cerimônias desse tipo, há uma grande virtude inerente conforme as Doutrinas da Simpatia e da Antipatia, nas quais cada coisa é atraída por seu semelhante na Ideia, seja por palavras ou ações, de acordo com o ditado: *In verbis, herbis e lapidibus latet virtus*, de modo que as Cerimônias e os Talismãs, com outras circunstâncias usadas pelos magos, são prevalecentes sem dúvida à realização desse trabalho, isto é, *a evocação e o exorcismo de Espíritos Infernais com Conjurações*.

Capítulo 7

Como conclusão de tudo, onde se fala brevemente de diversos feitiços, simpatias, encantamentos e exorcismos antigos.

Além do que o Autor apresentou, há muitos outros *Feitiços e Simpatias* que a Tradição deixou para a posteridade, muitos dos quais são eficazes para o que se pretende, como foi apresentado no capítulo anterior, em que são descritas as *Ordens de Fumigações*. Além disso, há *Símbolos Mágicos* atribuídos aos planetas, dentre os quais *Telesmas, Talismãs, Amuletos* e *Filtros* são compostos por textos *enterrados, escritos, amarrados, esculpidos, aligações*, etc. para efetuar vários propósitos nas horas astrológicas. Para conquistar inimigos, curar doenças, aniquilar cidades, parar inundações, deixar corpos invulneráveis, entre outras coisas, todas efetuadas por meios desse tipo, com a assistência da Imaginação.

No entanto, há muitas composições naturais que têm efeitos estupendos por si sós, sem o auxílio da Superstição; para a mistura de coisas há uma força ou virtude dupla: primeiro, quando as virtudes celestiais são devidamente dispostas em qualquer corpo natural, de modo que em um objeto estão expressas várias influências de poderes superiores. Em segundo lugar, há misturas artificiais e composições de coisas naturais entre si, em uma certa proporção para harmonizar com o céu sob certas constelações. Isso vem da correspondência das coisas naturais entre si, por meio da qual as coisas são efetuadas até a admiração, como declara *Agrippa*, cap. 35, lib. I.

E assim a cada planeta certas *fumigações* são atribuídas; assim como àqueles Espíritos sob eles, certos *Locais* são adotados para as cerimônias de conjuração, que os Magos escolhem quando preparam seus trabalhos das Trevas. A *Saturno* são atribuídos *locais* melancólicos e sombrios, como criptas, tumbas, monastérios, casas vazias, tocas, cavernas, buracos. A *Júpiter*, teatros, escolas, casas de espetáculos, tribunais. A *Marte*, campos de batalhas, fornos para assar pão, vidraçarias, matadouros, lugares de execução. Ao *Sol*, palácios, montanhas, campinas, luz solar, bosques e quartos superiores. A *Vênus*, fontes, campinas, jardins e litoral. A *Mercúrio*, todos os locais públicos pertencentes às cidades. A *Lua*, desertos, bosques, penhascos, florestas, navios, estradas, etc.

Igualmente, *feitiços e simpatias* são adaptados à coisa que os magos mais realizam, de acordo com a matéria, forma e local de sua composição, por exemplo, para *conseguir amor* eles enterram anéis, laços, selos, imagens, espelhos, etc. em cozidos, banhos, camas, para que em tais locais possam contrair alguma capacidade venérea. Quando reúnem ervas ou outros ingredientes, eles escolhem a hora e o lugar em que tais planetas têm domínio sobre essas ervas, que eles coletam, lembrando sempre de se virarem para o *leste* ou *sul* quando ervas *saturninas, marciais* ou *joviais* são coletadas, porque suas casas principais são os signos meridionais; para ervas *venéreas, mercuriais* ou *lunares*, devem olhar para o *oeste* ou *norte*, pois suas casas são os signos setentrionais. No entanto, em quaisquer operações *solares* ou *lunares*, o corpo do sol e o da lua devem ser respeitados na operação.

As cores também são muito consideradas entre os magos, de acordo com o planeta, como preto, chumbo, marrom, para *Saturno;* safira, vernal, verde, roxo, dourado para *Júpiter;* vermelho, cores quentes, violeta, sangue e cores ferrosas para *Marte;* dourado, açafrão, escarlate, etc. para o *Sol;* branco, louro, verde, rosa, cores agradáveis misturadas para *Vênus, Mercúrio* e *Lua*. Da mesma forma, eles atribuem cores às 12 casas, e de acordo com os planetas também têm certas composições para fogo que produzem operações maravilhosas, tais como Lâmpadas de peles de serpentes fazem aparecer serpentes. O óleo que ficou sob as uvas, quando aceso, deixa o aposento cheio de uvas. Centáurea-menor e sangue de abibe fazem as pessoas parecerem gigantes e, no ar livre, farão as estrelas parecerem se movimentar para cima e para baixo nos elementos. A gordura de uma Lebre acesa em uma lamparina deixará as mulheres muito alegres e brincalhonas. E velas compostas de coisas *saturninas* provocam terrores e melancolia no indivíduo que as acender e naqueles que forem iluminados por elas.

Tais efeitos maravilhosos têm coisas naturais adaptadas em suas horas e constelações, bem como quando elas são usadas para provar aqueles efeitos que a natureza das coisas produz de si, embora em um menor grau. Para provocar *Tempestades*, os magos queimam o fígado de um camaleão no telhado. Para causar *visões estranhas*, eles penduram a bile de um boi sobre suas camas; para trazer *Aparições* e *Espíritos*, fazem um vapor estranho com bile humana e os olhos de um gato preto. *O que, Agrippa diz, ele muitas vezes experimentou*. Há também uma estranha vela mágica descrita entre autores *químicos* que, quando acesa, prevê a morte do indivíduo a quem pertence. O modo de fazer é o seguinte: "*Pega-se uma boa quantidade do sangue venoso morno quando sai da veia, que depois de ser preparado quimicamente com Conhaque e outros ingredientes é moldado em uma vela, que, uma vez acesa, nunca se apaga até a morte do indivíduo com cujo sangue foi composta, pois quando ele está doente, ou em perigo, a vela queima fraca e inquieta e quando ele está morto, apaga-se totalmente*". Um estudioso escreveu um tratado completo sobre a composição dela, *De Biolychnio* ou *The Lamp of Life* [A Lamparina da Vida].

Mas passando para a natureza de *Símbolos, Sigilos* e outras *Cerimônias*, descobrimos que não só aqueles que fingem comandar todos os tipos de Espíritos, como também aqueles que fazem Pactos e se venderam os usam. Esse exemplo é o suficiente para provar o que um sábio declarou em relação a Espíritos malignos terem cegado os olhos dos homens, para fazê-los acreditar que eles são defendidos por Cerimônias como essas, e que esses Símbolos são como Munições contra a perversidade do Demônio. No entanto, esses *Símbolos, Sigilos, Lâminas*, etc. são eles mesmos *Pactos* que os Demônios espertamente disfarçaram com Repetições estranhas em Linguagem desconhecida.

De modo que temos motivos para acreditar que ninguém é capaz de evocar algum *Espírito* sem *Pacto*. Mas aquele que tinha pretensões de ser famoso na Arte da Magia ou Conjuração fez um *pacto* (sem saber) e *cultuou o Demônio*, com estranhas *Repetições* e *Símbolos* místicos, que para ele pareceram ter efeitos contrários ao que realmente tinham.

Também não é de se admirar que sem o conhecimento ou consentimento do Mago um *Contrato* seja firmado com *Espíritos Malignos*; quando consideramos a força mágica de *Palavras* e *Símbolos*, que por si sós podem curar doenças, enfraquecer, infectar, salvar, destruir, enfeitiçar e encantar sem a assistência do Indivíduo, seja conhecendo a causa ou acreditando na consequência ou no efeito.

Mas, pelo contrário, eu poderia apresentar uma série de exemplos daqueles que passaram tempo demais em *Conjurações* sem nenhum propósito, tentando ainda com exorcismos e orações defensivas conjurar um espírito ou provocar aparições pessoais, com Imprecações severas e Exortações poderosas, e, no entanto, nunca tendo atingido seu objetivo, nem em nenhum momento ouvido, ou visto qualquer ser, que poderia ser chamado *Espectro* ou *Aparição*.

O que não é nada fenomenal, se prestarmos atenção à *simpatia* das coisas na Natureza, como cada um deseja seu *semelhante* e busca por ele como o ímã atrai o ferro; o macho cobiça a fêmea; o mal persegue o mal e o bem persegue o bem; o que é visto em homens perversos e sua associação, em aves e animais de rapina, enquanto, pelo contrário, o cordeiro não se interessa pelo leão, nem a ovelha pela companhia do lobo; nem a natureza que é totalmente depravada e afastada de Deus se interessa em ser forçada ou atraída compulsivamente por outra natureza contrária, isto é, inocente, justa e inofensiva.

Também não condiz com a razão natural que *Espíritos Malignos* afetem a sociedade daqueles que são seus inimigos, que usam os nomes temíveis e santos de Deus em conjurações para evocá-los, ao passo que eles são antídotos contra aparições, como pode ser visto em vários exemplos de homens santos que, com orações e exorcismos, baniram os *Espíritos Malignos* em todas as eras, o que também é evidente, pois a forma de *Despossessão* e *Exorcismo* é composta de diversas orações e bênçãos defensivas contra as influências obnóxias dos *Espíritos Infernais*.

Portanto, embora eu esteja longe de descrever um procedimento inegável de Conjuração de Espíritos ou de provocar aparições, devo declarar conclusivamente do que foi alegado antes que se qualquer coisa for evocada ou trabalhada, deve ser algo de sua própria natureza, como uma isca para capturar ou tentar, pois assim como para apanhar aves, animais ou peixes, os alimentos que são adequados a esses animais são usados para atraí-los, a humanidade também não pode mandá-los vir em sua custódia sob ameaça.

Quanto menos a humanidade conseguir compelir os *Espíritos Infernais*, independentemente de que Reino for, ainda que liberado, menos capazes serão de exterminar milhares de vidas e aniquilar completamente os pobres mortais e seus feitos, como vários acidentes passados podem demonstrar. Mas quem tiver feito um pacto por corpo, alma e trabalhos, como aqueles que se uniram a eles, a estes eles aparecem para o avanço de seu Reino na destruição dos outros; pois estão enxertados em tais indivíduos e incorporados em sua alma e coração, o que inevitavelmente se tornam suas retribuições quando o corpo definha.

No entanto, pode haver muitas formas com *Imagens, Telesmas* e *Amuletos* com pouca ou nenhuma dependência de Conjuração, ou a força disso, que sejam bem eficazes por causas empáticas, como provam muitas conclusões naturais. E *Paracelso* fala de uma forma com a imagem de qualquer pássaro ou animal para destruir esse animal, ainda que a distância; de modo que com o pelo, a gordura, o sangue, os excrementos, as excrescências, etc. de qualquer animal ou vegetal, pode-se arruinar ou curar tal ser.

Isso é visto no unguento de defesa e no pó de simpatia, no exemplo de diversas histórias daqueles que usavam imagens de cera, compostas em várias posturas e sob certas constelações, com as quais muitos foram atormentados e macerados até a morte. E de acordo com a punição ou tormento que o Mago pretende afligir, assim se determinam a hora da composição e a postura ou aparência da imagem.

Pois se uma bruxa de mente maliciosa pretende esbanjar os Bens ou consumir a Vida de algum homem ou mulher miserável, ela faz sua imagem de cera com um aspecto tão agourento quanto puder para contribuir ao seu propósito, marcando vários símbolos mágicos nas laterais da cabeça, descrevendo o Símbolo da hora ou do momento planetário no peito da imagem; o nome do indivíduo na testa; enquanto o efeito pretendido deve ser anotado nas costas. Para causar dor, sofrimento e pontadas violentas nos nervos e na carne, as bruxas enfiam espinhos e alfinetes em diversos lugares de seus braços, peitos e pernas. Quando querem deixar as pessoas com febres e doenças devastadoras, passam uma hora por dia aquecendo e virando a imagem diante de um fogo doloroso e vagaroso, composto de diversas gomas exóticas e ingredientes mágicos de doces odores, e estranhas raízes de arbustos, eficientes para seu propósito.

Maravilhosas são as várias atitudes e peças que os Magos pregam com as imagens. Eu também não mencionarei a parte mais perfeita e prevalente da prática de Imagens e as operações poderosas com elas; do contrário, pessoas com a mente maligna farão abominações dirigidas às pessoas ou aos bens de seus vizinhos.

Eles concebem suas imagens de acordo com a natureza do que querem realizar. Se com as imagens se deseja provocar o amor entre dois indivíduos ou conquistar alguém, eles criam imagens nuas, com observações astrológicas e abraços daqueles que são venéreos; para provocar inimizade, colocam Símbolos e Aspectos malignos e as imagens em uma postura de combate.

Se suas intenções forem boas, todos os Símbolos são gravados nas partes dianteiras do corpo. Mas se pretendem afligir o indivíduo com doenças devastadoras, ou até a morte, enfiam agulhas no coração e gravam seus Símbolos na parte posterior do corpo, ou nos ombros, usando todos as suas conjurações retrógradas e repetindo cada Encantamento em oposição ao anterior.

Milhares de feitiços estranhos e desconhecidos podem ser descritos aqui, de acordo com a forma exata na qual a tradição os deixou. Mas insisti apenas na descrição das naturezas em geral. Assim como com *Imagens* e *Telesmas,* os *europeus* efetuaram coisas admiráveis, os *tártaros* têm formas maravilhosas de produzir os mesmos efeitos com *Garrafadas, Peles de ovelhas, Varas, Bacias, Cartas* ou *Missivas* a certos Espíritos, e muitas outras formas inéditas na *Europa.*

Quanto à *Amarração do Ponto,* é um forte impedimento nos ritos conjugais para conter os atos de intimidade entre duas pessoas casadas. Esse nó ou ligamento se tornou tão famoso na prática e no efeito na *França,* na *Itália* e na *Espanha,* como também em todos os Países *Orientais* que as leis de várias nações proibiram sua realização; também não é adequado descrevê-lo abertamente aqui.

Eles têm outros estratagemas como a *virada da peneira,* com um par de tesouras por meio de *vozes saindo de peles,* o que é comum entre os *turcos* com *Cartas* escritas para certos espíritos, que nas devidas consultas terão o retorno deles. Por meio da *Amarração* da *Corda* com vários nomes enrolados, e com certas repetições, será ela mesma amarrada em vários nós estranhos que se desamarram de novo. Além dessas, há muitas formas de leitura da *sorte,* nas extrações de pergaminhos, na consulta com a vara e o pote vazio, entre outras tediosas demais para serem enumeradas.

A *Arte do Transplante* também é reconhecida entre os *Feitiços* com os plebeus. E de fato, uma delas, a Transferência de Doenças, é realmente mágica e muito praticada entre bruxas. Com certas iscas dadas a algum animal doméstico, elas removem febres, acessos e doenças de guerreiros ou de um a outro; enterrando certas imagens no terreno de seus vizinhos, as bruxas passam toda a má sorte ao proprietário do terreno. No entanto, ainda que acrescentem palavras e conjurações estranhas à prática, os efeitos disso vêm mais da Natureza do que da Conjuração.

Pela mesma causa, conjurações profundas podem extirpar doenças, extrair verrugas e outras excrescências, matar, curar, purgar e envenenar a distância do indivíduo, com seu cabelo, gordura, sangue, unhas, excrementos, etc., ou com qualquer raiz ou substância carnosa esfregada em suas mãos, peito ou pernas. Enterrando essa substância, as pessoas se libertam de doenças. Esses experimentos acontecem de acordo com os *Médiuns* e a putrefação dessas substâncias no subsolo.

Como pela razão natural cada Feitiço ou Fórmula Mágica teve sua primeira instituição, da mesma forma os mágicos preparam a matéria e o modo de fazer conforme as horas de seus utensílios e instrumentos, de acordo com os princípios da natureza, por exemplo, devem costurar seus trajes na hora da *Lua* ou de *Saturno,* no quarto crescente da lua.

Seus *trajes* devem ser de linho branco, tecido preto, peles de gato preto, lobos, ursos ou de porcos. O linho, por causa de sua qualidade abstrata para encantamentos mágicos, não deve passar por utensílios usados para causas comuns. As peles desses animais estão em suas partículas, por causa das *qualidades saturninas* e *mágicas*. A linha de costura é de seda, tripas de gato, nervos humanos, pelos de burros, tiras de peles de homens, gatos, morcegos, corujas, toupeiras e todos aqueles que são prescritos para a mesma causa mágica.

As agulhas são feitas de espinhos de ouriços ou dos ossos de alguns dos animais mencionados. As *penas de escrever* são de corujas ou corvos, a *tinta* é de sangue humano, seus *unguentos* são de gordura humana, sangue, úsnea, banha de porco, óleo de baleias. Seus *símbolos* são em *hebraico* antigo ou *samaritano*. Sua *fala* é *hebraica* ou *latina*. Seu *papel* deve ser feito com as membranas de crianças, que esses mágicos chamam de *pergaminho virgem*, ou das peles de gatos ou cabritos. Além disso, eles compõem suas *fogueiras* com madeira, óleo ou resina doce; suas velas com a gordura ou a medula de homens ou crianças; os *vasos* são de barro, os *candelabros* têm um metro de ossos de homens mortos. Suas *espadas* são de aço, sem guarda-mão, com as pontas reversas. Esses são seus materiais, que eles escolhem principalmente pelas qualidades mágicas que os compõem.

Os formatos peculiares também têm uma causa natural. Seus *capuzes* são ovais ou piramidais, com abas de cada lado e revestidos de pelo. Suas *túnicas* vão até o chão e são forradas com pele de raposa branca, sob a qual usam um traje de linho até o joelho. Os *cintos* têm sete centímetros de largura e muitos nomes cabalísticos com cruzes, triângulos e círculos inscritos neles. Suas *facas* são adagas, e os *círculos* de proteção costumam ter 2,7 metros de diâmetro, mas os magos *orientais* fazem com apenas 2 metros. Essas são as matérias e o modo de seus preparos, que acho conveniente repetir aqui por causa de sua afinidade com os *instrumentos* dos *feitiços*, pois em ambos os casos sempre se simula uma causa natural.

Falei brevemente da Natureza de cada Espírito *bom* ou *mau*, até onde a *segurança* ou a *conveniência* permitiriam, acrescentando também esse último Discurso de *Encantamentos* e *Conjurações* em sua *parte especulativa*, deixando de descrever as *formas em si*, pois muitos deles não são apenas *fáceis*, mas também *poderosos* quando aplicados de maneira oportuna. De modo que descrever claramente por quais meios os magos *matam*, *curam* ou *conquistam* fortaleceria as mãos dos Invejosos contra as vidas e os destinos de seus vizinhos. Portanto, os leitores devem se contentar com o que é relatado aqui a respeito da *Natureza* dos *Espíritos Astrais* ou *Infernais*.

Fim

Notas Referentes a Shakespeare

P. 117. O "homem com cabeça de asno", de Bodin. N. Drake, em seu *Shakespeare and his Times*, vol. II, p. 351, sugeriu que a "tradução" de Bottom derivou da p. 315 em Scot, onde ele dá uma receita para tais transformações. Isso pode ser em parte em memória de Shakespeare, assim como na crença comum de que os mágicos poderiam fazer tais coisas. Ele pode, também, ter lembrado de outra história, contada na p. 533, do Papa Bento IX ter sido condenado após a morte a caminhar na terra (à noite, presumo, depois de seu dia no purgatório) na pele de um urso, com uma cabeça de asno *da mesma forma em que viveu*. Mas penso que essas declarações posteriores apenas o fizeram se lembrar mais do primeiro, completo e notável conto cipriota de Mal-Bodin, mais especificamente dessa passagem, em iv, i, 30, que Bottom declara: "Parece-me que tenho um grande desejo por um grande fardo de feno, bom feno, doce feno não tem igual". Um observador atento e preparado pode ter se lembrado do epíteto "cabeça de asno" porque, como muitos leitores devem observar, Scot usa essa palavra, embora o marinheiro na história seja um asno, desde o focinho e as orelhas até o rabo e as pontas dos cascos.

P. 547. Seus "espíritos brancos". No fólio de 1623, de *Macbeth*, temos em iv., i, *Musicke and a Song. Blacke Spirits, etc.* [Música e uma Canção. Espíritos Negros, etc.] e no *Witch*, de Middleton, todas as palavras são citadas, pois se defende que Middleton foi assistente de Shakespeare ou seu interpolador depois, porque esses versos eram dele e foram usados pela primeira vez no *Witch*. Mas, de acordo com a maioria dos argumentos de Malone – pois um deles certamente não é confiável –, o *Witch* foi composto alguns anos antes de *Macbeth*, como também é provável pela idade de Middleton. E isso foi posteriormente demonstrado por uma passagem despercebida até agora em ii, I:

"Algumas esposas de cavaleiros na cidade,
Terão grande esperança na sua reforma", etc.

Pois está claro que isso deve ter sido escrito quando o preço e a qualidade da fidalguia caíram muito e sua abrangência aumentou além do que era em 1605. Segundo, é uma suposição, muito improvável, que a sugestão da canção do manuscrito em *Macbeth* deveu-se ao fato de os atores a terem conhecido no *Witch*. Pressupõe-se que os figurantes que interpretaram os papéis das bruxas foram os mesmos nas duas peças. Também que os autores do manuscrito sabiam que seriam os mesmos e certamente se lembrariam das palavras, pois o roteiro é para uso do ponto ou se trata de um texto em que as falas dos atores podem ser extraídas. Além disso, o *Witch* foi, como o próprio autor nos diz: "um trabalho ignorantemente desafortunado", em outras palavras, um fracasso.

Mas em referência aos alegados direitos de Middleton a esses versos, descobrimos agora que, em 1584, quando Middleton era um menino, o primeiro dos dois versos – ou, se preferir, os primeiros dois dos quatro, pois as palavras em cada metade da frase estão invertidas, possivelmente para variar o ritmo monótono demais da frase – foi copiado por Scot como parte de uma série famosa de rimas. Shakespeare, que escreveu depois, tem os "espíritos negros", etc.; Middleton, em seu *Witch*, onde encontramos passagens retiradas textualmente (ou quase) de Scot, tem essas e outras rimas apresentadas por Scot muito pouco alteradas em 1, 2, e os "espíritos negros", etc. com "mingle, mingle" (misturai-vos, misturai-vos) e algumas das outras rimas em v, 2. Portanto, elas não são de Shakespeare nem de Middleton. De quem seriam? Scot diz que saíram do livreto de W.W. sobre as Bruxas em St. Osyth, Essex. Mas certamente os versos, qualquer um deles, não estão nesse livreto. Essas coisas, no entanto, são usadas. O menininho de Ursula Kempe e ela mesma depõem, com a promessa do juiz de paz, Meritíssimo Brian Darcie, de favorecê-la – promessa essa, aliás, tanto nesse caso como em outros, que acabaria com o enforcamento –, que ela tinha dois espíritos masculinos e dois femininos: os femininos eram Tyffen, com a aparência de uma ovelha branca, e Pigine, negro como um sapo; os masculinos eram Tittie, como um gatinho cinza, e Jacke, negro como um gato. Não só eles são mencionados assim por cada um, como também a idosa especifica seus feitos em três ou quatro das páginas anteriores (A 3, v-A8). Os espíritos de Mãe Bennet eram dois, Suckin, com a aparência de um cão negro, e Lyerd, vermelho como um leão (B3, etc., B7). Além desses, mas apresentados com menos distinção, havia os que se seguem. A mãe Hunt tinha duas coisinhas parecidas com cavalos, um branco e um preto, guardados em um pote entre lã preta e branca (A 5, v e 6). Ales Hunt também tinha dois espíritos, um branco e um preto, parecidos com potrinhos, chamados Jacke e Robbin (C3). Marg. Sammon tinha um Tom e um Robyn, mas eram parecidos com sapos. H. Sellys, com

9 anos de idade, depõe que sua mãe tinha dois diabretes, um besouro Hercules ou Jacke, preto, macho, que, à noite, e com a aparência de sua irmã, puxava a perna de seu irmão mais novo e o machucava, fazendo-o chorar; o segundo, Mercurie, uma fêmea e branca (D, v). Ales Baxter diz que a vaca ficava viciosamente incontrolável enquanto era ordenhada e que algo parecido com um gato branco atingiu seu coração a ponto de deixá-la tão fraca que não conseguiu ficar de pé e, por fim, foi carregada para casa em uma cadeira (D 4, v). Ales Mansfield ganhou de Margaret Grevell (ou Gravell) – pois esses diabretes parecem ter sido dados de presente sem seu consentimento, como animais brutos e, com fome, alimentados com leite, cerveja, pão, aveia, forragem, palha e, principalmente, um gole de sangue sugado do corpo – dois espíritos machos e duas fêmeas, chamados Robin, Jack, William e Puppet, ou então Mamet, como gatos pretos (D6). Mãe Eustace também tinha três diabretes, com a aparência de gatos: um branco, um cinza e um preto. Annis Dowsing, com 7 anos, filha bastarda de Annis Herd, conta a B. Darcie que sua mãe tinha seis Melros, pretos com pintas brancas ou todos pretos. Além disso, seis diabretes parecidos com vacas, mas "do tamanho de ratos", um dos quais, branco e preto, e chamado Crowe, ela ganhou de presente, enquanto Donne, o outro, era vermelho e branco (G. 4, v.). Eu, talvez, tenha me estendido demais nessa história querendo mostrar que esses diabretes, além de famintos, eram em geral brancos ou pretos, às vezes vermelhos ou cinza, e para que as observações deste livro ímpar e autêntico sejam aceitáveis. Os nomes e o comentário a respeito das cores dos diabretes impressionam tanto o leitor que o Bispo Hutchinson, em seu *Historical Essay concerning Witchcraft*, 1718, diz, na p. 29: "Um relato a respeito deles foi escrito por Brian Darcie, com os nomes e as cores de seus espíritos". Mas aqui um fim depois dos comentários. Primeiro, que as principais testemunhas, e que levaram a essas confissões, foram seus próprios filhos de 6¾ a 9 anos de idade. Segundo, essas confissões foram, tão abertamente quanto fosse possível, feitas primeiro por alguns e em seguida por outros com promessas de favor, promessas feitas falsamente que levaram à condenação e à morte. Terceiro, como demonstrado por exemplos, tais como: "[ela] queria falar sozinha comigo, afirmou Brian Darcey, e assim nos dirigimos ao meu jardim", etc., e pelo uso frequente de "diante de mim" – as iniciais W.W. eram fictícias ou provavelmente do escrevente, e o autor verdadeiro era o Juiz de Paz, Meritíssimo Brian Darcie, que queria ganhar o favor de seu parente, Lord Darcie, a quem o livro foi dedicado, ou possivelmente, por meio dele e do livro, a observação de sua Majestade, como uma investigadora inteligente, zelosa e fidedigna dessas velhas coisas novas.

Nem precisamos acrescentar que escrever baladas era uma profissão naquela época e seus professores se apegavam a qualquer coisa de interesse – tais como um assassinato atroz, as últimas palavras do assassino (faladas ou não), enchentes ou tempestades incomuns, os efeitos dos raios, a viagem de uma embarcação intrépida, naufrágios, a história de um peixe estranho "na forma de uma mulher da cintura para cima", que aparece a "40 mil braças acima da água [ou de outra maneira] e cantava assim". Como então a condenação de 16 idosas por crimes horríveis não seria um tema de "balada"? Era novo, raro, atingia a todos e era, em muitos sentidos, fatal. As rimas em Scot provam que não poderiam ser as palavras dele, e elas têm o ritmo, ou melhor, a cadência de uma balada. Analisando a evidência com calma, portanto, estou convencido de que nem Shakespeare nem Middleton poderiam ter alinhavado essas rimas entre 1582 e 1584, mas Shakespeare repetiu o que fizera na loucura de Ofélia: citou versos como "negros e brancos espíritos", etc., porque as palavras serviam nessa cena de encantamento perverso e lhe deu realidade; enquanto Middleton, em uma tragicomédia mágica, apresentou, com muito pouca variação, todas as palavras citadas por Scot.

Em se tratando de Shakespeare e *Macbeth,* creio que meu leitor não apenas perdoará se eu desviar um pouco do meu caminho atual e adicionar as seguintes palavras. Assim como se afirmou que Middleton escreveu "Espíritos negros", etc., supôs-se que os versos sobre "A Busca do Mal" foram inseridos por Middleton ou algum outro, porque as evidências negativas pareciam demonstrar que o rei James só assumiu esse costume em uma data muito posterior a 1605. Recentemente, porém, o Prof. S. R. Gardiner descobriu que James "buscou" e foi quase compelido a "buscar" o mal já em 1603. Acreditou-se em sua eficácia e ela foi apresentada em livros, de modo que a mera suposição dessa prerrogativa provou seu êxito, provando assim sua qualidade de herdeiro legítimo da coroa inglesa – uma prova, suspeito eu, que não escapou aos olhos dos astutos conselheiros que recomendaram sua adoção, nem da vista do próprio James. E creio que é cego aquele que não conseguir ver como isso, além da outra evidência apresentada na peça, e à verdade, embora de alguma forma, e de propósito, expunha indiretamente a intenção de *Macbeth*, que provou tanto a herança de James como apresentou a destruição certa de todas essas tramas diabólicas – tais como, para citar apenas três, a tentativa da Conspiração de Gowrie; a trama que dizia respeito, ou deveriam dizer, a Raleigh: e, por fim, o Complô da Pólvora – que alterariam o decreto celestial predestinado de que James I e VI deveriam ser reis da Grã-Bretanha. Se não me engano, os temores de James foram os instigadores diretos ou indiretos da peça de Shakespeare, e a causa daquela carta autografada ao poeta, porque não há nenhum outro motivo de ela ter outra assinatura.

Em nome da conveniência, incluo aqui algumas notas ilustrativas do débito de Shakespeare a Scot, ou daquelas crenças e formas de expressão que levaram ambos a escrever desse modo.

P. 101. "Elas podem puxar a lua e as estrelas para baixo." Essa crença, derivada da era clássica, é fonte para a citação de Próspero: "Uma bruxa... tão forte/Que poderia controlar a lua" (v, i). Assim como em ii, 1, 174.

_____. "Trigo verde." Há uma referência frequente a isso em Scot, como aqui e nas p. 22,85,101,133,140,279,281, entre outras. Mas como Staunton observou, essa é a mais próxima de "ainda que o trigo verde seja espalhado" (iv, i). Além disso, embora aconteça mais ou menos em vários dos exemplos, principalmente aqui o contexto concorda com os pensamentos e as palavras contextualizadas de *Macbeth*.

P. 120. "Dos antropófagos e dos canibais." Sinônimos associados provavelmente sugeridos para ambos pelo mesmo tópico na p. 1.100 de *Cosmography*, de Seb. Münster (Basil, 1550).

P. 127. "Nunca deixam de dançar." Uma fonte para a dança das bruxas de *Macbeth*, além de uma fonte provável para a dança destas com cabos de vassouras, seguindo com as vassouras nas mãos.

P. 137. O "Monarca" de *L. L. Lost* parece ter sido um louco.

P. 145. "Matar homens ou animais com seus feitiços rimados." Uma extensão da crença shakespeariana e geral de que eles (irlandeses) matavam ratos com rimas. *As You Like It (Como gostais), iii, 2*.

P. 158. "Não tinha força para ocupar." Prova de que esta última palavra era usada no sentido de empregar ou de se ocupar com, da qual o uso geral passou a ser empregado como uma gíria comum para um uso desonroso e vil.

P. 238. "Chilrear de gralhas e pegas-rabudas." Uma pega-rabuda é o termo de Kent para gralha ou pega-rabuda. A passagem explica por que Duncan (i, 5) não é recepcionado por essas aves, mas pelo agourento corvo que é áspero e grasna com sua aproximação. W. Perkins em *Witchcraft*, Works, ed. 1613, diz: "Quando um corvo fica em um lugar alto e olha para uma direção específica e grasna, um cadáver aparecerá logo".

P. 252. "Uma centena contra uma em que aconteceu o contrário." Nós escreveríamos mais corretamente – "Uma centena em que aconteceu o contrário contra uma na qual aconteceu direito ou corretamente". Mas esse e outros são exemplos do que nós chamaríamos de um modo solto de se expressar, embora então fosse admissível, pois Scot era um homem educado e inteligente, que escrevia bem. "Each putter out of five for one" [Cada aposta de cinco contra um"], *Tempest [Tempestade], iii, 2*, é um exemplo quase igual. A aposta de cinco contra um é considerada uma ação, e é – *pace* Dyce – o recebimento, como afirma Malone, na proporção de cinco para um, a aposta sendo aquele que gasta na esperança de receber cinco por um.

P. 273. "O homem cego... ao matar o corvo" o *Defence of Cony-Catching*, de Green, p. 70, ed. Grosart, dá o seguinte provérbio – "como homem cego atirou no corvo". *Hamlet,* ato 4, 1603, tem a variante – "como homem cego apanha a lebre".

"Uma cortina de seda verde." Essas palavras, também no *Witch* de Middleton, i, 2, ilustram o costume que levou Sir Toby (*Tw. N.,* i. 4) a dizer: "Por que estão esses talentos atrás de uma cortina? Para protegerem-se da poeira, como o retrato de alguma senhora Moll?" E essas últimas palavras, aliás, provam que essa mesma Moll tinha, para seu proveito, o retrato exposto na oficina de algum pintor, ou oficinas de pintores, ou até em vitrines, sem uma cortina.

P. 319. "Se encontrar uma alma penada com a aparência de um homem ou de uma mulher à noite." Prova de que a perambulação do fantasma do pai de Hamlet estava exatamente de acordo com o folclore tradicional. De modo que, p. 481 temos "A opinião entre os papistas... era muito comum?... revelar sua situação".

P. 372. "Ponteira de flecha." O texto e a margem demonstram que essa palavra era usada para se referir a um punhal pequeno e a gravura na página seguinte mostra que, às vezes, era uma arma pontuda parecida com uma vareta. Com esse formato, era pequena, carregada com facilidade na cintura e não facilmente quebrável ao contato com um osso ou um golpe do adversário.

P. 413. "*Belial.*" Isso serve para mostrar que ele era "o outro demônio", cujo nome escapou do porteiro de Macbeth. A falta de menção ao seu nome por homens e sacerdotes explicaria seu esquecimento.

P. 440. "*Lignum aloes.*" Contra qualquer argumento derivado do uso do itálico de *Hews* no Soneto 20, e por não estar em itálico em seu primeiro uso no mesmo verso, nem em qualquer outra fonte em Shakespeare, o fato de que *Alloes* aparece em *The Lover's Complaint*, bem como outras palavras nos Sonetos, foi apresentado. Mas sem entrar em detalhes na questão, eu observaria que esses três substantivos, todos nomes de vegetais, são mencionados aqui e apenas este é deixado em itálico. Por isso, no Apêndice II, 1665, p. 620, temos a citação de várias ervas aromáticas, mas apenas essa e só nessa segunda ocorrência aparece junto a *Sperma Ceti* deixado em itálico – o motivo, presumo eu, é por ser um medicamento com um nome mais estranho e menos conhecido pelo povo; em latim, era tratado como um nome próprio.

P. 510. "Cardano queimou seu livro." Um precedente, assim como Atos IX, 19, para o "Afogarei meu livro", de Próspero, quando ele saiu de sua ilha.

P. 511. "Por carecerem." Um exemplo, dentre muitos, de autores elisabetanos e atuais, e do uso provinciano, em que carecer = "ficar sem". Isso explica em parte *Macbeth,* iii, 6, onde Lennox exclama

"Who cannot want the thought?" A verdadeira dificuldade está no uso do negativo "cannot". Mas embora um estilo mais correto fosse "can", o uso mais coloquial e precipitado do termo era, creio eu, admissível, assim como o uso do duplo negativo para dar ênfase. Além disso, dá aqui um sentido duplo ou ambíguo, como, creio eu, Lennox queria exprimir.

P. 515. "One instant or pricke of time" ["Um instante ou breve momento"]. Ilustra algo diferente do que creio ser geralmente explicado, "the prick of noon" ["o ponteiro do meio-dia"]. *Romeu e Julieta* e outros lugares.

P. 525. "Diversos formatos e formas." Shakespeare segue essa regra quando ele faz Ariel e seus espíritos companheiros assumirem diferentes formatos, embora alguns críticos modernos vejam nisso uma falha porque, como ele fica invisível em algumas ocasiões, essas mudanças seriam desnecessárias. Mas a aparição desses espíritos, ora invisíveis, ora visíveis, às vezes em forma de espírito, em outras como Juno ou Ceres, ou até como harpias, não está apenas de acordo com as crenças da época a respeito dos espíritos aéreos, mas também para mim, e para aqueles que viram seus representantes, é mais agradável vê-los em formas apropriadas ao seu ofício, além de trazer sua existência espiritual e poder mais ativamente diante de nós. Críticos aqui, bem como em outros lugares, insistem em considerar Shakespeare o autor de livros a serem lidos, não de peças a serem encenadas e vistas.

P. 527. "Esse demônio *Belzebu*." Assim parece ter pensado o porteiro de *Macbeth*.

P. 528. "O anjo cruel." Aqui em Prov. 17 [11] temos um dos princípios sobre os quais *Macbeth* foi planejado e executado.

P. 541. "As almas aparecem em geral à noite... nunca aparecem para uma multidão[,] além disso podem ser vistas apenas por alguns enquanto outros nada veem." Essa é uma prova da exatidão do folclore do fantasma aparecendo apenas quando Marcellus e Bernardo estavam sozinhos na guarda e, a partir de então, sempre estava invisível para a Rainha em seu próprio quarto, ainda que visível para Hamlet enquanto estava lá em obediência às convocações dela.

Apêndice II, p. 590. "*Mas é raro ouvir falar.*" Embora tal ocasião seja posterior à época de Shakespeare, a crença, em toda a probabilidade, já existia e mostra como o autor do primeiro e desconhecido *Hamlet* reproduziu no fantasma de *Hamlet* as crenças de sua época.

"*Aspecto.*" Um exemplo do uso desse termo para a elaboração de um homem, não apenas dos aspectos de seu semblante, para o que esse termo agora é apropriado; mas também até onde eu vi – e até agora não encontrei nenhuma ocorrência, embora tenha procurado – um exemplo de aspecto utilizado por coisas inanimadas, não posso aceitar a interpretação da canção ou do soneto em *As You Like It*, iii, 3, 3. de Touchstone. "Aspecto" aqui, como em quaisquer formatos ou proporções, é perfeitamente inteligível. Caso se referisse ao verso, esperaríamos "aspectos". De homem nenhum, como Touchstone é retratado por Shakespeare, poderíamos esperar menos da elaboração de versos; e toda sua referência a isso nessa passagem pode ter surgido rapidamente da referência à sua nova situação, como aquela do poeta *honesto* Ovídio entre os Godos. Se ele tivesse sido poético e apresentado seus versos a Aubrey, não poderia ter-lhe explicado que apenas fingia amá-la.

P. 261."*Primus secundus.*" Isso serve para mostrar – provar, creio eu – que o "Primo, secundo, tertio é uma boa peça" de Clown (*Tw. N.*, v, I), uma passagem que nenhum comentarista que conheço abordou, pensando ser apenas uma observação jocosa, é, na verdade, retirada de uma famosa "brincadeira" ou jogo. Como era esse jogo não sei, mas as crianças ainda usam vários numerais, provinciais ou não, misturados com rima, para decidir qualquer coisa, por exemplo, quem se esconderá em um jogo de esconde-esconde.

P. 673. "Biggin." Mostra, assim como *2 Hy. IV*, iv, 5, 27, que, se não eram gorros, a referência seria, entre outros significados, a toucas usadas à noite e na cama, e esse "doméstico" não era um epíteto genérico.

P. 48. Introd. Testamento de Rainolde Scot "córrego ou lago." Cito isso, pois pode ajudar em alguma interpretação futura das palavras de Íris em *Tempestade, iv, I, 64*: "Os córregos de margens com bordado de peônias".

A "Bruxa" de Middleton

P. 193. *"Marmaritin"*, etc. Em i, 2 ele copia esses nomes, alterando apenas a ordem por conta da rima e omitindo "Mevais" provavelmente pelo mesmo motivo.
"Eu poderia dar-te
Chirocinata, adincandita,
Archimedon, marmaritin, calicia,
Que poderiam ser separadas para infrutíferos fins perversos."
P. 198. "Agulhas com as quais cadáveres eram costurados ou enrolados em suas mortalhas." [Observadas em meio aos feitiços para provocar amor e ódio.] Em 1, 2, logo depois da passagem com marmaritin, temos:
"Mais eu poderia citar
Tais como as mesmas agulhas *enfiadas em suas almofadas*
Que costuram e envolvem cadáveres em suas mortalhas".
Isso é ainda mais notável, pois envolver um cadáver parece ser uma frase comum em Kent. "Uma parte pudenta", etc., como escrito por Midlleton, era, presumo eu, uma das outras coisas que "em respeito ao leitor" Scot omite, embora de onde o primeiro assim concluiu, não sei.
____ Dentre outros "artifícios para conquistar amor" estão "um peixinho chamado Rêmora". Na mesma cena do *Witch*, temos:
"*Hæc*. Vieste por um feitiço de amor agora

* * * * * *

Dar-te-ei uma rêmora, ela irá enfeitiçá-la na hora.

* * * * * *

... um peixinho."
_____ Scot também diz "o osso de um sapo verde, cuja carne foi consumida por formigas ou outros insetos". E a Hécate de Midlleton acrescenta:

"Os ossos de um sapo verde também, maravilhas preciosas,
Com sua carne consumida por formigas".

_____ "O pelo crescendo na parte inferior do rabo de um lobo... o cérebro de um gato." Em ii, 2, Almachildes, falando de feitiços de amor, diz: "A velha bruxa perversa me dera o cérebro de um gato... e um ossinho na parte mais próxima do rabo de um lobo". As palavras "osso" e "mais próxima" podem ter sido um lapso de memória dele, ou pode ter havido um erro do copista no caso da última palavra.

P. 223. Hécate, i, 2, enumera "O Pequeno Polegar, elfos, bruxas, [fadas], sátiros, pãs, faunos, silvanos, fogo-fátuo, tritões, centauros, anões, gigantes, duendes [...], esporões, o Pesadelo, o homem no carvalho, A Carruagem do Inferno, o dragão, a Puca [...]". Exceto pelas omissões marcadas por ... e por [], essas são exatamente as menções de Scot na mesma ordem.

P. 249. Scot, citando João Batista Nepomuceno menciona uma receita a ser usada pelas bruxas para se transportarem pelo ar. "A gordura de crianças novas, fervida [etc., etc.]... A ela se acrescentam E*leoselinum*, *Aconitum, Frondes populeas* e Fuligem... Outra receita... *R, Sium, acarum vulgare, pentaphyllon*, sangue de morcego, *solanum somniferum e oleum*".

Em i, 2, temos estes trechos quase literais:

"*Héc.* Vai lá e pega este pirralho não batizado,
Ferve-o bem, preserva a gordura;
Tu sabes que é valioso transferir
Nossa carne untada no ar
Nas noites enluaradas,

* * * * * *

Acrescento eleoselinum recém-colhida,
Aconitum, frondes populeas e fuligem –

* * * * * *

Então, sium, acorum vulgare também,
Pentaphyllon, sangue de morcego
Solanum somni*ficum* et oleum".

_____ "Com isso (diz ele) em uma noite de luar [veja a quinta linha de i, 2, citada] as pessoas parecem ser carregadas no ar, para festejar, cantar, dançar, beijar, abraçar e outros atos sexuais, com os jovens que elas mais amam e desejam." Em 1, 2, logo após as estrofes anteriores, vêm estas:

"Quando a cem léguas no ar, nós festejamos e cantamos,
Dançamos, beijamos e abraçamos, usamos tudo;
Qual jovem nós desejamos para nos agradar,
Mas nos aproveitamos dele em um íncubo".

P. 250. "Frade Bartholomeu" [Spinæus] diz que... "as próprias bruxas, antes de se ungirem, ouvem à noite um grande barulho [= um bando ou tropa] de menestréis, que voam sobre elas, com a dama das fadas, e... para sua jornada". Em iii, I, Firestone diz... "Ouve, ouve, mãe, eles já estão em cima do campanário, voando sobre tua cabeça com um barulho de músicos".

P. 281. "Afirma-se constantemente no *M. Malef.* que *Stafus*... tinha um discípulo chamado *Hoppo*, que transformou *Stadlin* em bruxo-mestre e era capaz de fazer tudo quando eles queriam: transferir, invisíveis, um terço do esterco, feno e trigo de seu vizinho para sua propriedade, fazer chover granizo, formar tempestades e inundações, com raios e trovões." Bodin também, em bk. ii, c. 6, mas ele faz de Hoppo e Stadlin condiscípulos de Stafus e bruxos mestres. Compare i, 2, *ad. init.* para Hoppo e Sadlin, enquanto adiante aparece:

> "Stadlin entra:
> Ela eleva todas as suas repentinas tempestades destrutivas
> Que provocam o naufrágio de barcos e arrancam
> os carvalhos.
>
> * * * * * *
>
> Chamarei Hoppo, e seu encantamento
> Pode destruir diretamente os mais novos de todo seu gado;
> Destruir vinhedos, pomares, prados; ou em uma noite
> Transportar esterco, feno, trigo, aos montes,
> estoques inteiros,
> Para seu próprio terreno".

P. 299. "*A ab hur hus.*" Uma simpatia contra a dor de dente. Portanto, é mais provável, principalmente se ! de "Puca!" estiver no original que Hécate, depois de pronunciar esse nome, é interrompida por um espasmo repentino de dor de dente, que ela exorcizaria com este "*A ab hur hus*". A pausa repentina, as contorções de seu rosto abatido e os movimentos grotescos da velha de 117 anos aumentariam muito a comicidade da cena.

P. 547. Quando essa bruxa mortal, Hécate – não a Rainha do Inferno e da Bruxaria, como era a Hécate da Antiguidade e de Shakespeare, e outras na Idade Média, pois, diz um dos autores posteriores citados nas edições recentes do *M. Malef.*, "Hecate artem magicam doceret" – usa em i, 2 as mesmas rimas mencionadas nessa página nos textos de Shakespeare, com apenas a omissão de alguns [ands] e [&c., his] e "devil-lambe" [cordeiro maligno] alterado para "devil-ram" [carneiro maligno]. Em v, 2, ela menciona novamente "Tittie e Tiffin, Liard e Robin" e dessa vez "Pucky" para rimar. Hellwin e Prickle são – como é demonstrado quando ela os menciona em outro momento e em outra fonte – meros erros de copista ou impressão para Hellwain (Carruagem do Inferno) e Puckle (Puca).

P. 284. Poderíamos acrescentar aqui a citação de *Metamorfose*, de Ovídio, feita por Hécate, cujo primeiro verso aparece em Scot, Middleton, Cornélio Agrippa (*Occult Phil.*, l. I, c. 72) e em Bodin, *Dæmono*, l. 2, c. 2: "*Cùm volui... ipsis mirantibus*", em vez de "Quorum ope cum... mirantibus", mas isso ocorre pela supressão acidental do verso "*Vivaque saxa*", etc., em Bodin; e pela omissão também em Middleton, pareceria, como observa Dyce, que Middleton a retirou de Bodin. Concluindo, eu diria que a maioria dessas referências, embora não todas, é retirada do *Middleton*, de Dyce.

Extratos de Wier

I

Além daqueles citados por Scot nas notas, reuni o seguinte de Wier, embora seja bem possível que tenha deixado passar alguns. A grande maioria das ocorrências está no tomo 12 de Scot, isto é, elas consistem principalmente em várias simpatias e histórias ilustrativas.

Não se compreenda, porém, que em minha opinião Scot copiou de Wier em todos esses casos, assim como jamais afirmaria que algum Astrônomo Real Britânico posterior baseara-se em Herschel, sem mencioná-lo, para citar o fato de que "a terra gira ao redor do sol". A referência em ambos ao *Homerica medicatio*, de Ferrerius (em Scot, Ferrarius), é notável, com referência a isso e dois outros exemplos serão encontrados nas Notas ao Texto. Até concordo, também, com o Prof. W. T. Gairdner quando ele diz, em *Insanity*, p. 61: "Nada, no entanto, é mais evidente do que isso do que o fato de que Scot, por mais que se sentisse em dívida para com Wier (e os dois provavelmente para com Cornélio Agrippa...), estava bem mais avançado do que qualquer um deles na clareza de suas visões e na firmeza inabalável de suas inclinações para o lado da humanidade e da justiça".

P. 99. O leitor pode comparar o primeiro e a primeira parte do segundo parágrafo do cap. 3 com Wier, *De Lamiis*, c. 5, "Quoeirea eam", etc., e julgar se a lembrança deste não sugere as palavras de Scot.

P. 136. "Um tal de *Bessus*." De Plutarco. Também citado por Wier, mas perdi a referência.

P. 188. "*Chasaph*." Scot parece ter se lembrado de Wier ii, I, § 2, mas não copiou dele. Wier cita Êxodo 22, 18. οὐ περιβιώσατε; Scot, οὐκ επιζεώσετε, uma variação que não sei de onde ele obteve, pois não está na edição de 1821 de Oxford da *Septuaginta*.

P. 197. "*Eusebius....veneno*." Wier iii, 38, § 2 e 4. Ambos chamam Lucilia de Lucilla. Scot omite o § 3 a respeito de Alfonso de Aragão.

P. 200. "Esta palavra *Ob...Ventriloqui."* Wier ii, I, § 12.

P. 244. "Onen... à interpretação de sonhos." Wier ii, I, § 8, "aliquando observara somnia".

P. 248. "A arte... para cavar em busca de dinheiro [... omissão]. Devem... Todo o tesouro embora". Wier, v, II, § 1. Scot acrescenta "bona" depois de "videre".

P. 249. "R.: A gordura.... mas ela impudentemente os afirmou" [fim do capítulo]. Wier iii, 17, § 2, 3. Mas pela primeira e última palavra do capítulo de Scot, ele, bem como Wier, retirou tais afirmações de J. B. Napolitano, embora talvez tenha sido induzido por Wier a consultar Napolitano.

P. 288. *"Balsamus."* As palavras de Scot no início do capítulo foram sugeridas por Wier v, 9, § 4, embora ele tenha acrescentado alguns pormenores descritivos; essas palavras são apresentadas pelos dois, com Wier acrescentando que três *Agnus Dei* foram enviados pelo Papa Urbano.

P. 288. *"Um colete de proteção."* Wier v, 8, § 2. A "garotinha virginal" é uma "junioribus notæ castitatis puelles", seu "chapéu" é "galea".

P. 289. *"Gaspar."* Esses versos, com um prelúdio mais longo, estão em Wier v, 8 § 1.

P. 295. *"Homerica medicatione."* Wier v, 19 § 1. Veja nota de rodapé nessa página. Wier menciona detalhadamente Ferrarius, § 2, 3, cita seu nome corretamente e lê, também da maneira correta, na presente passagem *verbis*, e não *verbi*, como Scot.

P. 296. *"Nos habitat."* Wier v, 19, § 3, de Ferrarius.

P. 298. "Para afastar o mal... não caias mais." Wier v, 8, § 2; mas ele encerra o feitiço com "In nomine [etc.]. Amém".

P. 298. *"Ananizapta",* v, 9, § 6. Wier fala em *Ananisapta,* tem "quæ" em vez de "dum", 1, I, e acrescenta "contra febres a quodam nebulone... offerantur".

_____ "escrever em um pedaço de pão" [contra a mordida de um cachorro louco]. Isso Scot retira de v, 8, § 6. Mas Wier diz "... Khiriori essera... fede". Em seguida, "Vel hoc scriptum in papiro, aut pane, homini sive cani in os inseritur". No *O rex,* etc., cruzes são inseridas depois de cada pessoa da Trindade, e um "prax" depois de Gaspar, enquanto "I max" é "ymax".

P. 299. "Contra a dor de dente." *"Galbes, etc. ... persanate."* Essas duas simpatias, omitindo a do meio, estão em Wier v, 8 § 6, acrescentando à *persanate,* "hoc scriptum appenditur". O segundo, "Na consagração", etc., é apresentado em v, 4, §2.

_____. "Peça para uma virgem", v, 8, § 3. Wier precede isso com as palavras "Ita antiquitas credebat, verbascum cum sua radice tusum, vino aspersum, folioque involutum, e in cinere calefactum, strumisque impositum, eas abigere, si hoc fecisset virgo jejuna jejuno, e manu tangens supino dixisset".

P. 300. "Uma dama", v, 18, § 1. Mas a simpatia é uma versificação, provavelmente escrita pelo próprio Scot, de uma frase alemã em prosa e era citada a história contada "a viro Ecclesiastico, non infimi nominis Theologo". Scot evidentemente achou que seria melhor omitir essa descrição daquele que comete um gracejo tão indecoroso, embora fosse um alemão.

P. 301. *"Para abrir fechaduras... Pegue um pedaço... Amém"*, v, II, § 2; mas "traseira" significa anterior. A parte essencial das palavras marcadas como omitidas está em v, II, § 3.

_____ *"Um feitiço para afastar... casa."* Essas palavras e a nota de rodapé estão em v, 14, § 4. Mas Wier coloca "vel" entre cada uma das frases bíblicas, portanto "esta frase" deveria ter sido "qualquer uma destas frases".

_____ *"Outro feitiço para o mesmo propósito"*, v, 14, § 2, "Item" inicial. Scot encurtou seu "quinto" e omitiu que o suplicante deve orar com toda atenção. Com pressa ele também omite que o conjurador deu doses de ruibarbo e outras ervas duas vezes por dia.

P. 302. "O doente", v, 23, § 6. Wier cita as palavras do "evangelho" que devem ser penduradas no pescoço – "Hoc genus dæmonii non ejicitur, nisi jejunio e oratione" – extraídas, embora aparentemente apenas de memória, de Mateus 17, 20, *Vulgata*. Os nomes na nota de rodapé de Scot estão em Wier, Gualterio, Bernhardo.

_____ "Este ofício ou conjuração." O parágrafo é de v, 22, § 6, com uma pequena condensação das primeiras palavras.

_____ *"Um feitiço contra a berne"*, v, 4, § 8. Scot apenas omite o "sanctus" antes de "Jó".

P. 303. "Há também", v, 4, § 7. Wier começa – "Vidi, haud ita pridem apud magnæ authoritatis virum nobilem, librum conscriptum execrabilem, flammis dignissimum, plenum exorcismis, frequenti crucis consignatione, e ex sancta Scriptura formulis in nomine Patris [etc.] finitis, contra equorum non modo morbos quoslibet", etc. Mas não diz "com a aprovação de Roma".

_____ "Além disso, o cavalo do duque de Alba", v, 4, § 5. "Equo item Vice-regis in sacello suum fuisse locum ubi celebraretur Missa. Continebat e dux exercitus vexillum in manu, quamdiu sollennibus ritibus idipsum uti campanæ solent, baptizaretur. Ornabat e hunc actum effigies D. Virginis Mariæ cum filiolo in eodem volans, e duæ complicatæ manus ad stipulantium morem".

_____ "Para que o vinho", v, 4, § 9. Scot omite, depois de rápido, "eo anno".

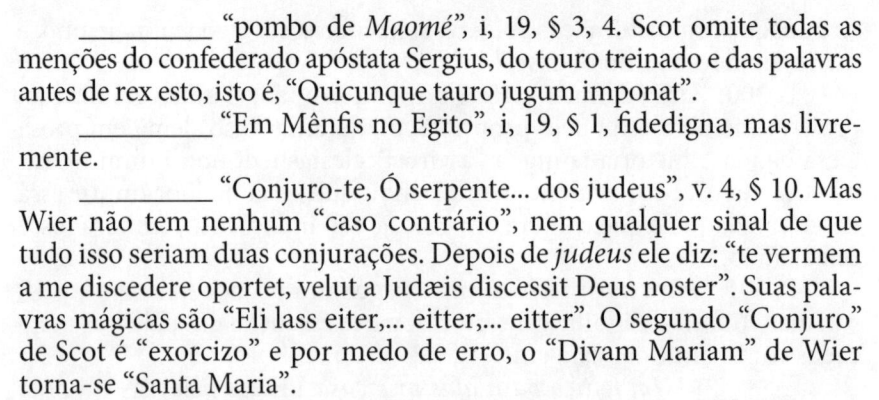

_____ "pombo de *Maomé*", i, 19, § 3, 4. Scot omite todas as menções do confederado apóstata Sergius, do touro treinado e das palavras antes de rex esto, isto é, "Quicunque tauro jugum imponat".

_____ "Em Mênfis no Egito", i, 19, § 1, fidedigna, mas livremente.

_____ "Conjuro-te, Ó serpente... dos judeus", v. 4, § 10. Mas Wier não tem nenhum "caso contrário", nem qualquer sinal de que tudo isso seriam duas conjurações. Depois de *judeus* ele diz: "te vermem a me discedere oportet, velut a Judæis discessit Deus noster". Suas palavras mágicas são "Eli lass eiter,... eitter,... eitter". O segundo "Conjuro" de Scot é "exorcizo" e por medo de erro, o "Divam Mariam" de Wier torna-se "Santa Maria".

P. 309. "Um feitiço... a usar imagens de cera... e depois em outro". P. 310, 1, I, está em Wier v, II, § 6, 7, 8, exceto que "Se fossem inseridas aqui", etc., é da autoria de Scot. As palavras do feitiço em Wier são "Alif cafiel zaza...", acrescentando "leviatan leutatace". Scot também diz uma frase que me deixou perplexo até que recorri a Wier, "e ferrum, quo homo necatus fuit, traditur alteri imagini, [de cera] ut alterius necandi simulachri caput transigat". Além disso, depois de "enquanto se cita o nome de um anjo", Wier acrescenta "Non absimile monstrum fingitur, ut quis tibi in omnibus obsequatur".

P. 312. *"Imparibus...* nenhum osso lhe será quebrado", v. 12, § 1. Eu duvido, no entanto, de Scot dividindo *"Jesus autem"* [etc.] de "Nenhum osso lhe será quebrado" [etc.] pelo último "ou", pois Wier não faz isso, e no § 3 conta sobre alguém que se submeteu em silêncio a todas as torturas e em quem foi encontrado – "sub scruffiam inter crines quandam parvam schedulam" "✠ Jesus autem transiens ✠ per mediam illorum ✠ os non comminueris ex eo ✠".

P. 313. *"Feitiços para... ladrão",* até o fim do segundo parágrafo, exceto entre "será visto claramente" até "na refutação específica", encontra-se em v, 5, § 1, 2. Mas há algumas adições em Wier (pode ser de Cardano) que eu deixo a cargo do leitor procurar.

P. 314. *"Outra forma... Ladrão",* Wier acrescenta "ex sacrifici libro clam a me subtracta". O trecho "na beira do mar" de Scot é ""fluentem aquam", a forma da conjuração é "per Christi passionem, mortem, e resurrectionem (quam propter impie curiosus celo)".

_____ *"Para arrancar o olho do ladrão",* v, 5, § 7, "um martelo de tanoeiro ou enxó" é "malleo cypressimo".

_____ *"A maldição de Santo Adalberto"* até *"in morte sumus",* Wier, v, 6, § 1. Scot, sem dúvida por descuido, omite depois de "se tornem órfãos": "sint maledicti in civitate", e por um erro de impressão ou outro, o *"e ódio habeantur",* etc., torna-se "ou odiados por todos os homens vivos", uma mudança que prejudica um pouco o sentido. Não sei se por causa da repetição mais frequente de *maledicti* no latim, mas essa maldição me parece mais horrível no original do que na tradução. Observo também que aqui, como às vezes em outras fontes, Wier fala mais e com mais veemência do que Scot contra algumas dessas coisas.

P. 317. "Eles também penduram uma cabeça de lobo", v, 20, §3.

P. 318. *"Terque"*, citado em Wier, v, 21, § 1.

_____ *"Adveniat"*, v, 21, § 6.

_____ *"Baccare"*, v, 21, § 4.

P. 320. *"Para frustrar um ladrão",* v, 5, § 8. Mas as palavras estranhas estão em Wier, "Droch, myrroch esenaroth"; e no conjunto seguinte de palavras ininteligíveis *"Eson* ✠*"* é "✠ eson" e *"age"* é "ege". Ele também explica com mais clareza, creio eu, que todos esses termos de conjuração devem ser repetidos três vezes.

_____ "Diga três vezes", v, 4, § 6, o Amém final e algumas ✠s foram omitidos.

_____ *"Simpatias contra uma febre cotidiana",* v, 8, § 7. Com essas diferenças, os três pedaços, "o jejum", deveria ser "easdem tribus diebus edat". Em vez dos "Ou então" de Scot temos "Si minus successerit, in pane missali scribitur: O febrem omni laude colendam: in altero, … in tertio … Si nec hic modus juverit, denuo in pane dicto toties pingatur: … quem diebus, ut supra, mane absumat". Assim pareceria que três hóstias foram usadas em cada exemplo, e não uma dividida em três, uma noção sugerida provavelmente pelos três pedaços de maçã.

P. 321. *"Para... febres intermitentes."* O parágrafo inteiro está em v, 8, § 7.

_____ *"São Bernardo",* Wier i, 16, § 6.

_____ "Pegue três hóstias consagradas... Trindade", v, 4, § 2. "Recipe tres panes Missales", etc.

P. 322. "No ano." Este parágrafo está, com um pouco de liberdade de tradução e uma pequena adição, em duas partes sem importância, em v, 4, § 5.

_____ "Pegue um copo de água fria." Este parágrafo é de v, 4, § 3. Os versos em inglês de Scot estão, portanto, em Wier: "✠ In sanguine Adæ orta est mors: ✠ in sanguine Christi redempta est mors: ✠ in eodem sanguine Christi præcipio tibi ✠ ô sanguis, ut fluxum tuum cohibeas". Wier então segue para "Aliud: De latere ejus" [etc.], e continua: "Item (Ou) ex quacunque corporis parte profluentum sanguinem cohibere nituntur his verbis: Christus natus est in Bethlehem" [etc.]; e então, sem qualquer *Aliud*, Item ou outro sinal de que isso não seja uma continuação do mesmo feitiço, "Tene innominatum digitum in vulnere, e fac cum eo" [etc.]; as "cinco chagas" de Scot aparece como "sanctorum quinque vulnerum".

P. 323. "Havia um bom camarada" até "assim conta Johannes Wierus", etc., é de v, 15, § 1. Wier começa com "Ad insignis malitiæ chirurgum", mas o "bom camarada" de Scot parece ter sido tirado de seus hábitos de bebida, que em Wier são mencionados de um modo mais pronunciado.

P. 324. "Esse cirurgião", v, 15, § 2. Mas a "febre" de Scot é "febrem" em Wier; e é adicionado "não muito depois da morte do paciente", na opinião de Wier de um empiema. Admira-me que Scot tenha omitido isso.

P. 325. "Ou então: Que Jesus Cristo", v, 15, § 3. Scot omite o ✠ depois do primeiro Cristo.

_____ "Outro farsante desses", v, 15, §4.

P. 330. "Na Páscoa", v, 40, § 4. O autor trocou a preposição do texto por "ou", pois em Wier é "infra cornua vel aures".

_____. "Em outra opção, *Jacobus*", v, 40, § 3.

P. 339. "O coral", v, 21, § 5. Mas Scot refere-se a Avicena, embora Wier não faça isso; nem os nomes das pedras preciosas são citados, nem as observações a respeito delas coincidem com aquelas em Wier na referência anterior.

P. 347. "Também que uma mulher", Wier vi, 9, § 1, apresenta tais palavras, mas diferem tanto que os dois só podem ter notado por acaso essa superstição comum.

P. 446. "*Exorciso te creaturam aquæ... apostatis*", v, 21, § 16, mencionando "apostaticis". Mas Scot citando a fórmula completa, tanto desse como do exorcismo do sal, e em itálico, demonstra que ele retirou do *Missal* ou de outro livro de devoções R.C., suponho, embora Wier possa ter dado a ideia.

P. 458. "*Jacobus de Chusa*", i, 13, § 1, ao meio da 6. O primeiro parágrafo de Scot é diferente; no restante, ele ora amplia, ora condensa, às vezes omite as palavras de Wier, e Wier diz que ele cita J. de Chusa *verba fideliter*. A primeira oração no final está abreviada em Scot.

P. 479. "Conjuro-te." Isso, assim como "... creaturam salis", 446, é citado em latim por Wier, v, 21, § 27, até "adjuratus". Tanto o latim como o inglês em Scot são iguais, exceto por uma pequena diferença depois de "judicare", vinda de Scot, nesse segundo exemplo, dando mais o sentido do que *verba ipsissima*.

P. 517. "*Rabino Abraham...* coletadas." Traduzido de i, 6, § 7.

P. 527. "*Belzebu...manium*", i, 5, § 3.

_____ Nisroch (5), Tartac [não Tarcat] (4); Belfegor (1); Adramalech (2); Chamos (6); Dagon (8); Astarte (7); Melchom (7); estão em Wier i, 5, § 3, com outros deuses e na ordem marcada aqui. As frases depois de cada um também são de Wier, assim como o erro

"Oseias 9, 11" para 9, 10. Os dois também cometem o erro quanto à dualidade de Astarte e Astaroth, porque em 1 Reis ii, 5, ela é chamada Astarthe na *Vulgata*, de onde Wier tirou seus nomes, e Scot o segue, e não sua Bíblia inglesa. Os dois mencionam que a palavra significa "riquezas, etc.", e que era uma cidade de Og; embora os dois, curiosamente, esquecem aqui a observação que fizeram em outro ponto a respeito de outras cidades, dedicadas à divindade e, portanto, recebiam seu nome. Scot omite também a suposição de Wier que tanto Belzebu como Belfegor eram Príapo.

P. 529. Este capítulo, do "início" ao fim, deriva de i, 21, § 1 a § 25, mas é muito abreviado; alguns títulos também são omitidos, mas exceto por uma pequena alteração nas posições dos dois *Diabolus*, e seus últimos nomes, "coruja", etc., Scot segue a ordem de Wier.

_____ "*Lares*... cidades", i, 6, § 6, exceto que Wier usa "cuam agere" para "importunam" – uma palavra estranha aqui – e "protegem".

_____ "*Virunculi terrei*... buscar água." Segue em geral, mas não literalmente, i, 22, § 5.

_____ "*Dii geniales*... nascimento", i, 6, § 6, encurtada.

_____ "*Tetrici*... *Subterranei; Cobali; Guteli* ou *Trulli* (a etimologia é de Scot); *Virunculi [montani*, Wier]; *Dæmones montani.*" Estão na mesma ordem adotada de Wier, i, 22, § 8-11, mas muito abreviada.

P. 530. "*Hudgin*... usava um gorro ou um capuz", i, 22, § 12. Aqui se diz: "píleo caput opertus unde e vulgo Pileatum eum appellabant rurales, hoc est, ein Hedeckin, lingua Saxonica".

_____. "*Familiares Dæmones*... Simon Samareus... o futuro", etc. – mas omitindo, claro, *Feats* e *Dr. Burcot* – são de i, 22, § 7. Também "*Albæ mulieres* e *Albæ Sibyllæ*", ainda que encurtado. O "faziam muito mal" é de Wier. "*Deumus, Agnan, Grigii, Charoibes*" e "*Hovioulsira*" seguem nessa ordem, § 23-26. Veja nota sobre *Deumus*.

P. 531. "Provocar trovões... *Elicius*", i, 6, § 6, mas na enumeração do "*Dii selecti*" Wier e Ennius não são seguidos, mas sim Varro.

P. 532. "Principalmente animais... *Latus*" é, creio eu, originalmente de Strabo, mas acho que Scot retirou isso de Wier, i, 6, § 2.

P. 539. "Papas Bento VIII e IX", i, 16, § 3-4. Mas Scot escreve "visto cem anos depois", enquanto Wier usa apenas "postea", o que parece mostrar que o anterior se referia a Platina.

II

SCOT A RESPEITO DOS NOMES, ETC., DE DEMÔNIOS DE WIER,
MAS PROVAVELMENTE POR MEIO DE T. R. MENCIONADO NA P. 455.

P. 409, l. 13. "Setenta e nove." A lista apresentada por Scot é de 68 + acidentalmente omitida + Belzebu, não são mencionados + os 4 reis do N., S., L. e O. = 74. O próprio Wier não dá um total, mas a discrepância em Scot pode indicar que ele copiou 79 de T. R., como um intermediário, e não diretamente de Wier, ou de algum outro; creio, por fatos a serem mencionados em breve, ser mais provável que ele tenha copiado.

_____ "*Marbas.*" Depois desse nome Scot omite da lista de Wier – "Purflas, alibi invenitur Busas, magnus Princeps e Dux est, cujus mansio circa turrim Babylonis, e videtur in eo flamma foris, caput autem assimilatur magno nycto-coraci. Autor est et promotor discordiarum, bellorum, rixarum et mendaciorum. Omnibus in locis non intromittatur. Ad quæsita respondet abunde. Sub sunt huic legiones vingenti sex, partim ex ordine Throni, partim Angelorum". A edição de Wier que usei, posso observar aqui, é em grande parte a de 1660, mas onde surgia alguma dúvida, usei a de 1583. Mas de onde Wier obteve essas coisas? A respeito de *Belial* (uso o inglês de Scot) ele diz: "Sem dúvida (devo confessar) aprendi isso com meu mestre Salomão; mas ele não me disse por que os reuniu e os prendeu assim. Mas creio que foi em nome desse *Beliall*". Segundo, a respeito de *Gaap*, ele diz: "Eu não posso revelar como e declarar os meios para contê-lo, por causa de sua abominação [nefandam], por isso não aprendi nada com Salomão de sua dignidade e ofício". E Wier coloca em sua margem "Scelerati necromantici verba sunt". Terceiro, Wier, em seu discurso antes de seu *Pseudomonarchia*, diz: "hanc... ex Acharonticorum Vasallorum archivo subtractam"; e no final de seu discurso: "Inscribitur vero a maleferiato hoc hominum genere Officium spirituum, vel, Liber officiorum spirituum, seu Liber dictus Empto.[rium] Salomonis, de principibus e regibus dæmoniorum, qui cogi possunt divina vertute e humana. At mihi nuncupabitur Pseudomonarchia Dæmonum".

P. 409-420. Scot, no segundo, terceiro e quarto capítulos segue Wier, mas por esses motivos, creio eu, não traduziu diretamente dele:

1. Como afirmado a respeito de *Marbas*, p. 409, *Purflas* é omitido.

2. Três frases são mantidas em seu original em latim, como se o tradutor não as tivesse entendido. (a) Em *Barbatos,* "... in signo sagittarii sylvestris", ele provavelmente conhecia Sagittarius, mas não tinha certeza de que signo ou de quem sagittarius sylvestris poderia ser. (b) Em *Leraie,* "... quos optimos objicit tribos diebus", Wier aqui coloca "optimos" como a terceira palavra, mas o sentido para mim e meus amigos é um enigma sem solução. (c) Em *Oze,* "... Duratque id regnum

ad horam" (mas Wier omite o "ad"), "E essa soberania dura uma hora [e não mais], diferindo nisso da monomania ordinária". 3. Em *Bileth*, Scot e Wier dizem: "... como eles fazem para *Amaimon*", e Scot escreve uma nota "Vide Amaimon", mas nenhum deles o menciona em um tópico, não mais do que o nome, como "Amayamon, rei do Leste", no cap. iv. 4. Em *Murmur*, Scot termina com "e rege 30 legiões", mas Wier omite isso, como os dois fazem nos casos de *Oze, Vine* e *Saleos*. 5. Há diferenças e lapsos de tradução que Scot não poderia ter feito, creio eu. (a) Scot invariavelmente, no restante de suas obras, fala em "the order of virtutes" ["ordem das virtudes"], mas nesse capítulo, no qual é usada cinco vezes em *Agares, Barbatos, Purson* e *Belial*, e no cap. iv, p. 420, é "vertues". (b) Dizem que *Barbatos* vem "com quatro reis, que trazem companhias e grandes tropas". Mas em Wier temos "cum quatuor regibus tubas ferentibus". Está claro, portanto, que o tradutor leu "tubas" como "tribos". (c) "Víbora horrenda" é a tradução de "viperæ species deterrima". (d) "Ele dá respostas das coisas do presente, do passado e do futuro" é em Wier "Dat perfecte responsa vera de... futuris e abstrusis"; Scot omite tanto "perfecte" quanto "abstrusis". Veja em *Boltis* para (c) e (d). (e) "*Bune* Muta loquitur voce", traduzido em Scot como "ele fala com uma voz divina". Aparentemente, o tradutor procurou por "mutus" em um dicionário, como o de Th. Cooper, onde em inglês arcaico ele encontrou "dumme" ["mudo"] e interpretou essa palavra como "divino" – como eu fiz à primeira vista, e com grande admiração, embora eu confesse que meus pensamentos estivessem correndo no enigma. (f) Em *Bileth* "... diante de quem vão trombetas e todo tipo de música melodiosa", Scot tem "ou se ele não tiver a corrente de espíritos [o livro falava em *Vinculum Spirituum*], certamente ele nunca o temerá nem terá consideração por ele depois disso", mas Wier tem, "... sciet haud dubie exorcista, malignos spiritus postea eum non verituros, et semper viliorem habituros". (g) "Sitri... retém por vontade própria os segredos das mulheres" é em Wier, "secreta libenter detegit fæminarum". Em inglês, cometem-se aqui dois erros crassos, como é evidente na leitura do restante do texto latino. "Ludificansque" também não é "zombar", mas "brincar com elas", "ut se luxuriose nudent". (h) Em *Paimon*, o "in Empto.[rium] Salomonis" é "no *Círculo de Salomão*". "Aquilonem" é "Noroeste", embora Th. Cooper e Holyokes Rider, e, creio eu, todos os dicionários, apenas a apresentam e seus adjetivos como Norte, Nordeste e Setentrional. "Accedant", também, é traduzido como "podem ser consideradas" com a completa extinção do sentido. (i) *Belial* é "eorum qui ex Ordine [Potestatum] ceciderun" e é traduzido "daqueles que caíram por serem das ordens". (j) "É encontrado na forma de um exorcista nos laços dos espíritos" é, não apenas de uma única forma, uma interpretação estranha e ambígua, completamente diferente de Scot, de "Forma exorcistæ [a forma de exorcismo que deve ser usada] invenitur in [o livro] *Vinculo Spiritum*". (k) "Si autem se submittere noluerit Vinculum Spiritum legatur, quo sapientissimus Salomon", etc., torna-se "Se ele não se submeter, o compromisso dos espíritos deve ser lido. A corrente dos espíritos [aparentemente uma duplicação involuntária das palavras anteriores] é levada para ele, com a qual o sábio *Salomão* os reuniu...". Devo acrescentar que duas vezes no curso desse capítulo "sapientissimus S." torna-se "sábio S.", "in vase vítreo", "em um vaso de bronze" e "in puteum grandem", "em um lago ou buraco profundo" e duas vezes depois apenas "lago". (l) Em *Furfur*, "fulgura, coruscationes e tonitrua" é traduzido como "raios, trovões e rajadas de vento". (m) Em *Malphas*, "artifices maximos" é "artífices". (n) Em *Vepar*, "Contra inimicos exorcistæ per dies tres... homines inficit" torna-se, sem qualificação, "ele matou os homens em três dias". (o) Em *Sidonay*, "Cum hujus oficia exercet exorcista", em vez de "Quando o exorcista utilizar as formas da invocação adequadas a esse espírito" é traduzido como "Quando o conjurador exerce esse ofício". As palavras seguintes, "fit [?sit] fortis", tornam-se "ele deve estar fora", com ele lendo "fortis" como "foris". No caso de "Se estiver usando seu capuz", Wier tem "si coopertus", "se ele for dominado [pelo medo, etc.]", o tradutor possivelmente quer expressar isso com "se ele estiver usando seu capuz" [ele estaria com tanto medo que cobriria seus olhos], então, etc. Além disso, há uma ambiguidade em Wier que é completamente seguida pelo tradutor. Em Wier temos: "si vero coopertus fuerit, ut in omnibus detegatur, efficiet: Quod si non fecerit exorcista, ab Amaymone in cunctis decipietur". Posso apenas supor pela pontuação que com "Quod si non" etc., pretendia se referir a ele não ser "fortis" e (como em Scot) "ser cuidadoso e ficar de pé". (p) Em *Gaap* Scot diz, "se qualquer exorcista... nem vê-lo"; Wier tem o mesmo, mas continua com "nisi per artem". Por outro lado, Wier não tem equivalente a "insensibilidade". (q) *Shax*: "... lá ele revela divinamente" é "loquitur de divinis rebus", um erro que Scot não poderia ter cometido, e que não é cometido em outro ponto nesse capítulo. (r) *Procell*: "... na forma de um anjo, mas falando de forma sombria de coisas ocultas", é em Wier "in specie angélica, sed obscura valde: loquitur de occultis". (s) *Raum*: "... rouba milagrosamente da casa do rei"; Wier, "mire ex regis domi *vel alia* suffuratur". (t) Em *Vine*, "lapideos domos" é traduzido como "muros de pedra". (u) *Flauros*: Wier diz, "vere respondet. Si fuerit in triangulo mentitur in cunctis". Scot segue a mesma pontuação, mas se tivesse traduzido isso, ele, por ser um homem inteligente, deveria ter visto que o (.) antes de "Si" deveria ter sido retirado e colocado depois de "triangulo", ou um "non" inserido depois de "Si", pois esse triângulo era feito especialmente para a segurança do exorcista e para o espírito lhe obedecer e falar a verdade (veja em *Bileth*, *Furfur* e *Shax*). Deve-se confessar, no entanto, ser uma marca da pressa em Scot ter aceito tais erros, muito embora ele tenha apenas copiado, visto que deve ter conhecido o *Pseudomonarchia*. "Engana e mente sobre todas as coisas, e ilude a respeito de outros assuntos" é uma tradução duplicada de "et fallit in aliis negotiis". A omissão de "vinte" (viginti) diante de legiões pode ser um erro de impressão, mas o "de divinitate" traduzido como "da divindade" deve ser, creio eu, um erro de tradutor, pois na realidade significa "de Deus" (veja "Purson"). (v) Em *Buer*, Wier tem "conspicitur in signo *; em *Decarabia*, "venit simili"*; em *Aym*, "altero [capiti, simili] homini duos * habenti". Claramente o livro ou MS. usado por Wier estava ilegível nesses pontos ou, o que é mais provável, o copista não conseguiu preencher na falta de palavra ou palavras, e indicou isso por um *. Mas a fonte de Scot não percebeu isso na primeira ocorrência em *Buer* e, não mencionando nenhum sinal, traduz, "é visto nesse sinal"!; (w) A ortografia dos nomes dos demônios também difere em certos momentos; omitindo tais exemplos como "i" trocado por "y", "c" por "k", etc., apresento Wier primeiro, seguido pela forma de Scot. "Bathym", alibi "Marthim" – "Bathin", "Mathin"; "Pursan" – "Purson"; "Loray" – "Leraie", este último está errado, pois seu pseudônimo é "Oray". Wier, aliás, também mostra que "Leraie" não era pronunciado "Leraje" como está na segunda edição de Scot. "Ipes" ou "Ayperos" – "Ipos" "Ayporos"; "Naberus" – "Naberius", provavelmente a forma errônea; "Roneve" – "Ronove"; "Forres" – "Foras"; "Marchocias" – "Marchosias"; "Chax" – "Shax"; "Pucel" – "Procell"; "Zagam" – "Zagan"; "Volac" – "Valac"; Androalphus" – "Andrealphus"; "Oze" – "Ose"; "Zaleos" – "Saleos"; "Wal, 1660" é "Vual (como Scot), 1583". Deve-se notar que "e" é trocado pelo "o" cinco vezes, um erro de copista de MS.

Creio que eu tinha algumas outras provas em uma folha de MS., hoje perdida, mas há provas suficientes agora de que Scot teve acesso a alguma outra cópia que não o *Pseudomonarchia* de Wier, e a utilizou, e que seu tradutor não era muito fluente em latim. Wier, pode-se acrescentar, coloca "Secretum... horum" em uma linha, e sem uma maiúscula em "Tu" não apresenta uma explicação das palavras de forma nenhuma, e Scot confirma nossa conclusão desses fatos com a nota de rodapé: "Essa foi a obra de um T.R.", etc., e as palavras "escrito [&c.] em pergaminho" parecem demonstrar que essa tradução de 1570 estava no manuscrito (veja também Notas Gerais, p. 652).

P. 410. "*Eligor.*" Não entendo os títulos duplos mencionados aqui e em outras fontes, nem por que "miles" aqui foi traduzido como "um cavaleiro", enquanto em *Zepar, Furcas, Murmur* e *Allocer* é "soldado". No capítulo 3, p. 420, é apresentada a hora em que os cavaleiros ("Milites", Wier) podem ser presos, mas nada, é claro, é mencionado a respeito de "soldados".

P. 413. "Tocz.", como uma contração, mas Wier usa "Tocz" sem ponto.

P. 414. "*Astaroth*." Scot, apenas copiando, não é responsável por ela ter sido transformada em homem.

P. 417. "*Valac*... com asas de anjos como um menino" não pode, creio eu, ser a tradução de "uti puer alis angeli" feita por Scot.

P. 418. "*Gomory*". Wier diz "ducali corona", mas o resto é o mesmo. Deve ser lembrado que um demônio (como no caso de Íncubos e Súcubos) pode ser de ambos os sexos.

_____ "*Aym*... acha de lenha acesa." Tanto aqui como em outros pontos em Scot encontramos, como era costume na época, o passado dos verbos terminando em t ou d com a supressão, ou uma aglutinação, do "ed". Wier tem "ingentem facem ardentem".

P. 419. "*Flauros*... se solicitado." Wier acrescenta "virtute numinis".

P. 420. "*Note que uma legião*." Wier apenas tem "Legio 6666". O restante foi, com toda a probabilidade, escrito por Scot.

_____ O Capítulo 3 é a "§ 69" de Wier.

_____ O capítulo 4 é "Citatio Prædictorum Spirituum" e embora não esteja marcado como um novo capítulo, ele tem § 1, § 2, etc.

_____ Estas são as variações entre Wier e Scot neste capítulo 4, ou Citatio, com Wier escrevendo em latim, Scot em inglês. (a) "De seu companheiro (pois se deve sempre estar acompanhado)"; "si præsto fuerit". (b) 421, "se realizar"; Wier acrescenta, "imo tuæ animæ perditione". (c) "e observam", etc., foi Scot quem escreveu. (d) A ✠ antes de "santíssima trintade" está apenas em Scot. (e) Scot omite ✠ depois de "santa cruz". (f) "anathi Enathiel" de Wier em Scot é "Anathiel". (g). O "Heli, Messias" depois de "Gayes" em Scot, estão em Wier no fim da lista. (h) O "Tolimi" de Scot é "Tolima" em Wier. (i) [Segunda lista de nomes] O "Horta" de Scot é "hortan" em Wier; seu "Vegedora", "vigedora", nas cartas de Wier, em 1583, com várias delas tão separadas que poderiam facilmente ser lidas com duas palavras; o "Ysesy" de Scot é "ysyesy". (j) [Terceira lista] "Elhrac" de Scot é "irion"; "Sabboth" é, como antes, mais corretamente "sabaoth". E eu posso acrescentar que embora cada palavra em Scot esteja em letra maiúscula exceto por "dora", na verdade a sequência de "Vige", apenas "Deus Sabaoth", "A" e "Ω", "Rex", "Joth", "Aglanabrath", "El", "Enathiel", "Amazim", "Elias" e "Messias" na primeira lista, nenhum da segunda lista, "Elroch" seria o primeiro da terceira lista, e nenhum da quarta lista está em maiúscula.

P. 422. "Como está contido no livro chamado", etc. Essa sentença ambígua é mais bem explicada pelo "Continua ut in libro *Annuli Salomonis continetur", isto é, continua o "etc." como etc. Pode-se acrescentar que o *, a marca de uma omissão, é omitido no inglês.

_____ Scot (*i.e.*, sua fonte) omite completamente a §5 final de Wier: "Hæc blasfema e execranda hujus mundi fæx e sentina pœnam in magos prophanos bene constitutam, pro scelerato mentis ausu jure meretur". Scot, creio eu, provavelmente não deixaria de traduzir isso, nem seria incitado a escrever algo semelhante, o que seria totalmente contra o sentido de T. R. Algumas das diferenças, logo acima e antes, parecem favorecer a crença de que duas cópias independentes do *Empto Salomonis* foram usadas, mas muitas apenas mostram desatenção e possivelmente conhecimento inadequado de latim. A menção do nome "✠ Secretum secretorum", etc., no mesmo lugar, isto é, logo no fim da enumeração, etc., dos principais demônios, poderia indicar a favor de uma cópia de Wier, mas devemos lembrar que o próprio *Empto. Salomonis* de que essas folhas são copiadas pode ter copiado esses detalhes de um "Secretum secretorum" anterior, ou supostamente anterior, possivelmente como uma forma de provar sua legitimidade.

Notas Gerais sobre o Texto de Scot

P. 94. "Tocar os sinos." Ainda feito na Suíça e, creio eu, em outros lugares.

P. 105. "Essa causa... sendo retirada." O ditado latino medieval "ablata causa tollitur effectus". Repetido na p. 319.

P. 107. "W. W. 1582" [Em seu prefácio]. Uma prova de que as bruxas não eram queimadas na época na Inglaterra, mas demonstra como a questão da bruxaria preocupava tanto as pessoas que Ade Davie, a esposa de um lavrador, p. 138, achava que ela deveria ser queimada. W. W. diz também que o Sr. Juiz Darcie, persuadindo Eliz. Bennett a confessar, disse: "Como tu farás o favor de confessares a verdade. Pois acontece que um homem de grande erudição e conhecimento aproximou-se recentemente de nossa Majestade e a advertiu de quantas e quais Bruxas há na Inglaterra. Depois disso, eu e outros de seus juízes recebemos a Comissão de apreender tantas quantas forem encontradas nesses limites, e aquelas que confessarem a verdade de suas ações terão grande favor, mas as outras serão queimadas e enforcadas" (B. 6). Ela e outras que confessaram foram favorecidas ao serem enforcadas como as demais; possivelmente tiveram o benefício adicional de serem enforcadas primeiro. A primeira nota com a qual me deparei até agora de fogueira é da Mãe Lakeman em Ipswich, 1645. W. W., em sua Dedicação, fala dessas bruxas como "punidas com rigor. Com rigor, disse eu? Por que usar um termo suave e brando demais para uma geração tão impiedosa? Eu diria executada com mais crueldade [?cortesmente], pois nunca há um tormento tão elevado que possa ser considerado suficiente para uma prática tão demoníaca e condenável"; e novamente, "os magistrados de terras estrangeiras... queimando com fogo aquelas que o direito consuetudinário da Inglaterra (com mais misericórdia do que deveria) estrangulava com uma corda". A fogueira era, presumo eu, infligida sob a lei eclesiástica, De hæret. comburendo.

Mas a fogueira não foi adotada universalmente a princípio (uma prova de que não era imposta pelo direito consuetudinário), pois nos Assizes em Maidstone, 1652, elas eram enforcadas, mas "Alguns... queriam que fossem reduzidas a cinzas, alegando que era uma opinião reconhecida dentre muitos [pois em alguns casos era considerado prova contra uma bruxa o fato de sua mãe ter sido queimada pelo mesmo crime], que queimar o corpo de uma bruxa impede que o mesmo mal torne-se hereditário, passando pelo sangue para seus filhos, o que não é impedido com o enforcamento".

P. 109. "Excomungados." Evidência da pressa de Scot e da confiança na própria memória. Querendo encontrar o latim para "desertor", olhei em M. M. e encontrei: "Nota quod excommunicati, item participes e socii criminis, item infames, et criminosi nec servi contra dominos admittentur ad agendum, e testificandum in causa fidei quacunque". Observa-se que ele confundiu "infames" com "infantes" e, como pode ter havido um erro de impressão em sua cópia, eu consultei todas – não é uma lista pequena – no Museu Britânico. Ele pode ter sido influenciado pelo livro de W. W., que o impressionou muito, se não foi essa uma das causas de sua escrita, pois lá crianças de 6¾ a 9 anos (crianças pela lei) eram levadas como testemunhas de acusação contra suas mães, embora, em um caso, prova contra uma mulher foi o fato de seu filho nos braços apontar para a casa!

P. 113. "Deus correu em sua proteção." Isso, pelo contexto, poderia ser interpretado como ele veio rápido em auxílio. Mas era, e é, usado para se referir a uma pessoa partindo em uma jornada, etc. Aqui, portanto, parece significar que ele veio em um instante, quando uma pessoa recebe ou faz sua saudação. Como é registrado em um exemplo em Windsor: "R. S. provavelmente rogou que Deus acompanhasse a todos, e o nome de Deus amedrontou tanto as bruxas que elas fugiram, e assim afugentou o demônio, que foi conquistado em uma luta corpo a corpo".

_____ "No confessionário." Isso foi declarado por padres da Igreja Católica Romana, embora existisse, e ainda exista, uma lei entre eles de que nenhum confessor pode revelar uma confissão, nem mesmo em um tribunal!

P. 127. "Apenas negociam não observar certas cerimônias e dogmas da Igreja." O "não" foi acrescentado aqui por exigência do sentido.

O impressor provavelmente se esqueceu de colocá-lo, talvez por causa do "but", no caso do original e da confluência de dois *t*.

P. 128. "*La volta*". Um fato estranhamente omitido (assim como a dança de Davi) por quem condena a dança.

_____ "Ensacam os cadáveres." O mesmo na p. 198 explica que significa costurar o corpo em sua mortalha ou lençóis. A frase está no dialeto de Kent.

P. 130. "Mais recente mestre", *i.e.*, seu novo mestre, pois elas acabaram de entrar no domínio do demônio.

P. 132. "De cinquenta." Em Scot, como nos outros, encontramos usos da preposição "of", no original ["de" na tradução], que causam estranheza. Aqui está um exemplo mais claro do que o usual de sua sinonímia com o "by", no inglês. Cf. também p. 76, e versão autorizada de I Coríntios 15, 5-8.

P. 134. "Passe pelas veias." Pois poucos, como Paracelso, receberam de R. Browning, etc. o crédito – para o desapontamento de Harvey – do conhecimento da circulação do sangue. Até Shakespeare tem essa reputação entre alguns, cujo conhecimento defenderá positivamente de que a lua *não* é feita de queijo.

P. 142. "A falta de jejum na sexta-feira." O Protestantismo de Scot aqui foi além do Protestantismo determinado de sua era, como aquele de B. Jonson's Cob.

P. 159. "Subisse e o pegasse." Não o ninho, mas seus próprios pertences. Um bom exemplo do pronome não se referindo ao seu antecessor gramatical, mas ao antecessor que mais estava na mente do narrador.

P. 160. "Eles podem muito bem se servir" = "Ter a companhia" aqui, em outros lugares "concordar com". Uma expressão que nos soa estranha, mas era usada prática e metaforicamente com a ideia de companhia em uma viagem, quando companhia era quase ou totalmente necessária.

P. 164. "O pesadelo." A maioria, suponho eu – dentre eles eu mesmo – sabe que eles recorrem às vezes a uma pessoa em sono profundo. Meu quarto pesadelo, um sonho horrível, turbulento e inconsequente, até onde posso me lembrar, ocorreu há alguns anos, quando estava em uma região de cobras. Uma parecia estar em cima da minha cama primitiva ou serpenteando por meu quarto de taipa, o único que eu tinha. Eu me via desperto, a cama, o quarto e os móveis bem visíveis, e meus pensamentos e conclusões eram tão coerentes, e eu mesmo tão controlado quanto em cada momento da minha vida, até uma sensação de irrealidade me tomar e por dois ou mais esforços vigorosos de mente e corpo, acordei. Minha experiência e aquela registrada na p. 164 explicarão várias histórias de fantasmas – não digo todas –, nas quais a vítima declara com certeza, e acredita, que estava desperta.

_____. "Tão certeira quanto um pau." A derivação e o significado – tão certeira quanto é um pau tangível que pode e o atingirá – são óbvios, mas ouvi isso em uma mesa de jogo, como se derivasse da certeza das cartas do naipe de "paus". Um exemplo de uma falsa aplicação vinda da aparente igualdade das palavras e, possivelmente, o primeiro exemplo de um uso jocoso da frase.

P. 165. "Hemton." Registro folclórico que vale a pena registrar. Eu suponho, mas apenas isso, que essa palavra foi sugerida pelos trajes de cânhamo ou linho preparados para seu uso, o "hamten" posterior só foi cunhado para rimar com "stampen" em inglês (pisar).

P. 166. "*até ela naquela noite.*" Coloquei "ele" na nota de rodapé por minha suposição e a leitura de partes do manuscrito de Scot no Museu Britânico. Mas em *M. Thomas,* de Fletcher, iv, 6, temos o mesmo feitiço com algumas pequenas variações, e terminando –

"Ela não fugiria dele [São Jorge] naquela noite",

O que concorda mais com a citação de Shakespeare em *Lear,* iii, 4-St. Withold

"Mandou que ali parasse

E preito [o pesadelo] lhe prestasse":

P. 167. "*Viderunt*", etc., alterado, aparentemente, da *Vulgata,* que tem "Videntes... essent pulchræ", etc.

_____ "*Filios Dei*". Scot aqui altera "*Filii*" para o acusativo, porque acompanha "interpretam".

P. 170. "Ele acusa." Bodin ii, 6.

P. 171. "Produtor de feixes de lenha." Bodin ii, 6.

P. 175. "Nas ilhas ocidentais", como em "Bermudas tempestuosas".

P. 174. "Sino da consagração" = um sino sacro, o sino tocado na elevação da hóstia, quando todos os verdadeiros fiéis, *i.e.,* católicos apostólicos romanos, ajoelham-se.

_____. "Uma missa matutina" – missa da manhã. Todas as missas, exceto, acho, no Dia do Natal e na Sexta-Feira Santa, e exceto em certas igrejas, onde o uso antigo era permitido por prescrição, eram na época de Scot, e agora, celebradas antes do meio-dia. Essa lei foi promulgada pelo Papa em 1550-58.

P. 177. "(Seu motivo apenas reservado)." Não o motivo de Bodin, mas do marinheiro.

P. 181. "*Habacuc.*" *Bel e o Dragão* 36, 37.

_____. "Nem uma sílaba ou cinco palavras." Uma frase curiosa, mas ele parece ter usado "sílaba" como fazemos, no sentido figurado, significando "no mesmo sentido", ao passo que "nem diferem cinco palavras na forma da expressão".

P. 184. "Quem a bruxa quiser" [incomodar] sendo entendido.

P. 187. "Fazer um pacto tão tolo ou ainda prestar homenagens ao demônio." Seria mais exato dizer "pacto [com] ou".

P. 188. "Êxodo 22" [18]. Scot citou de memória? Na *Septuaginta*: Φ ου ποιησετε [var.] περιβιωσετε Ox. ed., nem encontrei o verbo de Scot como uma variante reconhecida.

P. 191. "Oseias 6" [1, 2]. A *Vulgata* tem "2. Quia ipse cepit, et sanabit nos; percutiet, et curabit nos. 3. Vivificabit nos post duos dies". O "ego", etc., é encontrado apenas em Deuteronômio 32, 39, já a *Vulgata* tem "vivere faciam".

_____. "Se analisarmos [o que escrevi a respeito de] *Habar*", etc.

P. 194. "Besuntando com unguento." Tais crenças em voga na época justificam mais do que agora se supõem as crenças de Elizabeth e seus conselheiros, e a execução de seu pretenso assassino.

_____. "Pênis de um lobo." Um pouco de folclore que, creio eu, tem *vraisemblance* (probabilidade) suficiente para merecer um experimento, tanto que se diz até hoje que um filhote de cachorro fica com medo ao cheirar o pedaço seco da pele de um lobo.

P. 200. "*Elizabeth Barton.*" Veja *Hist.* de Froude, v, I. Ela era de Aldington, Kent, e uma criada do pai ou avô de Jane Cobbe, primeira esposa de Reg. Scot.

P. 201. "Em seu imenso poder." O "em" levou a essa inserção aqui, ou, o mais provável, foi usado como "em seu nome", embora em um caso como esse diríamos "com" ou "por meio de".

P. 206. "1572." Esse livreto não é conhecido, creio eu; nem está no Registro de Publicações.

P. 217. "Cobre-se com uma rede." Um exemplo excelente que essa frase significava se disfarçar ou tentar se esconder. Pode parecer estranho que "com uma rede" signifique isso, porque se pensaria naturalmente em uma única camada, mas um pescador esconde a cabeça e o corpo em várias camadas de rede.

P. 218. "Com o dedo no buraco." Suponho que ele queira dizer que Saul usou todos os meios para descobrir o que realmente acontecia, como se ele tivesse aberto um buraco em uma porta fechada ou persiana pelo qual apenas ele poderia ver – ou esclarecer – o assunto.

_____. "Ela disse para si mesma" [mas intencionalmente alto o bastante para Saul ouvir].

P. 221. "Verdadeiro *Ventriloquismo*." Essa excelente investigação da história bíblica pode ser lida com vantagem por aqueles que até agora defendem que Samuel realmente apareceu com a permissão ou o comando de Deus. Tal crença envolve três impossibilidades. Primeiro, que Deus se recusou repetidas vezes a responder a Saul por meios lícitos, agora por uma reflexão tardia mudou de ideia. Segundo, que Ele desde o tempo de Moisés condenava tanto a bruxaria, que Saul teve de renunciar a isso o mais rápido que pudesse, e que com o sangue, agora favorecia a ação de uma bruxa, e em um caso tão notório que não poderia deixar de ser, e era, conhecido por toda Israel. Terceiro, que a Divindade deve ter colocado um espírito mentiroso na boca de um profeta genuíno e abençoado por Deus, visto que a profecia não se realizou em mais do que um ponto importante.

_____.. "*Aias* e *Sedaias*." Aqui ele distingue corretamente os dois, mas em 92, e em sua lista de autores consultados, cita "Rabino Sedaias Haias". "Haias Hai" ou "Haja" era um famoso Rabino babilônio, nascido em 969 A.D., falecido em 1038. Sedaias ou Saadja prosperou em cerca de 900-40. P. 225. "Chamada na escritura de Pitonisa." Não por essa palavra exata, na *Septuaginta* ou na *Vulgata*, ou no N. T. grego. Na *Vulgata*, em 1 Samuel 28, 7, vemos "mulier pythonem habens" e em Atos 16, 16, o grego, a *Vulgata* e Beza há frases semelhantes.

_____. "Liber pater." "Liber" é "Baco" em Scot, mas Porfírio – que Th. Cooper e Calepine seguem – diz de "Liber pater": "Eundem Solem apud superos: Liberum patrem in terris: Apollinem apud inferos".

P. 228. "Então aparece uma meretriz farsante" = do que (then = than) [acredita que], etc. Noto: 1. O (.) antes do "Então" provavelmente deveria ser uma (,), embora às vezes tenhamos (;) onde apenas (,) é necessário. 2. Neste livro nós raramente temos "então" ("then") em vez de "do que" ("than"). Suponho que esse modo de falar não fosse universal na época, mas apenas estivesse no início.

_____ "*Nemo scit*." Levemente alterada da questão 1 Coríntios 2, 11, e não as palavras da *Vulgata*, mas são aparentemente mais de Beza.

_____ "*Tu solus*" [2 Crônicas 6, 30]. Na *Vulgata*, "tu *enim* solus nosti *corda filiorum* hominem"; também usa "corda" onde Davi fala a Salomão da mesma forma, 1 Crônicas 28, 9, mas "universas mentium cogitationes" vem depois.

_____ "*Ego Deus*" [Jeremias 17, 10]. Ele omite "*probans*" antes de "*renes*" na *Vulgata*.

P. 231. "Epotherses." O certo, como na página 232, é "Epitherses".

P. 231. "Com a rotação." Presumo que seja pela rotação dos planetas (e estrelas, como se imaginava então), até eles chegarem a uma certa "constelação", *i.e.*, a posição de um em relação ao outro. Isso eu inferi de uma página anterior.

P. 235. [Nota de rodapé]. "Zacarias 10." Temos aqui mais um exemplo de referências soltas, comuns naquela época, à Bíblia, feitas tanto por católicos como por protestantes. A primeira oração está de certo modo citada em Zacarias 10 [2], e um pouco em Isaías 44 [9, 10], mas o restante no Salmo 135, 15, 17; embora o termo "meses", etc., seja colocado em terceiro em vez de primeiro, ao passo que "deixe-os mostrar" é, eu considero, uma variação de Isaías, 12, 23.

P. 237. "Firmamento." O erro em escrever "terra" em algumas edições mostra sua pressa e explica em parte o estilo de suas citações da Escritura. Cf. p. 19, 174.

P. 238. "O quarto crescente da lua." Essa dúvida quanto à Rêmora e sua crença de que o osso da cabeça de uma carpa estancava o sangue demonstram que Scot não era naturalmente cético em assuntos do conhecimento, mas que ele apenas renunciou às crenças da sua época depois de investigação.

P. 239. "Pombo de *Maomé*." Ele expressaria sua crença, como Wier faz mais abertamente, de que o pombo (como a águia) era ensinado a fazer truques.

P. 241. "ηχώ." Nessa época o H, agora restrito às letras maiúsculas, era usado, como aqui no original, como a letra minúscula η.

P. 242. "Faraó." Outras referências aos faraós neste livro mostram que essas transposições curiosas aconteciam por causa da pressa de composição e de revisão, tanto de seu manuscrito como da cópia impressa.

P. 243. "Ameaças de uma bruxa" ("manacies" no original). Não tendo encontrado essa forma, suponho que este seja um erro de impressão e o autor quisesse dizer "menacies". Foi modificado na segunda edição.

P. 246. "Nunca deixaram de sonhar à noite." A declaração geral de Scot pode ser verdadeira, mas deve ser modificada em alguns exemplos. Desde a minha juventude, por muitos anos – eu diria pelo menos 20 –, tentei me lembrar dos meus sonhos para esse fim e conseguia lembrar deles muito bem por pouco tempo, mas nunca achei que o que eu pensava durante o dia, ou dias antes, tivesse dado sequer uma sugestão aos meus sonhos. Por três vezes, no entanto, nos últimos anos, consegui traçar meu sonho a algo em que eu tinha pensado casualmente, embora não meditado a respeito. Essa edição de Scot, bem como a questão da bruxaria, ocupou tanto minha mente como meu tempo desde novembro. Agora é outubro e nem um único sonho teve referência a qualquer coisa ligada a esses assuntos. Da mesma forma, problemas familiares me ocuparam e preocuparam por alguns meses, e mesmo assim esses problemas nunca se intrometeram, nem mesmo quando meus sonhos mostravam que minha digestão estava desregulada e, em um momento, um deles se aproximou do pesadelo. Por experiência própria, eu diria que sonhos mais frequentemente parecem ser alívios naturais para os pensamentos em que me abandonei ou que poderiam ter me acossado em minhas horas de vigília.

P. 247. "Sobre os sonhos físicos." Suponho que ele queira dizer sonhos de causas físicas.

_____."*Melancólicos.*" Originários da "bile negra" que, nas opiniões da época, produzia essa forma de loucura chamada melancolia. Eu acrescentaria que "melancolia" é usada muitas vezes por Scot para a melancolia da loucura e para a suposta melancolia do humor ou bile negra; do contrário, algumas de suas frases serão mal compreendidas.

P. 248. "*De Profundis.*" Salmo 129; *Vulgata* 130; Livro de Orações. Tudo o que se segue é dado consecutivamente, acho, no *Rit. Rom. Officium Defunctorum.*

_____. "Sonhos agradáveis ou temerosos." Antes uma noção no mínimo inglesa, conforme expressa o servo amante de Bombastes:

"E sonhos matutinos, eles dizem, realizam-se".

P. 249. "*Eleoselinum.*" Traduzido na segunda edição como "salsinha da montanha".

_____ "*Sium*" na segunda edição é "agrião amarelo".

_____ "*Acarum vulgare*", "açoro comum" – nosso "Asarum europ.".

P. 250. "Uma mensagem de lugares distantes." Há uma lenda semelhante – em alguma obra inglesa contra bruxaria depois de Scot – de um juiz italiano que assim julgou uma suposta bruxa.

P. 252. "Uma centena contra uma em que." Aqui o pronome não se refere a uma, mas a centena = "ele citou uma centena em que aconteceu o contrário" contra uma que aconteceu realmente. Uma centena contra uma, embora quatro palavras pareçam, por assim dizer, ter considerado um pensamento. Veja as notas a respeito de Shakespeare referentes a essa página.

P. 254. "Oferecer... a *Moloque*." Curioso que Scot, sabendo que o fogo era considerado sagrado, não tenha visto que esse rito idólatra em sua essência é purificador e, possivelmente, expiatório.

P. 261. *"Menahas"* (exemplo, Deuteronômio, 19, 10). Hebraico בנחש. Aqui ele não concorda com Wier, i, § 9.

_____. "Tabuleiro dos filósofos" Cf. Strutt, *s.n.* O jogo dos filósofos, jogado em um "tabuleiro" ou tábua.

_____. "Autores sóbrios." Irônico, claro.

P. 262. "Relativos a cada letra." No original, letra estava erroneamente no plural, talvez por um erro de impressão, uma forma solta de dizer "de cada [conjunto de] letras" ou "das letras do nome ou nomes de cada pessoa".

_____. "Número desigual de vogais." Um pouco de folclore até agora despercebido, eu acho.

P. 263. "Acrescentaram os apócrifos." O Concílio de Trento, 1550, fez deles uma fonte autorizada, da mesma forma que aquelas que a Igreja da Inglaterra define como "Escrituras Canônicas".

P. 265. "Amores-perfeitos." Também chamada de erva-da-trindade, Viola tricolor, L. (Britten e H.), gramínea de quatro folhas, variações ocasionais da gramínea de três folhas, trevo.

_____. "Caem do lado esquerdo." Até aqui uma explicação do porquê ferraduras, sal, etc., são jogados contra o azar sobre o ombro esquerdo.

P. 268. *"Stella errans."* Presumo que ele se refira a um planeta, em parte porque um cometa era considerado na época um presságio, diferindo em origem e natureza de uma estrela, por outro lado, porque Cícero usa o plural no sentido de planetas.

_____. *"Non est."* Não da *Vulgata* ou de Beza, provavelmente versão de Scot.

P. 270. "Milvus" [Jeremias 8, 7]. A frase como na *Vulgata*, enquanto a versão de Genebra, como nossa versão autorizada, usa cegonha.

P. 271. "Significadores", *i.e.*, dos planetas que têm significados de acordo com suas posições e coposições ou "constelações".

P. 273. *"Sapiens."* Um bocado de bajulação para o cliente.

_____. "Nem quem os faz de corno com toda esta astúcia" = Aqueles que com sua negligência e ignorância permitem-se ser traídos, enquanto fingem saber o futuro da outra pessoa.

P. 276. "Virgílio de Phaier" [B. 4, *ad fin.*]. Scot, no entanto, dividiu cada verso em dois.

P. 288. "Bálsamo", etc. Note que cada verso mais longo tem uma sílaba extra no fim.

P. 289. "This is as true a copy", "Esta é uma cópia verdadeira". Aparentemente um erro de impressão para "This is a true copy", como citado na segunda edição. O tipógrafo, sem querer, quase reduplicou o verbo.

P. 290. "✠ Tomé." O nosso "N" e o dele (ou às vezes "João", etc.), qualquer um que possa ser o invocador.

_____. "Um amuleto ou simpatia papista." As distâncias entre essas letras variam um pouco, o "ka" e o "am" estão próximos o bastante para serem sílabas. Mas eu não desperdicei meu tempo procurando pelo verdadeiro original.

P. 291. "Implorar pelo perdão" ("Whistle for a pardon"). Uma expressão ainda usada para outras coisas que não o perdão. Possivelmente baseada em uma referência irônica à ideia náutica de que quando se assobia chamando o vento ele vem, e mais do que se quer. Ouvi falar de assobiar a bordo de uma embarcação. Mais provavelmente, no entanto, porque assobiar denota carência de cuidado e pensamento, como em "bench-whistler" [assobiador de banco], pode-se também esperar um perdão ou a coisa desejada, depois de apenas assobiar por isso, como esperar que cotovias pousem em sua boca.

P. 294. "Esterco" ("Plumme"). Não sei se Scot pretendia traduzir "*Stirchus*" literalmente, mas seria curioso saber se esse significado foi dado antes a "plum" (ameixa). Faria sentido.

P. 295. "Opinião constante" = crença firme ou fé inabalável.

_____. "*Homerica Medicatione.*" O médico era "Ferrerius", apelidado de "Auger" ou "Oger Ferrier" – não "Ferrarius", como mencionado por todo o texto, em sua lista de autores e em seu índice – nascido em Toulouse, 1513, médico de Catarina de Médici, depois retornou ao seu local de nascimento, onde morreu em 1588. O B.2, c. ii de seu *Vera medendi modus* é intitulado "Homerica Medicatione". E aqui a descoberta de "Ferrerius" e das passagens seguintes, e da causa do curioso lapso de Scot, eu e o leitor devemos ao meu generoso amigo shakespeariano Rev. W. A. Harrison. "Quando", diz Ferrier, "pacientes não responderem ao tratamento comum, deve-se recorrer a outro tipo", que ele descreve em geral na margem como "Amuleta". E primeiro fala de "apensiones et physicæ alligationes", em seguida de "Caracteras e Carmina". Estes, diz ele, Galeno (e Traliano) ridicularizaram a princípio, mas Traliano viu (em sua imaginação, creio eu) um tratado de Galeno no qual, como título de um capítulo, ou em algum outro lugar, havia as palavras "Homericam medicationem; *quod Homerus suppressum verbis sanguinem, et mysteriis sanatos effectus prodiderit*". A passagem em itálico é aquela frase sem sentido de Scot no fim do capítulo. Ela só poderia ter surgido da pressa de Scot, mas também se deveu ao fato de que, como na cópia da edição de Lyon no Museu Britânico, de 1574, o "s" de "verbis" está tão apagado a ponto de parecer ao leitor descuidado a forma "verbi". Mas Ferrier, assim como Scot, atribuía tais curas à imaginação ou a uma "ideia fixa" ou "opinião constante"; a respeito do que eu também me referiria ao livro de *sir* H. Holland "*Effect of Imagination in Disease*". Assim ele continua: "Deprehendi itaque curationis hujus eventum non a caracteribus non ex carmina permanare. Sed tanta est vis animi nostri, ut si quid honesti sibi persuaserit, atque in ea persuasione firmiter perseveravit, idipsum quod concepit agat, e potenter operetur... Si neque fidentem, neque diffidentem nihilominus vis animi agentis operabatur. Id in dentium doloribus... aperte videre licet. Nam præcantator ita movet non reluctantis ægroti animum, ut dolor... sensim extinguatur...At si forte æger diffidet, aut plane ridiculum existimet remedium...præcantare vis nulla erit... Non sunt ergo carmina, non sunt caracteres quo talia possunt, sed vis animi confidentis, e cum patiente concordis". Wier, v, 19, § 1-4, apresenta essa citação de Ferrerius, bem como seu nome, corretamente. O estancamento de sangue com palavras refere-se à cura na *Odisseia*.

P. 297. "Por medo repentino." Médicos conhecem casos semelhantes atualmente, seja por medo ou alguma outra emoção repentina. Um médico protestante pode muito bem acreditar em *algumas* das histórias de peregrinos doentes curados, digamos, no santuário de Nossa Senhora de Lourdes, embora não acredite mais nesses milagres do que os católicos romanos, quando benzedores protestantes ungem e às vezes curam pela mesma causa.

P. 298. "Erva Alisso." Recebe esse nome porque curava hidrofobia (Plínio). Phil. Holland diz: "Alguns acreditam ser a *Asperula*, a rosa de madeira"; Holyokes Rider cita "rubia minor, cannabis agrestis".

P. 299. "Escarifique." Esse procedimento pode ser realizado com uma lanceta de gengiva, mas o dente mágico leva a vantagem em alguns exemplos de afetar os pensamentos, e, por meio deles, o corpo.

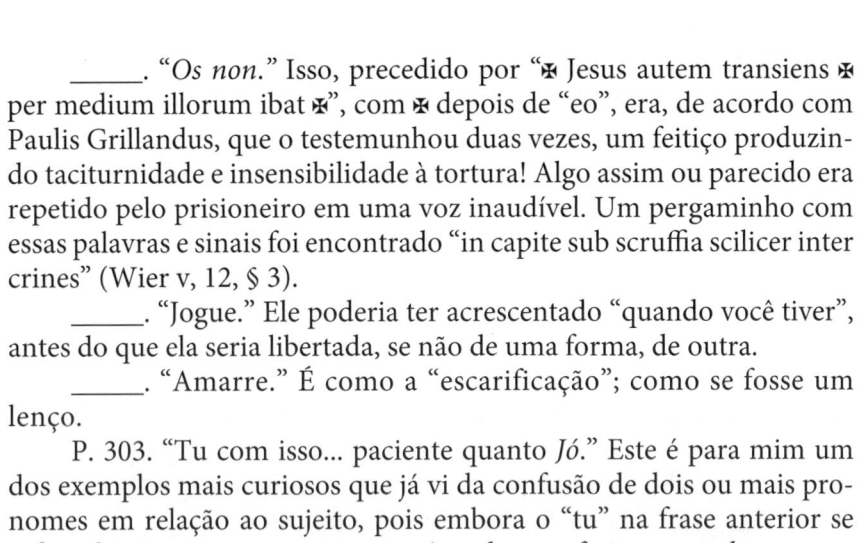

_____. "*Os non.*" Isso, precedido por "✠ Jesus autem transiens ✠ per medium illorum ibat ✠", com ✠ depois de "eo", era, de acordo com Paulis Grillandus, que o testemunhou duas vezes, um feitiço produzindo taciturnidade e insensibilidade à tortura! Algo assim ou parecido era repetido pelo prisioneiro em uma voz inaudível. Um pergaminho com essas palavras e sinais foi encontrado "in capite sub scruffia scilicer inter crines" (Wier v, 12, § 3).

_____. "Jogue." Ele poderia ter acrescentado "quando você tiver", antes do que ela seria libertada, se não de uma forma, de outra.

_____. "Amarre." É como a "escarificação"; como se fosse um lenço.

P. 303. "Tu com isso... paciente quanto *Jó*." Este é para mim um dos exemplos mais curiosos que já vi da confusão de dois ou mais pronomes em relação ao sujeito, pois embora o "tu" na frase anterior se refira claramente ao verme, este só pode se referir ao cavalo, porque depois de exorcizar o verme em nome da Trindade, ele com certeza não o exortaria a ser tão "paciente quanto Jó" e tão "bom quanto São João", principalmente porque o exorcismo foi feito para que o verme fosse expelido e morresse.

P. 304. "Remeeve" ["Remover"]. Um exemplo excelente dos artifícios aos quais os rimadores elisabetanos recorrem para conseguir uma rima.

P. 310. "Nome exato." Suponho que esse alerta tenha sido inserido para que não se machuque Tom em vez de Harry.

_____. "Cada imagem deve ter na mão." Para a leitura verdadeira cf. "Extratos de Wier". Acho que Scot deve ter confiado demais na memória.

_____ "Domine Dominus", etc. Salmos 8, 27, 102, 109. Numeração do Livro de Orações.

P. 315. "Bexigas." No original estava no singular. Claramente um erro de impressão.

_____. "Suas costelas e genitais." Associados, aparentemente, por uma lembrança da procriação de Eva, Gênesis 2, 21-22.

P. 317. "*Sir John* o colocou no púlpito." Como se contou a história de "um homem tão honesto (ouso afirmar) como foi mencionado há pouco", ele era da Igreja da Inglaterra. E desde então, descobri que o Bispo Hutchinson em sua Dedicatória o chama de *sir* John Grantham. Aparentemente, temos evidência do traje no púlpito, mas alguém relutante em ser convencido poderia rebater que a simples menção de seu traje sacerdotal é prova de que ele foi ao púlpito excepcionalmente vestido, e não para pregar, mas para realizar um ofício quase sacerdotal.

P. 317. "108." Aqui, daqueles que "dizem o encantamento", a fonte é, provavelmente, a *Vulgata*. O Salmo 108 é o nosso 109. Scot não mudou a numeração neste exemplo.

_____. "Perseguidores" ("Seachers"). No original faltou um "r", como está na segunda edição, mas pode ter sido uma outra forma de dizer "seekers", pois seche = seek.

_____. "Ferradura." Essa superstição provavelmente vem da época de Stonehenge ou até antes, visto que as pedras do círculo interior, aparentemente a parte mais sagrada, e, até onde podemos analisar agora, a parte correspondente em Avebury, formam uma ferradura. *Sir* H. James foi o primeiro, creio eu, a notar o verdadeiro formato em Stonehenge e eu depois o observei, tanto lá como em Avebury, e o associei à superstição com a ferradura em *The Antiquary*, vol. ii, outubro de 1880.

_____. "*Alicium.*" Ainda não encontrei isto.

_____. "Herbe betonica", "Stachys betonica", Plínio, b. 25, c. 8.

P. 318. "Pavio", etc. "Verbasco"; "Thapsus", L., "pulmonária" (Kent). Tusser, como Scot, a chama de "Longwort", uma variante de "Lungwort".

P. 318. "Nardo", "Nardum rusticum" ou, segundo Sprengel, "Valeriana Celtica", L.; outros "dedaleira" ou "ásaro".

_____. "Bowze" (ramos em inglês). Dá-nos o sentido de Bowze = boughs. Sua ortografia tinha o objetivo de concordar, como era o costume, não apenas em rima, mas também na ortografia.

P. 319. "Verbena", "Verbena officinalis", L. (e outras verbenas?), usadas, segundo Park, "contra envenenamento, veneno de animais e bebidas enfeitiçadas".

_____. "Palma." O salgueiro na Inglaterra era usado como a palma no Domingo de Ramos; às vezes o seixo, mas aqui estou inclinado a pensar que se refere à Palma Christi, uma orquídea de raiz achatada.

_____. "Antirchmon" (no original) "boca-de-leão selvagem". Suspeito que seja um erro de impressão para "antirrhinum" ("boca-de-leão selvagem"– também conhecida como focinho-de-burro, boca-de-dragão, A–. Linn. Plínio, b. 25, c. 8, diz que é muito estimada por feiticeiros.

_____. "Abibe" ("Lappoint" em inglês). Minshen fala em "Lapouin", "abibe" em francês, mas não consegui encontrar esta palavra. Wier v, 21, § 6, diz, como Scot, "Dicuntur e pennæ upupæ suffitæ, phantasmata fugare", e a upupa, tanto no passado como agora, era considerado o abibe, embora Th. Cooper diga, "Por causa disso [do penacho descrito] não pode ser nosso abibe... deve ser... uma Poupa", o que é provável, pois os dois nomes são onomatopaicos. A filha do vicário de Oare, perto de

Faversham, Kent, Srta. K. P. Woolrych diz que um velho, quando jovem, ouviu o abibe ("lapwing" em inglês) ser chamado de lappoint.

P. 320. "Partir um ramo de carvalho." Podemos pensar que esse folclore é uma reminiscência das eras druídicas.

P. 321. "*Exaltabo.*" Salmo 245, versão do Livro de Orações.

P. 323. "Dedo inominável." Wier, "innominatum". Deste último, que não é tão inominável quanto "infeliz", etc., acho que se refere ao dedo do meio, "digitus impudicus", "famosus", "infamis". Veja o motivo deste último epíteto em Persius, Sat. II.

P. 324. "Deu licença." Autorizou ou deu oportunidade.

P. 331. "*Finalmente.*" Isso está em itálico, marca de uma citação, mas não é do Rhemish Test. de 1582, citado como um dos livros consultados, tampouco descobri de qual versão protestante ele retirou isso.

P. 335. "Eccle. 1 e 1" no original. Foi corrigido na tradução (Eclesiastes 1 e 13-17). Provavelmente um erro de impressão para 1 e 13, mas as palavras têm semelhança com o sentido dos versículos 13 e 17. Não é do Eclesiástico.

P. 339. "O coral." Podemos ver nisso a origem do coral (âmbar) quase universal para crianças na fase da dentição.

_____ "Dinotera." Não consegui encontrar.

_____ "Aitite." O certo seria "aetite", uma pedra encontrada no ninho da águia. Plínio, b. 7, c. 3.

_____ "Bêbado como um macaco." Uma expressão logo compreendida por aqueles que viram os atos despropositados de macacos e o modo como pulam por todos os lugares.

_____ "Amethysus" no original. ("Ametista" na tradução.) Isso ocorre duas vezes, mas não a conheço como uma variante de ametista. "Cornéolo." Há várias descrições disso em Plínio, Bartolomeu, Th. Cooper, Minshen e Holyokes Rider, mas presumo (como mencionado por Bailey) que seja nossa cornalina.

_____ "Smarag" no original. "Esmeralda" na tradução. "Mephis". Desconhecida para mim.

P. 341. "Conclui-se, portanto." É improvável que isso contenha, como em outro ponto, ironia escondida. É muito mais provável que Scot não estivesse livre de uma crença nas influências das estrelas na formação dessas pedras, assim como ele acreditava na influência da lua na semeadura, embora não acreditasse em astrologia.

P. 344. "Debatedor acadêmico." Refere-se aos debates realizados por alunos e candidatos às faculdades, pois estes, é claro, apresentavam naturalmente as opiniões de outros.

P. 345. "Uma serpente abandonaria." Esse folclore não é fabuloso?

P. 346. "Celandina, celidônia". A partir de Dioscórides e Plínio, 25, 8, parece que se fala de Chelidonium majus.

P. 347. "Recomeçava a sangrar." Essa variação, que acontece na "presença de um amigo querido ou inimigo mortal", e não apenas do assassino, é digna de nota.

_____. "Se tanto o rei francês quanto nossa princesa fazem." Isso, com o aval de alguém como Scot, mostra a verdadeira devoção e sabedoria de Elizabeth contra os escândalos dos momentos da época e as crenças futuras.

P. 354. "Crianças negras." Atribuo isso a uma escrita relaxada ou àquela falta de discriminação (ou daltonismo) que levou os elisabetanos a considerar coisas negras, etc., aquilo que se aproximasse dessa cor. "Tão negro quanto um sapo."

P. 356. "Dois tipos de sapos." Um exemplo da crença universal de que todos os insetos, e algumas enguias, serpentes e sapos não eram criados, mas produzidos pela ação do sol sobre substâncias inanimadas, por geração espontânea mesmo. Acreditava-se que até a geração do homem precisasse da cooperação do sol.

P. 357. "Gordura de um homem... piolhos." Ele se refere, suponho, à gordura embaixo da pele de uma pessoa viva, uma crença confirmada aparentemente pela morte de pessoas com piolhos; pois Bartholome, o pseudônimo de Batman, na tradução de Trevisa, diz, 1. 18, c. 88: "Piolho e lêndeas são gerados na cabeça ou na pele", e pouco antes são produzidos com "o ar corrupto e os vapores certos que a pele e a carne expelem pelos poros no suor".

P. 361. "Uma vez afastada a causa".

P. 370. "A última carta." Scot evidentemente não conhecia "o passe"; possivelmente sua época não era conhecia.

P. 375. "Gansaral." O termo correto da época para um bando de gansos. Cf. *The Boke of St. Albans*, no fim de "Hawking".

_____. "Enviava-os para *Pope*." Incapaz de referir "them" no original ("-os" na tradução), a "cavalos" ou a "vizinhos", sou forçado a acreditar que seja um lapso e deveria ser "then" (então).

_____. "Pela porta." Deveria ter uma vírgula no lugar desse ponto-final, com o "W" marcando, como costuma ser, o início (o teor) de seu discurso.

P. 377. "Peça para alguém cortar." Ele deveria dizer "que fingiria cortar".

P. 406. "Extraordinário." Além do número de seus lemas ordinários.

_____. "Se ele soubesse..." Um provérbio muito em voga na época. Usado aqui para uma incerteza que acabou sendo uma certeza desfavorável.

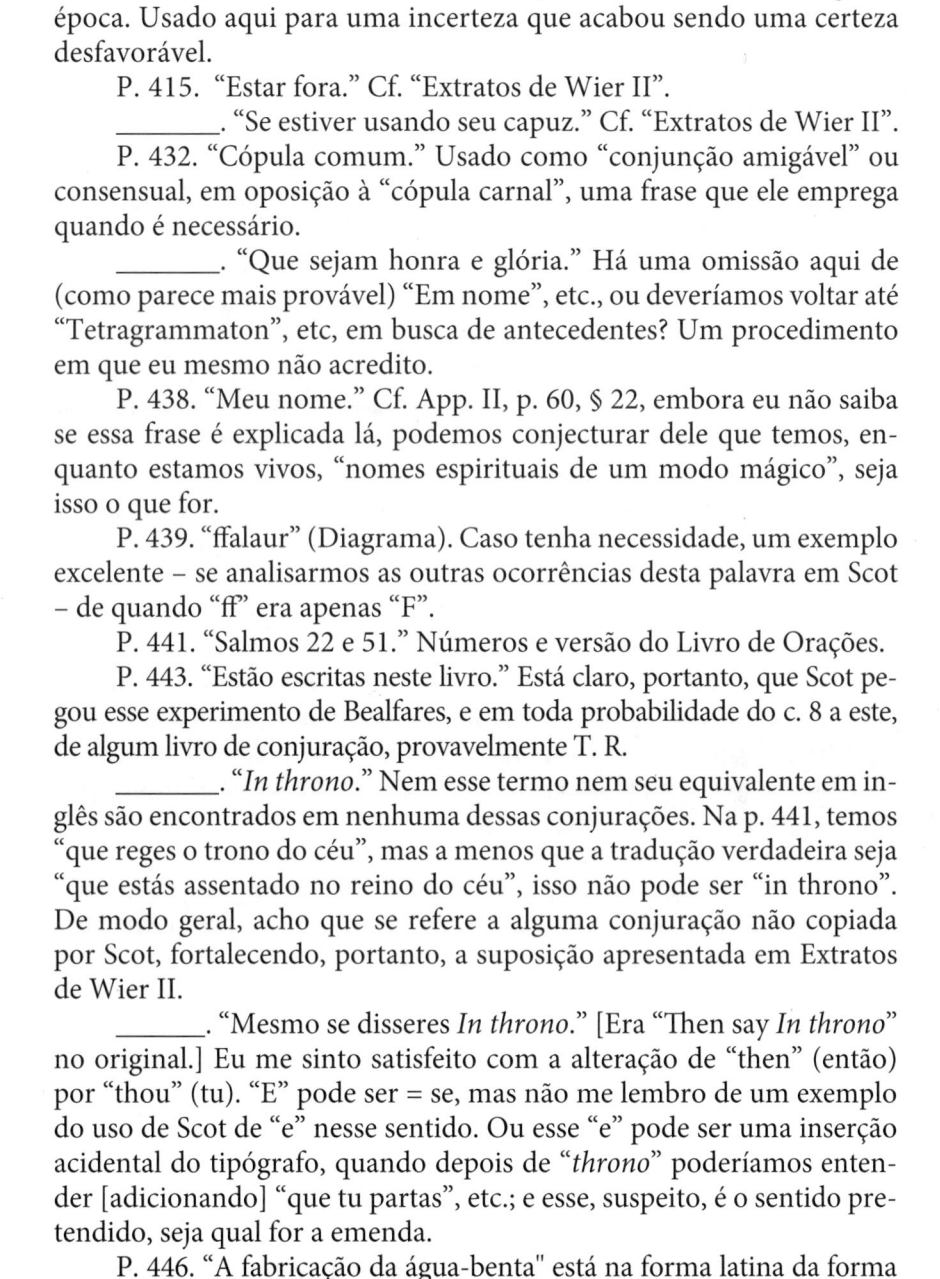

P. 415. "Estar fora." Cf. "Extratos de Wier II".

_____. "Se estiver usando seu capuz." Cf. "Extratos de Wier II".

P. 432. "Cópula comum." Usado como "conjunção amigável" ou consensual, em oposição à "cópula carnal", uma frase que ele emprega quando é necessário.

_____. "Que sejam honra e glória." Há uma omissão aqui de (como parece mais provável) "Em nome", etc., ou deveríamos voltar até "Tetragrammaton", etc, em busca de antecedentes? Um procedimento em que eu mesmo não acredito.

P. 438. "Meu nome." Cf. App. II, p. 60, § 22, embora eu não saiba se essa frase é explicada lá, podemos conjecturar dele que temos, enquanto estamos vivos, "nomes espirituais de um modo mágico", seja isso o que for.

P. 439. "ffalaur" (Diagrama). Caso tenha necessidade, um exemplo excelente – se analisarmos as outras ocorrências desta palavra em Scot – de quando "ff" era apenas "F".

P. 441. "Salmos 22 e 51." Números e versão do Livro de Orações.

P. 443. "Estão escritas neste livro." Está claro, portanto, que Scot pegou esse experimento de Bealfares, e em toda probabilidade do c. 8 a este, de algum livro de conjuração, provavelmente T. R.

_____. "*In throno*." Nem esse termo nem seu equivalente em inglês são encontrados em nenhuma dessas conjurações. Na p. 441, temos "que reges o trono do céu", mas a menos que a tradução verdadeira seja "que estás assentado no reino do céu", isso não pode ser "in throno". De modo geral, acho que se refere a alguma conjuração não copiada por Scot, fortalecendo, portanto, a suposição apresentada em Extratos de Wier II.

_____. "Mesmo se disseres *In throno*." [Era "Then say *In throno*" no original.] Eu me sinto satisfeito com a alteração de "then" (então) por "thou" (tu). "E" pode ser = se, mas não me lembro de um exemplo do uso de Scot de "e" nesse sentido. Ou esse "e" pode ser uma inserção acidental do tipógrafo, quando depois de "*throno*" poderíamos entender [adicionando] "que tu partas", etc.; e esse, suspeito, é o sentido pretendido, seja qual for a emenda.

P. 446. "A fabricação da água-benta" está na forma latina da forma inglesa do Missal na p. 467. Por isso, presumo que a bênção do sal também venha de lá.

P. 448. "em tal lugar *N*." Por não haver vírgula, o N. aqui parece ter sido usado para qualquer lugar, por qualquer homem ou espírito. Portanto, "Neste N." na p. 450 refere-se a um pacto ou documento. Na p. 451, onde "N." ocorre várias vezes, pode, até onde entendo, significar nada mais do que o lugar, o cristal ou outra substância na qual o espírito aparecerá. Na p. 454, temos também "para seu N." explicado logo depois como "em seu cristal, espelho", etc. E na p. 453, "qualquer N." = ouro, prata, etc., "N." era, portanto, uma partícula indefinida geral, não usada, como agora, apenas para um homem; ainda assim, seu étimo mais provável parece ser a inicial de "Nomen".

P. 449. "Em teu livro." Em 450 temos "pelo conteúdo sagrado deste livro" e "beijar o livro". A partir dessas, e das frases nos acréscimos à terceira edição que o conjurador deve consagrar e carregar uma Bíblia consigo, presumo que ela deve ser usada aqui.

P. 450. "Por outro elo." Este, eu presumo, segue na página seguinte.

_____. "O conjurador será feito homem para sempre." Observo este uso da frase de 1584.

P. 451. "Obrigo o espírito de *N*.". O texto depois desse trecho pode induzir a supor que "the" (no original, "o" na tradução) = "thee" ("-te" na tradução), mas a frase é repetida 17 vezes neste capítulo, e "conjuro, ó tu, espírito de N." nenhuma vez, embora tenhamos "teu espírito, N." uma vez e "ó tu, espírito de N." três vezes. Nossos antepassados elisabetanos eram aptos, portanto, a mesclar os pronomes da segunda pessoa.

P. 453. "Experimente isso." Teste, coloque à prova.

P. 456. "(Milagres azuis)" [("Blew miracles") no original]. Um amigo sugere "verdadeiros" ["trew" no inglês arcaico], mas embora esse provavelmente seja o sentido, hesito em alterar a palavra. W. B., em *Notes and Queries*, explica isso como "*blaues wunder*", "um milagre incrível ou maravilhoso", com o adjetivo aqui para enfatizar, como talvez seja "azul" ("blue") na frase em inglês "once in a blue moon" [equivalente à expressão em português "uma vez na vida outra na morte"], *i.e.*, nunca.

P. 458. "Doutor Burc." O Burcot enganado para comprar um demônio familiar de Feats, p. 530.

P. 460. "Matinas à meia-noite." Os franciscanos celebram as matinas logo após a meia-noite.

_____. "Ele abateu." A comunicação com espíritos, portanto, é antiquíssima, embora fosse diferente.

_____. "Juiz Eclesiástico." O nome francês. Cf. Cotgrave e Du Cange.

P. 462. "To to abridge" (no original), "Encurtar" na tradução. Uma repetição do tipógrafo; um "to" está no fim de uma linha e o segundo no início da próxima.

P. 464. "*Deus in adjutorium*", Salmos 60. Livro de Orações.

_____. "Excomungado." "Ficou cego", p. 492 (Infatuated, no original). A forma originou-se *circa* 1400, de "infatuatus", etc., antes de os verbos existirem, e não há exemplos da elisão ou aglutinação do "ed" quando o verbo termina em "d" ou "t". Este último, no entanto, é encontrado em Scot e em uma obra pelo menos dez anos mais velha.

P. 466. "Exceto em uma peça de teatro." Provavelmente, portanto, testemunhou os Autos de Moralidade, etc.

P. 468. "Incenso." No original estava "increase". Erro corrigido em nota marginal pelo editor e na tradução. *Tobias* 8, 5. (W. A. Harrison). A *Vulgata* não tem palavra para isso em 8, 2; "Fumus", em 6, 8 na versão de Genebra, "perfume". Não sei se "incenso" é por conta de Scot ou se é a interpretação de alguma versão inglesa.

P. 478. "Sol... a 149.597.870.700 metros de distância." O mais próximo desse cálculo que posso encontrar é o de Arquimedes, que fez a distância do Sol 1.160 vezes o semidiâmetro da Terra. Scot, no entanto, deve ter algum cálculo posterior, pois ele fala da distância "mais próxima" do Sol.

P. 485. "Tribunal do banco do Rei." Nota: ainda tem esse nome em 1583.

_____. "Personagem nobilíssimo e virtuoso." Provavelmente Leicester. Cf. perto da carta.

P. 486. "*Sir* John Malborne", 1384. Portanto um inglês, não um alemão, foi provavelmente o primeiro a elevar sua voz contra as farsas da bruxaria medieval.

P. 488. "Collen" – Colônia.

P. 491. "Três imagens." Como apontado pelo texto, aparece em Bodin, "Um Prestre Sorcier curé d'Istincton [Islington] demilieuë pres de Londres, a este trouvé saisis 1578 de trois images de cire conjurées, pour faire mourir la Reyne d'Angleterre, e deux autres proches de sa personne".

P. 492. "Dos quais do nome de Deus" = No qual em nome de Deus. Não é um juramento, mas ele tenta explicar que o milagre consistia em conseguir ler as escrituras canônicas escritas em nome de Deus, ou inspiradas por Ele, mas não os apócrifos fabulosos.

Glossário

Os números referem-se às páginas da primeira edição, de 1584, e os verbetes referem-se à primeira ocorrência da palavra, mas não necessariamente à única.

A.

Abhominable [Abominável]. Ele sempre usa o "h" como faziam Holofernes, Gab. Harvey, etc., da falsa derivação "ab homine".

Abrenunciation [Abrenunciação], 440. Palavra usada provavelmente, como sugere Richardson, como uma forma mais forte de renúncia. Era utilizada como um termo técnico para a renúncia ao demônio e a todas as obras dele nos batismos da Igreja Católica Romana.

Accloied [Abusada], 79 – também pode significar enfastiado, saciado (mas no caso foi traduzida como abusada).

Achate [Ágata], 297. Forma mais latina de ágata.

Acyron [Acirologia] 371. Grego não autorizado.

Addicted [Ligadas], 298. Ligado ou anexo a.

A doo, 475. O "a" = nessa e em palavras semelhantes era muitas vezes escrito separadamente.

Aegyptians [Egípicios] 197 – ciganos.

Alligations [Alegações] 239 – simpatias, ou algo semelhante, amarradas no braço da pessoa, etc.

Anatomie [Anatomia] 430 – esqueleto.

Apparentlie [Aparentemente] 511. – claramente, evidentemente.

Appensions [Pingentes] 239 – simpatias, feitiços usados pendurados.

Applicable [Aplicável] 582 – pode ser aplicado.

Appointed [Trajado] 415 – trajado em ordem ou conforme, como ainda usamos a palavra trajes.

Appose [Apor] – 51 – aplicar-se, justapor.

Aqua composita [Água compósita], 316.

Assotted [Estupefato] 5 – estupefato, apatetado.

Astonnied [Atordoado], 309 – atordoado. Atônito no sentido original, *i.e.*, estupeficado ou desfalecido de modo que pareça morto.

Avoid, 240, 493. Evitar ou esvaziar, "anular" ou "esquivar-se de". Este uso é tão antigo quanto pelo menos Trevisa, ou *circa* 1397.

Axes, 232. Acessos. Do francês *Accès*. Portanto em Sussex e no norte = febres. Mas me disseram que em Kent tem o sentido secundário de dores.

B.

Bables [Conversa tola], 166 – besteiras, coisas pueris, superficiais.

Baggage tode, 377 – sapo insolente. O epíteto agora é usado apenas para falar de uma mulher mal-intencionada de baixa categoria.

Bat [Cajado], 380. Um bastão.

Bedstaffe [Ripa de madeira] 79. A explicação de Johnson-Nares está errada, creio eu. Concordando com a Srta. Emma Phipson, prefiro interpretar como um bastão para solicitar a presença, um substituto para o sino moderno ainda utilizado por inválidos e outros. Cf. *Ev. M. in his Humour,* i, 4. Sugeriu-se também que seja o bastão usado para bater na cama, etc.

Become. [Foram parar]. Usado assim em 126, 158, 323, 329, como equivalente a "foram parar". Cf. 3 *Henry VI,* ii, 1, 9, 10. E em uma lei de Henrique VIII (ano 33, c. 8) constam as palavras "onde coisas perdidas ou roubadas possam ter ido parar", quando ele fala dos atos de mágicos, videntes, etc.

Beetle-head [Cabeça-dura], 66. No original = um indivíduo idiota, no inglês se refere a um martelo usado para pavimentar as ruas.

Bench whistlers [por falta de expressão equivalente em português (esquenta-banco, talvez), optei por traduzir como indolentes], 528. Bêbados indolentes, que passam seu tempo em bancos de bares em vez de procurar trabalho e assobiando por falta de noção ou ocupação. Uma frase conhecida na época.

Bewraieth [Revelar], 69 e frequente. Denunciar. Além disso, embora seja uma palavra diferente e não apareça em Scot, macular. Em 328, o verbo é usado da seguinte forma: "a coisa será tão bem e perfeitamente realizada, que um estranho, mesmo pegando-a na mão, não perceba" [*i.e.*, revelando o truque para si ou outros].

Biggin [Touca], 471. Fr. *béguin*. Cf. Cotgrave. Devidamente, de acordo com Minsheu, uma cobertura [rente] para a cabeça de criança ou touca. Em geral, também é uma touca rente ou solidéu; aqui, como em Shakespeare, 2 *Henry IV*, iv, 4, usado para gorro.

Bile [Furúnculo], 203. Furúnculo, abscesso.

Blisse [Bênção], 157, *ad fin*. Oposto a "amaldiçoar" parece ser igual a abençoar.

Boolted [Examinado], 480. Uma técnica de moleiro, etc., para peneirar. Usado metaforicamente no original significando examinar um assunto.

Bowt, 337, 347. Laçada ou laço e curva ainda são termos náuticos para a dobra ou a laçada de uma corda. Scot a usa para a laçada, ou a dobra, de qualquer coisa.

Bowze, 268. Ramos

Bucklers laie down the [Abaixar a guarda], A iii. Submeter-se, reconhecer a derrota. A origem dessa frase e de outras semelhantes é desconhecida. Das palavras "Clypeus salvus in Cic." e "Clypeum abjicere", pode ser do uso das eras clássicas – ou medieval.

Bugges [Bichos-papões], 288. Aparências assustadoras e abomináveis.

Bulbeggers [Bicho-papão], B 2. Monstros terríveis. Não vejo dificuldade na derivação de boi, ou cara de boi, por ser terrível o bastante, principalmente quando furioso ou enlouquecido; um bicho-papão é um sujeito ousado, etc.

Bum card [Carta marcada]. Creio que seja uma carta um pouco mais longa ou larga do que o resto, para que o mágico, etc., possa distingui-la.

Bum leaf [Folha marcada]. Uma folha distinguida da mesma forma.

By and by [Na mesma hora], 460. De imediato. Assim ele traduz "mox" e "statim", usados por Wier.

C.

Carter [Carroceiro], 478. Usado, como em "lógica do carroceiro", para um ignorante parvo, muito no sentido em que nós usamos de forma depreciativa vendedor ambulante. A lógica do carroceiro não é a lógica da persuasão física, mas a conclusão do primeiro coveiro em *Hamlet*.

Castrell [Falcão quiriquiri], 302. Tinúnculo. O falcão-americano, uma espécie selvagem, não domesticável, que afugenta falcões e gaviões (possivelmente por sua "voz" alta e sonora) e cuja efígie era colocada perto de pombas, etc., para deter outras aves. Daí, provavelmente, surgiu a fábula mencionada no texto.

Cauteloussness [Cautela], 469. Cuidado engenhoso.

Censure [Censura], *viii*. Sentença ou julgamento.

Chapman [Negociante], 485. Em geral, o vendedor, mas também pode ser, como aqui, o comprador; aquele que negocia ou coloca um preço na mercadoria.

Choine cough [Tosse convulsa], 211. Tosse comprida ou coqueluche.

Choler [Cólera], 205. Um dos supostos quatro humores. O humor composto gerado no fígado dividia-se em duas partes, uma ia para o sangue, a outra para a vesícula biliar, como essa cólera ou bílis amarela. Diferia da melancolia, ou bílis negra, pois o reservatório desta era o baço. Cf. *Batman on Barth*, iv, 10, e v, 39.

Circumstance [Circunstância], 24. Em outro momento, como em 75, usado para um desvio ou meios supérfluos. Aqui tem um sentido maligno maior – um circunlóquio que evitaria declarar a verdade.

Clam [Fixar], 208. Fixar, grudar; vários dialetos.

Claweth [Cravar as garras], 67. [Arranhar], (onde se coçou), agradar e, portanto, bajular. Cf. o provérbio, "Claw me, claw thee" ou "K. me, K. thee", uma abreviação educada, que, creio eu, demonstra a origem odiosa da frase.

Clubhutchins [Jeca], 372. Palavra antiga de Kent, agora, creio eu, quase obsoleta, para um camponês simples e bronco.

Coate card [Cobrir a carta], 335.

Cold prophet [Falso profeta], *B* ii. v. 170. Alguém cujas profecias estão distantes do ponto, assim como crianças brincando de quente ou frio, quando estão próximas ou distantes do que procuram. Outros dizem cold, como em Chaucer = col.

Commend, 134. Confiar, no sentido de apresentar, entregar aos cuidados ou apresentar para sua avaliação. Latina.

Complexion [Temperamento] 461. Os quatro temperamentos ou disposições deviam-se supostamente ao excesso de (1) sangue, (2) fleuma, (3) cólera, (4) melancolia. Aqui é usado com o significado mais geral de disposição.

Compline, 393. Completar. Parte da hora canônica romana (Cotgrave), que, rezada logo depois do pôr do sol, completa os ofícios do dia.

Conceipts, 326. Truques estranhos ou divertidos.

Cone, 227. Eu encontrei, não me lembro onde, "to cone findere", por isso a nota.

Confirmed [Confirmado], 429. Aparentemente "firmado"; colocado ou postado, cada um em um ponto fixo.

Constellation [Constelação]. Usado às vezes em livros antigos, denotando aparentemente a coordenação ou posicionamento de corpos celestes (um em relação ao outro) em qualquer momento. A partir dessas constelações, os mapas astrais eram calculados.

Constreineth [Comprimir]. Em seu sentido principal ou literal de juntar.

Contagion of weather, 269. Influenciar o clima = contra.

Convenient (with). Condizente. Que condiz, concorda com.

Convented [Intimada], 16. Levada diante do juiz ou de outra pessoa.

Convinced, 70, 131. Convencido. Persuadido.

Corrupt, 16. Corrupto; corrompido. No inglês, o "ed" aglutinou-se com o "t". Cf. nota, p. 441.

Countrie, A iiii. Usado às vezes significando condado (ou região).

Cousen, A vii, v. [Primo]. Usado na época como um termo sugerindo relacionamento de qualquer tipo ou simplesmente entre personagens reais, como um termo de cortesia e amizade.

Credit [Crédito], 498. Crença; deveríamos dizer acreditar, etc.

Croslet [Cruzeta], 357. Um cadinho.

Crosse of a coin, 388. O lado reverso da moeda tinha uma cruz. Agora chamado de "coroa" em "cara ou coroa".

Curious, 333. Curioso. Como é frequente atualmente, "curiosus", cheio de cuidado, cuidadoso; aquele que indagará com cuidado ou curiosidade sobre o assunto.

Cushion, missed the [Perder o ponto], 490. Nares diz que evidentemente alude ao arco e à flecha: um palpite não confirmado e creio ser improvável. É mais provável que se refira a algum jogo, como uma variação do beisebol ou possivelmente da dança da cadeira. Ou pode simplesmente significar perder seu lugar.

D.

Dangerous of, 146. Perigoso. Temeroso de [demonstra ser] ou acanhado, como aparece em Chaucer, segundo alguns.

Detected [Detectado], 27. Descoberto.

Determination [Resolução], 153. Término ou fim.

Detracting of time [Algum tempo depois], 94. Alongar, prolongar.

Dilection [Dileção]. Uma escolha, preferência, estima.

Diriges, 439. Forma arcaica de *dirges*: ofícios fúnebres. Uma palavra derivada do latim *dirige*.

Disagreeable to [Contrária], 98. Discordante, oposta.

Dish, laid in my, 130. [Foram-me servidas de bandeja] para mastigar.

Dismembred [Desmembrados], 313. Como não se fala de membros de um animal sendo retirados, creio que ele se refira a membros de forma diferente da natural, assim como a serpente com "muitas pernas".

Dizzards [Bufões], 291. Evidentemente bobo ou estúpido. Era um nome para o bobo de uma peça, e não consiste de maneira alguma em uma prova de sua origem em tagarela ou declamador, mas, antes, um palhaço engraçado que fazia macaquices e "mexia seu corpo como quisesse". Cognato de tonto.

Donee [Donatário], 148. Observado no uso antigo da palavra.

Doubt in, 482; *doubted*, 6. Dois exemplos excelentes do uso frequente na época dessas palavras para recear e temer.

Duplex s.s., 282. Deveria ser duplicis, mas o autor provavelmente achou que isso se deveria a uma tradução errada. É uma referência clara a *Spiritus Sancti*.

E.

Eager [Azedar], 249. Azedo, do francês *aigre*, como em vinagre.

Earnest pennie [Sinal], 542. A pequena soma dada como parte de um pagamento como garantia de que o negócio foi fechado.

Embossed [Em relevo], 316. Referência a vidros em dispositivos de perspectiva. Convexo (?).

Enabled [Capacitou], 164. Tornou capaz, fortaleceu.

Eversed [Reverso], 316. [Mesmo ponto de *Embossed*]. Possivelmente côncavo (?).

Exchange [Trocar], 218. Mudar ou transformar.

Excourse [Passeio], 43. Lat. *excursus*, saída.

Expend [Expor], 444. Apresentar o assunto.

Experiment [Experimento], 82. Teste, ou modo de prova; o verbo também é usado.

Exsufflation [Exsuflação], 440. No batismo da Igreja Católica Romana, o demônio é rejeitado pela exsuflação (sopro) e pela abrenunciação (a renúncia) dele e suas obras.

Extermination [Extermínio], 485. Uma expulsão além do limite ou ponto final.

Eyebitten, 64. "Mestre Scot em seu *Discovery* nos diz que nosso povo inglês na Irlanda, cuja posteridade foi barbaramente removida nos últimos anos, era muito dado a essa Idolatria na época da Rainha, tanto que havendo lá uma doença entre o gado que ficava cego, por ser uma doença comum naquela região, os indivíduos costumavam executar pessoas por ela, chamando-as de bruxas feiticeiras do olhar" (*A Candle in the Dark*, de Th. Ady, M. A., 1656, p.104). Scot não nos disse isso, mas a explicação impede palpites errôneos.

F.

Fautor, 528. (Latim). Favorecedor, defensor.

Fetches [Estratagemas], 110. Artifícios, ardis, truques.

Fitten, 538. Adaptar-se.

Flawed [Defeituosa], 57. Imperfeita.

Foine [Florete], 257. Um florete, ou, em geral, o golpe (ou parada) feito por um florete. *Fond* [Insensata], 204. Insensato, como era comum na época.

Footed [Base], 340. Um jeito um tanto estranho de descrever uma caixa com duas tampas (uma oposta a outra) e de fundo duplo.

Foreslowed [Atrasar], 365. Demorar-se demais, *i.e.,* omitido às vezes. Temos outras palavras com *fore* (demasiado), como *foregrown,* crescido demais, etc. Diziam que *Forespoken* (Previsto) era um composto do nosso *fore* (demasiado), significando pressagiar ou prever (Rich.). Entretanto, não significa prever, e sim fazer. Por isso, eu prefiro interpretá-lo como igual a falar demais contra, *i.e.,* enfeitiçar.

Frote [Friccionar] (A.N.) Esfregar.

G.

Gissard [Guardador de gansos], 528. Criador de gansos.

Graffing [Enxerto], 290. É uma forma arcaica de "grafting", assim como o verbo "graff".

Griphes [Urubus], 202. Urubus aqui, embora para alguns autores seja o grifão ou o dragão.

Gudgins, 257. Gudgeons (Crédulos). Termo cujo significado original é de um peixe, facilmente fisgado. É frequentemente usado, como neste caso, e em Shakespeare, com o significado de ingênuos.

H.

Hagging, went to [Praticava bruxaria], 25. Suponho que ela fosse desempenhar seu papel ou dever como uma bruxa. O termo "hag" em inglês é usado como um sinônimo de perversa ou bruxa, como em atormentado [*hag-ridden*], *hag-tracks* [círculo de vegetação mais escura em matas onde se acreditava que as bruxas se reuniam].

Haggister, 82. Termo típico de Kent para a pega-rabuda.

Hailed [Arrastado], 196. Levados à força.

Hair, against the [Contrário ao que se espera], 9. Contrário à inclinação, uma frase que pode logo ser explicada em relação a outros animais, mas que, creio eu, veio de vestir um cavalo.

Hair, hang her up by the [Pendurá-la pelo cabelo], 257. Parece, pela palavra "completamente", ter sido usada como metáfora para "desfazer-se". Talvez porque Absalom tivesse morrido assim, segundo a crença popular; ou talvez esse seja um sinônimo mais civilizado de enforcamento.

Hallowe, 316. Forma arcaica de Hollow. Santo.

Handle [Lidar com], 368. Usado em um exemplo como lidar com um assunto ou exercer algo, em um bom sentido; no segundo [manipular], como de alguém com um instrumento passivo, como o macaco quando usava a pata do gato para pegar as castanhas quentes.

Heeles, by the [Prendeu], 65. Preso e confinado, porque criminosos eram muitas vezes colocados em troncos, por segurança.

Hickot [Soluço], 242.

Ho [Ei], 501. Forma arcaica de whoa. Nosso ei.

Honestie [Retidão], 81. Castidade.

Hot [Atingido], 255. Forma arcaica do pretérito de *hit* e também frequente em Kent, na conjungação do pretérito em muitos verbos.

Houseled, be, 265. Receber a Eucaristia.

Hugger mugger [Mixórdia], 433. Um exemplo antigo, explicado pelo "secretamente", mas acho que também significa, como uma consequência do sigilo, de forma apressada, atabalhoada, indecorosa.

Hundreth [Centena], 338. Uma variação comum na época para *hundred*.

I.

Ídolo – Ειδολον, imagem,

Illuded [Iludido], 69. Ludibriado, enganado.

Impugnable [Impugnável], 492. Não pode ser imposto. Essa forma –able não existe em nossos dicionários.

Incestuous [Incestuoso], 124. Na forma latina, cheia de contaminação.

Indifferent [Indiferente] (freq.), Imparcial.

Infirnalles, 426. Usado como s.

Insensible [Insensível], 216. Sem sentido ou propósito.

Intend, 430. Forma arcaica de *Attend*. Comparecer.

Intermedled [Entremeado], 490. Intercalado.

Intricate, 316. Enredar.

Inversed [Intricar], [Inverso] 316. Invertido ou virado de cabeça para baixo. Mas vários desses termos não consigo explicar.

Irremissable [Irremissível], 70. Não pode ser mandado embora, nem perdoado.

J.

Jamme (de uma janela) [Batente], 91. O umbral, suporte ou coluna lateral de uma janela, nesse caso.

Jetting, a [Correndo], 265. Correr, aventurar-se, pavonear-se, do fr. *Jeter* e embora eu não tenha encontrado uma frase semelhante, parece ser usado aqui no sentido de divertir-se ou fazer uma farra em grupo.

John, Sir, 265. Cf. nota.

Jollie [Bom], 197, 273. Como em bom camarada. Encontramos este uso em Scot, explicando, por assim dizer, como o francês *joli*, belo, tornou-se nosso *jolly*, como na frase "um bom camarada". Às vezes, como na última frase, parece ter um sentido depreciativo. Em 273, ele parece ter sido chamado de bom companheiro porque bebia.

Jumpe with [Exatamente], 492. Igualmente ou exatamente com.

Jurat [traduzido como Magistrado], 258. Alguém que jurou administrar a justiça, um magistrado ou xerife.

K.

Knable [Belisque], 346. Beliscar. Forma arcaica de *nibble*.

L.

Lane [Camada], 340, 357. Da última referência infere-se que = camada.

Lapidaries [Lapidadores], 295. Uso antigo.

Learne a lewd man [Instruir um homem imoral], 359. Chaucer, ensinar.

Leaze [Esterco], 264. O sentido está bem evidente, mas não sei a palavra. Qy., mesmo que resíduos, restos ou sedimentos.

Lewd, lewdness, 19, 358, 359, (Chaucer) 8, etc. (devassidão). Ora é ignorante, ora em um sentido semelhante a leigo, em oposição a clerical ou estudioso; às vezes perverso ou nefando. Devassidão em 8, parece ser igual à inutilidade, ou não fazer nada para viver.

Limitors [Esmoleres], 88. Chaucer, Frades mendicantes ou esmoleres, que pediam donativos ou esmolas para sua ordem. Recebiam esse nome em inglês, pois seus limites eram determinados.

Loose, lose. Neste livro, encontram-se essas duas grafias alternadamente, mas, creio eu, são escritas mais frequentemente como hoje. Cf. *Than* e *Then. Naught* e *Nought.*

M.

Martinists, Martinistas. Partidários de Martinho Mar-Prelado.

Mass cake [Hóstia], 270. Como demonstrado por Wier, a hóstia da Igreja Católica Romana usada na celebração da missa.

Meane stuff [Coisas medíocres], 499. Não medíocre no nosso sentido, mas como médio ou mediano, conforme explicado na linha anterior. Sacrifícios de incenso são um meio entre sacrifícios da mente e aqueles do gado. Portanto, sentido mediano, 60, é usado para um sentido comum.

Meere, A ii. v. [Pura]. Não misturada, portanto, pura.

Melancholie. p. 182. Veja nota.

Mends [Indenizar], 373. *Amends* em inglês moderno = Indenização, Retribuição.

Merchant, B ii, [Negociante]. 368. Negociante ou intermediário, sem referência a bens ou mercadorias.

Miser [Mísero], 160 (bis).

Moralitie [Moral] 308. O sentido subjacente, como nos autos de moralidade.

Morrowmasse [Missa matutina], 232. Veja nota.

N.

Nall, a [Prego], 335. Furador.

Nameles finger, 273. Veja nota.

Namelie, (isto é) Por nome e, portanto, especialmente.

Naught e *Nought* [Nada]. As duas grafias aparecem no original.

Neezing [Espirro], 201.

Nephue [Neto], 557. Este uso da palavra em inglês para sobrinho como neto era a regra em voga, assim como era o francês *neveu* e o latim *nepos.* Cf. Minsheu, Cotgrave, Baret, etc., mas não parece ter sido usada. Shakespeare utiliza "grandam", frequentemente, mas neto (grand-child) apenas uma vez, em *Coriolano,* e grandson, etc., nunca.

Netherstocke, 84. Meia.

O.

Obeie, s. [Obedecer], 380 .

Obscure [Obscuro], 380. "Leone obscurior e turpis", Wier; *i.e.*, ele aparece *specie angelica,* mas não branco, porém mais escuro do que um leão e torpe.

Occupy, 77. *Occupied,* 415. Ver nota. Ocupar. Ocupado.

Onely, 114. Um bom exemplo da posição que se costumava dar à palavra em uma frase. Ele não quer dizer que essa é a única obra de Deus, mas a obra apenas de Deus.

Orient [Oriental], 297. Essa palavra era usada de forma peculiar. Uma pérola oriental recebia esse nome dos romanos porque era grande, e pérolas grandes vinham em geral do Oriente. Portanto, aqui, Oriental parece ter sido usado como um equivalente de quente. Como na Astronomia as regiões orientais ficavam mais perto do nascer do sol, elas eram mais quentes – uma explicação falsa de um fato verdadeiro.

Orizons, 41. Orações.

Other [Outros]. Frequentemente aqui, como atualmente, usado para outros.

Overtaken [Surpreso], 324. Aqui, surpreso. Mas em outra passagem significa dominado.

P.

Pack [Combinado], 339. Acordo e pacto, embora não seja uma mera variação.

Pair of cards [Trinca de cartas], 335. Nossa trinca. De modo que uma trinca é composta de três ases, reis, etc.

Palme, 268. Veja nota.

Passible [Sensível], 496. Transitável, sensível, que pode morrer, temporário.

Peervishness [Impertinência], 483. Rabugice. Greene às vezes parece usar o adjetivo como perverso ou ignóbil, *Planetomachia*, 40, 22-95, 18, etc., ed. Grosart.

Perbreak, 310. Ou *Parbreak*. [Vomitar]

Perceived [Vista], 131. Percebida, considerada.

Periapts [Talismã], 230. Περιαπτω, eu amarro, penduro, carrego.

Perish [Apodrecer], 407. Sentido casual, fazer apodrecer.

Perspective [Perspectiva], 315, etc. Não a nossa perspectiva, mas o arranjo de lentes e espelhos de modo a mostrar outras coisas além do que se espera ver, etc.

Perspicuous [Perspicaz], A v.

Philosophie, did [Filosofava], 454. Veja nota.

Pile, 385. Em Pilha e Cruz = nosso cara e coroa.

Pioners [Sapadores]. A palavra agora é restrita a escavadores militares.

Pitie [Condoído], 369. Termo usado no sentido causal.

Plashes, water [Poças, água] 64. Córregos, charco, poço.

Plumme [Esterco], 238. Seria essa palavra usada dessa forma na época? Scot não era tão delicado. Cf. "etish" ["evacua"], p. 246, etc.

Podware [Plantação de vagem], 223. Produção agrícola de vagens.

Points [Pontos], 341. Pontas em cordão ou dar laçadas.

Pollusions, 447. Contaminação.

Practive [Experiente], 326. Capaz de praticar uma atividade sem dificuldade.

Pregnancy, 358. Fecundidade. Habilidade para se tornar fecundo.

Pregnant [Fecunda], 75. Capaz de fecundar.

Prelacies [Prelazias], 390. A *prælaturæ* parece ter sido usada por ele de modo geral, mas Du Cange refere-se especificamente ao ofício de um diácono, e Holyokes Rider ao de um arquidiácono.

Present [Presente], 238. Imediato.

Prest, in [Empréstimo], 360. Antecipado, portanto como empréstimo, adiantado.

Pretended [Pretensa], 474. Palavra de origem latina, alegada. Em 20, este é seu principal sentido, mas a frase mostra como chegou ao sentido de fingir.

Prevent [Impedir], 417. Palavra de origem latina, com o significado original de vir ou ir antes. Seu desvio para o nosso sentido é bem demonstrado em 30.

Progeny [Prole], 32. Progênie. Comentada, porque Shakespeare e outros às vezes a usavam como progenitores.

Proposeth [Apresentar], 361. Apresentar, Expor.

Proprieties [Propriedades], 210, 303.

Prove, 255. *Proved*, 21. [Prova] Teste, tentativa.

Purchase [Adquirir], 430. Obter. O mesmo uso (encontrado em outros autores) demonstra que o jargão dos ladrões ridicularizado em Shakespeare era apenas uma apropriação disso.

Q.

Question be made [Pergunta seja feita], 25. Tortura aplicada.

Quezie [Fraco], 239. Sensível, prestes a vomitar.

Quick [Vivo], 415. Vivo, nascente, ligeiro.

R.

Rank [Exuberante], 279. Viçoso, cheio, fértil.

Rath [Cedo], 441.

Reall, às vezes = real.

Recount [Relata], 170. Qy., dizer (ou estimar) em referência à ortografia, etc.; ou é igual ao relato?

Recreations, 93. Recriações, criar tudo de novo.

Reere banquet [Ceia], 66 = uma ceia ou comer e beber depois do jantar.

Regiment [Regimento], 378. Regência, como era frequente na época.

Remorse [Pena], 171. Como era frequente na época.

Remove [Mexer-se], 242. O termo "joint" foi incluído na ação vista como algo passivo, não como poder de movimento.

Resiant, 476. Fr. *reseant,* residente, Cotgrave, que cita também o inglês *resiant*.

Resistance [Resistência], 445. Não resistência de, mas resistência [a Deus], vindo da, ou pertencendo à, iniquidade espiritual.

Rest [Colocar], 344. Deixar, apoiar, mas aqui é usado de uma forma incomum.

Rish [Junco], 341. Ortografia arcaica de Rush = Junco.

Roome, made [Deu licença], 275. Autorizou, *i.e.,* deu oportunidade.

S.

Saccaring, etc., 95. Consagração. Tornar sacro, consagrar. O sino de consagração é aquele tocado no momento da consagração e da elevação da hóstia.

Safeguard [Traje de proteção], 51. Saia ou anágua externa usada para cavalgar.

Scantling [Tamanho], 358. Dimensão náutica; são, propriamente, as dimensões da madeira quando reduzida ao seu tamanho adequado, mas às vezes a peça é bem reduzida.

Scotfree, 71. Primeiro, livre de acusações. Mas também livre de punição.

Seelie [Simplórias], 35. Inocentes, por isso simples.

Severall [Diversos], 527. Diferentes.

Shepens [Currais], 88. Estábulos para vacas. Alguns os usam também para ovelhas.

Shouldered, A vi. V [Sustentadas]. Aqui, sustentado, como quando se sustenta alguém nos ombros.

Shrewdly [Maliciosamente], 79. Ou astutamente.

Sinewes [Nervos], 47, 241. Provavelmente pela falta de conhecimento de anatomia, o termo era usado tanto para nossos tendões, quanto, e com mais frequência, creio eu, para nervos. Acredito que podemos encontrar os dois sentidos em Batman, ou então *Trevisa upon Barth.*, e no caso de nervos em autores médicos, como em Boord, e na tradução de Vigo. Em 248, onde é antecedido por "medula", significa mais provavelmente = nervos. Wier na mesma passagem usa "a nervis".

Sir John, 265, etc., veja nota.

Sithens [Desde], 458.

Skils not, it, 335. Não importa.

So. De tal modo. Usado no inglês no lugar de as.

Sock a corpse [Ensacar um cadáver], 42, 124. Costurar um cadáver em sua mortalha. Expressão recorrente em Kent.

Sort [Grupo], 374. Conjunto ou companhia.

Spie him, 46. Examinar.

Spoil a witch [Arruinar um... uma bruxa], 269. Prejudicar uma bruxa.

Square, 410. Retângulo. Usado para um paralelogramo de lados desiguais.

Sterne [Leme], *A* iii. Na verdade significa popa, que era usada, com frequência, como sinônimo de leme.

Sterven [Faminto]. Punido por quaisquer meios, embora não seja morto intencionalmente. *Starved up*, 124, é traduzido como morrer de fome.

Straught, 144. *Distraught* em inglês. Demente.

Strumpet [Promíscua], 145. Usado como um termo de reprovação sem referência ao seu sentido sexual. Assim como incestuoso.

Success [Sucesso], 196, 197, 272. Evento ou sequência, bom ou mau. Por isso ainda falamos de "bom sucesso".

Suffocate [Sufocam], 223. Sufocar Qy., abafar com ervas daninhas.

Suffrages [Sufrágios], 434, 444. Du Cange (8), orações pelas quais se implora a ajuda de Deus.

T.

Temper with them [Mexer com elas], 20. Pode ser uma variação ou um erro para "tamper"; talvez seja "temper them" excitá-las, irritá-las, etc.

Temporall, B v. Temporal.

Tester ou Testor, 340. Moeda de seis pence.

Testifie [Testemunhar], 374. Não declarar sob juramento, mas se tornar testemunha de algo.

Than, then. Veja nota, p. 158.

Therefore [Por isso], 528. A esse respeito, ou por causa disso.

Thomas, 233. Tomé. Qualquer um, como João, ou N. ou M.

Thropes [Aldeias], 88. Vilas ou lugarejos.

Travel [Trabalho árduo], *A* ii. Tem duas grafias: *travel* e *travail*. Refere-se também a trabalho de parto em alguns momentos.

Treene, A, vi. Lígneo, de madeira.

Trench master [Mestre de trincheira]. Ele – diz G. Markham, *Soldier's Grammar,* p. 128 – "comanda todos os sapadores... e sob suas ordens [do mestre geral da artilharia] supervisiona a construção de trincheiras, seja para proteger e murar o acampamento, ou para outra importunação específica do inimigo, ou para a construção de candeeiros ou outra defesa ou ataque, segundo as ordens". Grose, *Mil. Antiq.,* i, 223-4, que acrescenta: "Este oficial parece às vezes ter sido chamado de Testador das fortificações".

Tried [Comprovado], 66, 211, 453. Provado, como o ouro é comprovado pela pedra de toque, etc.

Trish trash, 523. Baboseiras. Uma reduplicação e, portanto, uma forma enfática.

Tuition [Defesa], 415. Do latim *tuere*.

Turbinall [Espiralado, 316. Qy., em formato de espiral, do latim *turbo*.

U.

Undermeales [Tardes], 88. Literalmente são as refeições intermediárias após o almoço e, portanto, aqui = à tarde.

Unproper, 371. Inapropriado.

Untame, 252. Indomável.

V.

Vade [Secar], 169. Usado atualmente como murchar, mas em geral como uma forma fortalecida ou mais enfática, como mostrado aqui por "completamente seca".

Valure [Valor], 130.

Virtutes [Virtudes], 130. A ordem dos anjos que recebe esse nome. Plural do latim *virtus*.

Void = Avoid, tornar nulo.

W.

Wag [Falastrão], 324. Usado provavelmente no mau sentido, como um tagarela que se torna notável por sua interferência.

Wax, 249. Aumentar e, portanto, crescer ou se tornar, crescendo ou não.

Wealth, A iii. Prosperidade.

Wheeking [Guincho], 301. Uma palavra onomatopaica.

Where [Onde], 429.

Whereas [Para o qual], 419.

Whitmeats [Laticínios], 281. Pudim de leite, manjares, torta de queijo, manteiga, queijo (Bailey). Na realidade, qualquer coisa ou qualquer prato feito de leite. *Lactuaria* (Th. Cooper, Holyokes Rider).

Wist, had I [Se ele soubesse] – Veja nota.

Witch [Bruxa]. Usado por Scot e outros tanto para magos como para bruxas, embora a primeira palavra fosse conhecida em inglês em 1582 (*Bruxas em St. Osees*, por W. W.). Usado assim até pelo menos 1670.

Witchmonger [Perseguidores de bruxas]. (a) Aqueles que estudavam as bruxas, assim como com as mulheres sábias. (b) Aqueles que as puniam.

Wreath, 225. Tradução do Lat. *vertere*, torcer violentamente.

Wrote [Forjou], 199. Forma arcaica de *wrought* [forjar].

X.

Xenophilus [Xenófilo], 378. Zenófilo de Wier. Um amigo sugere o mesmo que Φιλοξευος, amigo dos estrangeiros, hospitaleiro. A dificuldade é qual é a aparente forma característica de uma pessoa?

Y

Yaw [Desviar], 228. Desvio, mudança de direção. Agora usado apenas no contexto náutico.

Yer, A vii. Antes.

Quase nas mesmas palavras de minha circular: "Eu gostaria de reimprimir todas as continuações necessárias, embora de um ponto de vista contrário – do pequeno *Counterblast*, de James I, sua *Demonologia*, 80 páginas na edição de 1603, consultada por Shakespeare antes de escrever *Macbeth* –, cotejando as edições de 1597 com as do Bispo de Winton em 1616". Se algum leitor deste livro também o desejar, ficarei feliz em lhe atender.

B. N.

Surrenden Lodge,
  S. Norwood, Londres.

Sobre o Autor

Reynolde Scot era seu nome de batismo. Mas em *A Descoberta da Bruxaria* utilizou Reginald Scot. Nasceu possivelmente em 1538 e morreu em setembro ou outubro de 1599 e foi enterrado entre seus antepassados na Igreja em Smeeth, em Kent.

Com aproximadamente 17 anos foi enviado a Oxon, particularmente, ao que parece, para Hart Hall, Oxford, onde vários de seus compatriotas e autores estudaram no final do reinado de Henrique VIII e no reinado de Eduardo VI, mas não chegou a se graduar lá. Ele atuou no Parlamento como membro do New Romney e provavelmente era um juiz de paz.

Nesta obra, ele afirma que "sejam quais forem os relatos ou ideias a respeito da bruxaria, ouso reconhecê-los como inexatos e fictícios (exceto pela enganação, desvario e envenenamento). Tampouco há qualquer menção feita a esse tipo de bruxas na Bíblia. Se Cristo as tivesse conhecido, ele não teria deixado de protestar contra sua presunção em tomar para si o ofício dele, isto é, remediar e curar doenças e operar tais milagres e coisas sobrenaturais pelos quais ele mesmo era conhecido, acreditado e anunciado como Deus. As ações e curas de Cristo fundamentam-se (a rigor e de fato) de acordo com o poder imputado às bruxas pelos perseguidores."

Daí também vem o inconformismo de Scot, argumentando que os milagres apresentados na Bíblia eram tidos pelos inquisidores e papistas como sagrados, mas eles não se diferenciavam em nada aos "milagres" realizados pelas bruxas, as quais eram condenadas e levadas à fogueira.

Scot também discorre a respeito de demônios, dizendo que o mais extraordinário nos procedimentos infernais é que não existe uma nação abaixo do sol em que o Demônio não tenha se introduzido em suas Cerimônias e Cultos, por mais opostas umas às outras elas sejam.

MADRAS®
Editora

Para mais informações sobre a Madras Editora,
sua história no mercado editorial
e seu catálogo de títulos publicados:

Entre e cadastre-se no site:

www.madras.com.br

Para mensagens, parcerias, sugestões e dúvidas, mande-nos um e-mail:

marketing@madras.com.br

SAIBA MAIS

Saiba mais sobre nossos lançamentos,
autores e eventos seguindo-nos no facebook e twitter:

@madrased

/madraseditora